# OpenGL ES 3.0 제2판

# 프로그래밍 가이드

정회경 역

Dan Ginsburg ■ Budirijanto Purnomo

With Earlier Contributions from Dave Shreiner and Aaftab Munshi

Foreword by Neil Trevett, President, Khronos Group

PEARSON

홍릉과학출판사

# 역자서문

게임, TV 프로그램, 영화, 웹 디자인 등 우리가 자주 접하는 매체에서 컴퓨터 그래픽 기술은 이미 다양한 방법으로 활용되고 있다. 다양한 소프트웨어를 이용하여 컴퓨터 관련 분야에서 종사하고자 한다면 그래픽 소프트웨어의 이면에 어떠한 논리가 숨어 있는지 알 필요가 있다.

이 책을 통해, 3D 모델을 만들고 렌더링 하는 방법, 물체를 바라보는 시점을 동적으로 변환하는 방법, 쉐이딩이나 조명, 텍스처 효과를 사용하는 방법 등과 같은 기본적인 컴퓨터 그래픽스 관련 테크닉 및 OpenGL ES에서 제공하는 기능들을 명확하게 이해할 수 있다 뿐만 아니라, 이 책에서는 텍스처 매핑이나 안티에일리어싱, 안개 효과, 이미지 프로세싱 등과 같은 고급 테크닉에 대해서도 상세히 설명하고 있다 또한 성능 향상 테크닉 등과 같은 중요한 주제에 대해서도 다루고 있다.

본서는 OpenGL ES와 응용 기반의 프로그래밍을 통해서 컴퓨터 그래픽스의 핵심 개념들을 알려주고 다양한 예제를 통해 빠른 시간 안에 3D 그래픽을 생성할 수 있도록 돕고 있어, 전산학과 또는 컴퓨터 그래픽스가 게임 또는 멀티미디어 분야의 근간을 이룬다는 점에서 볼 때 게임 공학과 또는 멀티미디어 공학과에서도 활용할 수 있다. 물론 디자인, 시뮬레이션, 게임 개발 등 그래픽 관련 현업 종사자에게는 3차원 컴퓨터 그래픽스의 기본 지침서로 활용할 수 있다.

# 서문

OpenGL ES 3.0은 휴대단말기기와 임베디드 기기에서 정교한 3D 그래픽을 렌더링하기 위한 소프트웨어 인터페이스이다. OpenGL ES는 휴대전화, PDA, 콘솔, 가정용 기기, 자동차, 항공기 전자공학 등을 포함한 휴대단말기기와 임베디드 기기에서 3D 프로그램을 작성하기 위한 주요 그래픽 라이브러리이다. 이 책은 휴대단말기기의 고성능 3D 애플리케이션의 폭 넓은 개발을 위한 가이드를 제공하기 위해 자세한 예제와 함께 OpenGL ES 3.0 API와 파이프라인을 자세히 다룬다.

## 누구를 위한 책인가

이 책은 OpenGL ES 3.0을 배우기 원하는 프로그래머를 위한 책이다. 이 책이 독자들에게 컴퓨터 그래픽스에 대한 단단한 기초가 되기를 기대한다. 여기서 OpenGL ES 3.0의 다양한 부분과 관련된 많은 관련 그래픽 개념을 설명하겠지만 독자들이 기본 3D 개념을 알고 있다고 가정한다. 이 책에 있는 예제는 모두 C언어로 작성되었으며, 독자들은 C나 C++를 잘 알고 있다고 가정하여 OpenGL ES 3.0에 관련된 언어부분만 설명한다.

이 책에서는 그래픽 파이프라인의 모든 측면의 프로그래밍과 설정에 대해 설명한다. 이 책은 정점(vertex), 프래그먼트(fragment) 셰이더(shader) 작성 방법과 픽셀 조명(per-pixel light), 입자 시스템(particle system)과 같은 고급 렌더링 기술을 어떻게 구현하는지 자세히 다루고 있다. 또한, 이 책에서는 하드웨어와 API의 효율적 사용을 위한 요령과 성능 팁을 제공한다. 이 책을 마치면 임베디드 그래픽 하드웨어의 프로그램 성능을 충분히 이용하여 OpenGL ES 3.0 애플리케이션을 개발하기 위한 준비가 될 것이다.

## 책의 구성

이 책의 구성은 OpenGL ES 3.0 기초를 다지고 순차적으로 API를 학습하도록 구성되어 있다.

### 제1장 – OpenGL ES 3.0 소개

이 장에서는 OpenGL ES를 소개하고, OpenGL ES 3.0 그래픽 파이프라인의 개념에 대해 소개한다. OpenGL ES 3.0의 설계 원리와 제약사항에 대해 설명한다. 마지막으로 이 장에서는 OpenGL ES 3.0에 사용되는 일반규칙과 타입에 대해 설명한다.

### 제2장 – OpenGL ES 3.0 예 : 삼각형 만들기

이 장에서는 간단한 OpenGL ES 3.0 예제 프로그램을 통해 삼각형을 그려본다. 본 장의 목적은 OpenGL ES 3.0 프로그램이 어떻게 표현되는지, 몇몇 API 개념을 소개하고, 어떻게 예제 OpenGL ES 3.0 프로그램을 빌드하고 실행하는지를 설명한다.

### 제3장 – EGL 소개

이 장에서는 OpenGL ES 3.0에 대한 평면 생성과 배경 렌더링을 위한 API인 EGL을 소개한다. 어떻게 특정 윈도우잉 시스템 간 통신을 하는지, 어떻게 환경설정을 선택하는지, 그리고 문맥과 배경 렌더링 생성에 대해 설명한다. 이 장은 OpenGL ES 3.0에서 렌더링과 필요로 하는 모든 것을 할 수 있도록 충분히 EGL에 대해 설명할 것이다.

### 제4장 – 셰이더(shaders)와 프로그램

OpenGL ES 3.0에서 가장 기본적인 객체는 셰이더 객체와 프로그램 객체이다. 이 장에서는 어떻게 셰이더 객체를 생성하는지, 컴파일하는지, 컴파일 오류 검사를 하는지에 대해 설명한다. 또한, 어떻게 프로그램 객체를 생성하는지, 셰이더 객체를 프로그램 객체에 첨부하는지와 프로그램 객체와 링크하는지를 설명한다. 정보에 대한 프로그램 객체 검색을 어떻게 하는지와 어떻게 uniform을 적재하는지에 대해 설명한다. 더욱이, 소스 셰이더와 바이너리 셰이더의 다른 점과 각각 사용법에 대해 배우게 된다.

### 제5장 – OpenGL ES 셰이딩 언어(Shading Language)

이 장에서는 셰이더 작성에 기본적으로 필요한 셰이딩 언어에 대해 학습한다. 셰이딩 언어는 변수와 타입, 생성자, 구조체, 배열, 속성, uniforms, uniform 블록, 입력/출력 변수 등을 포함한다. 이 장에서는 또한 정밀도 한정자(precision qualifiers)와 불변성

(invariance)과 같은 셰이딩 언어의 다소 미묘한 차이에 대해서도 설명한다.

### 제6장 - 정점(vertex) 속성, 정점 배열 그리고 버퍼 객체

제6장에서부터는(제11장까지) 파이프라인을 통해 그래픽 파이프라인 각 부분을 어떻게 설정하고 프로그램하는지를 배우게 된다. 이는 도형이 그래픽 파이프라인에 어떻게 입력되는지 기술하는 것으로 시작하여 정점 속성, 정점 배열과 버퍼 객체의 논의를 포함한다.

### 제7장 - 기본요소(primitive) 조합과 래스터 변환(rasterization)

이전 장에서 그래픽 파이프라인에 도형이 어떻게 입력되는지에 대해 설명한 뒤 여기에서는 기본요소를 어떻게 조합하는지에 대해 배우게 된다. OpenGL ES 3.0에서 유용한 모든 기본요소 타입, 점-스프라이트(point-sprite), 선, 삼각형, 삼각형 조각, 삼각형 부채꼴을 배우게 된다. 또한, 정점에서 좌표변환이 어떻게 이루어지는지와 OpenGL ES 3.0 파이프라인의 래스터변환 단계에 대해 소개한다.

### 제8장 - 정점 셰이더(vertex shader)

파이프라인의 다음 부분으로 정점 셰이더에 대해 배우게 된다. 이번 장에서는 어떻게 정점 셰이더가 파이프라인 내에서 적용되는지와 OpenGL ES 셰이딩 언어의 정점 셰이더에서 이용 가능한 특정 변수들에 대한 개념을 설명한다. 또한, 정점 셰이더의 정점 조명과 스키닝(skinning) 계산을 포함하는 정점 셰이더의 몇 가지 예제들을 배우게 된다. 그리고 어떻게 OpenGL ES 1.0(또는 1.1)의 고정함수 파이프라인이 정점 셰이더를 이용해 구현하는지 예제를 통해 알아본다.

### 제9장 - 텍스처링(texturing)

이 장은 OpenGL ES 3.0에서 이용할 수 있는 모든 텍스처링 기능을 설명하는 프래그먼트 셰이더를 소개한다. 이 장에서는 어떻게 텍스처를 생성하는지, 데이터와 같이 적재하고 렌더링하는지에 대해 자세히 배우게 된다. 텍스처 랩(warp) 모드, 텍스처 필터링, 텍스처 포맷, 압축된 텍스처, 샘플 객체, 불변 텍스처, 픽셀 언팩(unpack) 버퍼 객체와 밉매핑(mipmapping)에 대해 자세히 다룬다. 또한, 2D 텍스처, 큐브맵(cubemap), 2D 텍스처 배열, 3D 텍스처와 같은 OpenGL에서 지원하는 모든 텍스처 타입에 대해 설명한다.

## 제10장 – 프래그먼트 셰이더 (fragment shader)

제9장에서 프래그먼트 셰이더에서 어떻게 텍스처를 이용하는가에 관점을 두었다. 이 장에서는 프래그먼트 셰이더를 작성하는 데 알아야 할 필요가 있는 나머지 부분을 배우게 된다. 프래그먼트 셰이더의 개념과 프래그먼트 셰이더에서 이용할 수 있는 특정 내장함수에 대해 설명한다. 어떻게 프래그먼트 셰이더를 이용하여 OpenGL ES 1.1에서 이용할 수 있는 고정함수 기법들을 구현하는지 보인다. 다중텍스처링(Multitexturing) 예제, 안개 효과, 알파 테스트와 사용자 절단면 등 모두 프래그먼트 셰이더에서 구현된다.

## 제11장 – 프래그먼트 연산 (fragment operations)

이 장에서는 전체 프레임 버퍼나 OpenGL ES 3.0 파이프라인에서 프래그먼트 셰이더가 실행된 후 개별 프래그먼트에 적용할 수 있는 연산에 대해 설명한다. 프래그먼트 연산은 시저(scissor) 테스트, 스텐실(stencil) 테스트, 깊이(depth) 테스트, 블렌딩(blending), 디더링(dithering) 등이 있다. 제11장은 OpenGL ES 3.0 그래픽 파이프라인에서 마지막 단계이다.

## 제12장 – 프레임버퍼 객체 (framebuffer objects)

이 장에서는 화면밖 평면 렌더링을 위한 프레임버퍼 객체 사용에 대해 설명한다. 프레임버퍼 객체의 사용은 텍스처 렌더링을 위한 가장 일반적 방법이다. 이 장에서는 API의 일부인 프레임버퍼 객체의 완벽한 개념을 제공한다. 프레임버퍼 객체의 이해는 반사(reflections), 쉐도우 맵(shadow map)과 후처리(post-processing)와 같은 많은 고급 효과를 구현하는 데 중요하다.

## 제13장 – 동기 객체 (sync objects)와 펜스 (fences)

이 장은 OpenGL ES 3.0에서 실행하는 주 애플리케이션과 GPU 내에서 동기화를 위한 효율적인 기본요소인 동기 객체와 펜스에 대한 개념을 설명한다. 동기 객체와 펜스를 어떻게 사용하는지에 대해 설명하고 이에 대해 예를 들어 기술한다.

## 제14장 – OpenGL ES 3.0 고급 프로그래밍

이 장에서는 지금까지 책에 나와 있는 많은 주제를 함께 다루어보는 데 중점을 둔다. 고급 렌더링 기술 예제와 렌더링 기술이 어떻게 구현되는지를 보여주는 예제를 소개한다. 이 장은 법선 맵(normal map)을 이용한 픽셀 조명, 환경 매핑, 입자 시스템(particle system), 이미지 후처리, 절차적 텍스처, 섀도 매핑, 영역 렌더링과 투영 텍스처링과 같은 렌더링 기술을 포함한다.

## 제15장 – 상태 질의(state queries)

OpenGL ES 3.0에서 이용할 수 있는 상태 질의가 많이 있다. 상태 질의는 설정한 모든 것에 대해서나 현재 값이 무엇인지 얻는 것과 같은 방법이다. 이 장에서는 OpenGL ES 3.0에서 이용할 수 있는 다양한 상태 질의에 대한 참조를 제공한다.

## 제16장 – OpenGL ES 플랫폼

마지막장으로 iOS7, 안드로이드 4.3 NDK, 안드로이드 4.3 SDK, 윈도우즈와 리눅스 등에서 OpenGL ES 예제 코드를 어떻게 작성하는지를 설명하기 위한 API에 대해 자세히 기술한다. 이 장은 선택한 OpenGL ES 3.0 플랫폼에서 샘플 코드를 어떻게 실행할지에 대한 참고가 될 것이다.

## 부록 A – GL_HALF_FLOAT

half-float에 대해 설명하고 IEEE 부동소수점 값을 half-float으로 변환이(역변환도) 어떻게 이루어지는지에 대한 참조를 제공한다.

## 부록 B – 내장함수

OpenGL ES 셰이딩 언어에서 사용하는 내장함수 전체에 대한 참조를 제공한다.

## 부록 C – ES 프레임워크 API

각 함수의 기능 설명과 책에서 자세히 설명한 프레임워크에 대한 참조를 제공한다.

### OpenGL ES 3.0 참조 카드

이 책의 중간부분에 삽입된 컬러 부분은 OpenGL ES 3.0 참조 카드로 Khronos가 저작권을 가지고 있으며, 허가를 받아 재인쇄하였다. 이 참조 내용은 OpenGL ES 셰이딩 언어의 모든 타입, 연산자, 내장인수, 내장함수와 함께 OpenGL ES 3.0의 모든 함수 목록을 포함한다.

## 예제 코드와 셰이더

이 책에 나와 있는 프로그램 예제와 셰이더는 www.opengles-book.com에서 다운로드 받을 수 있다. 이는 책 코드를 호스팅하는 github.com 사이트에 링크를 제공한다. 예제 프로그램은 iOS7, 안드로이드 4.3 NDK, 안드로이드 4.3 SDK, 윈도우즈(OpenGL ES 에뮬레이션)와 우분투 리눅스 상에서 빌드되고, 테스트되었다. 이 책에 있는 몇몇 고급 셰이더 예제는 윈도우즈, Mac OS X와 리눅스에서 유용한 PowerVR의 셰이더 개발 도구인 PVRShaman에서 구현되었다. 이 책의 웹사이트(opengls-book.com)에서는 필요한 도구를 다운로드 받아 사용할 수 있도록 링크되어 있다.

## 오류보고

이 책에서 오류라고 생각되는 것이 있으면 errors@opengles-book.com으로 메일을 보내주길 바란다. 이 책의 오류에 대한 정보는 이 책의 웹사이트인 www.opengles-book.com에서 확인할 수 있다.

# 저자소개

### Dan Ginsburg

Dan은 3D 그래픽스와 GPU 컴퓨팅에서 컨설팅 서비스를 제공하는 소프트웨어 회사 Upsample Software LLC의 설립자이다. Dan은 *OpenCL Programming Guide*와 *OpenGL Shading Language*(3판)를 포함하여 여러 책들을 공저하였다. 그는 이전에 OpenGL 드라이버 개발, 데스크톱과 휴대단말 3D 시험용 프로그램과 GPU 개발자 도구의 개발, 3D 의학적 가시화와 게임에 대해 역할을 해왔다. Dan은 Worcester Polytechnic 대학 전자계산학과에서 학사를, Bentley University에서 MBA를 했다.

### Budirijanto Purnomo

Budi는 Advanced Micro Devices Inc.에서 고급 소프트웨어 설계자로 복수의 AMD 소프트웨어 스택에서 GPU 디버깅과 프로파일링의 소프트웨어 구현 노력을 이끌어가는 사람이다. 디버깅과 프로파일링 GPU 애플리케이션을 위한 미래 하드웨어 설계를 정의하기 위해 AMD 내 많은 소프트웨어 및 하드웨어 설계자들과 공동 작업을 진행 중이다. 또한, 그는 국제 학술대회에서 많은 컴퓨터 그래픽스 기술 논문들을 발표하였다. Budi는 Michigan Technological 대학교 전자계산학과에서 학사 및 석사 학위를 받았으며, Johns Hopkins 대학교 전자계산학과에서 M.S.E.와 Ph.D.를 받았다.

### Aaftab Munshi

Affie는 10년 이상 GPU 설계를 해오고 있으며, ATI(현재는 AMD)에서 휴대단말 그룹에서 선임 설계자로 있다. 또한, OpenGL ES 1.1, OpenGL ES 2.0과 OpenCL ES 명세서(OpenCL ES Specification)에 대한 명세서 편집자로 있으며 현재는 Apple에서 일하고 있다.

## Dave Shreiner

Dave는 20년 이상 대부분을 OpenGL과 함께 해오고 있으며, 최근에는 OpenGL ES 분야에서 일하고 있다. 그는 실리콘 그래픽스 컴퓨터 시스템(SGI)에서 일하는 동안 OpenGL의 첫 민간 교육 과정을 기획했고 OpenGL 프로그래밍 가이드의 저자로 일했다. 그는 SIGGRAPH를 비롯한 수많은 콘퍼런스에서 OpenGL 프로그래밍 세계의 입문 및 고급 과정을 소개하고 있다.

Dave는 현재 ARM 사에서 미디어 시스템 설계자로 일하고 있으며, Delaware 대학 수학과를 졸업했다.

# Contents

chapter 01

## OpenGL ES 3.0 소개

## chapter 02 OpenGL ES 3.0 예: 삼각형 만들기



## chapter 03 EGL 소개

## chapter 04 셰이더(shaders)와 프로그램



## chapter 05 OpenGL ES 셰이딩 언어

## chapter 06 정점 속성, 정점 배열 그리고 버퍼 객체



## chapter 07 기본요소(primitive) 조합과 래스터 변환(rasterization)

## chapter 08 정점 셰이더(vertex shaders)



## chapter 09 텍스처링(texturing)

chapter 10

## 프래그먼트 셰이더

## chapter 11 프래그먼트 연산



## chapter 12 프레임버퍼 객체

chapter 15 **상태 질의**

# Chapter 01 OpenGL ES 3.0 소개

OpenGL ES(OpenGL for Embedded Systems)는 휴대단말기기와 임베디드 장치에 초점을 둔 고급 3D 그래픽을 위한 애플리케이션 인터페이스(API, Application Programming Interface)이다. OpenGL ES는 오늘날 스마트폰에서 우수한 그래픽스 API이고 데스크톱으로 확장되었다. OpenGL ES를 지원하는 플랫폼 목록은 iOS, 안드로이드, 블랙베리, 바다, 리눅스, 윈도우즈 등을 포함한다. 또한, OpenGL ES는 브라우저 기반 3D 그래픽스를 위한 웹 표준인 WebGL을 뒷받침한다.

2009년 6월에 iPhone 3GS와 2010년 3월 안드로이드를 발표한 이래로, OpenGL ES 2.0은 iOS와 안드로이드 장치들을 지원해 왔다. 이 책 첫판은 OpenGL ES를 자세히 설명하였다. 현재 판에서는 OpenGL ES의 다음 수정버전인 OpenGL ES 3.0에 초점을 맞춘다. 계속적으로 진화되는 모든 휴대단말 플랫폼이 OpenGL ES 3.0을 지원하게 되는 것은 거의 필연적이다. 실제로 OpenGL ES 3.0은 이미 안드로이드 4.3+를 이용하는 기기와 iOS7을 가지는 iPhone 5s에서 지원하고 있다. OpenGL ES 3.0은 OpenGL ES 2.0과 호환되어 OpenGL ES 2.0으로 쓰여진 애플리케이션은 OpenGL ES 3.0과 계속적으로 동작함을 의미한다.

OpenGL ES는 Khronos Group에서 만들어진 API 집합 중 하나이다. 2000년 1월에 만들어진 Khronos Group은 로열티 없는 API와 공개 표준 개발을 목적으로 구성된 창립 산업 컨소시엄이다. Khronos Group은 또한 리눅스 시스템, 유닉스(UNIX), Mac OS X, Microsoft Windows에서 사용할 수 있는 크로스 플랫폼(cross-platform) 표준 3D API인 OpenGL을 관리한다. 특히, 실세계에서 사용되고 폭넓게 적용할 수 있는 표준 3D API 이다.

3D API로 OpenGL이 폭넓게 적용되기 때문에, 휴대단말기기나 임베디드 장치용 공개 표준 3D API를 발전시키고, 휴대단말기기나 임베디드 장치의 제약조건과 요구사항을 충족하도록 수정하기 위해 데스크톱 OpenGL API로 시작하는 것이 좋다. OpenGL ES(1.0, 1.1, 2.0)의 초기 버전에서 기기 제한사항은 매우 제한적인 처리능력과 메모리 유용성, 좁은 메모리 대역폭, 전력 소모 감소, 부동소수점 하드웨어의 부족 등이다. OpenGL ES 워킹그룹에서는 OpenGL ES 명세서의 정의에서 다음과 같은 기준을 사용하고 있다.

- OpenGL API는 매우 크고 복잡하며, OpenGL ES 워킹그룹의 목적은 제약이 있는 기기에 대해 적절한 API를 만드는 것이다. 이 목적을 이루기 위해 워킹그룹은 OpenGL API에서 필요 없는 모든 부분을 제거했다. OpenGL ES에는 같은 연산을 수행하는 방법이 하나 이상 있는데, 가장 유용한 메소드를 남기고 불필요한 기법은 제거했다. 예를 들어, OpenGL에서 애플리케이션은 직접 모드, 디스플레이 리스트 구조, 정점 배열(vertex array)을 사용하는데, OpenGL ES에서는 단지 정점 배열만 있고 직접 모드와 디스플레이 리스트 구조가 제거되었다.
- 불필요한 부분의 제거도 중요한 목적이지만, OpenGL과의 호환성 유지 또한 중요하다. 가능한 OpenGL ES는 애플리케이션이 OpenGL 기능을 포함하여 작성되어 있어도 OpenGL ES에서 실행되도록 설계되었다. 이렇게 설계한 이유는 공동 기능을 사용하여 애플리케이션과 도구를 개발하고 개발자가 OpenGL과 OpenGL ES의 API를 같이 사용하는 것을 허용하는 것이 중요한 목적이다.
- 휴대단말기기나 임베디드 기기들의 특정 제약사항을 처리하는 새로운 특징을 소개한다. 그 예로 전력 소모를 줄이고 셰이더(shader) 성능을 향상시키는 정밀도 한정자(precision qualifiers)를 셰이딩 언어에 소개했다.
- OpenGL ES의 설계자는 이미지 품질에 대한 특성 집합을 최소로 한다. 초기 휴대단말기기들에서 화면 크기는 화면에 그려지는 픽셀의 품질을 가능한 한 좋도록 하기 위해 제한된 화면 크기를 가진다.
- OpenGL ES 워킹그룹은 OpenGL ES 구현이 이미지의 품질, 정밀도, 견고성을 보장할 수 있도록 표준을 준수하길 바란다. 이것은 OpenGL ES 구현이 반드시 통과해야 하는 적합성 테스트를 개발하여 호환성을 확인하는 방법으로 알 수 있다.

지금까지 Khronos에서 OpenGL ES 1.0, ES 1.1(이 책에서는 OpenGL ES 1.x), OpenGL ES 2.0, OpenGL ES 3.0 명세서 등 4개의 OpenGL ES 명세서가 발표되었다. OpenGL ES 1.0과 1.1 명세서는 각각 OpenGL 1.3과 OpenGL 1.5 명세서로부터 파생되어 고정함수 파이프라인으로 구현하였다.

OpenGL ES 2.0 명세서는 OpenGL 2.0 명세서에서 파생되어 프로그램이 가능한 그래픽 파이프라인을 구현하였다. OpenGL 명세서의 개정으로 파생되었다는 의미는 OpenGL 명세서가 OpenGL ES 개정에 기능 정의를 위한 기준으로 사용되었다는 것이다.

OpenGL ES 3.0은 휴대용단말 그래픽의 진화에서 다음 단계로 OpenGL 3.3 명세서로부터 유도되었다. OpenGL ES 2.0이 휴대용 단말기기에 DirectX9과 마이크로소프트 Xbox 360에 유사한 기능을 가져오는 데 성공한 반면, 그래픽 성능은 데스크톱 GPU에서 진화가 계속되었다. 셰이딩 매핑, 체적 렌더링, GPU 기반 입자 애니메이션, 도형 예, 텍스트 압축, 감마 수정과 같은 기법이 가능하게 하는 주요 특성들은 OpenGL ES 2.0에서 제외되었다. OpenGL 3.0은 임베디드 시스템의 제약에 적응하는 개념이 지속되는 동안 휴대단말기기에 이들 특성들이 가능하게 하고 있다.

물론, OpenGL ES의 이전 버전 설계에 고려되었던 어떤 제한사항은 오늘날 더 이상 관련되지 않는다. 예를 들어, 휴대단말기기들은 오늘날 더 큰 화면 크기 특성을 가진다(어떤 것은 일반 데스크톱 PC 모니터보다 더 높은 해상도를 제공한다). 추가적으로 많은 휴대단말기기는 높은 성능의 멀티코어 CPU와 더 많은 메모리 특성을 가진다. OpenGL ES 3.0 개발에서 Khronos Group의 초점은 기기들의 제한된 성능을 접근하는 것보다 휴대용단말 애플리케이션에 맞는 특성의 적절한 시장 시기에 맞추어 이동했다.

다음 절은 OpenGL ES 3.0 파이프라인을 소개한다.

## OpenGL ES 3.0

앞에서 말한 것처럼 OpenGL ES 3.0은 이 책에서 공부할 API이다. 여기서의 목표는 책에 있는 예제를 통해 OpenGL ES 3.0의 기능을 어떻게 사용하는지와 다양한 성능 최적화 기술에 대한 OpenGL ES 3.0 명세서에 대해 설명한다. 이 책을 공부한 후 OpenGL ES 3.0 API를 완벽하게 이해하게 될 것이며, 주목받을 만한 OpenGL ES 3.0 애플리케이션을 쉽게 작성할 수 있고, 기능을 어떻게 사용하는가를 이해하려고 다른 명세서를 보지 않아도 될 것이다.

OpenGL ES 3.0은 프로그램 가능한 셰이딩으로 그래픽 파이프라인을 구현하고, Open-

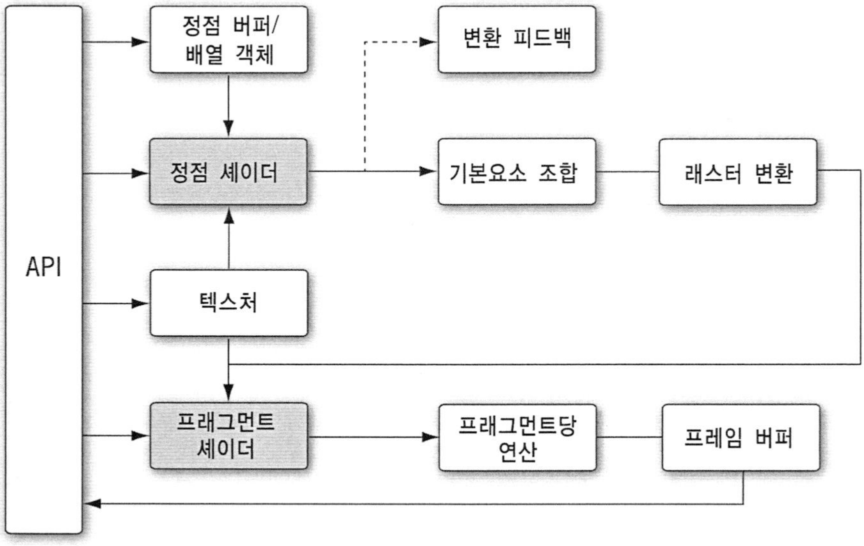


**그림 1-1** OpenGL ES 3.0 그래픽 파이프라인

GL ES 3.0 API 명세서와 OpenGL ES 셰이딩 언어 명세서(OpenGL ES SL)로 구성된다. 그림 1-1은 OpenGL ES 3.0 그래픽 파이프라인을 보이고 있다. 그림 1-1에서 음영 처리된 사각형은 OpenGL ES 3.0에서 파이프라인의 프로그램 가능한 부분을 표시한다. OpenGL ES 3.0 그래픽 파이프라인의 각 부분에 대한 개념은 아래에 설명한다.

## 정점 셰이더 (vertex shader)

이 절에서는 정점 셰이더가 무엇인가 하는 개념을 설명하며, 다음 장에서 좀 더 자세하게 정점과 프래그먼트 셰이더에 대해 공부할 것이다. 정점 셰이더는 정점에서 실행되는 범용 프로그램 가능한 메소드를 구현한다.

정점 셰이더의 입력은 다음으로 구성된다.

- 셰이더 프로그램 – 정점 셰이더 프로그램 소스코드 또는 정점을 실행하는 연산을 기술하는 실행 코드
- 정점 셰이더 입력(또는 속성) – 정점 배열(vertex array)을 이용해 제공된 정점 데이터
- uniforms – 정점 셰이더에서 사용된 상수 데이터
- 샘플러(samplers) – 정점 셰이더에서 사용하는 텍스처를 표현하는 uniform의 특정 타입

정점 셰이더의 출력은 OpenGL ES 2.0에서 변화하는 변수라 불렸으나, OpenGL ES 3.0에서는 정점 셰이더 출력 변수로 개명되었다. 기본요소 래스터 변환 단계에서 정점 셰이더 출력 값은 각 프래그먼트마다 계산되고 프래그먼트 셰이더에 입력으로 전달된다. 기본요소의 각 정점에 할당되는 정점 셰이더 출력으로부터 각 프래그먼트에 대한 변수 값을 생성하기 위해 사용되는 방법을 보간법(interpolation)이라 한다. 추가적으로 OpenGL ES 3.0은 정점 셰이더 출력을 출력 버퍼에 선택적으로 쓰여지도록 허용하는 변환 피드백이라 불리는 새로운 특성을 추가했다(추가로 혹은 대신 프래그먼트 셰이더에 전달된다). 예를 들어, 제14장에서 변환 피드백 예를 보이는 것처럼 입자 시스템은 입자들이 변환 피드백을 이용하여 버퍼 객체에 출력되는 정점 셰이더에서 구현될 수 있다. 정점 셰이더의 입력과 출력을 그림 1-2에 나타냈다.

정점 셰이더는 정점당 색상을 생성하는 조명 방정식을 계산하고 텍스처 좌표를 생성 또는 변환하는 행렬에 의해 좌표를 변환과 같은 기존의 정점 기반의 연산을 사용할 수 있다. 그렇지 않으면 애플리케이션에 따라 정점 셰이더가 지정되기 때문에 정점 셰이더는 더 이상 기존 고정함수 파이프라인에 허용되지 않는 새로운 변환, 조명, 정점 기반 효과가 가능하게 하는 수학식을 실행하도록 하는 데 사용될 수 있다.

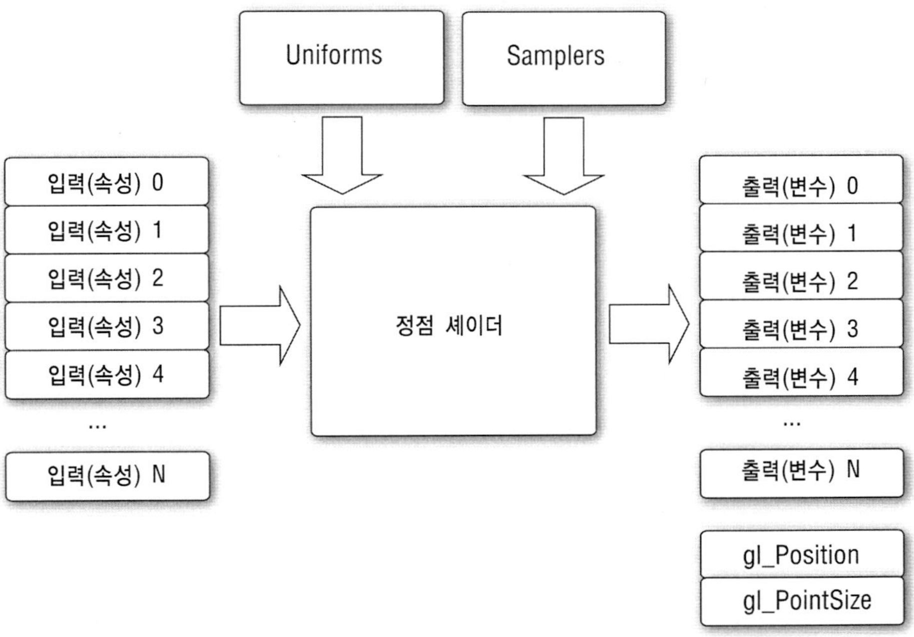


**그림 1-2** OpenGL ES 3.0 정점 셰이더

예제 1-1은 OpenGL ES 셰이딩 언어를 사용해 작성한 정점 셰이더를 보이고 있다. 이 책 뒤에서 아주 자세히 정점 셰이더를 설명한다. 여기서 보이는 정점 셰이더 예제는 정점 셰이더가 무엇인가 생각하도록 한다. 예제 1-1의 정점 셰이더는 셰이더의 속성으로 위치와 관련된 컬러 데이터를 받아들여, 4x4 행렬에 의해 위치 변환되고, 변환된 위치와 컬러가 출력되는 예제이다.

**예제 1-1** 정점 셰이더 예제

```
1. #version 300 es
2. uniform mat4 u_mvpMatrix;    // a_postion을 모델 공간에서 정규화된 장치 공간
3.                              // 으로 변환하기 위한 행렬
4.
5.
6. // 정점 셰이더에 대한 속성 입력
7. in vec4 a_position;          // 위치값
8. in vec4 a_color;             // 입력 정점 컬러
9.
10. // 정점 셰이더 출력 - 프래그먼트에 대한 입력
11. // 셰이더
12. out vec4 v_color;           // 출력 정점 컬러
13. void main()
14. {
15.    v_color = a_color;
16.    gl_Position = u_mvpMatrix * a_position;
17. }
```

1번째 줄은 셰이더의 첫 번째 줄에 나타내야 하는 정보로 셰이딩 언어의 버전을 제공한다(#version 300 es는 OpenGL ES 셰이딩 언어 v3.00을 나타낸다). 2번째 줄의 uniform 변수 u_mvpMatrix는 모델 뷰(model view)와 투영(projection) 행렬 조합을 저장한다. 7번째, 8번째 줄은 정점 셰이더의 입력을 기술하는 것으로 정점 속성으로 참조된다. a_position은 정점 위치를, a_color는 정점 컬러 속성을 입력한다. 12번째 줄에 v_color 변수는 각 정점 컬러를 표현하는 정점 셰이더의 출력을 저장한다. 내장 변수 gl_Position은 자동으로 선언되고, 셰이더는 이 변수에 변환된 위치를 저장한다. 정점이나 프래그먼트 셰이더는 main 함수라 불리는 단일 시작점을 가진다. 13-17번째 줄은 정점 셰이더의 main 함수를 기술하고, 15번째 줄은 정점 속성 a_color를 읽어 출력 정점 컬러 v_color에 치환한다. 16번째 줄은 변환된 정점 위치가 gl_Position에 출력된다.

## 기본요소(primitive) 조합

정점 셰이더 이후 OpenGL ES 3.0 파이프라인에서 다음 단계는 기본요소 조합이다. 기본요소는 OpenGL ES에서 적절한 그리기 명령어를 사용하여 삼각형, 선, 점-스프라이트(point-sprite)와 같은 도형 객체이다. 기본요소의 각 정점은 정점 셰이더의 다른 복사본에 보내진다. 기본요소 조합동안 이들 정점은 기본요소로 묶인다.

각 기본요소에 대해 관측 절두체(view frustum: 화면에 보여지는 3D 공간 영역) 내에서 기본요소가 위치하는지 아닌지를 결정해야 한다. 만일 기본요소가 관측 절두체 내부에 완전하게 있지 않으면, 기본요소를 관측 절두체에 맞게 잘라내야 한다. 만일 기본요소가 완전히 밖에 있다면 기본요소를 제거해야 한다. 클리핑(clipping)한 후 정점 위치는 화면 좌표로 변환된다. 컬링(culling) 연산도 역시 평면 전경 또는 배경을 기준으로 기본요소들을 제거한다. 클리핑과 컬링 이후 기본요소는 파이프라인의 다음 단계인 래스터 변환 단계로 전달된다.

## 래스터 변환(rasterization)

다음 단계로 그림 1-3에 기본요소(점-스프라이트, 선, 삼각형)들이 래스터 변환 단계를 통해 그려지는 것을 보인다. 래스터 변환은 기본요소들이 2차원 프래그먼트 집합으로 변환되고 이는 프래그먼트 셰이더에 의해 처리된다. 2차원 프래그먼트는 화면에 그려질 수 있는 픽셀을 의미한다.

## 프래그먼트 셰이더

프래그먼트 셰이더는 프래그먼트에서 실행되는 메소드를 구현한다. 그림 1-4에서처럼

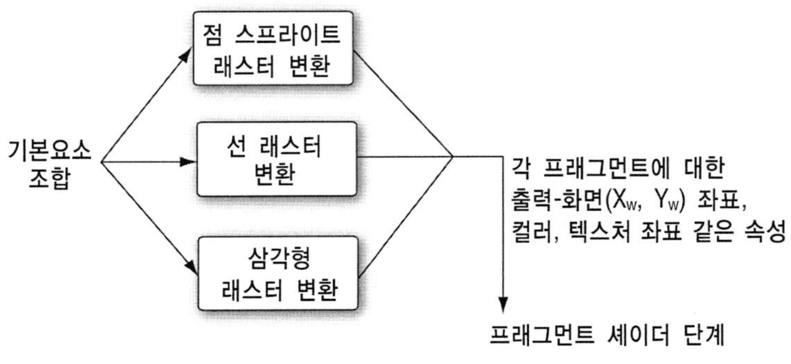


그림 1-3 OpenGL ES 3.0 래스터 변환 단계

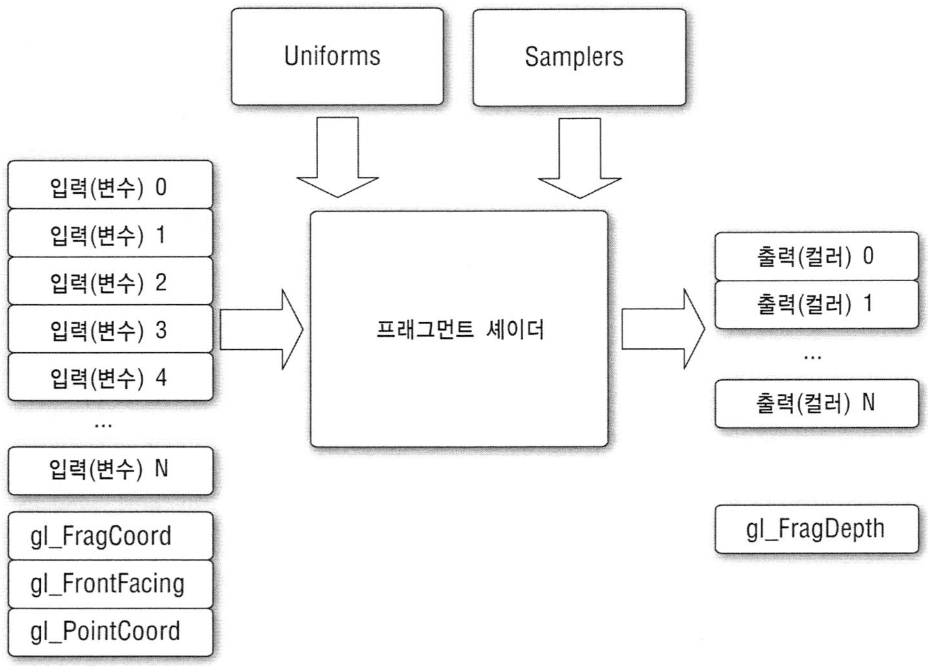


**그림 1-4** OpenGL ES 3.0 프래그먼트 셰이더

프래그먼트 셰이더는 래스터 변환 단계에서 각각의 프래그먼트가 생성되어 실행되고 다음과 같은 입력을 가진다.

- 셰이더 프로그램 – 프래그먼트 셰이더 프로그램 소스코드 또는 프래그먼트를 실행하는 연산을 기술하는 실행 코드
- 입력 변수 – 보간법을 사용하여 각 프래그먼트에 대해 래스터 변환 단위에 의해 생성된 정점 셰이더의 결과
- uniforms – 프래그먼트 셰이더(또는 정점)에서 사용된 상수 데이터
- 샘플러(samplers) – 프래그먼트 셰이더에서 사용하는 텍스처를 표현하는 uniform의 특정 타입

프래그먼트 셰이더는 프래그먼트를 삭제하거나 출력으로 참조되는 하나이상의 컬러 값을 생성할 수 있다. 전형적으로 프래그먼트 셰이더 출력은 다중 렌더링(제11장 참조)을 제외하고 단일 컬러 값이다; 후자의 경우 컬러 값은 각 렌더링 대상에 대한 출력이다. 래스터 변환 단계에서 생성된 컬러, 깊이, 스텐실(stencil), 화면좌표 위치 ($x_w$, $y_w$)는 OpenGL ES 3.0 파이프라인의 프래그먼트 연산 단계에 입력된다.

예제 1-2는 고로우(gouraud) 세이딩된 삼각형을 그리기 위해 예제 1-1의 정점 셰이더와 결합할 수 있는 간단한 프래그먼트 셰이더를 보이는 예제이다. 이 책 뒤에서 자세히 프래그먼트 셰이더를 설명하겠다. 여기서 보이는 프래그먼트 셰이더 예제는 프래그먼트 셰이더가 무엇인가에 대해 생각하도록 한다.

**예제 1-2** 프래그먼트 셰이더 예제

```
1. #version 300 es;
2. precision mediump float;
3.
4. in vec4 v_color; // 정점 셰이더로부터 정점 컬러 값 입력
5.
6. out vec4 fragColor; // 출력 프래그먼트 컬러
7. void main( )
8. {
9.     fragColor = v_color;
10.}
```

1번째 줄은 셰이더의 첫 번째 줄에 나타내야 하는 정보로 셰이딩 언어의 버전을 제공한다(#version 300 es는 OpenGL ES 셰이딩 언어 v3.00을 나타낸다). 2번째 줄에서 기본 정밀도 한정자를 설정한다. 이에 대한 설명은 제4장 "셰이더와 프로그램"에서 자세히 설명한다. 4번째 줄에 프래그먼트 셰이더에 대한 입력을 기술한다. 정점 셰이더는 프래그먼트 셰이더에 의해 읽혀지는 동일 변수 집합에 지정해야 한다. 6번째 줄은 다음 단계에 전달할 컬러로 프래그먼트 셰이더의 출력 변수에 대한 선언이다. 7번째 줄부터 10번째 줄은 프래그먼트 셰이더의 main 함수를 기술한다. 출력 컬러는 입력 컬러 v_color에 설정된다. 프래그먼트 셰이더에 대한 입력은 프래그먼트 셰이더에 전달되기 전에 기본요소에 대해 선형적으로 보간된다.

## 프래그먼트 연산

프래그먼트 셰이더의 다음 단계는 프래그먼트 연산이다. $(x_w, y_w)$ 화면 좌표로 래스터 변환에 의해 생성된 프래그먼트는 프레임 버퍼 내 $(x_w, y_w)$ 위치로 픽셀을 단지 수정할 수 있다. 그림 1-5는 OpenGL ES 3.0 프래그먼트 연산 단계를 보이고 있다.

프래그먼트 연산 단계는 그림 1-5의 각 프래그먼트에서 다음과 같은 기능(그리고 테스트)을 실행한다.

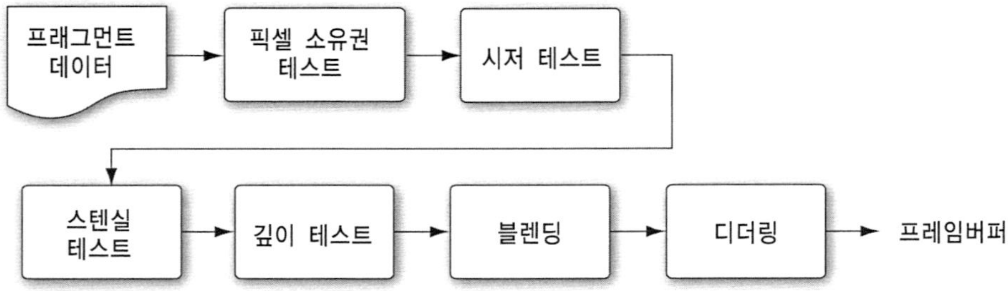


**그림 1-5** OpenGL ES 3.0 프래그먼트 연산

- 픽셀 소유권 테스트(pixel ownership test) - 이 테스트는 프레임 버퍼에서 ($x_w$, $y_w$) 위치의 픽셀이 OpenGL ES에 현재 소유되었는지 결정한다. 이 테스트는 윈도우 시스템에서 현재 OpenGL 문맥에 속해 있는 프레임버퍼 내 픽셀들을 제어하도록 한다. 예를 들어, OpenGL ES 프레임버퍼 윈도우를 디스플레이하는 윈도우가 다른 윈도우에 의해 가려진다면 윈도우잉 시스템(windowing system)은 가려진 픽셀들이 OpenGL ES 문맥에 의해 소유되지 않는다고 결정하고, 전혀 디스플레이 되지 않는다. 픽셀 소유권 테스트가 OpenGL ES의 부분인 동안 개발자에 의해 제어되지 않고 더 OpenGL ES 내에서 내부적으로 발생한다.
- 시저 테스트(scissor test) - 시저 테스트는 OpenGL ES 상태의 부분으로 정의된 시저 사각형 범위 내에 ($x_w$, $y_w$)가 정의되었는지 결정한다. 프래그먼트가 시저 영역 밖에 있다면 프래그먼트를 버린다.
- 스텐실 및 깊이 테스트(stencil and depth test) - 이는 프래그먼트가 거부될지 받아들여질지를 결정하기 위해 입력되는 프래그먼트의 스텐실과 깊이 테스트를 실행한다.
- 블렌딩(blending) - 블렌딩은 새로 생성된 프래그먼트 컬러 값과 ($x_w$, $y_w$) 위치에서 프레임버퍼에 저장된 값을 결합한다.
- 디더링(dithering) - 디더링은 프레임버퍼에서 컬러 값을 저장하는 데 한정된 정밀도를 이용하여 발생할 수 있는 인위적 결과물을 최소화하는 데 사용할 수 있다.

프래그먼트 연산 단계의 마지막은 프래그먼트를 삭제하거나 프래그먼트 컬러, 깊이 또는 스텐실 값을 ($x_w$, $y_w$) 위치에서 프레임버퍼에 쓰는 것이다. 프래그먼트 컬러, 깊이와 스텐실 값은 적절한 쓰기 마스크의 사용여부에 따라 쓰여진다.

쓰기 마스크는 적절한 버퍼에 쓰여진 컬러, 깊이와 스텐실 값들의 미세한 조정을 허용한다. 예를 들면, 컬러 버퍼에 대한 쓰기 마스크는 빨간색 값이 컬러 버퍼에서 쓰여지지 않도록 설정할 수 있다. 추가로 OpenGL ES 3.0은 프레임버퍼에서 픽셀을 읽을 수 있는 인퍼페이스를 제공한다.

주

알파 테스트와 LogicOp는 더 이상 프래그먼트 단계가 아니다. 이들 두 단계는 OpenGL 2.0과 OpenGL ES 1.x에 있다. 알파 테스트 단계는 프래그먼트 셰이더가 프래그먼트를 삭제할 수 있기 때문에 더 이상 필요하지 않으며, 알파 테스트는 프래그먼트 셰이더에서 실행될 수 있다. 또한, LogicOp는 애플리케이션에서 아주 드물게 사용되고 OpenGL ES 2.0 워킹그룹은 독립 소프트웨어 개발업체(Independent Software Vendors: ISVs)에서 OpenGL ES 2.0의 특징 지원을 요구하지 않으므로 삭제되었다.

## OpenGL ES 3.0에서 새로운 것들

OpenGL ES 2.0은 휴대단말기기에 대한 프로그래밍 가능한 셰이더 시기의 정리이었고, 폭넓은 기기에서 강력한 게임, 애플리케이션, 사용자 인터페이스 영역에서 성공적이었다. 많은 새로운 렌더링 기법, 최적화, 가시적 확장을 지원하기 위해 OpenGL ES 2.0을 확장하였다. 다음 절은 OpenGL ES 3.0에 추가된 주요 새로운 특징의 개요를 제공한다. 이들 특징의 각각은 책의 뒤 부분에서 자세히 설명한다.

### 텍스처링 (texturing)

OpenGL ES 3.0은 텍스처링에 관련된 많은 새로운 특성을 소개한다.

- sRGB 텍스처와 프레임버퍼 – 감마-수정(gamma-correct) 렌더링을 실행하기 위한 애플리케이션을 허용한다. 텍스처는 셰이더에서 인출될 선형 공간에 대해 수정되지 않은 감마-수정 sRGB 공간에 저장될 수 있으며, 이때 프레임버퍼에 대한 출력에서 sRGB 감마-수정 공간으로 변환된다. 이는 선형공간에서 적절한 조명 계산과 다른 계산에 의해 더 가능성 있는 높은 가시적 정확도를 가지게 한다.
- 2D 텍스처 배열 – 2D 텍스처의 배열을 저장하는 텍스처 대상이다. 예를 들어, 이러한 배열은 텍스처 애니메이션을 실행하기 위해 사용된다. 2D 텍스처 배열 이전에 이러한 애니메이션은 전형적으로 단일 2D 텍스처에서 애니메이션의 프레임을 타일링(tiling)에 의해 사용되었으며 애니메이션 프레임을 변경하기 위해 텍스처 좌표를 수정하였다. 2D 텍스처 배열로 애니메이션의 각 프레임은 배열의 2D 조각으로 지정될 수 있다.

- 3D 텍스처 - OpenGL ES 2.0 구현이 확장을 통해 3D 텍스처를 지원한 반면 OpenGL 3.0은 의무적인 특성이다. 3D 텍스처는 3D 화소(voxel) 데이터(예; CT, MRI, PET 데이터)의 직접적 체적 렌더링을 실행하는 것과 같은 많은 의학 이미지 처리에서 기본이다.
- 깊이 텍스처와 그림자 비교 - 텍스처를 저장하기 위해 깊이 버퍼 가능. 깊이 텍스처에 대한 대부분 공통으로 사용하는 것은 깊이 버퍼가 조명의 뷰포트로 렌더링되는 그림자를 렌더링하기 위해서이다. 이때 프래그먼트가 그림자인지 결정하기 위해 장면을 랜더링할 때 비교를 위해 사용된다. 깊이 텍스처에 추가로 OpenGL ES 3.0은 인출 시에 수행되도록 깊이 텍스처에 대한 비교를 허용하며, 그러므로 깊이 텍스처에서 수행되는 쌍일차(bilinear) 필터링을 허용한다(또한 PCF, Percentage closest filtering으로 알려진다).
- 유사 큐브맵(seamless cubemaps) - OpenGL ES 2.0에서 큐브맵으로 렌더링은 큐브맵 면사이 경계에서 화상 결함이 생성된다. OpenGL ES 3.0에서 큐브맵은 필터링이 이웃면으로부터 데이터를 사용하고 유사 화상 결함이 제거되도록 샘플링된다.
- 부동소수점 텍스처 - OpenGL ES 3.0은 지원되는 텍스처 포맷에서 많이 확장했다. 부동소수점 절반(16비트) 텍스처는 지원되었고 필터링된다. 반면 전 소수점(32비트) 텍스처는 지원되고 필터링되지 않는다. 부동소수점 텍스처 데이터를 접근하는 것은 일반 목적 계산에 대한 큰 동적 범위 텍스처를 포함하는 많은 애플리케이션을 가진다.
- ETC2/EAC 텍스처 압축 - 제공된 여러 OpenGL ES 2.0 구현이 특정 벤더 압축 텍스처 포맷(예; Qualcomm의 ATC, Imagination Technologies의 PVRT, Sony Ericsson의 Ericsson Texture Compression)을 지원하는 반면 개발자가 필요로 하는 표준 압축은 없었다. OpenGL ES 3.0에서 ETC2/EAC 지원은 기본이다. ETC2/EAC 포맷은 RGB888, RGBA8888, 1과 2채널 부호있는/부호없는 텍스처 데이터를 위한 압축을 제공한다. 텍스처 압축은 GPU 메모리 활용을 줄이는 것뿐만 아니라 더 좋은 성능(텍스처 캐시의 더 좋은 활용에 따른)을 포함하여 여러 장점을 제공한다.
- 정수 텍스처 - OpenGL ES 3.0은 정규화되지 않은 부호있는/부호없는 8비트, 16비트, 32비트 정수 텍스처를 생성하고 저장된 텍스처로부터 인출할 수 있는 기능을 소개한다.
- 추가적인 텍스처 포맷 - 앞에서 언급된 포맷들에 추가로 OpenGL ES 3.0은 11-11-10 RGB 부동소수점 텍스처, 공유된 지수 RGB 9-9-9-5 텍스처, 10-10-10-2 정수 텍스처, 요소당 8비트 부호있는 정규화된 텍스처 등의 지원을 포함한다.

- 2의 비지수 텍스처(NPOT, non-power-of-2) - 텍스처는 2의 비지수 차원으로 지정될 수 있다. 이는 비디오나 카메라로부터 텍스처링이 2의 비지수 차원으로 캡처되거나 기록되는 것이 제공될 때와 같은 많은 상황에서 유용하다.
- 상세 텍스처 단계(LOD, level of detail) - 텍스처 LOD 매개변수는 인출될 밉맵(mip-map)이 고정될 수 있는지 결정하기 위해 사용된다. 추가적으로 기본 및 최대 밉맵 단계는 고정될 수 있다. 결합한 두 특성은 밉맵을 스트림 가능하도록 한다. 더 큰 밉맵 단계들이 유용한 것처럼, 기본 단계는 증가될 수 있고 LOD 값은 부드럽게 보이는 스트리밍 텍스처를 제공하기 위해 부드럽게 증가될 수 있다. 이는 예를 들어 네트워크 연결상에서 텍스처 밉맵 데이터를 다운로드할 때 매우 유용하다.
- 텍스처 스위즐(swizzle) - 새로운 텍스처 객체는 텍스처 데이터의 각 채널(R, G, B, A)이 셰이더로 사상되는 곳의 독립적 제어를 허용하도록 소개한다.
- 불변 텍스처 - 데이터와 같이 적재되기 전에 텍스처의 포맷과 크기를 지정하는 애플리케이션에 대한 방법을 제공한다. 이렇게 함으로써 텍스처 포맷은 불변이고 OpenGL ES 드라이버는 모두 일정하게 실행될 수 있고 메모리가 미리 검사된다. 이는 드라이버가 일정성 검사 시간을 건너뛰게 함으로써 성능을 좋게 할 수 있다.
- 증가된 최소 크기 - 모든 OpenGL ES 3.0 구현은 OpenGL ES 2.0보다 더 많은 텍스처 자원을 지원하도록 요구한다. 예를 들어, OpenGL ES 2.0에서 최소 지원 2D 텍스처 차원은 64이었으나 OpenGL ES 3.0에서는 2048까지 증가되었다.

### 셰이더 (shaders)

OpenGL ES 3.0은 OpenGL ES 셰이딩 언어(ESSL v3.00)에 대한 주요 갱신 내용과 새로운 셰이더 특성을 지원하기 위해 새로운 API 특성을 포함한다.

- 2진 프로그램(program binaries) - OpenGL ES 2.0에서 2진 포맷으로 셰이더를 저장할 수 있었으나 여전히 실행 시에 프로그램에 링크하도록 요구하고 있다. OpenGL ES 3.0에서 전체 링크된 2진 프로그램(정점 및 프래그먼트 셰이더)은 실행 시에 요구된 연결 단계없이 오프라인 2진 포맷으로 저장될 수 있다. 이는 애플리케이션의 적재 시간을 줄이는데 크게 도움이 된다. 추가적으로 OpenGL ES 3.0은 2진 프로그램을 사용하도록 요구된 오프라인 도구들이 없으므로 드라이버로부터 2진 프로그램을 검색하기 위한 인터페이스를 제공한다.
- 기본 온라인 컴파일러 - OpenGL ES 2.0은 드라이버가 셰이더의 온라인 번역을 지원할지에 대해 선택적이었다. 이는 드라이버의 메모리 요구사항을 줄이기 위한 것이었

으나 이를 달성하기 위해서는 셰이더를 생성하기 위해 벤더 지정 도구에 따라 개발자에게 주요 가격 증가 요인이 되었다. OpenGL ES 3.0에서 모든 구현은 온라인 셰이더 컴파일러를 가진다.

- 비사각형 행렬 - 사각형 행렬 이외 새로운 행렬 유형이 지원되고, 관련된 uniform 호출이 행렬들 적재를 지원하기 위한 API에 추가되었다. 비사각형 행렬은 변환을 실행하는 데 요구되는 명령 수를 줄일 수 있다. 예를 들어, 아핀(affine) 변환을 실행할 때 4x3 행렬은 마지막 행이 (0, 0, 0, 1)일 때 4x4 대신 사용될 수 있어서 변환을 수행하는 데 요구된 명령 수를 줄일 수 있다.
- 전 정수 지원 - 전 정수 연산과 같이 정수(부호없는 정수 포함) 스칼라와 벡터 유형은 ESSL 3.00에서 지원된다. 텍스처로부터 정수값을 읽고 정수값을 정수 컬러 버퍼에 출력하는 것과 마찬가지로 int에서 float, float에서 int로 변환하는 다양한 내장함수가 있다.
- 도형중심 샘플링(centroid sampling) - 다중 샘플시 인공 렌더링을 피하기 위해 정점 셰이더(그리고 프래그먼트 셰이더에 입력)로부터 출력 변수는 도형중심 샘플링으로 선언될 수 있다.
- 평편/부드러운 보간기(interpolator) - OpenGL ES 2.0에서 모든 보간기는 기본요소에 대해 암시적으로 선형적으로 보간된다. ESSL 3.00에서 보간기(정점 셰이더 출력/프래그먼트 셰이더 입력)는 평편하거나 부드러운 셰이딩이 되도록 명백하게 선언될 수 있다.
- uniform 블록 - uniform 값들은 uniform 블록으로 함께 묶을 수 있다. uniform 블록들은 다중 셰이더 프로그램에서 더 효율적으로 적재될 수 있고 또한 공유될 수 있다.
- 배치 수식자(layout qualifier) - 정점 셰이더 입력은 요구하는 API 호출 없이 셰이더 소스에서 위치를 명시적으로 연결하기 위해 배치 수식자로 선언될 수 있다. 배치 수식자는 또한 다중 렌더링 대상에 대해 렌더링할 때 각 대상에 출력을 연결하기 위해 프래그먼트 셰이더 출력에 대해 사용될 수 있다. 더욱이 배치 수식자는 uniform 블록에 대한 메모리 배치를 제어하기 위해 사용될 수 있다.
- 인스턴스(instance)와 정점 ID - 정점 색인은 인스턴스 렌더링을 이용 시 인스턴스 ID만큼 정점 셰이더에서 접근 가능하다.
- 프래그먼트 깊이 - 프래그먼트 셰이더는 깊이 값의 보간에 의한 것보다 현재 프래그먼트에 대한 깊이 값을 명시적으로 제거할 수 있다.
- 새로운 내장함수 - ESSL 3.00은 새로운 텍스처 특성들, 프래그먼트 파생함수, 반 부동 데이터 변환, 행렬과 수식 연산 등을 지원하기 위한 많은 새로운 내장함수를 소

개한다.

- 관대한 제한 – ESSL 3.0은 셰이더에서 제한이 크게 관대하다. 셰이더는 명령어 길이, 변수에서 루프와 분기 완전 지원, 배열에서 색인 지원 등에서 더 이상 제한이 없다.

## 기하학(Geometry)

OpenGL ES 3.0은 기하학 명세에 관련된 새로운 여러 특성을 소개하고 기본요소 렌더링을 제어한다.

- 변환 피드백 – 버퍼 객체에 캡처되도록 정점 셰이더의 출력을 허용한다. 이는 임의의 CPU 개입없이 GPU상에서 애니메이션을 수행하는 폭넓은 기법에 유용하다. 예를 들어, 정점 버퍼에 대해 렌더링을 이용하는 입자 애니메이션 또는 물리적 시뮬레이션 등이다.
- 부울 교합 질의(Boolean occlusion queries) – 호출(또는 호출 집합)의 임의의 픽셀이 깊이 테스트에 전달하는지 애플리케이션이 질의하는 것이 가능하다. 이 특성은 잘 보이지 않는 튀어 오르는 체적 객체에 대해 기하학적 처리 실행을 피하기 위해 최적화와 같이 렌즈 불꽃 효과에 대해 가시성 결정처럼 다양한 기법에서 사용될 수 있다.
- 실례 렌더링 – 속성(변환 행렬, 컬러, 크기와 같은)에 의해 다르지만 유사한 기하학을 포함하는 객체를 효율적으로 렌더링한다. 이 특성은 집단 렌더링과 같이 유사 객체의 큰 양을 렌더링하는 데 유용하다.
- 기본요소 재시작 – 새로운 기본요소에 대해 OpenGL ES 2.0에서 삼각형 스트립(strip)을 이용할 때, 애플리케이션은 축퇴 삼각형을 표현하기 위해 색인 버퍼에 색인들을 삽입해야 한다. OpenGL ES 3.0에서는 특별한 색인값이 새로운 기본요소의 시작을 나타내기 위해 사용된다. 이는 삼각형 스트립을 사용할 때 축퇴 삼각형을 생성하기 위한 필요성을 제거한다.
- 새로운 정점 포맷 – 10-10-10-2 부호있는/없는 정규화된 정점 속성, 8-비트, 16-비트, 32-비트 정수 속성; 16-비트 반 부동소수점 등을 포함하는 새로운 정점 포맷은 OpenGL ES 3.0에서 지원된다.

## 버퍼 객체(buffer objects)

OpenGL ES 3.0은 그래픽 파이프라인의 다양한 부분에 데이터를 지정하는 효율성과 유연성을 증가할 수 있는 많은 새로운 버퍼 객체들을 소개한다.

- uniform 버퍼 객체 – uniform의 큰 블록들을 저장하거나 연결하기 위한 효율적인 방법을 제공한다. uniform 버퍼 객체들은 OpenGL ES 2.0 애플리케이션에서 공통 병목인 셰이더에 uniform 값들을 연결하기 위한 성능 가격을 줄이기 위해 사용될 수 있다.
- 정점 배열 객체 – 정점 배열 상태들 사이를 연결하거나 전환하기 위한 효율적인 방법을 제공한다. 정점 배열 객체들은 근본적으로 정점 배열 상태들에 대한 용기 객체이다. 이들을 이용하여 여러 번 호출하는 대신 단일 API 호출로 정점 배열 상태를 전환하도록 애플리케이션에 허용한다.
- 샘플러(sampler) 객체 – 텍스처 객체로부터 샘플러 상태(텍스처 랩(wrap) 모드와 필터링)를 구분한다. 이는 텍스처들 사이 샘플러 상태를 공유하는 더 효율적인 방법을 제공한다.
- 동기(sync) 객체 – OpenGL ES 연산 집합이 GPU에서 실행이 마쳤는지를 검사하는 애플리케이션에 대한 기법을 제공한다. 관련된 새로운 특성은 OpenGL ES 연산 집합이 실행을 위해 더 많이 대기하기 전에 실행을 마칠 때까지 기다려야 하는 것을 애플리케이션이 GPU에 알리기 위한 방법을 제공하는 펜스(fence)이다.
- 픽셀(pixel) 버퍼 객체 – 애플리케이션이 픽셀 연산과 텍스처 전송 연산에 데이터의 비동기 연산을 실행할 수 있게 한다. 이 최적화는 애플리케이션이 전송 연산 동안 계속적으로 작업이 진행될 수 있는 CPU와 GPU 사이 데이터의 더 빠른 전송을 제공하는 것이다.
- 버퍼 부분범위(subrange) 매핑 – 애플리케이션이 CPU에 의해 접근하는 버퍼의 부분범위를 사상하도록 허용한다. 이는 전체 버퍼가 클라이언트에 유용하도록 하는 기존 버퍼 매핑보다 더 좋은 성능을 제공한다.
- 버퍼 객체를 버퍼 객체에 복사 – CPU에서 간섭없이 한 버퍼 객체에서 다른 버퍼 객체로 데이터를 효율적으로 전송하는 방법을 제공한다.

## 프레임버퍼 (framebuffer)

OpenGL ES 3.0은 프레임버퍼 객체들에 대해 화면밖 렌더링에 관련된 많은 새로운 특성들을 제공한다.

- 다중 렌더링 대상(Multiple render targets, MRTs) – 애플리케이션이 한 번에 여러 컬러 버퍼에 대해 동시에 렌더링하도록 허용한다. MRTs로 프래그먼트 셰이더는 각 첨부된 컬러 버퍼에 대해 여러 컬러를 출력한다. MRTs는 지연된 셰이딩과 같은 많은 고급 렌더링 알고리즘에서 사용된다.

- 다중 샘플 렌더 버퍼(render buffer) – 애플리케이션이 다중 샘플 안티에일리어싱(anti-aliasing)을 가지는 화면밖 프레임버퍼에 대해 렌더링할 수 있도록 한다. 다중 샘플 렌더 버퍼는 텍스처에 직접적으로 묶일 수 없으나 이들은 새로운 프레임버퍼를 이용하여 단일 샘플 텍스처로 해결될 수 있다.
- 프레임버퍼 무효 힌트(Framebuffer invalidation hints) – OpenGL ES 3.0의 많은 구현은 타일기반 렌더링(TBR, 제12장 프레임버퍼 무효 절에서 설명됨)을 사용하는 GPU에 기반한다. TBR은 프레임버퍼에 더 많은 렌더링을 위해 타일 콘텐츠를 불필요하게 복원해야 할 때 주요 성능 가격이 발생하는 경우이다. 프레임버퍼 무효는 프레임버퍼 콘텐츠가 더 이상 필요로 하지 않는 경우 드라이버에 애플리케이션이 알리기 위한 방법을 제공한다. 이는 타일에서 불필요한 복원 연산을 삭제하도록 하여 최적화 단계를 갖도록 드라이버에 허용한다. 이러한 기능성은 많은 애플리케이션에서 최고 성능을 달성하는 데 매우 중요하다. 특히 많은 화면밖 렌더링에서 중요하다.
- 새로운 혼합 방정식(blend equation) – min/max 함수들은 혼합 방정식으로 OpenGL ES 3.0에서 지원된다.

## OpenGL ES 3.0과 하위 호환성

OpenGL ES 3.0은 OpenGL ES 2.0과 하위 호환성을 가진다. 이는 OpenGL ES 2.0을 이용하기 위해 쓰여진 임의의 애플리케이션에 대해 OpenGL ES 3.0의 구현에서 동작됨을 의미한다. 하위 호환성에 대해 적은 수의 애플리케이션에 영향을 주는 나중 버전에 매우 적은 변경이 있다. 즉, 프레임버퍼 객체는 문맥들 사이 더 이상 공유되지 않고, 큐브맵(cubemap)은 매끄러운 필터링을 이용하여 항상 필터링되고, 부호 고정점 수가 부동점 수로 변환되는 데서 약간의 변경이 있다.

OpenGL ES 3.0이 OpenGL ES 2.0과 하위 호환성을 가진다는 사실은 OpenGL ES의 이전 버전과 하위 호환성을 갖는 것에 대해 OpenGL ES 2.0에 대한 것과 다른 문제이다. OpenGL ES 2.0은 OpenGL ES 1.x와 하위 호환성을 갖지 않는다. OpenGL ES 2.0/3.0은 OpenGL ES 1.x에서 지원하는 고정함수 파이프라인을 지원하지 않는다. OpenGL ES 2.0/3.0의 프로그램 가능한 정점 셰이더는 OpenGL ES 1.x에서 구현된 고정함수 정점 단위로 대체된다. 고정함수 정점 단위는 정점 위치 변환, 텍스처 좌표 변환 및 생성, 정점 컬러 계산에 사용될 수 있는 특정 정점 변환과 조명 방정식을 구현한다. 이와 비슷하게 프로그램 가능한 프래그먼트 셰이더는 OpenGL ES 1.x에서 구현된 고정함수 텍스처 결합 단위로 대체된다. 고정함수 텍스처 결합 단위는 각 텍스처 단위에 대한 텍스처 결합 단계를 구현한다. 텍스처 컬러는 분산 컬러와 덧셈, 나눗셈, 감산, 곱셈과 같은 고정 연산 집합을 사용한 이전 텍스처 결합 단계의 결과가 결합된다.

OpenGL ES 워킹그룹은 다음 이유들 때문에 OpenGL ES 2.0/3.0과 OpenGL ES 1.x 사이 하위 호환성에 대해 결정하였다.

- OpenGL ES 2.0/3.0에서 고정함수 파이프라인을 지원하는 것은 API가 어떤 특성을 지원하는지 결정하는 데 있어 워킹그룹에서 사용된 하나의 기준에 대해 특성을 구현하기 위해 한 가지 이상의 방법을 지원해야 함을 포함한다. 프로그램 가능한 파이프라인은 애플리케이션이 셰이더를 이용한 고정함수 파이프라인을 구현하도록 허용하기 때문에 OpenGL ES 1.x와 하위 호환성에 대해 강제성이 없다.
- 독립 소프트웨어 개발업체(Independent Software Vendors: ISVs)로부터의 의견은 대부분 게임들이 프로그램 가능하고 고정된 함수 파이프라인을 혼합하지 않는다는 것이다. 독립 소프트웨어 개발업체의 게임은 고정함수 파이프라인이나 프로그램 가능한 파이프라인 중 하나를 위해 사용된다. 프로그램 가능한 파이프라인을 사용하면 원하는 표현 효과에 많은 융통성을 갖기 때문에 고정함수 파이프라인을 더 이상 사용할 이유가 없다.
- OpenGL ES 2.0/3.0 드라이버가 차지하는 메모리 공간은 고정함수 파이프라인과 프로그램 가능한 파이프라인 모두를 지원해야 한다면 더 커야한다. OpenGL ES를 지원하는 디바이스는 메모리 공간 최소화가 중요 설계 기준이다. OpenGL ES 1.x API로 고정함수 지원을 분리하고 OpenGL ES 2.0/3.0 API로 프로그램 가능한 셰이더를 지원하게 함으로, 더 이상 OpenGL ES 1.x 지원을 요구하지 않는 판매자들은 드라이버에 OpenGL ES 1.x API와 OpenGL ES 2.0 API가 모두 포함되는 것이 더 이상 필요하지 않게 되었다.

## EGL

OpenGL ES 명령들은 문맥 렌더링과 평면 그리기를 요구한다. 문맥 렌더링은 적절한 OpenGL ES 상태를 저장한다. 평면 그리기는 기본요소들이 평면을 그리는 것이다. 평면 그리기는 컬러, 버퍼, 깊이 버퍼와 스텐실 버퍼들을 위해 요구되는 버퍼들의 타입을 지정한다. 평면 그리기는 또한 요구된 버퍼의 각 비트 깊이를 지정한다.

OpenGL ES API는 어떻게 문맥 렌더링이 생성되는지 또는 어떻게 문맥 렌더링이 특정 윈도우 시스템에 첨부되는지를 언급하고 있지 않다. EGL은 특정 윈도우 시스템과 OpenGL ES와 같은 Khronos 렌더링 API 사이 하나의 인터페이스이다. OpenGL ES를 구현할 때 EGL을 제공할 필요조건은 없다. 개발자들은 어떤 인터페이스가 지원되는지 결정하기 위해 플랫폼 판매자의 문서를 참고해야 한다. 현재로는 EGL을 지원하지 않는 OpenGL ES를 지원한 플랫폼으로 단지 알려진 것은 iOS이다.

임의의 OpenGL ES 애플리케이션은 렌더링하기 전에 EGL을 사용하여 다음과 같은 것을 할 필요가 있다.

- 디바이스에 유용한 디스플레이를 검색하고 이를 초기화한다. 예들 들면, 플립폰(flip phone)은 2개의 LCD 패널을 가지고 있고, 평면을 하나 또는 양쪽 패널 모두에 디스플레이 할 수 있는 OpenGL ES를 이용해 렌더링 할 수 있다.
- 평면 렌더링을 생성한다. EGL 내에 생성된 평면은 화면내부 평면 또는 화면밖 평면으로 분류된다. 화면밖 평면은 디스플레이 되지 않고 렌더링 평면으로 사용될 수 있는 픽셀 버퍼인 데 반해, 화면내부 평면은 특정 윈도우 시스템에 첨부된다. 평면들은 텍스처 표현에 사용될 수 있고 다중 Khronos API와 공유할 수 있다.
- 렌더링 문맥을 생성한다. EGL은 OpenGL ES 렌더링 문맥을 생성하는 데 필요하다. 이 문맥은 렌더링을 시작하기 전에 적절한 평면에 첨부될 필요가 있다.

EGL API는 기술된 특성과 전원 관리, 프로세스에서 다중 문맥 렌더링 지원, 프로세스에서 문맥 렌더링에 대한 객체(텍스처나 정점 버퍼 같은) 공유, 주어진 구현에 의해 지원된 EGL 혹은 OpenGL ES 확장 기능에 대한 함수 포인터를 얻어오는 메커니즘과 같은 추가적인 기능을 구현한다.

EGL의 최근 명세서는 EGL 1.4이다.

## OpenGL ES 3.0 프로그래밍

OpenGL ES 3.0 애플리케이션을 작성하려면 애플리케이션에서 필요한 어떤 라이브러리와 헤더 파일이 필요한지 알아야 한다. 또한, EGL에 의해 사용된 문법과 GL 명령어 이름과 명령어 매개변수를 이해하는 것이 유용하다.

## 라이브러리들과 include 파일

OpenGL ES 3.0 애플리케이션은 libGLESv2.lib라 불리는 OpenGL ES 3.0 라이브러리와 `libEGL.lib`라 불리는 EGL 라이브러리가 필요하다.

OpenGL ES 3.0 애플리케이션은 ES 3.0을 연결할 ESL 헤더 파일을 포함해야 한다. 다음의 inlude 파일은 OpenGL ES 3.0 애플리케이션에 꼭 포함되어야 한다.

```
#include <EGL/egl.h>
#include <GLES3/gl3.h>
```

`egl.h`는 EGL 헤더 파일이며, `gl3.h`는 OpenGL ES 3.0 헤더 파일이다. 애플리케이션들은 선택적으로 ES 2.0/3.0에 대한 Khronos 확장 목록을 기술한 헤더 파일인 `gl2ext.h`를 포함할 수 있다.

헤더 파일과 라이브러리 이름은 플랫폼 의존적이다. OpenGL ES 워킹그룹은 라이브러리 이름과 헤더 파일 이름을 정의하려 하였고, 이들이 어떻게 구성되어야 하는지 노력하였지만 모든 OpenGL ES 플랫폼에서 적용되지 않을 수도 있다. 하지만 개발자들은 라이브러리와 include 파일이 어떻게 명명되고 구성되는지의 정보에 대해 플랫폼 판매자 문서를 참조해야 한다. 공식적인 OpenGL ES 헤더 파일들은 Khronos에 의해 관리되고, http://khronos.org/registry/gles/에서 유용하다. 또한, 이 책의 샘플 코드는 헤더 파일의 복사본을 포함한다.

## EGL 명령어 구문

모든 EGL 명령어는 접두어 egl로 시작하며 명령어 이름을 구성하는 각 단어들의 첫 문자는 대문자로 시작한다(예; `eglCreateWindowSurface`). 비슷하게 EGL 데이터 타입도 접두어 `Egl`로 시작하고 `EGLint`와 `EGLenum`을 제외하고 타입 이름을 구성하는 각 단어들의 첫 문자가 대문자로 시작한다.

표 1-1은 사용된 EGL 데이터 타입을 간단히 기술한다.

**❙ 표 1-1 ❙ EGL 데이터 타입**

| 데이터 타입 | C-언어 타입 | EGL 타입 |
|---|---|---|
| 32-bit integer | `int` | `EGLint` |
| 32-bit unsigned integer | `unsignedint` | `EGLBoolean, EGLenum` |
| pointer | `void *` | `EGLConfig, EGLContext, EGLDisplay, EGLSurface, EGLClientBuffer` |

## OpenGL ES 명령어 구문

모든 OpenGL ES 명령어는 접두어 gl을 붙여 시작하며 명령어 이름의 첫 문자는 대문자로 시작한다(예; glBlendEquation). 비슷하게 OpenGL ES 데이터 타입도 접두어 GL로 시작한다.

몇몇 명령어는 서로 다른 형식의 인수를 가질 수 있다. 형식이나 타입은 인수의 개수(한 개에서 네 개), 사용된 인수의 데이터 타입(byte[b], unsigned byte[ub], short[s], unsigned short[us], int[i], fixed[x], float[f]), 인수가 벡터(v)로 전달되거나 안되거나에 따라 변경된다. OpenGL ES에서 허용되는 명령어 형식의 몇 가지 예는 다음과 같다.

다음 두 개의 명령어는 uniform 값이 실수형과 정수형으로 지정된 것만 제외하고는 동일하다.

```
glUniform2f(location, 1.0f, 0.0f);
glUniform2i(location, 1, 0)
```

다음에 기술한 명령어도 역시 전달할 명령어 인수가 벡터인가 아닌가의 차이만 있을 뿐 동일하다.

**| 표 1-2 |** OpenGL ES 명령어 접미사와 인수 데이터 타입

| 접미사 | 데이터 타입 | C-언어 타입 | GL 타입 |
|---|---|---|---|
| b | 8-bit signed integer | signed char | GLbyte |
| ub | 8-bit unsigned integer | unsigned char | GLubyte, GLboolean |
| s | 16-bit signed integer | short | GLshort |
| us | 16-bit unsigned integer | unsigned short | GLushort |
| i | 32-bit signed integer | int | GLint |
| ui | 32-bit unsigned integer | unsigned int | GLuint, GLbitfield, GLenum |
| x | 16.16 fixed point | int | GLfixed |
| f | 32-bit floating point | float | GLfloat, GLclampf |
| i64 | 64-bit integer | khronos_int64_t (플랫폼 의존) | GLint64 |
| ui64 | 64-bit unsigned integer | khronos_uint64_t (플랫폼 의존) | GLuint64 |

```
GLfloat coord[4] = { 1.0f, 0.75f, 0.25f, 0.0f };
glUniform4fv(location, coord);
glUniform4f(location, coord[0], coord[1], coord[2], coord[3]);
```

표 1-2에 OpenGL ES에서 사용하는 명령어 접미사와 인수 데이터 타입을 설명한다.

마지막으로, OpenGL ES는 GLvoid 타입을 정의한다. 이는 포인터를 허용하는 OpenGL ES 명령어에서 사용된다.

이 책의 나머지 부분에서, OpenGL ES 명령어들이 기본 이름에 의해 참조되고, * 표시는 명령어 이름의 다양한 형식 참조를 표시하기 위해 사용된다. 예를 들면, glUniform*()은 uniform을 지정하기 위해 사용하는 명령어의 모든 변형을 지원하고, glUniform*v()는 uniform을 지정하기 위해 사용하는 명령어의 모든 벡터 버전을 나타낸다. 만일 명령어의 특별한 버전이 논의될 필요가 있다면 적절한 접미사를 포함하여 전체 명령어 이름을 사용한다.

## 오류처리

OpenGL ES 명령어를 애플리케이션에서 잘못 사용하면 오류 코드가 발생한다. 이 오류 코드는 기록되고 glGetError를 사용하여 질의할 수 있다. 다른 오류들은 애플리케이션이 glGetError를 사용하여 첫 번째 오류를 질의할 때까지 기록되지 않는다. 일단 오류 코드가 질의되면 현재의 오류 코드는 GL_NO_ERROR로 리셋된다. 오류를 발생한 명령어는 무시되고 이 절 뒤에 기술되는 GL_OUT_OF_MEMORY 오류를 제외한 OpenGL ES 상태에 영향을 미치지 않는다.

glGetError 명령어는 다음과 같다.

```
GLenum  glGetError(void)
```

현재 오류 코드를 반환하고 현재 오류 코드를 GL_NO_ERROR로 리셋한다. 만일 GL_NO_ERROR가 반환되면, glGetError를 마지막 호출한 이후 검출될 수 있는 오류는 없다.

표 1-3은 기본 오류 코드와 설명이다. 이 표에 나열된 기본 오류 코드 이외 다른 오류 코드는 이들 특정 오류를 발생하는 OpenGL ES 명령어를 설명하는 장에서 기술한다.

**| 표 1-3 |** OpenGL ES 기본 오류 코드

| 오류 코드 | 설명 |
|---|---|
| GL_NO_ERROR | 오류가 glGetError를 마지막 호출한 이후 발생한 오류가 없다. |
| GL_INVALID_ENUM | GLenum 인수가 범위를 벗어남. 오류가 발생한 명령어는 무시 |
| GL_INVALID_VALUE | 숫자 인수가 범위를 벗어남. 오류가 발생한 명령어는 무시 |
| GL_INVALID_OPERATION | 특정 명령어가 현재 OpenGL ES 상태에서 실행할 수 없다. 오류가 발생한 명령어는 무시 |
| GL_OUT_OF_MEMORY | 명령어를 실행하기에 메모리가 부족할 때 발생. 만약 이 오류가 현재 오류 코드 이외 발생하면 OpenGL ES 파이프라인의 상태는 정의되지 않은 것으로 간주 |

## 기본 상태 관리 (Basic State Management)

그림 1-1에서 OpenGL ES 3.0의 다양한 파이프라인 단계를 보였다. 각 파이프라인 단계는 각 문맥에 대해 적합한 상태 값을 유지하고 상태를 활성화 또는 비활성화할 수 있는 상태를 가진다. 상태의 예는 블렌딩 활성화, 블렌딩 요소, 컬링(cull) 활성화, 컬링 페이스(cull face) 등 이다. 상태는 OpenGL ES 문맥(EGLcontext)이 초기화 될 때 기본값으로 초기화한다. 상태 활성화는 glEnable과 glDisable 명령어를 이용하여 지정할 수 있다.

```
void  glEnable(GLenum cap)
void  glDisable(GLenum cap)
```

glEnable과 glDisable은 다양한 기능을 활성화나 비활성화한다. 각 기능에 대한 초기값은 GL_TRUE로 지정되는 GL_DITHER를 제외하고 GL_FALSE로 설정된다. cap이 유효 상태 enum이 아니면 오류 코드 GL_INVALID_ENUM이 생성

활성화되거나 비활성화되는 cap 상태는 다음과 같이 될 수 있다;

GL_BLEND
GL_CULL_FACE
GL_DEPTH_TEST

```
GL_DITHER
GL_POLYGON_OFFSET_FILL
GL_PRIMITIVE_RESTART_FIXED_INDEX
GL_RASTERIZER_DISCARD
GL_SAMPLE_ALPHA_TO_COVERAGE
GL_SAMPLE_COVERAGE
GL_SCISSOR_TEST
GL_STENCIL_TEST
```

다음 장에서부터는 그림 1-1에서의 각 파이프라인 단계에 대한 특정 상태 활성화를 기술할 것이다. 상태가 현재 활성화 또는 비활성화되었는지 glEnabled 명령어를 이용해 확인할 수 있다.

GLboolean **glisEnabled**(GLenum cap)

상태가 활성화되었는지 비활성화되었는지에 따라 GL_TRUE 또는 GL_FALSE를 반환한다. cap이 유효 상태 enum이 아니면 오류 코드 GL_INVALID_ENUM이 생성

블렌딩 요소, 깊이 테스트 값들과 같은 특정 상태 값들 등은 적당한 glGet*** 명령어들을 사용하여 질의한다. 이 명령어들은 제14장 "상태 질의(State Queries)"에서 자세히 설명한다.

## 추가로 보기

OpenGL ES 1.0, 1.1, 2.0, 3.0 명세서는 www.khronos.org/opengles/에서 찾아볼 수 있다. 추가로, Khronos 웹사이트(www.khronos.org)에서 최신 Khronos 명세서에 대한 정보와 개발자 게시판, 튜토리얼과 예제를 제공한다.

- Khronos OpenGL ES 1.1 웹사이트 : www.khronos.org/opengles/1_X/
- Khronos OpenGL ES 2.0 웹사이트 : www.khronos.org/opengles/2_X/
- Khronos OpenGL ES 3.0 웹사이트 : www.khronos.org/opengles/3_X/
- Khronos EGL 웹사이트 : www.khronos.org/egl/

OpenGL® ES™ 3.0 Programming Guide

# Chapter 02 OpenGL ES 3.0 예: 삼각형 만들기

OpenGL ES 3.0의 기본 개념을 소개하기 위해 간단한 예제로 시작해 보자. 이 장에서는 삼각형을 그리는 OpenGL ES 3.0 프로그램을 작성하는 데 무엇이 필요한지 설명한다. 작성하게 될 삼각형 생성 프로그램은 도형을 그리는 OpenGL ES 3.0 애플리케이션의 아주 기본적인 예제이다. 이 장에서는 다음과 같은 개념에 대해 배우게 된다.

- EGL로 화면에 평면 생성
- 정점과 프래그먼트 셰이더 적재
- 프로그램 객체 생성, 정점과 프래그먼트 셰이더 첨부와 프로그램 객체 연결하기
- 뷰포트 설정
- 컬러 버퍼 지우기
- 기본요소 렌더링
- 컬러 버퍼 콘텐츠를 EGL 윈도우 화면에 보이기

아는 바와 같이, OpenGL ES 3.0으로 삼각형 그리기를 시작하기 전에 중요하게 필요한 단계들이 있는데, 이 장에서는 각 단계들의 기본 개념에 대해 설명한다. 이 책의 뒤에 각 단계와 API 문서를 자세히 다룬다. 여기서는 간단한 예제를 실행해 보고 어떻게 OpenGL ES 3.0 애플리케이션이 만들어지는가를 생각해 보도록 하는 것이 목적이다.

## 코드 프레임워크

이 책을 통해서 OpenGL ES 3.0 프로그램을 작성하는 데 유용한 함수의 프레임워크 형태인 유틸리티 함수의 라이브러리를 구축하려 한다. 이 책에서 예제 프로그램들을 작성하는 데 있어서 이 코드 프레임워크에 다음과 같은 목표를 둔다.

1. 간단하고, 짧고 이해하기 쉬어야 한다. 적절한 OpenGL ES 3.0 호출에 의해 이루어지기를 원하며, 생성한 긴 코드 프레임워크에 초점이 맞춰지기를 원하지 않는다. 더욱이 프레임워크가 간단하고 예제 프로그램이 읽고 이해하는 데 쉽도록 초점을 둔다. 프레임워크의 목표는 각 예제에서 중요한 OpenGL ES 3.0 API 개념에 초점을 맞추도록 한다.
2. 이식 가능해야 한다. 확장 가능하도록 하기 위해, OpenGL ES 3.0이 존재하는 모든 플랫폼에서 유용하도록 예제 코드를 작성했다.

이 책의 예제를 통해서 사용하는 새로운 코드 프레임워크 함수를 소개하며, 또한, 부록 C에 코드 프레임워크에 대한 전체 문서를 볼 수 있다. 예제 코드에 있는 모든 es(예; `esCreateWindow()`)로 시작하는 호출 함수는 이 책의 예제 프로그램을 위해 작성한 코드 프레임워크의 일부분이다.

## 예제 다운로드 받기

이 책의 웹사이트(opengles-book.com)에서 예제들을 다운로드 받을 수 있다.

소스코드는 Windows, Linux, 안드로이드 4.3+NDK, 안드로이드 4.3+SDK(Java), iOS7에서 유용하다. Windows에서 코드는 퀄컴 OpenGL ES 3.0 에뮬레이터, ARM OpenGL ES 3.0 에뮬레이터, PowerVR OpenGL 3.0 에뮬레이터와 호환된다. Linux에서 현재 유용한 에뮬레이터는 퀄컴 OpenGL ES 3.0 에뮬레이터와 PowerVR OpenGL 3.0 에뮬레이터이다. 코드는 여기서 언급한 것에 추가로 임의의 Windows나 Linux 기반 OpenGL ES 3.0 구현과 호환되어야 한다. 개발 도구의 선택은 독자의 선택이다. 여기서는 마이크로소프트 Visual Studio, Eclips, Code::Blocks, Xcode를 포함하는 IDEs를 사용하도록 허용하는 Windows와 Linux에서 크로스 플랫폼 빌드 생성 도구인 cmake를 사용했다.

안드로이드와 iOS에서 이들 플랫폼(Eclips ADT와 Xcode)과 호환가능한 프로젝트를 제공한다. 이들 사용 시 많은 기기들은 iPhone 5s, 구글 Nexus 4와 7, Nexus 10, HTC one, LG G2, 삼성 Galaxy S4(Snapdragon), 삼성 Galaxy Note 3 등을 포함하는 OpenGL ES

3.0을 지원한다. iOS7에서 iOS 시뮬레이터를 이용하여 Mac에서 OpenGL ES 3.0 예제를 실행할 수 있다. 안드로이드에서 예제를 실행하기 위해 OpenGL ES 3.0과 호환되는 기기가 필요하다. 각 플랫폼에서 예제를 실행하기 위한 자세한 사항은 제16장 "OpenGL ES 플랫폼"에서 설명한다.

## 삼각형 만들기 예제

예제 2-1에 있는 삼각형 만들기 예제 프로그램에 대한 전체 소스코드를 살펴보자. 고정함수 데스크톱 OpenGL에 대해 잘 알고 있는 독자들이나 데스크톱 OpenGL을 모르는 독자 모두 단순한 삼각형을 그리는 데 많은 소스코드라고 생각할 것이다. 하지만 살펴보면, OpenGL ES 3.0은 완전히 셰이더 기반이다. 이는 적합한 셰이더 적재와 제약없이 도형을 그릴 수 없다는 의미이다. 이는 고정함수 처리를 하는 데스크톱 OpenGL에서 보다 렌더링을 위해 필요한 설치 코드가 더욱 많다는 의미이다.

**예제 2-1** 삼각형 만들기 예제

```
#include "esUtil.h"

typedef struct
{
   // 프로그램 객체를 위한 핸들
   GLuint programObject;

} UserData;

// 셰이더 객체 생성, 셰이더 소스 적재, 셰이더 컴파일

GLuint LoadShader ( GLenum type, const char *shaderSrc )
{
   GLuint shader;
   GLint compiled;

   // 셰이더 객체 생성
   shader = glCreateShader ( type );

   if ( shader == 0 )
      return 0;
```

```
    // 셰이더 소스 적재
    glShaderSource ( shader, 1, &shaderSrc, NULL );

    // 셰이더 컴파일
    glCompileShader ( shader );

    // 컴파일 상태 점검
    glGetShaderiv ( shader, GL_COMPILE_STATUS, &compiled );

    if ( !compiled )
    {
       GLint infoLen = 0;

       glGetShaderiv ( shader, GL_INFO_LOG_LENGTH, &infoLen );

       if ( infoLen > 1 )
       {
          char* infoLog = malloc (sizeof(char) * infoLen );

          glGetShaderInfoLog ( shader, infoLen, NULL, infoLog );
          esLogMessage ( "Error compiling shader:\n%s\n", infoLog );

          free ( infoLog );
       }

       glDeleteShader ( shader );
       return 0;
    }

    return shader;

}

// 셰이더와 프로그램 객체 초기화
int Init ( ESContext *esContext )
{
    UserData *userData = esContext->userData;
    char vShaderStr[] =
       "#version 300 es                                  \n"
       "layout(locaton = 0) in vec4 vPosition            \n"
       "void main()                                      \n"
       "{                                                \n"
       "   gl_Position = vPosition;                      \n"
```

```
   "}                                                \n";

char fShaderStr[] =
   "#version 300 es                                  \n"
   "precision mediump float;                         \n"
   "out vec4 fragColor                               \n"
   "void main()                                      \n"
   "{                                                \n"
   "  fragColor = vec4 ( 1.0, 0.0, 0.0, 1.0 );       \n"
   "}                                                \n";

GLuint vertexShader;
GLuint fragmentShader;
GLuint programObject;
GLint linked;

// 정점과 프래그먼트 셰이더 적재
vertexShader = LoadShader ( GL_VERTEX_SHADER, vShaderStr );
fragmentShader = LoadShader ( GL_FRAGMENT_SHADER, fShaderStr );

// 프로그램 객체 생성
programObject = glCreateProgram ( );

if ( programObject == 0 )
    return 0;

glAttachShader ( programObject, vertexShader );
glAttachShader ( programObject, fragmentShader );

// 프로그램 링크
glLinkProgram ( programObject );

// 링크상태 점검
glGetProgramiv ( programObject, GL_LINK_STATUS, &linked );

if ( !linked )
{
   GLint infoLen = 0;

   glGetProgramiv ( programObject, GL_INFO_LOG_LENGTH, &infoLen );

   if ( infoLen > 1 )
   {
```

```
            char* infoLog = malloc (sizeof(char) * infoLen );

            glGetProgramInfoLog ( programObject, infoLen, NULL, infoLog );
            esLogMessage ( "Error linking program:\n%s\n", infoLog );

            free ( infoLog );
         }

         glDeleteProgram ( programObject );
         return FALSE;
      }

      // 프로그램 객체 저장
      userData->programObject = programObject;

      glClearColor ( 0.0f, 0.0f, 0.0f, 0.0f );
      return TRUE;
   }

   // Init()에서 생성한 셰이더 쌍을 이용하여 삼각형을 그린다.

   void Draw ( ESContext *esContext )
   {
      UserData *userData = esContext->userData;
      GLfloat vVertices[] = {  0.0f,  0.5f, 0.0f,
                              -0.5f, -0.5f, 0.0f,
                               0.5f, -0.5f, 0.0f };

      // 뷰포트 설정
      glViewport ( 0, 0, esContext->width, esContext->height );

      // 컬러 버퍼 지움
      glClear ( GL_COLOR_BUFFER_BIT );

      // 프로그램 객체 이용
      glUseProgram ( userData->programObject );

      // 정점 데이터 적재
      glVertexAttribPointer ( 0, 3, GL_FLOAT, GL_FALSE, 0, vVertices );
      glEnableVertexAttribArray ( 0 );

      glDrawArrays ( GL_TRIANGLES, 0, 3 );
   }
   void Shutdown ( ESContext *esContext )
```

```
{
   UserData *userData = esContext->userData;
   glDeleteProgram( userData0>programObjedt );
}

int esMain ( ESContext *esContext )
{
   esContext->userData = malloc ( sizeof ( UserData ) );

   esCreateWindow ( esContext, "Hello Triangle", 320, 240,
                    ES_WINDOW_RGB );

   if ( !Init ( &esContext ) )
       return GL_FALSE;

   esRegisterShutdownFunc ( esContext, shutdown );
   esRegisterDrawFunc ( esContext, Draw );

   return GL_TRUE;
}
```

이 장의 나머지에서는 위의 예제에 대한 코드를 설명한다. Hello Trangle 예를 실행하면 그림 2-1과 같이 보이는 것을 확인할 수 있다. Windows, Linux, 안드로이드 4.3+, iOS에 대한 예제 코드를 어떻게 생성하고 실행하는 것에 대해서는 제16장 "OpenGL ES 플랫폼"에서 설명한다. 예제 코드를 실행하기 위해 독자의 플랫폼에 대해 제16장에서 설명하는 명령어를 참조하기 바란다.

Khronos에 의해 제공되는 표준 GL3(`GLES3/gl3.h`)과 EGL(`EGL/egl.h`) 헤더 파일은

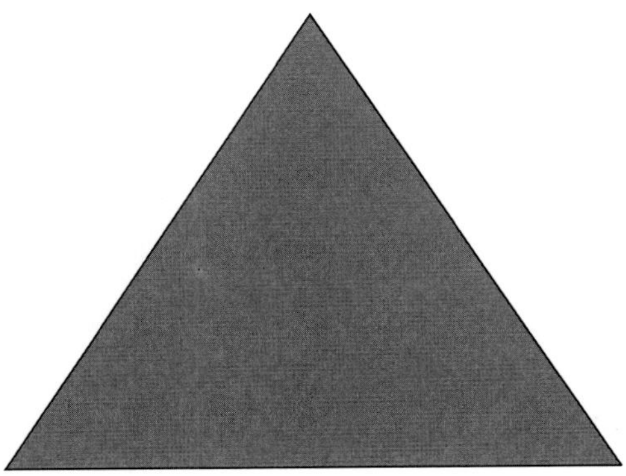

**그림 2-1** Hello Trangle 예

OpenEL ES 3.0과 EGL에 대한 인터페이스로 사용된다. OpenGL ES 3.0 예제들은 다음과 같은 디렉터리로 구성된다.

- Common/ - OpenGL ES 3.0 프레임워크 프로젝트, 코드와 에뮬레이터를 포함.
- chapter_x/ - 각 장의 예제 프로그램들이 포함되어 있다.

## OpenGL ES 3.0 프레임워크 사용하기

코드 프레임워크를 사용하는 각 애플리케이션들은 esMain으로 명명된 하나의 main 시작점을 선언해야 한다. Hello Triangle의 메인 함수에서 여러 ES 유틸리티 함수들을 호출하는 것에 대해 보게 될 것이다. esMain 함수는 인수로 ESContext를 가진다.

```
int esMain( ESContext *esContext )
```

ESContext는 void* 타입의 userData라는 멤버 변수를 가진다. 예제 프로그램의 각각은 userData에 애플리케이션에 필요한 임의의 데이터를 저장한다. ESContext 구조 내 다른 요소들은 헤더 파일에 기술되었으며, 사용자 애플리케이션에 의해 단지 읽을 수 있도록 하였다. ESContext 구조 내 다른 데이터는 윈도우 폭과 높이, EGL 문맥, 콜백 함수 포인터와 같은 정보를 포함한다.

esMain 함수는 userData를 할당하고, 윈도우를 생성하고, 그리기 콜백 함수를 초기화할 책임이 있다.

```
esContext->userData = malloc ( sizeof( UserData ) );

esCreateWindow(esContext, "Hello Triangle", 320, 240, ES_WINDOW_RGB);

if ( !Init( esContext ) )
     return GL_FALSE;

esRegisterDrawFunc(esContext, Draw);
```

esCreateWindow는 설정된 너비와 높이(여기서는 320x240)의 윈도우를 생성할 때 호출된다. "Hello Triangle" 매개변수는 윈도우 이름으로 사용된다; Windows와 Linux를 지원하는 플랫폼에서 이 이름은 윈도우의 맨 위줄에 표시된다. 마지막 매개변수는 윈도우 생성을 위한 선택사항을 지정하는 bit 영역이다. 이 경우 RGB 프레임버퍼를 요구한다. 제3장 "EGL 소개"에서 esCreateWindow에 대해 좀 더 자세히 설명한다. 이 함수는 윈도우에 연결된 화면에 평면을 생성하기 위해 EGL을 사용한다. EGL은 평면 렌더링과 문맥 생성을 위한 플랫폼 독립적인 API이다. 여기서는 이 함수가 평면 렌더링 생성에 대해 간단하게 설명하고 어떻게 평면 렌더링이 이루어지는지 다음 장에서 자세히 설명한다.

esCreateWindow가 호출된 후 main 함수에서는 Init를 호출하여 프로그램 실행에 필요한 모든 것을 초기화한다. 마지막으로 프레임을 렌더링하기 위해 호출될 콜백 함수 Draw를 등록한다. esMain를 빠져나와 프레임워크는 윈도우가 종료될 때까지 기록된 콜백 함수(Draw, Update)를 호출하기 위해 main 루프로 들어간다.

## 간단한 정점과 프래그먼트 셰이더 생성

OpenGL ES 3.0에서 유효한 정점과 프래그먼트 셰이더가 적재되지 않는 한 그리기를 할 수 없다. 제1장 "OpenGL ES 3.0 소개"에서 OpenGL ES 3.0 프로그램 가능한 파이프라인의 기본을 소개했다. 또한, 정점과 프래그먼트 셰이더 개념에 대해 배웠다. 이 두 셰이더 프로그램은 정점들의 변환과 프래그먼트 그리기를 기술한다. 임의의 렌더링을 하려면 OpenGL ES 3.0 프로그램은 정점과 프래그먼트 셰이더 모두를 가지고 있어야 한다.

Hello Triangle에서 Init 함수의 가장 큰 역할은 정점과 프래그먼트 셰이더를 적재하는 것이다. 프로그램에서 제공된 정점 셰이더는 매우 간단한다.

```
char vShaderStr[] =
    "#version 300 es                              \n"
    "layout(location = 0) in vec4 vPosition;      \n"
    "void main()                                  \n"
    "{                                            \n"
    " gl_Position = vPosition;                    \n"
    "}                                            \n";
```

정점 셰이더의 첫째 행은 사용될 셰이더 버전 선언이다(#version 300 es는 OpenGL ES 셰이딩 언어 v3.00). 셰이더는 vPosition이라 불리는 4중 벡터(four-component vector)인 하나의 입력 속성 배열을 선언한다. 나중에, Hello Triangle의 Draw 함수는 이 변수에 지정될 각 정점의 위치를 보낸다. layout(location = 0) 지정자는 이 변수 위치가 정점 속성 0을 나타낸다. 셰이더는 셰이더 실행의 시작을 표시하는 main 함수를 선언한다. 셰이더의 본문은 매우 간단하다. 출력 변수 gl_Position에 입력 속성 vPosition을 복사한다. 모든 정점 셰이더는 gl_Position 변수에 위치를 출력해야 한다. 이 변수는 파이프라인에서 다음 단계로 전달되는 위치를 정의한다. 셰이더를 작성하는 것은 이 책에서 배우는 것 중 큰 부분이지만 여기서는 정점 셰이더가 무엇인가 하는 정도만 알고 넘어가길 바란다. 제5장 "OpenGL ES 셰이딩 언어"에서 OpenGL ES 셰이딩 언어를 배우고, 제8장 "정점 셰이더"에서 어떻게 정점 셰이더가 작성되는지 자세히 배우게 된다.

예제에 있는 프래그먼트 셰이더 역시 매우 간단하다.

```
char fShaderStr[] =
   "#version 300 es                              \n"
   "precision mediump float;                     \n"
   "out vec4 fragColor;                          \n"
   "void main()                                  \n"
   "{                                            \n"
   "  fragColor = vec4 ( 1.0, 0.0, 0.0, 1.0 );  \n"
   "}                                            \n";
```

정점 셰이더와 같이 프래그먼트 셰이더의 첫 번째 구문은 셰이더의 버전이다. 프래그먼트 셰이더에서 다음 문장은 셰이더에서 실수형 변수에 대한 기본 정밀도를 선언한다. 이에 대한 자세한 사항은 제5장의 정밀도 한정자 절을 참조하길 바란다. 프래그먼트 셰이더는 4개 구성요소 벡터인 단일 출력 변수 fragColor를 선언한다. 이 변수에 쓰여진 값은 컬러 버퍼에 쓰여지는 것이다. 이 경우 셰이더는 모든 프래그먼트에 대해 빨강 컬러(1.0, 0.0, 0.0, 1.0)를 출력한다. 프래그먼트 셰이더에 대한 자세한 것은 제9장 "텍스처링(Texturing)"과 제10장 "프래그먼트 셰이더"에서 자세히 배우게 된다. 여기서는 프래그먼트 셰이더가 무엇인가 하는 정도만 알고 넘어가길 바란다.

일반적으로 게임이나 애플리케이션은 예제에서 했던 방법처럼 셰이더 소스 문자열을 직렬화하지 않는다. 대부분의 실제 애플리케이션에서 셰이더는 텍스트나 데이터 파일로부터 적재되고, 다음에 API에 적재된다. 그렇지만 예제 프로그램이 셰이더 소스 문자열을 포함하게 하여 프래그먼트 셰이더를 간단하게 하도록 셰이더 소스 문자열을 프로그램 코드에 직접 사용하였다.

## 셰이더 컴파일과 적재하기

지금까지 셰이더 소스코드를 정의했으며, 이제부터는 OpenGL ES에 셰이더의 적재에 대해 살펴보자. Hello Triangle 예제에서 LoadShader 함수는 셰이더 소스코드 적재, 컴파일, 오류가 없는지 확인한다. 나중에 *프로그램 객체*에 첨부하기 위해 사용되는 OpenGL ES 3.0 객체인 *셰이더 객체*를 반환한다(두 객체는 제4장 "셰이더와 프로그램"에 자세히 설명한다).

어떻게 LoadShader 함수가 동작하는지 알아보자. 셰이더 객체는 먼저 glCreateShader를 사용해 생성하는 데 지정한 타입의 새로운 셰이더 객체를 생성한다.

```
GLuint LoadShader(GLenum type, const char *shaderSrc)
{
   GLuint shader;
   GLint compiled;

   // 셰이더 객체 생성
   shader = glCreateShader(type);

   if(shader == 0)
      return 0;
```

셰이더 소스코드 자체는 glShaderSource를 이용하여 셰이더 객체에 적재된다. 셰이더는 그 다음에 glCompileShader 함수를 사용해 컴파일한다.

```
   // 셰이더 소스 적재
   glShaderSource(shader, 1, &shaderSrc, NULL);

   // 셰이더 컴파일
   glCompileShader(shader);
```

셰이더를 컴파일한 후에 컴파일 상태가 결정되고 발생된 오류들이 출력된다.

```
   // 컴파일 상태 점검
   glGetShaderiv(shader, GL_COMPILE_STATUS, &compiled);

   if(!compiled)
   {
      GLint infoLen = 0;

      glGetShaderiv(shader, GL_INFO_LOG_LENGTH, &infoLen);

      if(infoLen > 1)
      {
         char* infoLog = malloc(sizeof(char) * infoLen);
```

```
            glGetShaderInfoLog(shader, infoLen, NULL, infoLog);
            esLogMessage("Error compiling shader:\n%s\n", infoLog);

             free(infoLog);
          }

          glDeleteShader(shader);
          return 0;
      }
          return shader;
}
```

셰이더 컴파일이 성공하면 새로운 셰이더 객체는 나중에 프로그램 객체에 첨부할 셰이더 객체를 반환한다. 셰이더 객체 함수에 대한 자세한 내용은 제4장 "셰이더와 프로그램"의 첫 번째 절에서 공부한다.

## 프로그램 객체 생성과 셰이더 링크

일단 애플리케이션에서 정점과 프래그먼트 셰이더를 위한 셰이더 객체를 생성했으면, 이는 프로그램 객체 생성이 필요하다. 개념적으로 프로그램 객체는 마지막 링크 프로그램으로 생각할 수 있다. 일단 각 셰이더가 셰이더 객체로 컴파일되면, 프로그램 객체에 첨부되어야 하고 그리기 전에 같이 링크되어야 한다.

프로그램 객체가 생성되고 링크되는 처리과정은 제4장 "셰이더와 프로그램"에서 충분히 설명한다. 지금 여기에서는 처리과정의 간단한 개념만을 제공한다. 첫 번째 단계는 프로그램 객체를 생성하고 그것에 정점 셰이더와 프래그먼트 셰이더를 첨부한다.

```
// 프로그램 객체 생성
programObject = glCreateProgram();

if(programObject == 0)
   return 0;

glAttachShader(programObject, vertexShader);
glAttachShader(programObject, fragmentShader);
```

마지막으로 프로그램과 링크할 준비를 하고, 오류를 확인한다.

```
// 프로그램 링크
```

```
glLinkProgram(programObject);

// 링크 상태 점검
glGetProgramiv(programObject, GL_LINK_STATUS, &linked);

if(!linked)
{
   GLint infoLen = 0;

   glGetProgramiv(programObject, GL_INFO_LOG_LENGTH, &infoLen);

   if(infoLen > 1)
   {
      char* infoLog = malloc(sizeof(char) * infoLen);

      glGetProgramInfoLog(programObject, infoLen, NULL, infoLog);
      esLogMessage("Error linking program:\n%s\n", infoLog);

      free(infoLog);
   }

   glDeleteProgram(programObject);
   return FALSE;
}

// 프로그램 객체 저장
userData->programObject = programObject;
```

이 단계를 마친 후 마지막으로 셰이더 컴파일, 컴파일 오류 확인, 프로그램 객체 생성, 셰이더 첨부, 프로그램 링크, 링크 오류를 확인한다. 프로그램 객체의 링크가 성공한 후 마지막으로 렌더링을 위한 프로그램 객체를 사용할 수 있다. 렌더링을 위한 프로그램 객체를 사용하기 위해 glUseProgram을 이용하여 프로그램 객체를 바인딩한다.

```
// 프로그램 객체 사용
glUseProgram(userData->programObject);
```

프로그램 객체 핸들(handle)과 함께 glUseProgram을 호출한 후, 모든 다음 렌더링은 프로그램 객체에 첨부된 정점과 프래그먼트 셰이더들을 사용해 이루어질 것이다.

## 뷰포트(Viewport) 설정과 컬러 버퍼(Color Buffer) 지우기

지금까지 EGL과 셰이더의 초기화 및 적재로 평면을 생성하였으며, 이제부터 어떤 것을 실제로 그려보려 한다. `Draw` 콜백 함수는 프레임을 그린다. `Draw`에서 실행하는 첫 번째 명령어는 그려질 2D 평면에 대한 원점, 너비, 높이를 OpenGL ES에게 알리는 `glViewport`이다. OpenGL ES에서 뷰포트는 모든 OpenGL ES 렌더링 연산들이 근본적으로 디스플레이 될 2D 사각형으로 정의된다.

```
// 뷰포트 지정
glViewport(0, 0, esContext->width, esContext->height);
```

뷰포트는 원점(*x*, *y*)과 너비와 높이로 정의된다. 제7장 "기본요소 조합과 래스터 변환(rasterization)"에서 좌표계와 클리핑(clipping)을 말할 때 좀 더 자세히 `glViewport`를 배우게 된다.

뷰포트를 설정한 후 다음 단계는 화면을 지우는 것이다. OpenGL ES에는 그리기에 연관된 컬러, 깊이와 스텐실과 같은 다양한 버퍼의 타입이 있다. 그리고 제11장 "프래그먼트 연산"에서 이들 버퍼에 대해 자세히 배우게 된다. Hello Triangle 예제에서 컬러 버퍼만 그리기에 사용되었다. 각 프레임의 시작에서 `glClear` 함수를 사용하여 컬러 버퍼를 지운다.

```
// 컬러 버퍼 지우기
glClear(GL_COLOR_BUFFER_BIT);
```

버퍼는 `glClearColor`로 지정된 컬러로 채워지게 된다. Init 함수 끝에 예제 프로그램 배경색을 (1.0, 1.0, 1.0, 1.0)으로 설정해서 화면이 검정색으로 채워진다. 배경색은 컬러 버퍼에 `glClear`를 호출하기 전에 애플리케이션에서 설정해야 한다.

## 도형 적재하기와 기본요소 그리기

지금까지 컬러 버퍼 지우기, 뷰포트 설정, 프로그램 객체를 적재하였다. 이제 삼각형에 대한 도형을 지정해 볼 것이다. 삼각형에 대한 정점들은 `vVertices` 배열에 3개의 (*x*, *y*, *z*) 좌표로 지정된다.

```
GLfloat vVertices[] = {0.0f, 0.5f, 0.0f,
                      -0.5f, -0.5f, 0.0f,
                       0.5f, -0.5f, 0.0f};
```

```
...
// 정점 데이터 적재
glVertexAttribPointer(0, 3, GL_FLOAT, GL_FALSE, 0, vVertices);
glEnableVertexAttribArray(0);
glDrawArrays(GL_TRIANGLES, 0, 3);
```

정점 위치는 GL에 적재될 필요가 있으며, 정점 셰이더에 선언되어 있는 vPosition 속성에 연결된다. 이전의 vPosition 변수를 속성 위치 0으로 연결하는 것을 기억하고 있을 것이다. 정점 셰이더의 각 속성은 부호없는 정수값에 의해 유일하게 식별할 수 있는 위치를 가진다. 정점 속성 0으로 데이터를 적재하기 위해 glVertexAttribPointer 함수를 호출한다. 제6장 "정점 속성, 정점 배열, 버퍼 객체"에서 어떻게 정점 속성들이 적재되고 정점 배열이 사용되는지에 대해 배우게 될 것이다.

삼각형 그리기의 마지막 단계는 기본요소를 그리라고 실제 OpenGL ES에 전하는 것이다. 예제에서는 함수 glDrawArrays를 사용하여 이루어진다. 이 함수는 삼각형, 선(line) 또는 스트립(strip)과 같은 기본요소를 그린다. 제7장 "기본요소 조합과 래스터 변환(rasterization)"에서 기본요소에 대해 자세히 배우게 될 것이다.

## 후방 버퍼(Back Buffer) 표현하기

이제 삼각형이 프레임버퍼에 그려지는 단계까지 왔다. 어떻게 화면에 프레임버퍼를 실제로 나타내는가 하는 방법을 마지막으로 자세히 설명하려 한다. 이를 설명하기 전에 이중 버퍼에 대한 개념을 먼저 조금 설명한다.

화면에 시각적으로 표시되는 프레임버퍼는 픽셀 데이터의 2차원 배열에 의해 표현된다. 화면에 이미지들을 나타내기 위한 가능한 생각 중 한 방법은 그리는 것처럼 가시적으로 프레임버퍼에서 픽셀 데이터를 단순히 수정하는 것이다. 하지만 이는 시각적으로 버퍼에 픽셀들을 직접 수정해야 하는 문제가 있다. 즉 다시 말하면, 전형적인 디스플레이 시스템의 실제 화면은 고정된 비율로 프레임버퍼 메모리로부터 수정된다. 만일 프레임버퍼에 직접 그린다면 사용자는 표시된 프레임버퍼에 일부 수정된 것처럼 아티팩트(artifacts)로 보일 수 있다.

이 문제에 대해 설명하기 위해 이중 버퍼링으로 알려진 시스템이 사용된다. 여기에는 2개의 버퍼가 있는데, 전방 버퍼(front buffer)와 후방 버퍼(back buffer)이다. 모든 렌더링은 화면에 시각적으로 표시되지 않은 메모리 영역에 위치되는 후방 버퍼에서 일어난다. 모든 렌더링이 완료될 때 후방 버퍼는 전방 버퍼(또는 시각적으로 표시되는 버퍼)로 바뀌어진다. 전방 버퍼는 그 다음에 다음 프레임을 위해 후방 버퍼가 된다.

이 기술을 사용하면 모든 렌더링이 프레임에 대해 완료될 때까지 시각적으로 표시될 평면을 나타낼 수 없다. 이 방법은 EGL을 통해 OpenGL ES 애플리케이션에서 모두 제어된다. 이는 `eglSwapBuffers`(이 함수는 Draw 콜백 함수를 호출한 후에 프레임워크에서 호출된다)라 불리는 EGL 함수를 사용하여 실행된다.

```
eglSwapBuffers(esContext->eglDisplay, esContext->eglSurface);
```

이 함수는 전방 버퍼와 후방 버퍼를 바꾸는 것에 대해 EGL에 알린다. `eglSwapBuffers`에 보내는 매개변수들은 EGL 디스플레이와 평면이다. 이 2개의 매개변수들은 각각 물리적인 디스플레이와 렌더링 평면을 표현한다. 다음 장에서는 좀 더 자세하게 평면, 문맥, 버퍼 관리에 대한 개념을 분명하게 하면서 `eglSwapBuffers`를 설명한다. 지금은 버퍼를 바꾼 후에 마침내 화면에 삼각형이 나타났다고 말하는 것으로 충분하다.

## 요약

이 장에서 화면에 하나의 삼각형을 그리는 간단한 OpenGL ES 3.0 프로그램을 소개했다. 이 소개의 목적은 OpenGL ES 3.0 애플리케이션을 생성하는 여러 주요 구성요소인 EGL로 화면에 면을 생성하고, 셰이더와 연관된 객체들로 작업하고, 뷰포트를 설정하고, 컬러 버퍼를 지우고, 구성요소를 렌더링 등과 친해지는 데 있다. 지금 OpenGL ES 3.0을 구성하는 기본 개념을 이해하고, 더 자세한 주제로 빠져 들어가고, EGL에 대한 더 자세한 정보에 대해 다음 장에서 설명할 것이다.

# Chapter 03 EGL 소개

제2장 "OpenGL ES 3.0 예: 삼각형 만들기"에서 OpenGL ES 3.0을 이용해 윈도우에 삼각형을 그려봤다. 하지만 윈도우를 열고 관리하도록 만든 몇몇 범용이 아닌 특정 함수를 사용하였다. 비록 특정 함수 예제들이 단순하지만 자신의 시스템에 OpenGL ES 3.0을 가지고 작업하는 데 어떻게 필요한지 이해하기는 어렵다.

콘텐츠 개발을 위해 Khronos 그룹에서 제공하는 API 집합 중 일부인 플랫폼 독립적인 API(EGL)는 평면 그리기(윈도우즈는 단지 1개의 타입, 이에 대해 뒤에서 다시 설명한다) 관리를 위해 유용하다. EGL은 다음과 같은 메커니즘을 제공한다.

- 시스템의 특정 윈도우잉 시스템과 통신
- 평면 그리기에서 이용 가능한 타입과 구조 질의
- 평면 그리기 생성
- OpenGL ES 3.0과 다른 그래픽 렌더링 API들(하드웨어 가속 벡터 그래픽을 위한 클로스 플랫폼 API인 데스크톱 OpenGL과 OpenVG처럼 또는 독자의 윈도우잉 시스템을 위한 특정 그리기 명령들) 사이의 렌더링 동기화
- 텍스처 맵 같은 렌더링 리소스 관리

이 장에서는 윈도우 열기에 필요한 기본 원리를 소개한다. 텍스처 맵 생성과 같은 다른 연산을 기술하기 때문에 필요한 EGL 명령어들에 대해 논한다.

## 윈도우잉 시스템(windowing system)과 통신하기

EGL은 OpenGL ES 3.0(다른 Khronos 그래픽 API 등)과 GNU/Linux 시스템에서 X 윈도우즈 시스템, Microsoft Windows, Mac OS X's Quartz와 같은 컴퓨터 시스템에서 실행되는 특정 윈도우잉 시스템 사이의 "결합(glue)" 레이어를 제공한다. EGL이 평면 그리기 타입이 무엇인지 또는 문제에 관하여 기본 시스템의 임의의 다른 특성들이 무엇인지를 결정하기 전에 윈도우잉 시스템과 통신 채널을 여는 것이 필요하다. 애플이 EAGL이라는 EGL API에 대한 자신의 iOS 구현을 제공하는 것에 대해 알아두기 바란다.

모든 윈도우잉 시스템이 서로 다른 의미를 가지기 때문에 EGL은 특정 윈도우잉 시스템과의 인터페이스를 위한 모든 캡슐화는 기본 시스템 의존성의 불투명한 타입인 EGL-Display를 제공한다. EGL을 사용한 모든 애플리케이션의 첫 번째 연산은 로컬 EGL 디스플레이와 연결을 생성하고 초기화하는 것이 필요하다. 예제 3-1에 보이는 것처럼 두 번의 호출로 실행된다.

**예제 3-1** EGL 초기화

```
EGLint majorVersion;
EGLint minorVersion;

EGLDisplay display = eglGetDisplay( EGL_DEFAULT_DISPLAY );
if(display == EGL_NO_DISPLAY)
{
   // 로컬 윈도우잉 시스템 연결 개방을 할 수 없음
}

if(!eglInitialize(display, &majorVersion, &minorVersion))
{
   // EGL 초기화를 할 수 없음
}
```

EGL 디스플레이 서버에 연결하기 위해 다음과 같이 호출한다.

| | |
|---|---|
| EGLDisplay | **eglGetDisplay**(EGLNativeDisplayType *displayId*); |
| *displayId* | 기본 연결을 위해 EGL_DEFAULT_DISPLAY를 사용하고,<br>디스플레이 연결을 지정 |

EGLNativeDisplayType은 특정 윈도우 시스템들의 디스플레이 타입에 부합하도록 정의된다. 예를 들어, Microsoft Windows에서 EGLNativeDisplayType은 HDC(Microsoft Windows 장치 문맥에 대한 핸들)로 정의될 것이다. 하지만 코드를 다른 운영체제와 플랫폼으로 쉽게 이식하기 위해 토큰 EGL_DEFAULT_DISPLAY는 받아들이고, 기본 특정 디스플레이에 대한 연결을 반환할 것이다.

디스플레이 연결을 사용할 수 없다면 eglGetDisplay는 EGL_NO_DISPLAY를 반환한다. 이 오류는 EGL 사용이 가능하지 않다는 것을 나타내고, OpenGL ES 3.0을 사용할 수 없다는 것이다.

더 많은 EGL 연산에 대한 설명을 진행하기 전에 애플리케이션에서 어떻게 EGL이 처리되고 오류보고를 하는지 간단히 살펴보자.

## 오류에 대한 검사

EGL에서 대부분의 함수들은 성공하면 EGL_TRUE를 반환하고, 그렇지 않으면 EGL_FALSE를 반환한다. 하지만 EGL은 호출이 실패하면 단지 실패했다고 알려주는 것보다 실패에 대한 이유를 표시하기 위해 오류를 기록하여 더 많을 것을 알려준다. 그러나 오류 코드는 직접 반환하지 않는다. 오류 코드에 대해 EGL 명확성을 검색할 필요가 있다. 이는 호출에 의해서만 할 수 있다.

```
EGLint  eglGetError()
```

이 함수는 특정 스레드에서 호출한 가장 최근 EGL 함수의 오류 코드를 반환한다. EGL_SUCCESS가 반환되면 반환될 상태가 없는 것이다.

호출이 완료되었을 때 오류 코드가 직접적으로 반환되는 것과 비교하여 왜 신중하게 접근하는지 이상이 여길 수 있다. 비록 함수 반환 코드들을 무시하는 것을 권하지 않을지라도, 애플리케이션에서 중복 코드를 줄이는 선택적 오류 코드 복구를 허용하는 것은 적절한 작업으로 검증되었다. 애플리케이션 개발과 디버깅 중에 오류에 대한 확실한 검사를 해야 하고 엄격한 애플리케이션에서는 항상 해야 한다. 하지만 일단 확신을 가진 애플리케이션이 추측한대로 수행하면, 아마 오류 검사를 줄일 수 있을 것이다.

## EGL 초기화

일단 성공적으로 연결되었으면 EGL은 초기화가 필요하다. EGL 초기화는 다음과 같은 호출에 의해 수행된다.

```
EGLBoolean eglInitialize(EGLDisplay display,
                         EGLint *majorVersion,
                         EGLint *minorVersion)
```

| | |
|---|---|
| *display* | EGL 디스플레이 연결을 지정 |
| *majorVersion* | EGL 구현에 의해 반환된 주 버전 번호를 지정; 아마도 NULL |
| *minorVersion* | EGL 구현에 의해 반환된 부 버전 번호를 지정; 아마도 NULL |

이 함수는 EGL 내부 데이터 구조들을 초기화하고 EGL 구현의 major와 minor 버전들을 반환한다. 만일 EGL이 초기화될 수 없다면 이 호출은 EGL_FALSE를 반환하고 다음과 같은 EGL 오류 코드를 설정한다.

- display가 유효한 EGLDisplay를 지정하지 않았으면 EGL_BAD_DISPLAY
- EGL이 초기화 될 수 없으면 EGL_NOT_INITIALIZED

## 이용 가능한 평면 환경설정들 결정하기

일단 EGL을 초기화하였으면 이용할 수 있는 렌더링 평면의 타입과 환경설정이 무엇인지 결정할 수 있다. 이에 대한 방법은 2가지가 있다.

- 모든 평면 환경설정 질의와 최적의 선택 찾기
- 필요조건의 설정 지정과 EGL이 가장 일치하는 것을 추천하도록 한다.

대부분의 경우에 두 번째 선택사항은 구현에서 더 간단하다. 첫 번째 사항을 이용하여 찾은 것을 가져오는 것이 대부분이다. 어느 경우에나 EGL은 특정 평면과 각 컬러 구성에 대한 bit 값 같은 특성에 대한 정보를 포함한 EGL 내부 데이터 구조의 식별자인 EGLConfig를 반환하며, EGLConfig에 연결된 깊이 버퍼가 있다면 EGLConfig를 반환한다. 뒤에 설명하는 eglGetConfigAttrib 함수를 사용하여 EGLConfig의 속성들을 질의할 수 있다.

기본 윈도우잉 시스템이 지원하는 모든 EGL 평면 환경설정들을 질의하기 위해서는 아래 함수를 호출하기 바란다.

```
EGLBoolean eglGetConfigs(EGLDisplay display,
                         EGLConfig *configs,
                         EGLint maxReturnConfigs,
                         EGLint *numConfigs)
```

| | |
|---|---|
| *display* | EGL 디스플레이 연결을 지정 |
| *configs* | *configs* 목록을 지정 |
| *maxReturnConfigs* | *configs* 크기를 지정 |
| *numConfigs* | 반환된 *configs* 크기를 지정 |

이 함수는 호출이 성공하면 EGL_TRUE를 반환한다. 실패 시에 EGL_FALSE를 반환하고 다음과 같은 EGL의 오류 코드를 반환한다.

- display가 초기화되지 않았으면 EGL_NOT_INITIALIZED
- numConfigs가 NULL이면 EGL_BAD_PARAMETER

eglGetConfigs 호출에는 2가지 방법이 있다. 첫 번째는 configs의 값을 NULL로 지정하면 시스템은 EGL_TRUE를 반환하고, 이용할 수 있는 EGLConfigs의 수를 numConfigs에 설정한다. 시스템의 EGLConfigs에 대한 추가 정보가 반환되지 않지만, 이용할 수 있는 환경설정들의 수를 알고 있어 EGLConfigs의 전체 집합을 위한 충분한 메모리 할당이 허용된다면 메모리 할당을 주의해야 한다.

아마도 더 유용한 다른 방법은 초기화되지 않은 EGLConfig 값의 배열을 할당할 수 있고, configs 매개변수로 eglGetConfigs에 배열을 전달하는 것이다. maxReturnConfigs는 할당한 배열의 크기를 설정하고 또한 반환된 configs의 최대 수를 지정한다. 이 함수 호출이 완료되면 numConfigs는 수정된 configs에 입력된 수로 갱신될 것이다. 이때 최적으로 필요한 것을 결정하기 위해 환경설정의 특성을 질의하여 반환 목록의 처리를 시작할 수 있다.

## EGLConfig 속성 질의

지금부터 EGLConfig와 연관된 EGL 값들과 어떻게 이 값들을 검색하는지에 대해 기술한다.

EGLConfig는 EGL에 의해 생성되는 평면에 대한 모든 정보를 포함한다. EGLConfig는 이용할 수 있는 컬러의 수, 환경설정과 연관된 버퍼(깊이 버퍼, 스텐실 버퍼), 평면의 타입, 많은 다른 특성들에 대한 정보를 포함한다. 표 3-1은 EGLConfig에서 질의할 수 있는 모든 속성들의 목록이다. 이 장에서는 속성 목록 중 일부만 설명하지만 참고로 표 3-1에 전체 목록을 나타내었다.

EGLConfig와 연관된 특정 속성을 질의하려면 다음 함수를 사용해 보자.

```
EGLBoolean eglGetConfigAttrib(EGLDisplay display,
                              EGLConfig config,
                              EGLint attribute,
                              EGLint *value);
```

| | |
|---|---|
| *display* | EGL 디스플레이 연결을 지정 |
| *config* | 질의될 환경설정을 지정 |
| *attribute* | 반환될 특정 속성을 지정 |
| *value* | 반환된 값을 지정 |

이 함수는 호출이 성공하면 EGL_TRUE를 반환한다. 실패 시에 EGL_FALSE를 반환하고 attribute가 유효한 속성이 아니면 EGL_BAD_ATTRIBUTE이다.

연관된 EGLConfig의 특정 속성에 대한 값을 반환할 것이다. 이는 최종 렌더링 평면을 생성하기 위해 선택하는 환경설정을 모두 제어할 수 있도록 한다. 그러나 표 3-1에서 볼 때 선택사항의 큰 수에 의해 어느 정도는 위협이 될 수 있다. EGL은 요구에 대해 최적으로 일치하는 환경설정을 반환할 수 있고, 애플리케이션에 대한 주요 사항을 지정하는 것이 허용되는 eglChooseConfig라는 또 다른 루틴을 제공한다.

**| 표 3-1 |** EGLConfig 속성들

| 속성 | 설명 | 기본값 |
|---|---|---|
| EGL_BUFFER_SIZE | 컬러 버퍼의 모든 컬러 구성요소들에 대한 비트수 | 0 |
| EGL_RED_SIZE | 컬러 버퍼의 빨간색 비트수 | 0 |
| EGL_GREEN_SIZE | 컬러 버퍼의 녹색 비트수 | 0 |

**| 표 3-1 |** EGLConfig 속성들(계속)

| 속성 | 설명 | 기본값 |
|---|---|---|
| EGL_BLUE_SIZE | 컬러 버퍼의 파란색 비트수 | 0 |
| EGL_LUMINANCE_SIZE | 컬러 버퍼의 휘도 비트수 | 0 |
| EGL_ALPHA_SIZE | 컬러 버퍼의 alpha 비트수 | 0 |
| EGL_ALPHA_MASK_SIZE | 마스크 버퍼의 alpha-mask 비트수 | 0 |
| EGL_BIND_TO_TEXTUREL_RGB | RGB 텍스처에 바인딩할 수 있으면 참 | EGL_DONT_CARE |
| EGL_BIND_TO_TEXTURE_RGBA | RGBA 텍스처에 바인딩할 수 있으면 참 | EGL_DONT_CARE |
| EGL_COLOR_BUFFER_TYPE | 컬러 버퍼 타입, EGL_RGB_BUFFER나 EGL_LUMINANCE_BUFFER 중 하나 | EGL_RGB_BUFFER |
| EGL_CONFIG_CAVEAT | 환경설정과 연관된 절차 | EGL_DONT_CARE |
| EGL_CONFIG_ID | 유일한 EGLConfig 식별자 값 | EGL_DONT_CARE |
| EGL_CONFORMANT | EGLConfig로 생성된 문맥들이 환경설정요소이면 참 | – |
| EGL_DEPTH_SIZE | 깊이 버퍼의 비트수 | 0 |
| EGL_LEVEL | 프레임 버퍼 레벨 | 0 |
| EGL_MAX_BUFFER_WIDTH | EGLConfig로 생성된 PBuffer의 최대 너비 | – |
| EGL_MAX_BUFFER_HEIGHT | EGLConfig로 생성된 PBuffer의 최대 높이 | – |
| EGL_MAX_BUFFER_PIXELS | EGLConfig로 생성된 PBuffer의 최대 크기 | – |
| EGL_MAX_SWAP_INTERVAL | 최대 버퍼 교환 간격 | EGL_DONT_CARE |
| EGL_MIN_SWAP_INTERVAL | 최소 버퍼 교환 간격 | EGL_DONT_CARE |
| EGL_NATIVE_RENDERABLE | EGLConfig로 생성된 평면에 특정 렌더링 라이브러리가 렌더링할 수 있으면 참 | EGL_DONT_CARE |
| EGL_NATIVE_VISUAL_ID | 특정 윈도우 시스템 visual ID의 핸들 | EGL_DONT_CARE |
| EGL_NATIVE_VISUAL_TYPE | 특정 윈도우 시스템 visual의 타입 | EGL_DONT_CARE |

**| 표 3-1 |** EGLConfig 속성들(계속)

| 속성 | 설명 | 기본값 |
|---|---|---|
| EGL_RENDERABLE_TYPE | 환경설정으로 지원된 렌더링 인터페이스를 표현하는 토큰 EGL_OPENGL_ES_BIT, EGL_OPENGL_ES2_BIT, EGL_OPENGL_ES3_BIT_KHR(EGL_KHR_create_context 확장 요구), EGL_OPENGL_BIT, 또는 EGL_ OPENVG_BIT들로 구성된 비트마스크 | EGL_OPENGL_ES_BIT |
| EGL_SAMPLE_BUFFERS | 이용할 수 있는 다중 샘플 버퍼의 수 | 0 |
| EGL_SAMPLES | 픽셀당 예제 수 | 0 |
| EGL_STENCIL_SIZE | 스텐실 버퍼의 비트수 | 0 |
| EGL_SURFACE_TYPE | 지원되는 EGL 평면의 타입으로 다음 중 하나. EGL_WINDOW_BIT, EGL_PIXMAP_BIT, EGL_PBUFFER_BIT, EGL_MULTISAMPLE_RESOLVE_BOX_BIT, EGL_SWAP_BEHAVIOR_PRESERVED_BIT, EGL_VG_COLORSPACE_LINEAR_BIT, 또는 EGL_VG_ALPHA_FORMAT_PRE_BIT | EGL_WINDOW_BIT |
| EGL_TRANSPARENT_TYPE | 지원되는 투명도의 타입 | EGL_NONE |
| EGL_TRANSPARENT_RED_VALUE | 투명도에서 해석된 빨간색 값 | EGL_DONT_CARE |
| EGL_TRANSPARENT_GREEN_VALUE | 투명도에서 해석된 녹색 값 | EGL_DONT_CARE |
| EGL_TRANSPARENT_BLUE_VALUE | 투명도에서 해석된 파란색 값 | EGL_DONT_CARE |

주: 여러 개의 토큰들은 EGL 명세서에서 지정된 기본값을 가지고 있지 않다. 이런 토큰들의 기본값에는 –로 표시했다.

## EGL로 config 선택하기

EGL이 매치하는 EGLConfigs의 선택을 수행하기 위해 다음 함수를 사용해 보자.

```
EGLBoolean eglChooseConfig(EGLDispay display,
                           const EGLint *attribList,
                           EGLConfig *configs,
                           EGLint maxReturnConfigs,
                           ELGint *numConfigs);
```

| | |
|---|---|
| *display* | EGL 디스플레이 연결을 지정 |
| *attribList* | config에 의해 매칭될 속성들의 목록을 지정 |
| *configs* | 환경설정의 목록을 지정 |
| *maxReturnConfigs* | 환경설정의 크기를 지정 |
| *numConfigs* | 반환된 환경설정의 크기를 지정 |

이 함수는 호출이 성공하면 EGL_TRUE를 반환한다. 실패 시에 EGL_FALSE를 반환하고 attribute가 정의되지 않은 EGL 속성이나 범위를 벗어나거나 인식되지 않는 속성값을 포함하면 EGL_BAD_ATTRIBUTE이다.

애플리케이션의 올바른 연산을 위해 중요한 모든 속성들에 대한 연관된 설정값들을 가진 속성들 목록을 제공할 필요가 있다. 예를 들어, 5비트 빨간색과 파란색, 6비트 녹색(보통 "RGB565" 포맷), 깊이 버퍼, OpenGL ES 3.0 지원 등을 갖는 렌더링 평면을 지원하는 EGLConfig가 필요하다면 예제 3-2에서처럼 배열을 선언해야 할 것이다.

속성 목록에서 명확히 지정되지 않은 값들에 대해서 EGL은 표 3-1에서 지정된 속성들의 기본값들을 사용할 수 있다. 부가적으로 속성들에 숫자 값을 지정할 때 EGL은 반환된 환경설정이 일치하는 가능한 EGLConfig가 있으면 적어도 최솟값 가지는 것을 보증한다.

**예제 3-2** EGL 속성들 지정

```
EGLint attribList[] =
{
   EGL_RENDERABLE_TYPE, EGL_OPENGL_ES3_BIT_KHR,
   EGL_RED_SIZE, 5,
   EGL_GREEN_SIZE, 6,
```

```
    EGL_BLUE_SIZE, 5,
    EGL_DEPTH_SIZE, 1,
    EGL_NONE
};
```

> **주** EGL_OPENGL_ES3_BIT_KHR 속성을 이용하는 것은 EGL_KHR_create_context 확장을 요구한다. 이 속성은 eglext.h(EGL v1.4)에서 정의되었다. OpenGL ES 3.0이 OpenGL ES 2.0과 하위 호환되는 것과 같이 임의의 구현이 OpenGL ES 2.0 문맥을 OpenGL ES 3.0 문맥으로 항상 승급하는 것을 의미하는 것은 아니다.

다음 예제 3-3은 선택 조건으로 속성들의 설정을 사용하는 예이다.

**예제 3-3** EGL 평면 환경설정 질의

```
const EGLint MaxConfigs = 10;
EGLConfig configs[MaxConfigs]; // 10 configs를 수용
EGLint numConfigs;
if( !eglChooseConfig( display, attribList, configs, MaxConfigs,
                      &numConfigs))
{
    // 어떠한 작업도 하지 않으며, 오류 상황 처리
}
else
{
    // 평면 렌더링 생성을 계속 수행
}
```

eglChooseConfig가 성공적으로 반환되면, 기준에 일치하는 EGLConfig 집합이 반환될 것이다. 하나이상 EGLConfig가 일치하면(대부분 지정한 환경설정의 최대 수), eglChooseConfig는 다음과 같은 순서를 사용하여 환경설정을 정렬할 것이다.

1. EGL_CONFIG_CAVEAT의 값에 의해 정렬. 우선권은 환경설정 절차가 없는(EGL_CONFIG_CAVEAT의 값이 GL_NONE일 때) 환경설정들에 주어진다. 그 다음에 느린 렌더링 환경설정들(EGL_SLOW_CONFIG), 마지막으로 불일치 환경설정들(EGL_NON_CONFORMANT_CONFIG)에 주어진다.
2. EGL_COLOR_BUFFER_TYPE에 의해 지정된 버퍼의 타입에 의해 정렬

3. 내림차순 크기의 컬러 버퍼 내 비트수에 의해 정렬. 버퍼에서 비트수는 EGL_COLOR_BUFFER_TYPE에 따르고 적어도 각 컬러 채널에 대해 지정된 값일 것이다. 버퍼 타입이 EGL_RGB_BUFFER일 때, 비트수는 EGL_RED_SIZE, EGL_GREEN_SIZE, EGL_BLUE_SIZE의 합으로 계산된다. 버퍼 타입이 EGL_LUMINANCE_BUFFER일 때, 비트수는 EGL_LUMINANCE_SIZE와 EGL_ALPHA_SIZE의 합이다.
4. 오름차순으로 EGL_BUFFER_SIZE에 의해 정렬
5. 오름차순으로 EGL_SAMPLE_BUFFERS의 값에 의해 정렬
6. 오름차순으로 EGL_SAMPLES의 수에 의해 정렬
7. 오름차순으로 EGL_DEPTH_SIZE의 값에 의해 정렬
8. 오름차순으로 EGL_STENCIL_SIZE의 값에 의해 정렬
9. EGL_ALPHA_MASK_SIZE(OpenVG 평면에만 적용)의 값에 의해 정렬
10. 구현-종속적인 방법으로 EGL_NATIVE_VISUAL_TYPE에 의해 정렬
11. 오름차순으로 EGL_CONFIG_ID의 값에 의해 정렬

이 목록에 언급하지 않은 매개변수들은 정렬 처리에 사용되지 않는다.

> **주** 3번째 정렬 규칙 때문에 지정된 것과 매칭하는 최상의 형식을 얻기 위해 반환된 결과를 조사하기 위한 부가적인 로직이 추가될 필요가 있다. 예를 들어, "565" RGB 형식을 찾기 위해 "888" 형식이 반환된 결과가 첫 번째에 나타날 것이다.

예제에 언급된 것처럼, eglChooseConfig가 성공적으로 반환되면, 그려 넣기 위한 무언가의 생성을 계속할 충분한 정보를 가진다. 기본적으로, 원하는 평면 타입(EGL_SURFACE_TYPE 속성을 지정하는 것에 의해)에 렌더링 평면 타입이 지정되지 않았다면, EGL은 화면내부에 원한다고 가정한다.

## 화면내부에 렌더링 영역 생성 : EGL 윈도우

일단 렌더링을 위한 요구사항에 맞는 적당한 EGLConfig를 가지고 있으면 윈도우를 생성하도록 설정한다. 윈도우 생성을 위해 다음을 호출한다.

```
EGLSurface eglCreateWindowSurface(EGLDisplay display,
                                  EGLConfig config,
                                  EGLNatvieWindowType window,
                                  const EGLint *attribList);
```

| | |
|---|---|
| *display* | EGL 디스플레이 연결 지정 |
| *config* | 환경설정을 지정 |
| *window* | 기본 윈도우 지정 |
| *attribList* | 윈도우 속성 목록 지정; 아마도 NULL |

이 함수는 특정 디스플레이 관리자와 연결하고 이전 단계에서 얻은 EGLConfig를 가진다. 추가로, 이 함수는 이전에 생성된 특정 윈도우잉 시스템으로부터 윈도우를 요구한다. EGL은 많은 다른 윈도우잉 시스템과 OpenGL ES 3.0 사이에 소프트웨어 계층이기 때문에 어떻게 특정 윈도우를 생성하는지 보이는 것은 이 책의 영역 밖이다. 윈도우 생성을 위해 무엇이 요구되는지 결정하기 위한 특정 윈도우잉 시스템에 대한 문서를 참고하길 바란다.

마지막으로, 이 함수는 속성 목록을 가진다. 하지만 이 목록은 표 3-1에서 보인 목록과 다르다. EGL이 다른 렌더링 API(특히 OpenVG)를 지원하기 때문에 이들은 OpenGL ES 3.0(표 3-2 참조)과 같이 동작될 때 적용되지 않는 `eglCreateWindowSurface`에 의해 허용된 속성들이 있다. 이 속성은 `eglCreateWindowSurface`에 의해 허용된 단일 속성이고 렌더링하고 싶은 전방 버퍼나 후방 버퍼의 임의의 버퍼를 지정하는 데 사용된다.

**| 표 3-2 |** eglCreateWindowSurface를 이용한 윈도우 생성을 위한 속성

| 속성 | 설명 | 기본값 |
|---|---|---|
| EGL_RENDER_BUFFER | 버퍼가 렌더링을 위해(EGL_FRONT_BUFFER), 또는 후방(EGL_BACK_BUFFER)을 위해 사용됨을 지정 | EGL_BACK_BUFFER |

**주** OpenGL ES 3.0 윈도우 렌더링 평면에 대해서는 단지 이중 버퍼링된 윈도우가 지원한다.

속성 목록이 비어 있을 수 있거나(즉, attribList의 값으로 NULL 포인터가 전달), 속성 목록이 첫 번째 요소로 EGL_NONE 토큰으로 채워진 목록일 수 있다. 이런 경우에 관련한 속성들 모두는 기본값이 사용된다.

eglCreateWindowSurface가 실패할 수 있는 경우는 많은데, 실패가 발생하면 EGL_NO_SURFACE는 호출로 반환하고 상세한 오류가 설정된다. 만일 이 상황이 발생하면, 표 3-3에 있는 오류 코드 중 하나를 반환하는 eglGetError를 호출하여 실패에 대한 원인을 결정할 수 있다.

**| 표 3-3 |** eglCreateWindowSurface 실패 시 일어나는 오류

| 오류 코드 | 설명 |
|---|---|
| EGL_BAD_MATCH | 이 오류 코드는 다음과 같을 때 발생<br>• 특정 윈도우 시스템의 속성들이 제공된 EGLConfig와 일치하지 않을 때<br>• 제공된 EGLConfig가 윈도우에 렌더링을 지원하지 않을 때(즉, EGL_BUFFER_TYPE 속성은 EGL_WINDOW_BIT로 설정하지 않는다) |
| EGL_BAD_CONFIG | 이 오류는 EGLConfig가 시스템에서 지원되지 않을 때 설정 |
| EGL_BAD_NATIVE_WINDOW | 이 오류는 제공된 특정 윈도우 핸들이 유효하지 않을 때 설정 |
| EGL_BAD_ALLOC | 이 오류는 eglCreateWindowSurface가 새로운 EGL 윈도우에 리소스를 할당할 수 없을 때나 제공된 특정 윈도우와 연관된 EGLConfig가 이미 있을 때 발생 |

윈도우 생성을 위한 전체 코드를 예제 3-4에 보인다.

**예제 3-4** EGL 윈도우 평면 생성

```
EGLint attribList[] =
{
   EGL_RENDER_BUFFER, EGL_BACK_BUFFER,
   EGL_NONE
);
EGLSurface window = eglCreateWindowSurface ( display, config,
                                             nativeWindow,
```

```
                                    attribList );

if( window == EGL_NO_SURFACE )
{
   switch( eglGetError() )
   {
      case EGL_BAD_MATCH:
         // 호환성을 위해 윈도우와 EGLConfig 속성을 점검하고,
         // EGLConfig가 윈도우에 대한 렌더링을 지원하는지 점검
         break;

      case EGL_BAD_CONFIG:
         // 제공된 EGLConfig가 유효한지 검사
         break;
      case EGL_BAD_NATIVE_WINDOW:
         // 제공된 EGLNativeWindow가 유효한지 검사
         break;
      case EGL_BAD_ALLOC:
         // 충분한 리소스가 없다.
         break;
   }
}
```

이는 그려 넣기 위한 공간을 생성했지만 여전히 윈도우에 OpenGL ES 3.0을 성공적으로 사용할 수 있기 전에 추가적인 두 단계를 진행해야 한다. 그러나 윈도우만이 유용한 렌더링 평면인 것은 아니다. 논의를 마치기 전에 렌더링 평면의 다른 타입을 소개한다.

## 화면밖에 렌더링 영역 생성 : EGL Pbuffers

OpenGL ES 3.0을 사용한 화면내부 윈도우에 렌더링할 수 있을 뿐만 아니라 또한 pbuffers(*pixel buffer*)라 불리는 보이지 않는 화면밖 평면에 렌더링할 수 있다. pbuffers는 마치 윈도우에서 하는 것처럼 OpenGL ES 3.0에 유용한 임의의 하드웨어 가속도의 완전한 이점을 가질 수 있다. pbuffers는 텍스처 맵 생성에 가장 자주 사용된다. 만일 모두가 텍스처로 렌더링을 원한다면 pbuffers 대신 pbuffers보다 더 효율적인 프레임버퍼 객체들(제12장 "프레임버퍼 객체"에서 배우게 된다)의 사용을 추천한다.

하지만 pbuffers는 OpenGL ES로 화면밖을 렌더링할 때와 OpenVG처럼 다른 API에서 텍스처로 사용하는 경우와 같이 프레임버퍼를 사용할 수 없는 몇몇 경우에 여전히 유용

하게 사용될 수 있다.

pbuffers를 생성하는 것은 약간의 미미한 차이를 가지고 EGL 윈도우를 생성하는 것과 매우 비슷하다. pbuffers를 생성하기 위해 어떤 변경에 대해 윈도우에 대해 하였던 것처럼 EGLConfig를 검색할 필요가 있다. EGL_PBUFFER_BIT를 포함하기 위한 EGL_SURFACE_TYPE의 값을 증가시키는 것이 필요하다. 일단 적합한 EGLConfig를 가지고 있으면 함수를 사용하여 pbuffer를 생성할 수 있다.

```
EGLSurface  eglCreatePbufferSurface(EGLDisplay display,
                                    EGLConfig config,
                                    const EGLint *attribList);
```

| | |
|---|---|
| *display* | EGL 디스플레이 연결 |
| *config* | 환경설정을 지정 |
| *attribList* | 픽셀 버퍼 속성들 목록을 지정; 아마도 NULL |

윈도우 생성처럼, 이 함수는 특정 디스플레이 관리자에 연결하고, 선택한 EGLConfig를 가진다. 이 함수 호출은 표 3-4에 기술된 속성들의 목록을 포함한다.

**표 3-4** EGL 픽셀 버퍼 속성들

| 속 성 | 설 명 | 기본값 |
|---|---|---|
| EGL_WIDTH | pbuffer의 원하는 너비(픽셀로)를 지정 | 0 |
| EGL_HEIGHT | pbuffer의 원하는 높이(픽셀로)를 지정 | 0 |
| EGL_LARGEST_PBUFFER | 만일 요구된 크기 중 하나가 사용 가능하지 않으면, 가장 큰 이용 가능한 pbuffer를 선택. 값들은 EGL_TRUE 또는 EGL_FALSE | EGL_FALSE |
| EGL_TEXTURE_FORMAT | 만일 pbuffer가 텍스처 맵으로 바인딩 되면 텍스처 포맷(제9장 참조)의 타입 지정. 유효한 값들은 EGL_TEXTURE_RGB, EGL_TEXTURE_RGBA, EGL_NO_TEXTURE(pbuffer가 직접 텍스처로 사용되지 않은 것을 표시) | EGL_NO_TEXTURE |

**표 3-4** EGL 픽셀 버퍼 속성들(계속)

| 속 성 | 설 명 | 기본값 |
|---|---|---|
| EGL_TEXTURE_TARGET | pbuffer가 만일 텍스처 맵(제9장 "텍스처링" 참조)으로 사용되면 첨부되어야 하는 연관된 텍스처 대상을 지정. 유효한 값들은 EGL_TEXTURE_2D, EGL_NO_TEXTURE | EGL_NO_TEXTURE |
| EGL_MIPMAP_TEXTURE | 텍스처 밉맵(mipmap) 단계들을 위해 기억장치가 부가적으로 할당되어야 하는지 아닌지를 지정. 유효한 값들은 EGL_TRUE, EGL_FALSE | EGL_FALSE |

윈도우 생성에서처럼 eglCreatePbufferSurface가 실패할 수 있는 경우는 많은데, 실패가 발생하면, EGL_NO_SURFACE는 호출로부터 반환하고 상세한 오류를 설정한다. 이런 경우 eglGetError는 표 3-5의 오류 목록 중 하나를 반환한다.

**표 3-5** eglCreatePbufferSurface 실패 시 일어나는 오류

| 오류 코드 | 설 명 |
|---|---|
| EGL_BAD_ALLOC | 이 오류는 pbuffer가 리소스 부족 때문에 할당할 수 없을 때 발생 |
| EGL_BAD_CONFIG | 이 오류는 제공된 EGLConfig가 시스템에서 지원된 유효한 EGLConfig가 아닐 때 설정 |
| EGL_BAD_PARAMETER | 이 오류는 속성 목록에서 EGL_WIDTH 또는 EGL_HEIGHT 값이 음수 값일 때 발생 |
| EGL_BAD_MATCH | 이 오류는 다음과 같은 경우 발생. 제공된 EGLConfig가 pbuffer 평면을 지원하지 않거나 pbuffer가 텍스처 맵(EGL_TEXTURE_FORMAT은 EGL_NO_TEXTURE가 아니다)으로 사용되고 유효하지 않은 텍스처 크기를 EGL_WIDTH와 EGL_HEIGHT에 지정하고 EGL_TEXTURE_FORMAT과 EGL_TEXTURE_TARGET 중 하나가 EGL_NO_TEXTURE이고 다른 속성들이 EGL_NO_TEXTURE일 때 발생 |
| EGL_BAD_ATTRIBUTE | 이 오류는 EGL_TEXTURE_FORMAT, EGL_TEXTURE_TARGET, EGL_MIPMAP_TEXTURE 중 하나가 지정되면 발생<br>제공된 EGLConfig가 OpenGL ES 렌더링을 지원하지 않는다. (OpenVG 렌더링은 지원) |

pbuffer를 생성하기 위한 전체 코드를 예제 3-5에 보인다.

**예제 3-5** EGL 픽셀 버퍼 생성

```
EGLint attribList[] =
{
   EGL_SURFACE_TYPE, EGL_PBUFFER_BIT,
   EGL_RENDERABLE_TYPE, EGL_OPENGL_ES3_BIT_KHR,
   EGL_RED_SIZE, 5,
   EGL_GREEN_SIZE, 6,
   EGL_BLUE_SIZE, 5,
   EGL_DEPTH_SIZE, 1,
   EGL_NONE
};

const EGLint MaxConfigs = 10;
EGLConfig configs[MaxConfigs]; // 10개의 configs를 수용
EGLint numConfigs;
if( !eglChooseConfig( display, attribList, configs, MaxConfigs,
                      &numConfigs ) )
{
   // 어떠한 작업을 하지 않으며, 오류 상황 처리
}
else
{
   // pbuffer를 발견
}

// 512 x 512 pbuffer 생성 처리 (또는 가장 유용한 크기)
EGLSurface pbuffer;
EGLint attribList[] =
{
   EGL_WIDTH, 512,
   EGL_HEIGHT, 512,
   EGL_LARGEST_PBUFFER, EGL_TRUE,
   EGL_NONE
);

pbuffer = eglCreatePbufferSurface( display, config, attribList );
if( pbuffer == EGL_NO_SURFACE )
{
   switch( eglGetError ( ) )
   {
```

```
        case EGL_BAD_ALLOC:
        // 유용한 충분한 리소스가 없다
        break;

        case EGL_BAD_CONFIG:
        // 제공된 EGLConfig가 유효한지 검사
        break;

        case EGL_BAD_PARAMETER:
        // EGL_WIDTH와 EGL_HEIGHT가 음이 아닌 값인지 검사
        break;

        case EGL_BAD_MATCH:
           // 호환성과 pbuffer-texture 매개변수를 결정하기 위해 윈도우와
           // EGLConfig 속성을 검사
        break;
    }
}

// 할당한 pbuffer 크기가 얼마인지를 보기 위해 검사
EGLint width;
EGLint height;

if( !eglQuerySurface( display, pbuffer, EGL_WIDTH, &width ) ||
    !eglQuerySurface( display, pbuffer, EGL_HEIGHT, &height))
{
    // 평면 정보를 질의할 수 없음
}
```

pbuffer는 윈도우가 했던 것처럼 모든 OpenGL ES 3.0 렌더링 기능을 지원한다. 주요 차이점은 화면에 pbuffer를 디스플레이 할 수 없는 것을 제외하고 윈도우에서 하는 것처럼 렌더링을 끝날 때 버퍼를 교환하는 대신 pbuffer에서 애플리케이션으로 값을 복사하거나 텍스처로 pbuffer의 바인딩을 수정할 수 있다.

## 렌더링 문맥 생성

렌더링 문맥은 연산을 위해 필요한 모든 상태를 포함하는 OpenGL ES 3.0에 대한 데이터 구조 내부이다. 예를 들면, 렌더링 문맥은 정점과 프래그먼트 셰이더에 대한 참조와 제2장의 예제 프로그램에서 사용된 정점 데이터의 배열을 포함한다. OpenGL ES 3.0 렌

더링 문맥을 그리기 전에 렌더링 문맥의 사용을 위해 유용한 문맥을 가질 필요가 있다. 문맥 생성을 위해 다음과 같이 사용한다.

```
EGLContext eglCreateContext(EGLDisplay display,
                            EGLConfig config,
                            EGLContext shareContext,
                            const EGLint *attribList);
```

| | |
|---|---|
| *display* | EGL 디스플레이 연결 |
| *config* | 환경설정을 지정 |
| *shareContext* | 세이더 프로그램과 텍스처 맵과 같이 특정 데이터 타입을 공유하기 위한 다중 EGL 문맥을 허용; 공유가 없으면 EGL_NO_CONTEXT |
| *attribList* | 생성될 문맥에 대한 속성들 목록을 지정; 단지 단일 속성이 수용되면, EGL_CONTEXT_CLIENT_VERSION |

다시 한 번, 애플리케이션의 필요조건을 최적으로 표현한 EGLConfig처럼 디스플레이 연결이 필요하다. 3번째 매개변수 shareContext는 세이더 프로그램과 텍스처 맵들과 같은 데이터의 특정 타입들을 공유하도록 다중 EGLContext를 허용한다. 당분간, 어떠한 다른 문맥들과 자원 공유를 하지 않는 것을 나타내는 shareContext에 대한 값으로 EGL_NO_CONTEXT를 전달한다.

마지막으로, 많은 EGL 호출처럼 eglCreateContext의 연산에 대한 속성들 특성 목록이 지정된다. 이런 경우에 EGL_CONTEXT_CLIENT_VERSION으로 받아들인 단일 속성이 있다. 이를 표 3-6에 기술하였다.

**표 3-6** eglCreateContext를 이용한 문맥 생성을 위한 속성

| 속성 | 설명 | 기본값 |
|---|---|---|
| EGL_CONTEXT_CLIENT_VERSION | 사용하는 OpenGL ES의 버전에 연관된 문맥의 타입을 지정 | 1(OpenGL ES 1.X 문맥을 지정) |

OpenGL ES 3.0 사용을 원하기 때문에 항상 문맥의 올바른 타입을 얻기 위해 이 속성을 지정해야 한다.

eglCreateContext가 성공할 때, 최근에 생성된 문맥에 핸들을 반환한다. 문맥이 생성될 수 없으면, eglCreateContext는 EGL_NO_CONTEXT를 반환하고, eglGetError 호출에 의해 얻어진 실패에 대한 이유를 설정한다. 현재 지식으로 eglCreateContext가 실패한 이유로 제공된 EGLConfig가 유효하지 않을 경우에 eglGetError에 의해 반환된 오류는 EGL_BAD_CONFIG이다.

적합한 EGLConfig를 선택한 후에 문맥을 어떻게 생성하는지 예제 3-6에 보인다.

**예제 3-6** EGL 문맥 생성

```
const EGLint attribList[] =
{
   // EGL_KHR_create_context가 요구됨
   EGL_CONTEXT_CLIENT_VERSION, 3,
   EGL_NONE
};

EGLContext context = eglCreateContext( display, config,
                                       EGL_NO_CONTEXT,
                                       attribList );
if ( context == EGL_NO_CONTEXT )
{
   EGLError error = eglGetError();

   if ( error == EGL_BAD_CONFIG )
   {
      // 오류를 처리하고 복귀
   }
}
```

다른 오류들은 eglCreateContext에 의해 발생할 수 있지만, 우선, EGLConfig 오류에 대해서만 확인할 것이다.

EGLContext가 성공적으로 생성된 이후 렌더링하기 전에 마지막 한 단계를 완료할 필요가 있다.

## EGLContext 만들기

애플리케이션에서는 다양한 목적을 위해 다중 EGLContext가 생성될 때 렌더링 평면

과 특정 EGLContext를 연관시킬 방법이 필요한데, 이를 보통 "make current"라고 한다.

EGLSurface와 특정 EGLContext를 연관시키기 위하여 다음의 호출을 사용한다.

```
EGLBoolean eglMakeCurrent(EGLDisplay display,
                          EGLSurface draw,
                          EGLSurface read,
                          EGLContext context);
```

| | |
|---|---|
| *display* | EGL 디스플레이 연결 |
| *draw* | EGL 그리기 평면 지정 |
| *read* | EGL 읽기 평면 지정 |
| *context* | 평면에 첨부될 EGL 렌더링 문맥을 지정 |

이 함수는 호출이 성공하면 EGL_TRUE를 반환한다. 실패 시 EGL_FALSE를 반환한다.

아마도 호출은 2개의 EGLSurface를 가짐에 유의하기 바란다. 비록 이것이 고급 EGL 사용법의 유연성을 허용한다 해도 이전에 생성하였던 윈도우처럼 동일 값으로 그리기와 읽기를 설정한다.

**주** EGL 명세가 eglMakeCurrent 구현을 위해 하나의 플러시(flush)가 필요하므로 이 호출은 타일기반 체계를 위해 비용이 많이 든다.

## EGL 지식 모아보기

EGLSurface에 EGLContext의 바인딩을 통해 EGL의 초기화로 시작하는 전체 처리를 보이는 완전한 예제로 이 장의 결론을 내린다. 특정 윈도우가 이미 생성되었고 생성된 특정 윈도우에 어떠한 오류가 발생하면 애플리케이션이 종료된다.

실제로 예제 3-7의 루틴들은 윈도우와 문맥의 생성에 대해 분리하는 것을 제외하고 제2장에서 보인 esCreateWindow에서 수행되는 것과 매우 비슷하다(이유는 나중에 논의한다).

**예제 3-7** EGL 윈도우 생성을 위한 완전한 루틴

```
EGLBoolean initializeWindow ( EGLNativeWindow nativeWindow )
{
   const EGLint configAttribs[] =
   {
      EGL_RENDER_TYPE, EGL_WINDOW_BIT,
      EGL_RED_SIZE, 8,
      EGL_GREEN_SIZE, 8,
      EGL_BLUE_SIZE, 8,
      EGL_DEPTH_SIZE, 24,
      EGL_NONE
   };

   const EGLint contextAttribs[] =
   {
      EGL_CONTEXT_CLIENT_VERSION, 3,
      EGL_NONE
    };

   EGLDisplay display = eglGetDispay( EGL_DEFAULT_DISPLAY )
   if ( display == EGL_NO_DISPLAY )
   {
      return EGL_FALSE;
   }

   EGLint major, minor;
   if ( !eglInitialize ( display, &major, &minor ) )
   {
      return EGL_FALSE;
   }

   EGLConfig config;
   EGLint numConfigs;
   if ( !eglChooseConfig(display, configAttribs, &config, 1,
                         &numConfigs ) )
   {
         return EGL_FALSE;
   }

   EGLSurface window = eglCreateWindowSurface (display, config,
                                                 nativeWindow, NULL);
   if ( window == EGL_NO_SURFACE )
   {
```

```
        return EGL_FALSE;
    }

    EGLContext context = eglCreateContext (display, config,
                                           EGL_NO_CONTEXT,
                                           contextAttribs );

    if ( context == EGL_NO_CONTEXT )
    {
        return EGL_FALSE;
    }

    if ( !eglMakeCurrent ( display, window, window, context ) )
    {
        return EGL_FALSE;
    }
    return EGL_TRUE;
}
```

만일 애플리케이션이 512x512 윈도우 열기를 위해 예제 3-8을 호출하여 만들었다면 이 코드는 매우 비슷할 것이다.

**예제 3-8** esUtil 라이브러리를 사용한 윈도우 생성

```
ESContext esContext;
const char* title = "OpenGL ES Application Window Title";

if ( esCreateWindow(&esContext, title, 512, 512,
                    ES_WINDOW_RGB | ES_WINDOW_DEPTH))
{
    // 윈도우 생성 실패
}
```

esCreateWindow에 대한 마지막 매개변수는 윈도우에 원하는 특성들을 지정하고 다음과 같은 값들이 비트 마스크로 지정된다.

- ES_WINDOW_RGB – RGB 기반 컬러 버퍼 지정
- ES_WINDOW_ALPHA – 대상 알파 버퍼 할당
- ES_WINDOW_DEPTH – 깊이 버퍼 할당
- ES_WINDOW_STENCIL – 스텐실 버퍼 할당

- ES_WINDOW_MULTISAMPLE - 다중 예제 버퍼 할당

윈도우 구성 비트 마스크에 이 값들이 지정되면 적당한 토큰과 EGLConfig 속성 목록(이전 예제에서 configAttribs)에 값이 추가될 것이다.

## 렌더링 동기화

다중 그래픽 API의 렌더링을 단일 윈도우에 위치할 필요한 상황들을 접할 수 있다. 예를 들면, OpenVG를 사용하는 것이 더 간단하다는 것을 알 수 있거나, 특정 윈도우잉 시스템의 글꼴 렌더링 함수가 OpenGL ES 3.0보다 윈도우에 문자를 그리는 것이 더 적합한 것을 알 수 있다. 이런 경우에 애플리케이션이 공유된 윈도우에 렌더링을 위한 다양한 라이브러리를 가질 필요가 있다. EGL은 동기화 작업에 도움을 주기 위한 약간의 함수를 가지고 있다.

만일 애플리케이션이 OpenGL ES 3.0만 가지고 렌더링할 수 있다면 그 다음에 모든 렌더링이 간단히 glFinish 호출에 의해 이루어진다고 장담할 수 있다(또는 제13장 "동기 객체와 펜스"에서 설명될 더 효율적인 동기 객체와 펜스).

그러나 렌더링(OpenVG 같은)에 대한 어떤 Khronos API보다 더 많을 것을 사용하고 있고, 윈도우 시스템의 특정 렌더링 API로 전환하기 전에 사용된 API를 알고 있지 않으면 다음을 호출할 수 있다.

```
EGLBoolean eglWaitClient()
```

Khronos API(OpenGL ES 3.0, OpenGL 또는 OpenVG처럼)를 이용하여 모든 렌더링이 완료될 때까지 클라이언트의 실행을 미룬다. 성공하면, EGL_TRUE를 반환하고, 실패하면, EGL_FALSE를 반환한다. 그리고 EGL_BAD_CURRENT_SURFACE 오류는 기록된다.

이 함수의 연산은 glFinish 연산과 비슷하지만, Khronos API가 현재 연산에 있는지 상관없이 작업을 수행한다.

마찬가지로 특정 윈도우잉 시스템 렌더링이 완료되었다는 증명이 필요하다면 eglWaitNative를 호출한다.

```
EGLBoolean eglWaitNative(EGLint engine)
```

*engine* 렌더링 완료를 기다리도록 렌더러를 지정

EGL_CORE_NATIVE_ENGINE은 항상 받아들여지고, 지원된 가장 공통 엔진을 표현한다. 다른 엔진은 구현 특성이고, EGL 확장에 의해 지정된다. EGL_TRUE는 성공하면 반환된다. 실패하면 EGL_FALSE를 반환하고, EGL_BAD_PARAMETER 오류는 기록된다.

## 요약

이 장에서는 OpenGL ES 3.0에서 평면을 생성하고 문맥을 렌더링하는 API인 EGL에 대해 배웠다. 또한, 지금 EGL을 초기화하는 방법을 배웠다; 다양한 EGL 속성들 질의; 화면 내, 화면밖 렌더링 영역을 생성하고 EGL을 이용하여 문맥을 렌더링하는 것. OpenGL ES 3.0으로 렌더링에 필요한 모든 것을 할 수 있는 EGL에 대해 배웠다. 다음 장에서는 OpenGL ES 셰이더와 프로그램을 생성하는 방법에 대해 배우게 될 것이다.

OpenGL® ES™ 3.0 Programming Guide

# Chapter 04 셰이더(shaders)와 프로그램

제2장의 "OpenGL ES 2.0 예 : 삼각형 만들기"에서 삼각형 하나를 그리는 단순한 프로그램을 소개했다. 그 예제에서 삼각형을 그리기 위해 2개의 셰이더 객체(정점 셰이더와 프래그먼트 셰이더)와 단일 프로그램 객체를 생성했다. 셰이더 객체와 프로그램 객체는 OpenGL ES 3.0에서 셰이더와 함께 사용되는 것으로 중요한 개념들이다. 이 장에서는 셰이더를 생성하고, 이를 컴파일하고 프로그램 객체로 연결하는 방법을 자세하게 소개한다. 정점과 프래그먼트 셰이더를 작성하는 것에 대한 상세한 것은 다음에 설명한다. 현재는 다음 내용에 초점을 둔다.

- 셰이더와 프로그램 객체 개요
- 셰이더 생성과 컴파일
- 프로그램 생성과 링크
- uniform 읽기와 설정
- 속성 읽기와 설정
- 셰이더 컴파일러와 셰이더 바이너리들

## 셰이더와 프로그램

셰이더로 렌더링하기 위해 필요한 기본적인 두 객체 타입(셰이더 객체와 프로그램 객체)이 있다. 셰이더 객체와 프로그램 객체에 대해 생각할 가장 좋은 방법은 C 컴파일러와 링커를 비교하는 것이다. C 컴파일러는 소스코드에 대한 목적 코드(예를 들면, .obj 또는 .o 파일)를 생성한다. 목적 파일이 생성된 이후 C 링커는 그 다음 최종적인 프로그램으로 목적 파일을 링크한다.

유사한 예는 OpenGL ES에서 셰이더를 표현하기 위해 사용된다. 셰이더 객체는 단일 셰이더를 포함하고 있는 객체이다. 소스코드는 셰이더 객체에게 주어지고, 셰이더 객체는 객체 형식(obj 파일 처럼)으로 컴파일 된다. 컴파일 한 후, 셰이더 객체는 프로그램 객체에 첨부한다. 프로그램 객체는 다중 셰이더 객체들을 첨부할 수 있다. OpenGL ES에서 각 프로그램 객체는 프로그램 객체에 첨부할 하나의 정점 셰이더와 프래그먼트 셰이더 객체가 필요할 수 있다. 프로그램 객체는 마지막으로 "실행 가능한(executable)" 상태로 링크된다. 마지막으로 프로그램 객체는 렌더링하는 데 사용될 수 있다.

링크된 셰이더 객체를 얻기 위한 일반적인 처리 과정은 6단계를 가진다.

1. 정점 셰이더 객체와 프래그먼트 객체를 생성
2. 셰이더 객체 각각에 소스코드를 첨부
3. 셰이더 객체를 컴파일
4. 프로그램 객체를 생성
5. 프로그램 객체에 컴파일된 셰이더 객체들을 첨부
6. 프로그램 객체를 링크

만일 오류가 없다면, GL에게 원하는 대로 언제라도 그리도록 프로그램을 사용할 수 있다. 다음 절은 이 과정을 실행하기 위해 사용할 필요한 API 호출을 자세히 설명한다.

### 셰이더 생성과 컴파일

셰이더 객체로 작업하는 첫 번째 단계는 셰이더 객체를 생성하는 것이다. 이는 `glCreateShader`를 사용하여 셰이더 객체를 생성한다.

```
GLuint  glCreateShader(GLenum type)
```

| | |
|---|---|
| *type* | 생성하는 셰이더의 타입으로, GL_VERTEX_SHADER 또는 GL_FRAGMENT_SHADER |

glCreateShader를 호출하는 것은 전달되는 타입에 따라 새로운 정점 또는 프래그먼트 셰이더를 생성하게 한다. 반환값은 새로운 셰이더 객체에 대한 핸들이다. 셰이더 객체로 종료될 때, glDeleteShader를 사용해 셰이더 객체를 삭제할 수 있다.

```
void glDeleteShader(GLuint shader)
```

| | |
|---|---|
| *shader* | 삭제하기 위한 셰이더 객체 핸들 |

**주** 만일 셰이더가 프로그램 객체에 첨부되면 glDeleteShader 호출은 셰이더를 즉시 삭제하지 않는다는 점에 유념하자. 오히려 셰이더는 삭제의 대상으로 표시될 것이고 셰이더의 메모리는 일단 셰이더가 더 이상 어떠한 프로그램 객체에 첨부되지 않으면 해제될 것이다.

일단 셰이더 객체를 생성했으면 일반적으로 수행할 다음 작업은 glShaderSource를 이용하여 셰이더 소스코드를 제공한다.

```
void glShaderSource(GLuint shader, GLsizei count,
                    const GLchar* const *string,
                    const GLint *length)
```

| | |
|---|---|
| *shader* | 셰이더 객체 핸들 |
| *count* | 셰이더 소스 문자열의 수. 각 셰이더가 하나의 main() 함수를 가진다고 해도 셰이더는 소스 문자열의 수로 구성할 수 있다. |
| *string* | 셰이더 소스 문자열의 count 수를 포함하는 문자열 배열의 포인터 |
| *length* | 각 셰이더 문자열의 크기를 포함하는 정수형 count 배열의 포인터. 만일 length가 NULL이라면, 셰이더 문자열은 null로 종료되는 것으로 가정한다. 만일 length가 NULL이 아니면, length의 각 요소들은 string 배열에 대응하는 셰이더에서 문자열의 수를 포함한다. 만일 어떤 요소를 위한 length 값이 0 미만이라면, 그 문자열은 null로 종료된다. |

일단 셰이더 소스가 지정되면 다음 단계는 glCompileShader를 이용하여 셰이더를 컴파일한다.

```
void   glCompileShader(GLuint shader)
```

| | |
|---|---|
| *shader* | 컴파일하기 위한 셰이더 객체 핸들 |

glCompileShader를 호출하는 것은 셰이더 객체에 저장된 셰이더 소스코드가 컴파일되도록 한다. 임의의 일반 컴파일러처럼 첫째로 컴파일 이후에 알고 싶어 하는 것은 어떠한 오류들이 있었는지 이다. 셰이더 객체에 대한 다른 정보에 따라 glGetShaderiv를 이용하여 질의될 수 있다.

```
void   glGetShaderiv(GLuint shader, GLenum pname,
                     GLint *params)
```

| | |
|---|---|
| *shader* | 정보를 얻기 위한 셰이더 객체의 핸들 |
| *pname* | 정보를 얻기 위한 매개변수<br>GL_COMPILE_STATUS<br>GL_DELETE_STATUS<br>GL_INFO_LOG_LENGTH<br>GL_SHADER_SOURCE_LENGTH<br>GL_SHADER_TYPE |
| *params* | 질의 결과에 대한 정수형 기억 장소에 대한 포인터 |

셰이더가 성공적으로 컴파일되었는지 확인하기 위해 pname에 대해 GL_COMPILE_STATUS 인수를 가지고 셰이더 객체에서 glGetShaderiv를 호출할 수 있다. 셰이더가 성공적으로 컴파일된 결과는 GL_TRUE이고, 셰이더가 컴파일이 실패했다면 결과는 GL_FALSE이다. 셰이더가 컴파일에 실패했다면 컴파일 오류들은 info log에 기록된다. 정보 로그는 어떠한 오류 메시지들이나 경고가 컴파일러에 의해 기록된 로그이다. 정보 로그는 컴파일이 성공적이더라도 기록된다. 정보 로그를 확인하기 위해 정보 로그에 대한 길이는 GL_INFO_LOG_LENGTH를 사용하여 질의될 수 있다. 정보 로그 자체는 glGetShaderInfoLog(다음에 기술)를 사용하여 질의될 수 있다. GL_SHADER_TYPE에 대한 질의는 셰이더가 GL_VERTEX_SHADER나 GL_FRAGMENT_SHADER를 반환한다. GL_SHADER_SOURCE_LENGTH에 대한 질의는 널 종료를 포함하는 셰이더 소

스코드의 길이를 반환한다. 마지막으로, GL_DELETE_STATUS에 대한 질의는 셰이더가 glDeleteShader를 이용하여 삭제가 표시되었는지 반환한다.

셰이더를 컴파일하고 정보 로그 길이를 검사한 후, 정보 로그를 검색하기 원할 수 있다(특히 컴파일이 원인을 발견하는 데 실패하면). 그렇게 하기 위해 먼저 GL_INFO_LOG_LENGTH에 질의하고, 정보 로그를 저장하기 위해 충분한 기억장소에 문자열을 할당할 필요가 있다. 정보 로그는 glGetShaderInfoLog를 사용하여 검색할 수 있다.

```
void  glGetShaderInfoLog(GLuint shader, GLsizei maxLength,
                         GLsizei *length, GLchar *infoLog)
```

| | |
|---|---|
| *shader* | 정보 로그를 얻기 위한 셰이더 객체의 핸들 |
| *maxLength* | 정보 로그를 저장하기 위한 버퍼의 크기 |
| *length* | 기록된 정보 로그의 길이(널 종료 제외). 길이를 알 필요가 없을 경우에는 매개변수가 NULL이어도 된다. |
| *infoLog* | 정보 로그 저장을 위한 문자 버퍼에 대한 포인터 |

정보 로그는 지정된 포맷 또는 요구된 정보를 가지지 않는다. 그러나 대부분의 OpenGL ES 3.0의 구현은 컴파일러가 오류를 검출했을 때 작업하고 있던 소스코드의 행 번호를 담고 있는 오류 메시지를 반환한다. 몇몇 구현들은 또한 로그에서 경고 또는 추가 정보를 제공한다. 예를 들어, 다음의 오류 메시지는 셰이더 소스코드가 선언되지 않은 변수를 포함할 때 컴파일러에 의해 생성된다.

```
ERROR: 0:10: 'i_position' : undeclared identifier
ERROR: 0:10: 'assign' : cannot convert from '4x4 matrix of float'
to 'vertex out/varying 4-component vector of float'
ERROR: 2 compilation errors. No code generated.
```

여기서, 지금 셰이더를 생성하고, 셰이더를 컴파일하고, 컴파일 상태를 찾아내고, 정보 로그를 질의하는데 필요한 모든 함수를 보여 주었다. 검토를 위해 앞에서 기술한 함수를 사용하여 셰이더를 적재하기 위해 제2장에서 사용한 코드를 예제 4-1에 보인다.

**예제 4-1** 셰이더 적재하기

```
GLuint LoadShader ( GLenum type, const char *shaderSrc)
{
   GLuint shader;
```

```
    GLint compiled;

    // 셰이더 객체 생성
    shader = glCreateShader ( type );

    if ( shader == 0 )
    {
       return 0;
    }

    // 셰이더 소스 적제
    glShaderSource ( shader, 1, &shaderSrc, NULL );

    // 셰이더 컴파일
    glCompileShader ( shader );

    // 컴파일 상태 검사
    glGetShaderiv ( shader, GL_COMPILE_STATUS, &compiled );

    if ( !compiled )
    {
       // 컴파일 실패 시 컴파일 메시지 검색
       GLint infoLen = 0;

       glGetShaderiv ( shader, GL_INFO_LOG_LENGTH, &infoLen );

       if ( infoLen > 1 )
       {
         char* infoLog = malloc ( sizeof ( char ) * infoLen );

         glGetShaderInfoLog ( shader, infoLen, NULL, infoLog );
         esLogMessage ("Error compiling shader:\n%s\n", infoLog);

         free ( infoLog );
       }

       glDeleteShader ( shader );
       return 0;

    }

    return shader;
}
```

## 프로그램 생성과 링킹

셰이더 객체들 생성 방법에 대해 설명하였고, 다음 단계는 프로그램 객체를 생성하는 것이다. 이전에 기술된 것처럼 프로그램 객체는 셰이더를 첨부하고 최종적인 실행 가능한 프로그램을 링크하는 컨테이너 객체이다. 프로그램 객체들을 조작하는 함수 호출들은 셰이더 객체들과 매우 유사하다. 프로그램 객체는 glCreateProgram을 사용하여 생성된다.

```
GLuint  glCreateProgram()
```

glCreateProgram은 임의의 인수를 가지지 않음을 알 수 있을 것이다. 이는 단순히 새로운 프로그램 객체에게 핸들을 반환한다. 프로그램 객체는 glDeleteProgram을 사용하여 삭제될 수 있다.

```
void  glDeleteProgram(GLuint program)
```

| | |
|---|---|
| *program* | 삭제를 위한 프로그램 객체 핸들 |

일단 프로그램 객체를 생성하였으면, 다음 단계로 이를 셰이더에 첨부하는 것이다. OpenGL ES 3.0에서 각 프로그램 객체는 첨부될 정점 셰이더와 프래그먼트 셰이더 객체가 필요하다. 프로그램에 셰이더를 첨부하는 함수는 glAttachShader이다.

```
void  glAttachShader(GLuint program, GLuint shader)
```

| | |
|---|---|
| *program* | 프로그램 객체 핸들 |
| *shader* | 프로그램에 첨부하기 위한 셰이더 객체 핸들 |

이 함수는 주어진 프로그램에 셰이더를 첨부할 것이다. 셰이더가 어느 시점에 첨부할 수 있는가 유념하기 바란다. 셰이더가 반드시 컴파일되거나 프로그램에 첨부되기 전에 소스코드를 가지고 있을 필요는 없다. 유일한 요구사항은 모든 프로그램 객체가 임의의 정점 셰이더와 프래그먼트 셰이더 객체를 가져야 하지만 단지 하나면 셰이더에게 첨부해야 한다. 셰이더를 첨부하는 것에 추가로, glDetachShader를 사용하여 셰이더를 분리할 수 있다.

```
void   glDetachShader(GLuint program, GLuint shader)
```

| | |
|---|---|
| *program* | 프로그램 객체 핸들 |
| *shader* | 프로그램에서 분리하기 위한 셰이더 객체 핸들 |

일단 셰이더가 첨부되었으면 셰이더를 링크할 마지막 준비를 할 것이다. 프로그램 객체 링크는 glLinkProgram을 사용하여 이루어진다.

```
void   glLinkProgram(GLuint program)
```

| | |
|---|---|
| *program* | 링크를 위한 프로그램 객체 핸들 |

링크 연산은 최종적인 실행 가능한 프로그램을 생성하는 것이다. 링커가 성공적인 링크를 확실하게 하기 위해 점검할 사항이 많다. 지금 이 조건 중 일부를 언급한다. 그러나 상세하게 정점과 프래그먼트 셰이더를 기술할 때까지 이 조건은 약간 혼란스러울 수도 있다. 링커는 프래그먼트 셰이더에 의해 소비되는 임의의 셰이더 변수들이 정점 셰이더(동일한 타입으로 선언된)에 의해 사용됨을 확인한다. 링커는 또한 정점과 프래그먼트 셰이더에 선언되는 임의의 uniform 타입과 일치하는 것을 가지고 있는지 확인한다. 링커는 또한 최종적인 프로그램 구현(예를 들면, 속성, uniform, 또는 입출력 셰이더 변수의 수)의 범위 내에서 적합한지를 확인할 것이다. 일반적으로 링크 단계는 최종적인 하드웨어 명령들이 하드웨어에서 실행하도록 생성될 것이다.

프로그램을 링크하고 난 후에 링크가 성공하였는지 아닌지를 확인할 필요가 있다. 링크 상태는 glGetProgramiv를 사용하여 확인할 수 있다.

```
void   glGetProgramiv(GLuint program, GLenum pname,
                      GLint *params)
```

| | |
|---|---|
| *program* | 정보를 얻기 위한 프로그램 객체 핸들 |
| *pname* | 정보를 얻기 위한 매개변수<br>GL_ACTIVE_ATTRIBUTES<br>GL_ACTIVE_ATTRIBUTE_MAX_LENGTH<br>GL_ACTIVE_UNIFORM_BLOCK<br>GL_ACTIVE_UNIFORM_BLOCK_MAX_LENGTH |

| | |
|---|---|
| | GL_ACTIVE_UNIFORMS<br>GL_ACTIVE_UNIFORM_MAX_LENGTH<br>GL_ATTACHED_SHADERS<br>GL_DELETE_STATUS<br>GL_INFO_LOG_LENGTH<br>GL_LINK_STATUS<br>GL_PROGRAM_BINARY_RETRIEVABLE_HINT<br>GL_TRANSFORM_FEEDBACK_BUFFER_MODE<br>GL_TRANSFORM_FEEDBACK_VARYINGS<br>GL_TRANSFORM_FEEDBACK_VARYING_MAX_LENGTH<br>GL_VALIDATE_STATUS |
| *params* | 질의 결과에 대한 정수형 기억 장소의 포인터 |

링크가 성공했는지 확인하기 위해 GL_LINK_STATUS에 대해 질의할 수 있다. 프로그램 객체들에 유용한 다수의 다른 질의들이 있다. GL_ACTIVE_ATTRIBUTES에 대한 질의는 정점 셰이더에서 활성 속성 수의 총계를 반환한다. GL_ACTIVE_ATTRIBUTE_MAX_LENGTH에 대한 질의는 가장 큰 속성 이름의 최대 길이(문자)를 반환한다. 이는 속성 이름 문자열을 저장하는 데 얼마나 많은 메모리를 할당해야 하는지 결정할 수 있다. 마찬가지로 GL_ACTIVE_UNIFORMS와 GL_ACTIVE_UNIFORM_MAX_LENGTH는 활성 상태 uniform의 수와 가장 큰 uniform 이름의 최대 길이를 반환한다. 프로그램 객체에 첨부된 셰이더의 수는 GL_ATTACHED_SHADERS를 사용하여 질의할 수 있다. GL_DELETE_STATUS 질의는 프로그램 객체에 대해 표시되었는지 반환한다. 셰이더 객체와 같이 프로그램 객체는 정보 로그를 저장한다. 길이는 GL_INFO_LOG_LENGTH를 사용하여 질의할 수 있다. GL_TRANSFORM_FEEDBACK_BUFFER_MODE에 대한 질의는 변환 피드백이 활성화될 때 버퍼 모드인 GL_SEPARATE_ATTRIBS 또는 GL_INTERLEAVED_ATTRIBS를 반환한다. GL_TRANSFORM_FEEDBACK_VARYINGS와 GL_TRANSFORM_FEEDBACK_VARYING_MAX_LENGTH에 대한 질의는 각각 프로그램에 대한 변환 피드백에서 수집될 출력 변수의 수와 출력 변수이름의 최대 길이를 변환한다. 변환 피드백은 제8장 "정점 셰이더"에서 설명된다. 활성화된 uniform을 포함하는 프로그램에 대한 uniform 블록의 수와 uniform 블록 이름의 최대 길이는 각각 GL_ACTIVE_UNIFORM_BLOCKS와 GL_ACTIVE_UNIFORM_BLOCK_MAX_LENGTH를 이용하여 질의될 수 있다. uniform 블록들은 다음 절에서 설명한다. GL_PROGRAM_BINARY_RETRIEVABLE_HINT에 대한 질의는 2진 검색 힌트가 현재 프로그램에 대해

유효한지를 나타내는 값을 반환한다. 마지막으로 마지막 유효성 검사 연산의 상태는 GL_VALIDATE_STATUS를 사용하여 질의할 수 있다. 프로그램 객체의 유효성 검사는 이 절에 뒤에서 기술된다.

프로그램을 링크하고 난 후, 프로그램 정보 로그(특히, 연결 실패가 있었으면)로부터 정보를 가져오기 원할 것이다. 그렇게 하는 것은 셰이더 객체에 대해 정보 로그를 얻는 것과 매우 유사하다.

```
void   glGetProgramInfoLog(GLuint program,
                           GLsizei maxLength,
                           GLsizei *length,
                           GLchar *infoLog)
```

| | |
|---|---|
| *program* | 정보를 얻기 위한 프로그램 객체 핸들 |
| *maxLength* | 정보 로그를 저장하기 위한 버퍼의 크기 |
| *length* | 기록된 정보 로그의 길이(널 종료 제외). 길이를 알 필요가 없을 경우에는 매개변수가 NULL이어도 된다. |
| *infoLog* | 정보 로그를 저장하기 위한 문자 버퍼의 포인터 |

프로그램이 성공적으로 링크되면, 바로 렌더링 할 준비가 된 것이다. 확인하기를 원하는 것은 프로그램이 유효한지 이다. 즉 다시 말하면, 성공적인 링크를 보증할 수 없는 실행의 어떤 특정한 면들이 있다. 예를 들면, 애플리케이션이 샘플러에 유효한 텍스처 단위들을 바인딩 시키지 않는 것이 이런 경우이다. 이는 링크 시점이 알려져 있지 않지만 대신 그리기 시점을 알 수 있다. 프로그램이 현재 상태에서 실행되는지 확인하기 위해 glValidateProgram을 호출할 수 있다.

```
void   glValidateProgram(GLuint program)
```

| | |
|---|---|
| *program* | 유효성 검증을 위한 프로그램 객체 핸들 |

유효성 검증 결과는 이전에 기술한 GL_VALIDATE_STATUS를 사용하여 확인할 수 있다. 정보 로그 또한 갱신될 것이다.

**주**

단지 디버깅 목적으로 glValidateProgram을 사용하기 원할 것이다. 이는 느린 연산이고 모든 렌더링 전에 검사하기를 원하지 않는다. 사실 애플리케이션이 성공적으로 렌더링되었다면 이를 이용하지 않고 처리할 수 있다. 여기서는 이 함수가 존재하는 것을 알 수 있도록 하는 것이다.

지금까지, 프로그램 객체 생성, 프로그램 객체에 셰이더를 첨부, 링크, 정보 로그를 얻기 위해 필요한 함수를 설명하였다. 렌더링 전에 프로그램 객체와 해야 할 필요가 있는 일이 더 있고, glUseProgram을 사용한 활성 프로그램으로 이를 설정한다.

void **glUseProgram**(GLuint *program*)

| | |
|---|---|
| *program* | 활성 상태로 만들기 위한 프로그램 객체에 대한 핸들 |

이제 프로그램이 활성 상태이므로 렌더링을 설정한다. 여기서 다시 예제 4-2는 이 함수들을 사용한 제2장 예제로부터 확장된 코드이다.

**예제 4-2** 프로그램을 생성, 셰이더에 첨부 및 링크

```
// 프로그램 객체 생성
programObject = glCreateProgram();

if ( programObject == 0 )
{
   return 0;
}

glAttachShader ( programObject, vertexShader );
glAttachShader ( programObject, fragmentShader );

// 프로그램 링크
glLinkProgram ( programObject );

// 연결 상태 점검
glGetProgramiv ( programObject, GL_LINK_STATUS, &linked );

if ( !linked )
{
   // 링킹 실패 시 컴파일러 오류 메시지 검색
```

```
    GLint infoLen = 0;

    glGetProgramiv ( programObject, GL_INFO_LOG_LENGTH, &infoLen );

    if ( infoLen > 1 )
    {
       char* infoLog = malloc ( sizeof ( char ) * infoLen );
       glGetProgramInfoLog ( programObject, infoLen, NULL, infoLog );
       esLogMessage ( "Error linking program:\n%s\n", infoLog );

       free( infoLog );
    }

    glDeleteProgram ( programObject );
    return FALSE;
}

// …

// 프로그램 객체 사용
glUseProgram ( programObject );
```

## Uniform과 속성들

링크된 프로그램 객체가 있으면 여기서 할 수 있는 많은 질의들이 있다. 첫 번째로 프로그램에서 활성상태 uniform에 대해 찾아내는 것이 필요하다. uniforms(다음 장의 셰이딩 언어에서 자세히 설명한다)는 셰이더에서 OpenGL ES 3.0 API를 통해 애플리케이션에 의해 전달되는 읽기전용 상수값들을 저장하는 변수이다.

uniform 집합은 uniform 블록의 두 범주로 분류된다. 첫 범주는 uniform의 값이 uniform 버퍼 객체라 불리는 버퍼 객체가 따르는 지명된 uniform 블록이다. 지명된 uniform 블록은 uniform 블록 인덱스가 할당된다. 다음의 예는 3개의 uniform(matViewProj, matNormal, matTexGen)을 포함하는 TransformBlock이라는 이름을 가지는 지명된 uniform 블록을 선언한다.

```
uniform TransformBlock
{
    mat4 matViewProj;
```

```
    mat3 matNormal;
    mat3 matTexGen;
};
```

두 번째 범주는 지명된 uniform 블록 이외에 선언된 uniform에 대한 기본 uniform 블록이다. 지명된 uniform 블록과 달리 기본 uniform 블록에 대한 이름, uniform 블록 인덱스가 없다. 다음 예는 지명된 uniform 블록 이외 동일 3개 uniform 선언이다.

```
uniform     mat4 matViewProj;
uniform     mat3 matNormal;
uniform     mat3 matTexGen;
```

5장의 uniform 블록 절에서 더 자세히 설명할 것이다.

만일 uniform이 정점과 프래그먼트 셰이더 모두에서 선언되면, 그것은 같은 타입이어야 하고 값이 양쪽 셰이더에서 같을 것이다. 링크 단계 동안 링커는 프로그램에서 uniform 활성상태 각각에 대한 uniform 위치를 할당한다. 이 위치들은 애플리케이션이 이 값을 가지고 uniform을 적재하기 위해 사용할 식별자이다. 링커는 또한 지명된 uniform 블록과 연관된 활성화된 uniform에 대한 변위와 스트라이드(배열과 행렬 타입 uniform에 대해)를 또한 할당할 것이다.

## uniform 읽기와 설정

프로그램에서 활성상태 uniform 목록에 대해 질의하기 위해서는 먼저 GL_ACTIVE_UNIFORMS 매개변수(이전 절에서 기술한)를 가진 glGetProgramiv를 호출한다. 이는 프로그램에서 활성상태 uniform의 수를 알려준다. uniform은 만일 프로그램에서 사용되면 “활성상태(active)”라고 간주한다. 바꾸어 말하면, 셰이더 중 하나에서 uniform을 선언하지만 uniform을 전혀 사용하지 않는다면, 링커는 이와 별개로 최적화할 것이고 활성상태 uniform 목록에서 uniform을 반환하지 않는다. 또한, 가장 큰 uniform 이름이 프로그램에 가지고 있는 문자들(널 종료 포함)의 수를 알 수 있다. 이는 GL_ACTIVE_UNIFORM_MAX_LENGTH 매개변수와 함께 glGetProgramiv를 호출함으로써 수행된다.

uniform 이름을 저장할 필요가 있는 활성상태 uniform의 수와 문자들의 수를 알고 있으면, glGetActiveUniform과 glGetActiveUniformsiv를 이용하여 uniform에 대해 자세히 알 수 있다.

```
void  glGetActiveUniform(GLuint program, GLuint index,
                          GLsizei bufSize, GLsizei *length,
                          GLint *size, GLenum *type,
                          GLchar *name)
```

| | |
|---|---|
| *program* | 프로그램 객체 핸들 |
| *index* | 질의될 uniform 인덱스 |
| *bufSize* | 이름 배열에서 문자들의 수 |
| *length* | NULL이 아니면 이름 배열에서 문자로 쓴 문자열의 수를 기록 |
| *size* | uniform 변수가 질의한 것이 배열이면 변수는 프로그램(더하기 1)에서 사용된 최대 배열 요소로 기록되고, 배열이 아니라면 값은 1이다. |
| *type* | uniform 타입<br>GL_FLOAT, GL_FLOAT_VEC2, GL_FLOAT_VEC3, GL_FLOAT_VEC4, GL_INT, GL_INT_VEC2, GL_INT_VEC3, GL_INT_VEC4, GL_UNSIGNED_INT, GL_UNSIGNED_INT_VEC2, GL_UNSIGNED_INT_VEC3, GL_UNSIGNED_INT_VEC4, GL_BOOL, GL_BOOL_VEC2, GL_BOOL_VEC3, GL_BOOL_VEC4, GL_FLOAT_MAT2, GL_FLOAT_MAT3, GL_FLOAT_MAT4, GL_FLOAT_MAT2x3, GL_FLOAT_MAT2x4, GL_FLOAT_MAT3x2, GL_FLOAT_MAT3x4, GL_FLOAT_MAT4x2, GL_FLOAT_MAT4x3, GL_SAMPLER_2D, GL_SAMPLER_3D, GL_SAMPLER_CUBE, GL_SAMPLER_2D_SHADOW, GL_SAMPLER_2D_ARRAY, GL_SAMPLER_2D_ARRAY_SHADOW, GL_SAMPLER_CUBE_SHADOW, GL_INT_SAMPLER_2D, GL_INT_SAMPLER_3D, GL_INT_SAMPLER_CUBE, GL_INT_SAMPLER_2D_ARRAY, GL_UNSIGNED_INT_SAMPLER_2D, GL_UNSIGNED_INT_SAMPLER_3D, GL_UNSIGNED_INT_SAMPLER_CUBE, GL_UNSIGNED_INT_SAMPLER_2D_ARRAY |
| *name* | 문자들의 bufSize 수까지 uniform 이름으로 쓰여질 것이고, 이는 널 종료 문자열이다. |

```
void  glGetActiveUniformsiv(GLuint program, GLsizei count,
                            const GLuint *indices,
                            GLenum pname, GLint *params)
```

| | |
|---|---|
| *program* | 프로그램 객체 핸들 |
| *count* | indices 배열 내 요소 수 |
| *indices* | uniform 인덱스 목록 |
| *pname* | params의 요소에 쓰여질 uniform 인덱스에서 각 uniform의 특성으로 다음과 같은 것이 올 수 있다; GL_UNIFORM_TYPE, GL_UNIFORM_SIZE, GL_UNIFORM_NAME_LENGTH, GL_UNIFORM_BLOCK_INDEX, GL_UNIFORM_OFFSET, GL_UNIFORM__ARRAY_STRIDE, GL_UNIFORM_MATRIX_STRIDE, GL_UNIFORM_UNIFORM_IS_ROW_MAJOR |
| *params* | uniform 인덱스에서 각 uniform에 대응하는 *pname*에 의해 지정된 결과로 쓰여진다. |

glGetActiveUniform을 사용하여 uniform의 특성 모두를 거의 결정할 수 있다. uniform의 타입에 따라 uniform 변수의 이름을 결정할 수 있다. 더욱이, 변수가 배열이고 배열에서 사용된 최대 요소가 무엇인지 찾아낼 수 있다. uniform의 이름은 uniform의 위치를 찾는 데 필요하고, uniform의 타입과 크기는 또한 데이터를 가지고 이를 적재하는 방법을 알아내기 위해 필요하다. uniform의 이름을 가지고 있으면 glGetUniformLocation을 사용하여 위치를 찾을 수 있다. uniform의 위치는 프로그램에서 uniform의 위치를 식별하는 데 사용된 정수값이다. uniform의 위치 값은(예를 들면, glUniform1f) uniform을 적재하기 위해 연속적으로 호출하여 사용된다.

```
GLint glGetUniformLocation(GLuint program,
                           const GLchar* name)
```

| | |
|---|---|
| *program* | 프로그램 객체 핸들 |
| *name* | 위치를 얻기 위한 uniform의 이름 |

이 함수는 name에 의해 주어진 uniform의 위치를 반환한다. 만일 uniform이 프로그램에서 활성상태 uniform이 아니라면 반환되는 값은 −1이다. uniform의 타입과 배열 크기에 따라 uniform 위치를 갖고 있으면, 값과 함께 uniform을 적재할 수 있다. uniform 적재를 위해 다른 많은 함수가 있는데, 이는 각 uniform 타입에 따라 다르다.

```
void   glUniform1f(GLint location, GLfloat x)
void   glUniform1fv(GLint location, GLsizei count,
                    const GLfloat* value)
void   glUniform1i(GLint location, GLint x)
void   glUniform1iv(GLint location, GLsizei count,
                    const GLint* value)
void   glUniform1ui(GLint location, GLuint x)
void   glUniform1uiv(GLint location, GLsizei count,
                    const GLuint* value)
void   glUniform2f(GLint location, GLfloat x, GLfloat y)
void   glUniform2fv(GLint location, GLsizei count,
                    const GLfloat* value)
void   glUniform2i(GLint location, GLint x, GLint y)
void   glUniform2iv(GLint location, GLsizei count,
                    const GLint* value)
void   glUniform2ui(GLint location, GLuint x, GLuint y)
void   glUniform2uiv(GLint location, GLsizei count,
                     const GLuint* value)
void   glUniform3f(GLint location, GLfloat x, GLfloat y,
                  GLfloat z)
void   glUniform3fv(GLint location, GLsizei count,
                    const GLfloat* value)
void   glUniform3i(GLint location, GLint x, GLint y,
                  GLint z)
void   glUniform3iv(GLint location, GLsizei count,
                    const GLint* value)
void   glUniform3ui(GLint location, GLuint x, GLuint y,
                    GLuint z)
void   glUniform3uiv(GLint location, GLsizei count,
                     const GLuint* value)
void   glUniform4f(GLint location, GLfloat x, GLfloat y,
                  GLfloat z, GLfloat w);
void   glUniform4fv(GLint location, GLsizei count,
                    const GLfloat* value)
void   glUniform4i(GLint location, GLint x, GLint y,
                  GLint z, GLint w)
```

```
void  glUniform4iv(GLint location, GLsizei count,
                   const GLint* value)
void  glUniform4ui(GLint location, GLuint x, GLuint y,
                   GLuint z, GLuint w)
void  glUniform4uiv(GLint location, GLsizei count,
                    const GLint* value)
void  glUniformMatrix2fv(GLint location, GLsizei count,
                         GLboolean transpose,
                         const GLfloat* value)
void  glUniformMatrix3fv(GLint location, GLsizei count,
                         GLboolean transpose,
                         const GLfloat* value)
void  glUniformMatrix4fv(GLint location, GLsizei count,
                         GLboolean transpose,
                         const GLfloat* value)
void  glUniformMatrix2x3fv(GLint location, GLsizei count,
                           GLboolean transpose,
                           const GLfloat* value)
void  glUniformMatrix3x2fv(GLint location, GLsizei count,
                           GLboolean transpose,
                           const GLfloat* value)
void  glUniformMatrix2x4fv(GLint location, GLsizei count,
                           GLboolean transpose,
                           const GLfloat* value)
void  glUniformMatrix4x2fv(GLint location, GLsizei count,
                           GLboolean transpose,
                           const GLfloat* value)
void  glUniformMatrix3x4fv(GLint location, GLsizei count,
                           GLboolean transpose,
                           const GLfloat* value)
void  glUniformMatrix4x3fv(GLint location, GLsizei count,
                           GLboolean transpose,
                           const GLfloat* value)
```

| | |
|---|---|
| *location* | 값을 적재하기 위한 uniform의 위치 |

| | |
|---|---|
| *count* | 벡터 명령의 경우 적재될 배열 요소 수를 지정하거나, 행렬 명령의 경우 변형될 행렬들의 수를 지정 |
| *transpose* | 행렬 명령에 대해 행렬이 열 우선 정렬(GL_FALSE)이거나 행 우선 정렬(GL_TRUE)인지를 지정 |
| *x, y, z, w* | 갱신된 uniform 값들 |
| *value* | count 요소의 배열에 대한 포인터 |

uniform들을 적재하기 위한 함수는 대부분 설명할 필요도 없이 명백하다. uniform을 적재하기 위해 사용할 필요가 있는 함수의 결정은 `glGetActiveUniform` 함수에 의해 반환된 타입에 기반을 둔다. 예를 들면, 타입이 `GL_FLOAT_VEC4`라면 `glUniform4f` 또는 `glUniform4fv`가 사용될 수 있다. `glGetActiveUniform`에 의해 반환된 size가 1보다 크면 `glUniform4fv`는 전체 배열을 적재하는 데 사용될 것이다. 만일 uniform 배열이 아니면, `glUniform4f` 또는 `glUniform4fv`를 사용할 수 있다.

여기서 주의해야 할 점은 `glUniform*` 호출이 매개변수로서 프로그램 객체 핸들을 갖지 않는다는 것이다. 이에 대한 이유는 `glUniform*` 호출이 항상 `glUseProgram`에 바인딩 돼 있는 현재 프로그램에 따라 사용되기 때문이다. uniform 값은 프로그램 객체와 함께 유지될 것이다. 즉 다시 말하면, 프로그램 객체에서 uniform 값을 설정하였으면, 그 값은 또 다른 프로그램 활성상태를 만든다 해도 변하지 않는다. 이런 경우 uniform 값이 "*프로그램 객체에 대해 로컬이다*"라고 말할 수 있다.

예제 4-3의 코드 블록은 기술했던 함수를 사용한 프로그램 객체에서 uniform 정보에 대해 질의하는 방법을 보여준다.

**예제 4-3** 활성상태 uniform에 대한 질의

```
GLint maxUniformLen;
GLint numUniforms;
char *uniformName;
GLint index;

glGetProgramiv(progObj, GL_ACTIVE_UNIFORMS, &numUniforms);
glGetProgramiv(progObj, GL_ACTIVE_UNIFORM_MAX_LENGTH,
               &maxUniformLen);
uniformName = malloc(sizeof(char) * maxUniformLen);

for(index = 0; index < numUniforms; index++)
```

```
{
    GLint size;
    GLenum type;
    GLint location;

    // uniform 정보를 가져온다
    glGetActiveUniform(progObj, index, maxUniformLen, NULL,
                       &size, &type, uniformName);

    // uniform 위치를 가져온다
    location = glGetUniformLocation(progObj, uniformName);

    switch(type)
    {
        case GL_FLOAT:
          // ...
          break;

        case GL_FLOAT_VEC2:
          // ...
          break;

        case GL_FLOAT_VEC3:
          // ...
          break;

        case GL_FLOAT_VEC4:
          // ...
          break;

        case GL_INT:
          // ...
          break;

        // 모든 타입에 대해 검사

        default:
          // 알려지지 않은 타입
          break;
    }
}
```

## uniform 버퍼 객체

프로그램 내 셰이더들 사이 또는 uniform 데이터를 저장하기 위해 버퍼 객체를 이용하는 프로그램들 사이조차 uniform들을 공유할 수 있다. 이러한 버퍼 객체들은 uniform 객체라 불린다. uniform 객체를 이용하여 uniform들의 큰 블록을 갱신할 때 API 부하를 현저히 줄 일 수 있다. 더욱이 이 접근은 기본 uniform 블록 크기에 제한되지 않으므로 uniform에 대해 가능한 유용한 저장 공간을 증가시킬 수 있다.

uniform 버퍼 객체 내 uniform 데이터의 갱신을 위해 이전 절에서 배웠던 `glUniform*` 명령어를 이용하는 것보다 `glBufferData`, `glBufferSubData`, `glMapBufferRange`, `glUnmapBuffer`(이들 명령어는 제6장 "정점 속성, 정점 배열, 버퍼 객체"에서 설명된다)들과 같은 명령어들을 이용하여 버퍼 객체의 내용을 변경할 수 있다.

uniform 버퍼 객체들에서 uniform은 다음과 같이 메모리에서 표현된다:

- `bool`, `int`, `uint`, `float` 타입의 멤버들은 각각 단일 `uint`-타입, `int`-타입, `uint`-타입, `float`-타입으로 지정된 변위로 메모리 내에 저장된다.
- `bool`, `int`, `uint`, `float`의 기본 데이터 타입을 가지는 벡터들은 가장 적은 변위에서 첫 번째 요소로 지정된 변위로 시작하여 연속적으로 메모리 위치에 저장된다.
- C 열과 R 행을 가지는 열 우선 행렬은 C 부동소수점 열 벡터의 배열로 취급되고, 각각은 R 요소로 구성된다. 비슷하게 R 행과 C 열을 가지는 행 우선 행렬은 R 부동소수점 행 벡터의 배열로 취급되고 각각은 C 요소로 구성된다. 열이나 행 벡터들이 연속적으로 저장되는 동안 구현에 의해 간격을 가지고 저장된다. 행렬에서 두 벡터들 사이 변위는 열이나 행 스트라이드(`GL_UNIFORM_MATRIX_STRIDE`)로 참조되고, `glGetActiveUniformsiv`를 이용하여 링크된 프로그램에서 질의될 수 있다.
- 스칼라, 벡터, 행렬의 배열은 가장 작은 변위에 대해 배열 멤버 0으로 요소 순서로 메모리에 저장된다. 배열에서 요소의 각 쌍 사이 변위는 상수이고 배열 스트라이드(`GL_UNIFORM_ARRAY_STRIDE`)로 참조되며, `glGetActiveUniformsiv`를 이용하여 링크된 프로그램에서 질의될 수 있다

`std140` uniform 블록 레이아웃(기본)을 이용하지 않고 uniform 버퍼 객체에서 uniform 데이터를 지정하기 위해 바이트 변위들이나 스트라이드를 위해 프로그램 객체를 질의할 필요가 있다. `std140` 레이아웃은 OpenGL ES 3.0 명세서에 의해 정의된 명시적 레이아웃 명세서로 특정 묶음 동작을 보장한다. 그러므로 `std140` 레이아웃을 이용하는 것은 다른 OpenGL ES 3.0 구현들 사이 uniform 블록을 공유할 수 있도록 해준다. 다른 묶음 형식들(표 5-4 참조)은 OpenGL ES 3.0 구현들이 `std140` 레이아웃보다 서로 더

단단히 데이터를 묶을 수 있도록 허용한다.

다음은 std140 레이아웃을 이용한 지명된 uniform 블록 LightBlock의 예이다:

```
layout (std140) uniform LightBlock
{
   vec3 lightDirection;
   vec4 lightPosition;
};
```

std140 레이아웃은 다음과 같이 지정된다(OpenGL ES 3.0 명세서로부터 조정된). uniform 블록이 다음과 같은 멤버를 포함할 때:

1. 스칼라 변수 - 기본 정렬은 스칼라 크기. 예를 들어, sizeof(GLint).
2. 두 요소 벡터 - 기본 정렬은 기본요소 타입 크기의 2배 크기
3. 3요소나 4요소 벡터 - 기본 정렬은 기본요소 타입 크기의 4배 크기
4. 스칼라나 벡터들의 배열 - 기본 정렬과 배열 스트라이드는 단일 요소 배열의 기본 정렬과 맞도록 지정
5. C 열과 R 행을 가지는 열 우선 행렬 - 규칙 4에 따라 R 요소를 가지는 C 벡터의 배열로 저장
6. C 열과 R 행를 가진 M 열 우선 행렬의 배열은 규칙 4에 따라 R 요소를 가지는 M x C 벡터로 저장
7. C 열과 R 행을 가지는 행 우선 행렬 - 규칙4에 따라 C 요소를 가지는 R 벡터의 배열로 저장
8. C 열과 R 행을 가지는 M 행 우선 행렬의 배열 - 규칙 4에 따라 C 요소를 가지는 M x R 벡터로 저장
9. 단일 구조 - 변위와 크기는 이전 규칙에 따라 계산된다. 구조의 크기는 vec4의 배수로 묶인다.
10. S 구조의 배열 - 기본 정렬은 배열 요소의 정렬에 따라 계산된다. 배열의 요소는 규칙 9에 따라 계산된다.

uniform 위치 값이 uniform을 참조하기 위해 사용되는 방법과 유사하게 uniform 블록 인덱스는 uniform 블록을 참조하기 위해 사용된다. glGetUniformBlockIndex를 이용하여 uniform 블록 인덱스를 검색할 수 있다.

```
GLuint  glGetUniformBlockIndex(GLuint program,
                               const GLchar *blockName)
```

| | |
|---|---|
| *program* | 프로그램 객체 핸들 |
| *blockName* | 인덱스를 얻기 위한 uniform 블록의 이름 |

uniform 블록 인덱스로부터 glGetActiveUniformBlockName(블록 이름을 얻기 위해)과 glGetActiveUniformBlockiv(uniform 블록의 많은 특성을 얻기 위해)를 이용하여 활성화된 uniform 블록의 세부사항을 결정할 수 있다.

```
void  glGetActiveUniformBlockName(GLuint program,
                                  GLuint index,
                                  GLsizei bufSize,
                                  GLsizei *length,
                                  GLsizei *blockName)
```

| | |
|---|---|
| *program* | 프로그램 객체 핸들 |
| *index* | 질의된 uniform 블록 인덱스 |
| *bufSize* | 이름 배열에서 문자들의 수 |
| *length* | NULL이 아니면, 이름 배열에 쓰여진 문자들의 수가 쓰여진다 |
| *blockName* | 문자들의 bufSize 수까지 uniform의 이름이 쓰여진다; 이는 널 종료자로 문자열이 마친다 |

```
void  glGetActiveUniformBlockiv(GLuint program,
                                GLuint index,
                                GLenum pname,
                                GLint *params)
```

| | |
|---|---|
| *program* | 프로그램 객체 핸들 |
| *index* | 질의된 uniform 블록 인덱스 |
| *pname* | params에 쓰여질 uniform 블록 인덱스의 특성으로 다음과 같다;<br>GL_UNIFORM_BLOCK_BINDING<br>GL_UNIFORM_BLOCK_DATA_SIZE<br>GL_UNIFORM_BLOCK_NAME_LENGTH |

```
        GL_UNIFORM_BLOCK_ACTIVE_UNIFORMS
        GL_UNIFORM_BLOCK_ACTIVE_UNIFORM_INDICES
        GL_UNIFORM_BLOCK_REFERENCED_BY_VERTEX_SHADER
        GL_UNIFORM_BLOCK_REFERENCED_BY_FRAGMENT_SHADER
params  pname에 의해 지정된 결과가 쓰여진다
```

GL_UNIFORM_BLOCK_BINDING에 대한 질의는 uniform 블록에 대한 마지막 바인딩 점을 반환한다(이 블록이 존재하지 않으면 0). GL_UNIFORM_BLOCK_DATA_SIZE 인수는 uniform 블록에 대한 모든 uniform들을 유지하기 위한 최소 전체 버퍼 객체 크기를 반환하고, GL_UNIFORM_BLOCK_NAME_LENGTH에 대한 질의가 uniform 블록의 이름의 전체 길이(널 종료자를 포함)를 반환한다. uniform 블록에서 활성화된 uniform의 수는 GL_UNIFORM_BLOCK_ACTIVE_UNIFORMS를 이용하여 질의될 수 있다. GL_UNIFORM_BLOCK_ACTIVE_NUMBER_INDICES 질의는 uniform 블록에서 활성화된 uniform 인덱스들의 목록을 반환한다. 마지막으로 GL_UNIFORM_BLOCK_REFERENCED_BY_VERTEX와 GL_UNIFORM_BLOCK_REFERENCED_BY_FRAGMENT_SHADER에 대한 질의는 uniform 블록이 각각 프로그램에서 정점이나 프래그먼트 셰이더에 의해 참조되는지를 나타내는 부울값을 반환한다.

uniform 블록 인덱스를 가졌다면 glUniformBlockBinding을 호출하여 프로그램 내 uniform 블록 바인딩 점과 인덱스를 연결할 수 있다.

```
void  glUniformBlockBinding(GLuint program,
                            GLuint blockIndex,
                            GLuint blockBinding)
```

| | |
|---|---|
| *program* | 프로그램 객체 핸들 |
| *blockIndex* | uniform 블록의 인덱스 |
| *blockBinding* | uniform 버퍼 객체 바인딩 점 |

마지막으로, uniform 버퍼 객체를 gl_BindBufferRange 또는 glBindBuffer-Base를 이용하여 GL_UNIFORM_BUFFER 목표와 프로그램 내 uniform 블록 바인딩 점을 연결할 수 있다.

```
void  glBindBufferRange(GLuint target, GLuint index,
                        GLuint buffer, GLintptr offset,
                        GLsizeiptr size)
void  glBindBufferBase(GLuint target, GLuint index,
                       GLuint buffer)
```

| | |
|---|---|
| *target* | GL_UNIFORM_BUFFER 또는 GL_TRANSFORM_FEEDBACK_BUFFER |
| *index* | 바인딩 인덱스 |
| *buffer* | 버퍼 객체 핸들 |
| *offset* | 버퍼 객체에 바이트 단위의 시작 변위(단, glBindBufferRange) |
| *size* | 버퍼 객체로부터 읽혀지거나 쓰여질 바이트 단위의 데이터 양 (단, glBindBufferRange) |

uniform 블록 프로그래밍 시, 다음의 제한에 주의를 기울여야 한다;

- 정점이나 프래그먼트 셰이더에 의해 사용된 활성화된 uniform 블록의 최대 수는 각각 GL_MAX_VERTEX_UNIFORM_BLOCKS 또는 GL_MAX_FRAGMENT_UNIFORM_BLOCKS를 가지는 glGetIntegerv를 이용하여 질의할 수 있다.
- 프로그램에서 모든 셰이더에 의해 사용되어 결합된 활성화 uniform 블록의 최대 수는 GL_MAX_COMBINED_UNIFORM_BLOCKS를 가지고 glGetIntegerv를 이용하여 질의할 수 있다. 임의의 구현에 대해 지원된 최소수는 24이다.
- uniform 버퍼당 최대 가능한 저장 공간은 바이트 단위로 크기를 반환하는 GL_MAX_UNIFORM_BLOCK_SIZE를 가지는 glGetInteger64v를 이용하여 질의될 수 있다. 임의의 구현에 대해 지원된 최소수는 16 KB이다.

이들 세 제한을 위반하면 프로그램은 링크하는 데 실패하게 된다.

다음 예는 앞에서 기술한 지명된 uniform 블록 LightTransform으로 uniform 버퍼 객체를 설정하는 방법을 보인다.

```
GLuint blockId, bufferId;
GLint blockSize;
GLuint bindingPoint = 1;
GLfloat lightData[]=
{
   //lightDirection (std140 규칙에 기반하여 vec4에 패딩)
   1.0f, 0.0f, 0.0f, 0.0f,
```

```
    //lightPosition
    0.0f, 0.0f, 0.0f, 1.0f
};

//uniform 블록 인덱스 검색
blockId = glGetUniformBlockIndex ( program, "LightBlock" );

//바인딩 점과 uniform 블록 인덱스를 연결
glUniformBlockBinding ( program, blockId, bindingPoint );

//lightData의 크기를 가져온다, 그렇지 않으면 예제에서 sizeof(lightData)를 이용하
여
//계산할 수 있다.
glGetActiveUniformBlockiv ( program, blockId,
                            GL_UNIFORM_BLOCK_DATA_SIZE,
                            &blockSize );

//버퍼 객체를 생성하고 채운다
glGetBuffers ( 1, &bufferId );
glBindBuffer ( GL_UNIFORM_BUFFER, bufferId );
glBufferData ( GL_UNIFORM_BUFFER, blockSize, lightData,
               GL_DYNAMIC_DRAW);

//버퍼 객체를 uniform 블록 바인딩 점에 연결
glBindBufferBase ( GL_UNIFORM_BUFFER, bindingPoint, buffer );
```

## 속성 읽기와 설정

프로그램 객체에서 uniform 정보에 대해 질의하는 것뿐만 아니라, 정점 속성들을 설정하기 위해 프로그램 객체를 사용할 필요가 있다. 정점 속성들을 위한 질의는 uniform 검색과 매우 비슷하다. GL_ACTIVE_ATTRIBUTES 질의를 사용하여 활성상태 속성들의 목록을 찾을 수 있으며, glGetActiveAttrib를 사용하여 속성의 특성들을 찾을 수 있다. 값과 함께 정점 속성들을 적재하기 위해 정점 배열을 설정하기 위한 루틴 집합이 있다.

그러나 정말로 정점 속성들을 설정하는 기본요소와 정점 셰이더에 관해서는 더 많은 이해가 요구된다. 이와 같이 정점 속성들과 정점 배열들에 대해 장 전체(제6장 "정점 속성, 정점 배열과 버퍼 객체")를 할당하였다. 지금 바로 제6장의 "정점 셰이더에서 정점 속성

변수 선언"절로 넘어가면 정점 속성 정보에 대한 질의 방법을 찾을 수 있다.

## 셰이더 컴파일러

OpenGL ES에 셰이더를 컴파일하고 링크할 것을 요구할 때 구현해야 하는 것에 대해 생각해 보자. 셰이더 코드는 일반적으로 가장 많이 컴파일된 언어처럼(예를 들면, 추상 구문트리(Abstract Syntax Tree)) 중간 표현 언어의 임의의 종류로 번역된다. 그 다음 하드웨어를 위해 추상 표현을 기계어 명령어들로 바꾸는 컴파일러이다. 이상적으로 이 컴파일러는 또한 불필요한 코드 제거 등과 같은 많은 최적화를 할 것이다. 이 모든 것은 비교적 많은 비용이 든다. 그리고 비용은 주로 CPU 시간과 메모리이다.

OpenGL ES 3.0 구현은 온라인 셰이더 컴파일을 지원해야 한다(`glGetBooleanv`를 이용하여 검색된 `GL_SHADER_COMPILER`의 값이 `GL_TRUE`가 되어야 한다). 지금까지 예에서 했던 것처럼 `glShaderSource`를 이용하여 셰이더를 지정할 수 있다. 셰이더 컴파일의 자원 영향을 완화시킬 수 있다. 즉, 애플리케이션에 대해 임의의 셰이더 컴파일을 종료했을 때 `glReleaseShaderCompiler`를 호출할 수 있다. 이 함수는 셰이더 컴파일러로 수행한 구현에 힌트를 제공하므로 이들 자원은 자유롭게 된다. 이 함수는 단지 하나의 힌트임에 주의하기 바란다. `glCompileShader`를 이용하여 더 셰이더를 컴파일하려면 구현은 컴파일러를 위해 이들 자원을 재할당할 필요가 있다.

```
void  glReleaseShaderCompiler (void)
```

셰이더 컴파일러에 의해 사용된 자원을 해제할 수 있는 구현을 위해 힌트를 제공한다. 이 함수는 단지 힌트이므로 어떤 구현은 이 함수 호출을 무시할 수 있다.

## 프로그램 2진 표기

프로그램 2진 표기는 완전히 컴파일되고 링크된 프로그램의 2진 표현이다. 이들은 나중 사용을 위해 파일 시스템에 저장될 수 있으므로 유용하다. 그러므로 온라인 컴파일의 가격을 피할 수 있다. 또한, 구현에서 셰이더 소스코드를 분배할 필요가 없으므로 프로그램 2진 표기를 사용한다.

성공적으로 프로그램을 컴파일하고 링크된 후 glGetProgramBinary를 이용하여 프로그램 2진 표기를 검색할 수 있다.

```
void   glGetProgramBinary(GLuint program, GLsizei bufSize,
                          GLsizei *lenght,
                          GLenum binaryFormat,
                          GLvoid *binary)
```

| | |
|---|---|
| *program* | 프로그램 객체 핸들 |
| *bufSize* | binary에 쓰여질 바이트의 최대 수 |
| *length* | 2진 데이터의 바이트 수 |
| *binaryFormat* | 벤더 지정 2진 형식 토큰 |
| *binary* | 셰이더 컴파일러에 의해 생성된 2진 데이터에 대한 포인터 |

2진 프로그램을 검색한 후 glProgramBinary를 이용하여 이를 파일시스템에 저장할 수 있거나 구현에 2진 프로그램을 적재할 수 있다.

```
void   glProgramBinary(GLuint program, GLenum binaryFormat,
                       const GLvoid *binary, GLsizei lenght)
```

| | |
|---|---|
| *program* | 프로그램 객체 핸들 |
| *binaryFormat* | 벤더 지정 2진 형식 토큰 |
| *binary* | 셰이더 컴파일러에 의해 생성된 2진 데이터에 대한 포인터 |
| *length* | 2진 데이터의 바이트 수 |

OpenGL ES 명세서는 임의의 특정 2진 형식을 지정하지는 않는다; 대신 2진 형식은 완전히 벤더에 맡긴다. 이는 명백히 프로그램 이식성이 덜함을 의미한다. 그러나 벤더가 OpenGL ES 3.0의 구현에 대해 덜 부담을 가지게 됨을 의미한다. 사실 2진 형식은 동일 벤더에 의해 구현된 한 드라이버 버전에서 다른 버전으로 변경될 것이다. 저장된 프로그램 2진 형식은 여전히 호환되기 위해 glProgramBinary를 호출한 후 glGetProgramiv를 통해 GL_LINK_STATUS를 질의할 수 있다. 더 이상 호환되지 않으면 이때 셰이더 소스코드는 재컴파일되어야 할 것이다.

## 요약

이 장에서는 프로그램에 셰이더를 생성하고, 컴파일하고 링크하는 방법을 배웠다. 셰이더 객체와 프로그램 객체는 OpenGL ES 3.0에서 가장 기본 객체이다. 정보를 위해 프로그램 객체를 질의하는 방법과 uniform을 적재하는 방법에 대해 배웠다. 추가로 소스 셰이더와 프로그램 2진 표기가 다르고 각각 사용하는 방법을 배웠다. 다음으로 OpenGL ES 셰이딩 언어를 이용하여 셰이더 작성법을 배우게 될 것이다.

# Chapter 05 OpenGL ES 셰이딩 언어

이전 장에서 본 바와 같이 셰이더는 OpenGL ES 3.0 API의 중요한 중심 개념이다. 모든 OpenGL ES 3.0 프로그램은 의미 있는 그림을 표현하기 위해 정점과 프래그먼트 셰이더를 요구한다. API에 대해 셰이더의 개념에 중점을 두고 그래픽 API의 더 많은 부분으로 들어가지 전에 셰이더 작성을 위한 기본을 확실히 이해하기 바란다.

이 장의 목표는 셰이딩 언어에서 다음 개념들을 이해하는 것이다.

- 변수와 변수 타입
- 벡터와 행렬 생성 및 선택
- 상수
- 구조와 배열
- 연산자, 제어흐름과 함수
- 입출력 변수, uniform, uniform 블록, 레이아웃 지정자
- 전처리기와 한정자
- uniform과 보간기 패킹(interpolator packing)
- 정밀도 한정자(precision qualifiers)와 불변성(invariance)

제2장 삼각형 만들기 예제에서 이 개념들의 일부를 소개하였다. 지금부터는 셰이더를

쓰고 읽는 방법을 이해하도록 훨씬 더 많은 개념을 소개해 나갈 것이다.

## OpenGL ES 셰이딩 언어 기본

이 책을 통해 많은 셰이더를 보았을 것이다. 만일 자신의 OpenGL ES 3.0 애플리케이션을 개발하기 시작하면 셰이더를 쓸 기회가 많이 주어질 것이다. 지금까지 셰이더가 무엇을 하고 어떻게 파이프라인에 적용되는지의 기본 개념을 이해하고 있어야 한다. 만일 그렇지 않다면 제1장을 다시 한 번 공부하길 바란다. 제1장에서 파이프라인에 대해 설명하고, 정점 및 프래그먼트 셰이더가 파이프라인 내에 적용되는 곳을 기술하였다.

지금 하고자 하는 것은 정확하게 셰이더를 생성하는 것이다. 앞에서 살펴본 바와 같이 문법은 C와 매우 유사하다. C 코드를 이해할 수 있다면, 아마 셰이더 문법을 이해하는데 어려움이 많지 않을 것이다. 그러나 확실히 2개의 언어 사이에는 지원되는 데이터 타입으로부터 시작하여 약간의 중요한 차이가 있다.

## 셰이더 버전 명세서

OpenGL ES 3.0 정점과 프래그먼트 셰이더의 첫 번째 행은 항상 셰이더 버전을 선언한다. 셰이더 버전을 선언함은 셰이더에서 현재 기대할 수 있는 문법과 구조를 셰이더 컴파일러에게 알린다. 컴파일러는 사용된 셰이딩 언어의 선언된 버전에 대해 셰이더 문법을 검사한다. OpenGL ES 셰이딩 언어의 버전 3.00을 사용한 선언은 다음과 같은 문법을 사용한다:

```
#version 300 es
```

버전 번호를 선언하지 않은 셰이더는 OpenGL ES 셰이딩 언어의 개정 1.00을 사용한 것으로 가정한다. 셰이딩 언어의 개정 1.00은 OpenGL ES 2.0에서 사용된 버전이다. OpenGL ES 3.0에 대해 명세서 저자는 API와 셰이딩 언어에 대한 버전 번호를 일치하도록 결정했다. 이는 OpenGL ES 3.0에 대해 번호가 1.00에서 3.00까지 숫자가 점프한 이유를 설명한 것이다. 제1장에서 설명한 것처럼 OpenGL ES 셰이딩 언어 3.0은 비사각 행렬, 최대 정수 지원, 보간 한정자, uniform 블록, 레이아웃 한정자, 새로운 내장함수, 최대 루프, 최대 분기 지원, 제한 없는 셰이더 명령 길이 등을 포함하는 많은 새로운 특성을 추가했다.

## 변수와 변수 타입

컴퓨터 그래픽스에는 변환에 기초가 되는 2개의 기본 데이터 타입이 있는데, 이는 벡터와 행렬이다. 이 2개의 데이터 타입은 더욱이 OpenGL ES 셰이딩 언어의 중심이다. 특히, 표 5-1은 스칼라, 벡터, 셰이딩 언어에 있는 행렬에 기반한 데이터 타입들을 기술하였다.

**| 표 5-1 |** OpenGL ES 셰이딩 언어에서의 데이터 타입

| 변수 클래스 | 타입 | 설명 |
|---|---|---|
| 스칼라 | float, int, uint, bool | 실수형, 정수형, 부호없는 정수형, 부울 값들에 대해 스칼라에 기반한 데이터 타입 |
| 부동소수점 벡터 | flaot, vec2, vec3, vec4 | 1, 2, 3 또는 4 요소의 부동소수점에 기반한 벡터 타입 |
| 정수형 벡터 | int, ivec2, ivec3, ivec4 | 1, 2, 3 또는 4 요소의 정수에 기반한 벡터 타입 |
| 부호없는 정수형 벡터 | uint, uvec2, uvec3, uvec4 | 1, 2, 3 또는 4 요소의 부호없는 정수에 기반한 벡터 타입 |
| 부울 벡터 | bool, bvec2, bvec3, bvec4 | 1, 2, 3 또는 4 요소의 부울에 기반한 벡터 타입 |
| 행렬 | mat2(또는 mat2x2) mat2x3, mat2x4, mat3x2, mat3(또는 mat3x3), mat3x4, mat4x2, mat4x3, mat4(또는 mat4x4) | 크기 2x2, 2x3, 2x4, 3x2, 3x3, 3x4, 4x2, 4x3, 4x4의 부동소수점 기반 행렬 |

셰이딩 언어에서 변수는 타입과 같이 선언되어야 한다. 예를 들면, 스칼라, 벡터 또는 행렬의 선언 방법은 아래와 같이 선언한다.

```
float specularAtten;          // 부동소수점 기반 스칼라
vec4 vPosition;               // 부동소수점 기반 4-튜플 벡터
mat4 mViewProjection;         // 4 x 4 행렬 변수 선언
ivec2 vOffset;                // 정수형 기반 2-튜플 벡터
```

변수들은 선언 시점 또는 그 이후에 초기화할 수 있다. 초기화는 생성자 사용을 통해 이루어진다. 생성자는 또한 타입 변경을 위해 사용된다.

## 변수 생성자

OpenGL ES 셰이딩 언어는 타입 변환에 관해서 매우 엄격한 규정을 가지고 있다. 즉, 변수는 단지 같은 타입의 다른 변수를 할당하거나 조작할 수 있다. 타입 변환에 대처하기 위해 이용할 수 있는 많은 생성자가 OpenGL ES 셰이딩 언어에 있다. 변수들을 초기화하기 위해, 그리고 다른 타입의 변수 사이에서 타입 캐스팅(type-casting) 방법으로 생성자를 사용할 수 있다. 변수들은 생성자의 사용을 통해서 선언(또는, 나중에는 셰이더에서)에서 초기화될 수 있다. 내장 변수 타입의 각각은 관련된 생성자를 가지고 있다.

첫 번째로 생성자들이 스칼라 값 사이에서 타입 변환과 초기화하기 위해 사용될 수 있는 방법을 살펴보자.

```
float myFloat = 1.0;
float myFloat2 = 1;                  // 오류 : 적합하지 않은 타입 변환
bool myBool = true;
int myInt = 0;
int myInt2 = 0.0;                    // 오류 : 적합하지 않은 타입 변환
myFloat = float(myBool);             // bool -> float 변환
myFloat = float(myInt);              // int -> float 변환
myBool = bool(myInt);                // int -> bool 변환
```

유사하게 생성자들은 벡터 데이터 타입을 변환하고 초기화하기 위해 사용될 수 있다. 벡터 생성자에 대한 인수들은 생성될 벡터와 같은 기본 타입으로 변환될 것이다(`float`, `int`, `bool`). 벡터 생성자 인수들을 벡터 생성자에 전달하기 위한 2가지 기본 방법이 있다:

- 1개의 스칼라 인수가 벡터 생성자에 제공되면, 그 값은 벡터의 모든 값을 설정하기 위해 사용된다.
- 다중 스칼라 또는 벡터 인수들이 제공되면, 벡터 값들은 그 인수를 사용하여 왼쪽에서 오른쪽으로 지정한다. 다중 스칼라 인수들이 제공되면 벡터에서와 같이 인수에 최소한 같은 정도의 구성요소가 있다.

다음은 벡터 생성자들을 구성하는 몇몇의 예제들이다.

```
vec4 myVec4 = vec4(1.0);             // myVec4 = {1.0, 1.0, 1.0, 1.0}
vec3 myVec3 = vec3(1.0, 0.0, 0.5);   // myVec3 = {1.0, 0.0, 0.5}
vec3 temp = vec3(myVec3);            // temp = myVec3
vec2 myVec2 = vec2(myVec3);          // myVec2 = {myVec3.x, myVec3.y}
myVec4 = vec4(myVec2, temp);         // myVec4 = {myVec2.x, myVec2.y,
                                                  temp.x, temp.y}
```

행렬 구조에 대해 OpenGL ES 셰이딩 언어는 매우 유연하다. 기본 규칙들은 행렬들이 어떻게 구성될 수 있는지를 기술한다.

- 1개의 스칼라 인수가 행렬 생성자에 제공되면, 그 값은 행렬의 대각선에 놓인다. 예를 들면, mat4(1.0)은 4x4 항등 행렬을 생성할 것이다.
- 행렬은 다중 벡터 인수로부터 구성될 수 있다. 예를 들면, mat2는 2개의 vec2로 구성될 수 있다.
- 행렬은 다중 스칼라 인수로부터 구성될 수 있다. 행렬에서 각 값은 왼쪽에서 오른쪽으로 사용된다.

충분한 구성요소가 행렬을 초기화하기 위해 제공되는 한 행렬이 기본적으로 스칼라와 벡터의 임의의 조합으로부터 구성될 수 있다는 점에서 행렬 구조는 정해진 기본 규정보다 유연하다. OpenGL ES에서 행렬은 열 우선 순으로 저장된다. 행렬 생성자를 사용할 때, 인수들은 열에 의해 행렬을 채우도록 사용된다. 다음 예제에서 어떻게 행렬 생성자 인수들을 열로 사상하는지 설명한다.

```
mat3 myMat3 = mat3(1.0, 0.0, 0.0,          // 첫 번째 열
                   0.0, 1.0, 0.0,          // 두 번째 열
                   0.0, 1.0, 1.0);         // 세 번째 열
```

## 벡터와 행렬 구성요소

벡터의 개별 구성요소들은 "."연산자를 사용하거나 배열 첨자를 사용하는 2가지 방법으로 접근할 수 있다. 주어진 벡터를 구성하는 구성요소의 수에 따라 구성요소 각각은 {*x*, *y*, *z*, *w*}, {*r*, *g*, *b*, *a*} 또는 {*s*, *t*, *r*, *q*}를 혼용 사용하여 접근할 수 있다. 3개의 다른 이름으로 구성하는 이유는 벡터들이 수학적 벡터, 컬러, 텍스처 좌표를 표현하기 위해 교체되어 사용되기 때문이다. *x*, *r* 또는 *s* 구성요소는 항상 벡터의 첫 번째 요소를 참조할 것이다. 다른 이름 규칙은 단지 편의로써 제공된다. 이는 벡터에 접근할 때 이름 규칙을 혼용할 수 없다는 것을 말한다(바꾸어 말하면, 한 번에 하나의 이름 규칙을 사용할 수 있는 것처럼 .xgr처럼 사용할 수 없다). "." 연산자를 사용할 때 연산에서 벡터의 구성요소들을 재정렬하는 것 또한 가능하다. 다음 예제는 이것이 어떻게 실행되는지를 보여준다.

```
vec3 myVec3 = vec3(0.0, 1.0, 2.0);      // myVec3 = {0.0, 1.0, 2.0}
vec3 temp;
```

```
temp = myVec3.xyz;                  // temp = {0.0, 1.0, 2.0}
temp = myVec3.xxx;                  // temp = {0.0, 0.0, 0.0}
temp = myVec3.zyx;                  // temp = {2.0, 1.0, 0.0}
```

"." 연산자에 추가하여, 벡터들은 또한 배열 첨자 "[]" 연산자를 사용하여 접근할 수 있다. 배열 첨자 지정에 요소[0]은 *x*에 대응하고, 요소[1]은 *y*, 그 외에 나머지가 대응한다. 행렬은 벡터로 이루어지는 것으로 간주된다. 예를 들면, mat2는 2개의 vec2, 3개의 vec3로서 mat3 등으로 생각될 수 있다. 행렬에 대한 각각의 열은 배열 첨자 "[]" 연산자를 사용하여 선택된다. 그리고 각 벡터는 벡터 접근 동작을 사용하여 접근할 수 있다. 다음은 행렬에 접근하는 몇 가지 예제들을 보이고 있다.

```
mat4 myMat4 = mat4(1.0);            // 1.0으로 초기화

vec4 col0 = myMat4[0];              // 행렬로부터 col0 벡터를 가져온다
float m1_1 = myMat4[1][1];          // 행렬에서 [1][1] 요소를 가져온다
float m2_2 = myMat4[2].z;           // 행렬에서 [2][2] 요소를 가져온다
```

## 상수

상수는 상수 변수로 임의의 기본 타입을 선언하는 것이 가능하다. 상수 변수들은 값이 셰이더 내에서 바뀌지 않는다. 상수들은 const 한정자를 추가하여 선언한다. 상수 변수들은 선언 시 초기화되어야 한다. 다음은 상수 선언의 몇 가지 예이다.

```
const float zero = 0.0;
const float pi = 3.14159;
const vec4 red = vec4(1.0, 0.0, 0.0, 1.0);
const mat4 identity = mat4(1.0);
```

C 또는 C++에서 상수로 선언된 변수는 읽기전용이고 소스 내에서 수정될 수 없다.

## 구조체

언어에서 제공되는 기본 타입들에 추가하여, C에서 구조체처럼 변수 집합이 가능하다. OpenGL ES 셰이딩 언어의 구조체를 위한 선언 문법은 다음 예에 보인다.

```
struct fogStruct
{
```

```
    vec4 color;
    float start;
    float end;
} fogVar;
```

앞의 정의는 새로운 사용자 타입 fogStruct의 결과로 생성될 것이고, 새로운 변수는 fogVar로 명명하였다.

구조체는 생성자를 사용해서 초기화될 수 있다. 새로운 구조체 타입을 정의한 후 새로운 구조체 생성자는 타입의 동일 이름으로 정의된다. 구조체와 생성자의 타입 사이에는 1 대1 대응이 되어야 한다. 예를 들면, 앞의 구조체는 다음의 생성자 문법을 사용하여 초기화될 수 있다.

```
struct fogStruct
{
    vec4 color;
    float start;
    float end;
} fogVar;

fogVar = fogStruct(vec4(0.0, 1.0, 0.0, 0.0),    // color
                   0.5,                         // start
                   2.0);                        // end
```

구조체를 위한 생성자는 타입의 이름에 기반하고 이는 구성요소의 각 인수를 가진다. 구조체의 요소에 대한 접근은 다음 예에서 보이는 것처럼 C의 구조체처럼 사용한다.

```
vec4 color = fogVar.color;
float start = fogVar.start;
float end = fogVar.end;
```

## 배열

구조체에 추가하여 OpenGL ES 셰이딩 언어는 배열을 지원한다. 배열 문법은 0의 인덱스에 기반을 둔 배열처럼 C와 매우 비슷하다. 다음 코드는 배열을 생성하는 예이다.

```
flaot  floatArray[4];
vec4   vecArray[2];
```

배열은 다음과 같은 코드에서 보이는 바와 같이 배열 초기화 생성자를 사용하여 초기화할 수 있다.

```
float a[4] = float[](1.0, 2.0, 3.0, 4.0);
float b[4] = float[4](1.0, 2.0, 3.0, 4.0);
vec2 c[2] = vec2[2](vec2(1.0), vec2(1.0));
```

배열 생성자에 대한 크기를 제공하는 것은 선택사항이다. 배열 생성자의 인수의 수는 배열 크기와 동일해야 한다.

## 연산자

표 5-2는 OpenGL ES 셰이딩 언어에서 제공하는 연산자 목록이다.

**❙ 표 5-2 ❙** OpenGL ES 셰이딩 언어 연산자

<table>
<tr><th>연산자 타입</th><th>설명</th></tr>
<tr><td>*</td><td>곱하기</td></tr>
<tr><td>/</td><td>나누기</td></tr>
<tr><td>%</td><td>나머지</td></tr>
<tr><td>+</td><td>더하기</td></tr>
<tr><td>-</td><td>빼기</td></tr>
<tr><td>++</td><td>증가(전위와 후위)</td></tr>
<tr><td>--</td><td>감소(전위와 후위)</td></tr>
<tr><td>=</td><td>대입</td></tr>
<tr><td>+=, -=, *=, /=</td><td>산술 대입</td></tr>
<tr><td>==, !=, 〈, 〉, 〈=, 〉=</td><td>비교 연산자</td></tr>
<tr><td>&&</td><td>논리곱</td></tr>
<tr><td>· ·</td><td>배타적 논리합</td></tr>
<tr><td>| |</td><td>포함적 논리합</td></tr>
<tr><td>〈〈, 〉〉</td><td>비트 쉬프트</td></tr>
<tr><td>&, ·, |</td><td>비트 and, xor, or</td></tr>
<tr><td>?:</td><td>선택</td></tr>
<tr><td>,</td><td>순서</td></tr>
</table>

이 연산자의 대부분은 C에서 사용될 때처럼 동작한다. 생성자 절에서 언급된 것처럼 OpenGL ES 셰이딩 언어는 연산자 사이에 매우 엄격한 타입 규칙을 가지고 있다. 즉 다시 말하면, 연산자는 같은 기본 타입이 있는 변수들 사이에서 사용해야 한다. 2진 연산자(*, /, +)를 위해 변수들의 기본 타입들은 부동소수점 또는 정수이어야 한다. 더욱이, 곱셈과 같은 연산자는 벡터와 행렬, 실수의 조합 사이에서 동작한다. 몇 가지 예를 다음에 제공한다.

```
float myFloat;
vec4  myVec4;
mat4  myMat4;
myVec4 = myVec4 * myFloat;   // 스칼라 myFloat와 myVec4의 각 요소를 곱하기
myVec4 = myVec4 * myVec4;    // myVec4의 각 요소를 서로 곱셈(예, myVec4^2)
myVec4 = myMat4 * myVec4;    // myMat4 * myVec4의 행렬 * 벡터 곱
myMat4 = myMat4 * myMat4;    // myMat4 * myMat4의 행렬 * 행렬 곱
myMat4 = myMat4 * myFloat;   // 스칼라 myFloat에 의해 각 행렬 요소를 곱하기
```

비교 연산자 ==과 !=를 제외한(==, !=, < 등) 것은 오직 스칼라 값으로 실행될 수 있다. 벡터를 비교하기 위해 비교(자세한 것은 나중에)하는 것을 허용하는 특별한 내장함수가 있다.

## 함수

함수는 C와 거의 같은 방법으로 선언된다. 만일 함수가 함수의 정의 앞에 사용되려면, 함수 원형 선언이 제공되어야 한다. 일반적으로 함수는 C에서 사용하는 것처럼 많은 기능을 가진다. 가장 중요한 차이는 함수에 매개변수를 전달하는 방법이다. OpenGL ES 셰이딩 언어는 변수 인수가 함수에 의해 수정될 수 있도록 정의하는 특별한 한정자

**| 표 5-3 |** OpenGL ES 셰이딩 언어 한정자

| 한정자 | 설명 |
|---|---|
| in | (지정되지 않았다면 기본값) in 한정자는 매개변수가 값에 의해 전달되고 함수에 의해 수정되지 않는 것을 지정 |
| inout | inout 한정자는 함수에서 참조에 의해 전달되고, 만일 값이 수정되면 함수를 종료한 이후 변한다. |
| out | out 한정자는 변수들 값이 함수에 전달되지 않는 것을 말하며 함수로부터 반환되어 수정된다. |

(qualifiers)들을 제공한다. 이 한정자들을 표 5-3에 보이고 있다.

함수 선언 예는 다음과 같으며, 이는 매개변수 한정자를 사용한 예제이다.

```
vec4 myFunc(inout float myFloat,             // inout 매개변수
            out vec4 myVec4,                 // out 매개변수
            mat4 myMat4);                    // in 매개변수(기본값)
```

기본 산란(diffuse) 조명을 계산하는 간단한 함수에 대한 함수 정의 예이다.

```
vec4 diffuse(vec3 normal,
             vec3 light,
             vec4 baseColor)
{
   return baseColor * dot(normal, light);
}
```

OpenGL ES 셰이딩 언어의 함수에 대해 주의해야 할 하나는 함수가 재귀할 수 없다는 것이다. 이 제약에 대한 이유는 몇몇 구현이 실제로 GPU에 대해 최종적으로 생성된다. 프로그램에 함수 코드를 실제로 써 넣음으로써 함수 호출이 구현된다. 셰이딩 언어는 스택과 흐름 제어를 하지 않는 GPU가 가능하도록 하기 위해 인라인 구현을 허용하여 적절하게 구성된다.

## 내장함수

이전 절에서 셰이더 프로그래머가 함수를 어떻게 만드는지에 관해 기술하였다. OpenGL 셰이딩 언어의 가장 강력한 기능 중의 하나는 언어에서 제공하는 내장함수이다. 한 예로 프래그먼트 셰이더에서 기본적인 반사조명(specular lighting)을 계산하기 위한 셰이더 코드가 있다.

```
float nDotL = dot(normal , light);
float rDotV = dot(viewDir, (2.0 * normal) * nDotL - light);
float specular = specularColor * pow(rDotV, specularPower);
```

보는 바와 같이 이 셰이더 코드의 블록은 두 벡터 사이에서 내적(dot product)을 계산하는 dot 내장함수와 스칼라를 제곱하기 위해 pow 내장함수를 사용한다. 이는 단지 2개의 간단한 예이다. 일반적으로 셰이더에서 해야 하는 다양한 계산 작업을 위해 OpenGL ES 셰이딩 언어에는 다양한 내장함수가 있다. 부록 B에서 OpenGL ES 셰이딩 언어에서 제

공하는 내장함수에 대한 전체 참조를 제공한다. 지금까지 많은 내장함수가 OpenGL ES 셰이딩 언어에 있다는 것을 이해하기 바라며 셰이더를 작성하는 데 능숙하기 위해 가장 공통의 내장함수들에 익숙하기 바란다.

## 제어흐름 구문

OpenGL ES 셰이딩 언어에서 제어흐름 구문에 대한 문법은 C와 유사하다. 간단한 if-then-else 논리 테스트가 C와 같은 구문을 사용하여 수행할 수 있다. 예를 들면,

```
if(color.a < 0.25)
{
   color *= color.a;
}
else
{
   color = vec4(0.0);
}
```

조건문 검사 식은 부울(boolean)로 평가해야 한다. 즉 다시 말하면, 테스트는 부울 값 또는 부울로 평가되는 몇몇 식에 기반을 둔다. 이것은 조건문이 어떻게 OpenGL ES 셰이딩 언어에서 표현될 수 있는지가 기본이다.

기본 if-then-else 구문에 더하여 for, while, do-while 반복문 사용이 가능하다. OpenGL ES 2.0에서 매우 엄격한 규칙들이 반복문 사용을 제어했다. 기본적으로 컴파일러에 의해 펼쳐질 수 있는 단순한 반복문이 지원되었다. 이들 제한은 OpenGL ES 3.0에서는 더 이상 없다. GPU 하드웨어는 반복과 흐름 제어에 대한 지원을 제공하도록 기대한다. 그러므로 반복은 완전히 지원되었다.

반복은 어떤 성능과 관련없다고 말하는 사람은 없다. 대부분 GPU 설계자들은 정점이나 프래그먼트들을 배치(batch)로 병렬로 실행된다. GPU는 전형적으로 배치로 프래그먼트나 정점들이 흐름 제어문의 모든 분기에 대해 평가하도록 요구한다. 배치에서 정점들이나 프로그래먼트들이 다른 경로로 실행되면, 이때 보통 배치에서 다른 모든 정점들이나 프래그먼트들은 역시 그 경로로 실행되기를 바란다. 배치의 크기는 GPU에 의존이고 종종 특정 구조에서 흐름 제어에 대한 사용의 성능 연관을 결정짓기 위해 프로파일링을 종종 요구한다. 그러나 좋은 경험규칙은 정점들/프래그먼트들에 대해 분기 흐름 제어나 반복의 사용을 제한하는 것이다.

## Uniforms

OpenGL ES 셰이딩 언어에서 변수 타입 수정자 중 하나는 uniform 변수이다. uniform 변수는 셰이더에 OpenGL ES 3.0 API를 통해 애플리케이션에 전달되는 읽기전용 값을 저장하는 변수이다. uniform은 변환 행렬, 조명 매개변수, 또는 컬러와 같은 셰이더에서 필요로 하는 여러 가지 데이터를 저장하는 데 유용하다. 기본적으로 모든 정점이나 프래그먼트를 전달하는 상수인 셰이더에 대해 어떤 매개변수라도 uniform으로 전달되어야 한다. 값이 컴파일 시에 알려진 변수는 효율성을 위해 uniform보다 더 상수이어야 한다.

uniform 변수들은 전역 범위로 선언되고 단지 uniform 한정자를 필요로 한다. uniform 변수들의 몇몇 예를 보인다.

```
uniform mat4 viewProjMatrix;
uniform mat4 viewMatrix;
uniform vec3 lightPosition;
```

제4장에서 애플리케이션이 셰이더에 uniform 변수를 어떻게 적재하는지에 대해 기술했다. uniform 변수에 대한 네임스페이스(namespace)가 정점과 프래그먼트 셰이더 간에 공유되는 점에 또한 주의하자. 즉 다시 말하면, 만일 정점과 프래그먼트 셰이더가 프로그램 객체와 함께 연결되면, 그들은 같은 uniform 변수들을 공유한다. 그러므로 uniform 변수가 정점 셰이더에서 선언되고 또한 프래그먼트 셰이더에서 선언된다면, uniform 변수 선언은 일치해야 한다. 애플리케이션이 API를 통하여 uniform 변수를 적재할 때 그 값은 정점과 프래그먼트 셰이더 모두에서 이용할 수 있을 것이다.

uniform에 대해 주의해야 할 다른 하나는 uniform 변수들이 일반적으로 "상수 기억장소"로 알려져 있는 하드웨어에 저장된다는 것이다. 이것은 상수값들의 기억장소를 위해 하드웨어에 할당된 특별한 공간이다. 이 기억장소는 일반적으로 고정된 크기이므로 프로그램에서 사용될 수 있는 uniform의 수에 제한이 있다. 이 제한사항은 `gl_MaxVertexUniformVectors`와 `gl_MaxFragmentUniformVectors` 내장 변수(또는 `glGetIntegerv`를 사용하여 `GL_MAX_VERTEX_UNIFORM_VECTORS` 또는 `GL_MAX_FRAGMENT_UNIFORM_VECTORS` 질의에 의해)의 값을 읽음으로써 결정될 수 있다. OpenGL ES 3.0의 구현은 적어도 256 정점 uniform 벡터와 224 프래그먼트 uniform 벡터를 제공해야 한다. 비록 더 많이 제공하는 것은 자유이다. 제8장 "정점 셰이더"와 제10장 "프래그먼트 셰이더"에서 정점과 프래그먼트 셰이더에 대한 제한 사항의 설정과 이용 가능한 질의를 배우게 될 것이다.

## Uniform 블록

제4장 "셰이더와 프로그램"에서 uniform 버퍼 객체들의 개념에 대해 설명하였다. 개요에서 uniform 버퍼 객체들은 하나의 버퍼 객체에 의해 되돌릴 수 있도록 uniform 데이터의 저장을 허용한다. uniform 버퍼 객체들은 특정 상황에서 개개 uniform 변수에 대해 여러 장점들을 제공한다. 예를 들어, uniform 버퍼 객체들로 uniform 버퍼 데이터는 다중 프로그램에서 공유될 수 있으나 단 한 번만 설정할 필요가 있다. 더욱이, uniform 버퍼 객체들은 전형적으로 많은 uniform 데이터를 저장할 수 있도록 한다. 마지막으로 한 번에 한 uniform을 각자 적재하는 것보다 uniform 버퍼 객체들 사이 전환하는 것이 더 효율적이다.

uniform 버퍼 객체들은 uniform 블록의 애플리케이션을 통해 OpenGL ES 셰이딩 언어에서 사용될 수 있다. uniform 블록 예는 다음과 같다.

```
uniform TransformBlock
{
   mat4 matViewProj;
   mat3 matNormal;
   mat3 matTexGen;
};
```

이 코드는 3개 행렬을 포함하는 `TransformBlock` 이름을 가지는 uniform 블록을 선언한다. `TransformBlock`은 uniform 버퍼 객체에 대해 제4장 "셰이더와 프로그램"에서 설명한 것처럼 `glGetUniformBlockIndex`에 대한 `blockName` 매개변수와 같이 애플리케이션에서 사용될 것이다. uniform 블록 선언에서 변수들은 정규 uniform과 같이 선언된 것처럼 셰이더를 통해 접근될 수 있다. 예를 들어, `TransformBlock`에서 선언된 `matViewProj` 행렬은 다음과 같이 접근될 수 있다.

```
#version 300 es
uniform TransformBlock
{
   mat4 matViewProj;
   mat3 matNormal;
   mat3 matTexGen;
};
layout (location = 0) in vec4 a_position;
void main()
{
   gl_Position = matViewProj * a_position;
```

```
}
```

선택적 레이아웃 한정자 수는 uniform 블록을 유지하는 uniform 버퍼 객체가 메모리에서 어떻게 배치되는지를 지정하기 위해 사용될 수 있다. 레이아웃 한정자들은 개개 uniform 블록을 위해서 또는 모든 uniform 블록을 위해 전역적으로 제공될 수 있다. 전역적 범위에서 모든 uniform 블록들에 대한 기본 레이아웃 설정은 다음과 같이 한다:

```
layout(shared, column_major) uniform; //지정되지 않으면 기본값
layout(packed, row_major) uniform;
```

개개 uniform 블록들은 또한 전역 범위에서 기본 설정을 무시하여 레이아웃을 지정할 수 있다. 추가로 uniform 블록 내에서 개개 uniform은 다음과 같이 레이아웃 한정자를 지정할 수 있다.

```
layout (std140) uniform TransformBlock
{
   mat4 matViewProj;
   layout(row_major) mat3 matNormal;
   mat3 matTexGen;
};
```

**표 5-4** uniform 블록 레이아웃 한정자들

| 한정자 | 설명 |
|---|---|
| shared | shared 한정자는 다중 셰이더나 다중 프로그램에서 uniform 블록의 메모리에서 레이아웃이 동일함을 지정한다. 이 한정자를 사용하기 위해 row_major/column_major 값은 정의에서 유일해야 한다. std140과 packed는 무시한다(기본값). |
| packed | packed 레이아웃 한정자는 컴파일러가 uniform 블록의 메모리 레이아웃을 최적화할 수 있도록 지정한다. 변위들의 위치는 한정자를 사용할 때 질의되어야 하고, uniform 블록은 정점/프래그먼트 셰이더나 프로그램에서 공유될 수 없다. std140과 shared는 무시됨 |
| std140 | std140 레이아웃 한정자는 uniform 블록의 레이아웃이 OpenGL ES 3.0 명세서의 "표준 uniform 블록 레이아웃"절에서 정의된 표준 규칙 집합에 기본한다. 제4장의 uniform 버퍼 객체에서 레이아웃 규칙들을 설명한다. shared와 packed는 무시됨 |
| row_major | 행렬은 메모리에서 행 우선 순서로 배치 |
| column_major | 행렬은 메모리에서 열 우선 순서로 배치(기본값) |

표 5-4는 uniform 블록에서 제공될 수 있는 레이아웃 한정자의 모두를 보인다.

## 정점과 프래그먼트 셰이더 입력/출력

OpenGL ES 셰이딩 언어에서 또 다른 특별한 변수 타입은 정점 입력(속성) 변수이다. 정점 입력은 정점 셰이더에서만 사용할 수 있고, 정점 셰이더에 각 정점 입력을 지정하기 위해 사용되며, in 키워드로 지정한다. 이들은 일반적으로 위치, 법선, 텍스처 좌표와 컬러와 같은 데이터를 저장한다. 여기서의 핵심은 속성이 그려진 각 정점에 대해 지정된 데이터라는 것을 이해하는 것이다. 이는 실제로 어떤 데이터가 속성에 속해있는지 결정하는 것은 셰이더의 사용자가 하기 나름이다. 예제 5-1은 위치와 텍스처 좌표 속성을 가지고 있는 정점 셰이더이다.

셰이더에서 두 정점 속성 a_position과 a_color는 애플리케이션에 의해 데이터로 적재될 것이다. 본래 애플리케이션은 각 정점에 대해 위치와 텍스처 좌표를 포함한 정점 배열을 생성한다. 예 5-1에서 정점 입력은 레이아웃(layout) 한정자가 앞에 온다. 이 경우 레이아웃 한정자는 정점 속성의 인덱스를 지정하기 위해 사용된다. 레이아웃 한정자는 선택사항이다; 지정되지 않으면 링커는 정점 입력에 대해 자동적으로 위치를 할당한다. 이 전체 과정은 제6장 "정점 속성, 정점 배열, 버퍼 객체"에서 설명한다.

**예제 5-1** 정점 셰이더 예제

```
#version 300 es

uniform mat4 u_matViewProjection;
layout(location = 0) in vec4 a_position;
layout(location = 1) in vec3 a_color;
out vec3 v_color;
void main(void)
{
   gl_position = u_matViewProjection * a_position;
   v_color = a_color;
}
```

uniform 변수들처럼 기본적인 하드웨어는 일반적으로 정점 셰이더에 입력할 수 있는 속성 변수의 수에 제한이 있다. 구현에서 지원하는 속성의 최대 수는 gl_MaxVertex-Attribs 내장 변수(또는 glGetIntegerv를 사용하여 GL_MAX_VERTEX_ATTRIBS

에 대해 질의를 위해)에 의해 제공된다. OpenGL ES 3.0 구현에서 지원할 수 있는 속성의 최소수는 16개이다. 구현이 더 많이 지원하는 것은 자유이지만 만일, 임의의 OpenGL ES 3.0 구현에서 실행되도록 보장받는 셰이더를 쓰기 원한다면 16개의 속성보다 적게 사용하도록 제한해야 한다. 제8장에서 더 자세한 속성 제한에 대해 배우게 된다.

정점 셰이더에서 출력 변수들은 out 키워드로 지정된다. 예제 5-1에서 v_color 변수는 출력으로 선언되고 이들 내용은 a_color 입력 변수로부터 복사된다. 각 정점 셰이더는 하나나 더 이상 출력 변수에 프래그먼트 셰이더를 전달하기 위해 필요한 데이터를 출력한다. 이들 변수들은 이때 in 변수(매칭 타입)와 같이 또한 프래그먼트에 선언되고 래스터 변환 동안 요소를 통해 선형적으로 보간된다(만일 래스터 변환 동안 보간이 어떻게 일어나는지 자세히 알고 싶다면 래스터 변환에 관해 설명한 제6장을 참고하라).

예를 들어, 예제 5-1에서 v_color 정점 출력에 대해 프래그먼트 셰이더에서 매칭되는 입력 선언은 다음과 같다:

```
in vec3 v_color;
```

정점 셰이더 입력과 달리 정점 셰이더 출력/프래그먼트 셰이더 입력 변수들은 레이아웃 한정자를 가질 수 없다. 구현은 자동적으로 위치들을 선택한다. uniform과 정점 입력 속성들처럼 전형적으로 기본 하드웨어는 정점 셰이더의 출력/프래그먼트 셰이더 입력의 수를 제한한다(하드웨어에서 이들은 보간기로 보통 참조된다). 구현에 의해 지원되는 정점 셰이더 출력의 수는 gl_MaxVertexOutputVectors 내장변수에 의해 주어진다(glGetIntegerv를 이용하여 GL_MAX_VERTEX_OUTPUT_COMPONENTS에 대한 질의는 벡터들 수보다 전체 구성요소 값의 수를 제공한다). OpenGL ES 3.0의 구현이 지원할 수 있는 정점 출력 벡터들의 최소수는 16이다. 마찬가지로 구현에 의해 지원된 프래그먼트 셰이더 입력의 수는 gl_MaxFragmentInputVectors에 의해 주어진다(glGetIntegerv를 이용하여 GL_MAX_FRAGMENT_INPUT_COMPONENTS에 대한 질의는 벡터들의 수보다 전체 구성요소 값의 수를 제공한다). OpenGN ES 3.0의 구현에서 지원되는 프래그먼트 입력 벡터들의 최소수는 15이다.

예제 5-2는 매칭되는 출력/입력 선언을 가지는 정점 셰이더와 프래그먼트 셰이더의 예이다.

**예제 5-2** 매칭되는 출력/입력 선언을 가지는 정점과 프래그먼트 셰이더

```
// 정점 셰이더
#version 300 es
```

```
uniform mat4 u_matViewProjection;

// 정점 셰이더 입력
layout(location = 0) in vec4 a_position;
layout(location = 1) in vec3 a_color;

// 정점 셰이더 출력
out vec3 v_color;

void main(void)
{
   gl_Position = u_matViewProjection * a_position;
   v_color = a_color;
}

// 프래그먼트 셰이더
#version 300 es
precision mediump float;

// 정점 셰이더로부터 입력
in vec3 v_color;

// 프래그먼트 셰이더의 출력
layout (location = 0) out vec4 o_fragColor;

void main()
{
   o_fragcolor = vec4(v_color, 1.0);
}
```

예제 5-2에서 프래그먼트 셰이더는 출력 변수 o_fragColor에 대한 정의를 포함한다.

```
layout(location = 0) out vec4 o_fragColor;
```

프래그먼트 셰이더는 하나 이상 색상들을 출력할 수 있다. 일반적인 경우 레이아웃 한정자가 선택인 경우(출력 변수는 위치 0으로 가정) 단일 색상 버퍼에 제시한다. 그러나 다중 렌더 대상(MRTs, Multiple Render Targets)에 렌더링 시 각 출력에 대상을 표시하도록 지정하여 레이아웃 한정자를 사용할 수 있다. MRTs는 제11장 "프래그먼트 연산"에서 자세히 설명한다. 일반적인 경우 프래그먼트 셰이더에 하나의 출력 변수를 가지며, 값은 파이프라인의 프래그먼트당 연산 부분에 전달되는 출력 색상이 될 것이다.

## 보간 한정자(interpolation qualifiers)

예제 5-2에서 임의의 한정자 없이 정점 셰이더 출력과 프래그먼트 셰이더 입력을 선언했다. 한정자가 존재하지 않을 때 보간을 위한 기본 동작은 부드럽게 셰이딩을 시행하는 것이다. 즉, 정점 셰이더로부터 출력 변수는 기본요소에 대해 선형적으로 보간되고, 프래그먼트 셰이더는 입력으로 선형적으로 보간된 값을 받아들인다. 입력/출력이 다음과 같은 경우 예제 5-2에서 기본 동작보다 부드러운 셰이딩이 명백히 요구된다.

```
//... 정점 셰이더 ...
// 정점 셰이더 출력
smooth out vec3 v_color;

// ...  프래그먼트 셰이더 ...
// 정점 셰이더로부터 입력
smooth in vec3 v_color;
```

OpenGL ES 3.0은 또한 편평(flat) 셰이딩으로 알려진 보간의 다른 타입을 소개한다. 편평 셰이딩에서 값은 기본요소를 통해 보간되지 않는다. 더욱이 정점들 중 하나는 특정 정점으로 고려된다(기본요소 타입에 의존적; 제7장 특정 정점 절에서 설명한다). 정점 값은 기본요소로 모든 프래그먼트에 대해 사용된다. 다음과 같이 편평 셰이더로 입력/출력을 선언할 수 있다.

```
// ... 정점 셰이더 ...
// 정점 셰이더 출력
flat out vec3 v_color;

// ... 프래그먼트 셰이더 ...
// 정점 셰이더로부터 입력
flat in vec3 v_color;
```

마지막으로 다른 한정자는 centroid 키워드로 보간기에 추가될 수 있다. 중심(centroid) 샘플링 정의는 제11장 다중샘플된 안티에일리어싱 절에서 설명된다. 기본적으로 다중샘플링으로 렌더링 시 centroid 키워드는 렌더링되는 기본요소 내에서 발생하도록 보간을 강요하기 위해 사용된다(그렇지 않으면 자연스럽지 않은 것들이 기본요소의 가장자리에서 발생한다). 중심 샘플링의 전체 정의를 위해 제11장 "프래그먼트 연산"을 참조하기 바란다. 지금 중심 샘플링으로 출력/입력 변수를 선언할 수 있는 방법을 보였다.

```
// ... 정점 셰이더...
// 정점 셰이더 출력
```

```
smooth centroid out vec3 v_color;

// ...프래그먼트 셰이더 ...
// 정점 셰이더로부터 입력
smooth centroid in vec3 v_color;
```

## 전처리기 (preprocessor)와 지시어 (directives)

아직 언급하지 않았던 OpenGL ES 셰이딩 언어의 한 가지 기능은 전처리기이다. OpenGL ES 셰이딩 언어는 표준 C++ 전처리기의 규칙 중 대부분을 따르는 전처리기 기능이 있다. 매크로로 정의될 수 있고 조건 검사는 다음과 같은 지시어에 따라 수행될 수 있다.

```
#define
#undef
#if
#ifdef
#ifndef
#else
#elif
#endif
```

매크로가 매개변수(C++ 매크로에서 할 수 있는 것처럼)로 정의될 수 없는 점에 주의하자. `#if`, `#else`와 `#elif`는 매크로가 정의되었는지 아닌지를 보기 위해 defined 검사를 사용할 수 있다. 다음 매크로는 이미 정의된 것이고 이에 대한 설명은 다음과 같다.

```
__LINE__        // 셰이더 내 현재 행 번호로 대체
__FILE__        // OpenGL ES 3.0에서 항상 0
__VERSION__     // OpenGL ES 셰이딩 언어 버전(예, 300)
GL_ES           // ES 셰이더에 대해 1로 정의된다
```

`#error` 지시어는 정보 로그에 있는 메시지와 함께 셰이더 컴파일 동안 발생하는 컴파일 오류가 원인이다. `#pragma` 지시어는 컴파일러에 대한 구현 전용 지시어를 지정하기 위해 사용된다.

전처리기의 중요한 또 다른 지시어는 `#extension`이다. 이는 확장을 가능하게 하고 설정하기 위해 사용된다. 개발업체들(또는 개발업체 그룹)이 OpenGL ES 셰이딩 언어를 확장할 때 개발업체들은 언어 확장 명세서(예를 들면, `GL_NV_shadow_samplers_cube`)를 생성할 것이다. 셰이더는 확장을 사용하도록 허용하는지 만일 허용하지 않는

다면 어떤 동작이 발생하는지 컴파일러에게 명령해야 한다. 이것은 #extension 지시어를 사용하여 수행된다. #extension 사용의 일반 형식은 다음 코드에서 보여준다.

```
// 확장을 위한 동작을 지정
#extension extension_name : behavior
// 모든 확장을 위한 동작을 지정
#extension all : behavior
```

첫 번째 인수는 확장의 이름(예를 들면, GL_NV_shadow_samplers_cube)이나 all일 것이고, 동작이 모든 확장에 적용하는 것을 의미한다. 동작은 표 5-5에 보이는 것처럼 4개의 가능한 선택사항을 가지고 있다.

**| 표 5-5 |** 확장 동작

| 확장 동작 | 설명 |
|---|---|
| require | 확장이 필요. 만일 전처리기는 확장이 지원되지 않으면 오류가 발생할 것이다. 만일 all로 지정되면 항상 오류를 발생 |
| enable | 확장이 가능. 만일 전처리기는 확장이 지원되지 않으면 경고. 언어는 마치 확장이 가능하게 되는 것처럼 처리될 것이다. 만일 all로 지정되면 항상 오류를 발생 |
| warn | 확장의 어떤 사용이라도 경고. 만일 all로 지정되면 확장이 사용될 때마다 경고가 발생할 것이다. 또한 확장이 지원되지 않으면 경고가 발생 할 것이다. |
| disable | 확장이 불가능. 만일 확장이 사용되면 오류가 발생. 만일 all로 지정되면 (기본으로 지정된다) 어떤 확장도 가능하지 않는다. |

한 예로, 만일 3D 텍스처 확장이 지원되지 않으면 전처리기가 경고를 발생하기 원할 때 셰이더의 윗부분에 다음과 같이 추가해야 한다.

```
#extension GL_NV_shadow_samplers_cube : enable
```

## uniform과 보간기 패킹 (packing)

uniform과 정점 셰이더 출력/프래그먼트 셰이더 입력에 대해 이전 절에서 설명한 것처럼 기본 하드웨어 자원의 고정된 수가 각 변수의 저장을 위해 유용하다. uniform은 일반적으로 벡터의 물리적 배열로 간주될 수 있는 상수 기억장소에 저장된다. 정점 셰이더 출력/프래그먼트 셰이더 입력은 기본적으로 벡터 배열로 보통 저장되는 보간기에 저장된다. 알고 있는 바와 같이 셰이더는 스칼라, 다양한 벡터 구성요소와 행렬을 포함하는 다양한 타입의 uniform과 셰이더 입력/출력을 선언할 수 있다. 그러나 하드웨어에서 사용가능한 물리적 공간으로 다양한 변수 선언들을 어떻게 사상하는지에 대한 문제가 발생한다. 바꾸어 말하면, 만일 OpenGL ES 3.0 구현이 16개의 정점 셰이더 출력 벡터를 지원한다고 하면 물리적 기억장소를 실제로 어떻게 사용할 것인가?

OpenGL ES 3.0에서 다루어지는 방법은 어떻게 보간기와 uniform이 물리적인 기억장소 공간에 사상할 것인가 정의하는 패킹 규칙들이 있다. 패킹을 위한 규칙은 물리적 기억 공간이 각 기억장소 위치에 대한 4개의 열(각 벡터 구성요소에 대해 1개의 열)과 행이 격자로 구성된 개념에 기반을 둔다. 패킹 규칙은 생성된 코드의 복잡도가 상수로 유지되도록 변수들을 팩(pack)하는 것이다. 바꾸어 말하면, 패킹 규칙은 언팩(unpack) 데이터를 병합하도록 추가 명령을 생성하지 않게 컴파일러에게 재배열을 요구하지 않는다. 오히려, 패킹 규칙들은 실행시간 성능에 부정적으로 영향을 주지 않고 물리적 주소 공간의 사용을 최적화하려고 한다.

uniform 선언의 예제 그룹과 어떻게 uniform 선언이 패킹되는지 살펴보자.

```
uniform mat3 m;
uniform float f[6];
uniform vec3 v;
```

어떤 패킹도 전혀 수행되지 않으면, 많은 상수 기억장소 공간이 낭비될 것이라는 것을 알 수 있다. 행렬 m은 3개의 행을 차지하고, 배열 f는 6개의 행, 벡터 v는 1개의 행을

**▎표 5-6▎** 패킹 없는 uniform 기억장소

| 위치 | X | Y | Z | W |
|---|---|---|---|---|
| 0 | m[0].x | m[0].y | m[0].z | - |
| 1 | m[1].x | m[1].y | m[1].z | - |
| 2 | m[2].x | m[2].y | m[2].z | - |
| 3 | f[0] | - | - | - |
| 4 | f[1] | - | - | - |
| 5 | f[2] | - | - | - |
| 6 | f[3] | - | - | - |
| 7 | f[4] | - | - | - |
| 8 | f[5] | - | - | - |
| 9 | v.x | v.y | v.z | -6 |

**표 5-7** 패킹한 uniform 기억장소

| 위치 | X | Y | Z | W |
|---|---|---|---|---|
| 0 | m[0].x | m[0].y | m[0].z | f[0] |
| 1 | m[1].x | m[1].y | m[1].z | f[1] |
| 2 | m[2].x | m[2].y | m[2].z | f[2] |
| 3 | v.x | v.y | v.z | f[3] |
| 4 | - | - | - | f[4] |
| 5 | - | - | - | f[5] |

차지한다. 이 변수들을 저장하기 위해 총 10개의 행을 사용할 것이다. 표 5-6은 패킹 없이 저장된 결과를 보인다. 패킹 규칙으로, 변수들은 표 5-7에 보이는 것처럼 격자로 팩(pack)되도록 구성한다.

패킹 규칙으로 단지 6개의 물리적 상수 위치가 사용될 필요가 있으며, 배열 f가 행 우선으로 요소를 위치해야 할 필요가 있다는 것을 알 것이다. 이에 대한 이유는 일반적으로 GPU가 벡터 위치 인덱스에 의해 상수 기억장소를 인덱스하기 때문이다. 인덱스 작업이 동작하기 위해 패킹이 행 우선으로 배열을 유지해야 한다.

수행된 모든 패킹은 한 가지 항목을 제외하고 OpenGL ES 셰이딩 언어의 사용자에게 완전하게 투명하다: 이것은 uniform과 정점 셰이더 출력/프래그먼트 셰이더 입력이 계산 방법에 영향을 준다. OpenGL ES 3.0의 모든 구현에서 실행되는 것으로 보장받은 셰이더를 사용하고 싶으면, 패킹 이후에 최소한 허용된 기억장소 크기를 초과하여 uniform 또는 보간기를 사용하면 안 된다. 이에 대한 이유는 OpenGL ES 3.0의 임의의 구현에서 최소한의 허용된 기억장소를 초과하지 않도록 이식 가능한 셰이더를 작성할 수 있도록 패킹하는 것이 중요하기 때문이다.

## 정밀도 한정자(Precision Qualifiers)

정밀도 한정자는 셰이더 프로그래머가 셰이더 변수에 대한 계산들이 수행되는 정밀도를 지정하는 것이 가능하게 한다. 또한, 하위, 중간, 상위 정밀도를 가지도록 변수를 선언할 수 있다. 한정자는 잠재적으로 낮은 범위와 정밀도 변수로 계산을 수행하도록 컴파일러에게 알릴 때 사용된다. 더 낮은 정밀도에서 OpenGL ES의 임의의 구현은 더 좋은 전력 효율과 또는 더 빨리 셰이더를 실행할 수 있을지도 모른다. 물론, 효율이 좋은 것은 정밀도의 가격에 영향을 준다. 이는 정밀도 한정자가 적절히 사용되지 않는다면 인위적 결과물이 생길 수 있다. OpenGL ES 명세서에는 다중 정밀도가 기본적인 하드웨어에 지원되어야 된다라고 말하지 않음에 유념하자. 그래서 OpenGL ES 구현에는 가장 높은 정밀도에서 모든 계산을 수행하도록 하고 간단히 한정자를 무시하는 것이 완전히 유효하다. 그러나 더 낮은 정밀도를 이용한 어떤 구현은 장점 일 수 있다.

정밀도 한정자는 실수나 정수에 기반한 모든 변수의 정밀도를 지정하는 데 사용될 수 있다. 정밀도를 지정하기 위한 키워드는 lowp, mediump, highp이다. 정밀도 한정자가 있는 선언의 몇몇 예를 보인다.

```
highp vec4 position;
varying lowp vec4 color;
mediump float specularExp;
```

또한, 정밀도 한정자에 추가로 기본 정밀도 개념이 있다. 즉 다시 말하면, 변수가 정밀도 한정자 없이 선언되면 그 변수는 기본 정밀도를 가진다. 기본 정밀도 한정자는 정점 또는 프래그먼트 셰이더의 윗부분에 다음 문법을 사용하여 지정한다.

```
precision highp float;
precision mediump int;
```

float에 대해 지정된 정밀도는 부동소수점 값에 기반을 둔 모든 변수에 대해 기본 정밀도로 사용될 것이다. 마찬가지로 int에 대해 지정된 정밀도는 모든 정수에 기반을 둔 변수에 대해 기본 정밀도로 사용될 것이다.

정점 셰이더에 만일 기본 정밀도가 지정되지 않으면, int와 float에 대한 기본 정밀도는 양쪽 모두 highp이다. 즉 다시 말하면, 정점 셰이더에서 정밀도 한정자 없이 선언된 모든 변수는 가장 상위 정밀도를 가지게 된다. 프래그먼트 셰이더에 대한 규칙은 정점 셰이더 규칙과는 다르다. 프래그먼트 셰이더에서 실수형으로 제공된 기본 정밀도는 없다. 모든 셰이더는 기본 float 정밀도를 선언하거나 모든 float 변수에 대한 정밀도를 지정해야 한다.

마지막으로 주의해야 될 것은 정밀도 한정자에 의해 지정된 정밀도가 구현 의존적 범위와 정밀도를 가지고 있다는 것이다. 제15장 "상태 질의"에서는 주어진 구현을 위해 범위와 정밀도를 결정하기 위해 관련된 API 호출을 다루게 된다. 예로서 PowerVR SGX GPU에서 lowp float 변수는 10비트 정수로 표현되고, mediump float 변수는 16비트 실수값이며, highp float는 32비트 실수값이다.

## 불변성 (Invariance)

OpenGL 셰이딩 언어에서 소개한 `invariant` 키워드는 정점 셰이더의 임의의 변화하는 출력에 적용될 수 있다. 불변성은 무슨 의미이고 왜 필요한가? 셰이더가 컴파일되고 컴파일러가 명령어를 재정렬하여 최적화를 수행하도록 한다. 명령어 재정렬은 두 셰이더 사이의 동일한 계산이 정확하게 동일한 결과들을 산출한다고 보장받지 않음을 의미한다. 이것은 같은 객체가 알파 블렌딩(alpha blending)을 사용하여 셰이더 위에 그려지고 있는 경우에 다중패스 셰이더 효과에 대해 특히 문제일 수 있다. 만일 출력 위치를 계산하는 데 사용된 값들의 정밀도가 정확하게 일치하지 않으면, 인위적 결과물은 정밀도 차이 때문에 존재할 수 있다. 이것은 보통 Z fighting으로 그 자체를 나타내거나 픽셀당 작은 Z 정밀도 차이로 다른 패스들이 서로 희미하게 반짝이도록 한다.

다음 예는 다중패스 셰이딩할 때 불변성이 올바르게 얻는 것이 왜 중요한지 시각적으로 증명한다. 다음의 원환체 객체는 2 패스로 그려진다. 프래그먼트 셰이더는 1번째 패스에서 반사 조명이 계산되고, 2번째 패스에서 주변 조명(ambient lighting)과 산란 조명이 계산된다. 작은 정밀도 차이가 정점 셰이더가 불변성을 사용하지 않아 그림 5-1에 보이는 것처럼 Z fighting을 초래한다.

위치에 대한 불변성을 사용하는 같은 다중패스 정점 셰이더는 그림 5-2와 같이 정확한 이미지를 만든다.

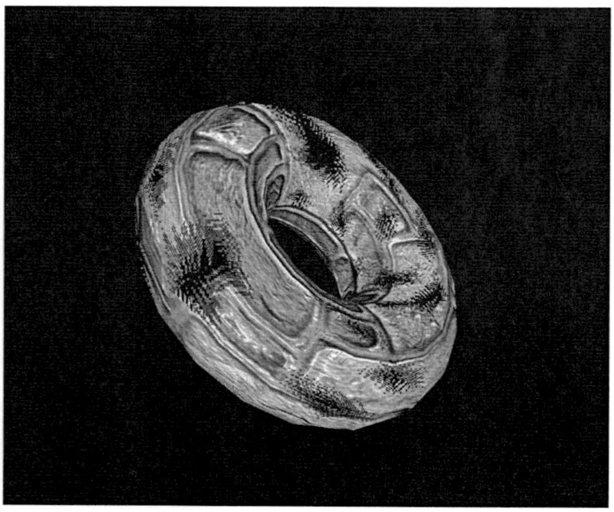

**그림 5-1** 불변성을 사용하지 않아 Z fighting 발생

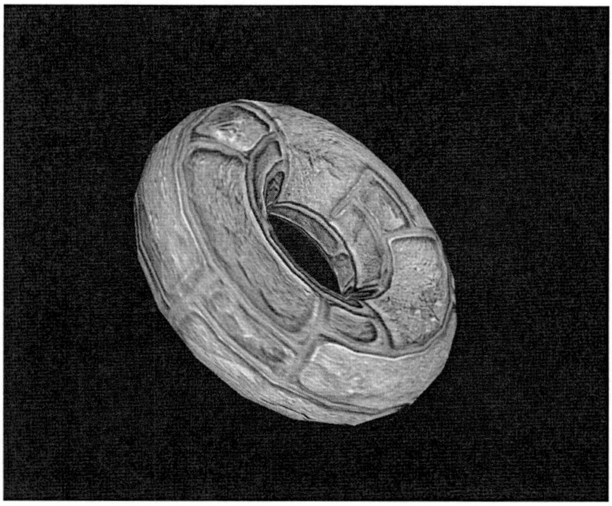

그림 5-2 불변성을 이용하여 Z fighting 발생을 피함

불변성의 도입은 셰이더 저자에게 동일 계산들이 출력을 계산하는 데 사용되면 그 값이 정확하게 동일한 것(또는 불변량)임에 틀림없음을 지정하는 방법을 제공한다. invariant 키워드는 변화하는 선언 또는 이미 선언된 변화를 위해 사용될 수 있다. 예는 다음과 같다.

```
invariant gl_Position;
invariant texCoord;
```

불변성이 출력에 대해 선언되면, 컴파일러는 셰이더에게 같은 계산과 입력을 동일하게 제공하는 것을 보장한다. 예를 들면, 입력 위치에 의해 뷰 투영 행렬을 곱하여 출력 위치를 계산하는 두 정점 셰이더를 제공하면 두 개의 정점 셰이더의 위치는 불변성을 보장받는다.

```
#version 300 es
uniform mat4 u_viewProjMatrix;
layout(location = 0) in vec4 a_vertex;
invariant gl_Position;
void main()
{
    // 같은 viewProjMatrix와 vertex를 갖는 모든 셰이더에서
    // 동일한 값이 될 것이다
    gl_Position = u_viewProjMatrix * a_vertex;
}
```

전역적으로 #pragma 지시어를 사용하여 모든 변수를 전역적이고 불변하도록 만드는 것이 가능하다.

```
#pragma STDGL invariant(all)
```

> **주** 컴파일러가 불변성을 보증해야 하기 때문에 컴파일러는 불변성 최적화를 제한할 수도 있다. 그러므로 불변성 한정자는 필요할 때 사용되어야 한다. 그렇지 않으면 성능 저하를 초래할 수도 있다. 이런 이유로 불변성은 전역적으로 가능하게 하는 #pragma는 오직 불변성이 모든 변수에 대해 필요할 때 사용되어야 한다. 또한, 불변성 계산이 주어진 GPU에서 동일 결과를 가지고 있다는 것을 포함하는 동안, 임의의 OpenGL ES 구현에서 불변일 것을 의미하지 않는 점에 주의하자.

## 요약

이 장에서는 OpenGL ES 셰이딩 언어의 다음과 같은 특성을 소개했다:

- #version으로 셰이더 버전 지정
- 스칼라, 벡터, 행렬 데이터 타입과 생성자
- const 한정자를 이용하여 상수 선언
- 구조체와 배열의 생성과 초기화
- 연산자, 제어 흐름, 함수들
- in과 out 키워드, 레이아웃 한정자를 이용한 정점 셰이더 입력/출력과 프래그먼트 셰이더 입력/출력
- 부드러움, 편평, 중심 보간 한정자
- uniform, uniform 블록, uniform 블록 레이아웃 한정자
- 전처리기와 지시자
- uniform과 보간기 패킹
- 정밀도 한정자, 불변성

다음 장에서는 정점 배열과 정점 버퍼 객체로부터 데이터로 정점 입력 변수를 적재하는 방법에 대해 설명한다. 책을 통해 OpenGL ES 셰이딩 언어에 대해 독자의 생각을 확대할 것이다. 예를 들어, 제8장 "정점 셰이더"에서 정점 셰이더에서 변환, 조명, 스키닝(skinning)을 실행하는 방법에 대해 설명한다. 제9장 "텍스처링"에서 텍스처를 적재하는 방법과 프래그먼트 셰이더에서 이를 사용하는 방법을 배우게 될 것이다. 제10장 "프래그

먼트 셰이더"에서 안개효과를 계산하고, 알파 테스트를 실행하고, 프래그먼트 셰이더에서 사용자 클립 평면을 계산하는 방법에 대해 배우게 될 것이다. 제14장 "OpenGL ES 3.0 고급 프로그래밍"에서 환경 매핑, 투영 텍스처링, 프래그먼트당 조명과 같은 고급 효과를 실행하는 셰이더 작성에 대해 배우게 될 것이다. 이 장의 OpenGL ES 셰이딩 언어에서 기본 교육으로 다양한 렌더링 기법을 달성할 수 있는 방법들에 대해 소개하였다.

OpenGL® ES™ 3.0 Programming Guide

# Chapter 06 정점 속성, 정점 배열 그리고 버퍼 객체

이 장에서는 정점 속성과 데이터가 OpenGL ES 3.0에서 어떻게 지정되는지를 기술한다. 정점 속성이 무엇이고 어떻게 지정되는지 지원된 데이터 형식이 무엇이고 정점 셰이더에서 사용된 적절한 정점 속성 이름과 정점 속성 인덱스를 어떻게 연결할지에 대해 설명한다. 이 장을 읽고 난 후 정점이 무엇인지와 어떻게 OpenGL ES 3.0에서 정점 속성과 기본요소를 그리는지에 대해 잘 이해할 수 있어야 한다.

또한, 정점 속성이라 불리는 정점 데이터는 각 정점 데이터를 지정한다. 각 정점이나 상수값에 대해 지정될 수 있는 정점 데이터는 모든 정점에 대해 사용될 수 있다. 예를 들면, 솔리드 컬러를 갖는 삼각형을 그리기 원한다면(예제에서는 그림 6-1에서 보이는 것

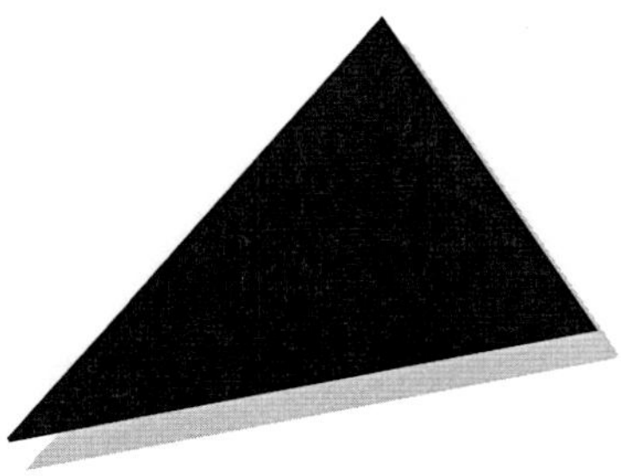

**그림 6-1** 상수 컬러 정점과 각 정점 위치 속성을 갖는 삼각형

처럼 컬러가 검정색이다) 삼각형의 3개 정점에 사용될 상수값을 지정하면 된다. 그러나 삼각형을 구성하는 3개의 정점 위치는 동일하지 않으므로 3개의 위치 값을 저장하는 정점 배열을 지정할 필요가 있다.

## 정점 속성 데이터 지정하기

정점 배열이나 상수값을 이용하여 각각에 대해 지정될 수 있는 정점 속성 데이터는 기본요소의 모든 정점에 사용될 수 있다.

모든 OpenGL ES 3.0 구현은 최저 16개의 정점 속성을 지원해야 한다. 애플리케이션은 특정 구현에 의해 지원되는 정확한 정점 속성 수를 질의할 수 있다. 다음 코드는 애플리케이션이 실제로 구현에 지원하는 정점 속성 수를 어떻게 질의할 수 있는지 기술한다.

```
GLint maxVertexAttribs; // n >= 16
glGetIntegerv(GL_MAX_VERTEX_ATTRIBS, &maxVertexAttribs);
```

### 상수 정점 속성

상수 정점 속성은 기본요소의 모든 정점들에 대해 동일하기 때문에 단지 한 개의 값으로 기본요소의 모든 정점에 지정할 필요가 있다. 상수 정점 속성 값은 다음과 같은 함수를 사용하여 지정한다.

```
void glVertexAttrib1f(GLuint index, GLfloat x);
void glVertexAttrib2f(GLuint index, GLfloat x, GLfloat y);
void glVertexAttrib3f(GLuint index, GLfloat x, GLfloat y, GLfloat z);
void glVertexAttrib4f(GLuint index, GLfloat x, GLfloat y, GLfloat z,
                      GLfloat w);
void glVertexAttrib1fv(GLuint index, const GLfloat *values);
void glVertexAttrib2fv(GLuint index, const GLfloat *values);
void glVertexAttrib3fv(GLuint index, const GLfloat *values);
void glVertexAttrib4fv(GLuint index, const GLfloat *values);
```

glVertexAttrib* 명령어는 index에 의해 지정된 일반적인 정점 속성을 적재하기 위해 사용된다. glVertexAttrib1f와 glVertexAttrib1fv는 일반적인 정점 속성에 (*x*, 0.0, 0.0, 1.0)을 적재한다. glVertexAttrib2f와 glVertexAttrib2fv는 일반적인 정점 속성에 (*x*, *y*, 0.0, 1.0)을 적재한다. glVertexAttrib3f와 glVertexAttrib3fv는 일반적인 정점 속성에 (*x*, *y*, *z*, 1.0)을 적재한다. glVertexAttrib4f와 glVertexAttrib4fv는 일반적인 정점 속성에 (x, y, z, w)를 적재한다. 실제로 상수 정점 속성들은 스칼라/벡터 uniform을 이용하고 수용가능한 선택을 하여 동일한 기능을 제공한다.

## 정점 배열

정점 배열은 각 정점에 속성 데이터를 지정하고 애플리케이션의 주소 공간(address space, OpenGL ES에서 client 공간이라 부른다)에 저장되는 버퍼이다. 정점 배열은 정점 속성을 지정하기 위해 효율적이고 유연한 방법을 제공한다. 정점 배열은 glVertex-AttribPointer나 glVertexAttribIPointer 함수를 이용하여 지정한다.

```
void  glVertexAttribPointer(GLuint index, GLint size,
                            GLenum type,
                            GLboolean normalized,
                            GLsizei stride,
                            const void *ptr)
void  glVertexAttribIPointer(GLuint index, GLint size,
                             GLenum type,
                             GLboolean normalized,
                             GLsizei stride,
                             const void *ptr)
```

| | |
|---|---|
| *index* | 일반적인 정점 속성 인덱스를 지정. 값은 0부터 지원하는 최대 정점 속성−1이다. |
| *size* | 인덱스에 의해 참조된 정점 속성에 대한 정점 배열로 지정된 구성요소의 수. 유효한 값은 1-4. |
| *type* | 데이터 형식. 두 함수에 대한 유효한 값은:<br>GL_BYTE<br>GL_UNSIGNED_BYTE<br>GL_SHORT<br>GL_UNSIGNED_SHORT<br>GL_INT<br>GL_UNSIGNED_INT<br>glVertexAttrribPointer에 대해 유효한 값:<br>GL_HALF_FLOAT |

| | |
|---|---|
| | GL_FLOAT<br>GL_FIXED<br>GL_INT_2_10_10_10_REV<br>GL_UNSIGNED_INT_2_10_10_10_REV |
| *normalized* | (단지 glVertexAttrribPointer) 실수값으로 변환될 때, 비실수형 데이터 형식 타입이 정규화되어야 할지를 표시할 때 사용. glVertexAttrribIPointer에 대해 값은 정수로 취급된다. |
| *stride* | 크기로 지정된 정점 속성의 구성요소들이 각 정점에 대해 순차적으로 저장된다. stride는 정점 인덱스 I에 대한 데이터와 정점 (I+1)사이 델타를 지정. 만일 stride가 0이면, 모든 정점에 대한 속성 데이터는 순차적으로 저장된다. stride가 0보다 크면, 다음 인덱스에 대한 정점 데이터를 얻기 위해 stride 값을 사용 |
| *ptr* | 클라이언트측 정점 배열을 이용하면 정점 속성 데이터를 유지하는 버퍼에 대한 포인터이다. 정점 버퍼 객체를 이용하면 그 버퍼에 대한 변위를 지정 |

glVertexAttribPointer로 정점 속성을 지정하는 방법을 설명하는 예를 소개한다. 정점 속성 데이터를 할당하고 저장하는 일반적인 방법은 다음과 같다.

- 단일 버퍼에 정점 속성을 같이 저장한다. 정점 속성을 저장하는 이 방법은 "구조체 배열"이라고 부른다. 이 구조체는 정점의 모든 속성을 표현하고 정점에 대해 속성 배열을 가진다.
- 분리된 버퍼에서 각 정점 속성을 저장한다. 정점 속성을 저장하는 이 방법은 "배열 구조체"라고 부른다.

각 정점은 4개의 정점 속성(위치, 법선, 2개의 텍스처 좌표)을 가지고 있고, 속성은 모든 정점에 할당된 하나의 버퍼에 같이 저장된다고 가정하자. 정점 위치 속성은 3개의 실수 ($x$, $y$, $z$) 벡터로 지정되고, 정점 법선 또한 3개의 실수 벡터로 지정되며, 각 텍스처 좌표는 2개의 실수 벡터로 지정된다. 그림 6-2는 버퍼의 메모리 배치를 보여준다. 이 경우 버퍼의 스트라이드는 정점을 구성(한 정점은 10 실수형이나 40바이트, 위치를 위해 13바이트, 법선을 위해 12바이트, Tex0을 위해 8바이트, Tex1을 위해 8바이트)하는 모든 속성들의 결합된 크기이다.

예제 6-1은 이 4개의 정점 속성이 glVertexAttribPointer로 어떻게 지정되는지에 대해 기술한다. 각 정점 데이터를 지정하는 개념을 설명하기 위해 여기서 클라이언트측

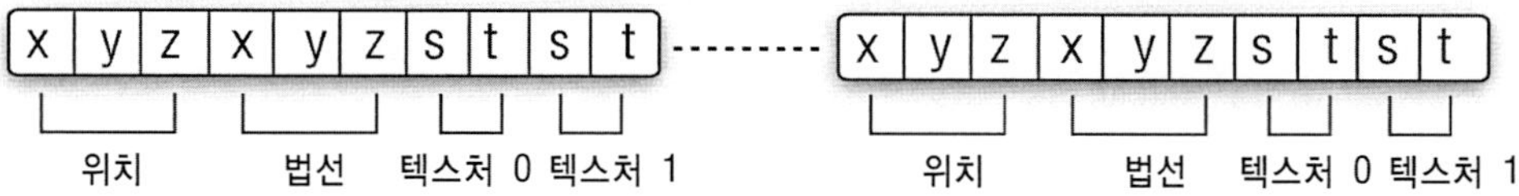


**그림 6-2** 배열로 저장된 위치, 법선, 2개의 텍스처 좌표

정점 배열 사용 예를 보인다. 애플리케이션이 최상의 성능을 이루기 위해 정점 객체(다음 장에서 설명)를 사용하고 클라이언트측 정점 배열의 사용을 피하도록 권장한다. 클라이언트측 정점 배열은 OpenGL ES 2.0과 하위 호환성에 대해 단지 OpenGL ES 3.0에서 지원된다. OpenGL ES 3.0에서 정점 버퍼 객체들은 항상 권장된다.

**예제 6-1** 구조체 배열

```
#define VERTEX_POS_SIZE           3   // x, y, z
#define VERTEX_NORMAL_SIZE        3   // x, y, z
#define VERTEX_TEXCOORD0_SIZE     2   // s와 t
#define VERTEX_TEXCOORD1_SIZE     2   // s와 t

#define VERTEX_POS_INDX           0
#define VERTEX_NORMAL_INDX        1
#define VERTEX_TEXCOORD0_INDX     2
#define VERTEX_TEXCOORD1_INDX     3

// 다음의 4개는 정점 데이터가 구조체 배열로 지정되면 다양한 속성의 위치를 결정하는데
// 사용하기 위해 정의
#define VERTEX_POS_OFFSET         0
#define VERTEX_NORMAL_OFFSET      3
#define VERTEX_TEXCOORD0_OFFSET   6
#define VERTEX_TEXCOORD1_OFFSET   8

#define VERTEX_ATTRIB_SIZE     (VERTEX_POS_SIZE + \
                                VERTEX_NORMAL_SIZE + \
                                VERTEX_TEXCOORD0_SIZE + \
                                VERTEX_TEXCOORD1_SIZE)

float *p = (float*) malloc(numVertices * VERTEX_ATTRIB_SIZE *
                    sizeof(float));

// 위치는 정점 속성 0
glVertexAttribPointer(VERTEX_POS_INDX, VERTEX_POS_SIZE,
```

```
                        GL_FLOAT, GL_FALSE,
                        VERTEX_ATTRIB_SIZE * sizeof(float), p);

// 법선은 정점 속성 1
glVertexAttribPointer(VERTEX_NORMAL_INDX, VERTEX_NORMAL_SIZE,
                        GL_FLOAT, GL_FALSE,
                        VERTEX_ATTRIB_SIZE * sizeof(float),
                        (p + VERTEX_NORMAL_OFFSET));

// 텍스처 좌표 1은 정점 속성 2
glVertexAttribPointer(VERTEX_TEXCOORD0_INDX, VERTEX_TEXCOORD0_SIZE,
                        GL_FLOAT, GL_FALSE,
                        VERTEX_ATTRIB_SIZE * sizeof(float),
                        (p + VERTEX_TEXCOORD0_OFFSET));

// 텍스처 좌표 1은 정점 속성 3
glVertexAttribPointer(VERTEX_TEXCOORD1_INDX, VERTEX_TEXCOORD1_SIZE,
                        GL_FLOAT, GL_FALSE,
                        VERTEX_ATTRIB_SIZE * sizeof(float),
                        (p + VERTEX_TEXCOORD1_OFFSET));
```

예제 6-2에서 위치, 법선, 텍스처 좌표 0과 1은 분리된 버퍼에 저장된다.

**예제 6-2** 구조체 배열

```
float *position = (float*) malloc(numVertices *
      VERTEX_POS_SIZE * sizeof(float));
float *normal = (float*) malloc(numVertices *
      VERTEX_NORMAL_SIZE * sizeof(float));
float *texcoord0 = (float*) malloc(numVertices*
      VERTEX_TEXCOORD0_SIZE * sizeof(float));
float *texcoord1 = (float*) malloc(numVertices *
      VERTEX_TEXCOORD1_SIZE * sizeof(float));

// 위치는 정점 속성 0
glVertexAttribPointer(VERTEX_POS_INDX, VERTEX_POS_SIZE,
                        GL_FLOAT, GL_FALSE,
                        VERTEX_POS_SIZE * sizeof(float), position);

// 법선은 정점 속성 1
glVertexAttribPointer(VERTEX_NORMAL_INDX, VERTEX_NORMAL_SIZE,
                        GL_FLOAT, GL_FALSE,
```

```
                         VERTEX_NORMAL_SIZE * sizeof(float), normal);

// 텍스처 좌표 0은 정점 속성 2
glVertexAttribPointer(VERTEX_TEXCOORD0_INDX, VERTEX_TEXCOORD0_SIZE,
                      GL_FLOAT, GL_FALSE, VERTEX_TEXCOORD0_SIZE *
                      sizeof(float), texcoord0);

// 텍스처 좌표 1은 정점 속성 3
glVertexAttribPointer(VERTEX_TEXCOORD1_INDX, VERTEX_TEXCOORD1_SIZE,
                      GL_FLOAT, GL_FALSE,
                      VERTEX_TEXCOORD1_SIZE * sizeof(float),
                      texcoord1);
```

## 성능 힌트

### 정점의 다른 속성을 저장하는 방법

정점 속성을 저장하는 가장 일반적인 방법 두 가지(구조체 배열, 배열 구조체)를 기술하였다. 질문은 할당 방법이 OpenGL ES 3.0 하드웨어 구현에 대해 가장 효율적일 것이냐 하는 것이다. 이에 대한 답은 구조체 배열이다. 이유는 각 정점에 대한 속성 데이터가 순차적 방법으로 읽힐 수 있고 효율적인 메모리 접근 방식의 결과를 가져올 것이다. 구조체 배열을 사용하는 것의 불리한 점은 애플리케이션이 특정 속성을 수정하기 원할 때이다. 만일 정점 속성 데이터의 부분집합이 수정될 필요가 있다면(예, 텍스처 좌표), 정점 버퍼에 크게 갱신된 결과를 가져올 것이다. 정점 버퍼가 버퍼 객체로 제공될 때 전체 정점 속성 버퍼는 재적재를 필요로 한다. 분리된 버퍼에서 사실상 동적인 정점 속성을 저장하는 것으로 비효율성을 피할 수 있다.

### 정점 속성을 위해 사용할 데이터 형식

glVertexAttribPointer에서 type 인수에 의해 지정된 정점 속성 데이터 형식은 단지 정점 속성 데이터에 대한 그래픽스 메모리 기억장소 요구사항에 영향을 줄 수 없으나 프레임을 렌더링하기 위해 요구된 메모리 대역폭 함수 전체 성능에는 영향을 줄 수 있다. 작은 데이터는 낮은 메모리 대역폭을 요구한다. OpenGL ES 3.0은 GL_HALF_FLOAT(부록 A에 자세히 설명)라는 16비트 실수형 정점 형식을 지원한다. 권고는 애플리케이션이 어디에 있든지 가능한 한 GL_HALF_FLOAT를 사용해야 한다는 것이다. 텍스처 좌표, 법선, 종법선, 접선 벡터 등 각 구성요소에 대해 GL_HALF_FLOAT를 사용하여 저장하는 것이 좋은 방법이다. 컬러는 각 정점 컬러에 대한 4개의 구성요소와 GL_UNSIGNED_BYTE로 저장될 수 있다. 한 정점 위치를 위해 GL_HALF_FLOAT를 권고하지만 이것이 많은 경우에 있어서 가능하지 않을지도 모른다. 그런 경우를 위해 정점 위치는 GL_FLOAT로 저장될 수 있다.

### glVertexAttribPointer에서 정규화 플래그(Flag) 동작방법

정점 속성은 정점 셰이더에서 사용되기 전에 단일 정밀도 부동소수점 수로 내부적으로 저장된다. 만일 정점 속성이 실수형이 아닌 데이터 *type*이면, 정점 속성은 데이터 타입이 정점 셰이더에서 사용되기 전에 단일 정밀도 부동소수점 수로 변환될 것이다. *normalized* 플래그는 비실수형 정점 속성 데이터를 단일 정밀도 부동소수점 값으로 변환을 제어한다. 만일 *normalized* 플래그가 거짓이면, 정점 데이터는 부동소수점 값으로 직접 변환된다. 이것은 실수형에서 실수형 타입이 아닌 변수를 캐스팅하는 것과 비슷하다. 다음 코드는 이에 대한 예를 보인다.

```
GLfloat f;
GLbyte b;
f = (GLfloat)b; // f는 [-128.0, 127.0] 범위 값으로 표현
```

만일 *normalized* 플래그가 참이면, 정점 데이터는 데이터 *type*이 GL_BYTE, GL_SHORT 또는 GL_FIXED이면 [-1.0, 1.0] 범위로 매핑되거나 데이터 *type*이 GL_UNSIGNED_BYTE 또는 GL_UNSIGNED_SHORT이라면 [0.0, 1.0] 범위로 매핑된다.

표 6-1은 정규화 플래그 집합으로 비실수형 소수점 데이터 타입의 변환을 기술한다. 표 6-1의 두 번째 열에서 값 *c*는 첫 번째 열에 지정된 형식의 값에 대한 참조이다.

**표 6-1** 데이터 변환

| 정점 데이터 형식 | 부동소수점으로 변환 |
|---|---|
| GL_BYTE | $\max(c / (2^7 - 1), -1.0)$ |
| GL_UNSIGNED_BYTE | $c / (2^8 - 1)$ |
| GL_SHORT | $\max(c / (2^{16} - 1), -1.0)$ |
| GL_UNSIGNED_SHORT | $c / (2^{16} - 1)$ |
| GL_FIXED | $c / 2^{16}$ |
| GL_FLOAT | $c$ |
| GL_HALF_FLOAT_OES | $c$ |

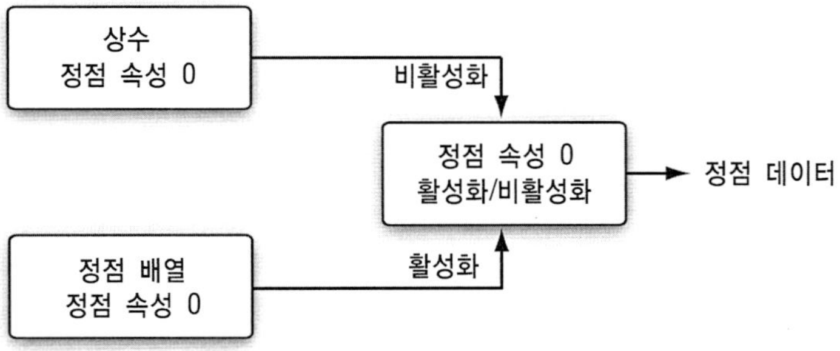


**그림 6-3** 상수나 정점 배열 정점 속성 선택하기

실수형으로 변환하는 것보다 정점 셰이더 내 정수형으로 정수 정점 속성 데이터를 접근하는 것이 또한 가능하다. 이 경우 `glVertexAttribIPointer` 함수가 사용되고 정점 속성은 정점 셰이더 내 정수형으로 선언된다.

### 상수 정점 속성 또는 정점 배열 선택하기

애플리케이션이 OpenGL ES가 상수 데이터나 정점 배열의 데이터를 사용하기 원하는지 애플리케이션은 가능하게 할 수 있다. 그림 6-3은 이것이 OpenGL ES 3.0에서 어떻게 이루어지는지 보이고 있다.

명령어 `glEnableVertexAttribArray`와 `glDisableVertexAttribArray`는 일반적인 정점 속성 배열을 활성화하고 비활성화하는 데 사용한다. 만일 정점 속성 배열이 일반적인 속성 인덱스에 대해 비활성화되면, 인덱스에 대해 지정된 상수 정점 속성 데이터가 사용될 것이다.

```
void  glEnableVertexAttribArray(GLuint index);
void  glDisableVertexAttribArray(GLuint index);
```

| | |
|---|---|
| *index* | 일반적인 정점 속성 인덱스를 지정한다. 값은 0부터 지원되는 최대 정점 속성-1이다. |

예제 6-3은 정점 속성 중 하나가 상수이고 다른 것은 정점 배열을 사용하여 지정된 삼각형을 그리는 방법에 대해 기술한다.

**예제 6-3** 상수와 정점 배열 속성 이용

```
int Init ( ESContext *esContext )
{
   UserData *userData = (UserData*) esContext->userData;
   const char vShaderStr[] =
        "#version 300 es                              \n"
        "layout(location = 0) in vec4 a_color;        \n"
        "layout(location = 1) in vec4 a_position;     \n"
        "out vec4 v_color;                            \n"
        "void main()                                  \n"
        "{                                            \n"
        "     v_color = a_color;                      \n"
        "     gl_Position = a_position;               \n"
        "}";

   const char fShaderStr[] =
        "#version 300 es                         \n"
        "precision mediump float;                \n"
        "in vec4 v_color;                        \n"
        "out vec4 o_fragColor;                   \n"
        "void main()                             \n"
        "{                                       \n"
        "     o_fragColor = v_color;             \n"
        "}";

   GLuint programObject;

   // 프로그램 객체 생성
   programObject = esLoadProgram ( vShaderStr, fShaderStr );

  if ( programObject == 0 )
      retrun GL_FALSE;

   // 프로그램 객체 저장
   userData ->programObject = programObject;

   glClearColor ( 0.0f, 0.0f, 0.0f, 0.0f );
   return GL_TRUE;
}

void Draw ( ESContext *esContext )
{
   UserData *userData = (UserData*) esContex->userData;
```

```
    GLfolat color[4] = { 1.0f, 0.0f, 0.0f, 1.0f };
    // 각 정점당 (x,y,z)를 갖는 3 정점
    GLfloat vertexPos[3 * 3] =
    {
         0.0f, 0.5f, 0.0f,       // v0
        -0.5f, -0.5f, 0.0f,      // v1
         0.5f, -0.5f, 0.0f,      // v2
    }
    glViewport ( 0, 0, esContext->width, esContext->height );
    glClear ( GL_COLOR_BUFFER_BIT );
    glUseprogram ( userData->programObject );

    glVertexAttrib4fv ( 0, color );
    glVertexAttribPointer (1, 3, GL_FLOAT, GL_FALSE, 0, vertexPos );
    glEnableVertexAttribArray ( 1 );

    glDrawArrays ( GL_TRIANGLES, 0, 3 );
    glDisableVertexAttribArray ( 1 );
}
```

이 예제 코드에서 사용된 정점 속성 color는 정점 속성 배열 0을 활성화하지 않고 glVertexAttrib4fv로 지정된 상수값이다. vertexPos 속성은 glVertexAttribPointer로 정점 배열을 이용하고 glEnableVertexAttribArray로 배열을 활성화하여 지정된다. color 값은 그려진 삼각형의 모든 정점에 대해 동일하지만, vertexPos 속성은 그려진 삼각형의 정점들에 대해 변할 수 있다.

## 정점 셰이더에서 정점 속성 변수 선언

정점 속성이 무엇인지, OpenGL ES에서 정점 속성이 어떻게 선언하는지 알아보았다. 지금부터는 정점 셰이더에서 정점 속성 변수가 어떻게 선언하는지 설명한다.

정점 셰이더에서 변수는 in 한정자를 사용해서 정점 속성으로 선언한다. 선택적으로 속성 변수는 속성 인덱스를 제공하는 레이아웃 한정자를 또한 포함할 수 있다. 정점 속성의 몇 가지 선언 예는 다음과 같다.

```
layout(location = 0) in vec4    a_postion;
layout(location = 1) in vec4    a_texcoord;
layout(location = 2) in vec4    a_normal;
```

in 한정자는 데이터 형식으로 float, vec2, vec3, vec4, int, ivec2, ivec3, ivec4, uint, uvec2, uvec3, uvec4, mat2, mat2x2, mat2x3, mat2x4, mat3, mat3x3, mat3x4, mat4, mat4x2, mat4x3만을 사용할 수 있다. 속성 변수는 배열이나 구조체로 선언할 수 없다. 다음 정점 속성의 선언 예는 유효하지 않고 컴파일 오류가 발생한다.

```
in foo_t a_A; // foo_t는 구조체
in vec4 a_B[10];
```

OpenGL ES 3.0 구현은 GL_MAX_VERTEX_ATTRIBS 4요소 벡터 정점 속성을 지원한다. 스칼라, 2 요소 벡터, 3 요소 벡터로 선언된 정점 속성은 단일 4 요소 벡터 속성으로 계산될 수 있다. 2차원, 3차원, 또는 4차원 행렬들로 선언된 정점 속성들은 각각 2, 3, 또는 4 요소 벡터 속성으로 계산된다. 컴파일러에 의해 자동적으로 패킹되는 uniform과 정점 셰이더 출력/프래그먼트 셰이더 입력 변수와 달리 속성은 패킹되지 않는다. 사용 가능한 정점 속성의 최대 수가 제한된 리소스로 4요소 벡터보다 작은 크기로 정점 속성을 선언할 때는 신중하게 고려해야 한다. 정점 셰이더에 각각의 정점 속성으로 선언되는 대신 하나의 4요소 속성에 정점 속성들을 같이 패킹하는 것이 더 좋을 수도 있다

정점 셰이더에서 정점 속성으로 선언된 변수들은 읽기전용 변수이고 수정할 수 없다. 다음의 코드는 컴파일 오류를 초래한다.

```
in        vec4    a_pos;
uniform   vec4    u_v;

void main()
{
    a_pos = u_v; <---읽기전용으로 a_pos에 할당할 수 없다
}
```

속성은 정점 셰이더 내부에 선언될 수 있지만, 만일 속성이 사용되지 않는다면 속성은 활성상태로 간주되지 않고, 제한에 포함되지 않는다. 만일 정점 셰이더에서 사용된 속성들 수가 GL_MAX_VERTEX_ATTRIBS보다 크면 정점 셰이더는 링크에 실패할 것이다.

프로그램이 성공적으로 링크되면 이 프로그램에 첨부된 정점 셰이더에 의해 사용된 활성상태 정점 속성 수를 알아야 한다. 이 단계는 속성에 대해 입력 레이아웃 한정자를 이용하지 않을 경우 필요하다. OpenGL ES 3.0에서 레이아웃 한정자를 사용하도록 권장한다. 그러므로 이후에 이 정보를 질의할 필요가 없다. 그러나 완성도를 위해 다음 코드는 활성상태 정점 속성 수를 얻는 방법에 대해 기술하고 있다.

```
glGetProgramiv(progam, GL_ACTIVE_ATTRIBUTES, &numActiveAttribs);
```

glGetProgramiv의 자세한 설명은 제4장 "셰이더와 프로그램"에서 설명하였다.

프로그램과 프로그램 데이터 타입들에 사용된 활성상태 정점 속성들 목록은 glGetActiveAttrib 명령어를 사용하여 질의할 수 있다.

```
void  glGetActiveAttrib(GLuint program, GLuint index,
                        GLsizei bufsize, GLsizei *length,
                        GLenum *type, GLint *size,
                        GLchar *name)
```

| | |
|---|---|
| *program* | 이전에 성공적으로 링크된 프로그램 객체의 이름 |
| *index* | 질의에 정점 속성을 지정하고 0부터 GL_ACTIVE_ATTRIBUTES-1 사이의 값이다. GL_ACTIVE_ATTRIBUTES의 값은 glGetProgramiv로 결정 |
| *bufsize* | null 종료를 포함해서 속성 name에 쓰여 질 문자의 최대 수를 지정 |
| *length* | length가 NULL이 아니면 null 종료를 뺀 속성 name에 쓰여진 문자의 최대 수를 반환 |
| *type* | 속성들의 타입을 반환. 유효한 값들은 다음과 같다.<br>GL_FLOAT, GL_FLOAT_VEC2, GL_FLOAT_VEC3, GL_FLOAT_VEC4, GL_FLOAT_MAT2, GL_FLOAT_MAT3, GL_FLOAT_MAT4, GL_FLOAT_MAT2x3, GL_FLOAT_MAT2x4, GL_FLOAT_MAT3x2, GL_FLOAT_MAT3x4, GL_FLOAT_MAT4x2, GL_FLOAT_MAT4x3, GL_INT, GL_INT_VEC2, GL_INT_VEC3, GL_INT_VEC4, GL_UNSIGNED_INT, GL_UNSIGNED_INT_VEC2, GL_UNSIGNED_INT_VEC3, GL_UNSIGNED_INT_VEC4 |
| *size* | 속성의 크기를 반환한다. type에 의해 반환된 타입의 단위로 지정된다. 변수가 배열이 아니면 size는 항상 1이다. 변수가 배열이라면 size는 배열 크기를 반환 |
| *name* | 정점 셰이더에서 선언된 속성 변수의 이름 |

glGetActiveAttrib 호출은 index에 의해 선택된 속성에 대한 정보를 제공한다. 앞에서 기술한 것처럼 index는 0과 GL_ACTIVE_ATTRIBUTES-1 사이의 값이어야 한다. GL_ACTIVE_ATTRIBUTES의 값은 glGetProgramiv를 사용해 질의된다. 0의 index 첫 번째 활성상태 속성을 선택하고, GL_ACTIVE_ATTRIBUTES-1의 index는

마지막 정점 속성을 선택한다.

## 정점 셰이더에서 속성 변수에 정점 속성 바인딩

정점 셰이더에서 정점 속성 변수는 in 한정자에 의해 지정되고, 활성상태 속성의 수는 glGetProgamiv를 사용하여 질의할 수 있으며, 프로그램에서 활성상태 속성 목록은 glGetActiveAttrib를 사용하여 질의할 수 있다는 것을 설명하였다. 또한, 범위가 0부터 GL_MAX_VERTEX_ATTRIBS-1까지인 일반적인 속성 인덱스가 일반적인 정점 속성 사용을 가능하게 하고, glVertexAttrib*와 glVertexAttribPointer 명령

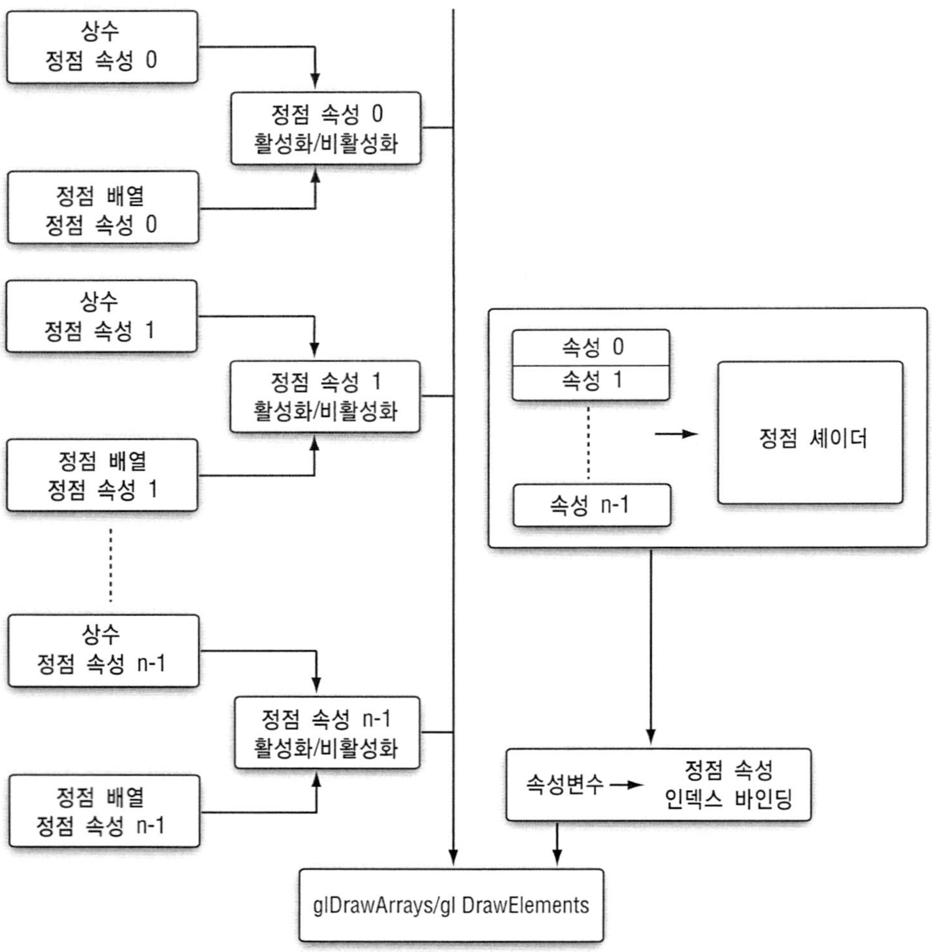


**그림 6-4** 기본요소를 그리기 위한 정점 속성 지정과 바인딩

어를 사용하여 상수 또는 각 정점(예를 들면, 정점배열) 값을 지정하는 것에 대해 설명하였다. 지금 정점 셰이더에 선언된 적절한 속성 변수에 일반적인 속성 인덱스가 어떻게 매핑되는지 기술한다. 이 매핑은 적절한 정점 데이터가 정점 셰이더의 정확한 정점 속성 변수로 읽혀지도록 허용한다.

그림 6-4는 일반적인 정점 속성이 지정되고 정점 셰이더에서 속성이름이 바인딩되는 방법을 기술한다.

OpenGL ES 3.0이 정점 셰이더 내 속성 변수 이름으로 일반적인 속성 인덱스를 매핑하는 세 가지 접근 방법이 있다. 접근 방법은 다음과 같이 분류할 수 있다.

- 인덱스는 `layout(location = N)` 한정자를 이용하여 정점 셰이더 소스코드에서 지정(권장)
- OpenGL ES 3.0은 속성 이름에 일반적인 정점 속성 인덱스를 바인딩할 수 있다.
- 애플리케이션은 속성 이름에 정점 속성 인덱스를 바인딩할 수 있다.

위치에 속성을 연결하는 가장 쉬운 방법은 `layout(location = N)` 한정자를 사용하는 것이다. 이 접근은 코드를 최소화시킨다. 그러나 이 경우 다른 두 선택이 요구된다. `glBindAttribLocation` 명령어는 정점 셰이더 내 속성 변수에 일반적인 정점 속성 인덱스를 바인딩하기 위해 사용할 수 있다. 이 바인딩은 프로그램이 다음에 링크되었을 때 효과를 얻는다. 바인딩은 현재 연결된 프로그램에 의해 사용된 바인딩을 변경할 수 없다.

```
void  glBindAttribLocation(GLuint program, GLuint index,
                           const GLchar *name)
```

| | |
|---|---|
| *program* | 프로그램 객체의 이름 |
| *index* | 일반적인 정점 속성 인덱스 |
| *name* | 속성 변수의 이름 |

만일 name이 바인딩되기 전이라면 할당된 바인딩은 인덱스로 대체된다. 정점 셰이더가 프로그램 객체에 첨부되기 전에 `glBindAttribLocation`은 호출될 수 있다. 이것은 이 호출이 임의의 속성 이름 바인딩에 사용할 수 있다는 것을 의미한다. 존재하지 않거나 프로그램 객체에 첨부된 정점 셰이더에서 활성상태가 아닌 속성 이름은 무시된다.

다른 선택사항은 OpenGL ES 3.0이 일반적인 정점 속성 인덱스에 속성 변수 이름을 바인딩하도록 한다. 이 바인딩은 프로그램이 링크되었을 때 실행된다. 링크 단계에서 OpenGL ES 3.0 구현은 각 속성 변수에 대해 다음 연산을 실행한다.

> 각 속성 변수에 대해, 만일 바인딩이 glBindAttribLocation을 통해 지정되었는지 확인하기 바란다. 만일 바인딩이 지정되면, 지정된 적당한 속성 인덱스가 사용된다. 만일 그렇지 않다면 구현은 일반적인 속성 인덱스를 할당한다.

이 할당은 특정한 구현이고 하나의 OpenGL ES 3.0 구현에서 다른 것으로 변경할 수 있다. 애플리케이션은 glGetAttribLocation 명령어를 사용하여 할당된 바인딩을 질의할 수 있다.

```
void  glGetAttribLocation(GLuint program,
                          const GLchar *name)
```

| | |
|---|---|
| *program* | 프로그램 객체 |
| *name* | 속성 변수의 이름 |

glGetAttribLocation은 program에 의해 정의된 프로그램 객체가 마지막으로 링크되었을 때 속성 변수 name에 바인딩된 일반적인 속성 인덱스를 반환한다. 만일 name이 활성상태 속성 변수가 아니거나, program이 유효한 프로그램 객체가 아니거나 성공적으로 링크되지 않았다면, 유효하지 않는 속성 인덱스를 가리키는 −1을 반환한다.

## 정점 버퍼 객체

정점 배열을 사용해 지정된 정점 데이터는 클라이언트 메모리에 저장된다. 이 데이터는 glDrawArrays 또는 glDrawElements에 대해 호출될 때 클라이언트 메모리에서 그래픽 메모리에 복사된다. 이 두 개의 명령어는 제7장 "기본요소 집합과 래스터 변환"에서 자세히 기술한다. glDrawArrays와 glDrawElements 호출에 대해 정점 데이터를 복사하지 않고 대신 그래픽 메모리에 데이터를 저장하면 훨씬 더 좋을 것이다. 이것은 렌더링 성능을 대단히 향상시킬 수 있고 추가적으로 휴대단말기기에 있어서 매우 중요한 메모리 대역폭과 전력 소비 요구사항을 줄일 수 있는데, 이는 정점 버퍼 객체가 도울 수 있다. 정점 버퍼 객체는 OpenGL ES 3.0 애플리케이션 할당을 허용하고 고성능 그래픽 메모리의 정점 데이터를 저장하며 이 메모리에서 렌더링된다. 그래서 기본요소가 그려질 때마다 데이터 송신을 피한다. 기본요소의 정점 인덱스를 기술하고 glDrawElements에 인수로 전달되는 정점 데이터뿐만 아니라 요소 인덱스 또한 저장할 수 있다.

OpenGL ES 3.0은 정점과 요소 데이터를 위해 사용하는 버퍼 객체의 두 가지 타입을 지원한다: *array buffer objects*와 *element array buffer objects*. GL_ARRAY _BUFFER 토큰에 의해 지정된 배열 버퍼 객체는 정점 데이터가 저장될 버퍼 객체를 생성하기 위해 사용된다. GL_ELEMENT_ARRAY_BUFFER 토큰에 의해 지정된 요소 배열 객체는 기본 요소의 인덱스가 저장될 버퍼 객체를 생성하기 위해 사용된다. OpenGL ES 3.0에서 다른 버퍼 객체 타입은 이 책의 다른 장에서 설명한다: uniform 버퍼(제4장), 변환 피드백 버퍼(제8장), 픽셀 언팩 버퍼(제9장), 픽셀 팩 버퍼(제11장), 복사 버퍼(이 장 뒤 부분의 복사 버퍼 객체 절). 현재는 정점 속성과 요소 배열을 지정하기 위해 사용된 버퍼 객체에 초점을 맞추었다.

**주** 가장 좋은 성능을 얻기 위해서 OpenGL ES 3.0 애플리케이션이 어디에서나 요소 인덱스와 정점 속성 데이터를 위한 정점 버퍼 객체 사용을 권고한다.

버퍼 객체를 사용해 렌더링하기 전에 적당한 버퍼 객체를 할당하고 정점 데이터와 요소 인덱스를 적절한 버퍼 객체로 업로드 할 필요가 있다. 이는 예제 6-4의 예제 코드에 보인다.

**예제 6-4** 정점 버퍼 객체 생성 및 바인딩

```
void    initVertexBufferObjects(vertex_t *vertexBuffer,
                                GLushort *indices,
                                GLuint numVertices,
                                GLuint numIndices
                                GLuint *vboIds)
{
   glGenBuffers(2, vboIds);

   glBindBuffer(GL_ARRAY_BUFFER, vboIds[0]);
   glBufferData(GL_ARRAY_BUFFER, numVertices * sizeof(vertex_t),
                vertexBuffer, GL_STATIC_DRAW);

   // 요소 인덱스에 대해 버퍼 객체 바인딩
   glBindBuffer(GL_ELEMENT_ARRAY_BUFFER, vboIds[1]);
   glBufferData(GL_ELEMENT_ARRAY_BUFFER,
                numIndices * sizeof(GLushort),indices,
```

```
                    GL_STATIC_DRAW);
}
```

예제 6-4에 기술된 코드는 실제 정점 속성 데이터 저장을 위한 버퍼 객체와 기본요소를 구성하는 요소 인덱스를 저장하기 위한 버퍼 객체 2개의 버퍼 객체를 생성하였다. 예제에서 glGenBuffers 명령어는 vboIds에서 2개의 사용하지 않는 버퍼 객체 이름을 얻기 위해 호출된다. vboIds에서 반환된 사용하지 않는 버퍼 객체 이름은 배열 버퍼 객체와 요소 배열 버퍼 객체를 생성하는 데 사용된다. 배열 버퍼 객체는 하나 이상의 정점에 대해 정점 속성 데이터 저장을 위해 사용된다. 요소 배열 버퍼 객체는 기본요소(들)의 인덱스를 저장한다. 실제 배열이나 요소 데이터는 glBufferData를 사용해 지정한다. glBufferData에 인수로 전달되는 GL_STATIC_DRAW에 주의하자. GL_STATIC_DRAW는 버퍼가 애플리케이션에 의해 접근하는 방법을 기술하기 위해 사용되고 이 절 뒤에 설명할 것이다.

void **glGenBuffers**(GLsizei *n*, GLuint **buffers*)

| | |
|---|---|
| *n* | 반환될 버퍼 객체 이름의 수 |
| *buffers* | *n* 항목의 배열에 대한 포인터, 할당된 버퍼 객체를 반환 |

glGenBuffers는 n 버퍼 객체 이름을 할당하고 buffers에 이를 반환한다. glGenBuffers에 의해 반환된 버퍼 객체 이름은 0 이외의 부호없는 정수수이다. 값 0은 OpenGL ES에 의해 예약되고 버퍼 객체가 참조되지 않는다. 버퍼 객체 0에 대해 버퍼 객체 상태를 수정하거나 질의하려고 하는 애플리케이션은 적절한 오류가 발생할 것이다.

glBindBuffers 명령어는 버퍼 객체를 현재의 배열 버퍼 객체 또는 현재의 요소 배열 버퍼 객체로 만들기 위해 사용된다. 버퍼 객체 이름은 glBindBuffers 호출에 의해 바인딩된다. 버퍼 객체는 적당한 디폴트 상태로 할당된다. 만일 할당이 성공적이면 이 할당된 객체는 렌더링 문맥에 대해 현재의 배열 버퍼 객체 또는 현재의 요소 배열 버퍼 객체로 바인딩된다.

void **glBindBuffer**(GLenum *target*, GLuint *buffer*)

| | |
|---|---|
| *target* | 다음 값으로 설정된다: |

| | |
|---|---|
| | GL_ARRAY_BUFFER<br>GL_ELEMENT_ARRAY_BUFFER<br>GL_COPY_READ_BUFFER<br>GL_COPY_WRITE_BUFFER<br>GL_PIXEL_PACK_BUIFFER<br>GL_PIXEL_UNPACK_BUFFER<br>GL_TRANSFORM_FEEDBACK_BUFFER<br>GL_UNIFORM_BUFFER |
| *buffers* | target에서 현재의 객체로 할당된 버퍼 객체 |

glGenBuffers는 glBindBuffer를 사용해 바인딩되기 전에 버퍼 객체 이름 할당을 요구하지 않는다는 것에 주의하자. 애플리케이션은 glBindBuffer에 사용하지 않는 버퍼 객체 이름을 지정할 수 있다. 하지만 OpenGL ES 애플리케이션이 glGenBuffers를 호출하고 OpenGL ES 애플리케이션 자신의 버퍼 객체 이름을 지정하는 대신 glBindBuffer에 의해 반환된 버퍼 객체 이름 사용을 권고한다.

버퍼 객체와 관련된 상태는 다음과 같이 분류할 수 있다.

- GL_BUFFER_SIZE : glBufferData에 의해 지정된 버퍼 객체 데이터의 크기를 참조한다. 버퍼 객체가 glBindBuffer를 사용하여 첫 번째 바인딩될 때 초기값은 0이다.
- GL_BUFFER_USAGE : 애플리케이션이 버퍼 객체에 저장된 데이터를 사용해야 하는지 알려 준다. 표 6-2에 자세히 기술하였다. 초기값은 GL_STATIC_DRAW이다.

**표 6-2** 버퍼 사용법

| 버퍼 사용 열거형 상수 | 설명 |
|---|---|
| GL_STATIC_DRAW | 버퍼 객체 데이터는 한 번 수정되고, 기본요소를 그리고 이미지를 지정하기 위해 여러 번 사용된다. |
| GL_STATIC_READ | 버퍼 객체 데이터는 한 번 수정될 수 있고, OpenGL ES로부터 데이터를 읽기 위해 여러 번 사용될 수 있다. OpenGL ES로부터 읽혀진 데이터는 애플리케이션으로로부터 질의된다. |
| GL_STATIC_COPY | 버퍼 객체 데이터는 한 번 수정되고, OpenGL ES로부터 데이터를 읽기 위해 여러 번 사용될 수 있다. OpenGL ES로부터 읽혀진 데이터는 기본요소를 그리거나 이미지를 지정하기 위한 소스로 직접 사용된다. |

표 6-2 버퍼 사용법(계속)

| 버퍼 사용 열거형 상수 | 설명 |
|---|---|
| GL_DYNAMIC_DRAW | 버퍼 객체 데이터는 반복적으로 수정되고, 기본요소를 그리거나 이미지를 지정하기 위해 여러 번 사용된다. |
| GL_DYNAMIC_READ | 버퍼 객체 데이터는 반복적으로 수정되고, OpenGL ES로부터 데이터를 읽기 위해 여러 번 사용될 수 있다. OpenGL ES로부터 읽혀진 데이터는 애플리케이션으로부터 질의된다. |
| GL_DYNAMIC_COPY | 버퍼 객체 데이터는 반복적으로 수정되고, OpenGL ES로부터 데이터를 읽기 위해 여러 번 사용될 수 있다. OpenGL ES로부터 읽혀진 데이터는 기본요소를 그리거나 이미지를 지정하기 위한 소스로 직접 사용된다. |
| GL_STREAM_DRAW | 버퍼 객체 데이터는 한 번 수정되고, 기본요소를 그리거나 이미지를 지정하기 위해 두세 번 사용된다. |
| GL_STREAM_READ | 버퍼 객체는 한 번 수정되고, OpenGL ES로부터 데이터를 읽기 위해 단지 두세 번 사용된다. OpenGL ES로부터 읽혀진 데이터는 애플리케이션으로부터 질의된다. |
| GL_STREAM_COPY | 버퍼 객체는 한 번 수정되고, OpenGL ES로부터 데이터를 읽기 위해 단지 두세 번 사용된다. OpenGL ES로부터 읽혀진 데이터는 기본요소를 그리거나 이미지를 지정하기 위한 소스로 직접 사용된다. |

앞서 언급했듯이 GL_BUFFER_USAGE는 보증이 아니라 OpenGL ES에 힌트를 알려준다. 그러므로 애플리케이션은 GL_STATIC_DRAW에 사용범위를 설정한 버퍼 객체 데이터 기억장소를 할당할 수 있고 자주 그것을 수정할 수 있다.

```
void  glBufferData(GLenum target, GLsizeiptr size,
                   const void *data, GLenum usage)
```

target 다음 값으로 설정할 수 있다:
GL_ARRAY_BUFFER
GL_ELEMENT_ARRAY_BUFFER
GL_COPY_READ_BUFFER
GL_COPY_WRITE_BUFFER
GL_PIXEL_PACK_BUFFER
GL_PIXEL_UNPACK_BUFFER

| | |
|---|---|
| | GL_TRANFORM_FEEDBACK_BUFFER |
| | GL_UNIFORM_BUFFER |
| *size* | 바이트 형식의 버퍼 데이터 기억장소의 크기 |
| *data* | 애플리케이션에 의해 적용된 버퍼 데이터에 대한 포인터 |
| *usage* | 애플리케이션이 버퍼 객체에 저장된 데이터를 사용해야 하는지 알려 준다. 자세한 것은 표 6-2를 참조 |

glBufferData는 size 값에 기반을 둔 적절한 데이터 기억장소를 예약한다. data 인수는 예약된 데이터 기억장소가 초기화되지 않은 상태로 있는 것을 나타내는 NULL 값일 수 있다. 만일 data가 유효한 포인터라면 데이터의 내용은 할당된 데이터 기억장치에 복사된다. 버퍼 객체 데이터 기억장치의 내용은 glBufferSubData 명령어를 사용하여 초기화되거나 갱신될 수 있다.

```
void  glBufferSubData(GLenum target, GLintptr offset,
                      GLsizeiptr size, const void *data)
```

| | |
|---|---|
| *target* | 다음 값으로 설정할 수 있다:<br>GL_ARRAY_BUFFER<br>GL_ELEMENT_ARRAY_BUFFER<br>GL_COPY_READ_BUFFER<br>GL_COPY_WRITE_BUFFER<br>GL_PIXEL_PACK_BUFFER<br>GL_PIXEL_UNPACK_BUFFER<br>GL_TRANFORM_FEEDBACK_BUFFER<br>GL_UNIFORM_BUFFER |
| *offset, size* | 버퍼 데이터 기억장소에 변위와 수정되고 있는 데이터 기억장치의 바이트 수 |
| *data* | 버퍼 객체 데이터 기억장소에 복사될 필요가 있는 클라이언트 데이터에 대한 포인터 |

버퍼 객체 데이터 기억장소가 glBufferData 또는 glBufferSubData를 사용하여 초기화되거나 갱신된 후에, 클라이언트 데이터 기억장치가 더 이상 필요하지 않고 해제될 수 있다. 정적 도형을 위해, 애플리케이션은 클라이언트 데이터 기억장소를 해제할 수 있고 애플리케이션에 의해 사용된 전체 시스템 메모리를 줄일 수 있다. 이것은 동적

도형에서는 가능하지 않을 수도 있다.

이제 버퍼 객체를 사용하거나 사용하지 않고 기본요소를 그리는 것에 대해 알아보자. 예제 6-5는 정점 버퍼 객체를 사용하거나 사용하지 않고 기본요소를 그리는 것에 대해 기술하였다. 정점 속성을 설정하기 위한 코드와 매우 유사한 것에 주목하자. 이 예제에서 정점의 모든 속성에 대해 동일한 버퍼 객체를 사용한다. GL_ARRAY_BUFFER 버퍼 객체가 사용될 때, glVertexAttribPointer의 pointer 인수는 바이트 형식의 변위로 실제 데이터에 대한 포인터에서 glBufferData를 사용해 할당된 정점 버퍼 기억장소로 변경한다. 비슷하게 유효한 GL_ELEMENT_ARRAY_BUFFER 버퍼 객체가 사용될 때, glDrawElements의 indices 인수는 바이트 형식의 변위로 된 실제 요소 인덱스에 대한 포인터에서 glBufferData를 사용해 할당된 요소 인덱스 버퍼 기억장소로 변경된다.

**예제 6-5** 정점 버퍼 객체를 사용하거나 사용하지 않고 그리기

```
#define VERTEX_POS_SIZE        3    // x, y, z
#define VERTEX_COLOR_SIZE      4    // r, g, b, a

#define VERTEX_POS_INDX        0
#define VERTEX_COLOR_INDX      1

//
// vertices - 정점 속성 데이터를 포함하는 버퍼에 대한 포인터
// vtxStride - 바이트로 속성 데이터나 정점 스트라이드
// numIndices - 삼각형처럼 그려진 기본요소를 구성하는 인덱스 수
// indices - 요소 인덱스 버퍼에 대한 포인터
//

void drawPrimitiveWithoutVBOs(GLfloat *vertices, GLint vtxStride,
                              GLint numIndices, GLushort *indices)
{
   GLfloat *vtxBuf = vertices;

   glBindBuffer(GL_ARRAY_BUFFER, 0);
   glBindBuffer(GL_ELEMENT_ARRAY_BUFFER, 0);

   glEnableVertexAttribArray(VERTEX_POS_INDX);
   glEnableVertexAttribArray(VERTEX_COLOR_INDX);

   glVertexAttribPointer(VERTEX_POS_INDX, VERTEX_POS_SIZE,
```

```
                            GL_FLOAT, GL_FALSE, vtxStride, vtxBuf);

    vtxBuf += VERTEX_POS_SIZE;

    glVertexAttribPointer(VERTEX_NORMAL_INDX, VERTEX_NORMAL_SIZE,
                            GL_FLOAT, GL_FALSE, vtxStride, vtxBuf);

    glDrawElements(GL_TRIANGLES, numIndices, GL_UNSIGNED_SHORT,
                   indices);

    glDisableVertexAttribArray(VERTEX_POS_INDX);
    glDisableVertexAttribArray(VERTEX_COLOR_INDX);
}

void drawPrimitiveWithVBOs(ESContext *esContext,
                           GLint numVertices, GLfloat *vtxBuf,
                           GLint vtxStride, GLint numIndices,
                           GLushort *indices)
{
    UserData *userData = (UserData*) esContext->userData;
    GLuint offset = 0;
    // vboIds[0] - 정점 속성 데이터를 저장하기 위해 사용
    // vboIds[1] - 요소 인덱스를 저장하기 위해 사용
    if ( userData->vboIds[0] == 0 && userData->vboIds[1] == 0)
    {
        // 단지 처음 그리기에 할당
        glGenBuffers(2, userData->vboIds);
        glBindBuffer(GL_ARRAY_BUFFER, userData->vboIds[0]);
        glBufferData(GL_ARRAY_BUFFER, vtxStride * numVertices,
                     vtxBuf, GL_STATIC_DRAW);
        glBindBuffer(GL_ELEMENT_ARRAY_BUFFER, userData->vboIds[1]);
        glBufferData(GL_ELEMENT_ARRAY_BUFFER,
                     sizeof(GLushort) * numIndices,
                     indices, GL_STATIC_DRAW);
    }

    glBindBuffer (GL_ARRAY_BUFFER, userData->vboIds[0]);
    glBindBuffer (GL_ELEMENT_ARRAY_BUFFER, userData->vboIds[1]);

    glEnableVertexAttribArray(VERTEX_POS_INDX);
    glEnableVertexAttribArray(VERTEX_COLOR_INDX);

    glVertexAttribPointer(VERTEX_POS_INDX, VERTEX_POS_SIZE,
```

```
                                GL_FLOAT, GL_FALSE, vtxStride,
                                (const void*)offset);

    offset += VERTEX_POS_SIZE * sizeof(GLfloat);
    glVertexAttribPointer(VERTEX_COLOR_INDX,
                                VERTEX_COLOR_SIZE,
                                GL_FLOAT, GL_FALSE, vtxStride,
                                (const void*)offset);

    glDrawElements(GL_TRIANGLES, numIndices, GL_UNSIGNED_SHORT, 0);

    glDisableVertexAttribArray(VERTEX_POS_INDX);
    glDisaableVertexAttribArray(VERTEX_COLOR_INDX);

    glBindBuffer (GL_ARRAYH_BUFFER, 0);
    glBindBuffer (GL_ELEMENT_ARRAY_BUFFER, 0);
}

void Draw ( ESContext *esContext )
{
    UserData *userData = (UserData*) esContext->userData;

    // 정점당 (x, y, z), (r, g, b, a)를 가지는 3 정점
    GLfloat vertices[3 * (VERTEX_POS_SIZE + VERTEX_COLOR_SIZE)] =
    {
        -0.5f,  0.5f,  0.0f,              // v0
         1.0f,  0.0f,  0.0f,  1.0f,       // c0
        -1.0f, -0.5f,  0.0f,              // v1
         0.0f,  1.0f,  0.0f,  1.0f        // c1
         0.0f, -0.5f,  0.0f,              // v2
         0.0f,  0.0f,  1.0f,  1.0f        // c2
    };

    // 인덱스 버퍼 데이터
    GLushort indices[3] = { 0, 1, 2 };

    glViewport ( 0, 0, esContext->width, esContext->height );
    glClear ( GL_COLOR_BUFFER_BIT );
    glUseProgram (userData->programObject );
    glUniform1f ( userData->offsetLoc, 0.0f );
    DrawPrimitiveWithoutVBOs (vertices,
        sizeof (GLfloat) * (VERTEX_POS_SIZE + VERTEX_COLOR_SIZE),
        3, indices );
```

```
    // 보여질 정점 위치 변위
    glUniform1f ( userData->offsetLoc, 1.0f );

    DrawPrimitiveWithVBOs ( esContext, 3, vertices
        sizeof (GLfloat) * (VERTEX_POS_SIZE + VERTEX_COLOR_SIZE),
        3, indices );
}
```

예제 6-5에서 모든 정점 데이터를 저장하기 위해 하나의 버퍼 객체를 사용하였다. 이는 예제 6-1에서 정점 속성을 저장하기 위해 구조체 배열 방법을 표현하였다. 각 정점 속성을 위해 버퍼 객체를 가지고 있는 것 또한 가능하다. 이는 예제 6-2에서 기술된 정점 속성을 저장하는 배열의 구조체 방법일 것이다. 예제 6-6은 drawPrimitiveWithVBO가 각 정점 속성에 대해 분리된 버퍼 객체를 사용하는 방법을 기술한다.

**예제 6-6** 각 속성에 대해 버퍼 객체 사용하여 그리기

```
#define VERTEX_POS_SIZE        3    // x, y, z
#define VERTEX_COLOR_SIZE      4    // r, g, b, a

#define VERTEX_POS_INDX        0
#define VERTEX_COLOR_INDX      1

void DrawPrimitiveWithVBOs(ESContext *esContext, GLint numVertices,
                           GLfloat **vtxBuf, GLint *vtxStrides,
                           GLint numIndices, GLushort *indices)
{
    UserData *userData = (UserData*) esContext->userData);
    // vboIds[0] - 정점 위치를 저장하기 위해 사용
    // vboIds[1] - 정점 법선을 저장하기 위해 사용
    // vboIds[2] - 정점 텍스처 좌표 0을 저장하기 위해 사용

    if ( userData->vboIds[0] == 0 && userData->vboIds[1] == 0 &&
         userData->vboIds[2] == 0)
    {
        // 단지 첫 그리기에 할당
        glGenBuffers (3, userData->vboIds);

        glBindBuffer(GL_ARRAY_BUFFER, userData->vboIds[0]);
        glBufferData(GL_ARRAY_BUFFER, vtxStrides[0] * numVertices,
                     vtxBuf[0], GL_STATIC_DRAW);
        glBindBuffer(GL_ARRAY_BUFFER, userData->vboIds[1]);
```

```
      glBufferData(GL_ARRAY_BUFFER, vtxStrides[1] * numVertices,
                   vtxBuf[1], GL_STATIC_DRAW);
      glBindBuffer(GL_ELEMENT_ARRAY_BUFFER,
                   userData->vboIds[2]);
      glBufferData(GL_ELEMENT_ARRAY_BUFFER,
                   sizeof(GLushort) * numIndices,
                   indices, GL_STATIC_DRAW);
   }

   glBindBuffer(GL_ARRAY_BUFFER, userData->vboIds[0]);
   glEnableVertexAttribArray(VERTEX_POS_INDX);
   glVertexAttribPointer(VERTEX_POS_INDX, VERTEX_POS_SIZE,
                         GL_FLOAT, GL_FALSE, vtxStrides[0], 0);

   glBindBuffer(GL_ARRAY_BUFFER, userData->vboIds[1]);
   glEnableVertexAttribArray{VERTEX_COLOR_INDX);
   glVertexAttribPointer(VERTEX_COLOR_INDX, VERTEX_COLOR_SIZE,
                         GL_FLOAT, GL_FALSE, vtxStrides[1], 0);

   glBindBuffer (GL_ELEMENT_ARRAY_BUFFER, userData->vboIds[2]);

   glDrawElements(GL_TRIANGLES, numIndices,
                  GL_UNSIGNED_SHORT, 0);

   glDisableVertexAttribArray(VERTEX_POS_INDX);
   glDisableVertexAttribArray(VERTEX_COLOR_INDX);

   glBindBuffer (GL_ARRAY_BUFFER, 0);
   glBindBuffer (GL_ELEMENT_ARRAY_BUFFER, 0);
}
```

버퍼 객체를 사용하여 애플리케이션이 실행된 이후 애플리케이션은 glDeleteBuffers 명령어를 사용하여 버퍼 객체를 삭제할 수 있다.

void **glDeleteBuffers**(GLsizei *n*, const GLuint **buffers*)

| | |
|---|---|
| *n* | 삭제될 버퍼 객체의 수 |
| *buffers* | 삭제될 버퍼 객체를 포함하는 *n* 항목의 배열 |

glDeleteBuffers는 버퍼에 지정된 버퍼 객체를 삭제한다. 버퍼 객체가 삭제되면,

다른 기본요소를 위한 정점 속성이나 요소 인덱스를 저장하는 새로운 버퍼 객체로 재사용할 수 있다.

이 예제에서 볼 수 있듯이 정점 버퍼 객체를 사용하는 것은 매우 쉽고 정점 배열에 대한 구현에서 아주 적은 추가 작업이 요구된다. 정점 버퍼를 지원하는 데 포함된 이 최소한의 추가 작업은 꽤 가치가 있고 이 기능은 성능향상을 가져온다. 다음 장에서는 glDrawArrays와 glDrawElements를 사용하여 기본요소를 그리는 방법과 OpenGL ES 3.0에서 기본요소 집합과 래스터 변환 파이프라인 단계에 대해 논의한다.

## 정점 배열 객체

지금까지 2가지 다른 방법으로 정점 속성을 어떻게 적재하는지에 대해 배웠다: 클라이언트 정점 배열과 정점 버퍼 객체를 이용. 정점 버퍼 객체는 CPU와 GPU 사이 복사된 데이터 양을 줄일 수 있으므로 클라이언트 정점 배열을 선호하고 성능도 더 좋다. OpenGL ES 3.0에서 효율적인 정점 배열 객체(VAOs, Vertex Array Objects)인 정점 배열을 이용하는 것에 대해 새로운 특성으로 소개하였다. 보아왔던 것처럼 정점 버퍼 객체를 이용하여 그리기 설정은 glBindBuffer, glVertexAttribPointer, glEnableVertexAttribArray에 대한 많은 호출을 요구할 수 있다. 정점과 배열 구성 사이 전환을 더 빠르게 하기 위해 OpenGL ES 3.0은 정점 배열 객체를 소개했다. VAOs는 정점 배열/정점 버퍼 객체 구성 사이 전환에 요구되는 모든 상태를 포함하는 단일 객체를 제공한다.

실제로 OpenGL ES 3.0에서 동작하는 정점 배열 객체가 항상 존재한다. 이 장의 지금까지 모든 예는 기본 정점 배열 객체(기본 VAO는 0의 ID를 가진다)에서 동작하였다. 새로운 정점 배열 객체를 생성하기 위해 glGenVertexArrays 함수를 사용한다.

```
void  *glGenVertexArrays(GLsizei n, GLuint *arrays)
```

| | |
|---|---|
| *n* | 반환할 정점 배열 객체 이름의 수 |
| *arrays* | *n*개 수의 배열에 대한 포인터로 할당된 정점 배열 객체를 반환 |

생성되면 정점 배열 객체는 glBindVertexArray를 이용하여 사용될 수 있도록 연결될 수 있다.

```
void    *glBindVertexArray(GLuint *array)
```

*array* 현재 정점 배열 객체로 할당될 객체

각 VAO는 바인딩된 모든 정점 버퍼와 가능한 정점 클라이언트 상태를 기술하는 전체 상태 벡터를 포함한다. VAO가 연결되었을 때, 이들 상태 벡터는 정점 버퍼 상태의 현재 설정을 제공한다. glBindVertexArray를 이용하여 정점 배열 객체를 연결한 후 정점 배열 상태를 변경하는 연속적인 호출(glBindBuffer, glVertexAttribPointer, glEnableVertexAttribArray, glDisableVertexAttribArray)은 새로운 VAO에 영향을 준다.

이와 같은 방법으로 애플리케이션은 상태를 설정하는 정점 배열 객체를 연결하여 정점 배열 구성 사이를 빠르게 전환할 수 있다. 정점 배열 상태를 변경하기 위해 많은 호출을 하지 않고 모든 변경이 단일 함수 호출로 이루어진다. 예제 6-7은 정점 배열 상태를 설정하기 위해 초기화 시에 정점 배열 객체의 사용을 보인다. 정점 배열 상태는 이때 glBindVertexArray를 이용하여 그릴 때 단일 함수 호출로 설정된다.

**예제 6-7** 정점 배열 객체로 그리기

```
#define VERTEX_POS_SIZE         3    // x, y, z
#define VERTEX_COLOR_SIZE       4    // r, g, b, a

#define VERTEX_POS_INDX         0
#define VERTEX_COLOR_INDX       1

#define VERTEX_STRIDE (sizeof(GLfloat) *        \
                      (VERTEX_POS_SIZE +        \
                      VERTEX_COLOR_SIZE))

int Init ( ESCntext *esContext )
{
   UserData *userData = (UserData*) esContext->userData;
   const char vShaderStr[] =
      "#version 300 es                              \n"
      "layout(location = 0) in vec4 a_position;     \n"
      "layout(location = 1) in vec4 a_color;        \n"
      "out vec4 v_color;                            \n"
      "void main()                                  \n"
      "{                                            \n"
```

```
   "      v_color = a_color;                          \n"
   "      gl_Position = a_position;                   \n"
   "}";

const char fShaderStr[] =
   "#version 300 es                              \n"
   "precision mediump float;                     \n"
   "in vec4 v_color;                             \n"
   "out vec4 o_fragColor;                        \n"
   "void main()                                  \n"
   "{                                            \n"
   "      o_fragColor = v_color;                 \n"
   "}";

GLuint programObject;

// 정점당 (x, y, z), (r, g, b, a)를 가지는 3 정점
GLfloat vertices[3 * (VERTEX_POS_SIZE + VERTEX_COLOR_SIZE)] =
{
    0.0f,  0.5f,  0.0f,                  // v0
    1.0f,  0.0f,  0.0f,  1.0f,           // c0
   -0.5f, -0.5f,  0.0f,                  // v1
    0.0f,  1.0f,  0.0f,  1.0f            // c1
    0.5f, -0.5f,  0.0f,                  // v2
    0.0f,  0.0f,  1.0f,  1.0f            // c2
};

// 인덱스 버퍼 데이터
GLushort indices[3] = { 0, 1, 2 };

// 프로그램 객체 생성
programObject = esLoadProagram ( vShaderStr, fShaderStr );

if ( programObject == 0)
   return GL_FALSE;

// 프로그램 객체 저장
userData->programObject = programObject;

// VBO Ids 생성, 데이터와 함께 VBOs 적재
glGenBuffers ( 2, userData->vboIds );

glBindBuffer ( GL_ARRAY_BUFFER, userData->vboIds[0] );
```

```
    glBufferData ( GL_ARRAY_BUFFER, sizeof(vertices), vertices,
                   GL_STATIC_DRAW );

    glBindBuffer ( GL_ELEMENT_ARRAY_BUFFER, userData->vboIds[1] );
    glBufferData ( GL_ELEMENT_ARRAY_BUFFER, sizeof(indices), indices,
                   GL_STATIC_DRAW );

    // VAO ID 생성
    glGenVertexArrays ( 1, &userData->vaoId );

    // VAO를 연결하고, 정점 속성을 설정
    glBindVertexArray ( userData->vaoId );

    glBindBuffer ( GL_ARRAY_BUFFER, userData->vboIds[0] );
    glBindBuffer ( GL_ELEMENT_ARRAY_BUFFER, userData->vboIds[1] );

    glEnableVertexAttribArray(VERTEX_POS_INDX);
    glEnableVertexAttribArray{VERTEX_COLOR_INDX);

    glVertexAttribPointer(VERTEX_POS_INDX, VERTEX_POS_SIZE,
                          GL_FLOAT, GL_FALSE, VERTEX_STRIDE,
                          (const void*) 0 );

    glVertexAttribPointer(VERTEX_COLOR_INDX, VERTEX_COLOR_SIZE,
                          GL_FLOAT, GL_FALSE, VERTEX_STRIDE,
                          (const void*) ( VERTEX_POS_SIZE *
                          sizeof(GLfloat) ));

    // 기본 VAO로 재설정
    glBindVertexArray ( 0 );

    glClearColor ( 0.0f, 0.0f, 0.0f, 0.0f );
    return GL_TRUE;
}

void Draw ( ESContext *esContext )
{
    UserData *userData = (UserData*) esContext->userData;

    glViewport ( 0, 0, esContext->width, esContext->height );
    glClear ( GL_COLOR_BUFFER_BIT );
    glUseProgram ( userData->programObject );
```

```
    // VAO 연결
    glBindVertexArray ( userData->vaoId );

    // VAO 설정으로 그리기
    glDrawElements ( GL_TRIANGLES, 3, GL_UNSIGNED_SHORT, (const void*) 0);

    // 기본 VAO로 반환
    glBindVertexArray (0);
}
```

애플리케이션이 하나 이상 정점 배열 객체로 종료되면, glDeleteVertexArrays를 이용하여 삭제될 수 있다.

void **glDeleteVertexArrays**(GLsizei *n*, GLuint **arrays*)

| | |
|---|---|
| *n* | 삭제될 정점 배열 객체의 수 |
| *arrays* | 삭제될 정점 배열 객체를 포함하는 *n*개의 배열 |

## 버퍼 객체 매핑

지금까지 glBufferData 또는 glBufferSubData를 이용하여 버퍼 객체에 데이터를 어떻게 적재하는지에 대해 보였다. 애플리케이션이 애플리케이션의 주소 공간으로 정점 버퍼 객체 데이터 기억장소를 매핑과 비매핑(unmap)하도록 허용한다. 애플리케이션이 glBufferData 또는 glBufferSubData를 이용하여 데이터를 적재하는 것보다 버퍼를 매핑하도록 선호하는지에 대한 이유가 몇 가지 있다.

- 버퍼 매핑은 저장할 필요가 있는 데이터에 대해 단지 한 번 복사하므로 애플리케이션의 메모리 이용을 줄일 수 있다.
- 공유 메모리를 가지는 구조에서 버퍼 매핑은 버퍼가 GPU를 위해 저장하게 되는 주소 공간에 대한 직접 포인터를 반환한다. 버퍼 매핑에 의해 애플리케이션은 복사 단계를 피할 수 있고 갱신에서 더 좋은 성능을 실현할 수 있다.

glMapbufferRange 명령은 버퍼 객체에 대한 데이터 저장장치의 전체나 부분 범위에 대한 포인터를 반환한다. 이 포인터는 버퍼 객체의 내용을 갱신하거나 읽기 위해 애플리케이션에 의해 사용될 수 있다. glUnmapBuffer 명령은 갱신이 종료되고 맵된 포인터를 해제하도록 표시하기 위해 사용된다.

```
void   *glMapBufferRange(GLenum target, GLintptr offset,
                         GLsizeiptr length, GLbitfield access)
```

target 다음 대상 중 하나로 설정:

GL_ARRAY_BUFFER
GL_ELEMENT_ARRAY_BUFFER
GL_COPY_READ_BUFFER
GL_COPY_WRITE_BUFFER
GL_PIXEL_PACK_BUFFER
GL_PIXEL_UNPACK_BUFFER
GL_TRANSFORM_FEEDBACK_BUFFER
GL_UNIFORM_BUFFER

*offset* 버퍼 데이터 저장에서 바이트 단위의 변위

*length* 사상되는 버퍼 데이터의 바이트 수

*access* 액세스 플래그의 비트 필드 조합. 애플리케이션은 다음 플래그 중 최소 하나를 지정해야 한다.

| | |
|---|---|
| GL_MAP_READ_BIT | 애플리케이션은 반환된 포인터로부터 읽는다. |
| GL_MAP_WRITE_BIT | 애플리케이션은 반환된 포인터에 쓴다. |

추가로 애플리케이션은 다음 선택적 액세스 플래그를 포함한다.

| | |
|---|---|
| GL_MAP_INVALIDATE_RANGE_BIT | 지정된 범위 내 버퍼의 내용은 포인터를 반환하기 전에 드라이버에 의해 지워진다. 이 플래그는 GL_MAP_READ_BIT와 조합되어 사용될 수 없다. |
| GL_MAP_INVALIDATE_BUFFER_BIT | 전체 버퍼의 내용이 포인터를 반환하기 전에 드라이버에 의해 지워질 수 있음을 나타낸다. 이 플래그는 GL_MAP_READ_BIT와 조합하여 단지 사용될 수 있다. |
| GL_MAP_FLUSH_EXPLICIT_BIT | 애플리케이션은 glFlushMapped-BufferRange를 이용하여 맵된 범위의 부분 영역에 명시적으로 플러시 연산을 나타낸다. 이 플래그는 GL_MAP_WRITE_BIT와 조합되어 사용될 수 없다. |

| | |
|---|---|
| GL_MAP_UNSYNCHRONIZED_BIT | 드라이버가 버퍼 영역에 대한 포인터를 반환하기 전에 버퍼 객체에 펜딩(pending) 연산을 기다릴 필요가 없음을 나타낸다. 펜딩 연산이 있으면 버퍼 객체에서 미처리된 연산과 임의의 미래 연산의 결과는 정의되지 않는다. |

glMapBufferRange는 요구한 버퍼 데이터 저장 범위에 대한 포인터를 반환한다. 오류가 발생하거나 부적절한 요구가 있으면 함수는 NULL을 반환한다. glUnmapBuffer 명령은 이전 맵 버퍼를 언맵한다.

```
void   glUnmapBuffer(GLenum target)
```

*target* GL_ARRAY_BUFFER로 설정되어야 한다

glUnmapBuffer는 만일 언맵 연산이 성공적이면 GL_TRUE를 반환한다. 성공적으로 언맵이 실행된 후 glMapBufferRange에 의해 반환된 포인터는 더 이상 사용할 수 없다. 버퍼가 매핑된 후에 만일 정점 버퍼 객체의 데이터 기억장소 내 데이터에 대해 오류가 있으면, glUnmapBuffer는 GL_FALSE를 반환한다. 이는 화면 해상도 변경, OpenGL ES 문맥에 의해 사용된 다중화면 또는 매핑된 메모리가 삭제되어 메모리 부족 때문에 발생할 수 있다.[1]

예제 6-8에 있는 코드는 정점 버퍼 객체의 내용을 쓰기 위해 glUnmapBuffer와 glMapBufferRange의 사용을 보인다.

**예제 6-8** 쓰기 위한 버퍼 객체 매핑

```
GLfloat *vtxMappedBuf;
GLushort *idxMappedBuf;

glGenBuffers ( 2, userData->vboIds );
```

1. 만일 화면 해상도가 실행시간에 더 큰 폭, 너비와 픽셀에 대한 비트가 변경되면 매핑된 메모리는 해제되어야 할지도 모른다. 이것은 휴대단말기기들에 관한 매우 공통적인 문제가 아닌 점에 주의하자. 보조기억장치는 일반적으로 대부분의 휴대단말기기와 내장된 기기에서 구현되지 않는다. 그러므로 메모리 부족현상은 결정적으로 필요에 따라 메모리가 해제되고 재사용되는 결과를 발생한다.

```
glBindBuffer ( GL_ARRAY_BUFFER, userData->vboIds[0] );
glBufferData ( GL_ARRAY_BUFFER, vtxStride * numVertices,
               NULL, GL_STATIC_DRAW );

vtxMappedBuf = (GLfloat*)
   glMapBufferRange ( GL_ARRAY_BUFFER, 0,
                      vtxStride * numVertices,
                      GL_MAP_WRITE_BIT |
                      GL_MAP_INVALIDATE_BUFFER_BIT );
if ( vtxMappedBuf == NULL )
{
   esLogMessage( "Error mapping vertex buffer object." )
   return;
}

// 데이터를 맵된 버퍼에 복사
memcpy ( vtxMappedBuf, vtxBuf, vtxStride * numVertices );

// 버퍼를 언맵
if ( glUnmapBuffer ( GL_ARRAY_BUFFER ) == GL_FALSE )
{
   esLogMessage ( "Error unmapping array buffer object." );
   return;
}

// 인덱스 버퍼 맵
glBindBuffer (GL_ELEMENT_ARRAY_BUFFER, userDAta-> vboIds[1] );
glBufferData (GL_ELEMENT_ARRAY_BUFFER, sizeof(GLushort) * numIndices,
              NULL, GL_STATIC_DRAW );
idxMappedBuf = (GLushort*)
   glMapBufferRange (GL_ELEMENT_ARRAY_BUFFER, 0,
                     sizeof(GLushort) * numIndices,
                     GL_MAP_WRITE_BIT |
                     GL_MAP_INVALIDATE_BUFFER_BIT );
if ( idxMappedBuf == NULL )
{
   esLogMessage( "Error mapping element buffer object." );
   return;
}

// 데이터를 맵된 버퍼에 복사
memcpy ( idxMappedBuf, indices,
         sizeof(GLushort) * numIndices );
```

```
// 버퍼를 언맵
if ( glUnmapBuffer ( GL_ELEMENT_ARRAY_BUFFER ) == GL_FALSE )
{
   esLogMessage ( "Error unmapping element buffer object." );
   return;
}
```

## 맵 버퍼 플러시(flush)

애플리케이션은 glMapBufferRange를 이용하여 버퍼 객체의 범위(또는 전부)를 맵하기 바란다. 그러나 단지 맵된 범위의 이산 부분영역을 갱신한다. glUnmapBuffer 호출 시 전체 맵된 범위를 플러시하는 것에 대해 중요한 성능 저하를 피하기 위해 애플리케이션은 GL_MAP_FLUSH_EXPLICIT_BIT 액세스 플래그(GL_MAP_WRITE_BIT와 함께)로 맵할 수 있다. 애플리케이션이 맵된 범위의 일부 갱신을 마쳤을 때 glFlushMappedBufferRange를 이용하여 이 사실을 알릴 수 있다.

```
void   *glFlushMappedBufferRange(GLenum target,
                                 GLintptr offset,
                                 GLsizeiptr length)
```

*target* 다음 대상 중 어느 것으로 설정:
- GL_ARRAY_BUFFER
- GL_ELEMENT_ARRAY_BUFFER
- GL_COPY_READ_BUFFER
- GL_COPY_WRITE_BUFFER
- GL_PIXEL_PACK_BUFFER
- GL_PIXEL_UNPACK_BUFFER
- GL_TRANSFORM_FEEDBACK_BUFFER
- GL_UNIFORM_BUFFER

*offset* 맵된 버퍼의 시작으로부터 바이트 단위의 변위

*length* 플러시를 위해 변위로부터 버퍼의 바이트 수

애플리케이션이 GL_MAP_FLUSH_EXPLICIT_BIT로 맵되고 glFlushMappedBufferRange로 수정된 영역을 명시적으로 플러시하지 않으면 내용은 정의되지 않는다.

## 버퍼 객체 복사

지금까지 glBufferData, glBufferSubData, glMapBufferRange를 이용하여 데이터를 가지는 버퍼 객체를 어떻게 적재하는지를 보였다. 이들 모든 기법은 애플리케이션에서 디바이스에 데이터 전송을 포함하다. 또한, OpenGL ES 3.0으로 디바이스 상에서 전체적으로 한 버퍼 객체를 다른 버퍼 객체로 데이터를 복사하는 것이 가능하다. 이는 glCopyBufferSubData 함수를 사용하여 가능하다.

```
void  glCopyBufferSubData(GLenum readtarget,
                          GLenum writetarget,
                          GLintptr readoffset,
                          GLintptr writeoffset,
                          GLsizeiptr size)
```

| | |
|---|---|
| *readtarget* | 읽혀질 버퍼 객체 대상 |
| *writetarget* | 쓰여질 버퍼 객체 대상. readtarget과 writetarget은 다음 대상 중 임의로 설정될 수 있다(동일 대상이 아니어도 된다):<br>GL_ARRAY_BUFFER<br>GL_ELEMENT_ARRAY_BUFFER<br>GL_COPY_READ_BUFFER<br>GL_COPY_WRITE_BUFFER<br>GL_PIXEL_PACK_BUFFER<br>GL_PIXEL_UNPACK_BUFFER<br>GL_TRANSFORM_FEEDBACK_BUFFER<br>GL_UNIFORM_BUFFER |
| *readoffset* | 복사하기 위해 읽기 버퍼 데이터에 대한 바이트 단위 변위 |
| *writeoffset* | 복사하기 위해 쓰기 버퍼 데이터에 대한 바이트 단위 변위 |
| *size* | 읽기 버퍼 데이터에서 쓰기 버퍼 데이터로 복사하기 위한 바이트 수 |

glCopyBufferSubData 호출은 readtarget에 연결한 버퍼로부터 writetarget에 지정된 바이트를 복사한다. 버퍼 바인딩은 각 대상에 대해 glBindBuffer에 대한 마지막 호출에 기반하여 결정된다. 버퍼 객체의 임의의 타입(array, element array, transform feedback 등등)이 GL_COPY_READ_BUFFER 또는 GL_COPY_WRITE_BUFFER 대상에 연결될 수 있다. 이들 두 대상은 애플리케이션이 버퍼들 사이 복사를

실행하기 위해 임의의 버퍼 바인딩을 변경할 필요가 없도록 하여 편리성을 제공한다.

## 요약

이 장에서는 OpenGL ES 3.0에서 지정된 정점 속성과 데이터가 어떻게 지정되는지에 대해 설명하였다. 특히 다음 주제를 설명하였다.

- glVertexAttrib* 함수를 이용하여 상수 정점 속성을, glVertexAttrib[I]-Pointer 함수를 이용하여 정점 배열을 지정하는 방법
- 정점 버퍼 객체에 정점 속성과 요소 데이터를 어떻게 생성하고 저장하는지에 대한 방법
- 성능을 증진시키기 위해 VAOs를 사용하는 방법과 정점 배열 상태가 정점 배열 객체에 어떻게 요약되는지에 대한 방법
- 데이터를 가지는 버퍼 객체를 적재하기 위한 다양한 방법: glBuffer[Sub]Data, glMapBufferRange, glCopyBufferSubData

정점 데이터가 어떻게 지정되는지를 알았다. 다음 장에서는 정점 데이터를 이용하여 OpenGL ES에서 그려질 모든 기본요소를 설명한다.

OpenGL® ES™ 3.0 Programming Guide

# Chapter 07 기본요소(primitive) 조합과 래스터 변환(rasterization)

본 장에서는 OpenGL ES에서 지원하는 기본요소 타입과 도형 객체에 대한 설명 및 활용 방법을 기술한다. 기본요소 조합 단계는 기본요소의 정점이 정점 셰이더에 의해 처리된 이후 단계이다. 기본요소 조합 상태에서는 클리핑(clipping), 시점분할(perspective divide), 뷰포트 변환(viewport transformation) 연산이 수행되는데, 이러한 연산에 대해 자세히 다룬다. 그리고 래스터 변환을 기술하는 것으로 이 장을 마치도록 한다. 래스터 변환은 기본요소를 2차원 프래그먼트 집합으로 변환하는 과정으로, 프래그먼트 셰이더에 의해 처리된다. 이러한 2차원 프래그먼트는 화면에 그려질 픽셀을 표현한다.

정점 셰이더에 대한 자세한 설명은 제8장 "정점 셰이더"를 참조하기 바라며, 제9장 "텍스처링", 제10장 "프래그먼트 셰이더"에서는 래스터 변환 단계에서 생성된 프래그먼트에 적용되는 처리를 기술한다.

## 기본요소

기본요소는 OpenGL ES에서 `glDrawArrays`와 `glDrawElements`, `glDrawRangeElements`, `glDrawArraysInstanced`, `glDrawElementsInstanced` 명령어를 사용해 그릴 수 있는 도형 객체이다. 기본요소는 정점 위치를 나타내는 정점들의 집합으

로 표현된다. 색상, 텍스처 좌표, 법선 정보와 같은 다른 정보는 또한 도형 속성으로 각 정점들과 관련될 수 있다.

다음은 OpenGL ES 3.0에서 그리기가 가능한 기본요소이다.

- 삼각형
- 선
- 점 스프라이트(sprites)

## 삼각형 (triangles)

삼각형은 3D 애플리케이션에 의해 렌더링된 도형 객체를 기술하는 데 사용된 가장 일반적인 방법을 표현한다. OpenGL ES가 지원하는 삼각형 기본요소는 GL_TRIANGLES, GL_TRIANGLE_STRIP, GL_TRIANGLE_FAN이 있다. 그림 7-1은 지원하는 삼각형 기본요소 타입 예이다.

GL_TRIANGLES는 일련의 분리된 삼각형이다. 그림 7-1에서 정점($v_0$, $v_1$, $v_2$)과 정점($v_3$, $v_4$, $v_5$)로 제공된 두 개의 삼각형을 그렸다. 총 n/3개의 삼각형을 그리는데, 여기서 n은 앞에서 언급한 glDraw*** API로 지정된 인덱스의 수를 의미이다.

GL_TRIANGLE_STRIP은 일련의 연결된 삼각형을 그린다. 그림 7-1의 예에서 보이듯,

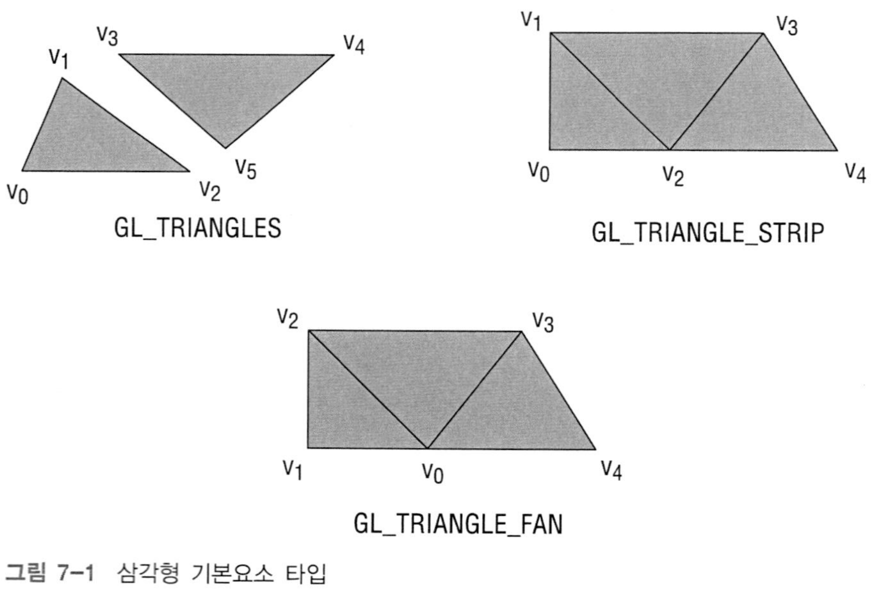


**그림 7-1** 삼각형 기본요소 타입

세 개의 삼각형은 ($v_0$, $v_1$, $v_2$), ($v_2$, $v_1$, $v_3$)(순서에 주의할 것), ($v_2$, $v_3$, $v_4$) 정점에 의해 제공되어 그려진다. 총 (n-2)개의 삼각형을 그리는데, 여기서 n은 glDraw*** API에서 count로 지정된 인덱스의 수를 의미이다.

GL_TRIANGLE_FAN 또한 일련의 연결된 삼각형을 그린다. 그림 7-1의 예에서 보이듯, 삼각형은 ($v_0$, $v_1$, $v_2$), ($v_0$, $v_2$, $v_3$), ($v_0$, $v_3$, $v_4$) 정점으로 그려진다. 총 (n-2)개의 삼각형을 그리는데, 여기서 n은 glDraw*** API에서 count로 지정된 인덱스의 수를 의미한다.

### 선(lines)

OpenGL ES에서 지원하는 선 요소는 GL_LINES, GL_LINE_STRIP, GL_LINE_LOOP이다. 그림 7-2에서 이러한 선의 기본요소 예를 보인다.

GL_LINES는 연결되지 않은 선분들을 그린다. 그림 7-2의 예에서 보이듯, 세 개의 각 선분들은 ($v_0$, $v_1$), ($v_2$, $v_3$), ($v_4$, $v_5$)로 그려진다. 총 n/2개의 선분이 그려지고, 여기서 n은 glDraw*** API에서 count로 지정된 인덱스의 수를 의미한다.

GL_LINE_STRIP은 연결된 선분들을 그린다. 그림 7-2의 예에서 보이듯, 세 개의 선분들은 ($v_0$, $v_1$), ($v_1$, $v_2$), ($v_2$, $v_3$)로 그려졌다. 총 (n-1)개의 선분이 그려지고, 여기서 n은 glDraw*** API에서 count로 지정된 인덱스의 수를 의미한다.

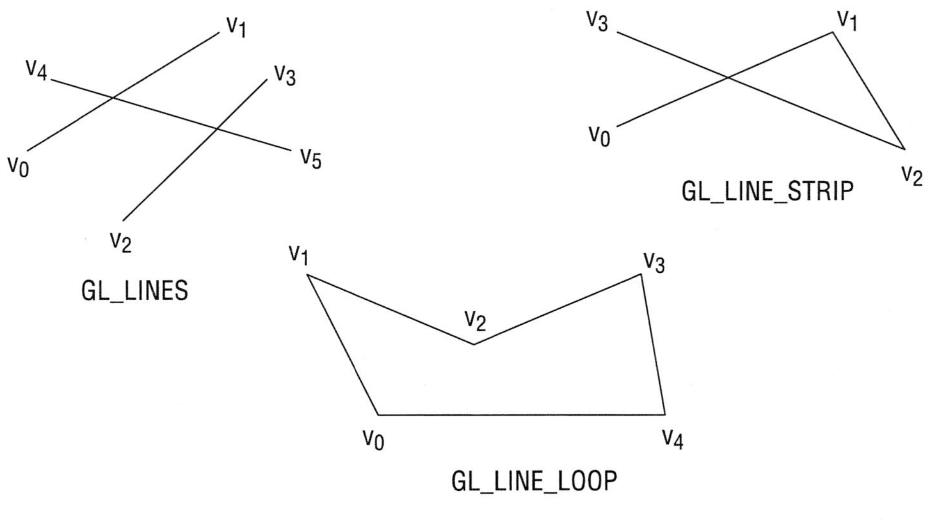


**그림 7-2** 선 기본요소 타입

GL_LINE_LOOP는 마지막 선분이 $v_{n-1}$에서 $v_0$으로 그려지는 것을 제외하면, GL_LINE_STRIP과 유사하다. 그림 7-2의 예에서 보이듯, 선분들이 ($v_0$, $v_1$), ($v_1$, $v_2$), ($v_2$, $v_3$), ($v_3$, $v_4$) 그리고 ($v_4$, $v_0$)로 그려진다. 총 n개의 선분이 그려지고, 여기서 n은 glDraw*** API에서 count로 지정된 인덱스의 수를 의미한다.

선 두께(width)는 glLineWidth API를 호출하여 지정할 수 있다.

```
void   glLineWidth(GLfloat width)
```

*width* 선 두께를 픽셀로 지정한다. 기본값은 1.0

glLineWidth로 지정된 두께는 OpenGL ES 3.0 구현에서 지원되는 범위로 조정된다. 추가로 지원되는 두께의 범위는 애플리케이션에 의해 갱신될 때까지 OpenGL에 의해 기억될 것이다. 지원되는 선 두께는 아래 명령어를 사용하여 질의할 수 있다. 1보다 큰 범위의 두께 값을 갖는 선에 대한 조건은 없다.

```
GLfloat     lineWidthRange[2];
glGetFloatv (GL_ALIASED_LINE_WIDTH_RANGE, lineWidthRange);
```

## 점 스프라이트(point sprites)

OpenGL ES에서 지원하는 점 스프라이트는 GL_POINTS이고, 각각 하나의 정점으로 표현된다. 점 스프라이트는 쿼드(quad) 대신 점을 그려서 효율적인 렌더링 입자 효과를 위해 일반적으로 사용된다. 점 스프라이트는 position과 radius로 지정된 화면 정렬 쿼드이다. 위치는 사각형의 중심이며, 반경은 점 스프라이트를 표현하는 쿼드의 네 개 좌표를 계산할 때 사용한다.

gl_PointSize는 정점 셰이더에서 점 반경(또는 점 크기)의 출력 값으로 사용될 수 있는 내장 변수이다. 점 요소와 관련된 정점 셰이더가 gl_PointSize를 출력하지 않으면 점 크기는 정의되지 않은 것으로 인식되어 그리기 오류가 발생한다. 정점 셰이더에서 출력된 gl_PointSize 값은 OpenGL ES 3.0 구현에서 지원하는 범위의 점 크기로 조정된다. 이 범위 값은 다음 명령어로 질의할 수 있다.

```
GLfloat pointSizeRange[2];
glGetFloatv(GL_ALIASED_POINT_SIZE_RANGE, pointSizeRange);
```

기본적으로, OpenGL ES 3.0은 윈도우 시작점 (0,0)에서 (left, bottom)까지의 영역으

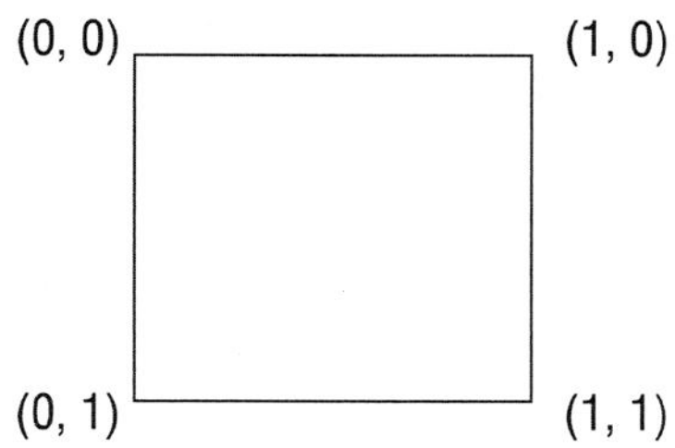


**그림 7-3** gl_PointCoord 값

로 기술하고 있다. 그러나 점 스프라이트의 경우 시작점이 (left, top)과 같다.

gl_PointCoord는 렌더링된 기본요소가 점 스프라이트일 경우, 프래그먼트 셰이더 내부에서만 사용되는 내장 변수이다. gl_PointCoord는 정밀도 한정자인 mediump로 사용되는 vec2 변수값으로 선언된다. gl_PointCoord에 할당되는 값은 0.0에서 1.0으로 변함에 따라 그림 7-3에 표현된 것처럼 좌-우, 위-아래로 이동한다.

다음 프래그먼트 셰이더 코드는 gl_PointCoord가 텍스처화된 점 스프라이트를 그리기 위해 어떻게 텍스처 좌표로 사용되는지를 설명하고 있다.

```
#version 300 es
precision mediump float;
uniform sampler2D s_texSprite;
layout (location = 0) out vec4 outColor;

void main()
{
   outColor = texture(s_texSprite, gl_PointCoord);
}
```

## 기본요소 그리기

OpenGL ES에서 기본요소를 그리기 위해 사용할 수 있는 5개 API가 있다: glDrawArrays, glDrawElements, glDrawRangeElements, glDrawArraysInstanced, glDrawElementsInstanced. 이 절에서는 먼저 3개의 규칙적인 인스턴스가 없는 그리기 호출 API를 설명하고 다음 절에서 나머지 두 인스턴스가 있는 그리기 호출 API를 설명한다.

glDrawArrays는 요소 인덱스 first부터 first + count - 1까지 정점을 사용하여

mode에 지정된 기본요소를 그린다. glDrawArrays(GL_TRIANGLES, 0, 6)를 호출하면 각각 (0, 1, 2)과 (3, 4, 5) 인덱스를 갖는 두 개의 삼각형을 그린다. 이와 유사하게, glDrawArrays(GL_TRIANGLE_STRIP, 0, 5)를 호출하면 각각 (0, 1, 2), (2, 1, 3), (2, 3, 4) 인덱스를 갖는 세 개의 삼각형이 그려진다. 유사하게 glDrawArrays(GL_TRIANGLE_STRIP, 0, 5)에 대한 호출은 3개의 삼각형을 그린다: 요소 인덱스 (0, 1, 2)에 의해 주어진 삼각형, 요소 인덱스 (2, 1, 3)에 의해 주어진 두 번째 삼각형, 요소 인덱스 (2, 3, 4)에 의해 주어진 삼각형.

```
void    glDrawArrays(GLenum mode, GLint first, GLsizei count)
```

*mode* 렌더링할 기본요소를 지정, 유효한 값은 다음과 같다.
GL_POINTS
GL_LINES
GL_LINE_STRIP
GL_LINE_LOOP
GL_TRIANGLES
GL_TRIANGLE_STRIP
GL_TRIANGLE_FAN

*first* 활성화된 정점 배열의 시작 정점 인덱스 지정

*count* 그리게될 정점의 인덱스들 수를 지정

```
void    glDrawElements(GLenum mode, GLsizei count,
                       GLenum type, const GLvoid *indices)
void    glDrawRangeElements(GLenum mode, GLuint start,
                            GLuint end, GLsizei count,
                            GLenum type, const GLvoid *indices)
```

mode 렌더링할 기본요소를 지정, 유효한 값은 다음과 같다.
GL_POINTS
GL_LINES
GL_LINE_STRIP
GL_LINE_LOOP
GL_TRIANGLES
GL_TRIANGLE_STRIP

```
        GL_TRIANGLE_FAN
start   indices에서 최소 배열 인덱스를 지정(단지, glDrawRangeEmements)
end     indices에서 최대 배열 인덱스를 지정(단지, glDrawRangeEmements)
count   그려질 인덱스들의 수를 지정
type    indices에 저장된 요소 인덱스의 타입 지정. 유효한 값은 다음과 같다.
        GL_UNSIGNED_BYTE
        GL_UNSIGNED_SHORT
        GL_UNSIGNED_INT
indices 요소 인덱스들이 저장된 위치 포인터를 지정
```

glDrawArrays는 일련의 요소 인덱스에 의해 기술된 기본요소를 가지며, 도형의 정점이 공유되지 않을 경우에 적합하다. 하지만, 게임이나 3D 애플리케이션에서 사용되는 전형적인 객체는 요소 인덱스가 순서를 가질 필요가 없고 정점이 메시(mesh)의 삼각형 사이 공유될 다중 메시로 구성된다.

그림 7-4에 보여진 정육면체를 보자. 만일 glDrawArrays를 이용해 이것을 그리려면 해당 코드는 다음과 같을 것이다.

```
#define VERTEX_POS_INDX      0
#define NUM_FACES            6

GLfloat vertices[] = { … }; // 정점당 (x, y, z)
glEnableVertexAttribArray(VERTEX_POS_INDX);
glVertexAttribPointer(VERTEX_POS_INDX, 3, GL_FLOAT, GL_FALSE,
```

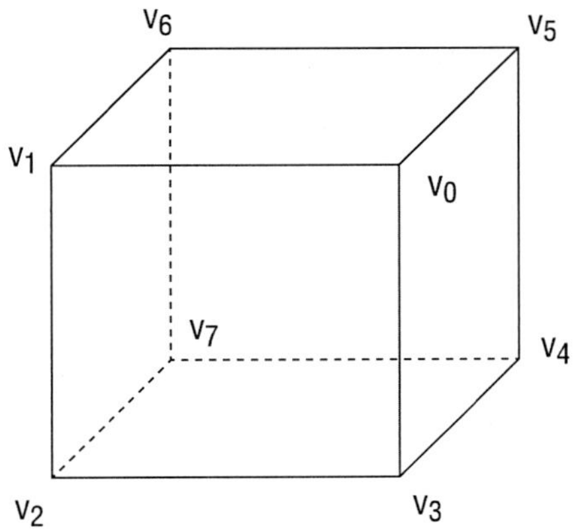


**그림 7-4** 정육면체

```
                          0, vertices);

for (int i=0; i<NUM_FACES; i++)
{
   glDrawArrays(GL_TRIANGLE_FAN, i * 4, 4);
}
```

또는

```
glDrawArrays(GL_TRIANGLES, 0, 36);
```

다음 정육면체를 glDrawArrays로 그리기 위해서는 정육면체의 각 면에 해당하는 glDrawArrays를 호출해야 한다. 여러 요소에서 공유되는 정점들은 각 요소에 복제되어야 한다. 즉, 8개의 정점을 대신할 24개(GL_TRIANGLE_FAN으로 각 면을 그렸을 경우) 혹은 36개(GL_TRIANGLES로 각 면을 그렸을 경우) 정점을 재배치해야 한다. 이는 매우 비효율적인 접근법이다.

다음은 glDrawElements를 사용해 같은 정육면체를 그리는 방법을 나타낸다.

```
#define VERTEX_POS_INDX 0
GLfloat vertices[] = { … }; // 정점당 (x, y, z)
GLubyte indices[36] = {0, 1, 2, 0, 2, 3,
                       0, 3, 4, 0, 4, 5,
                       0, 5, 6, 0, 6, 1,
                       7, 1, 6, 7, 2, 1,
                       7, 5, 4, 7, 6, 5,
                       7, 3, 2, 7, 4, 3 };

glEnableVertexAttribArray(VERTEX_POS_INDX);
glVertexAttribPointer(VERTEX_POS_INDX, 3, GL_FLOAT, GL_FALSE,
                      0, vertices);
glDrawElements(GL_TRIANGLES, sizeof(indices)/sizeof(GLubyte),
               GL_UNSIGNED_BYTE, indices);
```

glDrawElements로 삼각형들을 그리고, glDrawArrays와 glDrawElements로 삼각형 부채꼴(triangle fan)을 그리는 방법은 glDrawArrays로 그리는 것보다 빠르다. 그 이유는 그래픽처리장치(GPU)의 관점에서 볼 때, 정점 속성 데이터의 크기가 glDrawElements보다 작아서 인데, 이는 적은 메모리양과 대역만을 필요로 하기 때문이다.

## 기본요소 재시작

기본요소 재시작을 이용하여 단일 그리기 호출을 이용하고 다중 연결되지 않은 기본요소(삼각형 팬이나 스트립과 같은)를 렌더링할 수 있다. 이는 그리기 API 호출의 부하를 줄일 수 있다. 기본요소 재시작을 이용하기 위한 대안은 축퇴 삼각형을 생성하는 것으로 이는 다음 절에서 논의할 것이다.

기본요소 재시작을 이용하여 인덱스 목록에 특정 인덱스를 삽입하여 인덱스된 그리기 호출(glDrawElements, glDrawElementsInstanced, 또는 glDrawRangeElements)을 위한 기본요소를 재시작할 수 있다. 특정 인덱스는 인덱스 타입에 대한 가장 크게 가능한 인덱스이다(인덱스 타입이 GL_UNSIGNED_BYTE 또는 GL_UNSIGNED_SHORT일 때 각각 255 또는 65535이다).

예를 들어, 제공하는 두 삼각형 스트립은 (0, 1, 2, 3)과 (8, 9, 10, 11)의 요소 인덱스를 각각 가진다. 기본요소 재시작으로 glDrawElements*에 대한 한 호출을 이용하여 두 스트립을 그렸다면 조합된 요소 인덱스 목록은 인덱스 타입이 GL_UNSIGNED_BYTE이면 (0, 1, 2, 3, **255**, 8, 9, 10, 11)로 된다.

다음으로 기본요소 재시작을 할 수도 안할 수도 있다.

```
glEnable ( GL_PRIMITIVE_RESTART_FIXED_INDEX );
// 기본요소 그리기
...
glDisable ( GL_PRIMITIVE_RESTART_FIXED_INDEX );
```

## 자극 (provoking) 정점

한정자 없이 정점 셰이더의 출력값은 기본요소를 통해 선형적으로 보간된다. 그러나 편평 셰이딩(제5장 보간 한정자 절에서 기술된)의 사용으로 보간이 발생하지 않는다. 보간 발생이 없기 때문에 정점 값의 단지 하나가 프래그먼트 셰이더에 사용될 수 있다. 단지 하나가 사용될 때, 주어진 기본요소 예에 대해 자극 정점은 정점 셰이더로부터 정점들 출력이 사용될 수 있는지를 결정한다. 표 7-1은 자극 정점 선택을 위한 규칙을 보인다.

## 기하학 예

기하학 예는 단일 API 호출을 이용하여 다른 속성들로 여러 번 객체를 효율적으로 렌더링하는 것을 허용한다(다른 변환 행렬, 컬러, 크기). 이 특성은 집단 렌더링과 같이 많은

**| 표 7-1 |** 정점들이 1부터 n까지 번호를 부여하는 i번째 기본요소 예에 대해 자극 정점 선택으로, n은 그려진 정점들의 수

| 기본요소 타입 i | 정점 자극 |
|---|---|
| GL_POINTS | i |
| GL_LINES | 2i |
| GL_LINE_LOOP | i+1, if i<n<br>i, if i=n |
| GL_LINE_STRIP | i+1 |
| GL_TRIANGLES | 3i |
| GL_TRIANGLE_STRIP | i+2 |
| GL_TRIANGLE_FAN | i+2 |

유사한 객체를 렌더링하는 데 유용하다. 기하학 예는 OpenGL ES 엔진에 많은 API 호출을 보내는 CPU 처리 부하를 줄인다. 인스턴스 그리기 호출을 이용하여 렌더링하기 위해 다음과 같은 명령어를 사용한다.

```
void  glDrawArraysInstanced(GLenum mode, GLint first,
                            GLsizei count, GLsizei
                            instanceCount)
void  glDrawElementsInstanced(GLenum mode, GLsizei count,
                              GLenum type,
                              const GLvoid *indices,
                              GLsizei instanceCount)
```

*mode* 렌더링할 기본요소를 지정, 유효한 값은 다음과 같다.
GL_POINTS
GL_LINES
GL_LINE_STRIP
GL_LINE_LOOP
GL_TRIANGLES
GL_TRIANGLE_STRIP
GL_TRIANGLE_FAN

*first* 가능한 정점 배열에서 시작하는 정점 인덱스를 지정
(단, glDrawArraysInstanced)

*count* 그려질 인덱스 수를 지정

| | |
|---|---|
| *type* | *indices*에 저장된 요소 인덱스의 타입 지정. 유효한 값은 다음과 같다(단. glDrawElementsInstanced)<br>GL_UNSIGNED_BYTE<br>GL_UNSIGNED_SHORT<br>GL_UNSIGNED_INT |
| *indices* | 요소 인덱스들이 저장된 위치 포인터를 지정<br>(단, glDrawElementsInstanced) |
| *instanceCount* | 그려질 기본요소의 인스턴스의 수를 지정 |

두 방법은 인스턴스 데이터당 데이터를 접근하는 데 사용될 것이다. 첫 방법은 다음과 같은 명령어를 이용하여 인스턴스당 하나 또는 여러 번 정점 속성을 읽기 위해 OpenGL ES를 가리키는 것이다.

```
void  glVertexAttribDivisor(GLuint index, GLuint divisor)
```

| | |
|---|---|
| *index* | 공통 정점 속성의 인덱스를 지정 |
| *divisor* | 슬롯 *index*에서 공통 속성의 갱신들 사이 전달할 인스턴스 수를 지정 |

기본적으로 glVertexAtttibDivisor가 지정되지 않거나 정점 속성에 대해 *divisor*가 0이면 이때 정점 속성은 정점당 한 번 읽혀질 것이다. divisor가 1이면 이때 정점 속성은 기본요소 인스턴스당 한 번 읽혀질 것이다.

두 번째 방법은 인스턴스당 데이터를 접근하기 위해 정점 셰이더에서 버퍼에 대한 인덱스로 내장 입력 변수 gl_InstanceID를 사용하는 것이다. gl_InstanceID는 앞에서 언급한 기하학 인스턴스 API 호출이 사용될 때 현재 기본요소 인스턴스의 인덱스를 유지한다. 비 인스턴스 그리기 호출이 사용될 때 gl_InstanceID는 0을 반환한다.

다음 두 코드 프래그먼트는 각 정육면체 인스턴스가 고유하게 색상이 입혀진 단일 인스턴스 그리기 호출을 이용하여 많은 도형(예, 정육면체들)을 어떻게 그리는지를 보인다. 완전한 소스코드는 Chapter_7/Instancing 예에서 유용하다.

첫째로 인스턴스 그리기 호출(인스턴스당 한 색상)에 대해 나중에 사용될 많은 색상 데이터를 저장하기 위해 색상 버퍼를 생성한다.

```
// 각 인스턴스에 대해 임의의 색상
   {
```

```
    GLubyte colors[NUM_INSTANCES][4];
    int instance;

    srandom ( 0 );

    for ( instance = 0; instance < NUM_INSTANCES; instance++ )
    {
        colors[instance][0] = random() % 255;
        colors[instance][1] = random() % 255;
        colors[instance][2] = random() % 255;
        colors[instance][3] = 0;
    }

    glGenBuffers ( 1, &userData->colorVBO );
    glBindBuffer ( GL_ARRAY_BUFFER, userData->colorVBO );
    glBufferData ( GL_ARRAY_BUFFER, NUM_INSTANCES * 4, colors,
                   GL_STATIC_DRAW );
}
```

색상 버퍼가 생성되고 채워진 후 도형에 대해 정점 속성의 하나 색상 버퍼를 연결할 수 있다. 이때 색상이 기본요소 인스턴스당 읽혀지기 위해 1로 정점 속성 인자를 지정한다. 마지막으로 정육면체들은 단일 인스턴스 그리기 호출로 그려진다.

```
// 인스턴스 색상 버퍼 적재
glBindBuffer ( GL_ARRAY_BUFFER, userData->colorVBO );
glVertexAttribPointer ( COLOR_LOC, 4, GL_UNSIGNED_BYTE,
                        GL_TRUE, 4 * sizeof ( GLubyte ),
                        ( const void * ) NULL );
glEnableVertexAttribArray ( COLOR_LOC );

// 인스턴스당 한 색상을 지정
glVertexAttribDivisor ( COLOR_LOC, 1 );

// 코드 생략

// 인덱스 버퍼 연결
glBindBuffer ( GL_ELEMENT_ARRAY_BUFFER, userData->indicesIBO );

// 정육면체 그리기
glDrawElementsInstanced ( GL_TRIANGLES, userData->numIndices,
                          GL_UNSIGNED_INT, ( const void * ) NULL,
```

```
                    NUM_INSTANCES );
}
```

## 성능 팁

애플리케이션은 가능하면 큰 크기의 기본요소 크기로 glDrawElements와 glDrawElementsInstanced가 호출되도록 해야 한다. 이는 GL_TRIANGLES를 그릴 경우에는 매우 쉬운 일이다. 하지만, 만일 삼각형 스트립 또는 부채꼴의 메시를 형성하게 되면 각 삼각형 스트립 메시에 대해 glDrawElements*를 각각 호출하여 만드는 방법 대신 이런 메시는 기본요소 재시작을 이용하여 서로 연결할 수 있다(이 특성은 이전 절을 참조바람).

메시를 서로 연결하기 위해 기본요소 재시작 방법을 사용할 수 없다면(이전 OpenGL ES 버전과 호환성 유지를 위해) 여기서 논의될 추가적인 인덱스를 이용하여 축퇴 삼각형을 생성하는 요소 인덱스를 추가할 수 있다. 축퇴 삼각형은 삼각형의 둘 또는 그 이상 정점이 일치하는 하나의 삼각형이다. GPU가 매우 쉽게 축퇴 삼각형을 검출하고 제거할 수 있다. 그래서 이는 GPU에 의해 렌더링되는 큰 기본요소를 큐에 허용하여 좋은 성능 향상을 가져온다.

특정한 메시를 연결하기 위해 추가할 요소 인덱스의 수는 각 메시가 삼각형 부채꼴인지 삼각형 스트립인지에 따라, 그리고 각 스트립에 정의된 인덱스의 수에 따라 결정된다. 여기서 삼각형 스트립의 메시에서 인덱스의 수가 문제가 된다. 왜냐하면, 연결되어 있는 서로 다른 메시를 가로질러 한 삼각형에서 다른 삼각형으로 진행되는 경우에 대해 감싸기 순서(winding order)에 어긋나서는 안 되기 때문이다.

분리된 삼각형 스트립을 연결할 때, 연결될 두 스트립의 첫 번째 삼각형과 두 번째 삼각형의 순서를 확인할 필요가 있다. 그림 7-5에서 본 것처럼, 정점의 순서는 짝수 번째 삼각형과 홀수 번째 삼각형을 표현하는 정점의 순서가 다르다.

두 가지 경우는 다음과 같이 처리되어야 한다.

- 첫 번째 삼각형 스트립의 홀수 번째 삼각형은 두 번째 삼각형 스트립의 첫 번째 삼각형과 연결된다.
- 첫 번째 삼각형 스트립의 짝수 번째 삼각형은 두 번째 삼각형 스트립의 첫 번째 삼각형과 연결된다.

그림 7-5는 위의 두 가지 경우에 해당하는 예를 보인 것으로, 한 번의 glDrawEle-

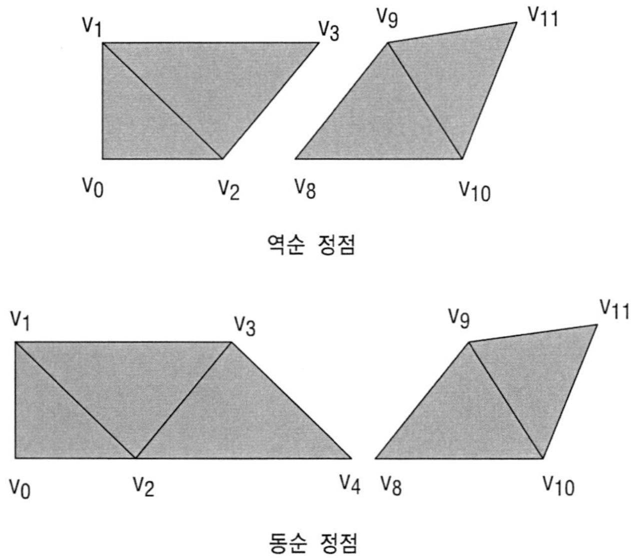


**그림 7-5** 삼각형 스트립 연결하기

ments* 호출로 두 개의 분리된 삼각형 스트립을 연결한다.

그림 7-5에서 역순 정점은 두 개의 삼각형 스트립 중 마지막과 첫 번째 삼각형이 연결된 것으로, 삼각형의 요소 인덱스는 각각 (0, 1, 2, 3)과 (8, 9, 10, 11)이 된다. 만일 `glDrawElements*` 단일 호출로 위의 두 삼각형 스트립을 그린다면 조합된 요소 인덱스 목록은 (0, 1, 2, 3, **3**, **8**, 8, 9, 10, 11) 이다. 이 새로운 요소 인덱스는 다음 삼각형을 그리게 된다 : (0, 1, 2), (2, 1, 3), (**2**, **3**, **3**), (**3**, **3**, **8**), (**3**, **8**, **8**), (**8**, **8**, **9**), (8, 9, 10), (10, 9, 11). 볼드체로 표시된 삼각형이 축퇴 삼각형이고, 조합된 요소 인덱스 목록에서 볼드체로 표시된 인덱스가 추가되는 인덱스이다.

그림 7-5에서 동순 정점은 두 개의 삼각형 스트립 중 마지막과 첫 번째 삼각형이 연결된 것으로, 삼각형의 요소 인덱스는 각각 (0, 1, 2, 3, 4)와 (8, 9, 10, 11)이 된다. 만일 `glDrawElements` 단일 호출로 위의 두 삼각형 스트립을 그린다면 조합된 요소 인덱스 목록은 (0, 1, 2, 3, 4, **4**, **4**, **8**, 8, 9, 10, 11)이다. 이 새로운 요소 인덱스 목록은 다음 삼각형을 그린다 : (0, 1, 2), (2, 1, 3), (2, 3, 4), (**4**, **3**, **4**), (**4**, **4**, **4**), (**4**, **4**, **8**), (**4**, **8**, **8**), (**8**, **8**, **9**), (8, 9, 10), (10, 9, 11). 볼드체로 표시된 삼각형이 축퇴 삼각형이고, 조합된 요소 인덱스에서 볼드체로 표시된 인덱스가 추가되는 인덱스이다.

추가해야 하는 요소 인덱스의 수와 생성되는 축퇴 삼각형의 수는 첫 번째 스트립의 정점 수에 따라 결정된다는 점에 주의하자. 이는 연결되는 다음 스트립의 감싸기 순서를 유지해야 함을 뜻한다.

기본요소의 요소 인덱스를 어떻게 재배열할지 결정하는 데 변환 후 정점 캐시(post-transform vertex cache)의 크기를 구하는 것에 대해 알아볼 필요가 있다. 대부분의 GPU는 변환 후 정점 캐시를 수행할 수 있다. 정점(요소 인덱스에 의해 주어진)이 정점 셰이더에 의해 실행하기 이전에 해당 정점이 변환 후 정점 캐시에 존재하는지를 먼저 확인하고, 존재한다면 정점 셰이더는 실행되지 않는다. 반대의 경우는 정점 셰이더가 정점을 생성한다. 생성될 요소 인덱스의 수를 결정하기 위해 변환 후 정점 캐시를 사용하는 방법은 정점이 재사용될 때마다 정점 셰이더를 실행하는 횟수를 줄여줘 전체적인 성능향상에 도움이 된다.

## 기본요소 조합

그림 7-6은 기본요소 조합 단계를 보여준다. `glDraw***`를 통해 제공되는 정점들은 정점 셰이더에 의해 실행된다. 정점 셰이더에 의해 변환된 각 정점들은 정점에 대해 (*x*, *y*, *z*, *w*)값으로 기술된 위치 값을 포함한다. 기본요소 타입과 정점 인덱스는 렌더링되는 각 기본요소를 결정짓는다. 각 기본요소(삼각형, 선, 점)와 그에 해당하는 정점들은 그림 7-6에서 보이듯, 기본요소 조합 단계에서 수행된다.

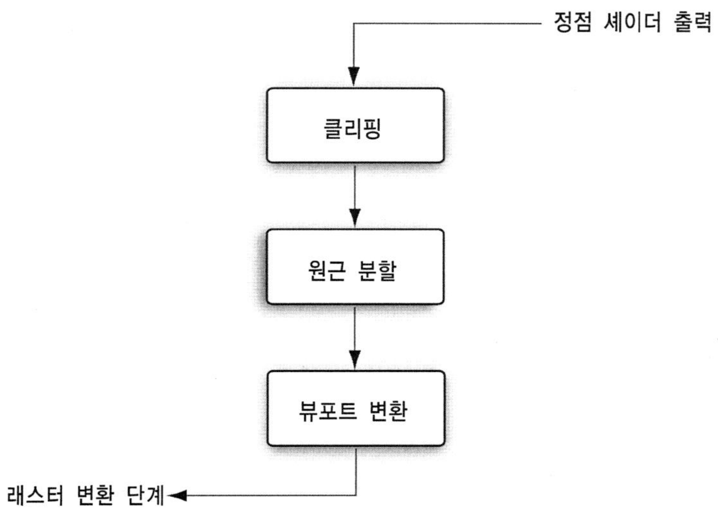


**그림 7-6** OpenGL ES 기본요소 조합 단계

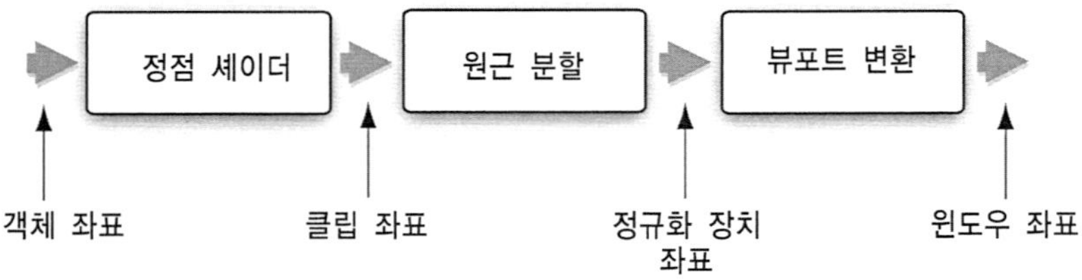


**그림 7-7** 좌표 시스템

OpenGL ES에서 기본요소가 어떻게 래스터 변환되는지 논의하기 전에, OpenGL ES에서 사용하는 다양한 좌표 시스템을 이해해야 한다. 이를 위해 OpenGL ES 3.0 파이프라인의 다양한 단계를 통해 정점 좌표에 어떤 변화가 일어나는지를 정확히 이해할 필요가 있다.

## 좌표 시스템

그림 7-7은 정점이 정점 셰이더와 기본요소 조합 단계를 통해 진행되는 과정으로 좌표 시스템을 설명하고 있다. 정점은 객체나 로컬 좌표공간에서 OpenGL ES에 입력된다. 이 좌표 공간에 각 객체는 대부분 모델화되어 저장된다. 정점 셰이더가 실행된 후, 정점의 위치가 클립(clip) 좌표 공간에 있다고 인식된다. 로컬 좌표 시스템(예, 객체 좌표)에서 클립 좌표로의 정점 위치 변환은 정점 셰이더에 정의된 적절한 uniform으로 변환하는 해당 행렬의 적재로 수행된다. 제8장에서 객체가 클립 좌표로 정점 위치 변환되는 방법과 이러한 변환을 실행하기 위해 정점 셰이더의 행렬이 적재되는 방법을 설명할 것이다.

### 클리핑 (clipping)

정점 셰이더가 실행된 이후 정점 위치는 클립 좌표 공간이 된다. 클립 좌표는 ($x_c$, $y_c$, $z_c$, $w_c$)로 주어지는 동차좌표(homogeneous)이다. 클립 공간($x_c$, $y_c$, $z_c$, $w_c$)을 정의한 정점 좌표는 관측 체적(viewing volume)(또는, 클립 체적으로 알려진)에 대해 클리핑된다.

클립 체적은 그림 7-8에 보이는 것과 같이 각각 근(near) 평면과 원(far) 평면, 왼쪽과 오른쪽 평면, 위와 아래 평면이라 부르는 6개의 클리핑 평면으로 정의된다. 클립좌표에서 클립 체적은 다음으로 주어진다.

$$-w_c <= x_c <= w_c$$
$$-w_c <= y_c <= w_c$$
$$-w_c <= z_c <= w_c$$

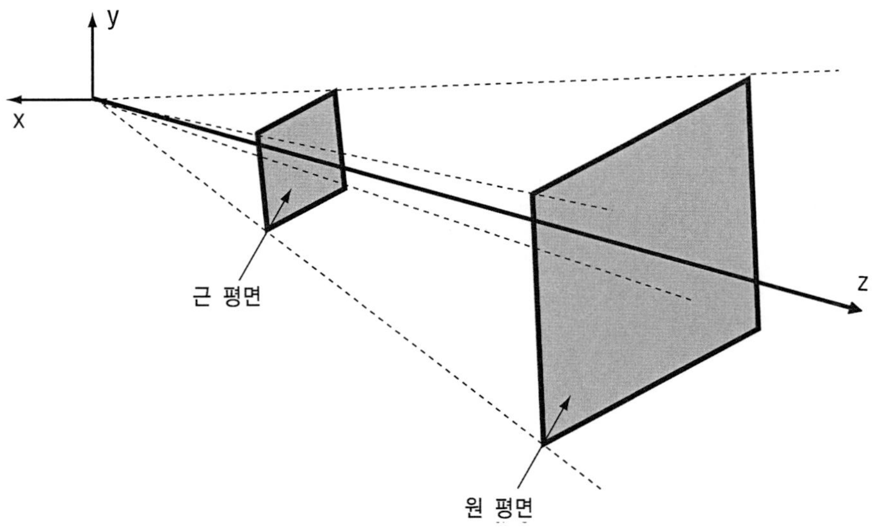


그림 7-8 관측 체적

주어진 6개의 평면 확인은 기본요소가 클리핑될 필요가 있는 평면의 목록을 결정하는데 도움이 된다.

클리핑 단계는 각 기본요소를 그림 7-8에 보이는 클립 체적으로 잘라낼 것이다. 여기서 기본요소에 따라 GL_TRIANGLES를 사용하여 그려진 분리된 삼각형 목록의 각 삼각형, 삼각형 스트립이나 삼각형 부채꼴 중 하나의 삼각형을 포함하고, GL_LINES를 사용하여 그려진 분리된 선의 목록으로부터의 선을 포함하며, 선 스트립이나 선 루프(loop) 중 하나의 선, 혹은 점 스프라이트 중 하나의 특정한 점을 포함한다. 각 기본요소 타입에 대해 다음의 연산들이 수행된다.

- **삼각형 클리핑**(Clipping triangles) - 삼각형이 완전히 관측 체적 내부에 있다면 클리핑은 수행되지 않는다. 반대로 만일 삼각형이 완전히 관측 체적 외부에 있다면 삼각형은 제거된다. 만일 삼각형이 관측 체적 내부에 부분적으로 놓여 있다면 해당하는 평면에 대해 클리핑된다. 클리핑 연산은 평면으로 클리핑된 새로운 정점들을 생성하여 새로운 삼각형 부채꼴로 배치한다.
- **선 클리핑**(Clipping lines) - 선이 완전히 관측 체적 내부에 있다면 클리핑은 수행되지 않는다. 반대로 완전하게 관측 체적 외부에 있다면 선은 제거된다. 선이 관측 체적 내부에 부분적으로 놓여 있다면 선은 클리핑되고 새로운 정점이 생성된다.
- **점 스프라이트 클리핑**(Clipping point sprites) - 클리핑 단계에서 점의 위치가 원 평

면 또는 근 평면의 외부에 놓여 있거나, 점 스프라이트를 표현하는 쿼드(quad)가 클립 체적의 외부에 있을 경우 점 스프라이트는 제거된다. 그 외의 경우는 변화가 없으며, 점 스프라이트가 클립 체적의 내부에서 외부로 혹은 외부에서 내부로 움직이는 경우에는 잘려진다.

기본요소가 6개의 클리핑 평면에 대해 클리핑되면 정점 좌표는 정규화 장치 좌표가 되도록 원근분할(perspective division)을 한다. 정규화 장치 좌표는 −1.0에서 +1.0 범위이다.

**주** 클리핑 연산(특히 선과 삼각형에 대한)은 하드웨어에 부담이 되는 작업이 될 수 있다. 그림 7-8과 같이 관측 체적의 6개 클립 평면에 따라 기본요소가 클리핑된다. 기본요소의 일부가 근 평면이나 원 평면의 외부에 있을 때 클리핑 연산이 수행된다. 그러나 $x$와 $y$ 평면 외부에서 잘린 기본요소는 클리핑될 필요가 없다. 뷰포트(viewport)로 렌더링하면 `glViewPort`로 정의된 뷰포트 차원보다 크고 $x$와 $y$ 평면에서의 클리핑은 시저(scissor)연산이 된다. 시저링(scissoring)은 그래픽 처리장치에서 매우 효율적으로 실행된다. 이 큰 뷰포트 구역을 *보호 대역*(guard-band) 영역이라고 부른다. 비록 OpenGL ES는 애플리케이션이 보호 대역 영역 지정을 허용하지 않지만, 거의 대부분의 OpenGL ES 구현은 보호 대역을 구현한다.

## 원근분할 (perspective division)

원근분할은 클립 좌표($x_c$, $y_c$, $z_c$, $w_c$)에서 받은 점을 화면이나 뷰포트로 투영(project)한다. 이 투영은 ($x_c$, $y_c$, $z_c$)를 $w_c$로 나눔으로써 실행된다. ($x_c/w_c$), ($y_c/w_c$), ($z_c/w_c$)를 수행하면 정규화 장치 좌표 ($x_d$, $y_d$, $z_d$)를 얻을 수 있다. 이러한 정규화 장치 좌표는 [−1.0 .. 1.0]의 범위 안에 있다. 정규화 좌표 ($x_d$, $y_d$)는 뷰포트의 넓이에 따라서 실제 화면(또는, 윈도우) 좌표로 변환된다. 정규화 좌표($z_d$)는 `glDepthRange`에 설정된 `near`와 `far`의 깊이 값을 사용하여 화면에 $z$ 값으로 변환된다. 이러한 변환은 뷰포트 변환과정에서 수행된다.

## 뷰포트 변환 (viewport transformation)

뷰포트는 모든 OpenGL ES 렌더링 연산이 궁극적으로 디스플레이되는 2D 사각형 윈도우 영역이다. 뷰포트 변환은 다음 API의 호출을 사용하여 설정할 수 있다.

```
void   glViewport(GLint x, GLint y, GLsizei w, GLsizei h)
```

| | |
|---|---|
| *x, y* | 뷰포트의 왼쪽 아래 모서리 화면 좌표의 픽셀 값 지정 |
| *w, h* | 뷰포트의 높이와 너비의 픽셀 값 지정. 반드시 0보다 큰 값 |

정규 장치 좌표($x_d$, $y_d$, $z_d$)에서 윈도우 좌표($x_w$, $y_w$, $z_w$)로 변환은 다음 변환 과정을 따른다.

$$\begin{bmatrix} x_w \\ y_w \\ z_w \end{bmatrix} = \begin{bmatrix} (w/2)x_d + o_x \\ (h/2)y_d + o_y \\ ((f-n)/2)z_d + (n+f)/2 \end{bmatrix}$$

변환 $o_x = x + w/2$와 $o_y = y + h/2$에서 $n$과 $f$는 깊이(depth) 값의 범위를 표현한다.

깊이 값 $n$과 $f$는 다음 API의 호출을 사용하여 설정할 수 있다.

```
void   glDepthRangef(GLclampf n, GLclampf f)
```

| | |
|---|---|
| *n, f* | 깊이 값의 범위를 지정. *n*과 *f*에 대한 기본값은 `n = 0.0, f = 1.0`이며, 값의 범위는 (0.0, 1.0)이다. |

`glDepthRangef`와 `glViewport`로 지정된 값은 정점의 위치를 정규화 장치 좌표에서 윈도우(화면) 좌표로 변환하는 데 사용된다.

초기(또는, 기본) 뷰포트 상태는 OpenGL ES가 렌더링하는 애플리케이션에 의해 생성된 윈도우의 `w = width, h = height`로 설정된다. 내부의 이 윈도우는 `eglCreateWindowSurface`에 지정된 `EGLNativeWindowType win` 인수로 제공된다.

## 래스터 변환(rasterization)

그림 7-9는 래스터 변환 파이프라인을 보이고 있다. 정점들이 변환되고 기본요소가 클리핑된 이후 래스터 변환 파이프라인이 삼각형, 선분, 점 스프라이트와 같은 각 기본요소를 이용해 기본요소에 해당하는 프래그먼트를 생성한다. 각 프래그먼트는 화면 공간에서 정수형 위치($x$, $y$)로 구분된다. 프래그먼트는 화면 공간의 ($x$, $y$)로 제공된 픽셀 위치와 프래그먼트 컬러를 생성하는 프래그먼트 셰이더에 의해 처리될 부가적인 프래그먼트

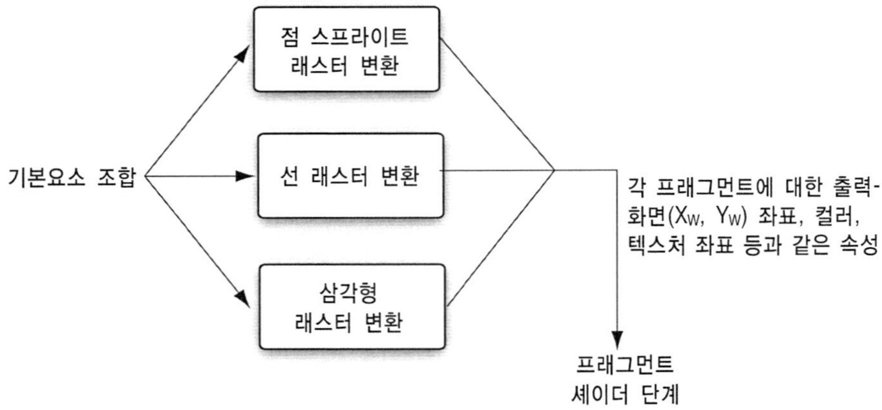


**그림 7-9** OpenGL ES 래스터 변환 단계

데이터를 표현한다. 자세한 관련 내용은 제9장, 제10장에 기술하였다.

본 절에서는 애플리케이션이 삼각형, 스트립, 부채꼴의 래스터 변환을 제어하는 다양한 선택사항에 대해 논의한다.

## 컬링(culling)

삼각형이 래스터 변환되기 이전에, 삼각형의 앞면과 뒷면을 결정해야 할 필요가 있다. 컬링 연산은 관측자에 대해 뒷면인 삼각형을 제거한다. 만일 삼각형이 앞면인지 뒷면인지를 결정하려면 먼저 삼각형의 방향을 알아야 한다.

삼각형의 방향은 첫 번째 정점에서 시작하여 두 번째, 세 번째 정점을 지나 첫 번째 정점으로 돌아오는 경로의 감싸기 순서를 기술한다. 그림 7-10은 시계방향(CW : clockwise)

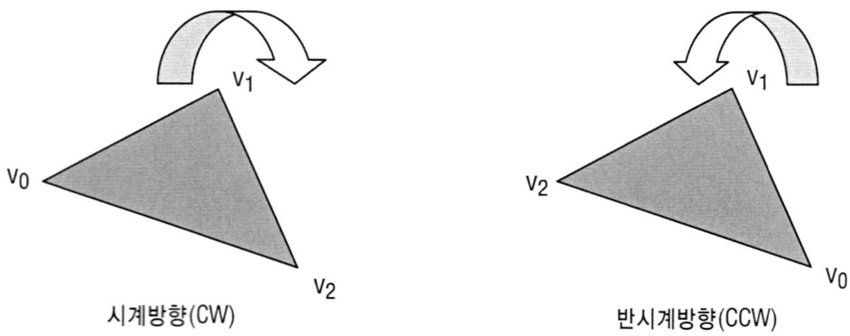


**그림 7-10** 시계방향과 반시계방향 삼각형

과 반시계방향(CCW : counterclockwise) 감싸기 순서를 가진 두 개의 삼각형 예를 기술하고 있다.

삼각형의 방향은 윈도우 좌표 내에 있는 삼각형의 부호 영역을 계산함으로써 계산된다. 지금 시계방향과 반시계방향으로 계산된 삼각형 영역의 부호를 해석할 필요가 있다. 시계방향 또는 반시계방향에서 삼각형 영역의 부호로 사상은 다음 API 호출을 사용하는 애플리케이션에 의해 지정된다.

```
void   glFrontFace(GLenum dir)
```

*dir* 삼각형의 앞면 방향을 지정. 유효한 값은 GL_CW, GL_CCW이며, 기본값은 GL_CCW이다.

삼각형의 방향 계산 방법을 알아보자. 삼각형이 컬링될 필요가 있는지를 결정하기 위해, 컬링되는 삼각형의 면을 알아야 한다. 이는 다음 API를 사용하는 애플리케이션에 의해 지정된다.

```
void   glCullFace(GLenum mode)
```

*mode* 컬링할 삼각형의 면 지정. 유효한 값은 GL_FRONT, GL_BACK, GL_FRONT_AND_BACK. 기본값은 GL_BACK이다.

끝으로, 컬링 연산의 수행 여부를 알아야 할 필요가 있다, 컬링 연산은 GL_CULL_FACE 상태가 활성화되면 수행된다. GL_CULL_FACE 상태는 다음 API를 사용하는 애플리케이션에 의해 활성화되거나 비활성화될 수 있다.

```
void   glEnable(GLenum cap)
void   glDisable(GLenum cap)
```

*cap*은 GL_CULL_FACE를 설정, 초기값은 비활성화(disable)이다.

삼각형을 컬링하기 위해 OpenGL ES 애플리케이션은 먼저 glEnable(GL_CULL_FACE)을 사용하여 컬링을 활성화하고, glCullFace를 사용하여 컬링되는 면을 설정하고, glFrontFace를 사용하여 삼각형 앞면의 방향을 설정한다.

> **주** 컬링은 GPU가 보이지 않는 삼각형을 래스터 변환하는 시간 낭비를 피할 수 있도록 항상 수행가능 상태이어야 한다. 컬링은 OpenGL ES 애플리케이션의 전체적인 성능향상에 도움이 된다.

## 다각형(polygon) 변위

두 개의 다각형을 서로 겹쳐지도록 그릴 경우를 고려해 보자. 그림 7-11에 보이는 구조에 주목해 보자. Z-fighting artifacts라 불리는 인위적 결과물은 삼각형 래스터 변환의 제한된 정밀도 때문에 발생하는데, 그림 7-11에서 보이는 것과 같이 인위적 결과물을 발생시키면서 각 프래그먼트의 생성된 깊이 값의 정밀도에 영향을 줄 수 있다. 삼각형의 래스터 변환이나 각 프래그먼트의 생성된 깊이 값으로 사용된 매개변수의 제한된 정밀도는 보완할 수는 있어도 결코 완벽하게 처리될 수는 없다.

그림 7-11은 동일면에 그려진 두 개의 다각형을 보인다. 다음은 다각형 변위 없이 이 두 개의 동일면에 다각형을 그리기 위한 코드이다.

```
glClear(GL_COLOR_BUFFER_BIT | GL_DEPTH_BUFFER_BIT);

// 정점 셰이더 적재
// 변환 행렬 설정
// 정점 속성 상태 설정

// 적은 사각형 그리기
glDrawArrays(GL_TRIANGLE_FAN, 0, 4);

// 다각형이 동일면에 위치하도록 깊이 값 설정
glDepthFunc(GL_LEQUAL);
```

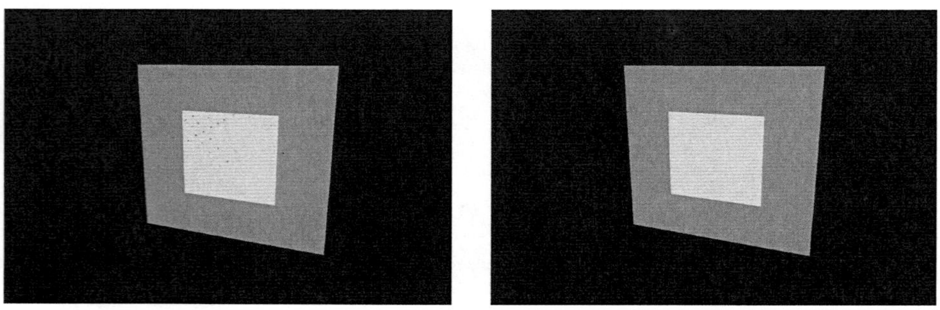

**그림 7-11** 다각형 변위

```
// 정점의 속성 상태 설정

// 큰 사각형 그리기
glDrawArrays(GL_TRIANGLE_FAN, 0, 4);
```

그림 7-11의 인위적 결과물을 피하기 위해서, 깊이 테스트가 실행되어 깊이 값이 깊이 버퍼로 읽혀지기 이전에, 계산된 깊이 값에 `delta` 값을 추가해야 한다. 만일 깊이 테스트가 통과되면 원래 깊이 값과 (깊이 값 + `delta`) 값이 깊이 버퍼에 저장된다.

다각형 변위는 다음 API를 사용하여 설정된다.

```
void glPolygonOffset(GLfloat factor, GLfloat units)
```

깊이 변위는 다음과 같이 계산된다 :

$$\text{depth offset} = m * factor + r * units$$

$m$은 삼각형 경사도의 최대 깊이 값으로 다음과 같이 계산된다.

$$m = \sqrt{(\partial z/\partial x^2 + \partial z/\partial y^2)}$$

$m$은 $max\{|\partial z/\partial x|, |\partial z/\partial y|\}$로 계산할 수도 있다.

경사도는 OpenGL ES 구현에서 삼각형의 래스터 변환 과정 중 $\partial z/\partial x$와 $\partial z/\partial y$로 계산된다.

$r$은 깊이 값에서 차이를 만들기 위해 만들어지는 최솟값으로 구현 시점에 정의되는 상수이다.

다각형 변위는 각각 `glEnable(GL_POLYGON_OFFSET_FILL)`과 `glDisable(GL_POLYGON_OFFSET_FILL)`을 사용하여 활성화 또는 비활성화할 수 있다.

다각형 변위가 사용가능 상태이면, 다음과 같은 코드로 그림 7-11의 삼각형을 렌더링할 수 있다.

```
const float polygonOffsetFactor = -1.0f;
const float polygonOffsetUnits = -2.0f;

glClear(GL_COLOR_BUFFER_BIT | GL_DEPTH_BUFFER_BIT);
// 정점 셰이더 적재
```

```
// 변환 행렬 설정
// 정점 속성 상태 설정

// 적은 사각형 그리기
glDrawArrays(GL_TRIANGLE_FAN, 0, 4);

// 다각형이 동일면에 위치하도록 깊이 값 설정
glDepthFunc(GL_LEQUAL);

glEnable(GL_POLYGON_OFFSET_FILL);
glPolygonOffset(polygonOffsetFactor, polygonOffsetUnits);

// 정점의 속성 상태 설정

// 큰 사각형 그리기
glDrawArrays(GL_TRIANGLE_FAN, 0, 4);
```

## 교합 (occlusion) 질의

교합 질의는 깊이 시험을 통과하는 임의의 프래그먼트나 샘플을 추적할 목적으로 객체를 질의하기 위해 사용한다. 이 접근은 결합 체적이 모호한 객체에 기하학 처리 실행을 피하기 위한 최적화와 같은 렌즈 섬광 효과에 대한 다양한 결정과 같이 다양한 기법을 위해 사용된다.

교합 질의는 GL_ANY_SAMPLES_PASSED 또는 GL_ANY_SAMPLES_PASSED_CONSERVATIVE 목표를 가지고 glBeginQuery와 glEndQuery를 이용하여 각각 시작하고 종료할 수 있다.

```
void  glBeginQuery(GLenum target, GLuint id)
void  glEndQuery(GLenum target)
```

*target* 질의 객체의 목표 타입을 지정, 유효 값은 다음과 같다:
GL_ANY_SAMPLES_PASSED
GL_ANY_SAMPLES_PASSED_CONSERVATIVE
GL_TRANSFORM_FEEDBACK_PRIMITIVES_WRITTEN

*id* 질의 객체의 이름을 지정(단, glBeginQuery)

GL_ANY_SAMPLES_PASSED 목표를 이용하여 임의의 샘플이 깊이 시험을 통과했는지를 나타내는 정확한 부울 상태를 반환한다. GL_ANY_SAMPLES_PASSED_CONSERVATIVE 목표는 더 좋은 성능을 제공하지만 덜 정확한 답이다. GL_ANY_SAMPLES_PASSED_CONSERVATIVE를 이용하여 임의의 구현은 샘플이 깊이 시험을 통과한 샘플이 없을 때 조차 GL_TRUE를 반환한다.

*id*는 glGenQueries를 이용하여 생성하고 glDeleteQueries를 이용하여 삭제된다.

```
void  glGenQueries(GLsizei n, GLuint *ids)
```

| | |
|---|---|
| *n* | 생성될 질의 이름 객체의 수를 지정 |
| *ids* | 질의 이름 객체의 목록을 저장하기 위한 배열을 지정 |

```
void  glDeleteQueries(GLsizei n, const GLuint *ids)
```

| | |
|---|---|
| *n* | 삭제될 질의 이름 객체의 수를 지정 |
| *ids* | 삭제될 질의 이름 객체의 목록을 저장하기 위한 배열을 지정 |

glBeginQuery와 glEndQuery를 이용하여 질의 객체의 경계를 지정한 후 질의 객체의 결과를 검색하기 위해 glGetQueryObjectuiv를 사용할 수 있다.

```
void  glGetQueryObjectuiv(GLuint id, const GLenum pname,
                          GLuint *params)
```

| | |
|---|---|
| *id* | 질의 객체의 이름을 지정 |
| *pname* | 검색될 질의 객체 매개변수를 지정<br>GL_QUERY_RESULT 또는 GL_QUERY_RESULT_AVAILABLE |
| params | 반환된 매개변수 값을 저장하기 위한 유효한 타입의 배열을 지정 |

**주** 더 좋은 성능을 위해 GPU에서 유효한 결과를 위해 기다리도록 glGetQueryObjectuiv를 실행하기 전에 여러 프레임을 기다리게 해야 한다.

다음 예는 교합 질의 객체를 설정하는 방법과 질의 결과를 보인다.

```
glBeginQuery ( GL_ANY_SAMPLES_PASSED, queryObject );
// 여기에 기본요소 그리기

...
glEndQuery ( GL_ANY_SAMPLES_PASSED );

...
// 여러 프레임이 경과한 후 깊이 시험을 통과한 샘플의 질의 수
glGetQueryObjectuiv ( queryObject, GL_QUERY_RESULT, &numSamples );
```

## 요약

이 장에서는 OpenGL ES에서 지원하는 기본요소의 타입들에 대해 배웠고 정규 비-인스턴스와 인스턴스 그리기 호출을 이용하여 효율적으로 그리는 방법을 배웠다. 또한, 좌표 변환이 정점들에서 실행되는 방법을 논의하였다. 추가로 기본요소들이 화면에 그려지는 프래그먼트 표현 픽셀로 변환되는 래스터 변환 단계에 대해서도 배웠다. 정점 데이터를 이용하여 기본요소들을 그리는 방법을 배웠다. 다음 장에서는 기본요소에서 정점을 처리하기 위해 정점 셰이더를 작성하는 방법을 배우게 될 것이다.

OpenGL® ES™ 3.0 Programming Guide

# Chapter 08 정점 셰이더(vertex shaders)

이 장에서는 OpenGL ES 3.0의 프로그래밍 가능한 정점 파이프라인을 기술한다. 그림 8-1에 OpenGL ES 3.0의 프로그래밍 가능한 정점 파이프라인을 나타내고 있다. 그림 8-1에서 음영 표시된 사각형이 OpenGL ES 3.0에서 프로그래밍 가능한 단계를 나타내며, 이 장에서는 **정점 셰이더 단계**를 논의한다. 정점 셰이더는 전통적으로 정점 기반의 연산을 수행하는 데 사용될 수 있으며, 행렬에 의한 위치 변환, 정점 컬러 생성을 위한 조명 방정식 계산, 텍스처 좌표 변환이나 생성과 같은 작업을 수행한다.

이전 장, 특히 제5장의 "OpenGL ES 셰이딩 언어", 제6장 "정점 속성, 정점 배열, 버퍼 객체"에서 정점 속성을 설정하는 방법과 uniform 입력, 그리고 OpenGL ES 3.0 셰이딩 언어에 대한 설명을 하였다. 제7장 "기본요소 조합과 래스터 변환"에서는 정점 셰이더 출력 변수로 참조되는 정점 셰이더 출력이 프래그먼트 셰이더에 대한 입력인 프래그먼트당 값을 생성하는 래스터 변환 단계에서 사용된다. 이 장에서는 입력과 출력을 포함한 정점 셰이더의 높은 수준 개념을 설명하고, 그 다음에 OpenGL ES 3.0 셰이딩 언어 때문에 강요되는 한계점과 다양한 OpenGL ES 3.0 구현에서 이식성을 지원할 필요가 있는 셰이더를 기술할 때 유의사항을 알아본다. 그리고 몇 가지 예제를 통해 정점 셰이더 기술 방법을 설명한다. 예제들은 컬러 반사, 정점 산란을 발생시키는 정점의 조명과 텍스처 좌표 생성, 정점 스키닝(skinning)에 관련된 것과 정점 조명 행렬 투상과 모델뷰를 통한 정점 위치 변환과 같은 기본적인 예제이다. 이러한 예제들이 독자들로 하여금 정점

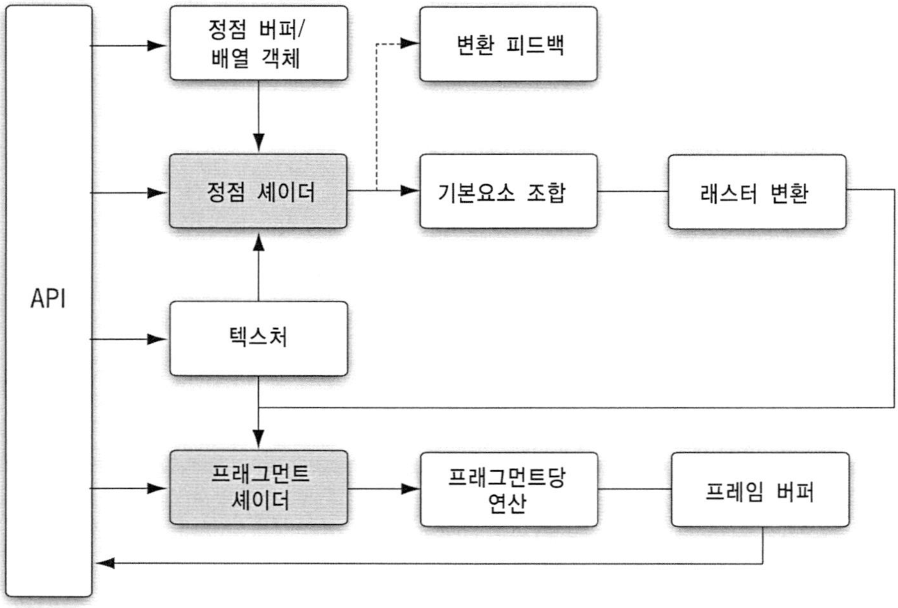


**그림 8-1** OpenGL ES 3.0의 프로그래밍 가능한 파이프라인

셰이더를 사용하는 올바른 방법이나 가능한 한 정점 셰이더를 이식성 좋게 만들기 위한 규칙과 정점 셰이더로 할 수 있는 모든 것을 이해하는 데 도움이 되길 바란다. 마지막으로, OpenGL ES 1.1 고정함수 정점 파이프라인을 구현하는 정점 셰이더를 설명한다.

## 정점 셰이더 개요

정점 셰이더는 정점에 대한 연산에 대해 일반적인 목적의 프로그램 가능한 메소드를 제공한다. 그림 8-2는 정점 셰이더의 입력과 출력을 보인다. 정점 셰이더의 입력 구성은 다음과 같다.

- 속성(Attributes) – 정점 배열을 사용하여 제공된 각 정점 데이터
- uniform과 uniform 버퍼 – 정점 셰이더에 의해 사용된 상수 데이터
- 샘플 – 정점 셰이더에 의해 사용된 텍스처를 나타내는 uniform 타입을 지정
- 셰이더 프로그램(shader program) 정점에 대해 수행될 연산들을 기술한 정점 셰이더 프로그램 소스코드나 실행 가능한 프로그램

정점 셰이더의 출력은 호출된 정점 셰이더 출력 변수이다. 기본요소의 래스터 변환 단계

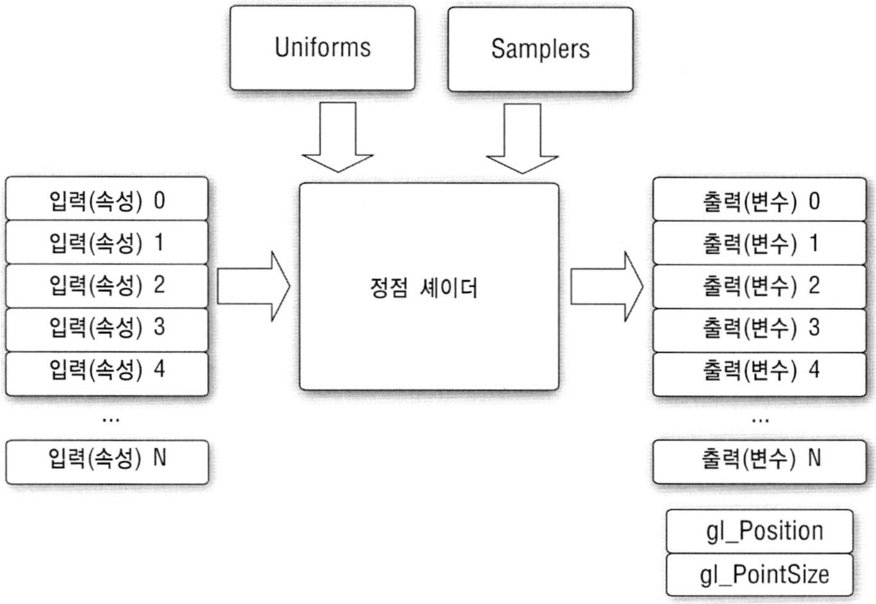


**그림 8-2** OpenGLES 3.0 정점 셰이더

에서 이런 변수는 각각의 생성된 프래그먼트에 대해 계산된다. 그리고 각 프래그먼트 셰이더의 입력으로 전달된다.

## 정점 셰이더 내장 변수

정점 셰이더의 내장 변수는 깊이 범위와 같은 정점 셰이더, uniform 상태의 입력이나 출력하는 특정 변수와 속성들의 수, 정점 셰이더 출력 변수들, uniform 수와 같은 최댓값을 지정하는 상수로 분류할 수 있다.

### 내장 특수 변수

OpenGL ES 3.0은 프래그먼트 셰이더에 입력되는 정점 셰이더의 출력이나 프래그먼트 셰이더의 출력이 될 수 있는 내장 특수 변수를 가진다. 정점 셰이더에서 사용할 수 있는 내장 특수 변수는 다음과 같다.

- `gl_VertexID`는 정점에 대한 정수 인덱스를 유지하는 입력변수이다. 이 정수 변수는 `highp` 정밀도 한정자를 이용하여 선언된다.
- `gl_InstanceID`는 인스턴스 그리기 호출에서 기본요소의 인스턴스 수를 유지하

는 입력변수이다. 이들 값은 정규 그리기 호출에 대해 0이다. gl_InstanceID는 highp 정밀도 한정자를 이용하여 선언된 정수 변수이다.

- gl_Position은 클립 좌표에서 정점의 위치를 출력하기 위해 사용된다. gl_Position 값은 클리핑, 뷰포트 단계에서 기본요소의 클리핑이 이루어지고, 정점의 위치를 클립 좌표에서 화면 좌표로 변환하는 데 사용된다. gl_Position의 값은 정점 셰이더가 gl_Position에 기록하지 않으면 정의되지 않는다. gl_Position은 highp 정밀도 한정자를 이용하여 선언한 부동소수점 변수이다.
- gl_PointSize는 픽셀로 점 스프라이트의 크기를 설정할 때나, 점 스프라이트가 렌더링될 때 사용된다. 정점 셰이더에 의한 gl_PointSize 값 출력은 OpenGL ES 3.0 구현에서 지원하는 에일리어싱된 점의 크기 값으로 조정된다. gl_PointSize는 highp 정밀도 한정자를 사용하여 선언된 부동소수점 변수이다.
- gl_FrontFacing - gl_FrontFacing 특수 내장 변수는 정점 셰이더에 의해 직접적으로 기록되지 않지만 정점 셰이더나 렌더링된 기본요소 형식에 의해 생성된 위치 값을 기반으로 생성된다. gl_FrontFacing은 부울 값이다.

### 내장 uniform 상태

정점 셰이더 내부에서만 사용가능한 내장 uniform 상태는 윈도우 좌표의 깊이 범위이다. 이는 gl_DepthRange라는 내장 uniform으로 주어지며, gl_DepthRangeParameters 타입의 uniform으로 선언된다.

```
struct gl_DepthRangeParameters
{
   highp float near;            // near Z
   highp float far;             // far Z
   highp float diff;            // far - near
}
uniform gl_DepthRangeParameters gl_DepthRange;
```

### 내장 상수

다음 내장 상수는 정점 셰이더 내부에서 사용가능한 내장 상수이다.

```
const mediump int gl_MaxVertexAttribs              = 16;
const mediump int gl_MaxVertexUniformVectors       = 256;
const mediump int gl_MaxVertexOutputVectors        = 16;
const mediump int gl_MaxVertexTextureImageUnits    = 16;
const mediump int gl_MaxCombinedTextureImageUnits  = 32;
```

내장 상수는 다음과 같은 최댓값 항목으로 정의한다.

- gl_MaxVertexAttribs는 지정될 수 있는 정점 속성의 최댓값이다. 모든 OpenGL ES 3.0 구현에서 지원하는 최솟값은 16이다.
- gl_MaxVertexUniformVectors는 정점 셰이더 내부에서 사용될 수 있는 vec4 uniform 항목의 최댓값이다. 모든 OpenGL ES 3.0 구현에서 지원하는 최솟값은 256 vec4 항목이다. 개발자가 실질적으로 사용하는 vec4 uniform 항목의 수는 구현에 따라, 혹은 정점 셰이더에 따라 다양할 수 있다. 예를 들어, 어떤 구현에서는 uniform의 제한 수치를 정점 셰이더에서 사용되는 사용자 정의 리터럴(literal) 값으로 구할 수 있다. 다른 경우는 구현 시 정의된 uniform(또는 상수)은 정점 셰이더가 내장 초월함수(transcendental functions)의 사용 여부에 따라 포함될 수 있다. 현재는 특정 정점 셰이더에서 사용된 uniform 입력 수를 알아내기 위해 애플리케이션이 사용할 수 있는 방법이 없다. 정점 셰이더 컴파일이 실패하고 컴파일 로그에 사용된 uniform 항목의 수와 관련된 정보가 남을 것이다. 하지만 컴파일 로그에 의해 반환된 정보는 구현 사항이다. 이 장에서 정점 셰이더에서 사용가능한 정점 uniform 입력을 최대로 사용할 수 있는 방법을 제시한다.
- gl_MaxVertexOutputVectors는 출력 벡터의 최대 수; 정점 셰이더가 출력하는 vec4의 항목 수. 모든 ES 3.0 구현에서 지원하는 최솟값은 16이다.
- gl_MaxVertexTextureImageUnits는 정점 셰이더에서 사용할 수 있는 텍스처 개체의 최대 수를 의미한다. 최솟값은 16이며, 이는 구현이 정점 텍스처 패치를 지원하지 않는다는 의미이다.
- gl_MaxCombinedTextureImageUnits는 정점에서 유용한 텍스처 개체의 최대 수와 프래그먼트 셰이더의 합으로 최솟값은 32이다.

각 내장 상수에 대해 지정된 값은 모든 OpenGL ES 3.0 구현에서 지원하는 최솟값이다. 특정 구현에서 기술된 최솟값보다 큰 값을 지원할 수도 있다. 실제로 지원하는 값은 다음 코드를 통해서 질의할 수 있다.

```
GLint maxVertexAttribs, maxVertexUniforms, maxVaryings;
GLint maxVertexTextureUnits, maxCombinedTextureUnits;
glGetIntegerv(GL_MAX_VERTEX_ATTRIBS, &maxVertexAttribs);
glGetIntegerv(GL_MAX_VERTEX_UNIFORM_VECTORS, &maxVertexUniforms);
glGetIntegerv(GL_MAX_VARYING_VECTORS, &maxVaryings);
glGetIntegerv(GL_MAX_VERTEX_TEXTURE_IMAGE_UNITS,
              &maxVertexTextureUnits);
```

```
glGetIntegerv(GL_MAX_COMBINED_TEXTURE_IMAGE_UNITS,
              &maxCombinedTextureUnits);
```

### 정밀도 한정자

정밀도 한정자에 대해 간단히 복습해 보자. 정밀도 한정자는 제5장에서 배웠다. 정밀도 한정자는 실수형(float) 또는 정수형(integer) 타입의 변수에 대한 정밀도를 지정하기 위해 사용될 수 있다. 정밀도를 지정하기 위한 키워드로는 lowp, mediump, highp가 있다. 정밀도 한정자 선언 예는 다음과 같다.

```
highp vec4        position;
out lowp vec4     color;
mediump float     specularExp;
highp int         oneConstant;
```

위의 정밀도 한정자에 추가로 기본 정밀도 표기법이 있다. 이는 만일 변수가 정밀도 한정자 없이 선언되었을 경우, 해당 타입으로 기본 정밀도를 가진다는 것이다. 기본 정밀도 한정자는 다음과 같은 문법을 사용하여 프래그먼트나 정점 셰이더에 지정된다.

```
precision highp float;
precision mediump int;
```

float 타입을 지정하는 정밀도는 부동소수점 값의 모든 변수에 기본 정밀도로 사용될 수 있다. 마찬가지로, 정수형 타입을 명시하는 정밀도는 정수형 변수의 기본 정밀도로 사용될 수 있다. 정점 셰이더에서 기본 정밀도가 지정되지 않았을 경우, int와 float 모두에 해당되는 기본 정밀도는 highp이다.

정점 셰이더에서 일반적으로 실행되는 연산에서 가장 많이 필요한 정밀도 한정자는 highp이다. 행렬이 있는 위치 변환, 법선과 텍스처 좌표 변환 또는 텍스처 좌표를 생성하는 연산은 highp 정밀도를 사용할 필요가 있다. 컬러 연산과 조명 방정식은 mediump 정밀도를 주로 사용할 것이다. 다시 말해, 이러한 선택은 컬러 연산의 종류, 연산에 필요한 범위나 정밀도에 따라 달라진다. 정점 셰이더의 대부분 연산에 사용되는 기본 정밀도는 거의 highp이고, 앞으로 나올 예제도 기본 정밀도 한정자로 highp를 사용한다.

### 정점 셰이더에서 uniform 제한 수

gl_MaxVertexUniformVectors는 정점 셰이더에서 사용할 수 있는 uniform의 최

대 수를 기술한다. 임의의 OpenGL ES 3.0 구현에 지원되어야 하는 gl_MaxVertexUniformVectors의 최솟값은 256 vec4 항목이다. uniform 저장소는 다음 변수를 저장하기 위해 사용된다.

- uniform 한정자로 선언된 변수
- 상수변수
- 리터럴 변수
- 구현 지정 상수

상수 한정자, 리터럴 값, 구현 지정 상수와 함께 정점 셰이더에서 사용된 uniform 변수의 수는 제5장에서 기술한 각 패킹 규칙에 따라 gl_MaxVertexUniformVectors에 맞춰야 한다. 만일 이것이 맞지 않으면 정점 셰이더 컴파일은 실패하게 된다. 개발자가 패킹 규칙을 적용하여 uniform 변수, 상수 변수, 리터럴 값을 저장하기 위해 필요한 uniform 저장의 양을 결정하는 것은 가능하지만, 구현 지정 상수의 수를 결정하는 것은 정점 셰이더가 사용하는 내장 셰이딩 언어 함수에 따라 변경되고 구현에 따라 사용하기 때문에 불가능하다. 일반적으로 구현 지정 상수는 내장 초월함수가 사용될 때 필요하다.

리터럴 값에 관하여 OpenGL ES 3.0 셰이딩 언어 명세는 상수 전달이 없다고 가정한다. 이는 동일한 리터럴 값의 다중 인스턴스가 여러 번 계산된다는 것을 의미한다. 정점 셰이더의 0.0이나 1.0과 같은 리터럴 값의 사용이 쉽다고 이해할 수 있지만, 가능한 이러한 경우를 피하도록 권장한다. 리터럴 값을 사용하는 대신, 적절한 상수 변수를 선언해야 한다. 이는 정점 uniform 저장소 요구사항이 구현의 지원 사항을 초과할 경우 정점 셰이더가 컴파일 실패의 원인이 되는 동일 리터럴 값의 중복 카운트를 피하는 길이다.

각 정점에 대해 두 개의 텍스처 좌표를 변형하는 정점 셰이더 코드 부분을 기록한 다음의 예를 살펴보기 바란다.

```
#version 300 es
#define NUM_TEXTURES 2

uniform mat4 tex_matrix[NUM_TEXTURES];          // 텍스처 행렬
uniform bool enable_tex[NUM_TEXTURES];          // 가능한 텍스처
uniform bool enable_tex_matrix[NUM_TEXTURES];  // 가능한 텍스처 행렬

in vec4 a_texcoord0; // enable_tex[0]이 참이면 사용 가능
in vec4 a_texcoord1; // enable_tex[1]이 참이면 사용 가능

out vec4 v_texcoord[NUM_TEXTURES];
```

```
void main()
{
    v_texcoord[0] = vec4(0.0, 0.0, 0.0, 1.0);
    // 가능한 텍스처 0
    if (enable_tex[0])
    {
        // 가능한 텍스처 행렬 0
        if(enable_tex_matrix[0])
            v_texcoord[0] = tex_matrix[0] * a_texcoord0;
        else
            v_texcoord[0] = a_texcoord0;
    }

    v_texcoord[1] = vec4(0.0, 0.0, 0.0, 1.0);
    // 가능한 텍스처 1
    if (enable_tex[1])
    {
        // 가능한 텍스처 행렬 1
        if(enable_tex_matrix[1])
            v_texcoord[1] = tex_matrix[1] * a_texcoord1;
        else
            v_texcoord[1] = a_texcoord1;
    }
    // 유효 정점 셰이더에 이를 만들기 위해 gl_Position을 지정
}
```

기술된 코드는 uniform 저장소에 대하여 리터럴 값 0, 1, 0.0, 1.0 계수에 대해 각 참조한 결과이다. 이런 리터럴 값이 단지 한 번만 계산되는 것을 보장하기 위해 정점 셰이더 코드는 다음과 같이 작성해야 한다.

```
#version 300 es
#define NUM_TEXTURES 2

const int c_zero = 0;
const int c_one = 1;

uniform mat4 tex_matrix[NUM_TEXTURES];          // 텍스처 행렬
uniform bool enable_tex[NUM_TEXTURES];          // 가능한 텍스처
uniform bool enable_tex_matrix[NUM_TEXTURES]; // 가능한 텍스처 행렬

in vec4 a_texcoord0; // enable_tex[0]이 참이면 사용 가능
```

```
in vec4 a_texcoord1; // enable_tex[1]이 참이면 사용 가능

out vec4 v_texcoord[NUM_TEXTURES];

void main()
{
   v_texcoord[c_zero] = vec4(float(c_zero), float(c_zero),
                             float(c_zero), float(c_one));
   // 가능한 텍스처 0
   if (enable_tex[c_zero])
   {
      // 가능한 텍스처 행렬 0
      if(enable_tex_matrix[c_zero])
         v_texcoord[c_zero] = tex_matrix[c_zero] *
                              a_texcoord0;
      else
         v_texcoord[c_zero] = a_texcoord0;
   }

   v_texcoord[c_one] = vec4(float(c_zero), float(c_zero),
           float(c_zero), float(c_one));
   // 가능한 텍스처 1
   if(enable_tex[c_one])
   {
      // 가능한 텍스처 행렬 1
      if(enable_tex_matrix[c_one])
         v_texcoord[c_one] = tex_matrix[c_one] * a_texcoord1;
      else
         v_texcoord[c_one] = a_texcoord1;
   }
   // 유효 정점 셰이더에 이를 만들기 위해 gl_Position을 지정
}
```

이 절은 OpenGL ES 3.0 셰이딩 언어의 제한성과 대부분의 OpenGL ES 3.0 구현에서 컴파일되고 실행되는 정점 셰이더 작성 방법에 대해 이해하는 데 도움이 되길 바란다.

## 정점 셰이더 예제

정점 셰이더에서 다음 특징들을 구현하는 방법에 대해 설명하기 위한 예제들을 제시한다.

- 행렬을 이용한 정점 위치 변환
- 정점 산란 및 반사 컬러 생성을 위한 조명 계산
- 텍스처 좌표 생성
- 정점 스키닝(sknning)
- 정점 위치를 텍스처 검색 값으로 치환

이러한 특징들은 OpenGL ES 3.0 애플리케이션이 정점 셰이더에서 수행하는 통상적인 예제들이다.

### 행렬 변환

예제 8-1은 OpenGL ES 셰이딩 언어를 사용한 간단한 정점 셰이더 코드이다. 정점 셰이더는 위치와 입력이나 속성과 같은 연관된 컬러 데이터를 가지며, 4x4 행렬로 변환하고, 변환된 위치와 컬러를 출력한다.

**예제 8-1** 위치에 대해 행렬 변환하는 정점 셰이더

```
#version 300 es

// 정점 셰이더에서 사용할 uniform
uniform mat4 u_mvpMatrix; // 모델 공간에서 클립 공간으로 변환하기 위한 행렬

// 정점 셰이더에 입력할 속성
layout(location = 0) in vec4 a_position;        // 입력 위치 값
layout(location = 1) in vec4 a_color;           // 입력 컬러

// 프래그먼트 셰이더에 대한 정점 셰이더 출력, 입력
out vec4 v_color;

void main()
{
   v_color = a_color;
   gl_Position = u_mvpMatrix * a_position;
}
```

변환된 정점 위치와 기본요소 타입은 설정과 래스터 변환 단계에서 기본요소를 프래그먼트로 래스터화하기 위해 사용된다. 각 프래그먼트에 대해 삽입된 v_color는 처리되어 프래그먼트 셰이더의 입력값으로 전달된다.

예제 8-1은 uniform u_mvpMatrix에서 모델-뷰-투영(model-view-projection, MVP) 행렬의 개념을 소개한다. 제7장에서 좌표 시스템 절에서 기술한 것처럼 정점 셰이더에 위치 입력은 객체 좌표에 저장되고 정점 셰이더의 출력 위치는 클립 좌표에 저장된다. MVP 행렬은 이 변환을 실행하는 3D 그래픽에서 3개의 매우 중요한 변환 행렬의 결과이다: 모델 행렬, 뷰 행렬, 투상 행렬.

MVP 행렬을 구성하는 개개 행렬의 각각에 의해 실행된 변환은 다음과 같다.

- 모델 행렬 - 객체 좌표에서 세계 좌표로 변환
- 뷰 행렬 - 세계 좌표를 시야(eye) 좌표로 변환
- 투상 행렬 - 시야 좌표를 클립 좌표로 변환

### 모델-뷰 행렬

전통적인 고정함수 OpenGL에서 모델과 뷰 행렬은 모델-뷰 행렬로 알려진 단일 행렬과 결합된다. 이 4 x 4 행렬은 객체 좌표로부터 시야 좌표로 정점 위치를 변환한다. 이는 객체에서 세계 좌표로 변환과 세계 좌표에서 시야 좌표로 변환의 결합이다. 고정함수 OpenGL에서 모델-뷰 행렬은 glRotatef, glTranslatef, glScalef와 같은 함수를 이용해서 생성된다. 이들 함수가 OpenGL ES 2.0이나 3.0에서 존재하지 않기 때문에 모델-뷰 행렬의 생성은 애플리케이션이 할 일이다.

이 과정을 간단히 하기 위해 모델-뷰 행렬을 만들기 위해 고정함수 OpenGL 루틴과 동등하게 실행하는 함수를 포함하는 간단한 코드 프레임워크 esTransform.c에 포함하였다. 이들 변환 함수(esRotate, esTranslate, esScale, esMatrixLoadIdentity, esMatrixMultiply)는 부록 C에 자세히 설명되어 있다. 예제 8-1에서 모델-뷰 행렬은 다음과 같이 계산된다.

```
ESMatix modelview;

// 정육면체를 회전/이동하기 위한 모델-뷰 행렬 생성
esMatrixLoadIdentity ( &modelview );

// 뷰어로부터 이동
esTranslate ( &modelview, 0.0, 0.0, -2.0 );
```

```
// 정육면체 회전
esRotate ( &modelview, userData->angle, 1.0, 0.0, 1.0 );
```

첫째 단위 행렬은 esMatrixLoadIdentity를 이용하여 modelview 행렬에 적재된다. 이때 단위 행렬은 뷰어로부터 객체를 이동하는 이동과 연결된다. 마지막으로 회전은 연속적으로 객체를 회전하기 위해 시간에 기반하여 갱신된 정도에 따라 각도를 가지고 벡터 (1.0, 0.0, 1.0)을 객체 주위를 따라 회전하는 modelview 행렬과 연결된다.

### 투상 행렬

투상 행렬은 시야 좌표(모델-뷰 행렬을 적용하여 계산)를 가져와서 제7장 클리핑 절에서 설명한 것처럼 클립 좌표를 생성한다. 고정함수 OpenGL에서 이 변환은 OpenGL 유틸리티 함수 glPerspective나 glFrustum을 이용하여 지정된다. OpenGL ES 프레임워크 API에서 두 동등 함수를 제공한다: esFrustum, esPerspective. 이들 함수는 제7장에서 설명한 것처럼 클립 체적을 지정한다. esFrustum 함수는 클립 체적의 좌표를 지정하여 클립 체적을 기술한다. esPerspective 함수는 시야(field-of-view)와 관측 체적의 가로세로비 기술을 이용하여 esFrustum에 대한 매개변수를 계산하는 편리한 함수이다. 이 투상 행렬은 다음과 같이 예제 8-1에 대해 계산된다.

```
ESMatrix projection;

// 윈도우 가로세로비 계산
aspect = (GLfloat) esContext->width / (GLfloat) esContext->height;

// 60도 FOV 및 1.0과 20.0에서 근/원 클립 평면을 가지는 시각 행렬을 생성
esMatrixLoadIdentity ( &projection );
esPerspective (&projection, 60.0f, aspect, 1.0f, 20.0f );
```

마지막으로 MVP 행렬은 모델-뷰와 투상 행렬의 결과로 계산된다.

```
//마지막 MVP는 모델-뷰와 투상 행렬을 곱해서 계산한다
esMatrixMultiply(&userData->mvpMatrix, &modelview, &projection );
```

MVP 행렬은 glUniformMatrix4fv를 이용하여 세이더에 대한 uniform에 적재된다.

```
// uniform 위치를 가져온다.
userData->mvpLoc = glGetUniformLocation (user->programObject,
                                         "u_mvpMatrix" );

...
```

```
// MVP 행렬 적재
glUniformMatrix4fv ( userData->mvpLoc, 1, GL_FALSE, (GLfloat*)
                     &userDAta->mvpMatrix.m[0][0] );
```

## 정점 셰이더에서 조명

이 절에서는 방향성 조명과 점, 스폿(spot) 조명에 대한 조명 방정식을 계산하는 예제를 살펴본다. 이 절에서 기술된 정점 셰이더는 방향성 또는 스폿(또는 점) 조명에 대해 조명 방정식을 계산하기 위해 OpenGL ES 1.1 조명 방정식 모델을 사용한다. 여기에 제시된 조명 예제에서, 뷰어는 무한 거리로 가정한다.

방향성 조명은 객체가 보여지는 곳으로부터 무한대의 거리에 존재하는 광원을 뜻한다. 방향성 조명의 예로 태양을 들 수 있다. 조명이 무한 거리에 있기 때문에, 광원으로부터의 조명 광선은 평행하다. 조명 방향 벡터는 상수이며 각 정점마다 계산될 필요가 없다. 그림 8-3은 방향성 조명에 대한 조명 방정식을 계산하는 데 필요한 용어를 설명한 것이다. $P_{eye}$는 뷰어의 위치, $P_{light}$ 는 조명($P_{light} \cdot w = 0$)의 위치, $N$은 법선 벡터, $H$는 반평면 벡터이다. $P_{light} \cdot w = 0$이기 때문에 조명의 방향 벡터는 $P_{light} \cdot xyz$가 된다. 반평면 벡터 $H$는 $\| VP_{light} + VP_{eye} \|$로 계산되고, 광원과 뷰어가 모두 무한이기 때문에, 반평면 벡터 $H = \| P_{light} \cdot xyz + (0,0,1) \|$이다.

예제 8-2는 방향성 조명에 대한 조명 방정식을 계산하는 정점 셰이더 코드이다. 방향성 조명 속성은 다음과 같은 요소를 포함하는 `directional_light` struct로 기술된다.

- `direction` – 시야 공간(eye space)에서 정규화된 조명의 방향

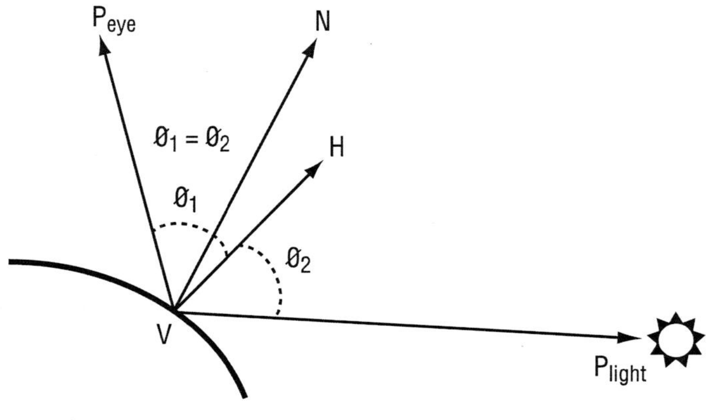


**그림 8-3** 방향성 조명에 대한 조명 방정식을 계산하는 기하 요소

- halfplane – 정규화된 반평면 벡터 *H*. 이는 변경되지 않기 때문에 방향성 조명에 대해 미리 계산될 수 있다.
- ambient_color – 조명의 주변 컬러
- diffuse_color – 조명의 산란 컬러
- specular_color – 조명의 반사 컬러

정점 산란과 반사 컬러를 계산하는 데 필요한 재질 특성은 다음과 같은 요소를 포함하는 material_properties struct로 기술된다.

- ambient_color – 조명의 주변 컬러
- diffuse_color – 조명의 산란 컬러
- specular_color – 조명의 반사 컬러
- specular_exponent – 전반사 지수는 재질의 반짝임을 표현하는 것으로 반사 강조의 반짝임을 제어하는 데 사용된다.

**예제 8-2** 방향성 조명

```
#version 300 es

struct directional_light
{
   vec3 direction;             // 정규화된 조명 방향
   vec3 halfplane;             // 정규화된 반평면 벡터
   vec4 ambient_color;
   vec4 diffuse_color;
   vec4 specular_color;
};

struct material_properties
{
   vec4 ambient_color;
   vec4 diffuse_color;
   vec4 specular_color;
   float specular_exponent;
};

const float c_zero = 0.0;
const float c_one = 1.0;

uniform material_properties material;
```

```
uniform directional_light light;

// 법선 벡터는 시야 공간으로 변환되어 정규화된다.
// 계산된 결과 반환
vec4 directional_light_color(vec3 normal)
{
    vec4 computed_color = vec4(c_zero, c_zero, c_zero, c_zero);
    float ndotl;    // 법선 벡터와 방향의 소수점
    float ndoth;    // 법선 벡터와 반평면 벡터의 소수점

    ndotl = max(c_zero, dot(normal, light.direction));
    ndoth = max(c_zero, dot(normal, light.halfplane));

    computed_color += (light.ambient_color * material.ambient_color);
    computed_color += (ndotl * light.diffuse_color
                      * material.diffuse_color);

    if ( ndoth > c_zero )
    {
        computed_color += (pow(ndoth, material.specular_exponent) *
                          material.specular_color *
                          light.specular_color);
    }
    return computed_color;
}
// 유효 정점 셰이더에 이를 생성하기 위해 main 함수를 추가
```

예제 8-2에 기술된 방향성 조명 정점 셰이더 코드는 각 정점 산란과 반사 컬러를 단일 컬러(computed_color에 의해 제공된)로 조합한다. 다른 선택사항은 각 정점 산란과 반사 컬러를 계산하여 각 varying 변수를 프래그먼트 셰이더에 전달한다.

**주** 예제 8-2에서 조명 컬러를 가지고 재질 컬러들(주변 컬러, 산란 컬러, 반사 컬러)을 곱하였다. 이는 단지 하나의 조명에 조명 방정식을 계산할 경우에 좋다. 만일 다중 조명으로 조명 방정식을 계산해야 할 경우는 각각의 조명에 대해 주변 컬러, 산란 컬러, 반사 컬러 값을 계산해야 하고 적절하게 계산된 항목에 재질 반사 컬러, 산란 컬러, 반사 컬러를 곱하여 최종 정점 컬러를 계산하고, 이때 각 정점에 대한 컬러를 생성하기 위해 이 값들을 합산해야 한다.

점 광원은 공간의 한 위치에서 모든 방향으로 빛을 발산하는 광원이다. 점 조명은 위치

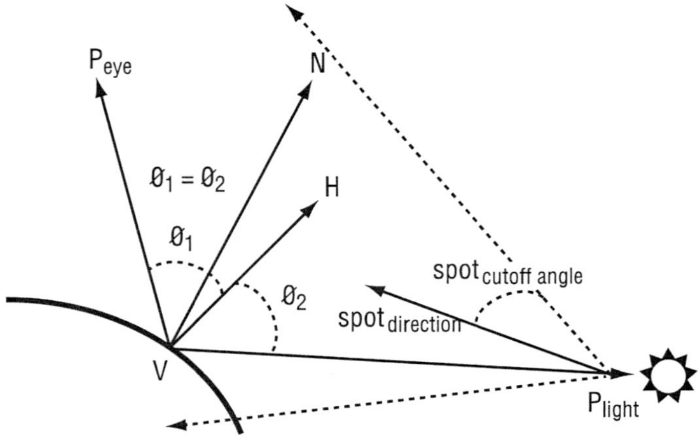


**그림 8-4** 스포트라이트의 조명 방정식을 계산하는 기하 요소

벡터($x, y, z, w$), $w \neq 0$로 제공된다. 점 조명은 모든 방향으로 빛을 발산하지만, 조명에서 객체까지의 거리에 따라서 그 강렬함이 떨어진다. 이러한 감쇠(attenuation)는 다음 방정식을 이용해 계산한다.

$$\text{거리 감쇠(distance attenuation)} = 1 / ( K_0 + K_1 \times \| VP_{light} \| + K_2 \times \| VP_{light} \|^2 )$$

$K_0$, $K_1$, $K_2$는 상수, 1차방정식, 2차방정식 감쇠 인수이다.

스포트라이트(spotlight)는 한 방향($spot_{direction}$에서 제공된)으로 위치($P_{light}$)로부터 발산되는 원뿔 조명처럼 위치와 방향을 모두 갖는 광원을 말한다. 그림 8-4는 스포트라이트의 조명 방정식을 계산하는 데 필요한 용어를 설명한다.

방사되는 빛의 강렬함은 원뿔의 중심으로부터의 각도에 기반하여 스폿 차단 요소에 의해 감쇠된다. 원뿔의 중심으로부터 이 각도는 $VP_{light}$와 $spot_{direction}$의 내적(dot product)으로 계산된다. $spot_{direction}$으로 주어지는 스포트라이트 방향에서 스폿의 차단 요소는 1.0이며, 0.0 $spot_{cutoff\ angle}$ 라디안(radian)까지 떨어진다.

예제 8-3은 스포트라이트의 조명 방정식을 계산하는 정점 셰이더 코드이다. 스포트라이트의 속성은 `spot_light struct`로 기술되며 다음과 같은 요소를 포함한다.

- `direction` - 시야 공간에서 정규화된 조명의 방향
- `ambient_color` - 조명의 주변 컬러
- `diffuse_color` - 조명의 산란 컬러
- `specular_color` - 조명의 반사 컬러

- attenuation_factors - 거리 감쇠 요소 $K_0$, $K_1$, $K_2$
- compute_distance_attenuation - 거리 감쇠를 계산해야 하는지 여부를 결정하는 부울 값
- spot_direction - 정규화된 스폿 방향 벡터
- spot_exponent - 스폿 차단 요소를 계산하는 데 사용되는 스포트라이트 지수
- spot_cutoff_angle - 스포트라이트 차단 각도

**예제 8-3** Spot Light

```
#version 300 es

struct spot_light
{
   vec4 position;                          // 시야공간의 광원 위치
   vec4 ambient_color;
   vec4 diffuse_color;
   vec4 specular_color;
   vec3 spot_direction;                    // 정규화된 스폿 방향
   vec3 attenuation_factors;               // 감쇠요소 K0, K1, K2
   bool compute_distance_attenuation;
   float spot_exponent;                    // 스포트라이트 지수 항목
   float spot_cutoff_angle;                // 스폿 감쇠 각도
};

struct material_properties
{
   vec4 ambient_color;
   vec4 diffuse_color;
   vec4 specular_color;
   float specular_exponent;
};

const float c_zero = 0.0;
const float c_one = 1.0;

uniform material_properties material;
uniform spot_light light;

// 법선과 위치는 시야 공간에서 법선과 위치 값
// 법선 벡터는 정규화 벡터이다.
// 계산된 컬러 반환
```

```
vec4 spot_light_color (vec3 normal, vec4 position)
{
    vec4 computed_color = vec4(c_zero, c_zero, c_zero, c_zero);
    vec3 lightdir;
    vec3 halfplane;
    float ndotl, ndoth;
    float att_factor;

    att_factor = c_one;

    // 'w' 값을 조명 위치 값으로 가정
    // 정점 위치
    lightdir = light.position.xyz - position.xyz;

    // 거리 감쇠 계산
    if(light.compute_distance_attenuation)
    {
        vec3 att_dist;

        att_dist.x = c_one;
        att_dist.z = dot(lightdir, lightdir);
        att_dist.y = sqrt(att_dist.z);
        att_factor = c_one / dot(att_dist, light.attenuation_factors);
    }

    //조명 방향 벡터 정규화
    lightdir = normalize(lightdir);

    // 스폿 감쇠 요소 계산
    if(light.spot_cutoff_angle < 180.0)
    {
        float spot_factor = dot(-lightdir, light.spot_direction);

        if(spot_factor >= cos(radians(light.spot_cutoff_angle)))
           spot_factor = pow(spot_factor, light.spot_exponent);
        else
           spot_factor = c_zero;

        // 거리와 스폿 감쇠 요소 계산
        att_factor *= spot_factor;
    }
    if(att_factor > c_zero)
    {
```

```
        // 조명 방정식 처리 --> 조명 컬러 계산
        computed_color += (light.ambient_color *
                           material.ambient_color);
        ndotl = max(c_zero, dot(normal, lightdir));
        computed_color += (ndotl * light.diffuse_color *
                           material.diffuse_color);
        halfplane = normalize(lightdir + vec3(c_zero, c_zero, c_one));
        ndoth = dot(normal, halfplane);
        if (ndoth > c_zero)
        {
           computed_color += (pow(ndoth, material.specular_exponent)*
                              material.specular_color *
                              light.specular_color);
        }

        // 계산된 감쇠와 컬러를 곱한다
        computed_color *= att_factor;
        }
        return computed_color;
}
// 유효 정점 셰이더에 이를 생성하기 위해 main 함수를 추가
```

## 텍스처 좌표 생성

정점 셰이더에서 텍스처 좌표를 생성하는 두 예제를 살펴보자. 두 예제는 반사 벡터를 생성함으로써 반사하는 객체를 렌더링할 때 사용되고, 위도 경도 맵(구(sphere) 맵이라고도 부른다) 또는 입방체 맵(객체의 중앙에 단일 뷰포인트라 가정하는 반사 환경을 가지는 6개의 면 혹은 뷰를 표현하는)으로 인덱싱되는 텍스처 좌표를 계산하기 위해 사용된다. OpenGL 명세는 텍스처 좌표 생성 모드를 GL_SPHERE_MAP, GL_REFLECTION_MAP으로 각각 기술하고 있다. GL_SPHERE_MAP 모드는 2D 텍스처 맵의 검색을 위해 2D 텍스처 좌표를 계산하도록 반사 벡터를 사용하는 텍스처 좌표를 생성한다. GL_REFLECTION_MAP 모드는 입방체 맵을 찾기 위해 3D 텍스처 좌표로 사용될 수 있는 반사 벡터 텍스처 좌표를 생성한다. 예제 8-4와 8-5는 반사하는 객체에서 반사된 이미지를 계산하기 위해 사용되는 프래그먼트 셰이더에 의해 사용될 수 있는 텍스처 좌표를 생성하는 정점 셰이더 코드이다.

**예제 8-4 구 맵 텍스처 좌표 생성**

```
// position - 시야 공간에서 정규화된 위치 좌표
// normal - 시야 공간에서 정규화된 법선 좌표
// vec2 텍스처 좌표 반환
vec2 sphere_map(vec3 position, vec3 normal)
{
   reflection = reflect(position, normal);
   m = 2.0 * sqrt(reflection.x * reflection.x + reflection.y *
                  reflection.y +(reflection.z + 1.0) * (reflection.z +
                  1.0));
   return vec2((reflection.x / m + 0.5), (reflection.y / m + 0.5));
}
```

**예제 8-5 입방체 맵 텍스처 좌표 생성**

```
// position - 시야 공간에서 정규화된 위치 좌표
// normal - 시야 공간에서 정규화된 법선 좌표
// vec3 텍스처 좌표로 반사 벡터 반환
vec3 cube_map(vec3 position, vec3 normal)
{
   return reflect(position, normal);
}
```

반사 벡터는 프래그먼트 셰이더 내부에서 입방체 맵에 대한 텍스처 좌표로 사용될 수 있다.

## 정점 스키닝 (skinning)

정점 스키닝은 다각형들 사이의 결합을 부드럽게 처리하는 데 일반적으로 사용되는 기술이다. 이는 각 정점에 적절한 가중치를 가진 추가적인 변환 행렬을 적용함으로써 구현된다. 스킨 정점들에 사용된 다중 행렬은 행렬 팔레트(palette)에 저장된다. 각 정점의 행렬 인덱스는 정점을 스키닝하는 데 사용될 수 있는 행렬 팔레트에 적합한 행렬을 참조하는데 사용된다. 정점 스키닝은 일반적으로 3D 게임에서 캐릭터 모델이 추가적인 도형 개체없이 부드럽고 현실적으로 표현되도록 하는데 사용된다. 정점을 스키닝하는 데 사용되는 행렬의 수는 일반적으로 2에서 4이다.

정점 스키닝의 수학적 처리는 다음 방정식에 의해 제공된다.

$$P' = \sum w_i \times M_i \times P$$
$$N' = \sum w_i \times M_i^{-1T} \times N$$
$$\sum w_i = 1,\ i = 1 \text{ to } n$$

$n$은 정점을 변환할 때 사용되는 행렬의 수

$P$는 정점의 위치

$P'$는 변환된(스키닝) 위치

$N$은 정점 법선

$N'$는 변환된(스키닝) 법선

$M_i$는 각 정점의 $i^{th}$ 행렬과 연관된 행렬이고 다음과 같이 계산된다.

$M_i$=matrix_palette [matrix_index[i]]
(각 정점에 대해 지정한 $n$ matrix_index 값)

$M_i^{-1T}$는 $M_i$ 행렬을 역으로 바꿔놓은 것

$w_i$ 는 행렬과 관계된 가중치

스키닝 처리된 정점을 생성하기 위해 각 정점당 4~32 크기의 행렬 팔레트로 정점 스키닝을 구현하기 위한 방법을 논의해 보자. 주로 32 행렬의 행렬 팔레트 크기가 매우 일반적이다. 행렬 팔레트 내부의 행렬은 통상적으로 4 x 3 열 우선 행렬이다. 만일 행렬이 열 우선 순서로 행렬이 저장된다면, 이는 행을 저장하는 데 사용되는 각 uniform 항목의 3개 요소를 갖는 128 uniform 항목을 가진다. 모든 OpenGL ES 3.0 구현에서 지원하는 gl_MaxVertexUniformVectors의 최솟값은 256 vec4 항목이다. 이는 사용가능한 256 vec4 uniform 항목의 4번째 행을 갖는다는 의미이다. 실수형의 행이 오직 float 타입으로 선언된 uniform을 저장하는 데 사용할 수 있다(uniform 패킹 규칙). vec2, vec3, vec4 uniform 저장을 위한 공간이 없으므로 각 행렬의 세 개 vec4를 사용하여 행 우선 순위의 팔레트에 행렬을 저장하는 편이 낫다. 이렇게 하면 160 vec4 uniform을 사용하고 나머지 96 vec4는 다른 uniform을 저장하는 데 사용할 수 있다. 스키닝된 법선 벡터를 계산하는 데 필요한 역 전치 행렬을 저장할 uniform 저장 공간이 충분치 않다는데 유의하자. 이는 사용되는 행렬이 정규 직교 벡터인 대부분의 경우에서는 문제가 되지 않으나 정점 위치와 법선 벡터를 변환하는 데 사용될 수 있다.

예제 8-6은 스키닝된 법선과 위치를 계산하는 정점 셰이더 코드이다. 행렬 팔레트에 행 우선순위로 저장된 32행렬이 있다고 가정해 보자. 또한, 행렬은 정규 직교(같은 행렬은 위치와 법선 변환에 사용할 수 있다)일 것이며, 4행렬까지 각 정점을 변환하는 데 사용될 것이다.

**예제 8-6** 행렬 가중치 = 0인지 검사가 없는 정점 스키닝 셰이더

```
#version 300 es

#define NUM_MATRICES 32 // 행렬 팔레트의 32개 행렬

const int c_zero    = 0;
const int c_one     = 1;
const int c_two     = 2;
const int c_three   = 3;

// float 표현 배열로 4x3 행렬 32개 저장
// 각 행렬은 행-우선 순서
uniform vec4 matrix_palette[NUM_MATRICES * 3];

// 정점 위치와 법선 벡터 속성
in vec4 a_position;
in vec3 a_normal;

// 행렬 가중치 - 4 엔트리/정점
in vec4 a_matrixweights;
// 행렬 팔레트 인덱스
in vec4 a_matrixindices;

void skin_position(in vec4 position, float m_wt, int m_indx,
                   out vec4 skinned_position)
{
   vec4 tmp;
   tmp.x = dot(position, matrix_palette[m_indx]);
   tmp.y = dot(position, matrix_palette[m_indx + c_one]);
   tmp.z = dot(position, matrix_palette[m_indx + c_two]);
   tmp.w = position.w;

   skinned_position += m_wt * tmp;
}

void skin_normal(in vec3 normal, float m_wt, int m_indx,
                 inout vec3 skinned_normal)
{
   vec3 tmp;

   tmp.x = dot(normal, matrix_palette[m_indx].xyz);
   tmp.y = dot(normal, matrix_palette[m_indx + c_one].xyz);
   tmp.z = dot(normal, matrix_palette[m_indx + c_two].xyz);
```

```
    skinned_normal += m_wt * tmp;
}

void do_skinning(in vec4 position, in vec3 normal,
                 out vec4 skinned_position,
                 out vec3 skinned_normal)
{
    skinned_position = vec4(float(c_zero));
    skinned_normal = vec3(float(c_zero));

    // 행렬을 이용한 위치와 법선 벡터 변환
    // 정점 변환에 사용되는 4 행렬 팔레트

    float m_wt = a_matrixweights[0];
    int m_indx = int(a_matrixindices[0]) * c_three;
    skin_position(position, m_wt, m_indx, skinned_position);
    skin_normal(normal, m_wt, m_indx, skinned_normal);

    m_wt = a_matrixweights[1];
    m_indx = int(a_matrixindices[1]) * c_three;
    skin_position(position, m_wt, m_indx, skinned_position);
    skin_normal(normal, m_wt, m_indx, skinned_normal);

    m_wt = a_matrixweights[2];
    m_indx = int(a_matrixindices[2]) * c_three;
    skin_position(position, m_wt, m_indx, skinned_position);
    skin_normal(normal, m_wt, m_indx, skinned_normal);

    m_wt = a_matrixweights[3];
    m_indx = int(a_matrixindices[3]) * c_three;
    skin_position(position, m_wt, m_indx, skinned_position);
    skin_normal(normal, m_wt, m_indx, skinned_normal);
}
// 유효 정점 셰이더에 이를 생성하기 위해 main 함수를 추가
```

예제 8-6에서 정점 스키닝 셰이더는 4행렬과 적절한 행렬 가중치로 정점을 변환함으로써 스키닝된 정점을 생성한다. 행렬 가중치의 일부가 0이 되는 것이 가능하며 매우 흔한 경우다. 예제 8-6에서 모든 4행렬을 사용해 변환된 정점은 가중치와는 관계가 없다. skin_position, skin_normal을 호출하기 전에 행렬 가중치가 0인지 확인하기 위해 조건문을 사용하면 좋다. 예제 8-7은 행렬 변환을 적용하기 이전에 행렬 가중치가 0인지를 확인하는 정점 스키닝 셰이더를 기술한다.

**예제 8-7** 행렬 가중치 = 0인지 검사하는 정점 스키닝 셰이더

```
void do_skinning(in vec4 position, in vec3 normal,
                 out vec4 skinned_position,
                 out vec3 skinned_normal)
{
   skinned_position = vec4(float(c_zero));
   skinned_normal = vec3(float(c_zero));

   // 행렬을 이용한 위치와 법선 벡터 변환
   // 정점 변환에 사용되는 4 행렬 팔레트

   int m_indx = 0;
   float m_wt = a_matrixweights[0];

   if ( m_wt > 0.0 )
   {
      m_indx = int(a_matrixindices[0]) * c_three;
      skin_position(position, m_wt, m_indx, skinned_position);
      skin_normal(normal, m_wt, m_indx, skinned_normal);
   }

   m_wt = a_matrixweights[1];
   if ( m_wt > 0.0 )
   {
      m_indx = int(a_matrixindices[1]) * c_three;
      skin_position(position, m_wt, m_indx, skinned_position);
      skin_normal(normal, m_wt, m_indx, skinned_normal);
   }

   m_wt = a_matrixweights[2];
   if ( m_wt > 0.0 )
   {
      m_indx = int(a_matrixindices[2]) * c_three;
      skin_position(position, m_wt, m_indx, skinned_position);
      skin_normal(normal, m_wt, m_indx, skinned_normal);
   }

   m_wt = a_matrixweights[3];
   if ( m_wt > 0.0 )
   {
      m_indx = int(a_matrixindices[3]) * c_three;
      skin_position(position, m_wt, m_indx, skinned_position);
      skin_normal(normal, m_wt, m_indx, skinned_normal);
```

```
    }
}
```

얼핏 보기에 예제 8-7의 정점 스키닝 셰이더가 예제 8-6보다 효율이 좋다고 생각할 수 있다. 이는 반드시 맞는 것은 아닌데, 정답은 GPU에 있다. 조건문 'if (m_wt > 0.0), m_wt'가 동적인 값이고, GPU가 병렬처리로 수행하는 정점에 따라서 달라질 수 있기 때문이다. 병렬로 처리되는 정점이 m_wt에 대해 다양한 값을 가질 수 있고, 이것이 직렬로 실행될 수도 있는 분기흐름제어를 살펴보자. 만일 GPU가 분기흐름제어를 효율적으로 실행하지 않는다면, 예제 8-7의 정점 셰이더는 예제 8-6보다 비효율적일 것이다. 그러므로 애플리케이션은 어떤 셰이더를 사용할지 결정하기 위해 애플리케이션 초기화 단계에서 GPU에서 테스트 셰이더를 실행해 분기흐름제어의 성능을 테스트해야 한다.

## 변환 피드백 (feedback)

변환 피드백 모드는 정점 셰이더 출력을 버퍼 객체에 캡처하도록 허용한다. 이때 이 출력 버퍼는 연속적으로 그리기 호출로 정점 데이터의 소스로 사용될 수 있다. 이 접근은 render-to-vertex-buffer를 이용한 입자 애니메이션이나 물리적 시뮬레이션과 같은 임의의 CPU 중재없이 GPU 상에서 애니메이션을 실행하는 폭넓은 기법에 유용하다.

변환 피드백 모드 동안 캡처될 정점 속성 집합을 지정하기 위해 다음과 같은 명령어를 사용한다.

```
void  glTransformFeedbackVaryings(GLuint program,
                                  GLsizei count,
                                  const char** varying,
                                  GLenum bufferMode)
```

| | |
|---|---|
| *program* | 프로그램 객체에 대한 핸들 지정 |
| *count* | 변환 피드백을 위해 사용된 정점 출력 변수 수를 지정 |
| *varying* | 변환 피드백을 위해 사용하는 정점 출력 변수 이름을 지정하는 count 제로 종료 문자열 배열을 지정 |
| *bufferMode* | 변환 피드백이 활성화될 때 정점 출력 변수를 캡처하기 위해 사용된 모드를 지정. 유효값은 단일 버퍼에 정점 출력 변수를 캡처하기 위해 |

GL_INTERLEAVED_ATTRIBS, 자신의 버퍼에 각 정점 출력 변수를 캡처하기 위해 GL_SEPARATE_ATTRIBS 값을 가진다.

glTransformFeedbackVaryings를 호출한 후, glLinkProgram을 이용하여 프로그램 객체와 연결할 필요가 있다. 예를 들어, 한 변환 피드백 버퍼에 캡처될 두 정점 속성을 지정하기 위한 코드는 다음과 같다.

```
const char* varyings[] = { "v_position", "v_color" };
glTransformFeedbackVarying ( programObject, 2, varyings,
                             GL_INTERLEAVED_ATTRIBS );
glLinkProgram (programObject );
```

이때, GL_TRANSFORM_FEEDBACK_BUFFER로 glBindBuffer를 이용하여 변환 피드백 버퍼로 하나 이상 버퍼 객체를 연결할 필요가 있다. 버퍼는 GL_TRANSFORM_FEEDBACK_BUFFER로 glBufferData를 이용하여 할당하고, glBindBufferBase나 glBindBufferRange를 이용하여 인덱스된 연결점에 연결한다. 이들 버퍼 API들은 제6장 "정점 속성, 정점 배열, 버퍼 객체"에서 더 자세히 기술했다.

변환 피드백 버퍼가 연결된 후 다음과 같은 API들을 이용하여 변환 피드백 모드를 들어가고 나올 수 있다:

void **glBeginTransformFeedback**(GLenum *primitiveMode*)
void **glEndTransformFeedback**()

*primitiveMode* 변환 피드백을 위해 연결한 버퍼 객체에 캡처될 기본요소의 출력 타입을 지정. 변환 피드백은 비 인덱스된 GL_POINTS, GL_LINES, GL_TRIANGLES로 제한된다.

glBeginTransformFeedback과 glEndTransformFeedback 사이 발생하는 모든 그리기 호출은 변환 피드백 버퍼에 캡처된 이들 정점 출력을 가진다. 표 8-1은 변환 피드백 기본요소 모드에 연관되는 허용된 그리기 모드를 나타낸다.

**표 8-1** 변환 피드백 기본요소 모드와 허용된 그리기 모드

| 기본요소 모드 | 허용된 그리기 모드 |
|---|---|
| GL_POINTS | GL_POINTS |
| GL_LINES | GL_LINES, GL_LINE_LOOP, GL_LINE_STRIP |
| GL_TRIANGLES | GL_TRIANGLES, GL_TRIANGLE_STRIP,<br>GL_TRIANGLE_FAN |

GL_TRANSFORM_FEEDBACK_PRIMITIVES_WRITTEN으로 glBeginQuery와 glEndQuery를 설정한 후 glGetQueryObjectuiv를 이용하여 변환 객체에 성공적으로 쓰여진 기본요소 수를 검색할 수 있다. 예를 들어, 점 집합을 렌더링하고 쓰여진 점들 수를 질의하기 위해 시작과 끝 변환 모드에 대한 코드는 다음과 같다:

```
glBeginTransformFeedback ( GL_POINTS );
   glBeginQuery ( GL_TRANSFORM_FEEDBACK_PRIMITIVES_WRITTEN,
                  queryObject );
      glDrawArrays ( GL_POINTS, 0, 10 );
   glEndQuery ( GL_TRANSFORM_FEEDBACK_PRIMITIVES_WRITTEN );
glEndTransformFeedback ();

// 쓰여진 기본요소의 수를 질의
glGetQueryObjectuiv (queryObject, GL_QUERY_RESULT, &numPoints );
```

GL_RASTERIZER_DISCARD로 glEnable과 glDisable을 이용하여 변환 피드백 모드에서 캡처하는 동안 래스터 변환을 할 수도 안할 수도 있다. GL_RASTERIZER_DISCARD가 가능한 동안 프래그먼트 셰이더는 실행되지 않는다.

제14장 "OpenGL ES 3.0 고급 프로그래밍"의 변환 피드백을 이용한 입자 시스템 예에서 변환 피드백을 이용한 전체 예를 참고하기 바람.

## 정점 텍스처

OpenGL ES 3.0은 정점 셰이더에서 텍스처 검색 연산을 지원한다. 이는 정점 셰이더에서 텍스처 검색 값에 기반하여 정점 법선을 따라 정점 위치를 대체할 수 있다. 대체 매핑 기법의 전형적인 애플리케이션은 지형이나 수면 렌더링을 위한 것이다.

정점 셰이더에서 텍스처 검색을 실행하는 것은 주목할 만한 제한이다.

- 자세한 수준은 함축적으로 계산되지 않는다.
- texture 검색 함수에서 바이어스(bias) 매개변수는 수용되지 않는다.
- 기본 텍스처는 밉맵(mipmapped) 텍스처를 위해 사용된다.

구현에 의해 지원된 텍스처 이미지 단위의 최대 수는 GL_MAX_VERTEX_TEXTURE_UNITS로 glGetIntegerv를 이용하여 질의될 수 있다. OpenGL ES 3.0 구현이 지원할 수 있는 최소수는 16이다.

예제 8-8은 대체 매핑을 실행하는 정점 셰이더 예이다. 다양한 텍스처 단위로 텍스처를 적재하는 처리는 제9장 "텍스처링"에서 더 자세히 기술한다.

**예제 8-8** 대체 매핑 정점 셰이더

```
#version 300 es

// 정점 셰이더에 의해 사용한 uniform
uniform mat4 u_mvpMatrix; // 모델 공간에서 클립 공간으로 변환하는 행렬

uniform sapler2D displacementMap;

// 정점 셰이더에 대한 속성 입력
layout (locaton = 0) in vec4 a_position;        // 위치 값 입력
layout (locaton = 1) in vec4 a_normal;          // 법선 값 입력
layout (locaton = 2) in vec4 a_texcoord;        // texcoord 값 입력
layout (locaton = 3) in vec4 a_color;           // 컬러 값 입력

// 프래그먼트 셰이더에 대한 정점 출력, 입력
out vec4 v_color;

void main ()
{
    v_color = a_color;
    float displacement = texture ( displacementMap, a_texcoord ).a;
    vec4 displaced_position = a_position +
                              vec4 ( a_normal * displacement, 0.0 );
    gl_position = u_mvpMatrix * displaced_position;
}
```

지금까지 보여준 예들이 정점 셰이더를 작성하고 폭넓은 배열 효과를 위해 사용하는 방

법을 포함하여 이들을 잘 이해하도록 제공되었기를 바란다.

## ES 3.0 정점 셰이더와 같은 OpenGL ES 1.1 정점 파이프라인

이제 정점 스키닝 없이 OpenGL ES 1.1 고정함수 정점 파이프라인을 구현하는 정점 셰이더에 대해 알아보자. 이는 OpenGL ES 3.0 구현에서 얼마나 커다란 정점 셰이더가 실행될 수 있는지 계산하는 흥미있는 방법이다.

이 정점 셰이더는 OpenGL ES 1.1 정점 파이프라인의 다음 고정함수를 구현한다.

- 만일 필요하다면(일반적으로 조명을 위해 필요하다), 시야 공간에 법선 벡터와 위치를 변환한다. 법선의 재설계와 정규화 또한 수행된다.
- 8방향, 점 또는 양면 조명과 각 정점당 색감을 가진 스포트라이트에 대한 OpenGL ES 1.1 정점 조명 방정식을 계산한다.
- 각 정점당 2개의 텍스처 좌표에 대해 텍스처 좌표를 변환한다.
- 프래그먼트 셰이더에 전달될 안개효과 요소를 계산한다. 프래그먼트 셰이더는 안개효과 컬러와 정점 컬러 사이에서 보간하기 위해 안개효과 인수를 사용한다.
- 정점당 사용자 클립 평면 요소를 계산한다. 오직 하나의 사용자 클립 평면만 지원한다.
- 위치를 클립 공간으로 변환한다.

예제 8-9는 위에 기술한 OpenGL ES 1.1 고정함수 정점 파이프라인을 구현하는 정점 셰이더이다.

**예제 8-9** OpenGL ES 1.1 고정함수 정점 파이프라인

```
#version 300 es
//******************************************************************
//
// 다음의 OpenGL ES 1.1 고정함수 파이프라인을 구현하는
// OpenGL ES 3.0 정점 셰이더
//
// - 8개 방향/점/스포트라이트에 대한 조명 방정식 계산
// - 스폿 조명
// - 위치를 클립 좌표로 변환
// - 텍스처 좌표를 2개 텍스처 좌표로 변환
// - 안개효과 요소 계산
```

```
// - 사용자 클립 평면 내적의 합 계산(v_ucp_factor에 저장)
//
//*********************************************************************
#define NUM_TEXTURES            2
#define GLI_FOG_MODE_LINEAR     0
#define GLI_FOG_MODE_EXP        1
#define GLI_FOG_MODE_EXP2       2

struct light
{
   vec4 position; // 점/스폿 조명에 대한 조명 위치 또는 방향성 조명에 대한 정규화된
                     방향
   vec4 ambient_color;
   vec4 diffuse_color;
   vec4 specular_color;
   vec3 spot_direction;
   vec3 attenuation_factors;
   float spot_exponent;
   float spot_cutoff_angle;
   bool compute_distance_attenuation;
};

struct material
{
   vec4 ambient_color;
   vec4 diffuse_color;
   vec4 specular_color;
   vec4 emissive_color;
   float specular_exponent;
};

const float      c_zero = 0.0;
const float      c_one = 1.0;
const int        indx_zero = 0;
const int        indx_one = 1;

uniform mat4     mvp_matrix;                       // 모델-뷰 +투상 행렬 조합
uniform mat4     modelview_matrix;                    // 모델 뷰 행렬
uniform mat3     inv_transpose_modelview_matrix;   // 사용된 역 모델-뷰
uniform mat4     tex_matrix[NUM_TEXTURES];            // 텍스처 행렬
uniform bool     enable_tex[NUM_TEXTURES];            // 텍스처 활성화
uniform bool     enable_tex_matrix[NUM_TEXTURES];  // 텍스처 행렬 활성화
```

```
uniform material material_state;
uniform vec4     ambient_scene_color;
uniform light    light_state[8];
uniform bool     light_enable_state[8]; // 8개 조명에 대해 사용가능함을 나타내
                                           기 위한 부울값
uniform int      num_lights;  // 활성화된 조명의 수 = light_enable_state이
                                 TRUE로 설정된 것의 합

uniform bool     enable_lighting;         // 조명 활성화
uniform bool     light_model_two_sided;   // 양면 조명 활성화
uniform bool     enable_color_material;   // 컬러 재질 활성화
uniform bool     enable_fog;              // 안개효과 활성화
uniform float    fog_density;
uniform float    fog_start, fog_end;
uniform int      fog_mode;            // 안개효과 모드 - linear, exp, exp2

uniform bool     xform_eye_p;  // 사용자 클립 평면, 조명, 안개효과에 대한 Peye
                                  설정
uniform bool     rescale_normal;          // 법선 재설계 활성화
uniform bool     normalize_normal;        // 법선 정규화 활성화
uniform float    rescale_normal_factor;   // glEnable
                                             (GL_RESCALE_NORMAL)
                                          // 이면 법선 요소 재설계
uniform vec4     ucp_eqn;    // 사용자 클립 평면 방정식; 지정된 한 사용자 클립 평면
uniform bool     enable_ucp;            // 활성화된 사용자 클립 평면

//*****************************************************
// 정점 속성 - 전부 전달되지는 않음
//*****************************************************
in vec4  a_position;            // 항상 표기
in vec4  a_texcoord0;           // enable_tex[0]이 true일 때 사용가능
in vec4  a_texcoord1;           // enable_tex[1]이 true일 때 사용가능
in vec4  a_color;               // !enable_lighting 또는
                                // (enable_lighting &&
                                   enable_color_material)일 때 사용가능
in vec3  a_normal;              // xform_normal이 설정됐을 때 사용가능

//***********************************************
// 정점 셰이더에 의한 output 변수 출력
//***********************************************
out vec4          v_texcoord[NUM_TEXTURES];
out vec4          v_front_color;
out vec4          v_back_color;
```

```
out float         v_fog_factor;
out float         v_ucp_factor;

//*********************************************
// 정점 셰이더에 의해 사용되는 임시 변수
//*********************************************
vec4                        p_eye;
vec3                        n;
vec4                        mat_ambient_color;
vec4                        mat_diffuse_color;

vec4 lighting_equation(int i)
{
   vec4 computed_color = vec4(c_zero, c_zero, c_zero, c_zero);
   vec3 h_vec;
   float ndotl, ndoth;
   float att_factor;
   vec3 VPpli;

   att_factor = c_one;
   if(light_state[i].position.w != c_zero)
   {
      float spot_factor;
      vec3 att_dist;
      vec3 VPpli;
      // 점이나 스폿 조명
      // PPli와 V가 같이 'w' 값으로 가정
      VPpli = light_state[i].position.xyz - p_eye.xyz;
      if(light_state[i].compute_distance_attenuation)
      {
         // 거리 감쇠 계산
         att_dist.x = c_one;
         att_dist.z = dot(VPpli, VPpli);
         att_dist.y = sqrt(att_dist.z);
         att_factor = c_one / dot(att_dist, light_state[i].
                                      attenuation_factors);
      }
      VPpli = normalize(VPpli);

      if(light_state[i].spot_cutoff_angle < 180.0)
      {
         // 스폿 인수 계산
         spot_factor = dot(-VPpli, light_state[i].spot_direction);
```

```
            if(spot_factor >= cos(radians(light_state[i].
                                 spot_cutoff_angle)))
                spot_factor = pow(spot_factor, light_state[i].
                                 spot_exponent);
            else
                spot_factor = c_zero;
            att_factor *= spot_factor;
        }
    }
        else
        {
            // 방향성 조명
            VPpli = light_state[i].position.xyz;
        }

        if(att_factor > c_zero)
        {
            // 조명 방정식 처리 --> 조명 컬러 계산
            computed_color += (light_state[i].ambient_color *
                              mat_ambient_color);
            ndotl = max(c_zero, dot(n, VPpli));
            computed_color += (ndotl * light_state[i].diffuse_color *
                              mat_diffuse_color);
              h_vec = normalize(VPpli + vec3(c_zero, c_zero, c_one));
              ndoth = dot(n, h_vec);
              if (ndoth > c_zero)
              {
                  computed_color += (pow(ndoth, material_state.
                                     specular_exponent) *
                                     material_state.specular_color *
                                     light_state[i].specular_color);
              }
                  computed_color *= att_factor; // 거리 감쇠요소 * 스폿 요소가
                                                컬러와 곱해진다
        }
        return computed_color;
}
float compute_fog()
{
    float f;

    // 근사로 시야 Z를 사용
    if(fog_mode == GLI_FOG_MODE_LINEAR)
```

```
    {
        f = (fog_end - p_eye.z) / (fog_end - fog_start);
    }
    else if(fog_mode == GLI_FOG_MODE_EXP)
    {
        f = exp(-(p_eye.z * fog_density));
    }
    else
    {
        f = (p_eye.z * fog_density);
        f = exp(-(f * f));
    }
    f = clamp(f, c_zero, c_one);
    return f;
}

vec4 do_lighting()
{
    vec4 vtx_color;
    int i, j;

    vtx_color = material_state.emissive_color +
                (mat_ambient_color * ambient_scene_color);
    j = int(c_zero);
    for (i=int(c_zero); i<8; i++)
    {
        if(j >= num_lights)
            break;
        if (light_enable_state[i])
        {
            j++;
            vtx_color += lighting_equation(i);
        }
    }
    vtx_color.a = mat_diffuse_color.a;

    return vtx_color;
}

void main(void)
{
    int i, j;
    // P 변환
```

```
if(xform_eye_p)
   p_eye = modelview_matrix * a_position;

if(enable_lighting)
{
   n = inv_transpose_modelview_matrix * a_normal;
   if(rescale_normal)
      n = rescale_normal_factor * n;
   if (normalize_normal)
      n = normalize(n);
   mat_ambient_color = enable_color_material ? a_color
                              : material_state.ambient_color;
   mat_diffuse_color = enable_color_material ? a_color
                              : material_state.diffuse_color;
   v_front_color = do_lighting();
   v_back_color = v_front_color;

   // 양면 조명 실행
   if(light_model_two_sided)
   {
      n = -n;
      v_back_color = do_lighting();
   }
}
else
{
   // 기본 출력 컬러 설정(각 정점, 기본요소 컬러)
   v_front_color = a_color;
   v_back_color = a_color;
}

// 텍스처 transforms 실행
v_texcoord[indx_zero] = vec4(c_zero, c_zero, c_zero, c_one);
if(enable_tex[indx_zero])
{
   if(enable_tex_matrix[indx_zero])
      v_texcoord[indx_zero] = tex_matrix[indx_zero] *
                              a_texcoord0;
   else
      v_texcoord[indx_zero] = a_texcoord0;
}

v_texcoord[indx_one] = vec4(c_zero, c_zero, c_zero, c_one);
```

```
    if(enable_tex[indx_one])
    {
        if(enable_tex_matrix[indx_one])
            v_texcoord[indx_one] = tex_matrix[indx_one] * a_texcoord1;
        else
            v_texcoord[indx_one] = a_texcoord1;
    }
    v_ucp_factor = enable_ucp ? dot(p_eye, ucp_eqn) : c_zero;
    v_fog_factor = enable_fog ? compute_fog() : c_one;

    gl_Position = mvp_matrix * a_position;
}
```

## 요약

이 장에서는 파이프라인에 정점 셰이더를 어떻게 맞추고 임의의 정점 셰이더 예를 통해 정점 셰이더에서 변환, 조명, 스키닝, 대체 매핑을 어떻게 실행하는지에 대한 고차원의 개요를 제공한다. 추가로 버퍼 객체에 정점 출력을 캡처하기 위해 변환 피드백 모드를 어떻게 사용하는지와 정점 셰이더를 이용하여 고정함수 파이프라인를 어떻게 구현하는지에 대해 배웠다. 다음으로 프래그먼트 셰이더에 대해 논의하기 전에 OpenGL ES 3.0에서 텍스트 기능에 대해 설명하려 한다.

OpenGL® ES™ 3.0 Programming Guide

Chapter 09

# 텍스처링 (texturing)

지금까지 정점 셰이더에 대해 살펴보았다. 지금까지 렌더링에 대한 정점 변환과 기본요소들에 대해 자세히 알고 있어야 한다. 파이프라인의 다음 단계는 OpenGl ES 3.0에서 시각적인 효과가 많이 발생하는 프래그먼트 셰이더이다. 프로그램 가능한 프래그먼트 셰이더는 텍스처링, 픽셀당 조명 그림자를 포함하는 효과를 생성하는데 기본적이다. 프래그먼트 셰이더의 기본적인 것은 평면에 텍스처링을 적용하는 것이다. 이 장에서는 텍스처의 생성, 적재와 적용을 자세히 다룬다.

- 텍스처링 기초
- 텍스처 적재와 밉매핑
- 텍스처 필터링과 랩핑(wrapping)
- 텍스처 자세한 단계, 혼합(swizzles), 깊이 비교
- 텍스처 형식
- 프래그먼트 셰이더에서 텍스처 사용
- 텍스처 서브이미지 명세
- 컬러 버퍼에서 텍스처 데이터 복사
- 압축된 텍스처
- 샘플러 객체

- 불편의 텍스처
- 픽셀 언팩 버퍼 객체

## 텍스처링 기초

3D 그래픽 렌더링에 사용되는 가장 기본적인 연산 중 하나는 평면에 텍스처의 적용이다. 추가적인 자세한 내용 표현에 대해 허용하는 텍스처는 메시 도형에 유용하지 않다. OpenGL ES 3.0에는 여러 형태가 있다: 2D 텍스처, 2D 텍스처 배열, 3D 텍스처, 큐브맵(cubemap) 텍스처 등.

텍스처는 일반적으로 텍스처 배열 데이터에 대한 인덱스로 간주될 수 있는 텍스처 좌표를 사용하여 평면에 적용된다. 다음 절에서는 OpenGL ES에서 다양한 텍스처 타입과 텍스처가 적재되고 접근되는 방법을 소개한다.

### 2D 텍스처

2D 텍스처는 OpenGL ES에서 가장 기본적이고 일반적인 텍스처 형태이다. 2D 텍스처는 이미지 데이터의 2차원 배열이다. 텍스처의 각 데이터 요소를 텍셀(texel, "texture pixels" )이라고 하는데, 텍셀은 텍스처 픽셀을 기술하는 축약법이다. OpenGL ES의 텍스처 이미지 데이터는 여러 가지 기본 형식으로 표현될 수 있다. 표 9-1은 텍스처 데이터로 사용할 수 있는 기본 형식들을 보여준다.

이미지의 각 텍셀은 텍셀의 기본 형식과 데이터 타입에 따라 기술된다. 뒤에 텍셀을 표현할 수 있는 다양한 데이터 타입을 좀 더 자세히 설명할 것이다. 지금 당장 이해해야 할 중요한 부분은 2D 텍스처가 이미지 데이터의 2차원 배열이라는 것이다. 2D 텍스처로 렌더링할 때, 텍스처 좌표는 텍스처 이미지의 인덱스로 사용된다. 일반적으로 3D 콘텐츠 저작 프로그램에서 메시는 텍스처 좌표를 가진 각 정점을 사용해 저작된다. 2D 텍스처를 위한 텍스처 좌표들은 2D 좌표 $(s, t)$의 쌍으로 주어지며, 때때로 $(u, v)$ 좌표로 호출하기도 한다. 그림 9-1처럼 이 좌표들은 텍스처 맵을 검색하는 데 사용하는 정규 좌표로 표현한다.

텍스처 이미지의 좌측 하단 모서리는 *st*-좌표(0.0, 0.0)로, 우측 상단 모서리는 *st*-좌표(1.0, 1.0)로 명시된다. [0.0, 1.0] 범위를 벗어나는 좌표가 허용되는데, 그 범위 밖에서의 텍스처 인출은 텍스처 랩핑(wrapping) 모드("텍스처 필터링 및 랩핑"절에서 기술된다)로 정의된다.

┃표 9-1┃ 텍스처 기본 형식들

| 기본 형식 | 텍셀 데이터 타입 |
|---|---|
| GL_RED | (Red) |
| GL_RG | (Red, Green) |
| GL_RGB | (Red, Green, Blue) |
| GL_RGBA | (Red, Green, Blue, Alpha) |
| GL_LUMINANCE | (Luminance) |
| GL-LUMINANCE_ALPHA | (Luminance, Alpha) |
| GL_ALPHA | (Alpha) |
| GL_DEPTH_COMPONENT | (Depth) |
| GL_DEPTH_STENCIL | (Depth, Stencil) |
| GL_RED_INTEGER | (iRed) |
| GL_RG_INTEGER | (iRed, iGreen) |
| GL_RGB_INTEGER | (iRed, iGreen, iBlue) |
| GL_RGBA_INTEGER | (iRed, iGreen, iBlue, iAlpha) |

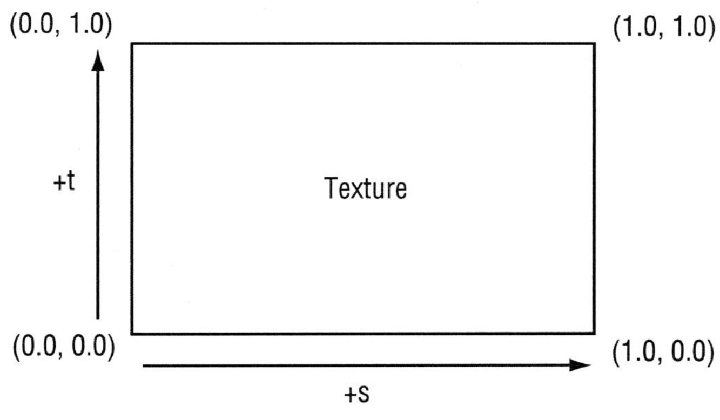


그림 9-1 2D 텍스처 좌표

## 큐브맵 텍스처(cubemap textures)

OpenGL ES 3.0은 2D 텍스처뿐만 아니라 큐브맵 텍스처도 지원한다. 기본적으로 큐브맵은 6개의 각 2D 텍스처 면으로 구성된 텍스처이다. 큐브맵의 각면은 큐브의 6면 중의 하나를 표현하는 것이다. 큐브맵은 3D 렌더링에서 다양한 고급 활용을 가지는데, 가장 기본적인 활용으로는 환경 매핑이라는 효과이다. 이를 위해 객체 위의 환경 반사가 큐브맵을 사용하여 렌더링된다. 환경 매핑에 대한 전형적인 큐브맵 생성 방법은 장면의 정중앙에 카메라가 놓여있고, (+X, −X, +Y, −Y, +Z, −Z)의 6개 주축 각 방향에서 장면의 이미지가 캡처되어 큐브의 각 면에 저장되는 방법이다.

큐브맵 외부의 텍셀이 인출되는 방법은 큐브맵을 검색하는 텍스처 좌표인 3D 벡터 (*s*, *t*, *r*)을 이용하는 것이다. 텍스처 좌표 (*s*, *t*, *r*)은 3D 벡터의 (*x*, *y*, *z*) 구성요소를 나타낸다. 3D 벡터는 인출되는 큐브맵의 한 면을 처음 선택하기 위해 사용되는데, 그 좌표는 큐브맵 면으로부터 인출하기 위해 2D 좌표 (*s*, *t*)로 투상된다. 2D 좌표 (*s*, *t*)를 계산하기 위한 실제 수학적 처리는 여기서 취급할 범위 밖의 문제이니, 큐브맵을 검색하기 위해 3D 벡터가 사용된다는 것만 언급한다. 큐브의 내부 원점에서부터 3D 벡터를 그리다 보면, 이 과정이 진행되는 방법을 연상할 수 있을 것이다. 벡터가 큐브를 교차하는 점이 큐브맵에서 인출되는 텍셀이다. 그림 9-2에 보이는 곳이 3D 벡터가 큐브맵을 교차하는 위치이다.

큐브맵의 면은 2D 텍스처를 명시하는 것과 같은 방법으로 명시된다. 각 면은 반드시 같은 높이와 너비를 가진 정사각형이어야 한다. 텍스처 좌표로 사용되는 3D 벡터는 일반적으로 2D 텍스처링에서처럼 메시의 각 정점에 직접 저장된다. 오히려 큐브맵이 인출되는 가장 일반적인 방법은 큐브맵 텍스처 좌표를 계산하기 위해 기본이 되는 법선 벡터를 이용한다. 통상적으로 법선 벡터는 큐브맵을 검색하는 데 사용하는 반사 벡터를 계산하기 위해 시각 벡터와 함께 사용된다. 이 계산법은 제14장 “OpenGL ES 3.0 고급 프로그

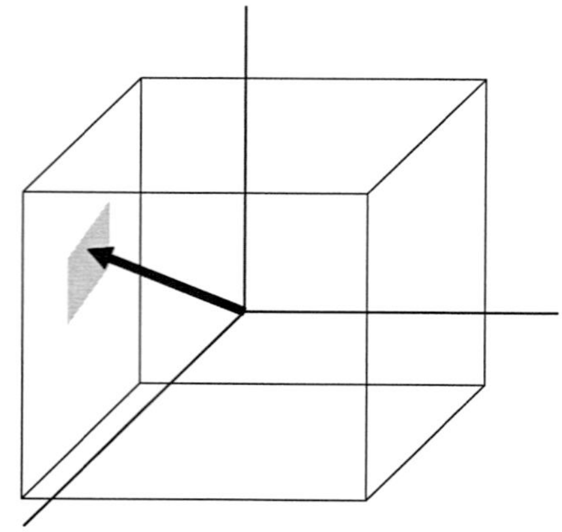

**그림 9-2** 큐브맵에 대한 3D 텍스처 좌표

래밍"의 환경 매핑 예제에 기술한다.

## 3D 텍스처

OpenGL ES 3.0에서 텍스처의 다른 타입은 3D 텍스처(또는 체적 텍스처)이다. 3D 텍스처는 2D 텍스처의 다중 슬라이스(slice) 배열로 생각될 수 있다. 3D 텍스처는 큐브맵처럼 3쌍 (*s*, *t*, *r*)로 접근된다. 3D 텍스처에 대한 샘플을 위해 3D 텍스처 슬라이스가 선택한 *r*-좌표와 (*s*, *t*) 좌표가 각 슬라이스에서 2D 맵에 인출하기 위해 사용된다. 그림 9-3은 각 슬라이스가 개개 2D 텍스처로 구성되는 3D 텍스처를 보인다. 3D 텍스처에서 각 밉맵 단계는 위 단계 텍스처에서 슬라이스 수의 반을 포함한다(이는 다음에 더 설명할 것이다).

## 2D 텍스처 배열

OpenGL ES 3.0에서 텍스처의 마지막 타입은 2D 텍스처 배열이다. 2D 텍스처 배열은 3D 텍스처와 매우 유사하나 다른 목적을 위해 사용된다. 예를 들어, 2D 텍스처 배열은 2D 이미지의 애니메이션을 위해 저장하는데 사용된다. 배열의 각 슬라이스는 텍스처 애니메이션의 한 프레임을 표현한다. 2D 텍스처 배열과 3D 텍스처 사이 차이점은 미묘하지만 중요하다. 3D 텍스처에 대해 필터링은 슬라이스들 사이에서 발생하나, 2D 텍스처 배열로부터 인출은 단지 개개 슬라이스로부터 샘플링된다. 이와 같이 밉매핑은 또한 다

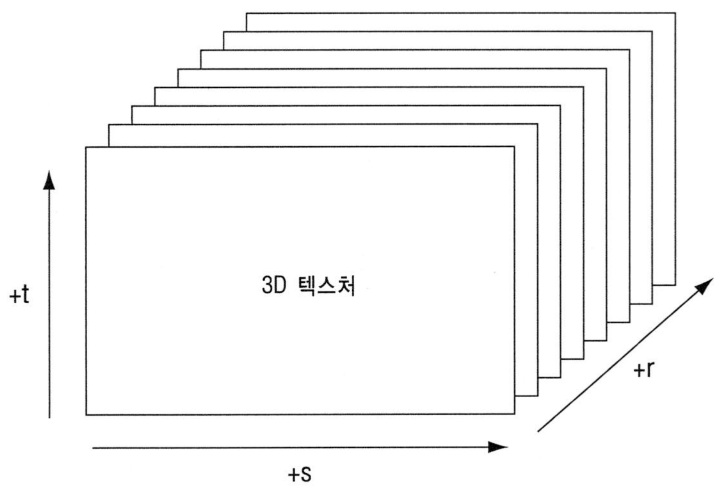


그림 9-3 3D 텍스처

르다. 2D 텍스처 배열에서 각 밉맵 단계는 위 단계에서와 같이 동일 슬라이스 수를 포함한다. 각 2D 슬라이스는 임의의 다른 슬라이스들로부터 독립적으로 밉맵된다(3D 텍스처 경우와 달리 각 밉맵 단계는 슬라이스들 반을 가진다).

2D 텍스처 배열을 접근하기 위해서는 3 텍스처 좌표 (*s*, *t*, *r*)이 3D 텍스처와 같이 사용된다. *r*-좌표는 사용하기 위해 2D 텍스처 배열 내 슬라이스를 선택하고, (*s*, *t*) 좌표는 2D 텍스처와 정확한 방법으로 선택된 슬라이스에서 사용된다.

## 텍스처 객체와 텍스처 적재

텍스처 애플리케이션의 첫 단계는 텍스처 객체를 생성하는 것이다. 텍스처 객체는 이미지 데이터, 필터링 모드, 랩핑 모드와 같이 렌더링하는 데 필요한 텍스처 데이터를 유지하는 컨테이너(container) 객체이다. OpenGL ES에서 텍스처 객체는 텍스처 객체를 조정하는 부호없는 정수로 표현된다. `glGenTextures`는 텍스처 객체 생성에 사용하는 함수이다.

```
void  glGenTextures(GLsizei n, GLuint *textures)
```

| | |
|---|---|
| *n* | 생성할 텍스처 객체의 수를 명시 |
| *textures* | *n*개의 텍스처 객체 ID를 저장할 부호없는 정수 배열 |

생성 시에 `glGenTextures`에 의해 생성된 텍스처 객체는 텍스처 데이터와 매개변수를 적재하기 위해 사용될 빈 용기이다. 텍스처 객체 또한 애플리케이션에서 더 이상 필요하지 않을 때는 삭제되어야 한다. 예를 들어, 이는 일반적으로 애플리케이션이 종료될 때 혹은 게임에서 단계를 변경할 때이며, 이는 `glDeleteTextures` 함수를 사용한다.

```
void  glDeleteTextures(GLsizei n, GLuint *textures)
```

| | |
|---|---|
| *n* | 삭제할 텍스처 객체의 수를 명시 |
| *textures* | 삭제할 *n*개의 텍스처 객체 ID를 저장할 부호없는 정수 배열 |

`glGenTextures`로 텍스처 객체 ID가 생성되면 애플리케이션은 그 실행을 위해 텍스처 객체와 바인딩해야 한다. 텍스처 객체가 바인딩된 이후에, `glTexImage2D`와 `glTexParameter`처럼 연산은 텍스처 객체에 영향을 준다. 텍스처 객체 바인딩에 사

용되는 함수는 glBindTexture이다.

```
void glBindTexture(GLenum target, GLuint texture)
```

| | |
|---|---|
| *target* | 텍스처 객체를 대상 GL_TEXTURE_2D, GL_TEXTURE_3D, GL_TEXTURE_2D_ARRAY, GL_TEXTURE_CUBE_MAP에 바인딩 |
| *textures* | 바인딩할 텍스처 객체의 핸들 |

텍스처가 특정 텍스처 대상과 바인딩되면 텍스처 객체는 특정 텍스처 대상이 삭제될 때까지 바인딩된 상태로 남는다. 텍스처 객체를 생성하고 바인딩한 후에, 텍스처를 사용하기 위한 다음 단계는 실제로 이미지 데이터를 적재하는 것이다. 텍스처를 적재하는 데 사용하는 기본 함수는 glTexImage2D이다. 추가로 여러 선택적인 방법이 glTexSubImage2D와 함께 불변 텍스처(glTexStorage2D)를 이용하여 포함하며 OpenGL ES 3.0에서 2D 텍스처를 지정하기 위해 사용된다. glTexImage2D를 이용하여 가장 기본적인 방법으로 먼저 시작한다. 다음 장에서 불변 텍스처를 설명한다. 좋은 성능을 위해 불변 텍스처 사용을 권장한다.

```
void glTexImage2D(GLenum target, GLint level,
                  GLenum internalFormat, GLsizei width,
                  GLsizei height, GLint border,
                  GLenum format, GLenum type,
                  const void* pixels)
```

| | |
|---|---|
| *target* | 텍스처 대상 지정, GL_TEXTURE_2D 또는 다음의 큐브맵 면 대상 중 하나 (GL_TEXTURE_CUBE_MAP_POSITIVE_X, GL_TEXTURE_CUBE_MAP_NEGATIVE_X) |
| *level* | 적재할 밉맵 단계 지정. 기본 단계는 0으로 지정되고, 따르는 각 연속적인 밉맵에 대해서 단계 증가 |
| *internalFormat* | 텍스처 저장을 위한 내부 형식으로 규격에 맞지 않는 기본 내부 형식이나 규격에 맞는 형식이 있다. 유효 *internalFormat*, *format*, *type* 조합의 전체 목록은 표 9-4에서 9-10에 보인다.<br>규격에 맞지 않는 내부 형식은 다음과 같다.<br>GL_RGBA, GL_RGB, GL_LUMINANCE_ALPHA, GL_LUMINANCE, GL_ALPHA |

| | |
|---|---|
| | 규격에 맞는 내부 형식은 다음과 같다. |
| | GL_R8, GL_R8_SNORM, GL_R16F, GL_R32F |
| | GL_R8UI, GL_R16UI, GL_R32UI, GL_R32I |
| | GL_RG8, GL_RG8_SNORM, GL_RG16F, GL_RG32F |
| | GL_RG8UI, GL_RG8I, GL_RG16UI, GL_RG32UI |
| | GL_RG32I, GL_RGB8, GL_SRGB8, GL_RGB565 |
| | GL_RGB8_SNORM, GL_R11F_G11F_B10F |
| | GL_RGB9_E5, GL_RGB16F, GL_RGB32F |
| | GL_RGB8UI, GL_RGB16UI, GL_RGB16I, GL_RGB32UI |
| | GL_RGB32I, GL_RGBA8, GL_SRGB8_ALPHA8 |
| | GL_RGBA8_SNORM, GL_RGB5_A1, GL_RGBA4 |
| | GL_GRB10_A2, GL_RGBA16F, GL_RGBA32F |
| | GL_RGBA8UI, GL_RGBA8I, GL_RGB10_A2UI |
| | GL_RGBA16UI, GL_RGBA16I, GL_RGBA32I |
| | GL_RGBA32UI, GL_DEPTH_COMPONENT16 |
| | GL_DEPTH_COMPONENT24, GL_DEPTH_COMPONENT32F |
| | GL_DEPTH24_STENCIL8, GL_DEPTH24F_STENCIL8 |
| *width* | 이미지의 픽셀 단위 너비 |
| *height* | 이미지의 픽셀 단위 높이 |
| *border* | 이 매개변수는 OpenGL ES에서 무시되지만, 데스크톱 OpenGL 인터페이스와 호환성을 유지한다; 값은 0 |
| *fromat* | 입력 텍스처 데이터의 형식. |
| | GL_RED, GL_RED_INTEGER, GL_RG, GL_RG_INTEGER |
| | GL_RGB, GL_RGB_INTEGER, GL_RGBA, GL_RGBA_INTEGER |
| | GL_DEPTH_COMPONENT, GL_DEPTH_STENCIL, |
| | GL_LUMINACCE_ALPHA, GL_ALPHA |
| *type* | 입력 픽셀 데이터의 타입 |
| | GL_UNSIGNED_BYTE |
| | GL_BYTE |
| | GL_UNSIGNED_SHORT |
| | GL_SHORT |
| | GL_UNSIGNED_INT |
| | GL_INT |
| | GL_HALF_FLOAT |
| | GL_FLOAT |

| | |
|---|---|
| | GL_UNSIGNED_SHORT_5_6_5<br>GL_UNSIGNED_SHORT_4_4_4_4<br>GL_UNSIGNED_SHORT_5_5_5_1<br>GL_UNSIGNED_INT_2_10_10_10_REV<br>GL_UNSIGNED_INT_10F_11F_11F_REV<br>GL_UNSIGNED_INT_5_9_9_9_REV<br>GL_UNSIGNED_INT_24_8<br>GL_FLOAT_32_UNSIGNED_INT_24_8_REV<br>GL_UNSIGNED_SHORT_5_6_5 |
| *pixels* | 이미지에 대한 실제 픽셀 데이터 포함. 데이터는 형식 및 type 명세에 기반한 각 픽셀의 바이트 수로 구해진 (width * height) 값을 가짐. 픽셀 행은 glPixelStorei로 설정된 GL_UNPACK_ALIGNMENT에 맞춰야 함. |

Simple_Texture2D의 예제 9-1은 텍스처 객체의 생성과 바인딩 그리고 부호없는 바이트로 구성된 RGB 이미지 데이터의 2x2 2D 텍스처 적재 과정을 설명한다.

**예제 9-1** 텍스처 객체의 생성, 바인딩 그리고 이미지 데이터 읽기

```
// 텍스처 객체 핸들
GLuint textureId;

// 2 x 2 이미지, 픽셀(R, G, B)당 3바이트
GLubyte pixels[4 * 3] =
{
   255, 0, 0,       // Red
   0, 255, 0,       // Green
   0, 0, 255,       // Blue
   255, 255, 0      // Yellow
};

// 강하게 패킹된 데이터 사용
glPixelStorei(GL_UNPACK_ALIGNMENT, 1);

// 텍스처 객체 생성
glGenTextures(1, &textureId );

// 텍스처 객체 바인딩
glBindTexture(GL_TEXTURE_2D, textureId);
```

```
// 텍스처 적재
glTexImage2D(GL_TEXTURE_2D, 0, GL_RGB, 2, 2, 0, GL_RGB,
             GL_UNSIGNED_BYTE, pixels);

// 필터링 모드 설정
glTexParameteri(GL_TEXTURE_2D, GL_TEXTURE_MIN_FILTER, GL_NEAREST);
glTexParameteri(GL_TEXTURE_2D, GL_TEXTURE_MAG_FILTER, GL_NEAREST);
```

코드 첫 부분에서 pixel 배열을 2x2 텍스처 데이터로 초기화했다. 텍스처 데이터는 [0, 255] 범위에 해당하는 부호없는 바이트의 RGB 3요소로 구성된다. 셰이더에서 8비트 부호없는 바이트 텍스처 구성에서 데이터가 인출될 때, 그 값은 [0, 255] 범위에서 부동소수점 범위[0.0, 1.0]로 매핑된다. 보통 애플리케이션은 이러한 간단한 방법으로 텍스처를 생성하지 않고 이미지 파일로부터 데이터를 적재한다. 이 예제는 API의 활용을 보여주기 위한 것이다.

glTexImage2D 호출 전에, 애플리케이션은 언팩(unpack) 정렬 설정을 위해 glPixelStorei를 호출한다. 텍스처 데이터가 glTexImage2D를 통해 적재되지 않으면 픽셀 행들은 GL_UNPACK_ALIGNMENT에 대한 값 설정에 따라 정렬되는 것으로 가정한다. 기본값은 4인데, 이는 픽셀의 행이 4바이트 경계로 시작한다고 가정하는 것을 의미한다. 이런 애플리케이션은 언팩 정렬을 1로 설정하는데, 픽셀의 각 행이 1바이트 경계로 시작한다는 것이다(이를 다른 말로 데이터가 강하게 팩킹되었다고 한다). glPixelStorei에 대한 전체 정의는 다음과 같다.

void **glPixelStorei**(GLenum *pname*, GLint *param*)

*pname* 픽셀 저장 타입 설정, 다음의 선택사항은 호출 시 메모리로부터 데이터가 어떻게 언팩되는지에 대해 영향을 준다.
glTexImage2D, glTexImage3D, glTexSubImage2D, glTexSubImage3D:
GL_UNPACK_ROW_LENGTH, GL_UNPACK_IMABE_HEIGHT, GL_UNPACK_SKIP_PIXELS, GL_UNPACK_SKIP_ROWS, GL_UNPACK_SKIP_IMAGES, GL_UNPACK_ALIGNMENT

다음 선택사항은 glReadPixels 호출 시 메모리에 데이터가 어떻게 팩될지에 영향을 준다
GL_PACK_ROW_LENGTH, GL_PACK_IMAGE_HEIGHT,

| | |
|---|---|
| | GL_PACK_SKIP_PIXELS, GL_PACK_SKIP_ROWS, |
| | GL_PACK_SKIP_IMAGES, GL_PACK_ALIGNMENT |
| | 이들 모든 선택사항은 표 9-2에 기술되어 있다 |
| *param* | 팩이나 언팩 정렬에 대한 정수값 |

glPixelStorei의 GL_PACK_**** 인수는 텍스처 이미지 적재에 어떠한 영향도 주지 않는다. 팩 정렬은 glReadPixels에서 사용하는데, 제11장 "프래그먼트 연산"에서 기술한다. glPixelStorei로 설정되는 팩 정렬과 언팩 정렬은 전역 상태이며, 텍스처 객체와 연관되거나 저장되지 않는다. 실제로 텍스처를 지정하는 데 GL_UNPACK_ALIGNMENT보다 다른 임의의 선택사항을 사용하는 것은 드물다. 픽셀 저장 선택사항의 전체 목록은 표 9-2에 보인다.

예제 9-1 프로그램으로 돌아가서, 이미지 데이터를 정의한 후에 텍스처 객체는 glGenTextures를 사용해 생성하고 그 객체는 glBindTexture를 사용해 GL_TEXTURE

**| 표 9-2 |** 픽셀 저장 선택사항

| 픽셀 저장 선택사항 | 초기값 | 설명 |
|---|---|---|
| GL_UNPACK_ALIGNMENT<br>GL_PACK_ALIGNMENT | 4 | 이미지에서 행의 정렬을 지정. 기본적으로 이미지는 4바이트 경계로 시작, 1로 설정하는 값은 이미지가 밀접하게 팩되고 행은 바이트 경계로 할당됨을 의미 |
| GL_UNPACK_ROW_LENGTH<br>GL_PACK_ROW_LENGTH | 0 | 값이 0이 아니면 이미지의 행에서 픽셀수. 값이 0이면 이때 행 길이는 이미지 폭이다 (밀접하게 팩) |
| GL_UNPACK_IMAGE_HEIGHT<br>GL_PACK_IMAGE_HEIGHT | 0 | 값이 0이 아니면 3D 텍스처의 부분 이미지의 열에서 픽셀 수. 이 선택사항은 3D 텍스처의 조각들 사이 열의 패딩을 위해 사용될 수 있다. 값이 0이면 이때 이미지에서 열의 수는 높이와 같다(밀접하게 팩) |
| GL_UNPACK_SKIP_PIXELS<br>GL_PACK_SKIP_PIXELS | 0 | 값이 0이 아니면 행의 시작에서 지워질 픽셀 수 |
| GL_UNPACK_SKIP_ROWS<br>GL_PACK_SKIP_ROWS | 0 | 값이 0이 아니면 이미지 시작에서 지워질 행의 수 |
| GL-UNPACK_SKIP_IMAGES<br>GL_PACK_SKIP_IMAGES | 0 | 값이 0이 아니면 삭제될 3D 텍스처에서 이미지의 수 |

_2D 대상과 바인딩된다. 마지막으로 이미지 데이터는 glTexImage2D에 의해 텍스처 객체로 적재된다. 형식은 GL_RGB로 설정되는데, 이미지 데이터가 (R, G, B) 3요소로 구성되어 있음을 의미한다. 타입은 GL_UNSIGNED_BYTE로 설정되며 데이터의 각 채널이 8비트 부호없는 바이트로 저장됨을 뜻한다. 표 9-1에 기술된 다양한 형식을 포함하는 텍스처 데이터 적재를 위한 다른 선택사항이 많이 있다. 모든 텍스처 형식은 본장의 텍스처 형식 절에서 설명된다.

코드의 마지막 부분은 GL_NEAREST에 대한 축소 및 확장 필터링 모드를 설정하기 위해 glTexParameteri를 사용한다. 이 코드는 텍스처를 위한 완전한 밉맵 체인을 적재하지 못하면 밉매핑이 되지 않는 축소 필터를 선택해야 하기 때문에 필요하다. 다른 선택사항은 GL_LINEAR의 축소 및 확장 모드를 사용하여 이중선형 밉매핑이 되지 않은 필터링을 제공한다. 텍스처 필터링의 세부 내용과 밉매핑은 다음 절에서 다루겠다.

## 텍스처 필터링과 밉매핑(mipmapping)

지금까지는 단일 2D 이미지 표현에 2D 텍스처 설명을 한정시켰다. 비록 텍스처링의 개념을 설명하기에는 문제가 없었지만, 실제로 텍스처가 선언되고 OpenGL ES에서 사용되는 방법에서 좀 더 다룰 부분이 있다. 단일 텍스처 맵을 사용함으로써 발생하는 성능 문제와 시각적 아티팩트(artifact)에 대한 것이다. 이전까지 텍스처링을 설명해왔던 것처럼 텍스처 좌표는 텍스처 맵에서 인출을 위한 2D 인덱스를 생성하는 데 사용된다. 축소 및 확장 필터가 GL_NEAREST로 설정되면 분명 1개의 단일 텍셀이 제시된 텍스처 좌표 위치에서 인출된다. 이를 점 또는 최근접 샘플링(sampling)이라고 한다.

그러나 최근접 샘플링은 아주 큰 시각적 아티팩트를 생성할 수도 있다. 왜냐하면 화면 공간에서 삼각형이 점점 작아지는 것과 같은 이유로, 텍스처 좌표가 픽셀과 픽셀의 보간이 발생하면 크게 변경되기 때문이다. 그 결과 일부 소수 샘플들이 대형 텍스처 맵에서 추출되고, 이는 에일리어싱 아티팩트로 나타난다. OpenGL ES에서 이러한 아티팩트 현상을 해결하기 위해 사용되는 해결책은 밉매핑이다. 밉매핑의 또 다른 개념은 밉맵 체인이라고 불리는 이미지 체인을 형성하는 것이다. 밉맵 체인은 처음 지정된 이미지에서 시작하여, 이전 단계 이미지 차수의 절반 크기로 순차 발생하는 각 이미지를 연결한다. 이 체인은 체인의 마지막 1x1 단일 텍스처에 이를 때까지 계속된다. 밉 단계는 일반적으로 상위 밉 단계의 동일 위치에서 4픽셀의 평균을 구하여 밉 단계에서 각 픽셀을 계산하는 방법으로 프로그래밍적으로 생성할 수 있다(박스(box) 필터링).

Chapter_9/MipMap2D 샘플 프로그램에서 박스 필터링 기법을 사용하여 텍스처에 대한 밉맵 체인 생성 방법을 시연하는 예제를 제공하고 있다. 밉맵 체인을 생성하는 코드는 GenMipMap2D 함수를 사용한다. 이 함수는 RGB8 이미지를 입력으로 받아 이전 이미지에 대한 박스 필터링을 수행하여 다음 밉맵 단계를 생성한다. 박스 필터링이 어떻게 수행되는지 자세한 사항은 예제에 있는 소스코드를 살펴보기 바란다. 예제 9-2에서 glTexImage2D를 사용한 밉맵 체인 적재를 볼 수 있다.

밉맵 체인을 적재하여 밉맵을 사용할 필터링 모드를 설정할 수 있다. 그 결과 화면 픽셀과 텍스처 픽셀에서 좀 더 나은 비율을 이끌어 낼 수 있어서 에일리어싱 아티팩트를 줄일 수 있다. 또한, 잦은 빈도 요소는 마치 체인이 아래로 이동하는 것처럼 점점 감쇠되도록 밉맵 체인의 각 이미지가 연속적으로 필터링되기 때문에 에일리어싱이 줄어든다.

**예제 9-2** 2D 밉맵 체인 적재하기

```
// 밉맵 level 0 적재
glTexImage2D(GL_TEXTURE_2D, 0, GL_RGB, width, height,
             0, GL_RGB, GL_UNSIGNED_BYTE, pixels);
level = 1;
prevImage = &pixels[0];

while(width > 1 && height > 1)
{
   int newWidth, newHeight;

   //다음 밉맵 생성
   GenMipMap2D(prevImage, &newImage, width, height,
               &newWidth, &newHeight);

   // 밉맵 단계 적재
   glTexImage2D(GL_TEXTURE_2D, level, GL_RGB,
                newWidth, newHeight, 0, GL_RGB,
                GL_UNSIGNED_BYTE, newImage);

   // prevImage 해제
   free(prevImage);

   // 다음 차례 이미지로 prevImage 설정
   prevImage = newImage;
   level++;
   // 넓이와 높이를 절반으로
   width = newWidth;
   height = newHeight;
```

```
}
free(newImage);
```

텍스처링 시 필터링에는 축소와 확장의 두 가지 타입이 있다. 축소는 화면에 투상된 다각형의 크기가 텍스처의 크기보다 작을 때 발생하고, 확장은 반대로 텍스처의 크기보다 화면에 투상된 다각형이 큰 경우이다. 필터 타입의 결정은 하드웨어가 자동으로 결정하지만 API가 각 상황마다 사용할 필터링 타입을 제어할 수 있다. 확장에는 밉맵이 적합하지 않은데, 이는 항상 사용가능한 최대 단계에서 샘플링을 하게 되기 때문이다. 축소에서 사용가능한 샘플링 모드는 다양하다. 어떤 모드를 사용할지는 필요한 시각적 품질이나 텍스처 필터링에 얼마나 성능상의 부분을 포기하느냐에 달려있다.

glTexParameter [i|f][v]로 필터링 모드를 지정하며, 텍스트 필터링 모드는 다음에 설명하고 나머지 선택사항은 다음 절에서 설명한다.

```
void  glTexParameteri(GLenum target, GLenum pname,
                      GLint param)
void  glTexParameteriv(GLenum target, GLenum pname,
                       const GLint *params)
void  glTexParameterf(GLenum target, GLenum pname,
                      GLfloat param)
void  glTexParameterfv(GLenum target, GLenum pname,
                       const GLfloat *params)
```

*target* 텍스처 객체 대상은 다음으로 될 수 있다: GL_TEXTURE_2D, GL_TEXTURE_3D, GL_TEXTURE_2D_ARRAY, 또는 GL_TEXTURE_CUBE_MAP

*pname* 다음 중 하나로 매개변수 설정
GL_TEXTURE_BASE_LEVEL
GL_TEXTURE_COMPARE_FUNC
GL_TEXTURE_COMPARE_MODE
GL_TEXTURE_MIN_FILTER
GL_TEXTURE_MAG_FILTER
GL_TEXTURE_MIN_LOD
GL_TEXTURE_MAX_LOD
GL_TEXTURE_MAX_LEVEL

| | |
|---|---|
| | GL_TEXTURE_SWIZZLE_R<br>GL_TEXTURE_SWIZZLE_G<br>GL_TEXTURE_SWIZZLE_B<br>GL_TEXTURE_SWIZZLE_A<br>GL_TEXTURE_WRAP_S<br>GL_TEXTURE_WRAP_T<br>GL_TEXTURE_WRAP_R |
| *param* | 텍스처 매개변수 설정 값 (또는 "v" 엔트리 포인트에 대한 값의 배열)<br>*pname*이 GL_TEXTURE_MAG_FILTER면 *param*은 다음과 같다.<br>GL_NEAREST 또는 GL_LINEAR<br>*pname*이 GL_TEXTURE_MIN_FILTER면 *param*은 다음과 같다.<br>GL_NEAREST, GL_LINEAR, GL_NEAREST_MIPMAP_NEAREST,<br>GL_NEAREST_MIPMAP_LINEAR, GL_LINEAR_MIPMAP_NEAREST,<br>GL_LINEAR_MIPMAP_LINEAR<br>*pname*이 GL_TEXTURE_WRAP_S, GL_TEXTURE_WRAP_R<br>또는 GL_TXTURE_WRAP_T이면 *param*은<br>GL_REPEAT, GL_CLAMP_TO_EDGE, GL_MIRRORED_REPEAT<br>*pname*이 GL_TEXTURE_COMPARE_FUNC이면 *param*은<br>GL_LEQUAL, GL_EQUAL, GL_LESS, GL_GREATER, GL_EQUAL,<br>GL_NOTEQUAL, GL_ALWAYS, 또는 GL_NEVER<br>*pname*이 GL_TEXTURE_COMPARE_MODE이면 *param*은<br>GL_COMPARE_REF_TO_TEXTURE 또는 GL_NONE<br>*pname*이 GL_TEXTURE_SWIZZLE_R, GL_TEXTURE_SWIZZLE_G,<br>GL_TEXTURE_SWIZZLE_B 또는 GL_TEXTURE_SWIZZLE_A이면<br>*param*은 GL_RED, GL_GREEN, GL_BLUE, GL_ALPHA, GL_ZERO 또는<br>GL_ONE |

확장 필터는 GL_NEAREST 또는 GL_LINEAR가 될 수 있다. GL_NEAREST 확장 필터링에서 단일 점 샘플은 텍스처 좌표에서 가장 근접한 텍스처에서 추출된다. GL_LINEAR 확장 필터링에서 이중선형(4개 샘플의 평균)은 텍스처 좌표 주위의 텍스처에서 추출된다.

확장 필터는 다음 값으로 설정된다.

- GL_NEAREST - 단일 점 샘플이 텍스처 좌표에 가까운 텍스처에서 추출

- GL_LINEAR - 이중선형 샘플이 텍스처 좌표에 가까운 텍스처에서 추출
- GL_NEAREST_MIPMAP_NEAREST - 단일 점 샘플은 선택된 가장 근접한 밉 단계에서 추출
- GL_NEAREST_MIPMAP_LINEAR - 두 근접 밉 단계들과 이 샘플들 간의 보간에서 추출
- GL_LINEAR_MIPMAP_NEAREST - 선택한 근접 밉 단계에서 이중선형 인출 추출
- GL_LINEAR_MIPMAP_LINEAR - 두 개의 근접 밉 단계에서 각각 이중선형을 인출하고 그 둘 사이를 보간한다. 이 모드는 일반적으로 삼중선형(Trilinear) 필터링으로 참조되어 모든 모드 중에서 가장 높은 품질을 생성한다.

**주**

GL_NEAREST와 GL_LINEAR는 텍스처를 묘사하기 위해 완벽한 밉맵 체인을 필요로 하지 않는 단순한 텍스처 축소 모드이다. 다른 모드는 완전한 밉맵 체인이 텍스처에 대해 존재할 것을 요구한다.

그림 9-4의 MipMap2D 예제는 GL_NEAREST와 GL_LINEAR_MIPMAP_LINEAR 필터링으로 그려진 다각형의 차이를 보이고 있다.

선택한 텍스처 필터링 모드에 대해 임의의 성능 관계에 대한 것은 가치가 있다. 만일 축소현상이 발생하고 성능이 주요 관심사일 경우는 밉맵 필터링 모드를 사용하는 것이 일반적으로 대다수의 하드웨어에 최선의 선택이다. 이는 인출이 맵 전체 공간 위치에서 발생하여 밉맵없이는 매우 효율이 낮은 텍스처 캐시(cache) 활용 가능성이 높기 때문이다. 그러나 고성능 필터링을 사용하면 하드웨어의 성능 비용이 발생한다. 예를 들면, 대부분의 하드웨어에서 이중선형 필터링이 삼중선형 필터링보다 적은 비용으로 수행되는 것과 같은 경우들이다. 성능에 너무 부정적인 영향 없이 품질을 제공하는 모드를 선택해

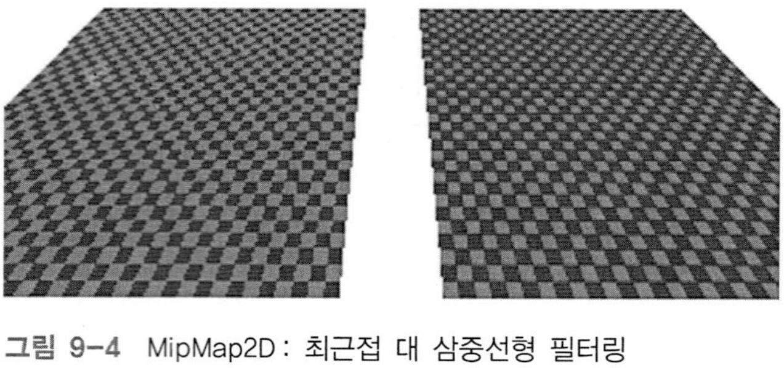

**그림 9-4** MipMap2D : 최근접 대 삼중선형 필터링

야 할 것이다. 텍스처 필터링 비용이 걸림돌이 아니라면, 일부 하드웨어에서는 쉽게 고품질 필터링을 얻을 수 있을 것이다. 이는 애플리케이션과 애플리케이션을 실행할 하드웨어에 주위를 기울여야 할 것이다.

### 끊김없는 (seamless) 큐브맵 필터링

큐브맵이 어떻게 필터링되는지에 관련된 OpenGL ES 3.0에 새로운 것은 필터링에 대한 하나의 변화이다. OpenGL ES 2.0에서 선형 필터 커널은 큐브맵 경계의 가장자리에 있고, 필터링은 단지 단일 큐브맵 면에서 발생된다. 이는 큐브맵 면 사이 경계에서 아티팩트가 발생한다. OpenGL ES 3.0에서 큐브맵 필터링은 끊김이 없다. 만일 필터 커널이 하나 이상 큐브맵 면에 연결되어 있다면 커널은 범위의 모든 면에서 샘플을 인출한다. 끊김없는 필터링은 큐브맵 면 경계를 따라 부드러운 필터링을 한다. OpenGL ES 3.0에서는 끊김없는 큐브맵 필터링이 될 수 있도록 하기 위해 다른 것이 필요없다; 모든 선형 필터 커널이 자동적으로 이루어진다.

## 자동 밉맵 생성

이전 절의 MipMap2D 예제에서 애플리케이션이 밉맵 체인의 단계-0에 대한 이미지를 만들었다. 그런 다음 이미지에 박스 필터를 수행하고 순차적으로 너비와 높이를 이등분하여 밉맵 체인의 나머지 부분을 생성하였다. 이것은 밉맵을 생성하는 하나의 방법이지만, OpenGL ES 3.0 glGenerateMipmap을 사용하여 자동으로 밉맵을 생성하는 메커니즘을 제공한다.

```
void glGenerateMipmap(GLenum target)
```

| | |
|---|---|
| *target* | 밉맵을 생성하기 위한 텍스처 대상, 다음 값으로 설정 가능<br>GL_TEXTURE_2D, GL_TEXTURE_3D, GL_TEXTURE_2D_ARRAY, 또는<br>GL_TEXTURE_CUBE_MAP |

바인딩된 텍스처 개체에서 glGenerateMipmap을 호출할 때, 이 함수는 단계-0의 이미지 내용으로부터 전체 밉맵 체인을 생성한다. 2D 텍스처에 대해 이는 텍스처 단계-0의 내용이 순차적으로 필터링되어, 각각의 후속 단계에 사용됨을 의미한다. 큐브맵에서는 큐브의 각 면은 각 큐브 면의 단계-0에서 생성된다. 큐브맵에 이 함수를 사용하려면 각 큐브 면에 대한 단계-0를 지정해야 하고 각 면은 상응하는 내부 형식, 넓이, 높이를 가져야 함에 주의하자. 2D 텍스처 배열에서 배열의 각 조각은 2D 텍스처와 같이 필터링

된다. 마지막으로 3D 텍스처에 대해 전체 체적은 조각들을 통해 필터링을 실행하여 밉맵된다.

OpenGL ES 3.0은 밉맵 생성을 위한 특정 필터링을 지목하고 있지는 않다(박스 필터링을 권장, 구현은 사용한 알고리즘을 선택하는 것은 자유이다). 어떤 특별한 필터링 방법이 필요할 경우에는 스스로 밉맵을 생성할 필요가 있을 것이다.

특히, 자동 밉맵 생성은 텍스처에 대한 렌더링을 위해 프레임버퍼 객체를 사용하기 시작할 때 무척 중요하다. 텍스처에 대해 렌더링할 때, CPU가 밉맵을 생성하기 위해 텍스처의 내용을 다시 읽기 원하지 않는다. 대신, glGenerateMipmap을 사용할 수 있고, 그래픽스 하드웨어는 CPU로 돌아가 데이터를 다시 읽지 않고도 잠재적으로 밉맵을 생성할 수 있다. 제12장 "프레임버퍼 객체"에서 프레임버퍼 객체를 자세히 다루면, 이 부분은 명확해질 것이다.

## 텍스처 좌표 랩핑 (wrapping)

텍스처 랩핑 모드는 텍스처 좌표가 [0.0, 1.0] 범위 밖에 있을 경우 설정을 위해 사용된다. 텍스처 랩핑 모드는 glTexParameter[i|f][v]를 사용해 설정되고, *s*-좌표, *t*-좌표, *r*-좌표와는 독립적으로 설정할 수 있다. GL_TEXTURE_WRAP_S 모드는 *s*-좌표가 [0.0, 1.0] 범위 밖일 때, GL_TEXTURE_WRAP_T는 *t*-좌표에 대해, GL_TEXTURE_WRAP_R은 *r*-좌표에 대해 범위 밖일 때의 동작을 정의하는 것이다(*r*-좌표 랩핑은 3D 텍스처와 2D 텍스처 배열에 대해 단지 사용된다). OpenGL ES에서는 표 9-2에 설명된 것처럼 3개의 랩핑 모드가 있다.

텍스처 랩핑 모드는 필터링 작용에 영향을 줄 수 있다는 점을 주의해야 한다. 예를 들어, 텍스처 좌표가 텍스처의 경계에 있을 때, 이중선형 필터 커널(kernel)이 텍스처의 경계 넘어까지 확장될 수가 있다. 이런 경우 랩핑 모드는 텍스처 경계 밖의 커널 부분에 대한 텍셀의 인출 여부를 결정하게 된다. GL_CLAMP_TO_EDGE는 반복 형식을 원하지 않을 때 사용한다.

**표 9-3** 텍스처 랩핑 모드

| 텍스처 랩핑 모드 | 설 명 |
|---|---|
| GL_REPEAT | 텍스처 반복 |
| GL_CLAMP_TO_EDGE | 텍스처의 모서리로 인출을 막음 |
| GL_MIRRORED_REPEAT | 텍스처와 반사를 반복 |

**그림 9-5** GL_REPEAT, GL_CLAMP_TO_EDGE와 GL_MIRRORED_REPEAT 모드

Chapter_9/TextureWrap에서 예제는 세 가지 다른 텍스처 랩핑 모드 각각에 대한 쿼드(quad)를 그리는 예제이다. 쿼드는 바둑판 무늬 이미지가 적용되고 [−1.0, 2.0] 범위 안의 텍스처 좌표로 렌더링된다. 그림 9-5는 그 결과들을 보여준다.

세 개 쿼드는 텍스처 랩핑 모드에 대해, 다음 설정 코드를 사용해 렌더링된다.

```
// 반복 랩핑 모드로 왼쪽 쿼드 그리기
glTexParameteri(GL_TEXTURE_2D, GL_TEXTURE_WRAP_S, GL_REPEAT);
glTexParameteri(GL_TEXTURE_2D, GL_TEXTURE_WRAP_T, GL_REPEAT);
glUniform1f(userData->offsetLoc, -0.7f);
glDrawElements(GL_TRIANGLES, 6, GL_UNSIGNED_SHORT, indices);

// 경계 랩핑 모드로 중간 쿼드 그리기
glTexParameteri(GL_TEXTURE_2D, GL_TEXTURE_WRAP_S, GL_CLAMP_TO_EDGE);
glTexParameteri(GL_TEXTURE_2D, GL_TEXTURE_WRAP_T, GL_CLAMP_TO_EDGE);
glUniform1f(userData->offsetLoc, 0.0f);
glDrawElements(GL_TRIANGLES, 6, GL_UNSIGNED_SHORT, indices);

// 반사 반복으로 오른쪽 쿼드 그리기
glTexParameteri(GL_TEXTURE_2D, GL_TEXTURE_WRAP_S,
                GL_MIRRORED_REPEAT);
glTexParameteri(GL_TEXTURE_2D, GL_TEXTURE_WRAP_T,
                GL_MIRRORED_REPEAT);
glUniform1f(userData->offsetLoc, 0.7f);
glDrawElements GL_TRIANGLES, 6, GL_UNSIGNED_SHORT, indices);
```

그림 9-5에서 가장 왼쪽 쿼드는 GL_REPEAT 모드를 사용하여 렌더링된다. 이 모드에서는 텍스처가 [0, 1]범위 밖에서 계속 반복되어 이미지가 타일 패턴으로 나타난다. 가운데 쿼드는 GL_CLAMP_TO_EDGE 모드로 렌더링 된다. 텍스처 좌표가 [0, 1]범위를 벗어나면 텍스처 좌표는 텍스처 경계의 샘플에 맞춰진다. 오른쪽 쿼드는 GL_MIRRORED_REPEAT와 함께 렌더링되는데, 이는 텍스처 좌표가 [0, 1] 범위 밖에 있을 때 이미지를

반사하고 반복한다.

### 텍스처 혼합(swizzle)

텍스처 혼합은 입력 R, RG, RGB 또는 RGBA 텍스처 내 컬러 구성요소가 셰이더에서 인출될 때 구성요소에 어떻게 매핑하는지를 제어한다. 예를 들어, 애플리케이션은 (R, 0, 0, 1)의 기존 매핑에 반대처럼 GL_RED 텍스처를 (0, 0, 0, R) 또는 (R, R, R, 1)로 매핑하기를 원할 수 있다. 각 R, G, B, A 값의 텍스처 구성요소는 glTexParameter[i|f][v]를 이용한 텍스처 혼합 집합을 이용하여 독립적으로 제어될 수 있도록 매핑한다. 제어를 위한 구성요소는 GL_TEXTURE_SWIZZLE_R, GL_TXTURE_SWIZZLE_G, GL_TEXTURE_SWIZZLE_B 또는 GL_TEXTURE_SWIZZLE_A를 이용하여 지정한다. 구성요소에 대한 소스로 될 텍스처 값은 R, G, B 또는 A 구성요소 각각으로부터 인출하기 위해 GL_RED, GL_GREEN, GL_BLUE 또는 GL_ALPHA로 될 수 있다. 추가적으로 애플리케이션은 각각 GL_ZERO 또는 GL_ONE을 이용하여 상수 0이나 1로 값을 설정할 수 있다.

### 상세 텍스처 단계

임의의 애플리케이션에서 텍스처 밉맵 단계의 모두가 유용하기 전에 화면을 디스플레이하기 시작하는 것은 유용하다. 예를 들어 데이터 연결상에서 텍스처 이미지를 다운로드하는 GPS 애플리케이션은 가장 낮은 단계 밉맵으로 시작하고 데이터가 유용할 때 더 높은 단계를 디스플레이한다. OpenGL ES 3.0에서 이는 glTexParameter[i|f][v]에 여러 인수에 의해 달성될 수 있다. GL_TEXTURE_BASE_LEVEL은 텍스처를 사용하기 위해 사용될 수 있는 가장 큰 밉맵 단계를 지정한다. 기본적으로 이는 0 값을 가지나 밉맵 단계가 아직 유용하지 않으면 더 높은 값으로 설정할 수 있다. 마찬가지로 GL_TEXTURE_MAX_LEVEL은 사용될 수 있는 가장 적은 밉맵 단계를 설정한다. 기본적으로 이는 1000값을 가질 수 있으나(임의의 텍스처가 가질 수 있는 가장 적은 단계 이하), 텍스처를 위해 사용하기 위한 가장 적은 밉맵 단계를 제어하기 위해 더 적은 수로 설정될 수 있다.

렌더링을 위해 사용될 수 있는 밉맵 단계를 선택하기 위해 OpenGL ES는 상세 단계(LOD) 값을 자동적으로 계산한다. 이 실수값은 필터링하기 위한 밉맵 단계를 결정한다(삼각 필터링에서 각 밉맵이 어떻게 사용될지를 제어). 애플리케이션은 또한 GL_TEXTURE_MIN_LOC와 GL_TEXTURE_MAX_LOD로 최소와 최대 LOD 값을 제어할 수 있다. 기본과 최대 단계로 각각 LOD를 제어하는 데 유용한 이유는 새로운 밉맵 단계가 유용할 때 부드러운 이동을 제공하기 때문이다. 텍스처 기본과 최대 단계를 설정하는 것은 LOD 보간이 변화를 더 부드럽게 하는 반면, 새로운 밉맵 단계가 유용할 때 아트팩트가 갑자기 나타나는 결과를 발생한다.

## 깊이 텍스처 비교(비율 가장 가까운 필터링)

논의할 마지막 텍스처 매개변수는 GL_TEXTURE_COMPARE_FUNC와 GL_TEXTURE_COMPARE_MODE이다. 이들 텍스처 매개변수는 비율 가장 가까운 필터링(percentage closest filtering, PCF)으로 알려진 특성을 제공하도록 소개한다. 그림자 매핑으로 알려진 그림자 기법을 실행할 때, 프래그먼트 셰이더는 프래그먼트가 셰이더 내에 있는지 외부에 있는지 결정하기 위해 깊이 텍스처 내 깊이 값과 프래그먼트의 현재 깊이 값을 비교할 필요가 있다. 보기에 부드러운 그림자 가장자리를 달성하기 위해 깊이 텍스처에서 이중 필터링을 수행하도록 하는 것이 유용하다. 그러나 깊이 텍스처를 필터링 할 때 깊이 값이 샘플링되고 현재 깊이(또는 참조값)와 비교한 후 필터링이 발생하기 바란다. 필터링이 비교 전에 발생하면 깊이 텍스처에서 값을 평균하는데 이는 정확한 결과를 제공하지 않는다. PCF가 정확한 필터링을 제공하면 이는 각 샘플링된 깊이 값이 참조 깊이와 비교되고 이들 비교(0 또는 1) 결과는 평균된다.

GL_TEXTURE_COMPARE_MODE는 GL_NONE이 기본이다. 그러나 GL_COMPARE_REF_TO_TEXTURE로 지정되면, (*s*, *t*, *r*) 텍스처 좌표에서 *r*-좌표는 깊이 텍스처의 값과 비교될 것이다. 이 비교 결과는 그림자 텍스처 인출 결과가 된다(값이 0이나 1 또는 텍스처 필터링이 가능하면 이들 값의 평균). 비교 함수는 GL_TEXTURE_COMPARE_FUNC를 이용하여 지정한다. 이는 GL_LEQUAL, GL_EQUAL, GL_LESS, GL_GREATER, GL_EQUAL, GL_NOTEQUAL, GL_ALWAYS 또는 GL_NEVER에 대한 비교 함수를 설정할 수 있다. 그림자 매핑에 대한 더 자세한 사항은 제14장 “OpenGL ES 3.0 고급 프로그래밍”을 참조하기 바람.

## 텍스처 형식

OpenGL ES 3.0은 텍스처에 대한 데이터 형식의 폭넓은 범위를 제공한다. 사실 형식의 수는 크게 OpenGL ES 2.0보다 증가했다. 이 절은 OpenGL ES 3.0에서 유용한 텍스처 형식을 자세히 설명한다.

이전 절 텍스처 객체와 텍스처 적재에서 기술한 것처럼 2D 텍스처는 glTexImage2D

**표 9-4** glTextImage2D에 대해 유효한 규격에 맞지 않는 내부 형식 조합

| 내부 형식 | 형식 | 타입 | 입력 데이터 |
|---|---|---|---|
| GL_RGB | GL_RGB | GL_UNSIGNED_BYTE | 8/8/8 RGB 24-bit |
| GL_RGB | GL_RGB | GL_UNSIGNED_SHORT_5_6_5 | 5/6/5 RGB 16-bit |
| GL_RGBA | GL_RGBA | GL_UNSIGNED_BYTE | 8/8/8/8 RGB 32-bit |
| GL_RGBA | GL_RGBA | GL_UNSIGNED_SHORT_4_4_4_4 | 4/4/4/4 RGBA 16-bit |
| GL_RGBA | GL_RGBA | GL_UNSIGNED_SHORT_5_5_5_1 | 5/5/5/1 RGBA 16-bit |
| GL_LUMINACE_ALPHA | GL_LUMINACE_ALPHA | GL_UNSIGNED_BYTE | 8/8 LA 16-bit |
| GL_LUMINACE | GL_LUMINACE | GL_UNSIGNED_BYTE | 8L 8-bit |
| GL_ALPHA | GL_ALPHA | GL_UNSIGNED_BYTE | 8A 8-bit |

를 이용하여 규격에 맞든 안맞든 내부 형식으로 업로드될 수 있다. 텍스처가 규격에 맞지 않는 형식으로 지정되면 OpenGL ES 구현은 텍스처 데이터가 저장되는 실제 내부 표현을 선택하는 것은 자유이다. 텍스처가 규정에 맞는 형식으로 지정되면 이때 OpenGL ES는 최소한 지정된 비트 형식을 선택한다.

표 9-4는 규정에 맞지 않는 내부 형식으로 텍스처를 지정하는 유효한 조합을 나열하였다.

애플리케이션이 데이터가 내부적으로 어떻게 저장되는지를 더 제어하기 원하면 이때 규정에 맞는 내부 형식을 사용할 수 있다. `glTexImage2D`로 규정에 맞는 내부 형식에 대한 유효한 조합은 표 9-5에서 9-10에 나열하였다. 마지막 두 열에서 "R"은 렌더링 가능함을, "F"는 필터링이 가능함을 나타낸다. OpenGL ES 3.0은 렌더링이나 필터링에 유용한 일정 형식을 지정한다. 더욱이 어떤 형식들은 내부 형식보다 더 많은 비트를 포함하는 입력 데이터로 지정될 수 있다. 이 경우 구현은 더 많은 비트 형식을 사용하거나 더 적은 비트로 변환하도록 선택할 수 있다.

OpenGL ES 3.0에서 크게 다양한 텍스처 형식을 설명하기 위해 다음과 같은 범주로 구성하였다: 정규화된 텍스처 형식, 실수형 텍스처 형식, 정수 텍스처, 공유 지수 텍스처,

sRGB 텍스처, 깊이 텍스처.

## 정규화된 텍스처 형식

표 9-5는 정규화된 텍스처 형식을 지정하기 위해 사용될 수 있는 내부 형식 조합 집합을 나열하였다. "정규화"에 의해 프래그먼트 셰이더에서 텍스처로부터 인출 시 결과가 [0.0,

❙ 표 9-5 ❙ glTextImage2D에 대해 유효한 규격에 맞지 않는 내부 형식 조합

| 내부 형식 | 형식 | 타입 | 입력 데이터 | R[1] | F[2] |
|---|---|---|---|---|---|
| GL_R8 | GL_RED | GL_UNSIGNED_BYTE | 8-bit RED | X | X |
| GL_R8_SNORM | GL_RED | GL_BYTE | 8-bit RED (부호있는) | | X |
| GL_RG8 | GL_RG | GL_UNSIGNED_BYTE | 8/8 RG | X | X |
| GL_RG8_SNORM | GL_RG | GL_BYTE | 8/8 RG(부호있는) | | X |
| GL_RGB8 | GL_RGB | GL_UNSIGNED_BYTE | 8/8/8 RGB | X | X |
| GL_RGB8_SNORM | GL_RGB | GL_BYTE | 8/8/8 RGB (부호있는) | | X |
| GL_RGB565 | GL_RGB | GL_UNSIGNED_BYTE | 8/8/8 RGB | X | X |
| GL_RGB565 | GL_RGB | GL_UNSIGNED_ SHORT_565 | 5/6/5 RGB | X | X |
| GL_RGBA8 | GL_RGBA | GL_UNSIGNED_BYTE | 8/8/8/8 RGBA | X | X |
| GL_RGBA8_SNORM | GL_RGBA | GL_BYTE | 8/8/8/8 RGBA (부호있는) | | X |
| GL_RGB5_A1 | GL_RGBA | GL_UNSIGNED_BYTE | 8/8/8/8 RGBA | X | X |
| GL_RGB5_A1 | GL_RGBA | GL_UNSIGNED_ SHORT_5_5_5_1 | 5/5/5/1 RGBA | X | X |
| GL_RGB5_A1 | GL_RGBA | GL_UNSIGNED_SHORT_ 2_10_10_10_REV | 10/10/10/2 RGBA | X | X |
| GL_RGBA4 | GL_RGBA | GL_UNSIGNED_BYTE | 8/8/8/8 RGBA | X | X |
| GL_RGBA4 | GL_RGBA | GL_UNSIGNED_ SHORT_4_4_4_4 | 4/4/4/4 RGBA | X | X |
| GL_RGB10_A2 | GL_RGBA | GL_UNSIGNED_INT_ 2_10_10_10_REV | 10/10/10/2 RGBA | X | X |

1. R=형식은 렌더링 가능
2. F=형식은 필터링 가능

1.0] 범위(또는 *_SNORM 형식의 경우 [-1.0, 1.0] 범위)로 됨을 의미한다. 예를 들어, GL_UNSIGNED_BYTE 데이터로 지정된 GL_R8 이미지는 [0, 255] 범위에서 각 8비트 부호없는 바이트 값으로 가져오며, 이는 프래그먼트 셰이더에서 인출할 때 [0.0, 1.0]으로 매핑한다. GL_BYTE 데이터로 지정된 GL_R8_SNORM 이미지는 [-128, 127] 범위에서 각 8비트 부호있는 바이트 값으로 가져오고, 인출 때 [-1.0, 1.0]으로 매핑한다.

정규화된 형식은 텍셀(R, RG, RGB, RGBA)당 1과 4 구성요소 사이로 지정될 수 있다. OpenGL ES 3.0은 또한 GL_RGB10_A2를 소개하는데, 이는 각 (R, G, B)에 대해 10비트로, 각 알파값에 대해 2비트로 텍스처 이미지 데이터를 지정한다.

### 실수형 텍스처 형식

OpenGL ES 3.0은 또한 실수형 텍스처 형식을 소개한다. 실수형 형식의 대부분은 16비트 반(half)-실수형 데이터(부록 A에 설명)나 32비트 실수형 데이터이다. 실수형 텍스처 데이터 형식은 정규형 텍스처 형식(R, RG, RGB, RGBA)과 같이 하나에서 네 개의 구성요소를 가질 수 있다. OpenGL ES 3.0은 실수형 형식이 렌더링 대상으로 사용되도록 강요하지 않고 단지 16비트 반(half)-실수형 데이터는 필터링 가능하도록 강요한다.

16비트와 32비트 실수형 데이터에 추가로 OpenGL ES 3.0은 11/11/10 GL_R11F_G11F_B10F 실수형 형식을 소개한다. 이 형식의 동기는 32비트에서 각 텍셀의 저장을 유지하는 동안 더 정확하고 3채널 텍스처를 제공하기 위한 것이다. 이 형식의 사용은 16/16/16 GL_RGB16F나 32/32/32 GL_RGB32F 텍스처보다 더 높은 성능을 지원할 것이다. 이 형식은 빨강과 초록 채널을 위해 11비트, 파랑 채널을 위해 10비트를 가진다. 11비트 빨강과 초록값에 대해 가수 6비트, 지수 5비트를 가진다. 10비트 파랑값은 가수 5비트와 지수 5비트를 가진다. 11/11/10 형식은 구성요소에 대해 부호를 가지지 않기 때문에 양의 값을 표현하기 위해 단지 사용된다. 11비트와 10비트로 표현할 수 있는 가장 큰 값은 $6.5 \times 10^4$이고, 가장 작은 값은 $6.1 \times 10^{-5}$이다. 11비트 형식은 2.5 10진 숫자 정밀도, 10비트 형식은 2.32 10진 정밀도를 가진다.

### 정수 텍스처 형식

정수 텍스처 형식은 프래그먼트 셰이더에서 정수로 인출할 수 있는 텍스처 지정을 허용한다. 즉, 프래그먼트 셰이더에서 인출 시에 데이터가 정수 표현에서 정규화된 실수형 값으로 변환되는 정규화된 텍스처 형식에 반대로 정수 텍스처 내 값은 프래그먼트 셰이더에서 인출 시 정수로 유지된다.

정수 텍스처 형식은 필터링 가능하지 않고 R, RG, RGBA 변종은 프레임버퍼 객체에 렌

**| 표 9-6 |** glTexImage2D에 대해 유효한 크기에 맞는 내부 형식 조합

| 내부 형식 | 형식 | 타입 | 입력 데이터 | R | F |
|---|---|---|---|---|---|
| GL_R16F | GL_RED | GL_HALF_FLOAT | 16-bit RED (half-float) | | X |
| GL_R16F | GL_RED | GL_FLOAT | 32-bit RED(float) | | X |
| GL_R32F | GL_RED | GL_FLOAT | 32-bit RED(float) | | |
| GL_RG16F | GL_RG | GL_HALF_FLOAT | 16/16 RG (half-float) | | X |
| GL_RG16F | GL_RG | GL_FLOAT | 32/32 RG(float) | | X |
| GL_RG32F | GL_RG | GL_FLOAT | 32/32 RG(float) | | |
| GL_RGB16F | GL_RGB | GL_HALF_FLOAT | 16/16/16 RGB (half-float) | | X |
| GL_RGB16F | GL_RG | GL_FLOAT | 16/16 RGB(float) | | X |
| GL_RGB32F | GL_RG | GL_FLOAT | 32/32/32 RGB (float) | | |
| GL_R11F_G11F_B10F | GL_RGB | GL_UNSIGNED_INT_10F_11F_11F_REV | 10/11/11 (float) | | X |
| GL_R11F_G11F_B10F | GL_RGB | GL_HALF_FLOAT | 16/16/16 RGB(half-float) | | X |
| GL_R11F_G11F_B10F | GL_RGB | GL_FLOAT | 32/32/32 RGB(half-float) | | X |
| GL_RGBA16F | GL_RGBA | GL_HALF_FLOAT | 16/16/16/16 RGBA(half-float) | | X |
| GL_RGBA16F | GL_RGBA | GL_FLOAT | 32/32/32/32 RGBA(float) | | X |
| GL_RGBA32F | GL_RGBA | GL_FLOAT | 32/32/32/32 RGBA(float) | | |

더링되도록 컬러 장치로 사용될 수 있다. 컬러 장치로 정수 텍스처를 이용할 때 알파 혼합 상태는 무시된다(혼합이 정수 렌더링 대상으로 가능한 것은 없다). 정수 텍스처로부터 인출하기 위해 사용되고, 정수 렌더링 대상으로 출력하기 위해 사용되는 프래그먼트 셰이더는 형식에 일치하는 적절한 부호 있거나 없는 정수 타입을 사용해야 한다.

**표 9-7** glTexImage2D에 대해 유효한 크기에 맞는 내부 정수 텍스처 형식 조합

| 내부 형식 | 형식 | 타입 | 입력 데이터 | R | F |
|---|---|---|---|---|---|
| GL_R8UI | GL_RED_INTEGER | GL_UNSIGNED_BYTE | 8-bit Red (부호없는) | X | |
| GL_R8I | GL_RED_INTEGER | GL_BYTE | 8-bit Red (부호있는) | X | |
| GL_R16UI | GL_RED_INTEGER | GL_UNSIGNED_SHORT | 16-bit Red (부호없는) | X | |
| GL_R16I | GL_RED_INTEGER | GL_SHORT | 16-bit Red (부호있는) | X | |
| GL_R32UI | GL_RED_INTEGER | GL_UNSIGNED_INT | 32-bit Red (부호없는) | X | |
| GL_R32I | GL_RED_INTEGER | GL_INT | 32-bit Red (부호있는) | X | |
| GL_RG8UI | GL_RG_INTEGER | GL_UNSIGNED_BYTE | 8/8RG(부호없는) | X | |
| GL_RG8I | GL_RG_INTEGER | GL_BYTE | 8/8RG(부호있는) | X | |
| GL_RG16UI | GL_RG_INTEGER | GL_UNSIGNED_SHORT | 16/16RG (부호없는) | X | |
| GL_RG16I | GL_RG_INTEGER | GL_SHORT | 16/16RG (부호있는) | X | |
| GL_RG32UI | GL_RG_INTEGER | GL_UNSIGNED_INT | 32/32RG (부호없는) | X | |
| GL_RG32I | GL_RG_INTEGER | GL_INT | 32/32RG (부호있는) | X | |
| GL_RGBAUI | GL_RGBA_INTEGER | GL_UNSIGNED_BYTE | 8/8/8/8 RGBA (부호없는) | X | |
| GL_RGBAI | GL_RGBA_INTEGER | GL_BYTE | 8/8/8/8 RGBA (부호있는) | X | |
| GL_RGB8UI | GL_RGB_INTEGER | GL_UNSIGNED_BYTE | 8/8/8 RGB (부호없는) | | |
| GL_RGB8I | GL_RGB_INTEGER | GL_BYTE | 8/8/8 RGB (부호있는) | | |
| GL_RGB16UI | GL_RGB_INTEGER | GL_UNSIGNED_SHORT | 16/16/16 RGB (부호없는) | | |

❙ 표 9-7 ❙ glTexImage2D에 대해 유효한 크기에 맞는 내부 정수 텍스처 형식 조합(계속)

| 내부 형식 | 형식 | 타입 | 입력 데이터 | R | F |
|---|---|---|---|---|---|
| GL_RGB16I | GL_RGB_INTEGER | GL_SHORT | 16/16/16 RGB (부호있는) | | |
| GL_RGB32UI | GL_RGB_INTEGER | GL_UNSIGNED_INT | 32/32/32 RGB (부호없는) | | |
| GL_RGB32I | GL_RGB_INTEGER | GL_INT | 32/32/32 RG (부호있는) | | |
| GL_RG32I | GL_RG_INTEGER | GL_INT | 32/32 RG (부호있는) | X | |
| GL_RGB10_A2_UI | GL_RGBA_INTEGER | GL_UNSIGNED_INT_2_10_10_10_REV | 10/10/10/2 RGBA (부호없는) | X | |
| GL_RGBA16UI | GL_RGBA_INTEGE | GL_UNSIGNED_SHORT | 16/16/16/16 RGBA(부호없는) | X | |
| GL_RGBA16I | GL_RGBA_INTEGER | GL_SHORT | 16/16/16/16 RGBA(부호있는) | X | |
| GL_RGBA32UI | GL_RGBA_INTEGER | GL_UNSIGNED_INT | 32/32/32/32 R/G/B/A (부호없는) | X | |
| GL_RGBA32I | GL_RGBA_INTEGER | GL_INT | 32/32/32/32 R/G/B/A (부호없는) | X | |

## 공유 지수 텍스처 형식

공유 지수 텍스처는 실수형 텍스처에 의해 사용된 것만큼 많은 비트 깊이를 요구하지 않고 큰 범위를 갖는 RGB 텍스트를 저장하는 방법을 제공한다. 공유 지수 텍스처는 전형적으로 반- 또는 전- 실수형 데이터가 요구하지 않는 큰 동적 범위(HDR, high dynamic range) 이미지를 위해 사용된다. OpenGL ES 3.0에서 공유 지수 텍스처 형식은 GL_RGB9_E5이다. 이 형식에서 5비트 지수는 세 RGB 구성요소 모두에 의해 공유된다. 5비트 지수는 15값으로 암시적으로 바이어스된다. RGB를 위한 9비트 값의 각각은 부호비트 없이(그러므로 양수이어야 한다) 가수를 저장한다. 인출 시 3 RGB 값은 다음 방정식을 이용하여 텍스처로부터 유도된다.

$$R_{out} = R_{in} * 2^{(EXP-15)}$$

**표 9-8** glTexImage2D에 대해 유효한 공유 지수 크기에 맞는 내부 형식 조합

| 내부 형식 | 형식 | 타입 | 입력 데이터 | R | F |
|---|---|---|---|---|---|
| GL_RGB9_E5 | GL_RGB | GL_UNSIGNED_INT _5_9_9_9_REV | 9/9/9 RGB (5비트 공유 지수) | | X |
| GL_RGB9_E5 | GL_RGB | GL_HALF_FLOAT | 16/16/16 RGB (반 실수형) | | X |
| GL_RGB9_E5 | GL_RGB | GL_FLOAT | 32/32/32 RGB (반 실수형) | | X |

$$G_{out} = G_{in} * 2^{(EXP-15)}$$
$$B_{out} = B_{in} * 2^{(EXP-15)}$$

입력 텍스처가 16비트 반-실수나 32 실수로 지정되면, 이때 OpenGL ES 구현은 자동적으로 공유 지수 형식으로 변환된다. 변환은 최대 컬러값을 먼저 결정하여 이루어진다.

$$MAX_c = \max(R, G, B)$$

공유 지수는 이때 다음 식을 이용하여 계산된다.

$$EXP = \max(-16, \text{floor}(\log_2(MAX_c))) + 16$$

마지막으로 RGB에 대한 9비트 가수값은 다음 식으로 계산된다.

$$R_s = \text{floor}\ (R/(2^{(EXP-15+9)}) + 0.5)$$
$$G_s = \text{floor}\ (G/(2^{(EXP-15+9)}) + 0.5)$$
$$B_s = \text{floor}\ (B/(2^{(EXP-15+9)}) + 0.5)$$

애플리케이션은 입력되는 데이터로부터 5비트 EXP와 9비트 RGB 값을 유도하기 위해 이들 변환 공식을 이용하거나, OpenGL ES에 16비트 반-실수형이나 32비트 실수형 데이터에 간단히 전달할 수 있고 변환을 실행하도록 한다.

### sRGB 텍스처 형식

OpenGL ES 3.0에서 소개한 다른 텍스처 형식은 sRGB 텍스처이다. sRGB는 거의 멱함수를 따르는 비선형 컬러공간이다. 대부분 이미지들은 사람들이 다른 밝기 단계에서 더 좋은 컬러를 구별할 수 있는 사실에 대해 비선형성 설명처럼 sRGB 컬러공간에 실제로 저장된다.

텍스처에 사용된 이미지들이 sRGB 컬러공간에서 작성되고 sRGB 텍스처를 이용하지 않

**| 표 9-9 |** glTexImage2D에 대해 유효한 sRGB 크기에 맞는 내부 형식 조합

| 내부 형식 | 형식 | 타입 | 입력 데이터 | R | F |
|---|---|---|---|---|---|
| GL_SRGB8 | GL_RGB | GL_UNSIGNED_BYTE | 8/8/8 SRGB | | X |
| GL_SRGB8_ALPHA8 | GL_RGBA | GL_UNSIGNED_BYTE | 8/8/8/8 RGBA | X | X |

고 인출되었다면 셰이더에 발생한 모든 조명 계산은 비선형 컬러공간에서 발생한다. 즉, 표준 저작 패키지에서 생성된 텍스처는 sRGB에 저장되고 셰이더에서 인출될 때 sRGB에 유지된다. 이때 조명 계산은 비선형 sRGB 공간에서 일어난다. 많은 애플리케이션들이 이러한 실수가 있는 동안 정확하지 않고 실제로 구별할 수 있는 다른 출력 이미지에서 실제로 발생한다.

sRGB 이미지에 대한 적절한 계산을 위해 애플리케이션은 셰이더에서 인출 시 sRGB로부터 선형 컬러 공간으로 변환될 sRGB 텍스처 형식을 사용해야 한다. 이때 셰이더 내 모든 계산은 선형 컬러공간에서 이루어진다. 마지막으로 sRGB 렌더링 대상에 대한 렌더링에 의해 이미지는 작성 시 sRGB로 정확히 변환될 것이다. 이는 셰이더 명령 pow(value, 2.2)를 이용하여 sRGB → 선형 변환을 근사할 수 있으며 이때 pow(value, 1/2.2)를 이용하여 선형 → sRGB 변환을 근사할 수 있다. 그러나 이는 셰이더 명령을 줄이고 더 정확한 sRGB 변환을 제공하기 때문에 sRGB 텍스처 변환 사용을 선호한다.

## 깊이 텍스처 형식

OpenGL ES 3.0에서 마지막 텍스처 형식 타입은 깊이 텍스처이다. 깊이 텍스처는 프레임버퍼 객체의 깊이 장치로부터 깊이값(선택적으로 stencil)을 인출하도록 애플리케이션

**| 표 9-10 |** glTexImage2D에 대해 유효한 깊이 크기에 맞는 내부 형식 조합S

| 내부 형식 | 형식 | 타입 |
|---|---|---|
| GL_DEPTH_COMPONENT16 | GL_DEPTH_COMPONENT | GL_UNSIGNED_SHORT |
| GL_DEPTH_COMPONENT16 | GL_DEPTH_COMPONENT | GL_UNSIGNED_INT |
| GL_DEPTH_COMPONENT24 | GL_DEPTH_COMPONENT | GL_UNSIGNED_INT |
| GL_DEPTH_COMPONENT32F | GL_DEPTH_COMPONENT | GL_FLOAT |
| GL_DEPTH24_STENCIL8 | GL_DEPTH_STENCIL | GL_UNSIGNED_INT_24_8 |
| GL_DEPTH32F_STENCIL8 | GL_DEPTH_STENCIL | GL_FLOAT_32_UNSIGNED_INT_24_8_REV |

에 허용한다. 이는 그림자 매핑을 포함하여 다양한 고급 렌더링 알고리즘에서 유용하다. 표 9-10은 OpenGL ES 3.0에서 유효한 깊이 텍스처 형식을 나열한다.

## 셰이더에서 텍스처 사용

지금까지는 텍스처링 설정의 기본적인 내용을 다루었다. 이제 샘플 셰이더 코드를 좀 살펴보도록 하자. Simple_Texture2D 샘플 예제 중, 예제 9-3에서 한 쌍의 정점-프래그먼트 셰이더는 2D 텍스처링이 셰이더에서 어떻게 수행하는지에 대한 기본 방법을 보인다.

**예제 9-3** 2D 텍스처링을 수행하기 위한 정점과 프래그먼트 셰이더

```
// 정점 셰이더
#version 300 es

layout(location = 0) in vec4 a_position;
layout(location = 1) in vec2 a_texCoord;
out vec2 v_texCoord;
void main()
{
   gl_Position = a_position;
   v_texCoord = a_texCoord;
}

// 프래그먼트 셰이더
#version 300 es
precision mediump float;
in vec2 v_texCoord;
layout(location = 0) out vec4 outColor;
uniform sampler2D s_texture;
void main()
{
   outColor = texture(s_texture, v_texCoord);
}
```

정점 셰이더는 정점 입력으로 2-컴포넌트 텍스처 좌표를 가져와 프래그먼트 셰이더에 출력으로 전달한다. 프래그먼트 셰이더는 텍스처 인출을 위한 텍스처 좌표로 사용한다. 프래그먼트 셰이더는 s_texture라 불리는 sampler2D 타입의 uniform 변수를 선언한다. 샘플러는 텍스처 맵에서 인출하기 위해 사용하는 uniform 변수의 특수 타입이다.

샘플러 uniform은 바인딩된 텍스처에 대한 텍스처 단위를 정의하는 값으로 적재된다. 예를 들어, 0 값으로 sampler를 지정하는 것은 GL_TEXTURE0에서, 1 값은 GL_TEXTURE1에서 인출한다. 텍스처는 glActiveTexture 함수를 사용하여 OpengGL ES 3.0에서 텍스처 단위와 바인딩한다.

void **glActiveTexture**(GLenum *texture*)

*texture* 활성화하고자 하는 텍스처 단위
(GL_TEXTURE0, GL_TEXTURE1, …, GL_TEXTURE31)

glActiveTexture 함수는 현재 텍스처 구성단위를 설정하여, glBindTexture 함수 호출할 때 텍스처를 활성화된 구성단위와 바인딩한다. OpenGL ES 구현에서 사용가능한 텍스처 구성단위의 수는 GL_MAX_TEXTURE_IMAGE_UNITS를 매개변수로 설정한 glGetIntegerv 함수를 사용해서 질의할 수 있다. 정점 셰이더에 유용한 텍스처 단위의 수는 GL_MAX_VERTEX_IMAGE_UNITS를 매개변수로 설정한 glGetIntegerv 함수를 사용하여 질의할 수 있다.

Simple_Texture2D 예제 중 다음 코드는 샘플러와 텍스처가 텍스처 단위와 어떻게 바인딩되는지를 보인다.

```
// 샘플러 위치 얻기
userData->samplerLoc = glGetUniformLocation(
                           userData->programObject,
                           "s_texture");

//...
// 텍스처 바인딩
glActiveTexture(GL_TEXTURE0);
glBindTexture(GL_TEXTURE_2D, userData->textureId);

// 0으로 샘플러 텍스처 단위 설정
glUniform1i(userData->samplerLoc, 0);
```

이렇게 하여 텍스처를 적재하고 텍스처는 텍스처 구성단위 0과 바인딩되고, 샘플러는 텍스처 단위가 0으로 설정된다. Simple_Texture2D 예제의 프래그먼트 셰이더로 돌아가보면, 셰이더 코드가 내장함수 texture를 사용하여 텍스처 맵으로부터 인출하는 것을 볼 수 있다. 내장함수 texture는 다음 형식과 같다.

```
vec4  texture(sampler2D sampler, vec2 coord[,
              float bias])
```

*sampler* 텍스처가 인출되는 위치를 명시한 텍스처 단위구성과 바인딩된 샘플러
*coord* 텍스처 맵으로부터 인출하는데 사용된 2D 텍스처 좌표
*bias* 텍스처 인출을 위해 사용되는 밉맵 바이어스 제공을 위한 선택 매개변수. 셰이더가 밉맵 선택 시 사용되는 계산된 LOD 값을 명시적으로 바이어스 시키는 것을 허용

texture는 텍스처 맵에서 인출된 컬러를 표현하는 vec4를 반환한다. 텍스처 데이터가 이 컬러 채널로 매핑되는 방법은 텍스처의 기본 형식에 따라 달라진다. 표 9-11은 텍스처 형식이 vec4 컬러로 매핑되는 방법을 보인다. 텍스처 혼합(swizzle, 이 장의 텍스처 혼합 절 참조 바람)은 이들 구성요소 각각으로부터 값이 셰이더 구성요소로 어떻게 매핑하는지를 결정한다.

**표 9-11** 컬러에 텍스처 형식들의 매핑

| 기본 형식 | 텍셀 데이터 표현 |
|---|---|
| GL_RED | (R, 0.0, 0.0, 1.0 |
| GL_RG | (R, G, 0.0, 1.0) |
| GL_RGB | (R, G, B, 1.0) |
| GL_RGBA | (R, G, B, A) |
| GL_LUMINANCE | (L, L, L, 1.0) |
| GL_LUMINANCE_ALPHA | (L, L, L, A) |
| GL_ALPHA | (0.0, 0.0, 0.0, A) |

Simple_Texture2D 예제의 경우, 텍스처가 GL_RGB로 적재되고, 텍스처 혼합이 기본값으로 남아 있다. 텍스처의 인출 결과는 (R, G, B, 1.0 ) 값을 갖는 vec4가 될 것이다.

## 큐브맵 텍스처 사용 예

큐브맵 텍스처 사용은 2D 텍스처 사용과 매우 유사하다. Simple_TextureCubemap

예제는 간단한 큐브맵으로 구체 그리기를 보여준다. 큐브맵은 각각 다른 컬러를 가진 6개의 1x1 면을 포함한다. 예제 9-4의 코드는 큐브맵 텍스처를 적재하기 위해 사용된다.

**예제 9-4 큐브맵 텍스처 적재**

```
GLuint CreateSimpleTextureCubemap()
{
   GLuint textureId;

   // 여섯 개의 1 x 1 RGB 면
   GLubyte cubePixels[6][3] =
   {
      // 면 0 - Red
      255, 0, 0,
      // 면 1 - Green,
      0, 255, 0,
      // 면 2 - Blue
      0, 0, 255,
      // 면 3 - Yellow
      255, 255, 0,
      // 면 4 - Purple
      255, 0, 255,
      // 면 5 - White
      255, 255, 255
   };

   // 텍스처 객체 생성
   glGenTextures(1, &textureId);

   // 텍스처 객체 바인딩
   glBindTexture(GL_TEXTURE_CUBE_MAP, textureId);

   // +X - 큐브 면 적재
   glTexImage2D(GL_TEXTURE_CUBE_MAP_POSITIVE_X, 0, GL_RGB, 1, 1,
                0, GL_RGB, GL_UNSIGNED_BYTE, &cubePixels[0]);

   // -X - 큐브 면 적재
   glTexImage2D(GL_TEXTURE_CUBE_MAP_NEGATIVE_X, 0, GL_RGB, 1, 1,
                0, GL_RGB, GL_UNSIGNED_BYTE, &cubePixels[1]);

   // +Y - 큐브 면 적재
   glTexImage2D(GL_TEXTURE_CUBE_MAP_POSITIVE_Y, 0, GL_RGB, 1, 1,
                0, GL_RGB, GL_UNSIGNED_BYTE, &cubePixels[2]);
```

```
    // -Y - 큐브 면 적재
    glTexImage2D(GL_TEXTURE_CUBE_MAP_NEGATIVE_Y, 0, GL_RGB, 1, 1,
                 0, GL_RGB, GL_UNSIGNED_BYTE, &cubePixels[3]);

    // +Z - 큐브 면 적재
    glTexImage2D(GL_TEXTURE_CUBE_MAP_POSITIVE_Z, 0, GL_RGB, 1, 1,
                 0, GL_RGB, GL_UNSIGNED_BYTE, &cubePixels[4]);

    // -Z - 큐브 면 적재
    glTexImage2D(GL_TEXTURE_CUBE_MAP_NEGATIVE_Z, 0, GL_RGB, 1, 1,
                 0, GL_RGB, GL_UNSIGNED_BYTE, &cubePixels[5]);

    // 필터링 모드 설정
    glTexParameteri(GL_TEXTURE_CUBE_MAP, GL_TEXTURE_MIN_FILTER,
                    GL_NEAREST);
    glTexParameteri(GL_TEXTURE_CUBE_MAP, GL_TEXTURE_MAG_FILTER,
                    GL_NEAREST);
    return textureId;
}
```

이 코드는 각 큐브맵 면에 대해 glTexImage2D 함수를 호출하여 1x1 RGB 픽셀 데이터를 가진 각 큐브맵의 면을 적재한다. 큐브맵을 이용해 구체를 렌더링하기 위한 셰이더 코드는 예제 9-5에 보인다.

**예제 9-5** 큐브맵 텍스처링에 대한 정점과 프래그먼트 셰이더 쌍

```
// 정점 셰이더
#version 300 es
layout(location = 0) in vec4 a_position;
layout(location = 1) in vec3 a_normal;
out vec3 v_normal;
void main()
{
    gl_Position = a_position;
    v_normal = a_normal;
}

// 프래그먼트 셰이더
#version 300 es
precision mediump float;
in vec3 v_normal;
layout(location = 0) out vec4 outColor;
```

```
uniform samplerCube s_texture;
void main()
{
   outColor = texture(s_texture, v_normal);
}
```

정점 셰이더는 정점 입력으로 위치와 법선을 구한다. 법선은 텍스처 좌표로 사용될 구체의 각 정점에 저장되고, 법선은 프래그먼트 셰이더에 전달된다. 프래그먼트 셰이더는 텍스처 좌표로 법선을 사용하여 큐브맵에서 인출하기 위해 내장함수 texture를 사용한다. 내장함수 texture는 다음과 같은 형식을 가진다.

```
vec4  texture(samplerCube sampler, vec3 coord[,
              float bias])
```

| | |
|---|---|
| *sampler* | 샘플러는 텍스처가 인출되는 위치를 명시한 텍스처 단위와 바인딩 |
| *coord* | 텍스처 맵으로부터 인출하는 데 사용된 3D 텍스처 좌표 |
| *bias* | 텍스처 인출(fetch)을 위해 사용되는 밉맵 바이어스를 제공하는 선택 매개변수로 셰이더가 밉맵 선택 시 사용되는 계산된 LOD 값을 명시적으로 바이어스 시키는 것을 허용 |

큐브맵을 인출하기 위한 함수는 2D 텍스처와 매우 유사하다. 유일한 차이점은 텍스처 좌표가 2-컴포넌트가 아닌 3-컴포넌트이며 샘플러 타입이 반드시 samplerCube이어야 한다는 것이다. 같은 방법이 큐브맵 텍스처를 바인딩하기 위해 사용되고 Simple_Texture2D 예제에서와 같이 샘플러의 적재에도 사용된다.

## 3D 텍스처와 2D 텍스처 배열 적재

이 장의 앞에서 설명한 것처럼 2D 텍스처와 큐브맵에 추가로 OpenGL ES 3.0은 3D 텍스처와 2D 텍스처 배열을 포함한다. 3D 텍스처와 2D 텍스처 배열을 적재하기 위한 함수는 glTexImage2D와 매우 유사한 glTexImage3D이다.

```
vec4  glTexImage3D(GLenum target, GLint level,
                   GLenum internalFormat,
                   GLsizei width, GLsizei height,
```

```
                    GLsizei depth, GLint border,
                    GLenum format, GLenum type,
                    const void* pixels)
```

| | |
|---|---|
| *target* | 텍스처 대상을 지정:<br>GL_TEXTURE_3D 또는 GL_TEXTURE_2D_ARRAY |
| *level* | 적재될 밉(MIP) 단계를 지정. 기본 단계는 0으로 지정하고 각 연속적인 밉맵에 대한 단계가 증가한다. |
| *internal Format* | 텍스처 저장을 위한 내부 형식이다. 규격에 맞지 않는 기본 내부 형식이나 규격에 맞는 배부 형식이다. 전체 유효한 *internalFormat*, *format*, *type* 조합은 표 9-4에서 9-10에 제공되었다. |
| *width* | 픽셀 단위로 이미지의 폭 |
| *height* | 픽셀 단위로 이미지의 높이 |
| *depth* | 3D 텍스처의 슬라이스들 수 |
| *border* | 매개변수가 OpenGL ES에서 무시된다. 이는 데스크톱 OpenGL 인터페이스와 호환을 위해 유지되었다. 0으로 되어야 한다. |
| *format* | 입력되는 텍스처 데이터의 형식:<br>GL_RED<br>GL_RED_INTEGER<br>GL_RG<br>GL_RG_INTEGER<br>GL_RGB<br>GL_RGB_INTEGER<br>GL_RGBA<br>GL_RGBA_INTEGER<br>GL_DEPTH_COMPONENT<br>GL_DEPTH_STENCIL<br>GL_LUMINANCE_ALPHA<br>GL_ALPHA |
| *type* | 입력되는 픽셀 데이터의 타입:<br>GL_UNSIGNED_BYTE<br>GL_BYTE<br>GL_UNSIGNED_SHORT<br>GL_SHORT<br>GL_UNSIGNED_INT |

| | |
|---|---|
| | GL_INT |
| | GL_HALF_FLOAT |
| | GL_FLOAT |
| *pixels* | 이미지에 대한 실제 픽셀 데이터를 포함. 데이터는 형식과 타입 명세서에 기반하여 픽셀당 적절한 바이트 수로 픽셀 수(*width* * *height* * *depth*)를 포함한다. 이 이미지 데이터는 2D 슬라이스들의 연속으로 저장되어야 한다. |

한 번 3D 텍스처와 2D 텍스처 배열이 `glTexImage3D`를 이용하여 적재되면 텍스처는 `texture` 내장함수를 이용하여 셰이더에서 인출될 수 있다.

```
vec4   texture(sampler3D sampler, vec3 coord[,
               float bias])
vec4   texture(sampler2DArray sampler, vec3 coord[,
               float bias])
```

| | |
|---|---|
| *sampler* | 샘플러는 인출하는 텍스처를 지정하는 텍스처 단위와 연결 |
| *coord* | 텍스처 맵으로부터 인출하기 위해 사용된 3D 텍스처 좌표 |
| *bias* | 텍스처 인출을 위해 사용하는 밉맵 바이어스를 제공하는 선택적 매개변수. 이는 셰이더에게 밉맵 선택을 위해 사용하여 계산된 LOD 값을 명시적으로 바이어스하도록 허용한다. |

*r*-좌표가 실수값 임에 유의하기 바란다. 3D 텍스처에 대해 필터링 모드 설정에 따라 텍스처 인출은 체적의 두 슬라이스를 묶는다.

## 텍스처 압축

지금까지, `glTexImage2D` 함수를 사용한 비압축 텍스처 이미지 데이터로 적재된 텍스처를 다루었다. OpenGL ES 3.0은 압축된 텍스처 이미지 데이터의 적재도 지원한다. 텍스처를 압축하는 것이 바람직하다고 보는 몇 가지 이유가 있다. 텍스처를 압축하는 명백한 첫째 이유는 디바이스에서 텍스처가 차지하는 메모리 공간을 줄이기 위한 것이다. 둘째는 셰이더에서 압축된 텍스처를 인출할 때 메모리 대역을 절약할 수 있다는 것이다. 마지막으로 압축된 텍스처가 반드시 저장해야 하는 이미지 데이터의 양을 줄여서 애플리케이션의 다운로드 크기를 줄일 수 있게 해주기 때문이다.

OpenGL ES 2.0 코어(core) 명세는 임의의 압축된 텍스처 이미지 형식을 정의하지 않았다. 이는 OpenGL ES 3.0 코어가 간단히 압축된 텍스처 이미지 데이터가 적재될 수 있는 메커니즘만 정의하고 압축 형식은 정의하지 않아서이다. 압축 이미지 타입을 지원하는 선택적 확장을 제공하는 것은 OpenGL ES 3.0을 구현하는 퀄컴, ARM, Imagination Tech., NVIDIA와 같은 공급업체에 달려있다. OpenGL ES 2.0 애플리케이션 개발자는 다른 플랫폼과 하드웨어에서 다른 텍스처 압축 형식을 지원해야 했다.

OpenGL ES 3.0은 모든 벤더들이 지원해야 하는 표준 텍스처 압축 형식을 소개함에 따라 이와 같은 상황이 개선된다. Ericsson Texture Compression(ETC2와 EAC)은 Khronos에 로열티 없이 표준을 제공하였으며 OpenGL ES 3.0에 대한 표준 텍스처 압축 형식으로 선택했다. 3-과 4- 채널 데이터를 압축하기 위한 다양한 ETC2와 같이 1-과 2-채널 데이터를 압축하기 위해 다양한 EAC가 있다. 2D 텍스처와 큐브맵을 위한 압축된 이미지 데이터를 적재하기 위해 사용한 함수는 `glCompressedTexImage2D`이다. ETC2/EAC는 3D 텍스처(단지 2D 텍스처와 2D 텍스처 배열)를 지원하지 않는다. 그러나 `glCompressedTexImage3D`는 벤더 지정 3D 텍스처 압축 형식을 잠재적으로 적재하기 위해 사용될 수 있다.

```
void  glCompressedTexImage2D(GLenum target, GLint level,
                             GLenum internalFormat,
                             GLsizei width,
                             GLsizei height, GLint border,
                             GLsizei imageSize,
                             const void *data)
void  glCompressedTexImage3D(GLenum target, GLint level,
                             GLenum internalFormat,
                             GLsizei width,
                             GLsizei height, GLsizei depth,
                             GLint border,
                             GLsizei imageSize,
                             const void *data)
```

| | |
|---|---|
| *target* | 텍스처 대상 지정. 가능한 값 :<br>TEXTURE_2D 또는 |

| | |
|---|---|
| | GL_TEXTURE_CUBE_MAP_*(glCompressedTexImage2D 에 대해)나 GL_TEXTURE_3D나 GL_TEXTURE_2D_ARRAY (glCompressedTexImage3D에 대해) 중 하나 |
| *level* | 적재할 밉맵 단계 지정. 기본 단계는 0으로 지정되고 다음의 각 연속적인 밉맵에 대해 단계 증가 |
| *internalFormat* | 텍스처 저장소에 대한 내부 형식이다. OpenGL ES 3.0에서 표준 압축 텍스처 형식은 표 9-12에 기술되어 있다. |
| *width* | 픽셀 단위의 이미지 너비 |
| *height* | 픽셀 단위의 이미지 높이 |
| *depth* | (단 glCompressedTexImage3D) 픽셀에서 이미지의 깊이(단 2D 텍스처 배열에 대해 슬라이스들의 수) |
| *border* | 매개변수는 OpenGL ES에서 무시되며, 데스크톱 OpenGL과 호환성을 유지한다. 0을 값으로 가짐. |
| *imageSize* | 바이트 단위의 이미지의 크기 |
| *data* | 이미지에 대한 실제 압축된 픽셀 데이터를 포함. 데이터는 바이트의 *imageSize* 값을 보유한다. |

OpenGL ES 3.0에 의해 지원되는 표준 ETC 압축 텍스처 형식은 표 9-12에 나열되어 있다. 모든 ETC 형식은 압축된 이미지 데이터가 4 x 4 블록으로 저장된다. 표 9-12는 ETC 형식 각각으로 픽셀당 비트들 수를 나열한다. 개개 ETC 이미지의 크기는 다음과 같이 픽셀당 비트들 비(bits-per-pixel, bpp)로 계산될 수 있다.

$$\text{sizeInBytes} = \max(\text{width}, 4) * \max(\text{height}, 4) * \text{bpp}/8$$

일단 텍스처가 압축된 텍스처로 적재되면, 비압축 텍스처와 정확히 동일한 방법으로 텍스처링에 사용할 수가 있다. ETC2/EAC 형식의 자세한 사항에 대해서는 여기서의 범위 밖이다. 대부분 개발자는 자신의 압축기를 작성하지 않는다. ETC 이미지를 생성하기 위한 무료의 유용한 도구는 Khronos(http://khronos.org/opengles/sdk/tools/KTX/), rg_etc 프로젝트(http://code.google.com/p/rg_etc1), ARM Mali 텍스처 압축 도구, 퀄컴 TexCompress(Adreno SDK 포함), Imagination Tech. PVRTexTool로부터 오픈 소스 libKTX 라이브러리 등을 포함한다. 독자들은 개발 환경과 플랫폼에 가장 잘 맞는 것을 선택하고 유용한 도구를 평가할 수 있다.

OpenGL ES 3.0의 모든 구현이 표 9-12에서 나열된 형식을 지원하지 않음을 주의하기 바란다. 추가로 어떤 구현은 표 9-12에서 나열되지 않은 벤더 특정 압축 형식이 지원될

▌표 9-12▐ 표준 텍스처 압축 형식

| 내부 형식 | 크기(bits per pixel) | 설명 |
|---|---|---|
| GL_COMPRESSED_R11_EAC | 4 | 단일 채널 부호없는 압축 GL_RED 형식 |
| GL_COMPRESSED_SIGNED_R11_EAC | 4 | 단일 채널 부호있는 압축 GL_RED 형식 |
| GL_COMPRESSED_RG11_EAC | 8 | 두 채널 부호없는 압축 GL_RG 형식 |
| GL_COMPRESSED_SIGNED_RG11_EAC | 8 | 두 채널 부호있는 압축 GL_RG 형식 |
| GL_COMPRESSED_RGB8_ETC2 | 4 | 세 채널 부호없는 압축 GL_RGB 형식 |
| GL_COMPRESSED_SRGB8_ETC2 | 4 | 세 채널 부호있는 압축 GL_RGB 형식 |
| GL_COMPRESSED_RGB8_PUNCHTHROUGH_ALPHA1_ETC2 | 4 | 1비트 알파를 가지는 네 채널 부호없는 압축 GL_RGBA 형식 |
| GL_COMPRESSED_SRGB8_PUNCHTHROUGH_ALPHA1_ETC2 | 4 | sRGB 컬러공간에서 1비트 알파를 가지는 네 채널 부호없는 압축 GL_RGBA 형식 |
| GL_COMPRESSED_RGBA8_ETC2_EAC | 8 | 네 채널 부호없는 압축 GL_RGBA 형식 |
| GL_COMPRESSED_SRGBA8_ETC2_EAC | 8 | sRGB 컬러공간에서 네 채널 부호없는 압축 GL_RGBA 형식 |

수 있다. 지원되지 않는 OpenGL ES 3.0에서 텍스처 압축 형식을 사용하려고 한다면, GL_INVALID_ENUM 오류가 발생하므로 유의하자. OpenGL ES 3.0 구현에서 사용한 텍스처 압축 형식에 대한 확장 정보를 추출할 수 있는지 확인해 보는 것이 중요하다. 그렇지 않으면 비압축 텍스처 형식을 사용하는 방법으로 해야 한다.

확장 문자열을 확인하는 것 외에도, 구현에서 텍스처 압축 형식을 지원하는지 판단할 수 있는 방법이 있다. 지원되는 많은 압축 이미지 형식을 결정하기 위해 glGetIntegerv를 사용하여 GL_NUM_COMPRESSED_TEXTURE_FORMATS를 질의할 수 있다. glGetIntegerv 함수를 사용하여 GL_COMPRESSED_TEXTURE_FORMATS를 질의하면 GLenum 값의 배열을 얻을 수 있다. 배열의 각 GLenum 값은 구현에 대해 지원되는 하나의 압축 텍스처 형식 정보이다.

## 텍스처 서브이미지 명세

glTexImage2D를 사용하여 텍스처 이미지를 적재하면, 이미지의 일부를 갱신하는 것이 가능하다. 이는 이미지의 부분영역 갱신이 필요할 때 유용하다. 2D 텍스처 이미지의 일부를 적재하는 함수는 glTexSubImage2D이다.

```
void  glTexSubImage2D(GLenum target, GLint level,
                      GLint xoffset, GLint yoffset,
                      GLsizei width, GLsizei height,
                      GLenum format, GLenum type,
                      const void* pixels)
```

| | |
|---|---|
| *target* | 텍스처 대상 지정, GL_TEXTURE_2D 또는 큐브맵의 한 면 중 하나 (GL_TEXTURE_CUBE_MAP_POSITIVE_X, GL_TEXTURE_CUBE_MAP_NEGATIVE_X) |
| *level* | 갱신할 밉 단계 지정 |
| *xoffset* | 갱신을 시작할 텍셀의 $x$ 인덱스 |
| *yoffset* | 갱신을 시작할 텍셀의 $y$ 인덱스 |
| *width* | 갱신할 이미지 부분영역의 너비 |
| *height* | 갱신할 이미지 부분영역의 높이 |
| *format* | 입력 텍스처 데이터의 형식. 입력 가능 값: GL_RED, GL_RED_INTEGER, GL_RG, GL_RG_INTEGER, GL_RGB, GL_RGB_INTEGER, GL_RGBA, GL_RGBA_INTEGER, GL_DEPTH_COMPONENT, GL_DEPTH_STENCIL, GL_LUMINANCE_ALPHA GL_LUMINANCE, GL_ALPHA |
| *type* | 입력 텍스처 데이터의 타입. 입력 가능 값: GL_UNSIGNED_BYTE, GL_BYTE, GL_UNSIGNED_SHORT, GL_SHORT, GL_UNSIGNED_INT, GL_INT, GL_HALF_FLOAT, GL_FLOAT, GL_UNSIGNED_SHORT_5_6_5, GL_UNSIGNED_SHORT_4_4_4_4, GL_UNSIGNED_SHORT_5_5_5_1 GL_UNSIGNED_INT_2_10_10_10_REV, GL_UNSIGNED_INT_10F_11F_11F_REV, GL_UNSIGNED_INT_5_9_9_9_REV, GL_UNSIGNED_INT_24_8, GL_FLOAT_32_UNSIGNED_INT_24_8_REV |

| | |
|---|---|
| *pixels* | 이미지 부분영역에 대한 실제 픽셀 데이터 |

이 함수는 (*xoffset*, *yoffset*)에서 (*xoffset* + *width* − 1, *yoffset* + *height* − 1) 범위 안의 텍셀 영역을 갱신한다. 참고로 이 함수를 사용하려면, 텍스처가 이미 완벽하게 지정되어 있어야 하고, 서브이미지의 범위는 이전에 지정된 텍스처 이미지의 경계 안에 있어야 한다. pixels 배열의 데이터는 `glPixelStorei`와 함께 `GL_UNPACK_ALIGMENT`로 지정된 정렬 방법에 따라 정렬되어 있어야 한다.

또한, 압축 2D 텍스처 이미지의 부분영역을 갱신하기 위한 함수는 `glCompressed-TexSubImage2D`이다. 이 함수의 정의는 `glTexImage2D`와 다소 유사하다.

```
void  glCompressedTexSubImage2D(GLenum target, GLint level,
                               GLint xoffset, GLint yoffset,
                               GLsizei width,
                               GLsizei height,
                               GLenum format,
                               GLenum imageSize,
                               const void* pixels)
```

| | |
|---|---|
| *target* | 텍스처 대상 지정, GL_TEXTURE_2D 또는 큐브맵의 한 면 중 하나 (GL_TEXTURE_CUBE_MAP_POSITIVE_X, GL_TEXTURE_CUBE_MAP_NEGATIVE_X) |
| *level* | 갱신할 밉 단계 지정 |
| *xoffset* | 갱신을 시작할 텍셀의 *x* 인덱스 |
| *yoffset* | 갱신을 시작할 텍셀의 *y* 인덱스 |
| *width* | 갱신할 이미지 부분영역의 너비 |
| *height* | 갱신할 이미지 부분영역의 높이 |
| *format* | 사용할 압축 텍스처 형식. 이미지에 기본적으로 지정된 형식과 일치해야 한다. |
| *pixels* | 이미지 부분영역에 대한 실제 픽셀 데이터 |

추가로 2D 텍스처와 같이 `glTexSubImage3D`를 이용하여 존재하는 3D 텍스처와 2D 텍스처 배열의 부분영역을 갱신할 수 있다.

```
void  glTexSubImage3D(GLenum target, GLint level,
                      GLint xoffset, GLint yoffset,
                      GLint zoffset, GLsizei width,
                      GLsizei height, GLsizei depth,
                      GLenum format, GLenum type,
                      const void* pixels)
```

| | |
|---|---|
| *target* | 텍스처 대상 지정, GL_TEXTURE_3D 또는 GL_TEXTURE_2D_ARRAY |
| *level* | 갱신할 밉 단계 지정 |
| *xoffset* | 갱신 시작할 텍셀의 *x* 인덱스 |
| *yoffset* | 갱신 시작할 텍셀의 *y* 인덱스 |
| *zoffset* | 갱신 시작할 텍셀의 *z* 인덱스 |
| *width* | 갱신할 이미지 부분영역의 너비 |
| *height* | 갱신할 이미지 부분영역의 높이 |
| *depth* | 갱신할 이미지 부분영역의 깊이 |
| *format* | 입력 텍스처 데이터의 형식. 입력 가능 값:<br>GL_RED, GL_RED_INTEGER, GL_RG, GL_RG_INTEGER,<br>GL_RGB, GL_RGB_INTEGER, GL_RGBA,<br>GL_RGBA_INTEGER, GL_DEPTH_COMPONENT,<br>GL_DEPTH_STENCIL, GL_LUMINANCE_ALPHA<br>GL_LUMINANCE, GL_ALPHA |
| *type* | 입력 텍스처 데이터의 타입. 입력 가능 값:<br>GL_UNSIGNED_BYTE, GL_BYTE, GL_UNSIGNED_SHORT,<br>GL_SHORT, GL_UNSIGNED_INT, GL_INT, GL_HALF_FLOAT,<br>GL_FLOAT, GL_UNSIGNED_SHORT_5_6_5,<br>GL_UNSIGNED_SHORT_4_4_4_4, GL_UNSIGNED_SHORT_5_5_5_1<br>GL_UNSIGNED_INT_2_10_10_10_REV,<br>GL_UNSIGNED_INT_10F_11F_11F_REV,<br>GL_UNSIGNED_INT_5_9_9_9_REV,<br>GL_UNSIGNED_INT_24_8,<br>GL_FLOAT_32_UNSIGNED_INT_24_8_REV |
| *pixels* | 이미지 부분영역에 대한 실제 픽셀 데이터 |

glTexSubImage3D는 glTexSubImage2D와 같이 동작한다. 단지 갱신될 깊이 슬라이스 내 부분영역을 지정하기 위해 zoffset과 depth를 포함하는 부분영역이 있다는

것이 다르다. 압축된 2D 텍스처 배열에 대해 glCompressedTexSubImage3D를 이용하여 텍스처의 부분영역을 갱신할 수 있다. 3D 텍스처에 대해 이 함수는 ETC23/EAC가 2D 텍스처와 2D 텍스처 배열을 지원하기 때문에 단지 벤더 지정 3D 압축 텍스처 형식으로 사용될 수 있다.

```
void glCompressedTexSubImage3D(GLenum target,
                               GLint level,
                               GLint xoffset,
                               GLint yoffset,
                               GLint zoffset,
                               GLsizei width,
                               GLsizei height,
                               GLsizei depth,
                               GLenum format,
                               GLenum imageSize,
                               const void* data)
```

| | |
|---|---|
| *target* | 텍스처 대상 지정, GL_TEXTURE_2D 또는 GL_TEXTURE_2D_ARRAY |
| *level* | 갱신할 밉 단계 지정 |
| *xoffset* | 갱신을 시작할 텍셀의 *x* 인덱스 |
| *yoffset* | 갱신을 시작할 텍셀의 *y* 인덱스 |
| *zoffset* | 갱신을 시작할 텍셀의 *z* 인덱스 |
| *width* | 갱신할 이미지 부분영역의 너비 |
| *height* | 갱신할 이미지 부분영역의 높이 |
| *depth* | 갱신할 이미지 부분영역의 깊이 |
| *format* | 사용할 압축 텍스처 형식. 이미지에 기본적으로 지정된 형식과 일치해야 한다. |
| *data* | 이미지 부분영역에 대한 실제 픽셀 데이터 |

## 컬러 버퍼에서 텍스처 데이터 복사

OpenGL ES 3.0에서 지원하는 텍스처링의 또 다른 특징은 컬러 버퍼에서 텍스처로 데이터를 복사하는 기능이다. 이 기능은 이미지 같은 렌더링 결과를 텍스처에서 사용하고자 할 때 유용하다. 프레임버퍼 객체(제12장)가 텍스처에 대해 렌더링하는 빠른 방법을 제공하며, 이미지 데이터를 복사하는 것보다 빠르다는 점은 알아두자. 하지만 성능이 문제가 아니라면, 이미지 컬러 버퍼에서 데이터를 복사하는 기능은 유용한 특징이다.

컬러 버퍼로부터 이미지 데이터를 복사하는 것은 glReadBuffer를 이용하여 지정할 수 있다. 애플리케이션이 이중 버퍼링된 EGL 디스플레이 가능한 표면에 렌더링을 한다고 할 때, 이때 glReadBuffer는 GL_BACK(후방 버퍼-기본상태)으로 설정해야 한다. OpenGL ES 3.0이 단지 이중 버퍼링된 EGL 화면 표시 가능한 평면을 지원한다는 점을 상기해 보자. 이는 화면 표시를 위해 그리는 모든 OpenGL ES 3.0 애플리케이션은 전방 버퍼 및 후방 버퍼에 대해 컬러 버퍼를 가진다는 의미이다. eglSwapBuffers 함수의 가장 최근 호출을 통해 버퍼의 전방 및 후방을 판단할 수 있다(제3장 "EGL 소개"에서 언급). 화면표시 가능한 EGL의 컬러 버퍼에서 이미지 데이터를 복사할 때, 항상 후방 버퍼의 내용을 복사하게 된다. 만일 EGL pBuffer를 렌더링하는 경우, pbuffer 평면으로부터 복사가 시작된다. 마지막으로, 프레임버퍼 객체에 렌더링하는 경우, 프레임버퍼 객체 컬러 장치를 복사하는 것은 GL_COLOR_ATTACHMENTi로 glReadBuffer를 호출하여 지정된다.

```
void  glReadBuffer(GLenum mode)
```

| | |
|---|---|
| *mode* | 읽혀질 컬러 버퍼를 지정. 이는 다음으로 향후 호출을 위한 소스 컬러 버퍼를 지정<br>glReadPixels, glCopyTexImage2D, glCopyTexSubImage2D, glCopyTexSubImage3D.<br>값은 GL_BACK, GL_COLOR_ATTACHMENTi, 또는 GL_NONE |

glCopyTexImage2D, glCopyTexSubImage2D, glCopyTexSubImage3D는 컬러 버퍼에서 텍스처로 데이터를 복사하는 함수이다.

```
void  glCopyTexImage2D(GLenum target, GLint level,
                       GLenum internalFormat, GLint x,
                       GLint y, GLsizei width,
                       GLsizei height, GLint border )
```

| | |
|---|---|
| *target* | 텍스처 대상 지정, GL_TEXTURE_2D 또는 큐브맵의 한 면 중 하나(GL_TEXTURE_CUBE_MAP_POSITIVE_X, |

| | |
|---|---|
| | GL_TEXTURE_CUBE_MAP_NEGATIVE_X) |
| *level* | 갱신할 밉 단계 지정 |
| *internalFormat* | 이미지의 내부 형식. 유효 값: GL_ALPHA, GL_LUMINANCE, GL_LUMINANCE_ALPHA, GL_RGB, GL_RGBA, GL_R8, GL_RG8, GL_RGB565, GL_RGB8, GL_RGBA4, GL_RGB5_A1, GL_RGBA8, GL_RGB10_A2, GL_SRGB8, GL_SRGB8_ALPHA8, GL_R8I, GL_R8UI, GL_R16I, GL_R16UI, GL_R32I, GL_R32UI, GL_R8I, GL_RG8UI, GL_RG16I, GL_RG16UI, GL_RG32I, GL_RG32UI, GL_RGBA8I, GL_RGBA8UI, GL_RGB10_A2UI, GL_RGBA16I, GL_RGBA16UI, GL_RGBA32I, 또는 GL_RGBA32UI |
| *x* | 읽을 프레임버퍼의 왼쪽 아래 사각형의 *x* 윈도우-좌표 |
| *y* | 읽을 프레임버퍼의 왼쪽 아래 사각형의 *y* 윈도우-좌표 |
| *width* | 읽을 부분의 픽셀 단위 너비 |
| *height* | 읽을 부분의 픽셀 단위 높이 |
| *border* | border는 OpenGL ES 3.0에서 지원하지 않으므로 0 값으로 설정 |

이 함수 호출은 $(x, y)$에서 $(x + width - 1, y + height - 1)$ 범위의 컬러 버퍼에 있는 픽셀이 텍스처 이미지로 적재된다. 텍스처 이미지의 너비 및 높이는 컬러 버퍼로부터 복사될 영역의 크기이다. 텍스처의 전체 내용을 채울 때는 이 함수를 사용해야 한다.

또한, glCpoyTexSubImage2D를 사용하며, 지정된 이미지의 부분영역만을 갱신할 수도 있다.

```
void   glCopyTexSubImage2D(GLenum target, GLint level,
                           GLint xoffset,
                           GLint yoffset, GLint x, GLint y,
                           GLsizei width, GLsizei height)
```

| | |
|---|---|
| *target* | 텍스처 대상 지정, GL_TEXTURE_2D 또는 큐브맵의 한 면 (GL_TEXTURE_CUBE_MAP_POSITIVE_X, GL_TEXTURE_CUBE_MAP_NEGATIVE_X) |
| *level* | 갱신할 밉 단계 지정 |
| *xoffset* | 갱신을 시작할 텍셀의 *x* 인덱스 |

```
yoffset 갱신을 시작할 텍셀의 y 인덱스
x       읽을 프레임버퍼의 왼쪽 아래 사각형의 x 윈도우-좌표
y       읽을 프레임버퍼의 왼쪽 아래 사각형의 y 윈도우-좌표
width   읽을 부분의 픽셀 단위 너비
height  읽을 부분의 픽셀 단위 높이
```

이 함수는 $(x, y)$에서 $(x + width - 1, y + height - 1)$ 범위의 컬러 버퍼 내 픽셀로 $(xoffset, yoffset)$에서 $(xoffset + width - 1, yoffset + height - 1)$ 범위 이미지의 부분영역을 갱신한다.

마지막으로 glCopyTexSubImage3D를 이용하여 컬러 버퍼의 내용을 이전에 지정된 3D 텍스처나 2D 텍스처 배열의 슬라이스로(또는 슬라이스의 부분영역) 또한 복사할 수 있다.

```
void  glCopyTexSubImage3D(GLenum target, GLint level,
                          GLint xoffset, GLint yoffset,
                          GLint zoffset, GLint x, GLint y,
                          GLsizei width, GLsizei height)
---------------------------------------------------------------
target  텍스처 대상 지정, GL_TEXTURE_3D 또는 GL_TEXTURE_2D_ARRAY
level   갱신할 밉 단계 지정
xoffset 갱신을 시작할 텍셀의 x 인덱스
yoffset 갱신을 시작할 텍셀의 y 인덱스
zoffset 갱신을 시작할 텍셀의 z 인덱스
x       읽을 프레임버퍼의 왼쪽 아래 사각형의 x 윈도우-좌표
y       읽을 프레임버퍼의 왼쪽 아래 사각형의 y 윈도우-좌표
width   읽을 부분의 픽셀 단위 너비
height  읽을 부분의 픽셀 단위 높이
```

glCopyTexImage2D, glCopyTexSubImage2D, glCopyTexSubImage3D에 관련해서 텍스처 이미지 형식이 컬러 버퍼보다 많은 컴포넌트를 가질 수 없다는 것을 명심하기 바란다. 다시 말해, 컬러 버퍼에서 데이터를 복사해 올 때, 해당 형식보다 적은 컴포넌트를 가진 형식으로 변환할 수는 있지만 반대는 불가능하다는 것이다. 표 9-13은 텍스처 복사 시, 유효한 형식 변환을 보여준다. 예를 들면, 테이블에서 볼 수 있듯이 RGBA

**| 표 9-13 |** glCopyTex*Image*에 대한 유효한 형식 변환

| | 텍스처 형식(으로) | | | | | | |
|---|---|---|---|---|---|---|---|
| 컬러형식(에서) | A | L | LA | R | RG | RGB | RGBA |
| R | N | Y | N | Y | N | N | N |
| RG | N | Y | N | Y | Y | N | N |
| LARGB | N | Y | N | Y | Y | Y | N |
| RGBA | Y | Y | Y | Y | Y | Y | Y |

이미지는 모든 형식으로 복사가 가능하지만 RGB를 RGBA로 복사하는 것은 불가능하다. 이는 컬러 버퍼에 알파(alpha) 컴포넌트가 존재하지 않기 때문이다.

## 샘플러(sampler) 객체

이 장의 앞에서 glTexParameter[i|f][v]를 이용하여 필터 모드, 텍스처 좌표 랩 모드, LOD 설정과 같은 텍스처 매개변수를 지정하는 방법에 대해 배웠다. glTexParameter[i|f][v]를 이용하는 것은 많은 불필요한 API 부하를 발생하게 한다. 매우 자주 애플리케이션은 많은 수의 텍스처에 대해 동일 텍스처 설정을 사용한다. 이러한 경우 모든 텍스처 객체에 대해 glTexParameter[i|f][v]로 샘플러 객체를 설정하는 것은 많은 필요없는 부하를 발생하게 한다. 이러한 문제를 완화하기 위해 OpenGL ES 3.0은 텍스처 상태로부터 샘플러 객체를 구분하는 *sampler object*를 소개한다. 간단히 말해 glTexParameter[i|f][v]로 설정할 수 있는 모든 설정이 샘플러 객체로 설정될 수 있고 단일 함수 호출로 텍스처 단위로 사용되도록 연결될 수 있다. 샘플러 객체는 많은 텍스처들에 사용될 수 있고 API 부하를 줄일 수 있다.

샘플러 객체를 생성하기 위해 사용된 함수는 glGenSamplers이다.

```
void  glGenSamplers(GLsizei n, GLuint *samplers)
```

| | |
|---|---|
| *n* | 생성될 샘플러 객체의 수를 지정 |
| *samplers* | 샘플러 객체 ID를 유지할 부호없는 정수 배열 |

샘플러 객체는 또한 애플리케이션이 더 이상 필요 없으면 삭제된다. 이는 glDelete-

Samplers를 이용하여 수행된다.

```
void  glDeleteSamplers(GLsizei n, const GLuint *samplers)
```

| | |
|---|---|
| *n* | 삭제될 샘플러 객체의 수를 지정 |
| *samplers* | 삭제될 샘플러 객체 ID를 유지할 부호없는 정수 배열 |

한 번 샘플러 객체 ID가 glGenSamplers로 생성되면 애플리케이션은 상태를 사용하기 위해 샘플러 객체를 바인딩해야 한다. 샘플러 객체가 텍스처 단위로 바인딩한다. 텍스처 단위에 샘플러 객체를 바인딩하는 것은 glTexParameter[i|f][v]를 이용하여 텍스처 객체에 지정된 임의의 상태를 대체한다. 샘플러 객체를 바인딩하기 위해 사용하는 함수는 glBindSampler이다.

```
void  glBindSampler(GLenum unit, GLuint sampler)
```

| | |
|---|---|
| *unit* | 샘플러 객체를 바인딩하기 위한 텍스처 단위를 지정 |
| *sampler* | 바인딩할 샘플러 객체에 대한 핸들 |

glBindSampler에 전달할 *sampler*가 0(기본 샘플러)이면, 이때 텍스처 객체에 대한 상태 설정이 사용된다. 샘플러 객체 상태는 glSamplerParameter[f|i][v]를 이용하여 지정될 수 있다. glSamplerParameter[f|i][v]에 의해 지정될 수 있는 매개변수는 glTexParameter[f|i][v]를 이용하여 지정될 매개변수와 정확히 동일하다. 유일한 차이점은 상태가 텍스처 객체보다 샘플러 객체에 지정한다.

```
void  glSamplerParameteri(GLuint sampler, GLenum pname,
                          GLint param)
void  glSamplerParameteriv(GLuint sampler, GLenum pname,
                           const GLint *params)
void  glSamplerParameterf(GLuint sampler, GLenum pname,
                          GLfloat param)
void  glSamplerParameterfv(GLuint sampler, GLenum pname,
                           const GLfloat *params)
```

*sampler* 지정할 샘플러 객체

*pname* 지정할 매개변수로 다음 중 하나:

GL_TEXTURE_BASE_LEVEL
GL_TEXTURE_COMPARE_FUN
GL_TEXTURE_COMPARE_MODE
GL_TEXTURE_MIN_FILTER
GL_TEXTURE_MAG_FILTER
GL_TEXTURE_MIN_LOD
GL_TEXTURE_MAX_LOD
GL_TEXTURE_MAX_LEVEL
GL_TEXTURE_SWIZZLE_R
GL_TEXTURE_SWIZZLE_G
GL_TEXTURE_SWIZZLE_B
GL_TEXTURE_SWIZZLE_A
GL_TEXTURE_WRAP_S
GL_TEXTURE_WRAP_T
GL_TEXTURE_WRAP_R

*params* 텍스처 매개변수를 지정하기 위한 값(또는 "v" 입력값에 대한 값의 배열)

*pname*이 GL_TEXTURE_MAG_FILTER이면, *param*은 GL_NEARSET 또는 GL_LINEAR

*pname*이 GL_TEXTURE_MIN_FILTER이면, *param*은 GL_NEARSET, GL_LINEAR, GL_NEAEST_MIPMAP_NEAREST, GL_NEAREST_MIPMAP_LINEAR, GL_LINEAR_MIPMAP_NEAREST 또는 GL_LINEAR_MIPMAP_LINEAR

*pname*이 GL_TEXTURE_WRAP_S, GL_TEXTURE_WRAP_R, GL_TEXTURE_WRAP_T이면, *param*은 GL_REPEAT, GL_CLAMP_TO_EDTE, 또는 GL_MIRRORED_REPEAT

*pname*이 GL_TEXTURE_COMPARE_FUNC이면, *param*은 GL_LEQUAL, GL_EQUAL, GL_LESS, GL_GREATER, GL_EQUAL, GL_NOTEQUAL, GL_ALWAYS, 또는 GL_NEVER

*pname*이 GL_TEXTURE_COMPARE_MODE이면, *param*은 GL_COMPARE_REF_TO_TEXTURE 또는 GL_NONE

*param*이 GL_TEXTURE_SWIZZLE_R, GL_TEXTURE_SWIZZLE_G, GL_TEXTURE_SWIZZLE_B, GL_TEXTURE_SWIZZLE_A이면, *param*은 GL_RED, GL_GREEN, GL_BLUE, GL_ALPHA, GL_ZERO 또는 GL_ONE

## 불변의(immutable) 텍스처

OpenGL ES 3.0에서 소개된 다른 특성은 애플리케이션의 성능을 좋게 하는 데 도움을 주는 불변의 텍스처이다. 이 장의 앞에서 논의한 것처럼 애플리케이션은 glTexImage2D와 glTexImage3D와 같은 함수를 이용하여 독립적으로 텍스처의 각 밉맵 단계를 지정한다. OpenGL ES 3.0 드라이버에 대해 생성되는 문제는 텍스처가 전체적으로 지정되었는지 그릴 때까지 결정할 수 없는 것이다. 즉, 각 단계가 정확한 차원을 가졌는지, 충분한 메모리를 가졌는지, 각 밉맵 단계나 부분 이미지가 매칭되는 형식을 가졌는지 검사해야 하는 것이다. 그리는 시간 검사는 비용이 많이 들고, 불변의 텍스처를 사용하여 피할 수 있다.

불변 텍스처 개념은 간단하다. 애플리케이션이 데이터를 적재하기 전에 텍스처의 형식이나 크기를 지정한다. 그렇게 하여 텍스처 형식이 불변이고, OpenGL ES 드라이버는 모두 일정하게 실행하고 메모리는 먼저 검사된다. 한 번 텍스처가 불변이면, 이들 형식과 차원은 변경되지 않는다. 그러나 애플리케이션은 glTexSubImage2D, glTexSubImage3D, 또는 glGenerateMipMap 또는 텍스처에 렌더링함으로써 이미지 데이터로 여전히 적재할 수 있다.

불변의 텍스처를 생성하기 위해 애플리케이션은 glBindTexture를 이용하여 텍스처를 바인딩하고 glTexStorage2D나 glTexStorage3D를 이용하여 불변의 저장공간에 할당한다.

```
void  glTexStorage2D(GLenum target, GLsizei levels,
                     GLenum internalFormat, GLsizei width,
                     GLsizei height)
void  glTexStorage3D(GLenum target, GLsizei levels,
                     GLenum internalFormat, GLsizei width,
                     GLsizei height, GLsizei depth)
```

| | |
|---|---|
| *target* | 텍스처 대상을 지정 GL_TEXTURE_2D 또는 큐브맵 면 중 하나 glTexStorage2D에 대해 (GL_TEXTURE_CUBE_MAP_POSITIVE_X, CL_TEXTURE_CUBE_MAP_NEGATIVE_X 등), glTexStorage3D에 대해 GL_TEXTURE_3D 또는 GL_TEXTURE_2D_ARRAY |

| | |
|---|---|
| *levels* | 밉맵 단계의 수를 지정 |
| *internalFormat* | 텍스처 저장을 위한 규정에 맞는 내부 형식: 유효한 *internalFormat* 값의 전체 목록은 텍스처 객체에서 제공되고 이전 장의 텍스처 적재에서 제공된 glTexImage2D에 대한 유효한 규정에 맞는 internalFormat과 동일하다. |
| *width* | 픽셀단위로 기본 이미지의 폭 |
| *height* | 픽셀단위로 기본 이미지의 높이 |
| *depth* | (단 glTexStorage3D) 픽셀 단위로 기본 이미지의 깊이 |

한 번 불변 텍스처가 생성되면 텍스처 객체에서 glTexImage*, glCompressed-TexImage*, glCopyTexImage*, 또는 glTexStorage*를 호출하는 것은 유효하지 않다. 그렇게 하는 것은 GL_INVALID_OPERATION 오류 발생 원인이 된다. 이미지 데이터 불변의 텍스처를 채우기 위해서 애플리케이션은 glTexSubImabe2D, glTex-SubImage3D 또는 glGenerateMipMap을 사용할 필요가 있고, 그렇지 않으면 텍스처처럼 이미지를 렌더링한다(프레임버퍼 객체에 대한 장치처럼 이용하여).

내부적으로 glTexStorage*가 사용될 때 OpenGL ES는 glTexStorage*에 전달하는 단계의 수에 GL_TEXTURE_IMMUTABLE_LEVELS와 GL_TRUE에 GL_TEXTURE_IMMUTABLE_FORMAT을 지정하여 불변하도록 텍스처 객체를 표시한다. 애플리케이션은 비록 직접 지정할 수 없지만 glGetTexParameter[i|f][v]를 이용하여 이들 값에 대해 질의할 수 있다. glTexStorage* 함수는 불변 텍스처 매개변수를 지정하는데 사용된다.

## 픽셀 언팩 버퍼 객체

제6장 "정점 속성, 정점 배열, 버퍼 객체"에서 정점 버퍼 객체(VBOs)와 복사 버퍼 객체에 논의를 집중하여 버퍼 객체를 소개했다. 버퍼 객체는 클라이언트측(또는 호스트) 메모리와 반대로 서버측(또는 GPU) 메모리에서 데이터의 저장을 허용한다. 버퍼 객체 사용 장점은 CPU에서 GPU로 데이터의 전송을 줄이므로 성능을 증진시킬 수 있다(메모리 이용을 줄이는 것처럼).

또한, OpenGL ES 3.0은 GL_PIXEL_UNPACK_BUFFER 대상으로 지정되고 연결되는 픽셀 언팩 버퍼 객체를 소개한다. 픽셀 언팩 버퍼 객체에서 동작하는 함수는 제6장에서 설명하였다. 픽셀 언팩 버퍼 객체는 서버측 메모리에 있는 텍스처 데이터의 명세를 허용한다. 결과적으로 픽셀 언팩 연산 glTexImage*, glTexSubImage*, glCompressedTexImage*, glCompressedTexSubImage*는 버퍼 객체로부터 직접적으로 가져올 수 있다. glVertexAtrribPointer로 VBOs와 같이 픽셀 언팩 버퍼 객체는 이들 호출 중 하나에 바인딩되면 *data* 포인터는 클라이언트 메모리에 대한 포인터보다 더 픽셀 언팩 버퍼에 대한 변위이다.

픽셀 언팩 버퍼 객체는 GPU에 텍스처 데이터를 전송하는 데 사용된다. 애플리케이션은 픽셀 언팩 버퍼를 할당할 수 있고, 이때 갱신을 위해 버퍼의 영역을 매핑한다. OpenGL에 데이터를 적재하기 위해 호출할 때(예, glTexSubImage*) 이들 함수는 데이터가 이미 GPU에 있으므로 즉시 반환할 수 있다(또는 나중에 복사될 수 있으나 즉시 복사가 클라이언트측 데이터로 이용 시 생성될 필요가 없다). 텍스처 적재 연산의 성능/메모리 이용이 애플리케이션에 중요할 때 픽셀 언팩 버퍼 객체 사용을 권고한다.

## 요약

이 장에서는 OpenGL ES 3.0에서 텍스처 사용법에 대해 배웠다. 텍스처의 다양한 타입을 소개했다: 2D, 3D, 큐브맵, 2D 텍스처 배열. 각 텍스처 타입에 대해 텍스처가 전체적으로 부분적으로 프레임버퍼로부터 데이터를 복사해서 적재할 수 있는 방법을 보였다. OpenGL ES 3.0에서 유용한 텍스처 형식의 폭넓은 범위를 설명하였으며, 이는 정규화된 텍스처 형식, 실수형 텍스처, 정수형 텍스처, 공유 지수형 텍스처, sRGB 텍스처, 깊이 텍스처 등을 포함한다. 필터 모드, 랩 모드, 깊이 텍스처 비교, 자세한 수정 설정 등을 포함하는 텍스처 객체에 대해 설정할 수 있는 모든 텍스처 매개변수를 설명하였다. 더 효율적인 샘플러 객체를 이용하여 텍스처 매개변수를 설정하는 방법을 배웠다. 마지막으로 텍스처를 이용하여 그리기 시간 부하를 줄일 수 있는 불변 텍스처를 생성하는 방법을 보였다. 또한, 텍스처가 여러 예제 프로그램으로 프래그먼트 셰이더에서 어떻게 읽혀질 수 있는지 보였다. 이들 모든 정보로 많은 고급 렌더링 효과를 위해 OpenGL ES 3.0을 이용할 수 있을 것이다. 다음으로 텍스처가 폭넓은 렌더링 기법을 달성하기 위해 사용될 수 있는 더 많은 이해를 도울 프래그먼트 셰이더의 더 자세한 내용을 설명한다.

OpenGL® ES™ 3.0 Programming Guide

# Chapter 10 프래그먼트 셰이더

제9장 "텍스처링"에서 프래그먼트 셰이더에서 텍스처의 생성 및 적용의 기본에 대해 소개하였다. 이 장에서는 프래그먼트 셰이더의 자세한 설명과 활용에 대해 기술한다. 특히, 프래그먼트 셰이더를 사용하여 고정함수 기법을 구현하는 방법에 중점을 두고 있다.

이번 장에서 다루게 될 주제는 다음과 같다.

- 고정함수 프래그먼트 셰이더
- 프로그래밍 가능한 프래그먼트 셰이더의 개요
- 다중 텍스처링(Multitexturing)
- 안개효과(Fog)
- 알파(Alpha) 테스트
- 사용자 클립 평면

그림 10-1의 파이프라인 다이어그램에서 파이프라인의 정점 셰이더, 기본요소 집합, 래스터 변환 단계를 이미 배웠다. 프래그먼트 셰이더의 텍스처 사용에 대해 이미 언급했다. 이제부터 파이프라인의 프래그먼트 셰이더 부분에 중점을 두고, 프래그먼트 셰이더 작성에 관한 자세한 사항을 설명한다.

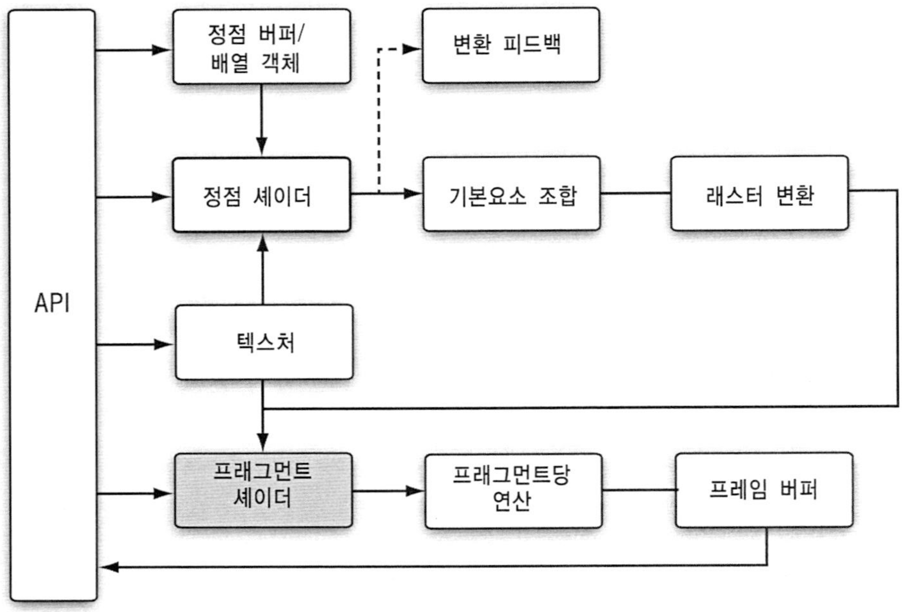


**그림 10-1** OpenGL ES 3.0의 프로그래밍 가능한 파이프라인

## 고정함수 프래그먼트 셰이더

프로그래밍 가능한 프래그먼트 파이프라인은 새롭지만 OpenGL ES 1.x(또는 데스크톱 OpenGL 이전 버전)로 작업을 해본 독자들은 아마 고정함수 프래그먼트 파이프라인에 익숙할 것이다. 프래그먼트 셰이더에 자세히 들어가기 전에 이전 고정함수 프래그먼트 파이프라인을 간단히 검토해 보는 것이 좋다고 생각한다. 이는 이전 고정함수 파이프라인이 프래그먼트 셰이더로 매핑하는 방법에 대한 이해를 도울 것이다. 이는 고급 프래그먼트 프로그래밍 기술들로 전환하기 위해 시작할 수 있는 좋은 방법이다.

OpenGL ES 1.1(그리고 고정함수 데스크톱 OpenGL)에서 프래그먼트 셰이더에 다양한 입력을 결합하는 방법 결정에 사용될 수 있는 제한된 방정식의 집합을 가진다. 고정함수 파이프라인에서, 기본적으로 사용할 수 있는 보간 정점 컬러, 텍스처 컬러, 상수 컬러 세 개의 입력을 가진다. 정점 컬러는 일반적으로 미리 계산된 컬러나 정점 조명 계산의 결과를 가진다. 어떠한 텍스처에서 인출된 텍스처 컬러는 기본요소의 텍스처 좌표를 사용하여 바인딩되고 상수 컬러는 텍스처 단위로 설정된다.

이러한 입력들을 결합하는 데 사용할 수 있는 방정식의 집합은 매우 제한적이다. 예를 들어, 표 10-1은 OpenGL ES 1.1에서 활용할 수 있는 방정식의 목록이다. 방정식의 입력

❙표 10-1❙ OpenGL ES 1.1 RGB 결합 함수들

| RGB 결합 함수 | 방정식 |
|---|---|
| REPLACE | $A$ |
| MODULATE | $A \times B$ |
| ADD | $A + B$ |
| ADD_SIGNED | $A + B - 0.5$ |
| INTERPOLATE | $A \times C + B \times (1 - C)$ |
| SUBTRACT | $A - B$ |
| DOT3_RGB (DOT3_RGBA) | $4 \times ((A.r - 0.5) \times (B.r - 0.5) + (A.g - 0.5) \times (B.g - 0.5) + (A.b - 0.5) \times (B.b \times 0.5))$ |

*A*, *B*, *C*는 정점 컬러, 텍스처 컬러 또는 상수 컬러로부터 가져올 수 있다.

제한적인 방정식 집합에도 불구하고, 실제로는 상당히 많은 흥미로운 효과를 수행할 수 있다. 하지만 이는 프래그먼트 파이프라인이 고정된 방법으로만 설정되기 때문에, 프로그램 가능한 것과는 별개이다.

그럼 왜 이 부분을 검토해야 하는 것일까? 그것은 전통적인 고정함수 기법이 셰이더로 구현될 수 있는지 이해하는 데 도움이 되기 때문이다. 예를 들어, 정점 컬러에 의해 변조하기를 원하는 단일 기반 텍스처 맵에서 고정함수 파이프라인을 구성했다고 가정해 보자. OpenGL ES(또는 OpenGL) 고정함수에서, MODULATE 방정식의 결합을 선택하여, 단일 텍스처 단위를 활성화하고 방정식에 정점 컬러 및 텍스처 컬러로부터 가져온 입력을 설정한다. 다음에 OpenGL ES 1.1에서 이러한 역할을 하는 코드를 보인다.

```
glTexEnvi(GL_TEXTURE_ENV, GL_TEXTURE_ENV_MODE, GL_COMBINE);
glTexEnvi(GL_TEXTURE_ENV, GL_COMBINE_RGB, GL_MODULATE);
glTexEnvi(GL_TEXTURE_ENV, GL_SOURCE0_RGB, GL_PRIMARY_COLOR);
glTexEnvi(GL_TEXTURE_ENV, GL_SOURCE1_RGB, GL_TEXTURE);
glTexEnvi(GL_TEXTURE_ENV, GL_COMBINE_ALPHA, GL_MODULATE);
glTexEnvi(GL_TEXTURE_ENV, GL_SOURCE0_ALPHA, GL_PRIMARY_COLOR);
glTexEnvi(GL_TEXTURE_ENV, GL_SOURCE1_ALPHA, GL_TEXTURE);
```

이 코드는 기본적인 컬러(정점 컬러)와 텍스처 컬러 사이에서 변조($A \times B$)를 수행하기 위해 고정함수 파이프라인을 설정한다. 만일 이 코드가 이해되지 않아도 걱정할 필요가 없다. OpenGL ES 3.0에서 이 코드는 존재하지 않는다. 여기에서 보이려하는 요점은 프래그먼트 셰이더에서 어떻게 프래그먼트 셰이더에 매핑되는지를 보여주는 것이다. 프래

그먼트 셰이더에서 이같은 계산은 다음과 같이 완성될 수 있다.

```
#version 300 es
precision mediump float;
uniform sampler2D s_tex0;
in vec2 v_texCoord;
in vec4 v_primaryColor;
layout(location = 0) out vec4 outColor;
void main()
{
   outColor = texture(s_tex0, v_texCoord) * v_primaryColor;
}
```

프래그먼트 셰이더는 고정함수 설정에 의해 수행되는 작업과 정확히 같은 작업을 수행한다. 텍스처 값은 샘플러(샘플러는 텍스처 unit 0으로 바인딩)로부터 인출되고 2D 텍스처 좌표는 값을 찾는 데 사용된다. 그런 다음, 텍스처 인출의 결과는 정점 셰이더에서 전달된 이 입력 값인 v_primaryColor로 곱해진다. 이 경우에 정점 셰이더는 프래그먼트 셰이더를 통해 컬러를 전달한다.

고정함수 텍스처 결합 설정으로 상응하는 계산식을 수행하는 프래그먼트 셰이더를 작성하는 것이 가능하다. 물론, 고정함수보다 훨씬 더 복잡하고 다양한 연산으로 셰이더 작성 또한 가능하다. 그러나 이 절의 요점은 고정함수를 프로그램 가능한 셰이더로 전환하는 방법을 명확히 이해하는 것이다. 이제 프래그먼트 셰이더들의 일부 명세를 살펴보자.

## 프래그먼트 셰이더 개요

프래그먼트 셰이더는 프래그먼트 연산을 위한 일반 목적인 프로그램 가능한 방법을 제공한다. 프래그먼트 셰이더의 입력은 다음과 같이 구성된다.

- input(varyings) – 정점 셰이더에 의해 만들어지는 보간 데이터. 정점 셰이더의 출력은 기본요소를 통해 보간되고 입력으로 프래그먼트 셰이더에 전달된다.
- uniforms – 프래그먼트 셰이더에 의해 사용되는 상태. 이들은 프래그먼트당 변화하지 않는 상수값이다.
- samplers – 셰이더에서 텍스처 이미지를 접근하기 위해 사용
- code – 프래그먼트에서 수행되는 연산을 기술하는 프래그먼트 셰이더의 소스 또는 실행 파일이다.

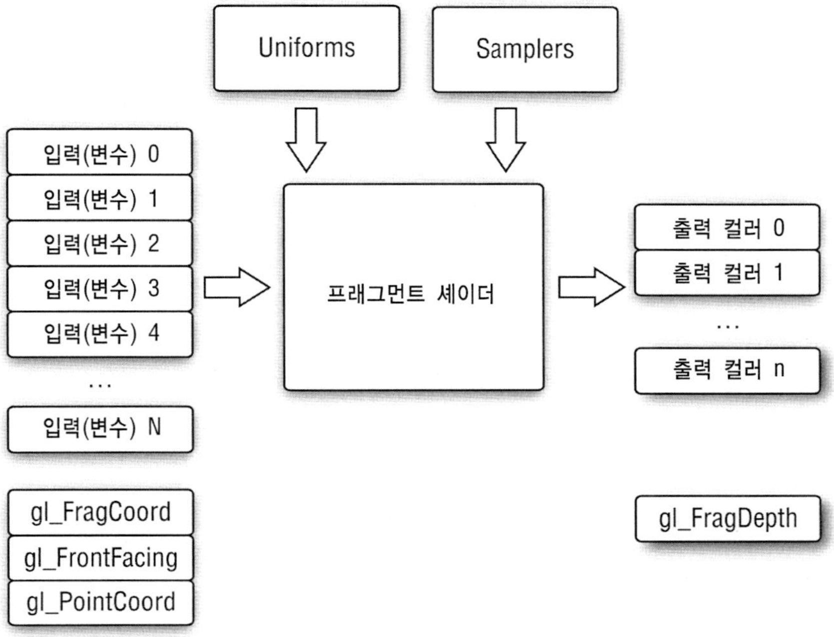


**그림 10-2** OpenGL ES 3.0 프래그먼트 셰이더

프래그먼트 셰이더의 출력은 프래그먼트 파이프라인의 각 프래그먼트 연산에서 전달받은 하나 이상 프래그먼트 컬러이다(출력 컬러 수는 많은 컬러 장치가 사용되는 방법에 따른다). 프래그먼트 셰이더에서 입력들과 출력들을 그림 10-2에 표현하였다.

## 내장 특수 변수들

OpenGL ES 3.0은 프래그먼트 셰이더의 출력 또는 입력되는 내장 특수 변수들을 가진다. 프래그먼트 셰이더에에서 이용할 수 있는 내장 특수 변수들은 다음과 같다.

- `gl_FragCoord` – 이는 프래그먼트 셰이더에서 유용한 읽기 전용 변수이다. 이 변수는 프래그먼트의 윈도우 상대적 좌표($x$, $y$, $z$, $1/w$)를 유지한다. 여기에는 현재 프래그먼트의 윈도우 좌표를 알기 위해 유용한 알고리즘들이 있다. 예를 들어, 값이 그림자 맵에서 필터 커널을 회전하기 위해 사용되는 임의의 잡음 사상에 텍스처 인출에 대한 변위로 윈도우 좌표를 사용할 수 있다. 이 기법은 그림자 맵 에일리어싱을 줄이는 데 사용될 수 있다.
- `gl_FrontFacing` – 이는 프래그먼트 셰이더에서 이용할 수 있는 읽기전용 변수이

다. 이 변수는 만일 프래그먼트가 앞면 기본요소의 부분이면 true이고, 그렇지 않으면 false인 부울값이다.

- gl_PointCoord – 이는 점 스프라이트(point sprite)를 렌더링할 때 사용할 수 있는 읽기전용 변수이다. 이 변수는 점 래스터 변환 동안 [0,1]범위에서 자동적으로 생성된 점 스프라이트에 대한 텍스처 좌표를 가진다. 제14장 "OpenGL ES 3.0 고급 프로그래밍"에서 이 변수 사용에 대한 점 스프라이트 렌더링 예제가 있다.
- gl_FragDepth – 이는 프래그먼트 셰이더에 쓰여질 때 프래그먼트 고정함수 깊이 값을 오버라이드하는 전용 출력 변수이다. 이 기능은 많은 GPU들에서 깊이 최적화를 할 수 없기 때문에 조금만(단지 필요시에만) 사용되어야 한다. 예를 들어 많은 GPU들은 깊이 테스트가 프래그먼트 셰이더를 실행하기 전에 수행되어야 하는 Early-Z라 불리는 특성이다. Early-Z 사용의 장점은 깊이 테스트를 실패한 프래그먼트는 결코 그림자가 생성되지 않는다는 것이다(그러므로 성능 절약). 그러나 gl_FragDepth가 사용될 때 이 특성은 GPU가 프래그먼트 셰이더 실행 전에 깊이 값을 알 수 없기 때문에 사용할 수 없다.

## 내장 상수

다음 내장 상수들 또한 프래그먼트 셰이더에 관련이 있다.

```
const mediump int gl_MaxFragmentInputVectors =15;
const mediump int gl_MaxTextureImageUnits = 16;
const mediump int gl_MaxFragmentUniformVectors = 224;
const mediump int gl_MaxDrawBuffers = 4;
const mediump int gl_MinProgramTexelOffset = -8;
const mediump int gl_MaxProgramTexelOffset = 7;
```

내장 상수는 다음 최댓값으로 기술한다.

- gl_MaxFragmentInputVectors – 프래그먼트 셰이더 입력(또는 varyings)의 최대수. 모든 ES 3.0 구현에 의해 지원되는 최솟값은 15이다.
- gl_TextureImageUnits – 이것은 사용 가능한 텍스처 이미지 단위의 최대수이다. 모든 ES 3.0 구현에서 지원하는 최솟값은 16이다.
- gl_MaxFragmentUniformVectors – 프래그먼트 셰이더 내에서 사용할 수 있는 vec4 uniform 입력 최대수이다. 모든 ES 3.0 구현에서 지원하는 최소수는 224이다. 실제로 개발자에 의해 사용되는 vec4 uniform 입력 수는 OpenGL ES 구현과 프래

그먼트 셰이더 마다 다양할 수 있다. 이 문제는 제8장 "정점 셰이더"에서 설명하고 있으며, 프래그먼트 셰이더에도 같은 문제가 적용된다.

- gl_MaxDrawBuffers - 이용할 수 있는 그리기 버퍼의 최대수이다. 모든 ES 3.0 구현에서 지원하는 최솟값은 4이다.
- gl_MinProgramTexelOffset/gl_MaxProgramTexelOffset - texture*Offset() 내장 ESSL 함수에 대한 변위 매개변수에 의해 지원되는 최소와 최대 변위이다.

각 내장 상수에 대해 지정된 값은 모든 OpenGL ES 3.0 구현에 의해 지원되는 최솟값이다. 기술된 최솟값보다 더 큰 값을 특정 구현이 지원하는 것이 가능하다. 프래그먼트 셰이더 내장값에 대한 실제 하드웨어 의존값은 또한 API 코드로 질의될 수 있다. 다음 코드는 gl_MaxTextureImageUnits와 gl_MaxFragmentUniformVectors의 값을 어떻게 질의할 수 있는지를 보인다.

```
GLint maxTextureImageUnits, maxFragmentUniformVectors;
glGetIntegerv(GL_MAX_TEXTURE_IMAGE_UNITS,
              &maxTextureImageUnits);
glGetIntegerv(GL_MAX_FRAGMENT_UNIFORM_VECTORS,
              &maxFragmentUniformVectors);
```

### 정밀도 한정자

정밀도 한정자는 제8장의 "정점 셰이더"에서 자세히 설명하였고, 또한 제5장 "OpenGL ES 셰이딩 언어"에서도 소개하였다. 정밀도 한정자에 대한 전체 세부 사항은 제5장, 제8장에서 복습하기 바란다. 프래그먼트 셰이더에 대한 기본 정밀도가 존재하지 않는다는 것을 알아두기 바란다. 이는 모든 프래그먼트 셰이더에 대해 기본 정밀도를 선언(또는 모든 변수 선언에 대한 정밀도 한정자를 제공)해야 한다는 의미이다.

## 셰이더를 사용한 고정함수 기법 구현

지금까지 프래그먼트 셰이더의 개요를 살펴보았고, 이제 셰이더를 사용한 여러 고정함수 기법이 어떻게 구현되는지를 알아볼 것이다. OpenGL ES 1.x와 데스크톱 OpenGL의 고정함수 파이프라인은 다중 텍스처링, 안개효과(fog), 알파 테스트, 그리고 사용자 클립 평면을 실행하기 위해 API를 제공하였다. 비록 이러한 기법이 어느 것도 OpenGL ES 3.0에서 명확하게 제공되는 것은 아니지만, 다중 텍스처링, 안개효과, 알파 테스트, 사용자 클립 평면 모두는 셰이더를 사용하여 구현이 가능하다. 이 절에서는 고정함수 처리에 대해 설명하고, 각 기법을 시연하는 프래그먼트 셰이더 예제를 제공한다.

## 다중 텍스처링

다중 텍스처 맵을 결합하기 위해 사용되는 프래그먼트 셰이더에서 가장 일반적인 연산인 다중 텍스처링으로 시작해 보자. 예를 들어, Quake III와 같은 많은 게임에서 사용된 기법은 텍스처 맵에서 라디오시티(radiosity : 컴퓨터 그래픽스에서 확산광을 계산하는 방법) 계산들로부터 미리 계산된 조명을 저장하는 것이다. 이 맵은 프래그먼트 셰이더에서 기본 텍스처 맵과 함께 결합하여 정적 조명을 나타낸다. 다중 텍스처를 사용하는 많은 다른 예제가 있는데, 그 중 일부를 제14장 “OpenGL ES 3.0 고급 프로그래밍”에서 배우게 된다. 예를 들어, 종종 텍스처 맵은 반사 조명 요소를 감쇠시키거나 마스크하기 위한 반사지수와 마스크를 저장하기 위해 사용된다. 많은 게임은 또한 프래그먼트 셰이더에서 조명이 계산될 수 있도록 각 정점의 법선보다 고도의 세밀한 법선 정보를 저장한 텍스처인 법선 맵을 사용한다.

여기서 언급한 내용의 중요사항은 다중 텍스처링 기법을 이행하기 위해 필요한 API의 모든 부분에 대해 배웠다. 제9장 “텍스처링”에서는 다양한 텍스처 단위로 텍스처를 적재하는 방법과 프래그먼트 셰이더의 텍스처로부터 인출하는 방법을 배웠다. 프래그먼트 셰이더에서 다양한 방법으로 텍스처를 결합하는 것은 단순히 셰이딩 언어에 존재하는 많은 연산을 사용하는 것과 내장함수의 문제에 불과하다. 이 기법들을 사용하여 OpenGL ES의 이전 버전의 고정함수 프래그먼트 파이프라인를 사용해 만들어지는 모든 효과를 쉽게 달성할 수 있다.

그림 10-3 다중 텍스처링된 쿼드

그림 10-3의 이미지를 렌더링하는 다중 텍스처 사용의 예제는 Chapter_10/MultiTexture 예제에서 제공된다.

이 예제는 기본 텍스처 맵과 조명 맵 텍스처를 적재하고 단일 쿼드의 프래그먼트 셰이더에서 이를 결합한다. 예제 프로그램에 대한 프래그먼트 셰이더는 예제 10-1과 같다.

**예제 10-1** 다중 텍스처 프래그먼트 셰이더

```
#version 300 es
precision mediump float;
in vec2 v_texCoord;
layout(location = 0) out vec4 outColor;
uniform sampler2D s_baseMap;
uniform sampler2D s_lightMap;
void main()
{
   vec4 baseColor;
   vec4 lightColor;

   baseColor = texture(s_baseMap, v_texCoord);
   lightColor = texture(s_lightMap, v_texCoord);
   // 텍스처 조명 컬러에 0.25 주변광을 더한다
   outColor = baseColor * (lightColor + 0.25);
}
```

프래그먼트 셰이더는 각 텍스처에 대해 하나씩 두 개의 샘플러를 가진다. 텍스처의 단위와 샘플러를 설정하는 관련된 코드는 다음과 같다.

```
// 기본 맵 바인딩
glActiveTexture(GL_TEXTURE0);
glBindTexture(GL_TEXTURE_2D, userData->baseMapTexId);

// 텍스처 단위 0으로 기본 맵 샘플러 설정
glUniform1i(userData->baseMapLoc, 0);

// 조명 맵 바인딩
glActiveTexture(GL_TEXTURE1);
glBindTexture(GL_TEXTURE_2D, userData->lightMapTexId);
// 텍스처 단위 1로 기본 맵 샘플러 설정
glUniform1i(userData->lightMapLoc, 1);
```

코드에 보여지는 것처럼, 이 코드는 각 텍스처 객체를 텍스처 단위 0과 1로 바인딩한다. 샘플러는 각각의 텍스처 단위와 샘플러를 바인딩하기 위한 값으로 설정된다. 이 예제에서, 단일 텍스처 좌표는 양쪽 맵으로부터 인출하는데 사용된다. 일반적인 조명 매핑에서 기본 맵과 조명 맵에 대한 텍스처 좌표의 분리된 집합이 있다. 조명 맵은 일반적으로 단일 대용량 텍스처로 페이징되고 텍스처 좌표들은 오프라인 도구를 사용하여 생성할 수 있다.

## 안개효과

3D 장면 렌더링에 사용되는 일반적인 기술은 안개효과의 적용이다. OpenGL ES 1.1(그리고 데스크톱 OpenGL)에서 안개효과는 고정함수 연산으로 제공되었다. 안개효과가 일반적으로 사용되는 이유 중의 하나는 그리기 거리 감소와 도형의 "포핑(popping)" 제거에 사용할 수 있다는 것이며, 이는 마치 보는 사람에게 더욱 가까이 있는 것과 같이 느껴진다.

안개효과를 계산하는 방법에는 여러 가지가 있으며 프로그램 가능한 프래그먼트 셰이더의 사용으로 어떤 특정한 방정식에 국한되지 않을 수 있다. 이제 프래그먼트 셰이더를 이용하여 선형 안개효과를 계산하는 방법을 설명한다. 안개효과의 임의의 타입을 계산하기 위해 픽셀과 시야간의 거리와 안개효과의 컬러, 두 개의 입력이 필요할 것이다. 또한, 선형 안개효과를 계산하기 위해 안개효과가 덮일 최소, 최대 거리 범위가 필요하다.

선형 안개효과 인수에 대한 방정식 *F*는

$$F = \frac{MaxDist - EyeDist}{MaxDist - MinDist}$$

안개효과 컬러를 곱하기 위해 안개효과 인수를 계산한다. 이 컬러는 [0.0, 1.0] 범위에 맞춰지고, 최종 컬러를 계산하기 위한 프래그먼트의 전체적인 컬러가 일렬로 삽입된다. 시야의 거리는 정점 셰이더와 varying 변수를 이용하여 보간된 기본요소 간에서 가장 잘 계산된다.

PVRShaman(.POD) 작업 공간은 안개효과 계산을 시현하는 `Chapter_10/PVR_LinearFog` 폴더 내 예제에 보인다. 작업공간의 스크린샷은 그림 10-4에 보인다. PVR-Shaman은 http://powervrinsider.com으로부터 다운로드 받을 수 있는 Imagination Technologies PowerVR SDK의 부분으로 셰이더 개발을 위한 통합 개발 환경(IDE)이다. 이 책의 여러 다른 예들은 다양한 셰이딩 기법을 보여주기 위해 PVRShaman을 사용한다.

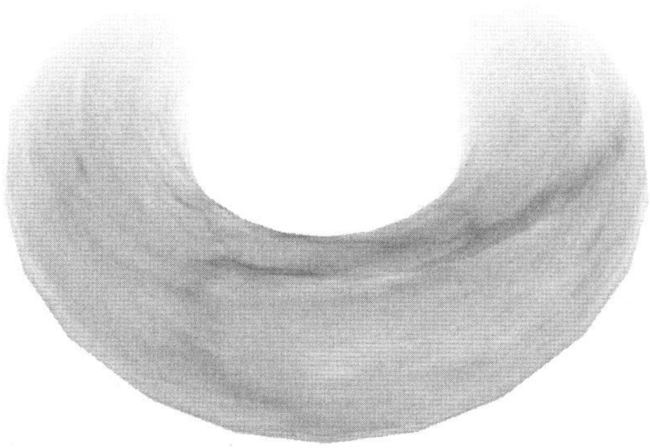

그림 10-4 PVRShaman에서 원형 융기상의 선형 안개효과

시야 거리를 계산하는 정점 세이더에 대한 코드는 예제 10-2에 나타냈다.

**예제 10-2** 시야의 거리 연산을 위한 정점 세이더

```
#version 300 es
uniform mat4 u_matViewProjection;
uniform mat4 u_matView;
uniform vec4 u_eyePos;

in vec4 a_vertex;
in vec2 a_texCoord0;

out vec2 v_texCoord;
out float v_eyeDist;

void main(void)
{
    // 정점을 관측 공간으로 변환
    vec4 vViewPos = u_matView * a_vertex;
    // 시야 거리 계산
    v_eyeDist = sqrt( (vViewPos.x - u_eyePos.x) *
                      (vViewPos.x - u_eyePos.x) +
                      (vViewPos.y - u_eyePos.y) *
                      (vViewPos.y - u_eyePos.y) +
                      (vViewPos.z - u_eyePos.z) *
                      (vViewPos.z - u_eyePos.z) );

    gl_Position = u_matViewProjection * a_vertex;
    v_texCoord = a_texCoord0.xy;
```

```
}
```

이 정점 셰이더의 중요한 부분은 v_eyeDist 정점 셰이더 출력 변수의 계산이다. 첫째, 입력 정점은 뷰 행렬을 사용하여 뷰 공간으로 변환되고, vViewPos에 저장된다. 그 다음, 이 정점에서 u_eyePos uniform 변수까지의 거리가 계산된다. 이 계산은 시야 공간에서 뷰어로부터 변환된 정점까지의 거리를 구해준다. 예제 10-3에서 제공된 안개효과 인수를 계산하기 위해 프래그먼트 셰이더에서 이 값을 사용할 수 있다.

**예제 10-3** 선형 안개효과 렌더링을 위한 프래그먼트 셰이더

```
#version 300 es
precision mediump float;

uniform vec4 u_fogColor;
uniform float u_fogMaxDist;
uniform float u_fogMinDist;
uniform sampler2D baseMap;

in vec2 v_texCoord;
in float v_eyeDist;

layout (location = 0) out vec4 outColor;

float computeLinearFogFactor()
{
   float factor;
   // 선형 안개효과 방정식 연산
   factor = (u_fogMaxDist - v_eyeDist) /
            (u_fogMaxDist - u_fogMinDist);

   // [0,1]범위에 맞춤
   factor = clamp(factor, 0.0, 1.0);
   return factor;
}

void main(void)
{
   float fogFactor = computeLinearFogFactor();
   vec4 baseColor = texture( baseMap, v_texCoord );

   // 최종 컬러 계산
```

```
    outColor = baseColor * fogFactor +
               u_fogColor * (1.0 - fogFactor);
}
```

프래그먼트 셰이더에서, computeLinearFogFactor() 함수는 선형 안개효과 방정식에 대한 계산을 수행한다. 최소 및 최대 안개효과 거리는 uniform 변수에 저장되고 정점 셰이더에서 계산된 보간 시야 거리는 안개효과 요소를 계산하는 데 사용된다. 안개효과 인수는 기본 텍스처 컬러와 안개효과 컬러 사이에서 선형 보간법(예제 10-3에서 "lerp"로 축약)을 수행하는 데 사용된다. 결과적으로 이를 통해 선형 안개효과를 낼 수 있으며 uniform 값을 변경하여 거리 및 컬러를 쉽게 조절할 수 있다.

프로그램 가능한 프래그먼트 셰이더의 유연성 때문에 안개효과를 계산하기 위한 다른 방법을 구현하는 것은 매우 간단하다. 예를 들어, 안개효과 방정식의 간단한 변경으로 지수의 안개효과를 쉽게 계산할 수 있다. 또한, 시야 거리를 기반으로 안개효과를 계산하는 것보다 지면 기반의 안개효과를 위해 지면 거리를 기반으로 안개효과를 계산할 수 있다. 여기에서 제공된 안개효과 계산에 약간의 수정으로 쉽게 구할  수 있는 안개효과가 있다.

## 알파 테스트(discard 사용)

3D 애플리케이션에서 사용되는 매우 일반적인 효과는 특정 프래그먼트에서 완전히 투명한 기본요소를 그리는 것이다. 이것은 강철 철사를 다이아몬드 모양으로 짠 펜스(fence) 같은 것을 렌더링하는 데 대해 매우 유용한다. 도형을 사용해서 펜스를 표현하는 것은 상당한 양의 기본요소를 요구한다. 그러나 도형을 사용하는 것의 대안은 투명한 임의의 텍셀을 지정하는 텍스처에 마스크 값을 저장하는 것이다. 예를 들어, 단일 RGBA 텍스처에서 강철 철사를 다이아몬드 모양으로 짠 펜스를 저장할 수 있는 것은 RGB 값이 펜스의 컬러를 표현하고, A 값은 텍스처가 투명인지 아닌지를 나타내기 때문이다. 다음으로 프래그먼트 셰이더에서 하나 혹은 두 개의 삼각형을 사용하고 픽셀을 마스크 제거하여 펜스를 쉽게 렌더링할 수 있다.

기존 고정함수 렌더링에서 이 효과는 알파 테스트를 사용해서 이루어졌다. 알파 테스트는 만일 프래그먼트의 알파 값이 참조값과 비교에 실패할 경우, 해당 프래그먼트를 제거하는 방법으로 비교 테스트를 지정할 수 있도록 허용한다. 이는 프래그먼트가 알파 테스트에서 실패하면 해당 프래그먼트가 렌더링되지 않는 것을 뜻한다. OpenGL ES 3.0에서는 고정함수 알파 테스트가 없지만, discard 키워드를 사용하여 프래그먼트 셰이더에서

그림 10-5 discard를 사용한 알파 테스트

동일한 효과를 얻을 수 있다.

Chapter_10/PVR_AlphaTest의 VRShaman 예제는 그림 10-5와 마찬가지로 매우 간단한 프래그먼트 셰이더에서 알파 테스트 수행 예제를 보여준다.

이 예제에 대한 프래그먼트 셰이더 코드는 예제 10-4에 보인다.

**예제 10-4** discard를 사용한 알파 테스트를 위한 프래그먼트 셰이더

```
#version 300 es
precision mediump float;

uniform sampler2D baseMap;

in vec2 v_texCoord;
layout(location = 0) out vec4 outColor;

void main(void)
{
   vec4 baseColor = texture(baseMap, v_texCoord);
   // 0.25보다 적은 알파 값을 가지는 모든 프래그먼트는 버린다.
   if(baseColor.a < 0.25)
   {
      discard;
   }
   else
   {
      outColor = baseColor;
   }
}
```

이 프래그먼트 셰이더에서 텍스처는 4개 채널 RGBA 텍스처이다. 알파 채널은 알파 테스트를 위해 사용된다. 알파 컬러는 0.25와 비교되고, 만일 그것보다 작으면 프래그먼트는 `discard`를 사용하여 제거된다. 그렇지 않으면, 프래그먼트는 텍스처 컬러를 사용하여 그려진다. 이 기법은 단순히 비교 또는 알파 참조값을 변경하는 방법으로 알파 테스트를 이행하기 위해 사용될 수 있다.

## 사용자 클립 평면

제7장 "기본요소 집합과 래스터 변환"에서 기술한 것과 같이, 모든 기본요소는 뷰 절두체(view frustum)를 구성하는 6개의 평면에 대해 클리핑된다. 그러나 때로는 사용자가 하나 이상의 추가적인 사용자 클립 평면에 대한 클리핑을 원할 수 있다. 사용자 클립 평면에 대해 클리핑을 원하는 이유에는 여러 가지가 있다. 예를 들어, 반사효과를 렌더링할 때, 반사 평면에 대한 도형을 전환하고, 이를 화면에서 제외되는 텍스처로 렌더링할 필요가 있다. 텍스처로 렌더링할 때, 반사 평면에 대해 기하학을 클리핑할 필요가 있는데, 이는 사용자 클립 평면을 필요로 한다.

OpenGL ES 1.1에서 사용자 클립 평면은 평면 방정식을 통한 API로 제공되고 클리핑은 자동적으로 손쉽게 수행된다. OpenGL ES 3.0에서 이 같은 효과를 여전히 완성할 수 있지만, 셰이더에서 스스로 수행해 볼 필요가 있다. 사용자 클립 평면 구현의 핵심은 이전 절에서 소개되었던 `discard` 키워드를 사용한 것이다.

사용자 클립 평면을 어떻게 구현하는지 보기 이전에 먼저 수학의 기초를 검토하자. 평면은 다음 방정식에 의해 기술된다.

$$Ax + By + Cz + D = 0$$

벡터 $(A, B, C)$는 평면의 법선 벡터를 나타내고, $D$ 값은 원점으로부터 벡터에 이르는 평면의 거리이다. 평면에 대해 점을 클리핑해야 할지 파악하려면, 다음 방정식으로 평면에서 점 $P$까지의 거리를 구해야 한다.

$$\text{Dist} = (A \times P{\cdot}x) + (B \times P{\cdot}y) + (C \times P{\cdot}z) + D$$

만일 거리가 0보다 작으면, 점이 평면 뒤에 있으며 클리핑을 해야 하고, 거리가 0과 같거나 크면 클리핑하지 않는다는 것을 알고 있다. 평면 방정식과 $P$는 동일한 좌표 공간에 있어야 한다는 점에 유의하자. PVRShaman 예는 `Chapter_10/PVR_ClipPlane` 작업공간에 제공되고 그림 10-6에 보인다.

앞에서 언급한 것처럼 셰이더가 제일 처음 해야 할 일은 평면의 거리를 계산하는 것이

**그림 10-6** 사용자 클립 평면 예

다. 이는 정점 셰이더(그리고 varying에 전달됨) 또는 프래그먼트 셰이더에서 수행될 수 있다. 모든 프래그먼트에서 거리를 계산하는 것보다는 정점 셰이더에서 이 계산을 수행하는 것이 쉽다. 예제 10-5에 나열된 정점 셰이더는 평면 거리 계산을 보여준다.

**예제 10-5** 정점 셰이더 사용자 클립 평면

```
#version 300 es
uniform vec4 u_clipPlane;
uniform mat4 u_matViewProjection;
in vec4 a_vertex;

out float v_clipDist;

void main(void)
{
   // 정점과 클립 평면 사이의 거리 연산
   v_clipDist = dot (a_vertex.xyz, u_clipPlane.xyz) +
                u_clipPlane.w;
   gl_Position = u_matViewProjection * a_vertex;
}
```

u_clipPlane uniform 변수는 클립 평면에 대해 평면 방정식을 유지하고 glUniform4f를 이용하여 셰이더에 전달한다. v_clipDist varying 변수는 계산된 클립 거리를 저장한다. 이 값은 프래그먼트 셰이더에 전달되는데, 예제 10-6에서 볼 수 있듯이 프래그먼트가 클리핑되어야 하는지를 판단하기 위해 보간 거리를 사용한다.

**예제 10-6** 사용자 클립 평면 프래그먼트 셰이더

```
#version 300 es
precision mediump float;
in float v_clipDist;
layout(location = 0) out vec4 outColor;
void main(void)
{
   // 클립 평면 뒤의 프래그먼트 제거
   if(v_clipDist < 0.0)
      discard;
   outColor = vec4(0.5, 0.5, 1.0, 0.0);
}
```

위 예제에서처럼 만일 v_clipDist varying 변수가 음수이면, 이는 프래그먼트가 클립 평면 뒤쪽에 있으며 반드시 제거되어야 함을 의미한다. 그렇지 않으면 프래그먼트는 기존 방식대로 처리된다. 이 예제는 단지 사용자 클립평면 구현에 필요한 계산을 시연할 뿐이다. 간단하게 다중 클립 거리를 계산하고 다중 삭제 테스트를 함으로써 다중 사용자 클립 평면 구현을 쉽게 할 수 있다.

## 요약

이 장에서는 프래그먼트 셰이더를 이용하여 여러 렌더링 기법을 소개하였다. 고정함수 OpenGL ES 1.1의 부분이었던 기법을 달성하는 프래그먼트 셰이더 구현에 초점을 맞추었다. 특히, 다중 텍스처링, 선형 안개효과, 알파 테스트, 사용자 클립평면 등을 어떻게 구현하는지를 보였다. 프로그램 가능한 프래그먼트 셰이더를 이용할 때 가능한 셰이딩 기법의 수는 거의 제한적이다. 이 장은 더 복잡한 효과를 생성하기 위해 만들 수 있는 임의의 프래그먼트 셰이더 개발 방법에 기초 지식을 주었다.

이제 많은 고급 렌더링 기법을 소개할 준비가 되었다. 프래그먼트 셰이더 이후 다룰 주제는 프래그먼트 연산과 프레임버퍼 객체인데, 이는 다음 장에서 다루게 될 것이다.

# Chapter 11 프래그먼트 연산

이 장에서는 전체 프레임버퍼 또는 OpenGL ES 3.0 프래그먼트 파이프라인에서 프래그먼트 셰이더 실행 후 각 프래그먼트에 적용할 수 있는 연산에 대해 논의한다. 프래그먼트 셰이더의 출력이 프래그먼트 컬러와 깊이 값이라는 것을 기억할 것이다. 프래그먼트 셰이더 실행 후에 발생하고 픽셀의 가시성과 마지막 컬러에 영향을 줄 수 있는 연산은 다음과 같다.

- 시저(scissor) 상자 테스트
- 스텐실(stencil) 버퍼 테스트
- 깊이(depth) 버퍼 테스트
- 다중샘플링(multisampling)
- 블렌딩(blending)
- 디더링(dithering)

프래그먼트가 프레임버퍼를 통해 수행하는 연산과 테스트를 그림 11-1에 보인다.

아는 바와 같이, "다중샘플링"이라고 불리는 단계는 없다. 다중샘플링은 서브프래그먼트 단계에서 복제 연산을 하는 안티에일리어싱(antialiasing) 기술이다. 이 장 뒤에서 다중샘플링이 프래그먼트 처리에 영향을 주는지에 대해 기술한다.

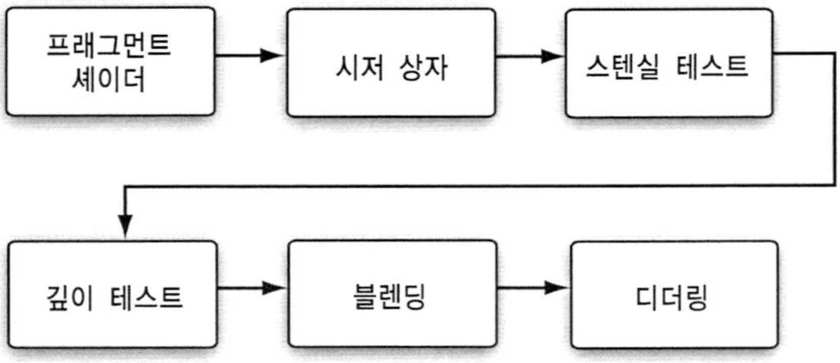


**그림 11-1** 셰이딩 후 프래그먼트 파이프라인

이 장에서는 프레임버퍼에 픽셀 쓰기와 픽셀 읽기에 대한 방법에 대해 논의하고 결론을 맺는다.

## 버퍼 (buffers)

OpenGL ES에서는 프레임버퍼의 모든 픽셀에 대해 각각 다른 데이터를 저장하는 3가지 타입의 버퍼를 지원한다.

- 컬러 버퍼(전경 컬러 버퍼와 배경 컬러 버퍼로 구성)
- 깊이 버퍼
- 스텐실 버퍼

버퍼 크기(깊이 버퍼와 혼돈하지 않기 위해 일반적으로 "버퍼 깊이"라고 부른다)는 하나의 픽셀에 대한 정보를 저장하는 데 유용한 비트수에 의해 결정된다. 예를 들면, 빨강, 녹색, 파랑 구성요소를 저장하기 위해 3개의 구성요소를 가지고 있는 컬러 버퍼는 알파 구성요소에 대한 기억장소가 선택적이다. 컬러 버퍼의 깊이는 이 모든 구성요소에 대한 비트수의 합이다. 깊이 버퍼와 스텐실 버퍼에서는 하나의 값이 그 버퍼에서 픽셀의 비트 깊이를 표현한다. 예를 들면, 깊이 버퍼는 픽셀당 16비트를 가지고 있을 수 있다. 버퍼의 전체 크기는 모든 구성요소의 비트 깊이 합이다. 공용 프레임버퍼 깊이는 빨강과 파랑에 5비트, 녹색에 6비트(사람의 영상 시스템은 빨강 또는 파랑보다 녹색에 더 민감)인 16비트 RGB 버퍼를 포함하고 32비트는 RGBA 버퍼에 대해 똑같이 나누어진다.

추가적으로 컬러 버퍼는 두 개의 버퍼를 포함하고 있는 이중 버퍼링이 될 수 있다. 하나는 "전방(front)" 버퍼라고 불리는 출력기기(보통 모니터 또는 LCD 디스플레이)에 표시되는 것과 또 다른 하나는 "후방(back)" 버퍼라고 불리고 뷰어로부터 숨겨지지만 다음 이미지를 표시하기 위해 구성하는 데 사용된다. 이중 버퍼링된 애플리케이션에서 애니메이션은 후방 버퍼에 그려서 이루어지고 새로운 이미지가 표시되기 위해서는 전방과 후방 버퍼의 교환이 이루어져야 한다. 버퍼의 교환은 보통 디스플레이 기기의 재생 사이클로 동기된다. 그것은 연속적으로 매끄러운 애니메이션 방법을 제공해 준다. 이중 버퍼링에 대해서는 제3장 "EGL 소개"에서 논의되었던 것을 생각해 보자.

비록 모든 EGL 구성이 컬러 버퍼를 가지고 있을지라도, 깊이와 스텐실 버퍼들은 선택적이다. 하지만 모든 EGL 구현은 적어도 최소 16비트 깊이의 버퍼와 최소 8비트인 스텐실 버퍼와 더불어 3개의 버퍼 모두를 포함하는 하나의 구성이 제공되어야 한다.

## 추가적 버퍼 요구

컬러 버퍼와 같이 깊이 또는 스텐실 버퍼를 포함하기 위해 EGL 구성에 대한 속성을 지정할 때 이들 버퍼를 요청할 필요가 있다. 제3장에서 살펴본 바와 같이 애플리케이션에서 필요로 하는 렌더링 평면의 타입을 지정하는 EGL에 속성 값 쌍의 집합을 전달한다. 컬러 버퍼에 추가하여 깊이 버퍼를 포함하도록 필요로 하는 원하는 비트 깊이로 속성 목록에서 `EGL_DEPTH_SIZE`를 지정한다. 마찬가지로 스텐실 버퍼를 얻기 위해 필수 비트수만큼 `EGL_STENCIL_SIZE`를 더할 것이다.

`esUtil` 라이브러리는 컬러 버퍼와 같이 그 버퍼들이 비슷할 것이라고 생각하여 연산을 단순화하고 그 동작(가장 효과적으로 규격화된 버퍼를 요청)의 나머지를 처리한다. 라이브러리를 사용할 때 `esCreateWindow`에 대한 호출에서 `ES_WINDOW_DEPTH`와 `ES_WINDOW_STENCIL`을 추가(비트 또는 연산에 의해)할 것이다. 예를 들면,

```
esCreateWindow(&esContext, "Application Name",
               window_width, window_height,
               ES_WINDOW_RGB | ES_WINDOW_DEPTH |
               ES_WINDOW_STENCIL);
```

## 버퍼 초기화하기

OpenGL ES는 대화식 렌더링 시스템이고, 각 프레임이 시작할 때 각 프레임의의 기본값으로 버퍼들의 모든 것을 초기화하려 한다고 생각한다. 버퍼들은 `glClear` 함수 호출에 의해 초기화된다. `glClear` 함수는 버퍼들에 대해 지정된 초기값으로 초기화되도록 하는 여러 가지 버퍼를 표현하고 있는 비트마스크(bitmask)를 가진다.

```
void    glClear(GLbitfield mask);
```

*mask* 초기화되는 버퍼를 지정하고, 다양한 OpenGL ES 버퍼들을 표현하는 다음과 같은 비트마스크의 결합으로 구성된다 : GL_COLOR_BUFFER_BIT, GL_DEPTH_BUFFER_BIT, GL_STENCIL_BUFFER_BIT

동시에 모든 버퍼의 초기화를 요구하지 않지만 동시에 초기화될 필요가 있는 모든 버퍼에 대해 프레임당 단지 한 번 glClear 호출에 의해 최고의 성능을 얻을 수 있다.

각 버퍼는 지워지도록 요구 시 사용된 기본값을 가지고 있다. 각 버퍼에 다음의 함수를 사용해 원하는 초기값을 지정할 수 있다.

```
void    glClearColor(GLfloat red, GLfloat green,
                     GLfloat blue, GLfloat alpha);
```

red, green, blue, alpha GL_COLOR_BUFFER_BIT가 glClear에 전달되는 비트마스크로 표현될 때, 컬러 버퍼 내 모든 픽셀이 초기화되어야 하는 컬러 값([0, 1] 범위)을 지정

```
void    glClearDepthf(GLfloat depth);
```

*depth* GL_DEPTH_BUFFER_BIT가 glClear에 전달하는 비트마스크로 표현될 때, 깊이 버퍼에 있는 모든 픽셀이 초기화되어야 하는 깊이 값([0, 1] 범위)을 지정

```
void    glClearStencil(GLint s);
```

*s* GL_STENCIL_BUFFER_BIT가 glClear에 전달하는 비트마스크로 표현될 스텐실 버퍼 내 모든 픽셀들이 초기화되어야 하는 스텐실 값([0, $2^n - 1$] 범위, *n*은 스텐실 버퍼 내 유용한 비트수)을 지정

프레임버퍼 객체(다중 렌더링 대상 절 참조)에서 다중 그리기 버퍼를 가지면 다음 호출로 특정 그리기 버퍼를 초기화할 수 있다.

```
void  glClearBufferiv(GLenum buffer, GLint drawBuffer,
                      const GLint *value)
void  glClearBufferuiv(GLenum buffer, GLint drawBuffer,
                       const GLuint *value)
void  glClearBufferfv(GLenum buffer, GLint drawBuffer,
                       const GLfloat *value)
```

| | |
|---|---|
| *buffer* | 초기화할 버퍼 타입 지정: GL_COLOR, GL_FRONT, GL_BACK, GL_FRONT_AND_BACK, GL_LEFT, GL_RIGHT, GL_DEPTH(단, glClearBufferfv) 또는 gl_STENCIL(단, clClearBufferiv) |
| *drawBuffer* | 초기화할 그리기 버퍼 이름 지정, 깊이나 스텐실 버퍼는 제로로 해야 한다. 그렇지 않으면 컬러 버퍼에 대해 GL_MAX_DRAW_BUFFERS보다 적어야 한다. |
| *value* | 버퍼를 초기화하기 위해 4요소 벡터(컬러 버퍼에 대해) 또는 단일 값(깊이나 스텐실 버퍼)에 대한 포인터를 지정 |

## 마스크를 이용하여 프레임버퍼에 기록 제어

버퍼들 또는 컬러 버퍼의 경우에 구성요소들을 제어할 수 있는 것은 버퍼 기록 마스크를 지정함으로써 기록될 수 있다. 픽셀 값이 버퍼에 기록되기 전에, 버퍼 마스크는 버퍼가 기록될 수 있는지 검증하기 위해 사용된다.

컬러 버퍼에 대해 glColorMask 루틴은 픽셀이 기록되면 컬러 버퍼 내 구성요소가 갱신되도록 지정한다. 만일 특정 구성요소에 대한 마스크가 GL_FALSE로 설정되면, 구성요소는 갱신되지 않을 것이다. 기본적으로 모든 컬러 구성요소는 기록 가능하다.

```
void  glColorMask(GLboolean red, GLboolean green,
                  GLboolean blue, GLboolean alpha);
```

| | |
|---|---|
| *red, green, blue, alpha* | 컬러 버퍼의 특정 컬러 구성요소가 렌더링 동안 수정 가능한지를 지정 |

마찬가지로 깊이 버퍼에서 기록은 깊이 버퍼가 기록 가능하다고 지정하기 위해 GL_TRUE나 GL_FALSE를 가지고 glDepthMask 호출에 의해 제어된다.

매우 자주 깊이 버퍼에 기록을 비활성화시키는 것은 반투명 객체를 렌더링할 때 사용된다. 처음에, 가능한 깊이 버퍼에 기록(예를 들면, GL_TRUE로 설정)으로 장면에서 불투명한 모든 객체를 렌더링할 수 있을 것이다. 이것은 불투명한 모든 객체가 깊이로 정렬되고 깊이 버퍼가 장면에 대한 깊이 정보를 가지고 있다. 이때 반투명 객체를 렌더링하기 전에 glDepthMask(GL_FALSE)를 호출하여 깊이 버퍼에 기록을 비활성화한다. 깊이 버퍼에 기록이 비활성화되는 동안 값은 깊이 버퍼로부터 여전히 읽혀질 수 있고 깊이 비교를 위해 사용될 수 있다. 이것은 반투명 객체가 정확하게 깊이 버퍼링된 불투명한 객체에 의해 가려지도록 한다. 그러나 불투명한 객체가 반투명 객체에 의해 가려지도록 깊이 버퍼를 수정하지 않는다.

```
void    glDepthMask(GLboolean depth);
```

*depth* 깊이 버퍼가 수정 가능한지를 지정

마지막으로 glStencilMask 호출에 의해 스텐실 버퍼에 기록을 비활성화할 수 있다. 그러나 glColorMask나 glDepthMask와 달리, 스텐실 버퍼의 어느 비트들이 제공하는 마스크에 의해 기록될지 지정할 수 있다.

```
void    glStencilMask(GLuint mask);
```

*mask* 스텐실 버퍼 내 하나의 픽셀에서 비트들이 수정 가능한 비트마스크([0, $2^n$ −1] 범위에서, *n*은 스텐실 버퍼 내 비트수)를 지정

glStencilMaskSeparate 루틴은 기본요소의 면 정점 순서에 기반하여 스텐실 마스크 설정을 허용한다. 이것은 전면과 후면 기본요소에 대해 서로 다른 스텐실 마스크를 허용한다. glStencilMaskSeparate(GL_FRONT_AND_BACK, mask)는 다각형의 전면과 후면에 대해 같은 마스크를 설정하는 glStencilMask를 호출하는 것이 동일하다.

```
void    glStencilMaskSeparate(GLenum face, GLuint mask);
```

*face* 렌더링된 기본요소의 면 정점 순서에 기반을 두어 적용된 스텐실 마스크를 지정한다. 유효한 값은 GL_FRONT, GL_BACK과 GL_FRONT_AND_BACK

| | |
|---|---|
| *mask* | 스텐실 버퍼 내 픽셀의 비트가 면에 의해 지정된 비트마스크(영역[0, $2^n$] 범위, $n$은 스텐실 버퍼에서 비트수)를 지정 |

## 프래그먼트 테스트 및 연산

이 절은 OpenGL ES의 프래그먼트에 적용될 수 있는 다양한 테스트에 대해 기술한다. 기본적으로, 모든 프래그먼트 테스트와 연산이 비활성화되고, 수신된 순서대로 프레임버퍼에 쓰여질 때 프래그먼트는 픽셀들이 된다. 다양한 프래그먼트들을 가능하게 함으로써, 연산 테스트는 프래그먼트가 픽셀이 되고 마지막 이미지에 영향을 미치게 하는 선택에 적용될 수 있다.

각 프래그먼트 테스트는 표 11-1에 있는 적합한 토큰과 함께 `glEnable` 호출에 의해 개별적으로 가능하다.

### 시저(scissor) 테스트 이용

시저 테스트는 프레임버퍼 내 픽셀이 기록 가능한지 추가적인 제한에 대해 사각형 영역을 지정함으로써 클리핑의 추가적 단계를 제공한다. 시저 상자를 사용하는 것은 2번째 단계 처리 과정이다.

먼저 `glScissor` 함수를 사용하여 사각형 영역을 지정해야 한다.

**표 11-1** 프래그먼트 테스트에 사용가능한 토큰

| glEnable 토큰 | 설명 |
|---|---|
| GL_DEPTH_TEST | 프래그먼트의 깊이 테스팅 제어 |
| GL_STENCIL_TEST | 프래그먼트의 스텐실 테스팅 제어 |
| GL_BLEND | 컬러 버퍼에 저장된 컬러와 프래그먼트의 블렌딩 제어 |
| GL_DITHER | 컬러 버퍼에 기록되기 전 프래그먼트 컬러의 디더링 제어 |
| GL_SAMPLE_COVERAGE | 샘플 적용범위 값 계산을 제어 |
| GL_SAMPLE_ALPHA_TO_COVERAGE | 샘플 적용범위 값 계산에서 샘플 알파의 사용 제어 |

```
void  glScissor(GLint x, GLint y, GLsizei width,
                GLsizei height);
```

*x, y* 뷰포트 좌표에서 시저 사각형의 왼쪽 아래 모서리를 지정
*with* 시저 상자의 너비를 지정(픽셀 단위로)
*height* 시저 상자의 높이를 지정(픽셀 단위로)

시저 상자를 지정한 후에 추가적 클리핑을 적용하기 위해 glEnable(GL_SCISSOR_TEST)을 호출함으로써 가능하게 할 필요가 있다. 뷰포트 초기화를 포함한 모든 렌더링은 시저 상자로 제한된다.

일반적으로 시저 상자는 뷰포트의 부분영역이지만 실제로 두 영역이 교차하는 요구사항은 없다. 두 영역이 교차하지 않을 때 시저 연산은 뷰포트 영역 이외 렌더링되는 픽셀에서 실행된다. 뷰포트 변환이 프래그먼트 셰이더 단계 후에 시저 테스트가 발생하는 동안 프래그먼트 셰이더 단계 전에 발생함을 주의하기 바란다.

## 스텐실 버퍼 테스팅

프래그먼트에 적용될 수 있는 다음 연산은 스텐실 테스트이다. 스텐실 테스트는 픽셀이 갱신되어야 하는지를 결정하는 데 사용될 수 있는 값을 가진 각 픽셀 마스크다. 스텐실 테스트는 애플리케이션에 의해 활성화 또는 비활성화된다.

스텐실 버퍼를 사용하는 것은 두 번째 단계의 연산으로 생각될 수 있다. 첫 번째 단계는 각 픽셀 마스크로 스텐실 버퍼를 초기화하고, 초기화는 도형 렌더링에 의해 이루어지고 스텐실 버퍼가 어떻게 갱신되어야 하는지를 지정한다. 두 번째 단계는 일반적으로 컬러 버퍼로 다음 렌더링을 제어하기 위해 픽셀 마스크 값을 사용하는 것이다. 양쪽의 경우에서 어떻게 매개변수가 스텐실 테스트에서 사용되는지 방법을 지정한다.

스텐실 테스트는 예를 들어, 비트가 지정되었는지 결정하기 위해 마스크를 사용하는 C 프로그램에서 수행하는 것 같은 비트 테스트이다. 스텐실 테스트의 연산자와 값들을 제어하는 스텐실 함수는 glStencilFunc 또는 glStencilFuncSeparate 함수에 의해 제어된다.

```
void  glStencilFunc(GLenum func, GLint ref, GLuint mask);
void  glStencilFuncSeparate(GLenum face, GLenum func,
```

```
                              GLint ref, GLuint mask);
```

| | |
|---|---|
| *face* | 제공된 스텐실 함수와 관련된 면을 지정한다. 유효한 값은 GL_FRONT, GL_BACK, GL_FRONT_AND_BACK(단 glStencilFuncSeparate) |
| *func* | 스텐실 테스트를 위해 비교 함수를 지정한다. 유효한 값은 GL_EQUAL, GL_NOTEQUAL, GL_LESS, GL_GREATER, GL_LEQUAL, GL_GEQUAL, GL_ALWAYS 및 GL_NEVER |
| *ref* | 스텐실 테스트를 위해 비교값을 지정 |
| *mask* | 참조값에 비교되기 전에 스텐실 버퍼의 비트들과 비트마다 논리곱되는 (bitwise-anded) 마스크를 지정 |

스텐실 테스트의 더 좋은 제어를 위해, 마스킹 매개변수는 스텐실 값들의 비트가 테스트를 위해 고려되어야 하는 것을 선택하기 위해 사용된다. 그 비트를 선택한 후에 비트 값은 제공된 연산자를 사용하여 참조값과 비교된다. 예를 들면, 스텐실 버퍼의 최하위 3비트가 2와 같을 때 스텐실 테스트 통과를 지정하기 위해 다음을 호출할 것이고 스텐실 테스트를 활성화할 것이다.

```
glStencilFunc(GL_EQUAL, 2, 0x7);
```

2진 형식에서 0x7의 마지막 세 비트는 111임에 주의하기 바란다.

구성된 스텐실 테스트로 스텐실 테스트가 진행될 때 스텐실 버퍼 내 값으로 무엇을 하는지 OpenGL ES 3.0이 알 수 있도록 할 필요가 있다. 실제 스텐실 버퍼에서 값을 수정하는 것은 스텐실 테스트보다 더 신뢰할 수 있으나, 깊이 테스트(다음 절에서 논의)의 결과를 또한 편입한다. 스텐실과 깊이 테스트를 결합하여 프래그먼트에 대해 발생할 수 있는 3가지 가능한 결과가 있다.

1. 프래그먼트가 스텐실 테스트를 실패한다. 만일 이것이 발생하면 그 프래그먼트에 적용되는 더 이상의 테스팅(예, 깊이 테스트)이 적용되지 않는다.
2. 프래그먼트가 스텐실 테스트를 통과하지만 깊이 테스트는 실패한다.
3. 프래그먼트가 스텐실과 깊이 테스트 모두 통과한다.

각각의 가능한 결과들이 픽셀 위치에 대해 스텐실 버퍼 내 값에 영향을 미치는 데 사용될 수 있다. glStencilOp와 glStencilOpSeparate 함수는 각 테스트 결과들에 대해 스텐실 버퍼 값에서 일어나는 동작을 제어한다. 스텐실 값으로 사용 가능한 연산은 표 11-2에 보인다.

**표 11-2** 스텐실 연산

| 스텐실 함수 | 설명 |
| --- | --- |
| GL_ZERO | 스텐실 값을 0으로 설정 |
| GL_REPLACE | glStencilFunc 또는 glStencilFuncSeparate에 지정된 참조값으로 현재 스텐실 값을 대체한다. |
| GL_INCR, GL_DECR | 스텐실 값을 증가 또는 감소시킨다. 스텐실 값은 0 또는 $2^n$으로 고정된다, *n*은 스텐실 버퍼의 비트수 |
| GL_INCR_WRAP, GL_DECR_WRAP | 스텐실 값을 증가 또는 감소시킨다. 스텐실 값이 오버플로(최댓값을 증가시키는 것은 0의 새로운 스텐실 값으로 된다)나 언더플로(0을 감소시키면 최대 스텐실 값으로 된다)이면 "wrap" 값 |
| GL_KEEP | 최근 스텐실 값을 가진다. 실제로 픽셀에 대한 값을 수정하지 않는다. |
| GL_INVERT | 스텐실 버퍼의 값을 비트마다 반전 |

```
void  glStencilOp(GLenum sfail, GLenum zfail, GLenum zpass);
void  glStencilOpSeparate(GLenum face, GLenum sfail,
                          GLenum zfail, GLenum zpass);
```

*face* 제공된 스텐실 함수와 관련된 면을 지정한다. 유효한 값은 GL_FRONT, GL_BACK, GL_FRONT_AND_BACK(단 glStencilOpSeparate)

*sfail* 만일 프래그먼트가 스텐실 테스트에 실패하면, 스텐실 비트에 적용될 연산을 지정한다. 유효한 값은 GL_KEEP, GL_ZERO, GL_REPLACE, GL_INCR, GL_DECR, GL_INCR_WRAP, GL_DECR_WRAP, GL_INVERT

*zfail* 프래그먼트가 깊이 테스트에는 실패하고 스텐실 테스트에 통과할 때 적용될 연산을 지정

*zpass* 프래그먼트가 깊이 테스트와 스텐실 테스트 모두 통과할 때 적용될 연산을 지정

다음 예제는 뷰포트의 다양한 부분의 렌더링을 제어하기 위해 glStencilFunc와 glStencilOp 사용에 대해 설명한다.

```
GLfloat vVertices[] =

   {
```

```
    -0.75f, 0.25f, 0.50f,          // 쿼드 #0
    -0.25f, 0.25f, 0.50f,
    -0.25f, 0.75f, 0.50f,
    -0.75f, 0.75f, 0.50f,
     0.25f, 0.25f, 0.90f,          // 쿼드 #1
     0.75f, 0.25f, 0.90f,
     0.75f, 0.75f, 0.90f,
     0.25f, 0.75f, 0.90f,
    -0.75f, -0.75f, 0.50f,         // 쿼드 #2
    -0.25f, -0.75f, 0.50f,
    -0.25f, -0.25f, 0.50f,
    -0.75f, -0.25f, 0.50f,
     0.25f, -0.75f, 0.50f,         // 쿼드 #3
     0.75f, -0.75f, 0.50f,
     0.75f, -0.25f, 0.50f,
     0.25f, -0.25f, 0.50f,
    -1.00f, -1.00f, 0.00f,         // 큰 쿼드
     1.00f, -1.00f, 0.00f,
     1.00f, 1.00f, 0.00f,
    -1.00f, 1.00f, 0.00f
};

GLubyte indices[][6] =
{
    { 0, 1, 2, 0, 2, 3 },          // 쿼드 #0
    { 4, 5, 6, 4, 6, 7 },          // 쿼드 #1
    { 8, 9, 10, 8, 10, 11 },       // 쿼드 #2
    { 12, 13, 14, 12, 14, 15 },    // 쿼드 #3
    { 16, 17, 18, 16, 18, 19 }     // 큰 쿼드
};

#define NumTests 4
    GLfloat colors[NumTests][4] =
    {
        { 1.0f, 0.0f, 0.0f, 1.0f },
        { 0.0f, 1.0f, 0.0f, 1.0f },
        { 0.0f, 0.0f, 1.0f, 1.0f },
        { 1.0f, 1.0f, 0.0f, 0.0f }
    };

    GLint numStencilBits;
```

```
GLuint stencilValues[NumTests] =
{
    0x7,      // 테스트 0의 결과
    0x0,      // 테스트 1의 결과
    0x2,      // 테스트 2의 결과
    0xff      // 테스트 3의 결과. 실행 시 이 값을 채울 필요가 있다.
};

// 뷰포트 설정
glViewport(0, 0, esContext->width, esContext->height);

// 컬러, 깊이, 스텐실 버퍼를 지운다.
// 이때, 스텐실 버퍼는 모든 픽셀에 대해 0x1 이다.
glClear(GL_COLOR_BUFFER_BIT | GL_DEPTH_BUFFER_BIT |
        GL_STENCIL_BUFFER_BIT);

// 프로그램 객체 이용
glUseProgram(userData->programObject);

// 정점 위치 적재
glVertexAttribPointer(userData->positionLoc, 3, GL_FLOAT,
                      GL_FALSE, 0, vVertices);

glEnableVertexAttribArray(userData->positionLoc);

// 테스트 0:
//
// 왼쪽 위쪽 영역 초기화. 이 경우 스텐실 버퍼 값은
// 스텐실 렌더링된 픽셀에 대한 스텐실 테스트가 실패하므로 대체된다.
//      ref 마스크       스텐실 마스크
//    ( 0x7 & 0x3 ) < ( 0x1 & 0x7 )
//
// 이들 픽셀에 대한 스텐실 버퍼 내 값은 0x7로 된다.
glStencilFunc(GL_LESS, 0x7, 0x3);
glStencilOp(GL_REPLACE, GL_DECR, GL_DECR);
glDrawElements(GL_TRIANGLES, 6, GL_UNSIGNED_BYTE,
               indices[0]);

// 테스트 1:
//
// 오른쪽 상단 영역을 초기화. 여기서, 스텐실 테스트가 통과하나
```

```
// 깊이 테스트가 실패한 스텐실 버퍼 값을 감소한다.
//      ref 마스크        스텐실 마스크
//    ( 0x3 & 0x3 ) > ( 0x1 & 0x3 )
//
// 그러나 도형은 깊이 테스트를 실패한다.
// 이들 픽셀에 대한 스텐실 값은 0x0이다.
//
glStencilFunc(GL_GREATER, 0x3, 0x3);
glStencilOp(GL_KEEP, GL_DECR, GL_KEEP);
glDrawElements(GL_TRIANGLES, 6, GL_UNSIGNED_BYTE,
               indices[1]);

// 테스트 2:
//
// 왼쪽 아래 영역을 초기화한다. 여기서 스텐실과 깊이 테스트가 통과한 스텐실 값을
// 감소한다. 이들 픽셀에 대한 스텐실 테스트는 진행
//      ref 마스크         스텐실 마스크
//    ( 0x1 & 0x3 ) == ( 0x1 & 0x3 )
//
// 이들 픽셀에 대한 스텐실 값은 0x2
//
glStencilFunc(GL_EQUAL, 0x1, 0x3);
glStencilOp(GL_KEEP, GL_INCR, GL_INCR);
glDrawElements(GL_TRIANGLES, 6, GL_UNSIGNED_BYTE,
               indices[2]);

// 테스트 3:
//
// 마지막으로, 오른쪽 아래 영역을 초기화
// 스텐실 테스트가 실패한 스텐실 값을 반전한다.
// 이들 픽셀에 대한 스텐실 테스트는 진행
//
//      ref 마스크         스텐실 마스크
//    ( 0x2 & 0x1 ) == ( 0x1 & 0x1 )
//
// 여기서 스텐실 값은 ~((2^s-1) & 0x1)로 지정(0x1은 스텐실 지움 값)
// 's'는 스텐실 버퍼 내 비트들
//
glStencilFunc(GL_EQUAL, 0x2, 0x1);
glStencilOp(GL_INVERT, GL_KEEP, GL_KEEP);
glDrawElements(GL_TRIANGLES, 6, GL_UNSIGNED_BYTE,
```

```
                    indices[3]);

// 컴파일 시에 얼마나 스텐실 비트들이 있는지 알지 못하기 때문에 질의하고,
// 네 번째 테스트를 위해 stencilValues 배열 내 정확한 값을 갱신
// 나중에 이 값은 렌더링에서 사용

glGetIntegerv(GL_STENCIL_BITS, &numStencilBits);

stencilValues[3] = ~(((1 << numStencilBits) - 1) & 0x1) & 0xff;

// 렌더링이 발생한 곳을 제어하기 위해 스텐실 버퍼를 이용한다.
// 생성한 값을 수정하지 않고 테스트를 할 수 있기 때문에 스텐실
// 버퍼에 쓰는 것이 비활성화된다.

glStencilMask(0x0);

for(i = 0; i < NumTests; ++i)
{
   glStencilFunc(GL_EQUAL, stencilValues[i], 0xff);
   glUniform4fv(userData->colorLoc, 1, colors[i]);
   glDrawElements(GL_TRIANGLES, 6, GL_UNSIGNED_BYTE,
                  indices[4]);
}
```

## 깊이 버퍼 테스팅

깊이 버퍼는 보통 보이지 않는 면 제거(hidden-surface removal, 은면제거)에 사용된다. 깊이 버퍼는 전통적으로 렌더링 표면의 각 픽셀에 대해 뷰포인트에 가장 가까운 객체의 거리값을 유지하고, 모든 새로 들어온 프래그먼트에 대해, 저장된 값과 뷰포인트로부터 깊이 버퍼(뷰어에 더 가까운 것을 의미)의 거리를 비교한다. 기본적으로 들어온 프래그먼트 깊이 값이 깊이 버퍼에 저장된 값보다 작다면 들어온 프래그먼트 깊이 값으로 깊이 버퍼에 저장된 값이 대체되고 컬러 값은 컬러 버퍼에 컬러 값을 대체한다. 이것이 깊이 버퍼링에 대한 표준 메소드이다. 윈도우를 생성할 때 깊이 버퍼가 요구되고 GL_DEPTH_TEST와 glEnable을 호출함으로써 깊이 테스트가 활성화된다. 깊이 버퍼가 컬러 버퍼와 관련되지 않으면 깊이 테스트는 항상 통과한다.

물론 깊이 버퍼를 사용하는 한 가지 방법이 있는데, 이는 glDepthFunc를 호출함으로써 깊이 비교 연산자를 수정할 수 있다.

```
void   glDepthFunc(GLenum func)
```

*func* 깊이 값 비교 함수를 지정한다. GL_LESS, GL_GREATER, GL_LEQUAL, GL_GEQUAL, GL_EQUAL, GL_NOTEQUAL, GL_ALWAYS, GL_NEVER 중 하나를 사용할 수 있다.

## 블렌딩 (blending)

이 절에서는 블렌딩 픽셀 컬러에 대해 논의한다. 일단 프래그먼트가 활성화된 프래그먼트 테스트를 모두 통과하면 프래그먼트의 컬러는 프래그먼트 픽셀 위치에 이미 표시된 색과 결합될 수 있다. 두 개의 컬러가 결합되기 전에 크기 조정 인수를 곱하고 지정된 블렌딩 연산자를 사용하여 결합된다. 블렌딩 방정식은 다음과 같다.

$$C_{final} = f_{source}C_{source} \text{ op } f_{destination}C_{destination}$$

$f_{source}$와 $C_{source}$는 각각 들어온 프래그먼트 크기 조정 인수와 컬러이다. 마찬가지로 $f_{destination}$과 $C_{destination}$은 픽셀 크기 조정 인수와 컬러이다. op는 크기 조정된 값과 결합시키기 위한 산술 연산자이다.

크기 조정 인수는 glBlendFunc나 glBlendFuncSeparate를 호출함으로써 지정된다.

```
void   glBlendFunc(GLenum sfactor, GLenum dfactor);
```

| | |
|---|---|
| *sfactor* | 입력되는 프래그먼트에 대해 블렌딩 계수를 지정 |
| *dfactor* | 목표 픽셀에 대한 블렌딩 계수를 지정 |

```
void   glBlendFuncSeparate(GLenum srcRGB, GLenum dstRGB,
                           GLenum srcAlpha, GLenum dstAlpha);
```

| | |
|---|---|
| *srcRGB* | 입력되는 프래그먼트의 빨강, 녹색, 파랑 구성요소에 대한 블렌딩 계수를 지정 |
| *dstRGB* | 목적 픽셀의 빨강, 녹색, 파랑 구성요소에 대한 블렌딩 계수를 지정 |

| | |
|---|---|
| *srcAlpha* | 입력되는 프래그먼트의 알파 값(alpha value)에 대한 블렌딩 계수를 지정 |
| *dstAlpha* | 목적 픽셀의 알파 값(alpha value)에 대한 블렌딩 계수를 지정 |

블렌딩 계수에 대한 가능한 값을 표 11-3에 보인다.

**표 11-3** 블렌딩 함수

| 블렌딩 계수 | RGB 블렌딩 인수 | 알파 블렌딩 인수 |
|---|---|---|
| GL_ZERO | (0, 0, 0) | 0 |
| GL_ONE | (1, 1, 1) | 1 |
| GL_SRC_COLOR | $(R_s, G_s, B_s)$ | $A_s$ |
| GL_ONE_MINUS_SRC_COLOR | $(1-R_s, 1-G_s, 1-B_s)$ | $1-A_s$ |
| GL_SRC_ALPHA | $(A_s, A_s, A_s)$ | $A_s$ |
| GL_ONE_MINUS_SRC_ALPHA | $(1-A_s, 1-A_s, 1-A_s)$ | $1-A_s$ |
| GL_DST_COLOR | $(R_d, G_d, B_d)$ | $A_d$ |
| GL_ONE_MINUS_DST_COLOR | $(1-R_d, 1-G_d, 1-B_d)$ | $1-A_d$ |
| GL_DST_ALPHA | $(A_d, A_d, A_d)$ | $A_d$ |
| GL_ONE_MINUS_DST_ALPHA | $(1-A_d, 1-A_d, 1-A_d)$ | $1-A_d$ |
| GL_CONSTANT_COLOR | $(R_c, G_c, B_c)$ | $A_c$ |
| GL_ONE_MINUS_CONSTANT_COLOR | $(1-R_c, 1-G_c, 1-B_c)$ | $1-A_c$ |
| GL_CONSTANT_ALPHA | $(A_c, A_c, A_c)$ | $A_c$ |
| GL_ONE_MINUS_CONSTANT_ALPHA | $(1-A_c, 1-A_c, 1-A_c)$ | $1-A_c$ |
| GL_SRC_ALPHA_SATURATE | $min(A_s, 1-A_d)$ | 1 |

표 11-3에서 $(R_s, G_s, B_s, A_s)$는 입력되는 프래그먼트 컬러와 결합된 컬러 구성요소이고 $(R_d, G_d, B_d, A_d)$는 컬러 버퍼에서 이미 픽셀 컬러와 결합된 구성요소이고, $(R_c, G_c, B_c, A_c)$는 `glBlendColor`를 호출함으로써 설정되는 상수 컬러를 표현한다. `GL_SRC_ALHPA_SATURATE`의 경우에 프래그먼트에서 계산된 최솟값은 소스 컬러에만 적용된다.

```
void   glBlendColor(GLfloat red, GLfloat green,
                    GLfloat blue, GLfloat alpha);
```

red, green, blue, alpha　　상수 블렌딩 컬러에 대한 구성요소 값을 지정

일단 입력되는 프래그먼트와 픽셀 컬러는 프래그먼트와 픽셀 컬러의 각각 크기 조정 인수들에 의해 곱해지면, glBlendEquation 또는 glBlendEquationSeparate에 의해 지정된 연산자를 사용하여 프래그먼트와 픽셀 컬러가 결합된다. 기본적으로 블렌딩된 컬러는 GL_FUNC_ADD 연산자를 사용하여 축적된다. GL_FUNC_SUBTRACT 연산자는 입력되는 프래그먼트 값으로부터 프레임버퍼에서 크기 조정된 색을 뺀다. 마찬가지로 GL_FUNC_REVERSE_SUBTRACT는 입력되는 프래그먼트 컬러가 현재 픽셀 값에서 뺄셈하도록 블렌딩 방정식을 역으로 한다.

```
void   glBlendEquation(GLenum mode);
```

*mode*　블렌딩 연산자를 지정. 유효한 값은 GL_FUNC_ADD, GL_FUNC_SUBTRACT, GL_FUNC_REVERSE_SUBTRACT, GL_MIN, GL_MAX

```
void   glBlendEquationSeparate(GLenum modeRGB,
                               GLenum modeAlpha);
```

*modeRGB*　빨강, 녹색, 파랑 구성요소를 위한 블렌딩 연산자를 지정
*modeAlpha*　알파 구성요소 블렌딩 연산자를 지정

## 디더링 (dithering)

프레임버퍼에서 사용할 수 있는 컬러의 수가 프레임버퍼에서 각 구성요소에서 비트수 때문에 제한되는 시스템에서 디더링을 사용하여 더 큰 컬러 깊이로 표현할 수 있다. 디더링 알고리즘 이미지가 실제로 나타나는 것보다 더 많이 사용가능한 컬러가 있는 것처럼 보이게 하는 방법으로 컬러를 정렬한다. OpenGL ES 3.0은 디더링 알고리즘이 디더링 단계에서 사용하도록 지정하지 않는다. 이 기술은 매우 구현 의존적이다.

애플리케이션이 디더링에 대해 단지 제어하는 것은 디더링이 마지막 픽셀에 적용될지이다. 이는 파이프라인에서 디더링 사용을 지정하기 위해 GL_DITHER와 함께 glEnable 또는 glDisable을 호출함으로써 완전히 제어된다. 초기에 디더링은 활성화된다.

## 다중샘플링된 안티에일리어싱(antialiasing)

안티에일리어싱은 개별 픽셀로 렌더링의 시각적인 인위적 결과물을 줄이기 위해 노력함으로써 생성된 이미지의 품질을 향상시키기 위해 중요한 기술이다. OpenGL ES 3.0이 렌더링하는 도형 기본요소는 그리드 위에서 래스터화 되고 도형 기본요소 가장자리들은 이 과정에서 변형될 수도 있다. 모니터를 가로질러 대각선에 발생하는 계단 효과를 보았을 것이다.

에일리어싱 효과를 줄이려고 노력하기 위한 다양한 기술이 있다. OpenGL ES 3.0은 *다중샘플링(multisampling)*이라 불리는 변형을 지원한다. 다중샘플링은 샘플들의 집합으로 모든 픽셀을 나누고 각각의 픽셀은 래스터 변환 동안에 "소형-픽셀"처럼 다루어진다. 즉 다시 말하면, 도형 기본요소가 렌더링될 때, 실제 디스플레이 평면보다 더욱더 많은 픽셀을 가지고 있는 프레임버퍼로 렌더링되는 것과 같다. 각 샘플은 도형 기본요소 자신의 색, 깊이와 스텐실 값을 가지고 있고 이미지가 디스플레이를 위해 준비될 때까지 그 값을 보존한다. 최종적인 이미지를 구성할 때 샘플들은 최종적인 픽셀 컬러로 결정된다. 이 과정을 특별하게 만드는 것은 모든 샘플의 컬러 정보를 사용하는 것뿐 아니라 OpenGL ES 3.0은 또한 래스터 변환 동안에 특정 샘플에 대한 많은 샘플이 어떻게 채워지는지에 대한 추가적인 정보를 가지고 있다. 픽셀에 대한 각 샘플은 샘플 적용범위 마스크에 비트를 할당한다. 샘플 적용범위 마스크를 사용하면서 어떻게 최종적인 픽셀이 결정되는지 제어할 수 있다. 픽셀당 하나의 샘플만이 있을지라도, OpenGL ES 3.0 애플리케이션에서 생성된 모든 렌더링 평면은 다중샘플링을 위해 구성될 것이다. 수퍼샘플링에서와 달리 프래그먼트 셰이더는 샘플당 보다는 픽셀당 실행된다.

다중샘플링은 샘플 적용범위 값의 사용을 제어하기 위해 glEnable와 glDisable을 사용하여 제어를 활성화 또는 비활성화할 수 있는 다중 선택사항을 가진다.

먼저 샘플 알파 값이 GL_SAMPLE_ALPHA_TO_COVERAGE를 활성화함으로써 적용범위 값을 결정하는데 사용되도록 지정할 수 있다. 이 방법은 도형 기본요소가 샘플을 포함하면 입력되는 프래그먼트의 알파 값은 프래그먼트의 샘플들을 사용하여 계산된 적용범위 마스크로 비트마다 논리곱으로 추가된 샘플 적용범위 마스크가 계산되었는지 결정하는 데 사용된다. 새로 계산된 적용범위 값은 샘플 적용범위 계산으로부터 직접 생성된 실제 값을 대체한다. 이 샘플 계산은 구현 의존적이다.

추가로 프래그먼트(앞서 열거된 이전의 연산에 의해 수정된다)의 적용범위 값을 사용하고 glSampleCoverage 함수를 사용하여 지정된 값을 가지고 비트마다 논리곱을 계산하는 GL_SAMPLE_COVERAGE 또는 GL_SAMPLE_COVERAGE_INVERT를 지정할 수 있다. glSampleCoverage로 지정된 값은 구현에서 특정 적용범위 마스크를 생성하는 데 사용되고, 생성된 마스크에서 비트를 반전하는 invert 플래그를 포함한다. 반전 플래그를 이용하여 완전히 별개의 샘플 집합을 사용하지 않은 2개의 투명 마스크를 생성하는 것이 가능하다.

```
void  glSampleCoverage(GLfloat value, GLboolean invert);
```

| | |
|---|---|
| *value* | 샘플 마스크로 변환되는 [0, 1] 범위에서 값을 지정한다. 결과로 생기는 마스크는 값과 일치하는 비트 집합에 비례하는 수를 가지고 있어야 한다. |
| *invert* | 마스크 값을 결정한 후에 마스크 내 모든 비트들이 반전됨을 지정 |

## 중심(centroid) 샘플링

다중샘플링으로 렌더링 시 프래그먼트 데이터는 픽셀 중심에 가장 가까운 샘플로부터 가져온다. 이는 픽셀 중심이 삼각형 이외일 때와 같이 삼각형 가장자리 근처 아티팩트를 렌더링하도록 한다. 이 경우 프래그먼트 데이터는 삼각형 이외의 점으로 추론될 수 있다. 중심 샘플링은 프래그먼트 데이터가 삼각형 내부에 있는 샘플로부터 가져올 수 있게 하여 이 문제를 해결한다.

중심 샘플링하기 위해 다음과 같이 centroid 한정자를 가지고 정점 셰이더 출력 변수(프래그먼트 셰이더에 대한 입력 변수)를 선언할 수 있다.

```
smooth centroid out vec3 v_color;
```

중심 샘플링을 이용하는 것은 삼각형 가장자리 근처 픽셀에 대해 덜 정확히 유도하도록 할 수 있음에 주의하기 바란다.

## 프레임버퍼에 픽셀을 기록하고 읽기

다음에 사용하기 위해 렌더링된 이미지를 보존하고 싶어하는데, 컬러 버퍼로부터 반환된 픽셀 값을 읽을 수 있지만 깊이나 스텐실 버퍼에서는 읽을 수 없다. glReadPixels를 호출하여 컬러 버퍼 내 픽셀들은 이전에 할당된 배열로 애플리케이션에 반환된다.

```
void   glReadPixels(GLint x, GLint y, GLsizei width,
                    GLsizei height, GLenum format,
                    GLenum type, GLvoid *pixels);
```

| | |
|---|---|
| *x, y* | 컬러 버퍼로부터 읽어진 픽셀 사각형의 왼쪽 아래 모서리의 뷰포트 좌표를 지정 |
| *width, height* | 컬러 버퍼로부터 읽어진 픽셀 사각형의 크기를 지정 |
| *format* | 반환할 픽셀 형식을 지정. 세 가지 형식이 사용가능: GL_RGBA, GL_RGBA_INTEGER, 구현의 특정 픽셀 형식인 GL_IMPLEMENTATION_COLOR_READ_FORMAT을 질의하여 반환된 값 |
| *type* | 반환된 픽셀의 데이터 타입을 지정. 5가지 타입이 사용가능: GL_UNSIGNED_BYTE, GL_UNSIGNED_INT, GL_INT, GL_FLOAT, 구현의 특정 픽셀 타입인 GL_IMPLEMENTATION_COLOR_READ_TYPE를 질의함으로써 반환된 값 |
| *pixels* | glReadPixels 반환 후에 컬러 버퍼로부터 읽혀진 값을 포함하는 바이트의 연속 배열 |

고정 형식(GL_RGB, GL_RGBA_INTEGER)과 타입(GL_UNSIGNED_BYTE, GL_UNSIGNED_INT, GL_INT, GL_FLOAT) 이외에, 사용하고 있는 구현을 위한 최적의 형식과 타입 결합을 반환해야 하는 구현-의존적 값이 있다는 것을 알았을 것이다. 구현 특성 값들은 다음과 같이 질의될 수 있다.

```
GLint readType, readFormat;
GLubyte *pixels;

glGetIntegerv(GL_IMPLEMENTATION_COLOR_READ_TYPE, &readType);
glGetIntegerv(GL_IMPLEMENTATION_COLOR_READ_FORMAT,
              &readFormat);
```

```
unsigned int bytesPerPixel = 0;

switch(readType)
{
    case GL_UNSIGNED_BYTE:
    case GL_BYTE:
        switch(readFormat)
        {
            case GL_RGBA:
                bytesPerPixel = 4;
                break;

            case GL_RGB:
            case GL_RGB_INTEGER:
                bytesPerPixel = 3;
                break;

            case GL_RG:
            case GL_RG_INTEGER:
            case GL_LUMINANCE_ALPHA:
                bytesPerPixel = 2;
                break;

            case GL_RED:
            case GL_RED_INTEGER:
            case GL_ALPHA:
            case GL_LUMINANCE:
            case GL_LUMINANCE_ALPHA:
                bytesPerPixel = 1;
                break;

            default:
                // 비검출된 형식/오류
                break;
        }
        break;

    case GL_FLOAT:
    case GL_UNSIGNED_INT:
    case GL_INT:
        switch(readFormat)
```

```
        {
            case GL_RGBA:
            case GL_RGBA_INTEGER:
                bytesPerPixel = 16;
                break;

            case GL_RGB:
            case GL_RGB_INTEGER:
                bytesPerPixel = 12;
                break;

            case GL_RG:
            case GL_RG_INTEGER:
                bytesPerPixel = 8;
                break;

            case GL_RED:
            case GL_RED_INTEGER:
            case GL_DEPTH_COMPONENT:
                bytesPerPixel = 4;
                break;

            default:
                // 비검출된 형식/오류
                break;
        }
        break;

    case GL_HALF_FLOAT:
    case GL_UNSIGNED_SHORT:
    case GL_SHORT:
        switch(readFormat)
        {
            case GL_RGBA:
            case GL_RGBA_INTEGER:
                bytesPerPixel = 8;
                break;

            case GL_RGB:
            case GL_RGB_INTEGER:
                bytesPerPixel = 6;
```

```
                break;

            case GL_RG:
            case GL_RG_INTEGER:
                bytesPerPixel = 4;
                break;

            case GL_RED:
            case GL_RED_INTEGER:
                bytesPerPixel = 2;
                break;

            default:
                // 비검출된 형식/오류
                break;
        }
        break;

    case GL_FLOAT_32_UNSITGNED_INT_24_8_REV; // GL_DEPTH_STENCIL
        bytesPerPixel = 8;
        break;

    // GL_RGBA, GB_RGBA_INTEGER  형식
    case GL_UNSIGNED_INT_2_10_10_10_REV:
    case GL_UNSIGNED_INT_10F_11F_11F_REV:  //GL_RGB 형식
    case GL_UNSIGNED_INT_5_9_9_9_REV:      //GL_RGB 형식
    case GL_UNSIGNED_INT_24_8:             //GL_DEPTH_STENCIL 형식
        bytesPerPixel = 4;
        break;

    case GL_UNSIGNED_SHORT_4_4_4_4:        // GL_RGBA 형식
    case GL_UNSIGNED_SHORT_5_5_5_1:        // GL_RGBA 형식
    case GL_UNSIGNED_SHORT_5_6_5:          // GL_RGB 형식
        bytesPerPixel = 2;
        break;

        default:
        // 비검출된 형식/오류
    }

pixels = (GLubyte*) malloc(width * height * bytesPerPixel);
```

```
glReadPixels(0, 0, windowWidth, windowHeight, readFormat,
             readType, pixels );
```

윈도우잉 시스템에 의해 할당되든지 또는 프레임 객체로부터 임의로 현재 연결된 프레임버퍼로부터 픽셀을 읽을 수 있다. 각 버퍼가 다른 레이아웃을 가질 수 있기 때문에 아마도 읽을 각 버퍼의 타입과 형식을 질의할 필요가 있다.

OpenGL ES 3.0은 프레임버퍼에 직접 픽셀 블록을 복사하는 함수를 가지고 있으며, 이는 제12장 "프레임버퍼 객체"에 기술되어 있다.

### 픽셀 팩 버퍼 객체

0이 아닌 버퍼 객체가 `glBindBuffer`를 이용하여 `GL_PIXEL_PACK_BUFFER`에 연결될 때 `glReadPixels` 명령은 즉시 반환하고 프레임버퍼로부터 픽셀을 읽기 위해 DMA 전송을 하고 픽셀 버퍼 객체(PBO)에 데이터를 쓴다.

CPU 비지(busy)를 유지하기 위해 CPU 통신과 DMA 전송을 오버랩하기 위해 `glReadPixels` 호출 후 임의의 CPU 처리를 조정할 수 있다. 애플리케이션에 따라 데이터는 즉시 유용하지 않을 수 있다. 이러한 경우 CPU가 한 PBO로부터 데이터 전송을 위해 대기하는 동안 다른 PBO로부터 이른 전송 데이터를 처리할 수 있도록 다중 PBO 해결책을 사용할 수 있다.

## 다중 렌더링 대상

다중 렌더링 대상(MRTs)은 애플리케이션이 한 번에 여러 컬러 버퍼에 렌더링하도록 허용한다. 다중 렌더링 대상으로 프래그먼트 셰이더는 여러 컬러(이는 RGBA 컬러, 법선, 깊이, 텍스처 좌표 등을 저장하기 위해 사용될 수 있다)를 출력하는데, 각 첨부된 컬러 버퍼에 대해 하나를 출력한다. MRTs는 지연된 셰이딩과 빠른 주변 교합 근사(SSAO)와 같은 많은 고급 렌더링 알고리즘에서 사용된다.

지연된 셰이딩에서 조명 계산은 픽셀당 단지 한 번 수행된다. 이는 두 렌더링 통로에 기하학과 조명 계산을 구분하여 이루어진다. 첫째 기하학 통로는 다중 버퍼(MRTs를 이용)에 다중 속성(위치, 법선, 물리적 컬러, 텍스처 좌표 등)을 출력한다. 두 번째 조명 통로는 첫 통로에 생성된 각 버퍼로부터 속성을 샘플링하여 조명 계산을 수행한다. 깊이 테스트가 첫 통로에서 수행될 때 단지 하나의 조명 계산이 픽셀당 수행될 것이다.

다음 단계는 MRTs를 설정하는 방법을 보인다.

1. 아래에 보이는 것처럼 glGenFramebuffers와 glBindFramebuffer 명령(제12장 "프레임버퍼 객체"에 자세히 설명됨)을 이용하여 프레임버퍼 객체(FBOs)를 초기화

   ```
   glGenFramebuffers ( 1, &fbo );
   glBindFramebuffer (GL_FRAMEBUFFER, fbo );
   ```

2. 아래에 보이는 것처럼 glGenTextures와 glBindTexture 명령(제9장 "텍스처링"에서 자세히 설명됨)을 이용하여 텍스처를 초기화

   ```
   glBindTextures ( GL_TEXTURE_2D, textureId );
   glTexImage2D ( GL_TEXTURE_2D, 0, GL_RGBA,
                  textureWidth, textureHeight,
                  0, GL_RGBA, GL_UNSIGNED_BYTE, NULL );
   // 필터링 모드를 지정
   glTexParameteri ( GL_TEXTURE_2D, GL_TEXTURE_MIN_FILTER,
                     GL_NEAREST );
   glTexParameteri ( GL_TEXTURE_2D, GL_TEXTURE_MAG_FILTER,
                     GL_NEAREST );
   ```

3. 아래에 보이는 것처럼 glFramebufferTexture2D 또는 glFramebuffer-TextureLayer 명령(제12장에서 자세히 설명됨)을 이용하여 텍스처를 초기화

   ```
   glFramebufferTexture2D ( GL_DRAW_FRAMEBUFFER,
                            GL_COLOR_ATTACHMENT0,
                            GL_TEXTURE_2D,
                            textureId, 0 );
   ```

4. 다음의 glDrawBuffers 명령을 이용하여 렌더링에 대한 컬러 장치를 지정한다.

```
void glDrawBuffers(GLsizei n, const GLenum* bufs);
```

| | |
|---|---|
| *n* | *bufs* 내 버퍼 수를 지정 |
| *bufs* | 프래그먼트 컬러나 데이터 값이 쓰여질 버퍼를 지정하는 기호 상수 배열에 대한 포인터 |

예를 들어, 다음과 같이 4컬러 출력(장치)으로 FBO를 설정할 수 있다.

```
const GLenum attachments[4] = { GL_COLOR_ATTACHMENT0,
                                GL_COLOR_ATTACHMENT1,
                                GL_COLOR_ATTACHMENT2,
```

```
                            GL_COLOR_ATTACHMENT3 };
glDrawBuffers (4, attachments );
```

기호 상수 GL_MAX_COLOR_ATTACHMENTS로 glGetIntegerv를 호출하여 컬러 장치의 최대 수를 질의할 수 있다. 모든 OpenGL 3.0 구현에 의해 지원된 컬러 장치의 최소수는 4이다.

5. 프래그먼트 셰이더에서 다중 셰이더 출력을 선언하고 사용한다. 예를 들어, 다음 선언은 프래그먼트 셰이더 출력 fragData0에서 fragData3까지 각각 버퍼 0-3을 그리도록 복사한다.

```
layout (location = 0) out vec4 fragData0;
layout (location = 1) out vec4 fragData1;
layout (location = 2) out vec4 fragData2;
layout (location = 3) out vec4 fragData3;
```

예제 11-1(Chapter_11/MRTs 예제의 부분으로)은 단일 프레임버퍼 객체에 대해 4개 그리기 버퍼를 어떻게 설정하는지를 보인다.

**예제 11-1** 다중 렌더링 대상 설정

```
int InitFBO ( ESContext *esContext )
{
   UserData *userData = esContext->userData);
   int i;
   GLint defaultFramebuffer = 0;
   const GLenum attachments[4] =
   {
      GL_COLOR_ATTACHMENT0;
      GL_COLOR_ATTACHMENT1;
      GL_COLOR_ATTACHMENT2;
      GL_COLOR_ATTACHMENT3;
   };

   glGetIntegerv ( FGL_FRAMEBUFFER_BINDING, &defaultFramebuffer );

   // fbo 설정
   glGenFramebuffers ( 1, &userData->fbo );
   glBindFramebuffer ( GL_FRAMEBUFFER, userData->fbo );

   // 4 출력 버퍼 설정 및 fbo에 첨부
   userData->textureHeight = userData->textureWidth = 400;
   glGenTextures ( 4, &userData->colorTexId[0] );
```

```
    for ( i  = 0; i < 4; ++i)
    {
       glBindTexture (GL_TEXTURE_2D, userData->colorTexId[i] );
       glTexImage2D (GL_TEXTURE_2D, 0, GL_RGBA,
                    userData->textureWidth,
                    userData->textureHeight,
                    0, GL_RGBA, GL_UNISIGNED_BYTE, NULL);
       // 필터링 모드 지정
       glTexParameteri ( GL_TEXTURE_2D, GL_TEXTURE_MIN_FILTER,
                        GL_NEAREST );
       glTexParameteri ( GL_TEXTURE_2D, GL_TEXTURE_MAG_FILTER,
                        GL_NEAREST );
       glFramebufferTexture2D ( GL_DRAW_FRAMEBUFFER, attachments[i],
                               GL_TEXTURE_2D,
                               userData->colorTexId[i], 0 );
    }

    glDrawBuffers ( 4, attachments );
    if ( GL_FRAMEBUFFER_COMPLETE !=
          glCheckFramebufferStatus (GL_FRAMEBUFFER ) )
    {
       return FALSE;
    }
    // 기본 프레임버퍼 복원
    glBindFramebuffer (GL_FRAMEBUFFER, defaultFramebuffer );
    return TRUE;
}
```

예제 11-2(Chapter_11/MRTs 예제의 일부)는 프래그먼트 셰이더에서 프래그먼트당 4 컬러를 어떻게 출력하는지를 보인다.

**예제 11-2** 다중 렌더링 대상을 가지는 프래그먼트 셰이더

```
#version 300 es
precision mediump float;
layout (location = 0) out vec4 fragData0;
layout (location = 1) out vec4 fragData1;
layout (location = 2) out vec4 fragData2;
layout (location = 3) out vec4 fragData3;
void main()
{
   //첫 버퍼가 red 컬러를 포함
```

```
    fragData0 = vec4 ( 1, 0, 0, 1);

    //둘째 버퍼가 green 컬러를 포함
    fragData1 = vec4 ( 0, 1, 0, 1);

    //셋째 버퍼가 blue 컬러를 포함
    fragData2 = vec4 ( 0, 0, 1, 1);

    //넷째 버퍼가 gray 컬러를 포함
    fragData3 = vec4 ( 0.5, 0.5, 0.5, 1);

}
```

## 요약

이 장에서 프레임버퍼 셰이더 이후에 발생하는 테스트와 연산(시저 상자 테스트, 스텐실 버퍼 테스트, 깊이 버퍼 테스트, 다중샘플링, 블렌딩과 디더링 등)에 대해 배웠다. 이는 OpenGL ES 3.0 파이프라인에서 마지막 단계이다. 다음 장에서는 프레임버퍼 객체를 이용하여 텍스처나 화면밖 표면 렌더링에 대한 효과적인 방법을 배우게 될 것이다.

# Chapter 12 프레임버퍼 객체

이 장에서는 프레임버퍼 객체들이 무엇인지, 애플리케이션이 프레임버퍼를 생성하는 방법과 애플리케이션이 화면밖 버퍼에 렌더링하거나 텍스처에 렌더링하기 위한 프레임버퍼 객체 사용 방법을 기술한다. 프레임버퍼가 필요한 이유에 대해 먼저 논의하고 그 다음 프레임버퍼 객체를 소개하고 프레임버퍼가 무엇인지, OpenGL ES에 추가된 새로운 객체 타입과 제3장 "EGL 소개"에서 다룬 EGL 평면과 어떻게 다른지 논의한다. 먼저 프레임버퍼 객체를 생성하는 방법과 컬러, 깊이, 프레임버퍼에 스텐실 장치를 지정하는 방법에 대해 논의하고 프레임버퍼 객체에 대한 렌더링 예제를 제공한다. 마지막으로 프레임버퍼 객체를 사용할 때 좋은 성능을 발휘하게 하기 위해 알고 있어야 하고 사용해야 하는 성능 팁과 트릭 적용에 대해 논의한다.

## 왜 프레임버퍼 객체인가?

렌더링 문맥과 드로잉(drawing) 평면은 OpenGL ES 명령이 애플리케이션에 의해 호출되기 전에 먼저 생성될 필요성이 있다. 렌더링 문맥과 드로잉 평면은 대체로 EGL과 같은 API를 통해 특정 윈도우잉 시스템에 의해 제공된다. 제3장에서 EGL 문맥과 평면 생성 방법과 렌더링 스레드에 이를 추가하는 방법에 대해 설명했다. 렌더링 문맥은 정확한 연산을 위해 필요로 하는 적절한 상태를 포함한다. 특정 윈도우잉 시스템에서 제공하는 드로잉 평면은 프레임버퍼를 제공하는 윈도우 시스템을 참조하는 화면에 표시할 수 있는 평면이거나 pbuffer를 참조하는 화면밖 평면이 될 수 있다. EGL 드로잉 평면을 생성하는 호출은 평면에서 컬러, 깊이와 스텐실 버퍼 그리고 이들 버퍼의 비트 깊이를 사용하든 간에 픽셀 단위로 평면의 너비와 높이를 지정할 수 있다.

기본적으로 OpenGL ES는 드로잉 평면처럼 프레임버퍼를 제공하는 윈도우 시스템을 사용한다. 만일 애플리케이션이 단지 화면상의 평면에만 드로잉한다면 보통은 프레임버퍼를 제공하는 윈도우 시스템으로 충분하다. 하지만 많은 애플리케이션은 텍스처로 렌더링할 필요가 있으며 이를 위해 드로잉 평면에 프레임버퍼를 제공하는 윈도우 시스템을 사용하는 것은 일반적으로 이상적인 선택이 아니다. 텍스처에 대해 렌더링하는 유용한 예는 동적반사와 환경매핑, 깊이를 위한 멀티패스 기법, 모션 블러링(blur) 효과, 후처리 효과 등이 있다.

애플리케이션이 텍스처에 대한 렌더링을 위해 사용할 수 있는 2가지 기법이 있다.

- 프레임버퍼를 제공하는 윈도우 시스템에 드로잉하여 텍스처 렌더링을 구현하고 프레임버퍼의 적절한 범위를 텍스처에 복사한다. 이는 `glCopyTexImage2D`와 `gl-CopyTexSubImage2D` API를 사용하여 구현될 수 있다. 이름에서 알 수 있듯이 이 API는 프레임버퍼에서 텍스처 버퍼로 복사를 수행하고 이 복사 연산은 종종 성능에 악영향을 줄 수 있다. 이는 텍스처의 차원이 프레임버퍼의 차원보다 작거나 같을 경우에 수행된다.
- 텍스처에 첨부된 pbuffer를 사용하여 텍스처 렌더링을 구현한다. 평면을 제공하는 윈도우 시스템은 렌더링 문맥에 첨부되어야 한다. 이것은 각 pbuffer와 윈도우 평면에 대해 각각 문맥을 필요로 하는 몇몇 구현에서는 비효율적일 수 있다. 부가적으로 그리기 가능함을 제공하는 윈도우 시스템 사이의 교환은 교환에 앞서 모든 이전의 렌더링을 완전하게 구현 종료를 요구할 수 있다. 이것은 렌더링 파이프라인에 비싼 "거품"(GPU를 쉬게 하는)을 초래할 수 있다. 이러한 시스템에서 문맥과 그리기 가능한 교환을 제공하는 윈도우 시스템과 관련되는 과부하 때문에 텍스처에 대한 렌더링에서 pbuffer 사용을 피하도록 권고한다.

이 2가지 방법 중 어느 것도 텍스처나 화면밖 평면에 대한 렌더링에 대해 이상적이지 않다. 필요한 것은 애플리케이션이 텍스처에 대해 렌더링하거나 OpenGL ES API 내부에서 화면밖 평면을 생성하고 렌더링 대상으로 이를 사용하는 것에 대해 허용하는 API들이다. 프레임버퍼 객체와 렌더링버퍼 객체는 애플리케이션이 추가적인 렌더링 문맥의 생성을 필요로 하지 않고 렌더링 문맥 생성을 허용한다. 결과적으로 그리기가 가능한 윈도우 시스템을 사용할 때 발생할 수 있는 그리기와 문맥교환 과부하에 대해 걱정하지 않아도 된다. 그래서 프레임버퍼 객체는 텍스처나 화면밖 평면에 대한 렌더링에 대해 더 좋고 더 효율적인 방법을 제공한다.

다음은 프레임버퍼 객체 API가 지원하는 연산들이다.

- OpenGL ES 명령어만 사용하여 프레임버퍼 객체 생성
- 단일 EGL 문맥 내에서 다중 프레임버퍼 객체 생성과 이용. 이는 각 프레임버퍼에 대해 렌더링 문맥을 필요로 하지 않는다.
- 화면밖 컬러, 깊이, 스텐실 렌더링버퍼와 텍스처를 생성하고 이를 각 프레임버퍼 객체에 첨부
- 다중 프레임버퍼 간 컬러, 깊이, 스텐실 버퍼 공유
- 컬러나 깊이로 프레임버퍼에 직접적으로 텍스처를 첨부하고 복사 연산 피하기
- 프레임버퍼들과 유효하지 않은 프레임버퍼 사이 내용을 복사

## 프레임버퍼와 렌더링버퍼 객체

렌더링버퍼와 프레임버퍼 객체가 무엇인지 그리기가 가능한 윈도우 시스템과 차이가 무엇인지와 텍스처 대신 렌더링버퍼가 언제 사용되는지를 기술한다.

렌더링버퍼 객체는 애플리케이션에서 할당된 2D 이미지 버퍼이다. 렌더링버퍼는 컬러, 깊이 또는 스텐실 값을 저장하고 할당하는 데 사용될 수 있고, 프레임버퍼 객체에 컬러, 깊이, 또는 스텐실 장치에 사용될 수 있다. 렌더링버퍼는 그리기가 가능한 평면을 제공하는 화면밖 윈도우 시스템과 비슷하지만 직접적으로 GL 텍스처로 사용될 수 없다.

프레임버퍼 객체(FBO)는 컬러, 깊이, 스텐실 텍스처 또는 렌더링 대상의 집합이다. 다양한 2D 이미지는 프레임버퍼 객체에서 컬러 장치에 첨부될 수 있다. 2D 이미지는 컬러 값, 2D 텍스처나 큐브맵(cubemap) 면의 밉(mip)단계, 2D 배열 텍스처 단계, 또는 3D 텍스처에서 2D 슬라이스의 밉단계 조차 저장하는 렌더링버퍼를 포함한다. 마찬가지로 깊이 값을 포함하고 있는 다양한 2D 이미지는 FBO의 깊이 장치 설치 점에 첨부될 수 있다. 깊이 값을 포함하고 있는 다양한 2D 이미지는 깊이 값을 저장하는 큐브맵 평면이나 2D 텍스처의 밉단계인 렌더링버퍼를 포함할 수 있다. 단지 FBO의 스텐실 장치 설치 점에 첨부될 수 있는 2D 이미지는 스텐실 값을 저장하는 렌더링버퍼이다.

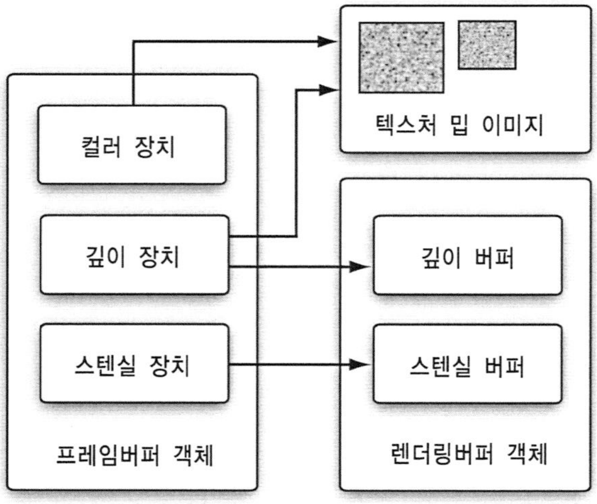


**그림 12-1** 프레임버퍼 객체, 렌더링버퍼 객체, 텍스처

그림 12-1은 프레임버퍼 객체, 렌더링버퍼 객체, 텍스처 사이의 관계를 보여준다. 프레임버퍼 객체에 오직 한 개의 컬러, 깊이, 스텐실 장치만 있을 수 있다는 것에 유의하자.

## 프레임버퍼 장치로 텍스처대 렌더링버퍼 선택

텍스처를 렌더링하기 위해 사용하는 경우에 프레임버퍼 객체에 텍스처 객체를 첨부한다. 예제는 컬러 텍스처로 사용되는 컬러 버퍼에 대한 렌더링과 음영에 대한 깊이 텍스처로 사용될 깊이 버퍼로의 렌더링을 포함한다.

텍스처 대신 렌더링버퍼를 사용하는 이유는 다음과 같다.

- 렌더링버퍼는 다중샘플링을 지원
- 만일 이미지가 텍스처로 사용되지 않는다면 렌더링버퍼를 사용하는 것은 성능에서 장점을 가지고 있을지도 모른다. 이것은 구현이 텍스처링보다 렌더링에 더 적합한 조금 더 효율적인 형식으로 렌더링버퍼를 저장할 수 있기 때문이다. 이미지가 텍스처로 사용되지 않는다는 것을 알고 있다면 구현은 단지 그렇게 할 수 있다.

## 프레임버퍼 객체대 EGL 평면

FBO와 그리기 가능한 평면을 제공하는 윈도우 시스템과의 차이점은 다음과 같다.

- 픽셀 소유 테스트 – 이 테스트는 프레임버퍼의 위치 $(x_w, y_w)$에서 픽셀이 OpenGL ES

에 의해 현재 소유되는지를 결정한다. 이 테스트는 윈도우 시스템에게 프레임버퍼의 어느 픽셀이 현재의 OpenGL ES 문맥에 속하고 있는지에 대해 제어하는 것을 허용한다-예를 들어, OpenGL ES에 의해 렌더링된 윈도우가 애매할 때. 애플리케이션에 생성된 프레임버퍼 객체에 대해, 프레임버퍼 객체가 모든 픽셀을 소유하면 픽셀 소유 테스트는 항상 성공한다.

- 윈도우 시스템은 단지 이중 버퍼링된 평면만을 지원할 수 있다. 또 한편으로 프레임버퍼 객체는 단지 단일 버퍼링된 장치만 지원한다.
- 프레임버퍼 사이에서 깊이 버퍼와 스텐실 버퍼와의 공유는 프레임버퍼 객체를 사용하면 가능하지만 프레임버퍼를 제공하는 윈도우 시스템에서는 항상 가능한 것이 아니다. 스텐실과 깊이 버퍼들과 이에 대응하는 상태는 그리기 가능한 평면을 제공하는 윈도우 시스템으로 보통 할당되므로 그리기 가능한 평면 사이에서 공유될 수 없다. 애플리케이션에 생성된 프레임 객체와 더불어 스텐실과 깊이 렌더링버퍼는 독립적으로 생성될 수 있고 다중 프레임버퍼 객체에서 적합한 장치 설치 점에 이들 버퍼를 첨부하여 프레임버퍼 객체와 연관된다.

## 프레임버퍼와 렌더링버퍼 객체 생성

프레임버퍼와 렌더링버퍼 객체 생성은 텍스처나 정점 버퍼 객체가 OpenGL ES 3.0에서 생성되는 방법과 비슷하다.

glGenRenderbuffers API 호출은 렌더링버퍼 객체 이름을 할당하는 데 사용된다. glGenRenderbuffers API는 다음과 같다.

```
void  glGenRenderbuffers(GLsizei n, GLuint *renderbuffers)
```

| | |
|---|---|
| *n* | 반환될 렌더링버퍼 객체 이름의 수 |
| *renderbuffers* | 할당된 렌더링버퍼 객체가 반환되는 *n* 항목의 배열에 대한 포인터 |

glGenRenderbuffers는 n 렌더링버퍼 객체 이름을 할당하고 renderbuffers에서 렌더링버퍼 객체 이름을 반환한다. glGenRenderbuffers에 의해 반환되는 렌더링버퍼 객체 이름은 0 이외의 비부호화 정수이다. 반환된 렌더링버퍼 이름은 사용중이라고 기록되지만 렌더링버퍼 이름과 같이 어떠한 상태도 관련되지 않는다. 값 0은

OpenGL ES에 의해 예약해 두고 렌더링버퍼 객체를 참조하지 않는다. 렌더링버퍼 객체 0에 대해 버퍼 객체 상태를 검색하거나 수정하려 하는 애플리케이션은 적절한 오류를 생성한다.

glGenFramebuffers API 호출은 프레임버퍼 객체 이름을 할당하는 데 사용된다. glGenFramebuffers API는 다음과 같다.

```
void glGenFramebuffers(GLsizei n, GLuint *ids)
```

| | |
|---|---|
| *n* | 반환될 프레임버퍼 객체 이름의 수 |
| *ids* | 할당된 프레임버퍼 객체가 반환되는 *n* 항목의 배열에 대한 포인터 |

glGenFramebuffers는 n 렌더링버퍼 객체 이름을 할당하고 ids에서 렌더링버퍼 객체 이름을 반환한다. glGenFramebuffers에 의해 반환되는 렌더링버퍼 객체 이름은 0 이외의 비부호화 정수이다. 반환된 프레임버퍼 이름은 사용 중이라고 기록되지만 프레임버퍼 이름과 같이 어떠한 상태도 관련되지 않는다. 값 0은 OpenGL ES에 의해 예약해 두고 프레임버퍼를 제공하는 윈도우 시스템을 참조한다. 프레임버퍼 객체 0에 대해 버퍼 객체 상태를 검색하거나 수정하려는 애플리케이션은 적절한 오류를 생성한다.

## 렌더링버퍼 객체 사용

이 절에서는 데이터 저장, 형식과 렌더링버퍼 이미지의 차원을 지정하는 방법에 대해 기술한다. 특정 렌더링버퍼 객체에 대한 정보를 지정하기 위해 이 객체를 현재의 렌더링버퍼 객체로 만들 필요가 있다. glBindRenderbuffer 명령어는 현재 렌더링버퍼 객체를 설정하는 데 사용된다.

```
void glBindRenderbuffer(GLenum target, GLuint renderbuffer)
```

| | |
|---|---|
| *target* | GL_RENDERBUFFER로 설정 |
| *renderbuffer* | 렌더링버퍼 객체 이름 |

glGenRenderbuffer는 glBindRenderbuffer를 사용하여 바인딩되기 전에 렌더링버퍼 객체 이름 할당을 요구하지 않다는 것에 유의하자. 비록 glGenRenderbuffer

호출이 좋은 실행일지라도 렌더링버퍼에 대해 컴파일 시간을 지정하는 많은 애플리케이션이 있다. 애플리케이션은 glBindRenderbuffer에 사용되지 않은 렌더링버퍼 객체 이름을 지정할 수 있다. 하지만 자신의 버퍼 객체 이름을 지정하는 대신 glGenRenderbuffer에 의해 반환된 렌더링버퍼 객체 이름을 사용하고 OpenGL ES 애플리케이션이 glGenRenderbuffer 호출하기를 권장한다.

처음 렌더링버퍼 객체 이름은 glBindRenderbuffer 호출에 의해 바인딩된다. 렌더링버퍼 객체는 적절한 기본 상태로 할당되고, 할당이 성공하면 할당된 객체는 새로이 바인딩된 렌더링버퍼 객체가 된다.

다음 상태와 기본값들은 렌더링버퍼 객체와 연관된다.

- 픽셀 단위의 너비와 높이 : 기본값은 0
- 내부 형식 : 렌더링버퍼에 저장된 픽셀의 형식을 기술한다. 컬러, 깊이 또는 스텐실 렌더링 가능 형식이어야 한다.
- 컬러 비트-깊이 : 내부 형식이 컬러 렌더링 가능 형식일 때만 유효하다. 기본값은 0
- 깊이 비트-깊이 : 내부 형식이 깊이 렌더링 가능 형식일 때만 유효하다. 기본값은 0
- 스텐실 비트-깊이 : 내부 형식이 스텐실 렌더링 가능 형식일 때만 유효하다. 기본값은 0

또한, glBindRenderbuffer는 기존 렌더링버퍼 객체(예, 할당되고 사용된 객체, 그래서 객체와 결합된 유효한 상태를 가진다)와 바인딩하기 위해 사용될 수 있다. 새로이 바인딩된 렌더링버퍼 객체의 상태에서 어떤 변경도 바인딩 명령어에 의해 이루어지지 않는다.

일단 렌더링버퍼 객체가 바이딩되면 렌더링버퍼에 저장된 이미지의 형식과 차원을 지정할 수 있다. glRenderbufferStorage 명령어는 이미지의 형식과 차원 정보를 지정하는 데 사용할 수 있다.

glRenderbufferStorage는 어떤 이미지 데이터도 제공하지 않는 것을 제외하고는 glTexImage2D와 매우 비슷하다. glRenderbufferStorageMultisampe 명령을 이용하여 다중 샘플 렌더링버퍼를 생성할 수 있다. glRenderbufferStorage는 glRenderbufferStorageMultisample에서 샘플을 0으로 설정하면 동일하다. 렌더링버퍼의 너비와 높이는 픽셀 단위로 지정되고 구현에서 지원되는 최대 렌더링버퍼 크기보다 작은 값이어야 한다. 모든 OpenGL ES 구현에서 지원되는 최소 크기 값은 1이다. 구현에서 지원되는 실제 최대 크기는 다음과 같은 예제 코드를 사용하여 질의할 수 있다.

```
GLint maxRenderbufferSize =0;
glGetIntegerv(GL_MAX_RENDERBUFFER_SIZE, &maxRenderbufferSize);
```

```
void  glRenderbufferStorage(GLenum target,
                            GLenum internalformat,
                            GLsizei width, GLsizei height)
void  glRenderbufferStorageMultisample(GLenum target,
                            GLenum internalformat,
                            GLsizei samples,
                            GLsizei width, GLsizei height)
```

| | |
|---|---|
| *target* | GL_RENDERBUFFER로 설정 |
| *samples* | 렌더링버퍼 객체의 저장소로 사용되기 위한 샘플의 수가 GL_MAX_SAMPLES보다 적어야 한다(단, glRenderbufferStorageMultisample) |
| *internalformat* | 컬러 버퍼, 깊이 버퍼 또는 스텐실 버퍼로 사용될 수 있는 형식이어야 한다. 지원 형식은 표 12-1과 12-2에 나열되어 있다. |
| *width* | 픽셀 단위의 렌더링버퍼의 너비 GL_MAX_RENDERBUFFER_SIZE보다 크거나 같아야 한다. |
| *height* | 픽셀 단위의 렌더링버퍼의 높이 GL_MAX_RENDERBUFFER_SIZE보다 크거나 같아야 한다. |

*internalformat* 인수는 애플리케이션이 렌더링버퍼 객체에서 픽셀을 저장하기 위해 사용하는 형식을 지정한다. 표 12-1은 컬러 렌더링 가능한 객체를 저장하기 위한 렌더링버퍼 형식을 나열하고, 표 12-2는 깊이 렌더링 가능하거나 스텐실 렌더링 가능한 버퍼를 저장하는 형식을 나열한다.

렌더링버퍼 객체는 렌더링버퍼 저장 형식과 지정된 차원 없이 렌더링버퍼 객체의 컬러, 깊이 또는 스텐실 장치에 첨부될 수 있다. 렌더링버퍼 저장 형식과 차원은 렌더링버퍼 객체가 프레임버퍼 객체에 첨부된 전후에 지정될 수 있다. 이 정보는 프레임버퍼 객체와 렌더링버퍼 장치가 렌더링을 위해 사용되기 전에 정확하게 지정될 필요가 있다.

## 다중샘플링 렌더링버퍼

다중 렌더링버퍼는 다중 샘플 안티-에일리어싱으로 화면밖 프레임버퍼에 애플리케이션이 렌더링할 수 있도록 한다. 다중 샘플 렌더링버퍼는 텍스처에 직접적으로 연결할 수 없다. 그러나 새롭게 소개된 프레임버퍼 블록 전송(blit)(이 장의 뒤에서 설명)을 이용하여 단일 샘플 텍스처로 해결될 수 있다.

이전 절에서 기술한 것처럼 다중 샘플 렌더링버퍼를 생성하기 위해 `glRenderBufferStorageMultisample` API를 사용할 수 있다.

## 렌더링버퍼 형식

표 12-1은 컬러 렌더링 가능한 버퍼를 저장하기 위한 렌더링버퍼 형식을 나열한다. 표 12-2는 깊이 렌더링 가능하거나 스텐실 렌더링 가능한 버퍼를 저장하기 위한 렌더링버퍼 형식을 나열한다.

**| 표 12-1 |** 컬러 렌더링 가능한 버퍼에 대한 렌더링 형식

| 내부 형식 | Red 비트 | Green 비트 | Blue 비트 | Alpha 비트 |
|---|---|---|---|---|
| GL_R8 | 8 | - | - | - |
| GL_R8UI | ui8 | - | - | - |
| GL_R8I | i8 | - | - | - |
| GL_R16UI | ui16 | - | - | - |
| GL_R16I | i16 | - | - | - |
| GL_R32UI | ui32 | - | - | - |
| GL_R32I | i32 | - | - | - |
| GL_RG8 | 8 | 8 | - | - |
| GL_RG8UI | ui8 | ui8 | - | - |
| GL_RG8I | i8 | i8 | - | - |
| GL_RG16UI | ui16 | ui16 | - | - |
| GL_RG16I | i16 | i16 | - | - |
| GL_RG32UI | ui32 | ui32 | - | - |
| GL_RG32I | i32 | i32 | - | - |
| GL_RGB8 | 8 | 8 | 8 | - |

**▌표 12-1▐** 컬러 렌더링 가능한 버퍼에 대한 렌더링 형식(계속)

| 내부 형식 | Red 비트 | Green 비트 | Blue 비트 | Alpha 비트 |
|---|---|---|---|---|
| GL_RGB565 | 5 | 6 | 5 | - |
| GL_RGBA8 | 8 | 8 | 8 | 8 |
| GL_SRGB_ALPHA8 | 8 | 8 | 8 | 8 |
| GL_RGB5_A1 | 5 | 5 | 5 | 1 |
| GL_RGBA4 | 4 | 4 | 4 | 4 |
| GL_RGB10_A2 | 10 | 10 | 10 | 2 |
| GL_RGBA8UI | ui8 | ui8 | ui8 | ui8 |
| GL_RGBA8I | i8 | i8 | i8 | i8 |
| GL_RGB10_A2UI | ui10 | ui10 | ui10 | ui2 |
| GL_RGBA16UI | ui16 | ui16 | ui16 | ui16 |
| GL_RGBA16I | i16 | i16 | i16 | i16 |
| GL_RGBA32UI | ui32 | ui32 | ui32 | ui32 |
| GL_RGBA32I | i32 | i32 | i32 | i32 |

i는 정수를 나타내고, ui는 부호없는 정수 타입을 나타낸다.

**▌표 12-2▐** 깊이 렌더링 가능하고 스텐실 렌더링 가능한 버퍼에 대한 렌더링버퍼 형식

| 내부 형식 | 깊이 비트 | 스텐실 비트 |
|---|---|---|
| GL_DEPTH_COMPONETN16 | 16 | - |
| GL_DEPTH_COMPONETN24 | 24 | - |
| GL_DEPTH_COMPONETN32F | f32 | - |
| GL_DEPTH24_STENCIL8 | 24 | 8 |
| GL_DEPTH32F_STENCIL8 | f32 | 8 |
| GL_STENCIL_INDEX8 | - | 8 |

f는 실수형 타입을 나타낸다.

## 프레임버퍼 객체 사용

화면밖 버퍼(예를 들면, 렌더링버퍼)에 렌더링하거나 텍스처에 렌더링하기 위해 프레임버퍼 객체 사용방법에 대해 기술한다. 프레임버퍼 객체를 사용할 수 있고 장치를 지정하기 전에 프레임버퍼 객체를 현재의 프레임버퍼 객체로 만들 필요가 있다. glBind-

Framebuffer 명령어는 현재의 렌더링버퍼 객체를 설정하는 데 사용된다.

```
void  glBindFramebuffer(GLenum target, GLuint framebuffer)
```

| | |
|---|---|
| *target* | GL_READ_FRAMEBUFFER, GL_DRAW_FRAMEBUFFER, 또는 GL_FRAMEBUFFER로 설정 |
| *framebuffer* | 프레임버퍼 객체 이름 |

프레임버퍼 객체 이름이 glGenFramebuffer를 사용하여 바인딩되기 전에 glGen-Framebuffer는 프레임버퍼 객체 이름 할당을 요구하지 않다는 것에 유의하자. 애플리케이션은 glBindFramebuffer에 사용되지 않은 프레임버퍼 객체 이름을 지정할 수 있다. 하지만 자신의 버퍼 객체 이름을 지정하는 대신 glGenFramebuffer에 의해 반환된 프레임버퍼 객체 이름을 사용하고, OpenGL ES 애플리케이션이 glGenFrame-buffer 호출을 권장한다.

처음 프레임버퍼 객체 이름은 glBindFramebuffer 호출에 의해 바인딩되고, 프레임버퍼 객체는 적절한 기본 상태와 할당되며, 할당이 성공하면 할당된 객체는 렌더링 문맥을 위한 현재 프레임버퍼 객체로 바인딩된다.

다음 상태는 렌더링버퍼 객체와 연관된다.

- 컬러 장치 설치 점 - 컬러 버퍼를 위한 장치 설치 점
- 깊이 장치 설치 점 - 깊이 버퍼를 위한 장치 설치 점
- 스텐실 장치 설치 점 - 스텐실 버퍼를 위한 장치 설치 점
- 프레임버퍼 완전 상태 - 프레임버퍼가 완전한 상태에 있고 렌더링될 수 있는지의 여부

각 장치 설치 점에 대해 다음 정보가 지정된다.

- 객체 타입 - 장치 설치 점과 연결된 객체의 타입을 지정한다. 객체 타입은 만일 렌더링버퍼 객체가 첨부되면 GL_RENDERBUFFER일 수 있거나, 만일 텍스처 객체가 첨부되면 GL_TEXTURE이다. 기본값은 GL_NONE이다.
- 객체 이름 - 첨부된 객체의 이름을 지정한다. 객체 이름은 렌더링버퍼 객체 이름 또는 텍스처 객체 이름일 수 있다. 기본값은 0이다.
- 텍스처 단계 - 만일 텍스처 객체가 첨부되면 장치 설치 점과 연결된 텍스처의 밉단계를 지정한다. 기본값은 0이다.

- 텍스처 큐브맵 면 - 만일 텍스처 객체가 첨부되고 텍스처가 큐브맵이면 장치 설치 점으로 사용되는 여섯 개의 큐브맵 면 중 하나를 지정한다. 기본값은 GL_TEXTURE_CUBE_MAP_POSITIVE_X이다.
- 텍스처 레이어 - 장치 설치 점으로 사용되도록 3D 텍스처의 2D 슬라이스를 지정한다. 기본값은 0이다.

또한, glBindFramebuffer는 기존 프레임버퍼 객체에 바인딩되기 위해 사용될 수 있다(예를 들어, 전에 할당되고 사용된 객체로 이와 연결된 유효한 상태를 가진다). 새로이 바인딩된 렌더링버퍼 객체의 상태에서 어떤 변경도 이루어지지 않는다.

일단 프레임버퍼 객체가 바인딩되면 현재 바인딩된 프레임버퍼 객체의 컬러, 깊이와 스텐실 장치는 렌더링버퍼 객체 또는 텍스처에 설정할 수 있다. 그림 12-1에서 보듯이 컬러 장치는 2D 텍스처나 큐브맵 면의 밉 단계에, 3D 텍스처에서 2D 슬라이스의 밉단계에 또는 컬러 값을 저장하는 렌더링버퍼에 설정할 수 있다. 깊이 장치는 2D 깊이 텍스처의 밉단계에, 깊이 큐브맵 면에 또는 깊이 값을 저장하는 렌더링버퍼에 설정할 수 있다. 스텐실 장치는 스텐실 값을 저장하는 렌더링버퍼에 설정되어야 한다.

### 프레임버퍼 장치에 렌더링버퍼 첨부하기

glFramebufferRenderbuffer 명령어는 프레임버퍼 장치 설치 점에 렌더링버퍼 객체를 첨부하는 데 사용된다.

```
void  glFramebufferRenderbuffer(GLenum target,
                                GLenum attachment,
                                GLenum renderbuffertarget,
                                GLuint renderbuffer)
```

| | |
|---|---|
| *target* | GL_READ_FRAMEBUFFER, GL_DRAW_FRAMEBUFFER, 또는 GL_FRAMEBUFFER로 설정 |
| *attachment* | 다음 열거된 값들 중 하나<br>GL_COLOR_ATTACHMENTi<br>GL_DEPTH_ATTACHMENT<br>GL_STENCIL_ATTACHMENT<br>GL_DEPTH_STENCIL_ATTACHMENT |
| *renderbuffertarget* | GL_RENDERBUFFER로 설정 |

| | |
|---|---|
| *renderbuffer* | 장치로 사용되어야 하는 렌더링버퍼 객체.<br>renderbuffer는 0 또는 기존 렌더링버퍼 객체의 이름 중 하나 |

만일 glFramebufferRenderbuffer가 0이 아닌 *renderbuffer*와 호출되면, 렌더링버퍼 객체는 attachment 인수 값에 의해 지정된 새로운 컬러, 깊이 또는 스텐실 장치 설치 점으로 사용될 것이다.

장치 설치 점 상태는 다음과 같이 수정된다.

- 객체 타입 = GL_RENDERBUFFER
- 객체 이름 = renderbuffer
- 텍스처 레벨과 텍스처 레이어 = 0
- 텍스처 큐브맵 면 = GL_NONE

새로이 첨부된 렌더링버퍼 객체의 상태나 버퍼 내용은 변경되지 않는다.

만일 glFramebufferRenderbuffer이 0이 아닌 *renderbuffer*와 호출되면 attachment에 의해 지정된 컬러, 깊이 또는 스텐실 버퍼는 분리되고 0으로 재설정된다.

## 프레임버퍼 장치에 2D 텍스처 첨부하기

glFramebufferTexture2D 명령어는 프레임버퍼 장치 설치 점에 큐브맵 면 또는 2D 텍스처의 밉단계를 첨부하는 데 사용된다. 컬러나 깊이 장치로 텍스처에 첨부하는 데 사용될 수 있지만 스텐실 장치는 허용하지 않는다.

```
void  glFramebufferTexture2D(GLenum target,
                             GLenum attachment,
                             GLenum textarget,
                             GLuint texture, GLint level)
```

| | |
|---|---|
| *target* | GL_READ_FRAMEBUFFER, GL_DRAW_FRAMEBUFFER, 또는 GL_FRAMEBUFFER로 설정 |
| *attachment* | 다음 열거된 값들 중 하나<br>GL_COLOR_ATTACHMENTi<br>GL_DEPTH_ATTACHMENT |

| | |
|---|---|
| | GL_STENCIL_ATTACHMENT |
| | GL_DEPTH_STENCIL_ATTACHMENT |
| *textarget* | 텍스처 대상을 지정. glTexImage2D에서 target 인수에 지정된 값 |
| *texture* | 텍스처 객체를 지정 |
| *level* | 텍스처 이미지의 밉레벨을 지정 |

만일 glFramebufferTexture2D가 0이 아닌 *texture*와 호출되면, 컬러나 깊이 장치는 *texture*로 설정된다. 다른 한편으로 glFramebufferTexture2D가 오류를 생성하면, frameburrer의 상태에서 어떤 변경도 이루어지지 않는다.

장치 설치 점 상태는 다음과 같이 수정된다.

- 객체 타입 = GL_TEXTURE
- 객체 이름 = texture
- 텍스처 레벨 = level
- 텍스처 큐브맵 면 = 유효한 텍스처 장치는 큐브맵이고 다음 값 중 하나이다.
  GL_TEXTURE_CUBE_MAP_POSITIVE_X
  GL_TEXTURE_CUBE_MAP_POSITIVE_Y
  GL_TEXTURE_CUBE_MAP_POSITIVE_Z
  GL_TEXTURE_CUBE_MAP_NEGATIVE_X
  GL_TEXTURE_CUBE_MAP_NEGATIVE_Y
  GL_TEXTURE_CUBE_MAP_NEGATIVE_Z
- 텍스처 레이어 = 0

새로이 첨부된 텍스처 객체 상태나 텍스처 객체 이미지의 내용은 glFramebuffer-Texture2D에 의해 수정되지 않는다. 텍스처 객체의 상태와 이미지는 프레임버퍼 객체에 첨부된 이후에 수정될 수 있다는 것에 유의하자.

만일 glFramebufferTexture2D가 0이 아닌 texture와 호출되면 컬러나 깊이 장치는 분리되고 0으로 재설정된다.

### 프레임버퍼 장치에 3D 텍스처 이미지 첨부하기

glFramebufferTextureLayer 명령어는 프레임버퍼 장치 설치 점에 3D 텍스처의 밉단계나 2D 배열 텍스처 단계 지정과 2D 슬라이스 첨부에 사용된다. 3D 텍스처 동작 방법의 자세한 설명은 제9장 "텍스처링"을 참고하기 바란다.

```
void  glFramebufferTextureLayer(GLenum target,
                                GLenum attachment,
                                GLuint texture,
                                GLint level,
                                GLint layer)
```

| | |
|---|---|
| *target* | GL_READ_FRAMEBUFFER, GL_DRAW_FRAMEBUFFER, 또는 GL_FRAMEBUFFER로 설정 |
| *attachment* | 다음 열거된 값이어야 한다.<br>GL_COLOR_ATTACHMENTi<br>GL_DEPTH_ATTACHMENT<br>GL_STENCIL_ATTACHMENT<br>GL_DEPTH_STENCIL_ATTACHMENT |
| *texture* | 텍스처 객체를 지정 |
| *level* | 텍스처 이미지의 밉단계를 지정 |
| *layer* | 텍스처 이미지의 레이어를 지정, *texture*가 GL_TEXTURE_3D이면 level은 0보다 같거나 커야 하고 GL_MAX_3D_TEXTURE_SIZE 값의 log2와 같거나 작아야 한다. texture가 GL_TEXTURE_2D_ARRAY이면 level은 0보다 같거나 커야 하고, GL_MAX_TEXTURE_SIZE 값의 log2보다 크지 않아야 한다. |

새롭게 첨부된 텍스처 객체의 상태나 이미지의 내용이 glFramebufferTexture-Layer에 의해 변경되지 않는다. 텍스처 객체의 상태와 이미지는 프레임버퍼 객체에 첨부된 이후에 수정될 수 있다는 것에 유의하자.

장치 설치 점 상태는 다음과 같이 수정된다.

- 객체 타입 = GL_TEXTURE
- 객체 이름 = texture
- 텍스처 레벨 = level
- 텍스처 큐브맵 면 = GL_NONE
- 텍스처 레이어 = 0

만일 glFramebufferTextureLayer가 0이 아닌 *texture*와 호출되면 컬러나 깊이 장치는 분리되고 0으로 재설정된다.

여기서 하나의 흥미로운 질문이 생긴다: 만일 텍스처에 렌더링을 하고 프래그먼트 셰이더에 텍스처로 이 텍스처 객체를 동시에 사용하면 어떻게 될까? 이런 상황이 발생하면 OpenGL ES 구현은 오류를 생성할 것인가? 어떤 경우에서 텍스처 객체가 현재 그려지고 있는 텍스처 입력과 프레임버퍼 장치로 사용되고 있는지 OpenGL ES 구현이 결정하는 것이 가능하다. glDrawArrays와 glDrawElements는 오류를 그 다음에 생성할 수 있다. 하지만 glDrawArrays와 glDrawElements가 가능한 한 빨리 실행될 수 있게 하기 위해 이 검사는 실행되지 않는다. 이런 경우에는 오류를 생성하는 대신 렌더링 결과가 정의되지 않는다. 이런 상황이 발생하지 않도록 하는 것은 애플리케이션의 책임이다.

## 프레임버퍼 완전성 검사

프레임버퍼 객체는 렌더링 대상으로 사용되기 전에 완전하게 정의할 필요가 있다. 현재 바인딩된 프레임버퍼 객체가 완전하지 않다면 기본요소를 그리거나 픽셀 읽기의 OpenGL ES 명령어는 실패하고 프레임버퍼가 불완전한 이유를 나타내는 적절한 오류를 생성한다.

완전하다고 간주되는 프레임버퍼 객체에 대한 규칙은 다음과 같다.

- 컬러, 깊이, 스텐실 장치가 유효한지 확인하자. 컬러 장치는 0(이는 장치가 없다) 또는 표 12-1에 나열된 형식 중 하나로 컬러 렌더링 가능한 렌더링버퍼 객체이거나 텍스처 객체이면 유효하다. 깊이 장치는 깊이 버퍼 비트로 표 12-2에 나열된 형식의 하나로 0 또는 깊이 렌더링 가능한 렌더링버퍼 객체이거나 깊이 텍스처이면 유효하다. 스텐실 장치는 스텐실 버퍼 비트로 표 12-2에 나열된 형식의 하나로 0 또는 스텐실 렌더링 가능한 렌더링버퍼 객체이면 유효하다. 최소 하나의 유효한 장치가 있다. 프레임버퍼는 만일 그리거나 읽을 것이 아무것도 없는 어떤 장치도 가지고 있지 않으면 완전하지 않다.
- 프레임버퍼 객체와 결합된 유효한 장치는 같은 너비와 높이를 가지고 있어야 한다.
- 깊이와 스텐실 장치가 존재하면 동일 이미지이어야 한다.
- GL_RENDERBUFFER_SAMPLES의 값은 모든 렌더링버퍼 장치에 대해 동일하다. 장치가 렌더링버퍼와 텍스처의 조합이면 GL_RENDERBUFFER_SAMPLES 값은 0이다.

glCheckFramebufferStatus 명령어는 프레임버퍼 객체가 완전한지 검증하는 데 사용된다.

```
GLenum  glCheckFramebufferStatus(GLenum target)

target  GL_READ_FRAMEBUFFER, GL_DRAW_FRAMEBUFFER, 또는
        GL_FRAMEBUFFER로 설정
```

glCheckFramebufferStatus는 *target*이 GL_FRAMEBUFFER와 같지 않으면 0을 반환하고, *target*이 GL_FRAMEBUFFER와 같으면 다음 중 하나를 반환한다.

- GL_FRAMEBUFFER_COMPLETE - 프레임버퍼가 완전하다.
- GL_FRAMEBUFFER_UNDEFINED - *target*이 기본 프레임버퍼이고 존재하지 않는다.
- GL_FRAMEBUFFER_INCOMPLETE_ATTACHMENT - 프레임버퍼 장치 설치 점이 완전하지 않다. 필수 장치가 0 또는 유효한 텍스처나 렌더링버퍼 객체가 아니기 때문이다.
- GL_FRAMEBUFFER_INCOMPLETE_MISSING_ATTACHMENT - 프레임버퍼의 유효한 장치가 아니다.
- GL_FRAMEBUFFER_UNSUPPORTED - 프레임버퍼의 장치에서 사용된 내부 형식의 조합은 렌더링 가능하지 않은 대상을 야기한다.
- GL_FRAMEBUFFER_INCOMPLETE_MULTISAMPLE - GL_RENDERBUFFER_SAMPLES는 모든 렌더링버퍼에 대해 동일하지 않거나 장치가 렌더링버퍼와 텍스처의 조합일 때 GL_RENDERBUFFER_SAMPLES는 0이 아니다.

만일 현재 바인딩된 프레임버퍼 객체가 완전하지 않다면 픽셀을 읽고 쓰기 위한 프레임버퍼 객체 사용 시도는 실패할 것이다. 이는 glDrawArrays 및 glDrawElements와 같은 기본요소를 그리도록 호출하고 glReadPixels, glCopyTeximage2D, glCopyTexSubImage2D, glCopyTexSubImage3D와 같이 프레임 버퍼를 읽기 위한 명령어는 GL_INVALID_FRAMEBUFFER_OPERATION 오류를 생성한다.

## 프레임버퍼 블록 전송(blits)

프레임버퍼 블록 전송은 한 프레임버퍼(예, 읽기 프레임버퍼)에서 다른 프레임버퍼(예,

그리기 프레임버퍼)로 효율적인 복사를 허용한다. 프레임버퍼 블록 전송의 한 주요 애플리케이션은 다중 샘플 렌더링버퍼를 텍스처(컬러 장치와 연결된 텍스처를 가지는 프레임버퍼 객체로)로 분해하는 것이다.

다음 명령어를 이용하여 이 연산을 수행한다.

```
void  glBlitFramebuffer(GLint srcX0, GLint srcY0,
                        GLint srcX1, GLint srcY1,
                        GLint dstX0, GLint dstY0,
                        GLint dstX1, GLint dstY1,
                        GLbitfield mask, GLenum filter)
```

| | |
|---|---|
| *srcX0, srcY0, srcX1, srcY1* | 읽기 버퍼 내 소스 사각형 경계를 지정 |
| *dstX0, dstY0, dstX1, dstY1* | 쓰기 버퍼 내 목표 사각형 경계를 지정 |
| *mask* | 버퍼가 복사되는 것을 나타내는 플래그나 비트로 다음으로 구성<br>GL_COLOR_BUFFER_BIT<br>GL_DEPTH_BUFFER_BIT<br>GL_STENCIL_BUFFER_BIT<br>GL_DEPTH_STENCIL_ATTACHMENT |
| *filter* | 이미지가 늘어나면 적용될 보간을 지정: GL_NEAREST 또는 GL_LINEAR |

예제 12-1(Chapter_11/MRTs 예제의 일부)은 기본 프레임버퍼에 대한 윈도우 4 사분면에 프레임버퍼 객체로부터 4컬러 버퍼를 복사하기 위해 프레임버퍼 블록 전송을 사용하는 방법에 대해 보인다.

**예제 12-1** 프레임버퍼 블록 전송을 이용하여 픽셀들을 복사

```
void BlitTextures ( ESContext *esContext )
{
   UserData *userData = esContext->userData;

   // 쓰기를 위한 기본 프레임버퍼를 지정
   glBindFramebuffer (GL_DRAW_FRAMEBUFFER,
                      defaultFramebuffer );

   // 읽기를 위해 4컬러 장치로 fbo 지정
   glBindFramebuffer ( GL_READ_FRAMEBUFFER, userData->fbo );
```

```
    // 왼쪽 아래 사분면에 출력 red 버퍼를 복사
    glReadBuffer ( GL_COLOR_ATTACHMENT0 );
    glBlitFramebuffer ( 0, 0,
                        esContext->width, esContext->height,
                        0, 0,
                        esContext->width/2, esContext->height/2,
                        GL_COLOR_BUFFER_BIT, GL_LINEAR );

    // 오른쪽 아래 사분면에 출력 green 버퍼를 복사
    glReadBuffer ( GL_COLOR_ATTACHMENT1 );
    glBlitFramebuffer ( 0, 0,
                        esContext->width, esContext->height,
                        esContext->width/2, 0,
                        esContext->width, esContext->height/2,
                        GL_COLOR_BUFFER_BIT, GL_LINEAR );

    // 왼쪽 위 사분면에 출력 blue 버퍼를 복사
    glReadBuffer ( GL_COLOR_ATTACHMENT2 );
    glBlitFramebuffer ( 0, 0,
                        esContext->width, esContext->height,
                        0, esContext->height/2,
                        esContext->width/2, esContext->height,
                        GL_COLOR_BUFFER_BIT, GL_LINEAR );

    // 오른쪽 위 사분면에 출력 gray 버퍼를 복사
    glReadBuffer ( GL_COLOR_ATTACHMENT3 );
    glBlitFramebuffer ( 0, 0,
                        esContext->width, esContext->height,
                        esContext->width/2, esContext->height/2,
                        esContext->width, esContext->height,
                        GL_COLOR_BUFFER_BIT, GL_LINEAR );
}
```

## 프레임버퍼 무효성(invalidation)

프레임버퍼 무효성은 프레임버퍼의 내용이 더 이상 필요 없음을 애플리케이션에게 알리기 위한 방법을 제공한다. 이는 드라이버에게 여러 최적화 단계를 가지도록 한다: (1) 프레임버퍼에 추가로 렌더링하기 위해 타일기반 렌더링(TBR) 구조에서 타일 내용의 불

필요한 복원을 건너뛴다, (2) 다중-GPU 시스템에서 GPU들 사이 불필요한 데이터 복사를 건너뛴다, (3) 성능을 증진시키기 위해 어떤 구현에서는 넘치는 특정 캐시를 건너뛴다. 이들 기능은 많은 애플리케이션에서 정점 성능을 달성하기 위해 매우 중요한데, 특히 많은 화면밖 렌더링을 수행하는 경우 중요하다.

프레임버퍼 무효성이 GPU에 대해 왜 중요한지 이해하기 위해 TBR GPU 설계를 살펴보자. TBR GPU는 보통 GPU와 시스템 메모리 사이 많은 데이터 전송을 최소화하기 위해 모바일 기기에서 사용하는데 가장 큰 전력소비, 메모리 대역폭 중 하나를 줄인다. 이는 적은 양의 픽셀 데이터를 유지할 수 있는 빠른 온칩 메모리를 추가하여 이루어진다. 이때 프레임버퍼는 많은 타일로 나누어진다. 각 타일에 대해 기본요소는 온칩 메모리에 렌더링되고, 이때 결과는 일단 완성되면 시스템 메모리에 복사된다. 단지 픽셀당 최소 데이터(마지막 픽셀 결과)가 시스템 메모리에 복사되므로 이 접근은 GPU와 시스템 메모리 사이 메모리 대역폭을 줄인다.

프레임버퍼 무효성으로 GPU는 프레임당 유지해야 하는 내용을 줄이기 위해 더 이상 필요없는 프레임버퍼의 내용을 지울 수 있다. 추가로 GPU는 타일 데이터가 더 이상 유효하지 않으면 온칩 메모리에서 시스템 메모리에 불필요한 데이터 전송을 제거가능하다. GPU와 시스템 메모리 사이 메모리 대역폭 요구를 크게 줄일 수 있으므로 이는 전력 소비를 줄이고 성능을 증진시킬 수 있다.

`glInvalidateFramebuffer`와 `glInvalidateSubFramebuffer` 명령은 전체 프레임버퍼나 프레임버퍼의 픽셀 부분영역을 무효화하는 데 사용된다.

```
void  glInvalidateFramebuffer (GLenum target,
                               GLsizei numAttachments,
                               const GLenum *attachments)
void  glInvalidateSubFramebuffer (GLenum target,
                                  GLsizei numAttachments,
                                  const GLenum *attachments
                                  GLint x, GLint y,
                                  GLsizei width,
                                  GLsizei height)
```

| | |
|---|---|
| *target* | GL_READ_FRAMEBUFFER, GL_DRAW_FRAMEBUFFER, 또는 GL_FRAMEBUFFER로 설정 |
| *numAttachments* | attachments 목록에서 장치의 수 |

| | |
|---|---|
| *attachments* | numAttachments 장치의 배열에 대한 포인터 |
| *x, y* | 무효 픽셀 사각형의 왼쪽 아래 원점 지정(왼쪽 아래 모서리는 0, 0) |
| *width* | 무효 픽셀 사각형의 폭을 지정<br>(단, glInvalidateSubFramebuffer) |
| *height* | 무효 픽셀 사각형의 높이를 지정<br>(단, glInvalidateSubFramebuffer) |

## 프레임버퍼와 렌더링버퍼 객체 삭제

렌더링버퍼 객체를 사용하여 애플리케이션이 수행된 후에 렌더링버퍼 객체를 삭제할 수 있다. 렌더링버퍼와 프레임버퍼 객체 삭제는 텍스처 객체 삭제와 매우 비슷하다.

렌더링버퍼 객체는 glDeleteRenderbuffers API를 사용하여 삭제한다.

```
void  glDeleteRenderbuffers(GLsizei n,
                            GLuint *renderbuffers)
```

| | |
|---|---|
| *n* | 삭제할 렌더링버퍼 객체 이름의 수 |
| *renderbuffers* | 삭제될 *n* 렌더링버퍼 객체 이름의 배열에 대한 포인터 |

glDeleteRenderbuffers는 renderbuffers에 지정된 렌더링버퍼 객체를 삭제한다. 렌더링버퍼 객체가 삭제되면 어떤 상태도 렌더링버퍼 객체와 결합되지 않고, 사용되고 있지 않다고 표시되고 나중에 새로운 렌더링버퍼 객체로 재사용될 수 있다. 또한, 현재 바인딩된 렌더링버퍼 객체인 렌더링버퍼 객체를 삭제할 때, 렌더링버퍼 객체는 삭제되고 현재의 렌더링버퍼 바인딩은 0으로 재설정된다. 만일 renderbuffers에 지정된 렌더링버퍼 객체 이름이 유효하지 않거나 0 이면 이는 무시된다(오류가 발생하지 않을 것이다). 만일 렌더링버퍼가 현재 바인딩된 프레임버퍼 객체에 첨부되면, 렌더링버퍼는 먼저 프레임버퍼로부터 분리되고 그 다음에 삭제된다.

프레임버퍼 객체는 glDeleteFramebuffers API를 사용하여 삭제한다.

```
void glDeleteFramebuffers(GLsizei n, GLuint *framebuffers)
```

| | |
|---|---|
| *n* | 삭제할 프레임버퍼 객체 이름의 수 |
| *framebuffers* | 삭제될 *n* 프레임버퍼 객체 이름의 배열에 대한 포인터 |

glDeleteFramebuffers는 framebuffers에 지정된 프레임버퍼 객체를 삭제한다. 프레임버퍼 객체가 삭제되면 어떤 상태도 프레임버퍼 객체와 결합되지 않고, 사용되고 있지 않다고 표시되고, 나중에 새로운 프레임버퍼 객체로 재사용될 수 있다. 또한, 현재 바인딩된 프레임버퍼 객체인 프레임버퍼 객체를 삭제할 때, 프레임버퍼 객체는 삭제되고 현재의 프레임버퍼 바인딩은 0으로 재설정된다. 만일 framebuffers에서 지정된 프레임버퍼 객체 이름이 유효하지 않거나 0이면 이는 무시되고 오류도 발생하지 않을 것이다.

## 프레임버퍼 장치로 사용된 렌더링버퍼 객체 삭제

만일 삭제되는 렌더링버퍼 객체가 프레임버퍼 객체에 장치로 사용되면 어떻게 될까? 만일 삭제되는 렌더링버퍼 객체가 현재 바인딩된 프레임버퍼 객체에 장치로 사용되면, glDeleteRenderbuffers는 장치를 0으로 재설정한다. 만일 삭제되는 렌더링버퍼 객체가 현재 바인딩되지 않은 프레임버퍼 객체에 장치로 사용되면, glDeleteRenderbuffers는 장치를 0으로 재설정하지 않는다. 이 삭제된 렌더링버퍼 객체를 적절한 프레임버퍼 객체로부터 분리하는 것은 애플리케이션의 책임이다.

## 픽셀과 프레임버퍼 객체 읽기

glReadPixels 명령어는 컬러 버퍼로부터 픽셀을 읽고 사용자 할당 버퍼에 이를 반환한다. 읽혀질 컬러 버퍼는 프레임버퍼를 제공하는 윈도우 시스템 또는 현재 바인딩된 프레임버퍼 객체의 컬러 장치에 의해 할당된 컬러 버퍼이다. 0이 아닌 버퍼 객체가 glBindBuffer를 이용하여 GL_PIXEL_PACK_BUFFER에 바인딩되면, glReadPixels 명령은 즉시 반환하고 프레임버퍼로부터 픽셀을 읽기 위해 DMA 전송을 시작하고 픽셀 버퍼 객체에 데이터를 쓴다.

glReadPixels에서 *format*과 *type* 인수의 여러 조합이 지원된다: GL_RGBA, GL_RGBA_INTEGER 또는 GL_IMPLEMENTATION_COLOR_READ_FORMAT 질의에 의해 반환된 특정 구현값의 *format*; GL_UNSIGNED_BYTE, GL_UNSIGNED_INT, GL_

INT, GL_FLOAT 또는 GL_IMPLEMENTATION_COLOR_READ_TYPE 질의에 의해 반환된 특정 구현값의 type. 반환되는 구현-특정 형식과 타입은 현재 첨부된 컬러 버퍼의 형식과 타입에 의존한다. 현재 바인딩된 프레임버퍼가 변경되면 형식과 타입 값은 변경될 수 있다. glReadPixels에 전달되어야 하는 올바른 구현-특정 형식과 타입 값을 결정하기 위해 언제든지 현재 바인딩된 프레임버퍼 객체 변경이 검색되어야 한다.

## 예제

어떻게 프레임버퍼 객체를 사용하는지 보여주는 몇 가지 예제를 지금부터 알아보자. 예제 12-2는 프레임버퍼 객체를 사용하는 텍스처에 렌더링하는 방법을 보여준다. 이 예제에서는 프레임버퍼 객체를 사용하는 텍스처를 그린다. 그 다음으로 프레임버퍼 객체를 제공하는 윈도우 시스템(즉, 화면)에 쿼드를 그리기 위해 이 텍스처를 사용한다. 그림 12-2는 생성된 이미지를 보여준다.

**그림 12-2** 컬러 텍스처 렌더링

**예제 12-2** 텍스처 렌더링

```
GLuint framebuffer;
GLuint depthRenderbuffer;
GLuint texture;
```

```
GLint texWidth = 256, texHeight = 256;
GLint maxRenderbufferSize;

glGetIntegerv(GL_MAX_RENDERBUFFER_SIZE, &maxRenderbufferSize);

// GL_MAX_RENDERBUFFER_SIZE >= texWidth and texHeight인지 확인
if((maxRenderbufferSize <= texWidth) ||
   (maxRenderbufferSize <= texHeight))
{
   // 렌더링버퍼 객체로 깊이 버퍼를 생성할 필요가 있을 때 프레임버퍼 객체를
   // 사용할 수 없다. 적절한 오류 반환
}

// 프레임버퍼, 렌더링버퍼, 텍스처 객체 이름 생성
glGenFramebuffers(1, &framebuffer);
glGenRenderbuffers(1, &depthRenderbuffer);
glGenTextures(1, &texture);

// 텍스처 바인딩하고 텍스처 밉레벨 0을 적재
// 텍셀은 RGB565
// 어떤 텍셀도 텍스처에 드로잉할 때 지정할 필요가 없다.

glBindTexture(GL_TEXTURE_2D, texture);
glTexImage2D(GL_TEXTURE_2D, 0, GL_RGB, texWidth, texHeight, 0, GL_RGB,
             GL_UNSIGNED_SHORT_5_6_5, NULL);

glTexParameteri(GL_TEXTURE_2D, GL_TEXTURE_WRAP_S,
                               GL_CLAMP_TO_EDGE);
glTexParameteri(GL_TEXTURE_2D, GL_TEXTURE_WRAP_T,
                               GL_CLAMP_TO_EDGE);
glTexParameteri(GL_TEXTURE_2D, GL_TEXTURE_MAG_FILTER,
                               GL_LINEAR);
glTexParameteri(GL_TEXTURE_2D, GL_TEXTURE_MIN_FILTER,
                               GL_LINEAR);

// 렌더링버퍼 바인딩과 16비트 깊이 버퍼 생성
// 렌더링버퍼의 너비와 높이 = 텍스처의 너비와 높이
glBindRenderbuffer(GL_RENDERBUFFER, depthRenderbuffer);
glRenderbufferStorage(GL_RENDERBUFFER, GL_DEPTH_COMPONENT16,
                      texWidth, texHeight);

// 프레임버퍼 바인딩
glBindFramebuffer(GL_FRAMEBUFFER, framebuffer);
```

```
// 컬러 장치로 텍스처 지정
glFramebufferTexture2D(GL_FRAMEBUFFER, GL_COLOR_ATTACHMENT0,
                       GL_TEXTURE_2D, texture, 0);

// 컬러 장치로 깊이 렌더링버퍼 지정
glFramebufferRenderbuffer(GL_FRAMEBUFFER, GL_DEPTH_ATTACHMENT,
                          GL_RENDERBUFFER, depthRenderbuffer);

// 프레임버퍼 완전성 검사
status = glCheckFramebufferStatus(GL_FRAMEBUFFER);
if(status == GL_FRAMEBUFFER_COMPLETE)
{
   // FBO를 사용하여 텍스처 렌더링
   // 컬러, 깊이 버퍼 지우기
   glClearColor(0.0f, 0.0f, 0.0f, 1.0f);
   glClear(GL_COLOR_BUFFER_BIT | GL_DEPTH_BUFFER_BIT);

   // FBO 렌더링에 사용되는 정점과 프래그먼트 셰이더를 위해 uniforms 적재
   // 정점 셰이더는 제8장 예제 8-8에서 기술한 ES 1.1 정점 셰이더이다.
   // 프래그먼트 셰이더는 프래그먼트 컬러로 정점 셰이더에 의해 계산된 컬러 출력
   // 제1장 예제 1-2에서 기술하였다.
   set_fbo_texture_shader_and_uniforms();

   // 프레임버퍼 객체에 대한 드로잉 명령어
   draw_teapot();

   // 프레임버퍼를 제공하는 윈도우 시스템 렌더링
   glBindFramebuffer(GL_FRAMEBUFFER, 0);

   // 프레임버퍼를 제공하는 윈도우 시스템에 드로잉하기 위해 texture를 사용
   // 뷰포트 크기인 쿼드 드로잉
   // 정점 셰이더는 입력으로 전달된 텍스처 좌표와 정점 위치 출력
   // 프래그먼트 셰이더는 텍스처 좌표를 사용하고 각 프래그먼트 컬러 값으로 이를 사용
   // 한다.

   set_screen_shader_and_uniforms();
   draw_screen_quad();
}

// 지우기
glDeleteRenderbuffers(1, &depthRenderbuffer);
glDeleteFramebuffers(1, &framebuffer);
glDeleteTextures(1, &texture);
```

예제 12-2에서 적절한 glGen*** 명령어를 사용하여 framebuffer, texture, depthRenderbuffer 객체를 생성한다. framebuffer는 텍스처 객체(texture)인 컬러 장치와 렌더링버퍼 객체(depthRenderbuffer)인 깊이 장치를 사용한다.

이들 객체를 생성하기 전에 구현에서 지원되는 최대 렌더링버퍼 크기가 컬러 장치로 사용될 텍스처의 너비와 높이가 같거나 작은지 확인하는 최대 렌더링 크기(GL_MAX_RENDERBUFFER_SIZE)를 질의한다. 이는 깊이 렌더링버퍼를 성공적으로 생성하고 framebuffer에 깊이 장치로 이를 사용한다.

객체가 만들어지고 난 후에 현재 바인딩된 텍스처 객체인 텍스처를 만들기 위해 glBindTexture(texture)를 호출한다. 그 다음 텍스처 밉단계는 glTexImage2D를 사용하여 지정된다. pixels 인수가 NULL인 점에 유의하자. 이는 전체 텍스처 영역에 렌더링하는 것이고 텍스처가 덮어쓰기 될 때 임의의 입력 데이터를 지정할 이유가 없다.

depthRenderbuffer 객체는 glBindRenderbuffer를 사용하여 바인딩되고 glRenderbufferStorage는 16비트 깊이 버퍼에 대한 저장소가 할당할 때 호출된다.

framebuffer 객체는 glBindFramebuffer를 사용하여 바인딩되고 texture는 framebuffer에 컬러 장치로 첨부되고 depthRenderbuffer는 framebuffer에 깊이 장치로 첨부된다.

framebuffer에 드로잉하기 전에 프레임버퍼 상태가 완전한지를 검사한다. 프레임버퍼 렌더링이 완전하면 glBindFramebuffer(GL_FRAMEBUFFER, 0)에 의해 프레임버퍼를 제공하는 윈도우 시스템에 현재 바인딩된 프레임버퍼를 재설정한다. 프레임버퍼를 제공하는 윈도우 시스템에 드로잉하기 위해 framebuffer에 렌더링 대상으로 사용되었던 texture를 사용할 수 있다.

예제 12-2에서 framebuffer에 깊이 버퍼 장치는 렌더링버퍼 객체이다. 예제 12-3에서는 framebuffer에 깊이 버퍼 장치로 깊이 텍스처 사용 방법을 보여준다. 애플리케이

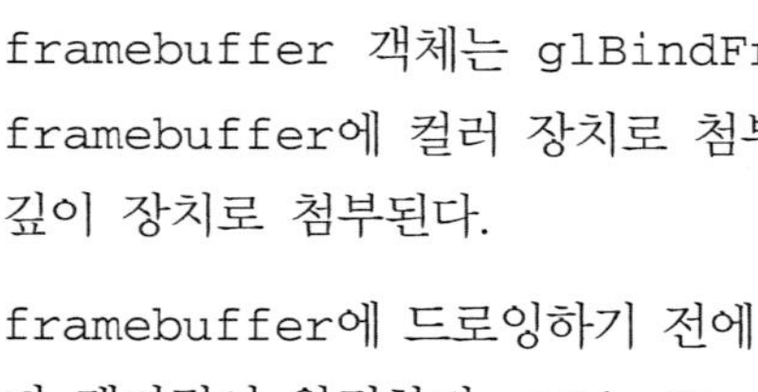

**그림 12-3** 깊이 텍스처 렌더링

션은 광원으로부터 프레임버퍼 장치로 사용된 깊이 텍스처에 렌더링할 수 있다. 렌더링된 깊이 텍스처는 각 프래그먼트에 대한 그림자의 퍼센트를 계산하기 위해 그림자 맵으로 사용될 수 있다. 그림 12-3은 생성된 이미지를 보여준다.

**예제 12-3** 깊이 텍스처 렌더링

```
#define COLOR_TEXTURE     0
#define DEPTH_TEXTURE     1

GLuint framebuffer;
GLuint textures[2];
GLint texWidth = 256, texHeight = 256;

// 프레임버퍼, 텍스처 객체 이름 생성
glGenFramebuffers(1, &framebuffer);
glGenTextures(2, textures);

// 컬러 텍스처 바인딩과 텍스처 밉레벨 0 적재
// 텍셀은 RGB565
// 어떤 텍셀도 텍스처에 드로잉할 때 지정할 필요가 없다.
glBindTexture(GL_TEXTURE_2D, textures[COLOR_TEXTURE]);
glTexImage2D(GL_TEXTURE_2D, 0, GL_RGB, texWidth, texHeight, 0,
             GL_RGB, GL_UNSIGNED_SHORT_5_6_5, NULL);

glTexParameteri(GL_TEXTURE_2D, GL_TEXTURE_WRAP_S,
                GL_CLAMP_TO_EDGE);
glTexParameteri(GL_TEXTURE_2D, GL_TEXTURE_WRAP_T,
                GL_CLAMP_TO_EDGE);
glTexParameteri(GL_TEXTURE_2D, GL_TEXTURE_MAG_FILTER,
                GL_LINEAR);
glTexParameteri(GL_TEXTURE_2D, GL_TEXTURE_MIN_FILTER,
                GL_LINEAR);

// 깊이 텍스처 바인딩과 텍스처 밉레벨 0 적재
// 어떤 텍셀도 텍스처에 드로잉할 때 지정할 필요가 없다.
glBindTexture(GL_TEXTURE_2D, textures[DEPTH_TEXTURE]);
glTexImage2D(GL_TEXTURE_2D, 0, GL_DEPTH_COMPONENT, texWidth,
             texHeight, 0, GL_DEPTH_COMPONENT, GL_UNSIGNED_SHORT,
             NULL);

glTexParameteri(GL_TEXTURE_2D, GL_TEXTURE_WRAP_S,
                GL_CLAMP_TO_EDGE);
```

```
glTexParameteri(GL_TEXTURE_2D, GL_TEXTURE_WRAP_T,
                GL_CLAMP_TO_EDGE);
glTexParameteri(GL_TEXTURE_2D, GL_TEXTURE_MAG_FILTER,
                GL_NEAREST);
glTexParameteri(GL_TEXTURE_2D, GL_TEXTURE_MIN_FILTER,
                GL_NEAREST);

// 프레임버퍼 바인딩
glBindFramebuffer(GL_FRAMEBUFFER, framebuffer);

//컬러 장치로 텍스처 지정
glFramebufferTexture2D(GL_FRAMEBUFFER, GL_COLOR_ATTACHMENT0,
                       GL_TEXTURE_2D, textures[COLOR_TEXTURE], 0);

// 깊이 장치로 텍스처 지정
glFramebufferTexture2D(GL_FRAMEBUFFER, GL_DEPTH_ATTACHMENT,
                       GL_TEXTURE_2D, textures[DEPTH_TEXTURE], 0);

// 프레임버퍼 완전성 검사
status = glCheckFramebufferStatus(GL_FRAMEBUFFER);
if (status == GL_FRAMEBUFFER_COMPLETE)
{
   // FBO를 사용하여 컬러, 깊이 텍스처 렌더링
   // 컬러, 깊이 버퍼 지우기
   glClearColor(0.0f, 0.0f, 0.0f, 1.0f);
   glClear(GL_COLOR_BUFFER_BIT | GL_DEPTH_BUFFER_BIT);

   // FBO 렌더링에 사용되는 정점과 프래그먼트 셰이더를 위해 uniforms 적재
   // 정점 셰이더는 제8장 예제 8-8에서 기술한 ES 1.1 정점 셰이더이다.
   // 프래그먼트 셰이더는 프래그먼트 컬러로 정점 셰이더에 의해 계산된 컬러 출력
   // 제1장 예제 1-2에서 기술했다.
   set_fbo_texture_shader_and_uniforms();

   // 프레임버퍼 객체에 대한 드로잉 명령어
   draw_teapot();

   // 프레임버퍼를 제공하는 윈도우 시스템 렌더링
   glBindFramebuffer(GL_FRAMEBUFFER, 0);

   // 프레임버퍼를 제공하는 윈도우 시스템에 드로잉하기 위해 depth texture를 사용
   // 뷰포트 크기인 쿼드 드로잉
   // 정점 셰이더는 입력으로 전달된 텍스처 좌표와 정점 위치 출력
   // 프래그먼트 셰이더는 텍스처 좌표를 사용하고 각 프래그먼트 컬러 값으로 이를 사용
```

```
    set_screen_shader_and_uniforms();
    draw_screen_quad();
}

// 지우기
glDeleteFramebuffers(1, &framebuffer);
glDeleteTextures(2, &texture);
```

> **주** 화면밖 렌더링버퍼의 너비와 높이는 2의 거듭제곱이 아니어야 한다.

## 성능 팁과 트릭

여기에서는 프레임버퍼 객체를 사용할 때 개발자가 신중하게 고려해야 하는 약간의 성능 팁을 논의한다.

- 프레임버퍼를 제공하는 윈도우 시스템에 대한 렌더링과 프레임버퍼 객체에 대한 렌더링 사이 교환을 피해라. 이러한 구현 중 대부분이 타일 기반(tile-based) 렌더링 구조를 사용할 때 이것은 휴대용 OpenGL ES 3.0 구현을 위한 문제점이다. 타일 기반 렌더링 구조와 전용 내부 메모리는 프레임버퍼의 타일(즉, 영역)에 대한 컬러, 깊이, 스텐실 값을 저장하는데 사용된다. 내부 메모리는 수행 중인 외부 메모리와 비교해서 내부 메모리가 좋은 전력효율, 메모리 지연시간과 대역폭을 가지고 있을 때 사용된다. 타일에 대한 렌더링이 완료된 후 타일은 장치(또는 시스템) 메모리에 기록된다. 렌더링 대상을 교환할 때마다 적절한 텍스처와 렌더링버퍼 장치는 렌더링되고, 저장되고 복구될 필요가 있다. 이는 아주 고비용일 수 있다. 가장 좋은 방법은 첫 번째 장면에서 적절한 프레임버퍼에 렌더링하는 것이고 그 다음에 디스플레이 버퍼를 교환하기 위해 `eglSwapBuffers` 명령어가 따르는 프레임버퍼를 제공하는 윈도우 시스템을 렌더링하는 것이다.
- 프레임당 프레임버퍼와 렌더링버퍼 객체(또는 임의의 다른 큰 데이터 객체)를 생성하거나 삭제하지 않는다.
- 렌더링 대상으로 사용된 프레임버퍼 객체에 첨부된 텍스처 수정(`glTexImage2D`, `glTexSubImage2D`, `glCopyTexImage2D` 등을 사용한)을 피하자.
- 원래 데이터가 사용되지 않으면서 전체 텍스처 이미지가 렌더링되면 `glTexImage2D`와 `glTexImage3D`의 `pixels` 인수는 `NULL`로 설정된다. 만일 텍스처에

정의된 픽셀 값을 가진 이미지를 기대한다면 텍스처에 그려지기 전에 텍스처 이미지를 지우기 위해 glInvalidaframebuffer를 사용해야 한다.

- 메모리 공간 요구사항을 최소로 유지할 수 있는 프레임버퍼 객체에 의해 사용된 장치로 깊이와 스텐실 렌더링버퍼를 공유하라. 이 버퍼들의 너비와 높이가 같아야 한다고 할 때 이 권고가 제한된 사용임을 알게 된다. OpenGL ES의 장래 버전에서는 프레임버퍼 객체의 다양한 장치의 너비와 높이가 같아야 한다는 규칙은 공유를 쉽게 하기 위해 유연해질지도 모른다.

## 요약

이 장에서 화면밖 표면에 렌더링을 위한 프레임버퍼 객체 사용에 대해 배웠다. 텍스처에 렌더링하기 위해 가장 공통적인 프레임버퍼 객체의 여러 사용에 대해 배웠다. 프레임버퍼 객체에 컬러, 깊이, 스텐실 장치를 지정하는 방법에 대해 익혔고 프레임버퍼에서 픽셀들을 복사하고 무효화 입증하는 방법을 배웠으며, 프레임버퍼 객체에서 렌더링하는 예를 보였다. 프레임버퍼 객체의 이해는 반사, 그림자 맵, 후처리 등과 같은 많은 고급 효과를 구현하는 데 중요하다. 다음에 애플리케이션과 GPU 실행을 동기화하는 기법인 동기 객체와 펜스에 대해 배우게 될 것이다.

OpenGL® ES™ 3.0 Programming Guide

# Chapter 13 객체 동기와 펜스(fences)

OpenGL ES 3.0은 OpenGL ES 연산 집합이 GPU에서 실행을 종료할 때까지 애플리케이션이 기다리도록 하는 방법을 제공한다. 다중 그래픽 문맥들과 스레드(thread)들 사이 GL 연산들이 동기화할 수 있다. 이는 많은 고급 그래픽 애플리케이션에서 중요하다. 예를 들어, 애플리케이션에서 결과를 이용하기 전에 피드백 결과 전송을 기다려야 할 때이다.

이 장에서는 플러시(flush) 명령, 종료 명령, 동기 객체와 펜스에 대해 논의할 것인데, 이는 그래픽 파이프라인에서 연산들을 동기화하기 위해 어떻게 사용하는지 왜 유용한지를 포함한다. 마지막으로 동기 객체와 펜스 이용 예로 마무리 짓는다.

## 플러시와 종료

OpenGL ES 3.0 API는 OpenGL 클라이언트-서버 모델에서 유래되었다. 애플리케이션 또는 클라이언트에서 이슈화한 명령들은 OpenGL ES 구현이나 서버에 의해 처리된다. OpenGL에서 클라이언트와 서버는 네트워크상에서 다른 기기에서 존재할 수 있다. OpenGL ES는 또한 다른 기법으로 클라이언트와 서버가 존재하도록 허용한다. 그러나 OpenGL ES 대상이 휴대용이고 임베디드 플랫폼이므로 클라이언트와 서버는 전형적으로 동일 기기에 존재하게 된다.

클라이언트-서버 모델에서 클라이언트에 의해 이슈화된 명령어는 즉시 서버에 반드시 보낼 필요가 없다. 클라이언트와 서버가 네트워크 상에서 동작하면 네트워크 상에서 개개 명령어를 보내는 것은 매우 비효율적이다. 대신 명령어는 클라이언트측에 저장될 수 있고 나중에 서버에 이슈화한다. 이 접근을 지원하기 위해 이 기법은 서버가 이전에 이슈화한 명령어의 실행이 완료될 때 클라이언트에 알릴 필요가 있다. 다중 OpenGL ES 문맥(각각은 다른 스레드에 전달)이 공유 객체인 다른 예를 고려해 보자. 이들 문맥들 사이 정확하게 동기화하기 위해 문맥 A로부터 명령이 문맥 B로부터 명령 전에 서버에 이슈화하는 것이 중요한데, 이는 문맥 A에 의해 수정된 OpenGL ES 상태에 따른다. `glFlush` 명령은 현재 OpenGL ES 문맥 내 임의의 기다리는 명령을 플러시하고, 이들을 서버에 이슈화하기 위해 사용된다. `glFlush`는 단지 서버에 명령들을 이슈화함에 주의하기 바란다. 이는 종료하는 것을 기다리지 않는다. 클라이언트가 명령들이 종료되기를 요구한다면 `glFinish` 명령이 사용되어야 한다. 절대적으로 필요하지 않은데 `glFinish`를 이용하는 것을 권고하지는 않는다. `glFinish`가 문맥 내 모든 대기행렬 명령들이 서버에 의해 완전히 처리될 때까지 반환하지 않기 때문에 `glFinish` 호출은 이들 연산들을 동기화하기 위해 클라이언트와 서버를 강제로 함으로써 반대로 성능에 영향을 미치게 할 수 있다.

## 왜 동기 객체를 사용하는가?

OpenGL ES 3.0은 OpenGL ES 연산 집합이 실행을 위해 더 대기하기 전에 실행을 종료할 때까지 기다리도록 애플리케이션이 GPU에 알리는 방법을 제공하는 펜스라는 새로운 특성을 소개한다. GL 명령 스트림에 펜스 명령을 삽입할 수 있고 기다리도록 동기 객체와 연결한다.

동기 객체 사용을 `glFinish` 명령과 비교하면 GL 명령 스트림의 부분 종료를 기다릴 수 있는 것처럼 동기 객체는 더 효율적이다. 비교해 볼 때 `glFinish` 명령 호출은 이 명령이 그래픽 파이프라인을 비울 때 애플리케이션의 성능을 저하시킬 수 있다.

## 동기 객체의 생성과 삭제

GL 명령 스트림에 펜스 명령을 삽입하고 동기 객체를 생성하기 위해 다음 함수를 호출

할 수 있다:

```
void  glFenceSync(GLenum condition, GLbitfield flags)
```

| | |
|---|---|
| *condition* | 동기 객체에 신호를 할 때 조건을 지정; GL_SYNC_GPU_COMMANDS_COMPLETE이어야 한다. |
| *flags* | 동기 객체를 제어하기 위한 플래그들의 비트 조합을 지정, 현재 0이어야 한다. |

동기 객체가 처음 생성될 때 이들의 상태는 신호가 없다. 지정된 조건이 펜스 명령에 만족하면 이때 이들 상태는 신호가 있다. 동기 객체는 재사용될 수 없기 때문에 각 동기 연산에 대해 하나의 동기 객체를 생성해야 한다.

동기 객체 삭제를 위해 다음 함수를 호출해야 한다:

```
void  glDeleteSync(GLsync sync)
```

| | |
|---|---|
| *sync* | 삭제될 동기 객체를 지정 |

삭제 연산은 즉시 발생하지 않는데, 이는 다른 연산이 동기 객체를 기다리는 것이 없을 때 단지 삭제된다. 그러므로 동기 객체에 대해 기다린 후 glDeleteSync 명령을 바로 호출할 수 있는데, 이는 다음에 설명한다.

## 동기 객체 대기와 신호

클라이언트를 차단하고 다음의 호출로 신호를 보내 동기 객체를 기다리게 할 수 있다:

```
void  glClientWaitSync(GLsync sync, GLbitfield flags,
                       GLuint64 timeout)
```

| | |
|---|---|
| *sync* | 상태에 따라 대기하도록 동기 객체를 지정 |
| *flags* | 동작을 플러싱하는 명령을 제어하는 비트필드 지정 GL_SYNC_FLUSH_COMMANDS_BIT |
| *timeout* | 동기 객체를 대기하도록 나노세컨드 단위로 타임아웃 지정 |

동기 객체가 이미 신호 상태에 있으면 glClientWaitSync 명령은 즉시 반환한다. 그렇지 않으면 호출이 블록되고 신호되도록 동기 객체에 대해 timeout 나노세컨드까지 대기한다.

glClientWaitSync 함수는 다음 값을 반환한다:

- GL_ALREADY_SIGNALED : 함수가 호출될 때 동기 객체가 이미 신호 상태에 있다.
- GL_TIMEOUT_EXPIRED : 동기 객체는 전달된 timeout 나노세컨드 이후 신호를 주지 않는다.
- GL_CONDITION_SATISFIED : 동기 객체는 만기된 타임아웃 이전에 신호를 준다.
- GL_WAIT_FAILED : 오류 발생

glWaitSync 함수는 함수가 즉시 반환하고 동기 객체가 신호 있을 때까지 GPU를 블록하는 것을 제외하고는 glClientWaitSync와 유사하다.

```
void   glWaitSync(GLsync sync, GLbitfield flags,
                  GLuint64 timeout)
```

| | |
|---|---|
| *sync* | 상태에 따라 대기하도록 동기 객체를 지정 |
| *flags* | 동작을 플러싱하는 명령을 제어하는 비트필드 지정. 0이 되어야 한다. |
| *timeout* | 서버는 연속되기 전에 대기해야 하는 나노세컨드 단위로 타임아웃 지정; GL_TIMEOUT_IGNORED이어야 한다. |

## 예제

예제 13-1은 생성된 전송 피드백 버퍼가 생성된 후 펜스 명령을 삽입하고(EmitParticles 함수 구현 참조), 그리기 전에 전송 피드백 결과에 따라 대기하도록 GPU를 블로킹한다(Draw 함수 구현을 참조). EmitParticles와 Draw 함수는 두 구분된 CPU 스레드에 의해 실행된다.

이 코드 부분은 제14장 "OpenGL ES 3.0 고급 프로그래밍"에서 더 자세히 설명할 전송 피드백 예로 입자 시스템의 부분이다.

**예제 13-1** 펜스 명령 삽입과 전송 피드백 결과를 대기하는 예

```
void EmitParticles ( ESContext *esContext, float deltaTime )
{
   // 코드 생략...

   // 전송 피드백을 이용하여 입자들을 표현
   glBeginTransformFeedback (GL_POINTS );
      glDrawArrays (GL_POINTS, 0, NUM_PARTICLES );
   glEndTransformFeedback ();

   // 그리기 전에 전송 피드백 결과가 종료됨을 확실히 하기 위해 동기 객체 생성
   userData->emitSync =
      glFenceSync (GL_SYNC_GPU_COMMANDS_COMPLETE, 0);

   // 코드 생략...
}

void Draw ( ESContext *esContext )
{
   UserData *userData = ( UserData* ) esContext->userData;

   // 전송 피드백 결과가 종료될 때까지 GL 서버를 블로킹
   glWaitSync ( userData->emitSync, 0, GL_TIMEOUT_IGNORED );
   glDeleteSync ( userData->emitSync );

   // 코드 생략...

   glDrawArrays ( GL_POINTS, 0, NUM_PARTICLES );

}
```

# 요약

이 장에서는 OpenGL ES 3.0에서 호스트 애플리케이션과 GPU 실행 내에서 동기화를 위한 효율적인 기본요소에 대해 배웠다. 동기 객체와 펜스 사용방법에 대해 논의하였다. 다음 장에서는 지금까지 이 책을 통해 배운 모든 개념을 서로 결합하여 많은 고급 렌더링 예를 접하게 될 것이다.

OpenGL® ES™ 3.0 Programming Guide

# Chapter 14 OpenGL ES 3.0 고급 프로그래밍

이 장에서는 OpenGL ES 3.0의 고급 활용에 대해 논의하기 위해서 책에서 배운 여러 가지 기술을 종합해 보자. OpenGL ES 3.0의 유연한 프로그래밍을 통해 이룰 수 있는 고급 렌더링 기술에는 여러 가지가 있다. 본 장에서 배울 렌더링 기술은 다음과 같다.

- 각 프래그먼트 조명
- 환경 매핑
- 점 스프라이트(sprite)를 이용한 입자 시스템(Particle system)
- 변환 피드백을 이용한 입자 시스템
- 이미지 후처리
- 투영 텍스처링
- 3D 텍스처를 이용한 노이즈(Noise)
- 절차적 텍스처
- 정점 텍스처 인출로 지형 렌더링
- 깊이 텍스처를 이용한 그림자

## 각 프래그먼트 조명

제8장 "정점 셰이더"에서 각 정점 조명을 계산하기 위해 정점 셰이더에서 사용되는 조명 방정식을 다루었다. 일반적으로, 고품질 조명을 위해 각 프래그먼트 기반의 조명 방정식 계산을 구한다. 이 절에서 각 프래그먼트를 기준으로 산란(diffuse), 주변(ambient), 반사(specular) 조명을 계산하는 예제를 다룬다. 다루게 될 예제는 그림 14-1과 같이 `Chapter_14/PVR_PerFragmentLighting`에서 찾을 수 있는 PVRShaman 작업공간이다. 이 장의 여러 예제들은 PVRShaman을 이용하는데, 이는 Imagination Technologies PowerVR SDK(http://powervrinsider.com/에서 다운로드 가능)의 부분인 셰이더 IDE로, 이는 그림 14-1에서 확인할 수 있다.

### 법선 맵 조명

PVRShaman 작업공간에서 사용된 셰이더를 자세히 살펴보기 전에, 예제에서 사용된 전반적인 접근방법에 대해 논의해 볼 필요가 있다. 각 프래그먼트 조명을 수행하는 간단한 방법은 프래그먼트 셰이더 내의 보간된 정점 법선을 사용하여 조명 계산결과를 프래그먼트 셰이더로 이동시키는 것이다. 그러나 산란조명 측면에서 이는 각 정점 조명을 시행한 결과에 비해 월등한 결과를 만들어 내지는 못한다. 법선 벡터가 재정규화될 수 있어 선형 보간으로 인한 아티팩트(artifact)를 제거하는 이점이 있지만, 전체적인 품질은 지극히 미미하게 나아질 뿐이다. 실질적으로 각 프래그먼트 계산 수행의 이점을 이끌어 내기 위해서는 각 텍셀로 법선을 저장하는 법선 맵을 사용하면 훨씬 세밀함을 제공할 수 있다.

법선 맵은 각 텍셀에 법선 벡터를 저장하는 2D 텍스처이다. 빨간색 계통은 *x* 구성요소, 초록색은 *y* 구성요소, 파랑색은 *z* 구성요소를 표현한다. 법선 맵은 `GL_UNSIGNED_`

**그림 14-1** 각 프래그먼트 조명 예제

BYTE 데이터를 가진 GL_RGB8로 저장되기 때문에, 그 값은 모두 [0, 1] 범위 안에 놓인다. 법선을 표현하기 위해 이런 값들은 셰이더에서 [−1, 1]에 새로 매핑하는(remap) 축척 및 바이어스(bias) 연산을 거쳐야 한다. 다음 프래그먼트 셰이더 코드 부분은 법선 맵으로부터 인출하는 방법을 보여준다.

```
// 법선 맵에서 탄젠트(tangent) 공간 법선 인출
vec3 normal = texture(s_bumpMap, v_texcoord).xyz;

// [0, 1]에서 [-1, 1]로 축척(scale) 연산 및 바이어스 연산을 하고 정규화
normal = normalize(normal * 2.0 - 1.0);
```

보는 바와 같이 이 간단한 셰이더 코드는 텍스처 맵에서 컬러 값을 인출하여 결과를 2로 곱하고 1을 뺀다. 그 결과값은 [0, 1]에서 [−1, 1] 범위로 다시 축척되었다. GL_RGB8_SNORM과 같은 부호화된 텍스처 형식을 이용하여 셰이더 코드에서 이 축척과 바이어스를 실제적으로 피할 수 있다. 그러나 부호없는 형식으로 저장된 법선 맵을 이용하는 방법을 보이기 위한 구현 목적이다. 추가로, 법선 맵에 있는 데이터가 정규화되지 않았다면, 프래그먼트 셰이더에서 결과를 정규화해야 할 것이다. 법선 맵이 모든 단위 벡터를 가지고 있다면 이 과정은 생략될 수 있다.

각 프래그먼트 조명에 관련하여 다루어야 할 다른 중요 문제는 "텍스처 내의 법선이 어떤 공간에 저장되는가?"이다. 프래그먼트 셰이더에서의 계산을 최소화하기 위해 법선 맵에서 인출된 법선의 결과를 변환하지 않는 것이 좋은데, 이를 위한 방법 중 하나가 법선 맵에 세계공간(world-space) 법선을 저장하는 것으로, 법선 맵의 법선 벡터가 각각 세계 공간 법선 벡터로 표현하는 것이다. 그러면 조명 및 방향 벡터는 정점 셰이더에서 세계 공간으로 변환되고, 법선 맵에서 인출된 값을 바로 사용할 수 있게 된다. 그러나 세계공간에 정규 법선 맵을 저장하는 데에는 중요한 문제가 있다. 무엇보다도 객체가 반드시 정적 상태임을 가정해야 하는데, 이는 객체에 대한 변형이 발생할 수 없기 때문이다. 다른 문제는 한 공간에서 다른 방향을 향하는 동일 평면이 법선 맵의 동일 텍셀 공유가 불가능 할 수 있는데, 이는 자칫 훨씬 더 방대한 매핑을 해야 하는 결과로 나타날 수 있다.

세계공간 법선 맵을 사용하는 것보다 좋은 해결책은 탄젠트 공간에 법선 맵을 저장하는 것이다. 탄젠트 공간의 이면에는 법선, 종법선(binormal), 탄젠트(tangent) 이 세 개의 좌표축으로 각 정점에 대한 공간을 정의하는 개념이 있다. 텍스처 맵에 저장된 법선은 모두 이 탄젠트 공간에 저장된다. 그리고 조명 방정식을 계산하려할 때, 입력 조명 벡터를 탄젠트 공간으로 변환하여 그 조명 벡터를 법선 맵에 있는 값으로 바로 사용할 수

있게 되는 것이다. 탄젠트 공간은 일반적으로 선처리(preprocess) 방법으로 계산되며 종 법선과 탄젠트는 정점 속성 데이터에 추가된다. 이 작업은 PVRShaman에 의해 자동으로 처리하는데, 이는 정점 법선과 텍스처 좌표를 가진 특정 모델에 대한 탄젠트 공간을 계산하는 것이다.

## 조명 셰이더

탄젠트 공간 법선 맵을 가지고 탄젠트 공간 벡터를 설정하면, 각 프래그먼트 조명을 처리할 수 있다. 첫째로, 예제 14-1에 있는 정점 셰이더를 살펴보자.

**예제 14-1** 각 프래그먼트 조명 정점 셰이더

```
#version 300 es
uniform mat4 u_matViewInverse;
uniform mat4 u_matViewProjection;
uniform vec3 u_lightPosition;
uniform vec3 u_eyePosition;

in vec4 a_vertex;
in vec2 a_texcoord0;
in vec3 a_normal;
in vec3 a_binormal;
in vec3 a_tangent;

out vec2 v_texcoord;
out vec3 v_viewDirection;
out vec3 v_lightDirection;

void main(void)
{
   // 뷰 공간 벡터를 세계공간으로 변환
   vec3 eyePositionWorld =
        (u_matViewInverse * vec4(u_eyePosition, 1.0)).xyz;

   // 세계공간 방향 벡터를 계산
   vec3 viewDirectionWorld = eyePositionWorld - a_vertex.xyz;

   // 조명 위치를 세계공간으로 변환
   vec3 lightPositionWorld =
        (u_matViewInverse * vec4(u_lightPosition, 1.0)).xyz;
```

```
    // 세계공간 조명 방향 벡터를 계산
    vec3 lightDirectionWorld =
         lightPositionWorld - a_vertex.xyz;

    // 탄젠트 행렬 생성
    mat3 tangentMat = mat3(a_tangent, a_binormal, a_normal);

    // 시점 및 조명 벡터를 탄젠트 공간으로 변환
    v_viewDirection = viewDirectionWorld * tangentMat;
    v_lightDirection = lightDirectionWorld * tangentMat;

    // 출력 위치 변환
    gl_Position = u_matViewProjection * a_vertex;

    // 텍스처 좌표를 통해 전달
    v_texcoord = a_texcoord0.xy;
}
```

정점 셰이더 입력과 uniforms는 PerFragmentLighting.pfx 파일에서 문맥을 설정하여 PVRShaman에 의해 자동적으로 설정됨을 유의하기 바란다. 2개의 uniform 행렬 u_matViewInverse와 u_matViewProjection은 정점 셰이더에 대한 입력으로 사용된다. u_matViewInverse는 뷰 행렬의 역행렬을 포함하고 있다. 이 행렬은 조명 벡터와 시선 벡터를 세계공간으로 변환하기 위해 사용된다. main 함수의 첫 4줄의 명령문이 이러한 변환을 위해 사용되며, 세계공간에서 조명 벡터와 뷰 벡터를 계산한다. 다음 단계는 탄젠트 행렬을 생성하는 것이다. 정점을 위한 탄젠트 공간은 a_normal, a_binormal, a_tangent의 3가지 정점 속성에 저장되는데, 이러한 3개의 벡터는 각 정점에 대한 탄젠트 공간의 3개 좌표축을 정의하는 것이다. 이 벡터로부터 탄젠트 행렬 tangentMat을 구성하기 위해 3x3 행렬을 생성한다.

다음 단계는 뷰 벡터와 방향 벡터(direction vector)를 tangentMat 행렬로 곱하여 탄젠트 공간으로 변환하는 것이다. 여기서 목적은 뷰 벡터와 방향 벡터를 탄젠트 공간의 법선 맵 내의 법선처럼 동일 공간에 위치하도록 하는 것이다. 정점 셰이더에서의 이런 변환과정을 통해서 프래그먼트 셰이더에서 변환하는 과정을 피할 수 있다. 마지막으로 최종 출력 위치를 계산하여 gl_Position에 저장하고, 텍스처 좌표를 v_texcoord로 프래그먼트 셰이더에 전달한다.

이제 뷰 공간에 뷰 벡터와 방향 벡터를 가진다. 그리고 텍스처 좌표를 출력 변수로 프래그먼트 셰이더에 전달한다. 예제 14-2에서 보이듯이 다음 단계는 프래그먼트 셰이더를 사용해 프래그먼트에 조명을 주는 것이다.

**예제 14-2** 각 프래그먼트 조명 프래그먼트 셰이더

```
#version 300 es
precision mediump float;

uniform vec4 u_ambient;
uniform vec4 u_specular;
uniform vec4 u_diffuse;
uniform float u_specularPower;

uniform sampler2D s_baseMap;
uniform sampler2D s_bumpMap;

in vec2 v_texcoord;
in vec3 v_viewDirection;
in vec3 v_lightDirection;

layout(location = 0) out vec4 fragColor;

void main(void)
{
   // 기본 맵 컬러 인출
   vec4 baseColor = texture(s_baseMap, v_texcoord);

   // 법선 맵에서 탄젠트 공간 법선 인출
   vec3 normal = texture(s_bumpMap, v_texcoord).xyz;

   // [0, 1]에서 [-1, 1] 범위를 축척과 바이어스 연산하고 정규화
   normal = normalize(normal * 2.0 - 1.0);

   // 조명 방향과 뷰 방향 정규화
   vec3 lightDirection = normalize(v_lightDirection);
   vec3 viewDirection = normalize(v_viewDirection);

   // N.L 계산
   float nDotL = dot(normal, lightDirection);

   // 반사 벡터 계산
   vec3 reflection = (2.0 * normal * nDotL) - lightDirection;
```

```
    // R.V 계산
    float rDotV = max(0.0, dot(reflection, viewDirection));

    // 주변조명 계산
    vec4 ambient = u_ambient * baseColor;

    // 산란조명 계산
    vec4 diffuse = u_diffuse * nDotL * baseColor;

    // 반사조명 계산
    vec4 specular = u_specular * pow(rDotV, u_specularPower);

    // 최종 컬러 출력
    FragColor = ambient + diffuse + specular;
}
```

프래그먼트 셰이더의 첫 부분은 산란조명(diffuse), 주변조명(ambient), 반사조명(specular) 컬러를 위한 uniform 선언문들이다. 이 값들은 uniform 변수 u_ambient, u_diffuse, u_specular에 저장된다. 셰이더는 두 샘플러 s_baseMap, s_bumpMap으로 설정되는데, 각각 기본컬러 맵과 법선 맵이 바인딩된다.

프래그먼트 셰이더의 첫 부분은 기본 맵에서 기본 컬러를 법선 맵에서 법선값을 인출한다. 앞서 언급한 것처럼 텍스처 맵에서 인출된 법선 벡터는 축척 및 바이어스 연산되고 정규화 되어 [−1, 1] 범위 내의 요소를 가지는 단위 벡터가 된다. 다음으로 조명벡터와 뷰 벡터는 정규화되어 lightDirection, viewDirection에 저장된다. 정규화가 필요한 이유는 프래그먼트 셰이더 입력 변수가 기본요소에 따라 보간되기 때문이다. 셰이더 입력 변수는 기본요소에 따라 선형으로 보간된다. 두 벡터 사이에 선형 보간이 이루어지면, 보간 동안에는 정규화가 해제될 수 있다. 이러한 아티팩트를 보완하기 위해 벡터는 반드시 프래그먼트 셰이더에서 정규화되어야 한다.

## 조명 방정식

현 시점에서 이런 관점에 따라 프래그먼트 셰이더 내부에서는, 법선, 조명 벡터, 방향 벡터 모두 정규화되어 동일한 공간에 위치한다. 이는 조명 방정식을 계산하기 위해 필요한 입력을 넘겨준다. 이 셰이더에서 조명 계산은 다음과 같이 수행된다.

$$Ambient = k_{Ambient} \times C_{Base}$$

$$Diffuse = k_{Diffuse} \times N \cdot L \times C_{Base}$$

$$Specular = k_{Specular} \times pow(max(R \cdot V, 0.0), k_{specular\ Power}$$

산란조명, 주변조명, 반사조명 컬러에 대한 $k$ 상수는 u_ambient, u_diffuse, u_specular uniform 변수에서 가져온다. $C_{Base}$는 기본 텍스처 맵에서 인출된 기본 컬러이다. 조명벡터와 법선 벡터 사이의 내적(dot product), $N \cdot L$은 값이 계산되면 셰이더의 nDotL 변수에 저장되고, 산란 조명을 계산하는 데 사용된다. 마지막으로 반사조명 계산에는 $R$이 필요한데, 이는 다음 식을 통해 계산된 반사벡터이다.

$$R = 2 \times N \times (N \cdot L) - 1$$

반사벡터 또한 $N \cdot L$이 필요하기 때문에, 산란조명을 위해 사용되는 계산이 반사벡터 계산에서 재사용될 수 있다는 점에 주목하자. 끝으로 조명 항목은 셰이더의 ambient, diffuse, specular 변수에 저장된다. 이 결과는 합해져 출력 변수 gl_FragColor에 저장된다. 그 결과로 각 프래그먼트는 법선 맵에서 구한 법선 데이터를 가진 객체에 조명을 비추게 된다.

각 프래그먼트 조명에는 다양한 변화를 줄 수 있다. 한 가지 일반적인 기법은 반사 마스크 값을 가진 텍스처에 반사 지수를 저장하여, 반사조명이 평면에 걸쳐 변화하게 하는 방법이다. 이 예제의 주요 목적은 각 프래그먼트 조명에 대해 일반적으로 행해지는 계산의 종류에 대한 정보를 제공하는데 있다. 프래그먼트 셰이더에서 조명 방정식 계산법과 함께 탄젠트 공간의 사용은 많은 현대 게임에서 일반적인 것들이다. 물론, 추가적인 조명이나 재질 정보 및 그 외의 것들도 추가가 가능하다.

## 환경매핑 (environment mapping)

이전 기법과 관련해서 다음으로 다룰 렌더링 기법은 큐브맵을 활용한 환경매핑을 수행

그림 14-2 환경매핑 예제

하는 것이다. 여기서 다룰 예제는 PVRShaman 작업공간 Chapter_14/PVR_Environment Mapping/EnvironmentMapping이다. 그림 14-2에서 그 결과를 볼 수 있다.

환경매핑 개념은 객체에 대한 주변 환경의 반사를 렌더링하는 것이다. 제9장 "텍스처링"에서 큐브맵을 소개했었는데, 이는 일반적으로 환경맵을 저장하기 위해 사용된다. PVRShaman 예제 작업공간에서, 산에 대한 장면의 환경이 큐브맵에 저장되어 있다. 이러한 큐브맵은 임의의 장면의 중앙에 카메라를 위치시키고 90° 관측영역을 사용하여 양과 음의 주요 회전축 방향 각각을 따라 렌더링 하여 생성된다. 동적으로 변화하는 반사 때문에 각 프레임에 대해 동적으로 프레임버퍼 객체를 사용하여 큐브맵과 같이 렌더링할 수 있다. 정적인 환경에 대해 이 처리는 선처리(preprocess)로 이루어질 수 있으며 결과는 정적 큐브맵에 저장된다.

환경매핑 예제를 위한 정점 셰이더는 14-3에 있다.

**예제 14-3** 환경매핑 정점 셰이더

```
#version 300 es
uniform mat4 u_matViewInverse;
uniform mat4 u_matViewProjection;
uniform vec3 u_lightPosition;

in vec4 a_vertex;
in vec2 a_texcoord0;
in vec3 a_normal;
in vec3 a_binormal;
in vec3 a_tangent;

out vec2 v_texcoord;
out vec3 v_lightDirection;
out vec3 v_normal;
out vec3 v_binormal;
out vec3 v_tangent;

void main(void)
{
   // 조명 위치를 세계공간으로 변환
   vec3 lightPositionWorld =
          (u_matViewInverse * vec4(u_lightPosition, 1.0)).xyz;

   // 세계공간 조명 방향 벡터 계산
```

```
    vec3 lightDirectionWorld = lightPositionWorld - a_vertex.xyz;

    // 세계공간 조명 벡터를 프래그먼트 셰이더에 전달
    v_lightDirection = lightDirectionWorld;

    // 출력 위치를 변환
    gl_Position = u_matViewProjection * a_vertex;

    // 다른 속성들 전달
    v_texcoord = a_texcoord0.xy;
    v_normal = a_normal;
    v_binormal = a_binormal;
    v_tangent = a_tangent;
}
```

이 예제의 정점 셰이더는 이전 각 프래그먼트 조명 예제와 매우 유사하다. 유일한 차이점은 조명 방향 벡터를 탄젠트 공간으로 변환하는 대신, 세계공간에 조명벡터를 유지시키는 것이다. 이렇게 해야 하는 이유는 최종적으로 세계공간 반사벡터를 사용하여 큐브맵으로부터 인출하고자 하는 것이기 때문이다. 따라서 조명벡터를 탄젠트 공간으로 변환하지 않고 탄젠트의 정규벡터를 세계공간으로 변환하는 것이다. 이를 위해, 정점 셰이더는 변수로 법선, 이중법선, 탄젠트를 프래그먼트 셰이더에 전달하여 탄젠트 행렬이 구성될 수 있도록 한다.

예제 14-4에 환경매핑을 위한 프래그먼트 셰이더 목록을 제공했다.

**예제 14-4** 환경매핑을 위한 프래그먼트 셰이더

```
#version 300 es
precision mediump float;

uniform vec4 u_ambient;
uniform vec4 u_specular;
uniform vec4 u_diffuse;
uniform float u_specularPower;

uniform sampler2D s_baseMap;
uniform sampler2D s_bumpMap;
uniform samplerCube s_envMap;

in vec2 v_texcoord;
in vec3 v_lightDirection;
```

```
in vec3 v_normal;
in vec3 v_binormal;
in vec3 v_tangent;

layout(location = 0) out vec4 fragColor;

void main(void)
{
   // 기본 맵 컬러 인출
   vec4 baseColor = texture(s_baseMap, v_texcoord);

   // 법선 맵에서 탄젠트 공간 법선 인출
   vec3 normal = texture(s_bumpMap, v_texcoord).xyz;

   // [0, 1]에서 [-1, 1] 축척 및 바이어스 연산
   normal = normal * 2.0 - 1.0;

   // 탄젠트에서 세계공간으로 변환을 위한 행렬 생성
   mat3 tangentToWorldMat = mat3(v_tangent,
                                 v_binormal,
                                 v_normal);

   // 법선을 세계공간으로 변환하고 정규화
   normal = normalize(tangentToWorldMat * normal);

   // 조명 방향을 정규화
   vec3 lightDirection = normalize(v_lightDirection);

   // N.L 계산
   float nDotL = dot(normal, lightDirection);

   // 반사벡터 계산
   vec3 reflection = (2.0 * normal * nDotL) - lightDirection;

   // 환경맵으로부터 인출을 위해 반사벡터 사용
   vec4 envColor = texture(s_envMap, reflection);

   // 최종 컬러 출력
   fragColor = 0.25 * baseColor + envColor;
}
```

프래그먼트 셰이더에서 각 프래그먼트 조명 예제와 동일한 방법으로 법선 벡터가 법선

맵에서 인출되는 것을 알게 될 것이다. 이 예제에서 차이점은 탄젠트 공간에 법선 벡터를 남겨두는 대신 프래그먼트 셰이더가 법선 벡터를 세계공간으로 변환한다는 것이다. 이것은 tangentToWorld 행렬을 v_tangent, v_binormal, v_normal varying 벡터로부터 생성하고, 이 행렬을 인출된 법선 벡터에 곱하는 방법으로 이뤄진다. 반사벡터는 조명방향 벡터와 세계공간의 법선을 이용해서 계산한다. 계산 결과는 세계공간 내의 반사벡터가 되는데, 환경맵처럼 정확히 큐브맵으로부터 인출해야 한다. 이 벡터는 텍스처 좌표로 reflection 벡터를 갖는 texture 함수를 사용해 환경맵으로 인출하기 위해 사용된다. 끝으로 기본맵 컬러와 환경맵 컬러를 결합하여 FragColor를 생성한다. 기본 맵은 예제의 목적을 위해 0.25만큼 감쇠시켜서 환경맵이 분명하게 보이도록 했다.

예제는 환경매핑의 기본을 보여준다. 이런 기본이 되는 기법이 다양한 효과에 사용될 수 있는 것이다. 예를 들어, 추가적인 기법 중 하나로 주어진 재질에 대한 정확한 조명반사 모델을 위해 프레넬(Fresnel)을 사용한 반사 감쇠가 있다. 앞서 언급했듯이, 다른 일반적인 기법으로 장면을 큐브맵으로 동적 렌더링하여 객체가 한 장면에서 다른 장면으로 움직이면서 발생하는 자체 변화로 환경 반사가 다양해지게 하는 방법이 있다. 여기 소개된 기본 기법을 사용하여 좀 더 고급 반사효과를 만들 수 있도록 기법 확장이 가능하다.

## 점 스프라이트를 이용한 입자 시스템

다음으로 설명할 예제는 점 스프라이트를 이용한 입자 폭발(particle explosion)이다. 이 예제의 목적은 정점 셰이더에서 입자를 움직이게 하는 방법과 점 스프라이트를 이용한 입자 렌더링 방법을 설명하는 것이다. 여기서 다룰 예제 프로그램은 그림 14-3에 그려진 것으로 Chapter_14/ParticleSystem 폴더에 있다.

## 입자 시스템 설정

예제 코드로 들어가기 전에, 예제의 활용에 대해 간단하게 살펴보는 것이 도움이 될 것이다. 예제의 목적 중 하나가 CPU에 의해 수정된 동적 정점 데이터 없이, 입자 폭발을 렌더링하는 방법을 보이는 것이다. 그것은 폭발 현상을 일으킴에 있어서 uniform 변수를 제외한 정점 데이터에는 어떤 변경사항도 없다. 이를 위해 셰이더로 전달되는 몇 가지 입력이 있다.

초기화 시점에서 프로그램은 각 입자에 하나씩 정점 배열에 있는 값을 랜덤 값으로 초기

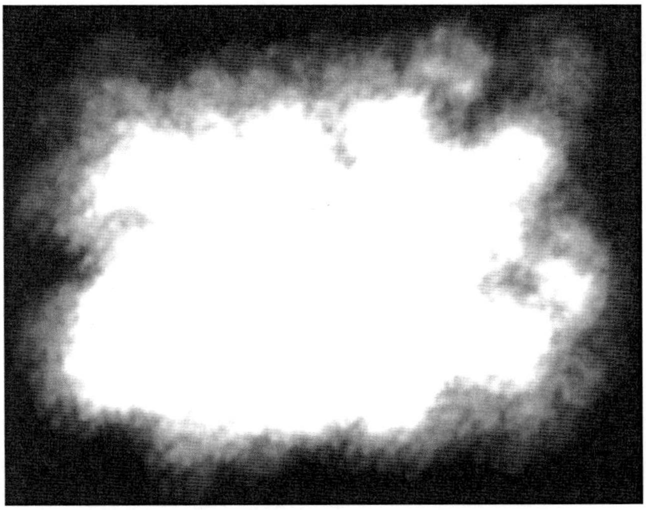

그림 14-3 입자 시스템 샘플

화한다.

- **수명**(Lifetime) - 입자의 초 단위 수명
- **시작위치**(Start position) - 폭발에서 입자의 시작 위치
- **종료위치**(End position) - 폭발에서 입자의 마지막 위치(입자는 시작위치와 종료위치의 보간에 따라 선형으로 움직인다).

추가로, 각 폭발은 uniform으로 전달된 몇 가지 전역 설정을 가지고 있다.

- **중심위치**(Center position) - 폭발의 중심부(정점의 위치는 이 중심부로부터 계산된다)
- **컬러**(Color) - 폭발의 전체적 컬러
- **시간**(Time) - 초 단위 현재 시간

## 입자 시스템 정점 셰이더

위의 정보를 이용해 정점과 프래그먼트 셰이더는 전적으로 입자의 렌더링, 페이딩(fading), 모션(motion)에 대한 권한을 가지게 된다. 예제 14-5의 정점 셰이더 코드를 살펴보도록 하자.

**예제 14-5** 입자 시스템 정점 셰이더

```
#version 300 es
```

```
uniform float u_time;
uniform vec3 u_centerPosition;
layout (location = 0) in float a_lifetime;
layout (location = 1) in vec3 a_startPosition;
layout (location = 2) in vec3 a_endPosition;

out float v_lifetime;
void main()
{
   if(u_time <= a_lifetime)
   {
      gl_Position.xyz = a_startPosition + (u_time * a_endPosition);
      gl_Position.xyz += u_centerPosition;
      gl_Position.w = 1.0;
   }
   else
   {
      gl_Position = vec4(-1000, -1000, 0, 0);
   }
   v_lifetime = 1.0 - (u_time / a_lifetime);
   v_lifetime = clamp(v_lifetime, 0.0, 1.0);
   gl_PointSize = (v_lifetime * v_lifetime) * 40.0;
}
```

정점 셰이더의 첫 번째 입력은 uniform 변수 u_time이다. 이 변수는 애플리케이션에 의해 경과된 시간을 설정한다. 그 값은 시간이 단일 폭발의 길이를 초과하는 경우 0.0으로 재설정된다. 정점 셰이더의 다음 입력은 uniform 변수 u_centerPosition이다. 이 변수는 새로운 폭발이 시작될 때 폭발의 중심위치를 설정하기 위한 것이다. u_time과 u_centerPosition 설정 코드는 예제 14-6에 제공되는 프로그램의 Update() 함수에 있다.

**예제 14-6** 입자 시스템 예제를 위한 Update() 함수

```
void Update (ESContext *esContext, float deltaTime)
{
   UserData *userData = esContext->userData;

   userData->time += deltaTime;

   glUseProgram (userData->programObject );
```

```
    if(userData->time >= 1.0f)
    {
        float centerPos[3];
        float color[4];

        userData->time = 0.0f;

        // 새로운 시작 위치 및 컬러 선택
        centerPos[0] = ((float)(rand() % 10000) / 10000.0f) - 0.5f;
        centerPos[1] = ((float)(rand() % 10000) / 10000.0f) - 0.5f;
        centerPos[2] = ((float)(rand() % 10000) / 10000.0f) - 0.5f;

        glUniform3fv(userData->centerPositionLoc, 1, &centerPos[0]);

        // 임의의 컬러
        color[0] = ((float)(rand() % 10000) / 20000.0f) + 0.5f;
        color[1] = ((float)(rand() % 10000) / 20000.0f) + 0.5f;
        color[2] = ((float)(rand() % 10000) / 20000.0f) + 0.5f;
        color[3] = 0.5;

        glUniform4fv(userData->colorLoc, 1, &color[0]);
    }

    // uniform time 변수 적재
    glUniform1f(userData->timeLoc, userData->time);
}
```

보는 바와 같이, `Update()` 함수는 1초가 경과한 후에 시간을 재설정하고 다른 폭발에 대한 중심 위치와 시간을 설정한다. 또한, `u_time` 변수를 각 프레임마다 갱신한다.

정점 셰이더로 돌아가서 정점 셰이더의 정점 속성 입력은 입자 수명, 입자 시작위치, 입자 종료위치가 있다. 이 값들은 프로그램의 `Init` 함수에서 랜덤하게 제공된 값으로 초기화된다. 정점 셰이더는 먼저 입자의 수명이 끝났는지 여부를 확인한다. 만일 입자의 수명이 끝난 것이라면, `gl_Position` 변수는 (−1000, −1000)으로 초기화되데, 이는 화면상의 점을 강제로 제거하는 신속한 방법의 하나이다. 왜냐하면 그 점은 클리핑되기 때문에, 수명이 끝난 점 스프라이트에 대한 모든 추후 처리가 생략될 수 있다. 입자가 아직 살아있다면, 그 위치는 시작위치와 종료위치의 선형 보간 값으로 설정된다. 다음으로 정점 셰이더는 varying 변수 `v_lifetime`에 저장된 입자의 남은 수명을 프래그먼트 셰이더로 보내고, 프래그먼트 셰이더에서의 수명은 입자가 그 수명을 다 할 때, 해당 입자를 페이딩하기 위해 사용된다. 정점 셰이더는 마지막으로 내장 변수 gl_PointSize를 설정함으로써 입자의 남은 수명에 따라서 점의 크기를 설정한다. 이는 입자가 수명이 끝나감에 따라 축소되는 효과를 가진다.

## 입자 시스템 프래그먼트 셰이더

예제 14-7에 예제 프로그램을 위한 프래그먼트 셰이더 코드를 제공했다.

**예제 14-7** 입자 시스템 프래그먼트 셰이더

```
#version 300 es
precision mediump float;
uniform vec4 u_color;
in float v_lifetime;
layout(location = 0) out vec4 fragColor;
uniform sampler2D s_texture;
void main()
{
    vec4 texColor;
    texColor = texture(s_texture, gl_PointCoord);
    fragColor = vec4(u_color) * texColor;
    fragColor.a *= v_lifetime;
}
```

프래그먼트 셰이더의 첫 입력은 Update() 함수에 의해 각 폭발의 시작 시점에 설정되는 uniform 변수 u_color이다. 다음으로 정점 셰이더가 설정한 varying 변수 v_lifetime이 프래그먼트 셰이더에 선언된다. 스모크(smoke)의 2D 텍스처 이미지가 바인딩되기 위한 샘플러도 선언된다.

프래그먼트 셰이더 자체는 비교적 간단하다. 텍스처 인출은 텍스처 좌표인 gl_PointCoord 변수를 사용한다. 이는 점 스프라이트의 모서리에 대한 고정값을 설정하는 특별한 변수이다(제7장 "기본요소 집합과 래스터 변환"에서 기술). 스프라이트(sprite)의 회전이 필요하다면, 점 스프라이트 좌표의 회전을 통해 프래그먼트 셰이더를 확장할 수 있다. 이는 추가적인 프래그먼트 셰이더 명령어가 필요하지만, 점 스프라이트의 유연성을 증대시켜 준다.

텍스처 컬러는 u_color 변수에 의해 감쇠되고, 투명도(alpha)는 입자 수명에 의해 감쇠된다. 애플리케이션은 다음 블렌딩(blend) 함수를 통해 투명도 블렌딩을 활성화시킬 수 있다.

```
glEnable ( GL_BLEND );
glBlendFunc ( GL_SRC_ALPHA, GL_ONE );
```

이 함수의 결과로, 프래그먼트 셰이더에 생성된 투명도는 프래그먼트 컬러로 조절된다. 이 값은 프래그먼트의 대상에 저장된 모든 값에 추가되어 그 결과는 입자 시스템에 대한 추가적인 블렌딩 효과를 얻을 수 있다. 다양한 입자 효과는 필요한 효과를 내기 위해 다양한 투명도 블렌딩 모드를 사용한다.

실제로 입자를 그리기 위한 코드는 예제 14-8에 있다.

**예제 14-8** 입자 시스템 예제를 위한 Draw() 함수

```
void Draw(ESContext *esContext)
{
   UserData *userData = esContext->userData;

   // 뷰포트(view port) 설정
   glViewport(0, 0, esContext->width, esContext->height);

   // 컬러 버퍼 비움
   glClear(GL_COLOR_BUFFER_BIT);

   // 프로그램 객체 사용
   glUseProgram(userData->programObject);

   // 정점 속성 적재
   glVertexAttribPointer(ATTRIBUTE_LIFETIME_LOC, 1,
                         GL_FLOAT, GL_FALSE,
                         PARTICLE_SIZE * sizeof(GLfloat),
                         userData->particleData);

   glVertexAttribPointer(ATTRIBUTE_ENDPOSITION_LOC, 3,
                         GL_FLOAT, GL_FALSE,
                         PARTICLE_SIZE * sizeof(GLfloat),
                         &userData->particleData[1]);

   glVertexAttribPointer(ATTRIBUTE_STARTPOSITION_LOC, 3,
                         GL_FLOAT, GL_FALSE,
                         PARTICLE_SIZE * sizeof(GLfloat),
                         &userData->particleData[4]);
```

```
    glEnableVertexAttribArray(ATTRIBUTE_LIFETIME_LOC);
    glEnableVertexAttribArray(ATTRIBUTE_ENDPOSITION_LOC);
    glEnableVertexAttribArray(ATTRIBUTE_STARTPOSITION_LOC);

    // 입자 블렌딩
    glEnable(GL_BLEND);
    glBlendFunc(GL_SRC_ALPHA, GL_ONE);

    // 텍스처 바인딩
    glActiveTexture(GL_TEXTURE0);
    glBindTexture(GL_TEXTURE_2D, userData->textureId);

    // 샘플러 텍스처 단위를 0으로 설정
    glUniform1i(userData->samplerLoc, 0);
    glDrawArrays(GL_POINTS, 0, NUM_PARTICLES);
}
```

Draw 함수는 뷰포트의 설정과 화면 초기화로 시작한다. 그리고 glVertexAttrib-Pointer를 사용한 정점 데이터를 사용하고 적재하기 위한 프로그램 객체를 선택한다. 정점 배열값이 절대로 변하지 않기 때문에 이 예제는 클라이언트측의 정점 배열보다는 정점 버퍼 객체를 사용할 수 있다는 점을 주목하자. 일반적으로 변하지 않는 정점 데이터에 대해 이 방법이 권장되는데, 그 이유는 사용되는 정점의 대역폭을 감소시키기 때문이다. 단지 이 예제에서는 코드를 간단하게 만들기 위해 정점 버퍼 객체가 사용되지 않는다. 정점 배열을 설정한 후에 함수는 블렌딩 함수를 활성화하고, 스모크 텍스처를 바인딩하여 입자를 그리기 위해 glDrawArrays를 사용한다.

삼각형과는 다르게, 점 스프라이트에는 연결성이 없어서 이 예제에서의 점 스프라이트 렌더링을 위해 glDrawElements 사용이 실제로는 많은 장점을 제공하지는 않는다. 그러나 입자 시스템은 종종 적절한 투명도 블렌딩 결과를 얻기 위해 뒷면에서 앞면으로의 깊이 값으로 정렬될 필요가 있다. 그러한 경우는 드로잉 순서를 수정하기 위해 엘리먼트 배열을 정렬하는 방법이 사용될 수 있다. 이 방법은 각 프레임 버스에 대해 최소한의 대역폭만이 필요한 효율적인 접근법이다(오직 인덱스 데이터만 변하는데, 이 값은 거의 대부분 경우 정점 데이터보다도 작음).

이 예제는 점 스프라이트를 사용하는 입자 시스템 렌더링에 있어 유용한 기법들을 보여준다. 입자는 오로지 정점 셰이더를 사용하는 GPU에서만 움직임을 가지며, gl_PointSize 변수를 사용하는 입자의 크기는 입자의 수명에 따라 감쇠된다. 추가적으로 점 스프라이트는 내장 텍스처 좌표 변수인 gl_PointCoord를 사용하는 텍스처로 렌더링된다. 이러한 특징은 OpenGL ES 3.0을 사용하는 입자 시스템을 구현하기 위해 필요한 기본요소들이다.

## 변환 피드백을 이용한 입자 시스템

이전 예는 정점 셰이더에서 입자 시스템을 움직이게 하기 위한 한 가지 기법을 보였다. 비록 입자를 움직이게 하기 위한 효율적인 방법을 포함했지만 결과는 기존 입자 시스템과 비교하여 엄격하게 제한되었다. 기존 CPU 기반 입자 시스템에서 입자들은 위치, 속도, 가속도와 같은 다른 초기 매개변수로 나타나고 경로는 입자의 수명상에서 움직인다. 이전 예에서 모든 입자들은 동시에 나타나고 경로는 시작과 끝 위치 사이 선형 보간으로 제한된다.

OpenGL ES 3.0의 *transform feedback* 특성을 이용하여 더 일반 목적의 GPU 기반 입자 시스템을 생성할 수 있다. 전송 피드백은 버퍼 객체에 저장되도록 정점 셰이더의 출력을 허용한다. 결과적으로 GPU 상에서 정점 셰이더 내에서 완전하게 입자 방사체를 구현할 수 있고 이들 출력을 버퍼 객체에 저장하고, 이때 입자를 그리기 위해 다른 셰이더로 버퍼 객체를 사용한다. 일반적으로 변환 피드백은 정점 버퍼(때때로 R2VB라 한다)에 대해 렌더링을 구현할 수 있도록 허용하고 이는 알고리즘의 폭넓은 범위가 CPU에서 GPU로 이동할 수 있음을 의미한다.

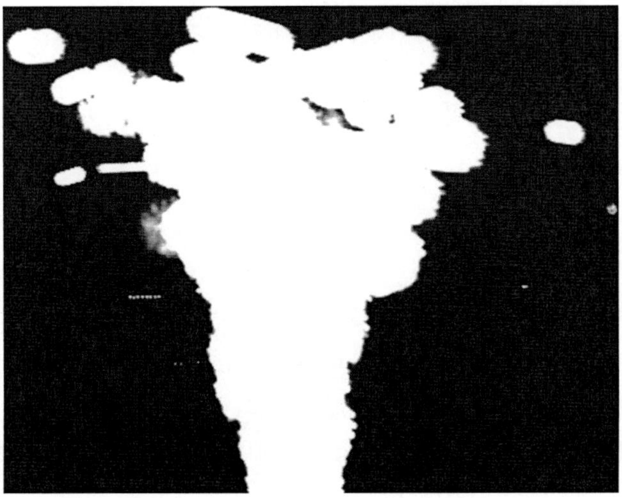

**그림 14-4** 변환 피드백을 가지는 입자 시스템

이 절에서 설명한 예는 Chapter_14/ParticleSystemTransformFeedback에서 볼 수 있다. 그림 14-4에서 보여진 것처럼 변환 피드백을 이용하여 분수에 대한 입자들이 나타나는 것을 보인다.

## 입자 시스템 렌더링 알고리즘

이 절은 전송 피드백 기반 입자 시스템이 어떻게 작업되는지 고급 개요를 제공한다. 초기에 두 버퍼 객체는 입자 데이터를 유지하기 위해 할당된다. 알고리즘은 두 버퍼 사이 핑퐁(ping-pong)식(앞뒤로 전환)으로 매번 버퍼가 입자 방출에 대해 입력 또는 출력으로 전환한다. 각 입자는 다음 정보를 포함한다: 위치, 속도, 크기, 현재시간, 수명.

입자 시스템은 변환 피드백으로 갱신되고 이때 다음 단계로 렌더링된다.

- 각 프레임에서 입자 VBOs의 하나가 입력으로 선택되고 GL_ARRAY_BUFFER에 연결된다. 출력은 GL_TRANSFORM_FEEDBACK_BUFFER에 바인딩된다.
- 그려진 프래그먼트가 없도록 하기 위해 GL_RASTERIZER_DISCARD를 인에이블
- 입자 방출 셰이더는 점 기본요소(각 입자는 하나의 점)를 이용하여 실행된다. 정점 셰이더는 변환 피드백 버퍼에 새로운 입자를 출력하고 변함없는 변환 피드백 버퍼에 존재하는 입자들을 복사한다.
- 애플리케이션이 입자들을 그려지게 할 수 있도록 GL_RASTERIZER_DISCARD를 디스에이블
- 변환 피드백에 대해 렌더링된 버퍼는 GL_ARRAY_BUFFER와 연결된다. 다른 정점/프래그먼트 셰이더는 입자를 그리기 위해 연결된다.
- 입자들은 프레임버퍼에 대해 렌더링된다.
- 다음 프레임에서 입력/출력 버퍼 객체들은 교환되고 동일 처리가 계속된다.

## 변환 피드백으로 입자 방출

예제 14-9는 방출하는 입자에 대해 사용된 정점 셰이더를 보인다. 이 셰이더 내 모든 출력변수들은 변환 피드백 버퍼 객체에 쓰여진다. 입자의 수명이 만기되었을 때 셰이더는 새로운 활동 입자로 방출하도록 이를 잠재적 후보로 만든다. 새로운 입자가 발생되면 셰이더가 새로운 입자의 속도와 크기를 초기화하기 위해 임의의 값을 발생하는 randomValue 함수를(예제 14-9에서 정점 셰이더 코드에서 보여진) 사용한다. 임의의 숫자 생성은 3D 노이즈 텍스처를 이용하고 각 입자에 대해 유일 텍스처 좌표를 선택하도록

gl_VertexID 내장 변수를 이용한다. 3D 노이즈 텍스처를 생성하고 이용하는 자세한 내용은 다음 장의 3D 텍스처를 이용한 노이즈 절에서 기술한다.

**예제 14-9** 입자 방출 정점 셰이더

```
#version 300 es
#define NUM_PARTICLES          200
#define ATTRIBUTE_POSITION     0
#define ATTRIBUTE_VELOCITY     1
#define ATTRIBUTE_SIZE         2
#define ATTRIBUTE_CURTIME      3
#define ATTRIBUTE_LIFETIME     4

uniform float                  u_time;
uniform float                  u_emissionRate;
uniform sampler3D              s_noiseTex;

layout(location = ATTRIBUTE_POSITION)      in vec2 a_position;
layout(location = ATTRIBUTE_VELOCITY)      in vec2 a_velocity;
layout(location = ATTRIBUTE_SIZE)          in float a_size;
layout(location = ATTRIBUTE_CURTIME)       in float a_curtime;
layout(location = ATTRIBUTE_LIFETIME)      in float a_lifetime;

out vec2 v_position;
out vec2 v_velocity;
out float v_size;
out float v_curtime;
out float v_lifetime;

float randomValue( inout float seed )
{
   float vertexId = float( gl_VertexID ) / float( NUM_PARTICLES );
   vec3 texCoord = vec3( u_time, vertexId, seed );
   seed += 0.1;
   return texture( s_noiseTex, texCoord ).r;
}
void main()
{
   float seed = u_time;
   float lifetime = a_curtime - u_time;
  if( lifetime <= 0.0 && randomValue(seed) < u_emissionRate )
   {
      // 속도와 크기에 대한 임의의 값으로 새로운 입자 발생
```

```
        v_position = vec2( 0.0, -1.0 );
        v_velocity = vec2( randomValue(seed) * 2.0 - 1.00,
                           randomValue(seed) * 1.4 + 2.0 );
        v_size = randomValue(seed) * 20.0 + 60.0;
        v_curtime = u_time;
        v_lifetime = 2.0;
    }
    else
    {
        // 이 입자는 변경되지 않고 바로 출력에 복사
        v_position = a_position;
        v_velocity = a_velocity;
        v_size = a_size;
        v_curtime = a_curtime;
        v_lifetime = a_lifetime;
    }
}
```

이 정점 셰이더로 변환 피드백 특성을 사용하기 위해 출력 변수들은 프로그램 객체를 링크하기 전에 변환 피드백에 사용될 때 태그되어야 한다. 이는 예제 코드에서 Init-EmitParticles 함수로 수행된다. 다음 정보는 프로그램 객체가 변환 피드백에 대해 어떻게 설정되는지에 대해 보인다.

```
char* feedbackVaryings[5] =
{
    "v_position",
    "v_velocity",
    "v_size",
    "v_curtime",
    "v_lifetime"
};
// 변환 피드백 varying에 정점 셰이더 출력을 설정
glTransformFeedbackVaryings ( userData->emitProgramObject, 5,
                              feedbackVaryings,
                              GL_INTERLEAVED_ATTRIBS );

// 링크 프로그램은 glTransformFeedbackVaryings를 호출한 후 발생해야 한다.
glLinkProgram ( userData->emitProgramObject );
```

glTransformFeedbackVaryings 호출은 출력 변수에 전달이 변환 피드백을 위해 사용됨을 분명히 한다. GL_INTERLEAVED_ATTRIBS 매개변수는 출력 변수들이 출력

버퍼 객체에 넣어지도록 지정한다. 변수들의 순서와 배치는 버퍼 객체가 예상한 배치에 따라야 한다. 이 경우 정점 구조는 다음과 같이 정의된다.

```
typedef struct
{
   float position[2];
   float velocity[2];
   float size;
   float curtime;
   float lifetime;
Particle;
}
```

이 구조 정의는 `glTransformFeedbackVaryings`에 전달된 varyings의 순서와 타입에 일치한다.

입자를 방출하기 위해 사용된 코드는 예제 14-10에서 보인 `EmitParticles` 함수에서 제공된다.

**예제 14-10** 변환 피드백으로 입자 방출

```
void EmitParticles ( ESContext *esContext, float deltaTime )
{
   UserData *userData = (UserData)esContext->userData;
   GLuint srcVBO = userData->particleVBOs
           [ userData->curSrcIndex ];
   GLuint dstVBO = userData->particleVBOs
           [ ( userData->curSrcIndex + 1 ) % 2 ];

   glUseProgram ( userData->emitProgramObject );

   // glVertexAttribPointer와 glEnableVertexAttribArray 설정
   SetupVertexAttributes ( esContext, srcVBO );

   // 변환 피드백 버퍼 설정
   glBindBufferBase ( GL_TRANSFORM_FEEDBACK_BUFFER, 0, dstVBO );

   // 래스터화 종료 - 그리기를 하지 않는다.
   glEnable ( GL_RASTERIZER_DISCARD );

   // uniforms 설정
   glUniform1f ( userData->emitTimeLoc, userData->time );
```

```
    glUniform1f ( userData->emitEmissionRateLoc, EMISSION_RATE );

    // 3D 노이즈 텍스처 바인드
    glActiveTexture ( GL_TEXTURE0 );
    glBindTexture ( GL_TEXTURE_3D, userData->noiseTextureId );
    glUniform1i ( userData->emitNoiseSamplerLoc, 0 );

    // 변환 피드백을 이용하여 입자들 방출
    glBeginTransformFeedback ( GL_POINTS );
    glDrawArrays ( GL_POINTS, 0, NUM_PARTICLES );
    glEndTransformFeedback();

    // 그리기 전에 변환 피드백 결과가 완성됨을 확실하게 하기 위해 동기 객체를 생성
    userData->emitSync = glFenceSync
                         ( GL_SYNC_GPU_COMMANDS_COMPLETE, 0 );

    // 상태 복원
    glDisable ( GL_RASTERIZER_DISCARD );
    glUseProgram ( 0 );
    glBindBufferBase ( GL_TRANSFORM_FEEDBACK_BUFFER, 0, 0 );
    glBindTexture ( GL_TEXTURE_3D, 0 );

    // 핑퐁 버퍼
    userData->curSrcIndex = ( userData->curSrcIndex + 1 ) % 2;
}
```

목적 버퍼 객체가 glBindBufferBase를 이용하여 GL_TRANSFORM_FEEDBACK_BUFFER에 연결된다. 임의의 프래그먼트가 실제로 그려지지 않기 때문에 GL_RASTERIZER_DISCARD를 인에이블하여 래스터화는 디스에이블된다. 대신 변환 피드백 버퍼에 대한 정점 셰이더와 출력을 간단히 실행하기 바란다. 마지막으로 glDrawArrays 호출 전에 glBeginTransformFeedback(GL_POINTS) 호출에 의해 변환 피드백 렌더링을 할 수 있다. GL_POINTS를 이용한 glDrawArrays에 대한 연속적인 호출은 이때 glEndTransformFeedback이 호출될 때까지 변환 피드백 버퍼에 기록될 것이다. 그리기 호출 전에 변환 피드백 결과가 완성됨을 확실히 하기 위해 glEndTransformFeedback이 호출된 후 즉시 동기 객체를 생성하고 펜스 명령을 삽입한다. 그리기 호출 실행 이전 glWaitSync 호출을 이용하여 동기 객체를 기다리도록 한다. 그리기 호출을 실행하고 상태를 복원한 후 다음 번 EmitShaders가 호출되도록 버퍼들 사이 핑퐁한다. 이는 입력으로 이전 프레임의의 변환 피드백 출력을 사용한다.

## 입자 렌더링

변환 피드백 버퍼를 방출한 후 버퍼는 입자들을 렌더링하기 위해 정점 버퍼 객체와 연결한다. 점 스프라이트로 입자 렌더링을 위해 사용된 정점 셰이더는 예제 14-11에서 제공된다.

**예제 14-11** 입자 렌더링 정점 셰이더

```
#version 300 es
#define ATTRIBUTE_POSITION     0
#define ATTRIBUTE_VELOCITY     1
#define ATTRIBUTE_SIZE         2
#define ATTRIBUTE_CURTIME      3
#define ATTRIBUTE_LIFETIME     4

layout(location = ATTRIBUTE_POSITION) in vec2 a_position;
layout(location = ATTRIBUTE_VELOCITY) in vec2 a_velocity;
layout(location = ATTRIBUTE_SIZE) in float a_size;
layout(location = ATTRIBUTE_CURTIME) in float a_curtime;
layout(location = ATTRIBUTE_LIFETIME) in float a_lifetime;

uniform float u_time;
uniform vec2 u_acceleration;

void main()
{
   float deltaTime = u_time - a_curtime;
   if ( deltaTime <= a_lifetime )
   {
      vec2 velocity = a_velocity + deltaTime * u_acceleration;
      vec2 position = a_position + deltaTime * velocity;
      gl_Position = vec4( position, 0.0, 1.0 );
      gl_PointSize = a_size * ( 1.0 - deltaTime / a_lifetime );
   }
   else
   {
      gl_Position = vec4( -1000, -1000, 0, 0 );
      gl_PointSize = 0.0;
   }
}
```

정점 셰이더는 입력 변수로 변환 피드백 출력을 사용한다. 각 입자의 현재 수명은 a_

`curtime` 속성으로 각 입자에 대해 입자 생성에 저장된 타임스탬프(timestamp)에 기반하여 계산된다. 입자의 속도와 위치는 이 시간에 기반하여 갱신된다. 추가적으로 입자의 크기는 입자의 수명에 따라 약화시킨다.

이 예는 GPU에서 전체적으로 입자 시스템을 어떻게 발생하고 렌더링하는지를 보인다. 입자 방출기와 렌더링이 비교적 간단한 반면, 동일 기본 모델은 더 연관된 물리적 특성으로 더 복잡한 입자 시스템을 생성하기 위해 사용될 수 있다. 중요한 것은 변환 피드백이 임의의 CPU 코드에 대해 요구사항 없이 GPU에서 새로운 정점 데이터를 생성하도록 허용한다는 것이다. 이 강력한 특징은 GPU 상에서 정점 데이터를 생성하는 것을 요구하는 많은 알고리즘에 사용될 수 있다.

## 이미지 후처리(image postprocessing)

다음으로 다룰 예제는 이미지 후처리이다. 프레임버퍼 객체와 셰이더의 결합을 사용하여, 다양한 이미지 후처리 기법의 수행이 가능하다. 설명할 첫 번째 예제는 `Chapter_14/PVR_PostProcess` 폴더에 있는 PVRShaman 작업공간의 간단한 블룸(Bloom) 효과이다. 그 결과는 그림 14-5에 보인다.

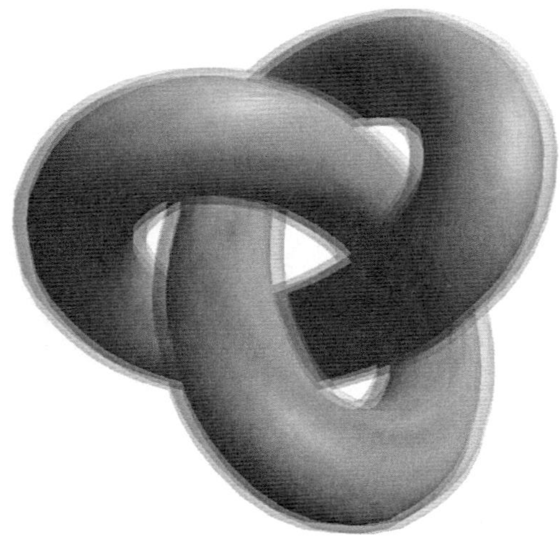

그림 14-5 이미지 후처리 예제

## 텍스처 렌더링 설정

이 예제는 단일 텍스처 큐브를 프레임버퍼 객체로 렌더링하여 다음 단계에서 텍스처처럼 컬러 장치를 사용하는 것이다. 전체화면 쿼드는 소스 데이터로 렌더링된 텍스처를 사용하여 화면에 그려진다. 프래그먼트 셰이더는 전체화면 쿼드를 통해 실행되어 블러링 필터(blur filter-번짐 현상 필터)를 수행한다. 일반적으로 많은 종류의 후처리 기법은 다음 패턴을 사용해 수행된다.

1. 장면(scene)을 화면밖 프레임버퍼 객체(FBO)로 렌더링
2. FBO 텍스처를 소스에 바인딩하고 전체화면 쿼드를 화면에 렌더링
3. 쿼드 전역에서 필터링을 수행하는 프래그먼트 셰이더 실행

어떤 알고리즘에서는 이미지에 대한 많은 처리와 더욱 복잡한 입력을 요구하기도 한다. 하지만, 후처리 알고리즘을 수행하는 전체화면 쿼드를 통해 프래그먼트 셰이더를 사용하는 것이 일반적인 생각이다.

## 블러링(blur) 프래그먼트 셰이더

블러링 예제 중 전체화면 쿼드에서 사용되는 프래그먼트 셰이더를 예제 14-12에 보인다.

**예제 14-12** 블러링 프래그먼트 셰이더

```
#version 300 es
precision mediump float;
uniform sampler2D renderTexture;
uniform float u_blurStep;
in vec2 v_texCoord;
layout(location = 0) out vec4 outColor;

void main(void)
{
   vec4 sample0,
        sample1,
        sample2,
        sample3;

   float fStep = u_blurStep / 100.0;

   sample0 = texture2D(renderTexture,
      vec2(v_texCoord.x - fStep, v_texCoord.y - fStep));
```

```
    sample1 = texture2D(renderTexture,
       vec2(v_texCoord.x + fStep, v_texCoord.y + fStep));

    sample2 = texture2D(renderTexture,
       vec2(v_texCoord.x + fStep, v_texCoord.y - fStep));

    sample3 = texture2D(renderTexture,
       vec2(v_texCoord.x - fStep, v_texCoord.y + fStep));

    outColor = (sample0 + sample1 + sample2 + sample3) / 4.0;
}
```

이 셰이더는 u_blurStep의 기본이 되는 fStep 변수를 계산하는 것으로 시작한다. fStep은 이미지로부터 표본을 인출할 때 텍스처 좌표를 얼마나 이동할지를 결정하기 위해 사용된다. 전체적으로 각기 다른 4개의 표본이 이미지로부터 추출되고 셰이더의 마지막에서 평균 계산된다. fStep은 4방향에서 텍스처 좌표를 계산하기 위해 사용되며, 이런 4개의 표본은 중앙으로부터 각 대각선 방향에서 추출된다. fStep이 커질수록 더 많은 이미지가 블러링된다. 이 셰이더에서 가능한 최적화로는 정점 셰이더에서 텍스처 좌표를 계산하여 프래그먼트 셰이더의 변수에 전달하는 것이다. 이는 각 프래그먼트에 행해지는 계산의 양을 줄여준다.

### 조명 블룸(light bloom)

지금까지 간단한 이미지 후처리 기법에 대해 살펴봤는데, 약간 복잡한 것으로 하나 살펴보도록 하자. 이전 예제에서 소개한 블러링 기법을 사용하여, *light bloom*이라는 효과를 구현할 수 있다. 조명 블룸은 어두운 평면에 대조되는 밝은 빛을 바라볼 때 발생하는 것이다. 이 효과는 조명 컬러가 어두운 평면으로 넘어가는 것이다. 배경 컬러가 자동차 모델로 넘어가는 결과를 그림 14-6에 보인다.

알고리즘은 다음과 같이 동작한다.

1. 화면밖 렌더링 대상(rt0)을 초기화하고 검은색 객체를 드로잉한다.
2. 화면밖 렌더링 대상(rt0)을 블러링 눈금 1.0을 사용하여 또 다른 렌더링 대상(rt1)으로 블러링한다.
3. 화면밖 렌더링 대상(rt1) 후면을 블러링 눈금 2.0을 사용하여 본래 렌더링 대상(rt0)으로 블러링한다.

> **주** 좀 더 확실한 블러링을 위해서는 2단계와 3단계를 반복하고, 블러링의 양을 위해서는 매번 블러링 눈금을 증가시켜라.

4. 객체를 후방버퍼에 렌더링한다.
5. 후방버퍼를 가진 최종 렌더링 대상을 블렌딩한다.

**그림 14-6** 조명 블룸 효과

이 알고리즘의 활용은 그림 14-7에 제시했으며, 최종 이미지를 생성하는 각 단계를 설명한다. 그림 14-7로 확인할 수 있듯이 객체는 처음에 검정색으로 렌더링 대상에 렌더링된다. 렌더링 대상은 다음 단계에서 두 번째 렌더링 대상에 블러링된다. 블러링된 대상은 확장된 블러링 커널(kernel)을 사용해 다시 원래 렌더링 대상으로 블러링되고, 마지막으로 원래 장면으로 다시 블러링된다. 성공적인 블러링을 위해 두 개의 렌더링 대상을 사용하는 방법의 원리는 핑퐁 효과로 언급되기도 한다. 블룸의 양은 블러링 대상에 계속해서 핑퐁 효과를 주어 증가시킬 수 있다. 블러링 단계에 대한 셰이더 코드는 이전 예제와 동일하다. 차이점이 있다면 블러링 단계는 각 단계를 위해 증가된다는 것이다.

다른 이미지 후처리 알고리즘의 큰 다양성은 FBOs와 셰이더의 조합을 이용하여 실행될 수 있다. 색조 매핑(tone mapping), 선택적 블러링(selective blurring), 왜곡(distortion), 화면 이동(screen transitions), 심도(depth of field)를 포함하는 몇몇 공통적인 기법이 그

그림 14-7 조명 블룸 단계

것이다. 선보인 기법을 사용하여 셰이더를 통한 새로운 후처리 알고리즘의 구현을 해볼 수도 있을 것이다.

## 투영 텍스처링

그림자 매핑과 반사와 같이 많은 효과에서 사용되는 공통 기법은 투영 텍스처링의 활용이다. 투영 텍스처링을 소개하기 위해서 투영 집중광원(projective spotlight)을 렌더링하는 예제를 다루겠다. 투영 텍스처링에서 대부분의 문제는 투영 텍스처 좌표를 계산하는 데 필요한 수학적인 것이다. 소개하고자 하는 방법은 그림자 매핑과 반사효과에서 사용하는 방법과 같은 것이다. 예제는 `Chapter_14/PVR_ProjectiveSpotlight` 내 투영 집중광원 PVRShaman 작업공간에 있으며, 그림 14-8에 그 결과를 보인다.

그림 14-8 투영 집중광원 예제

## 투영 텍스처링 기초(projective texturing basics)

예제는 그림 14-9에 그려진 2D 텍스처 이미지를 사용하고 투영 텍스처를 사용하여 지형 도형의 평면에 적용하는 것이다. 투영 집중광원은 GPU에 셰이더가 소개되기 이전에 픽셀당 집중광원의 감쇠를 조절하기 위해 사용된 아주 기본적인 기법이었다. 투영 집중광원은 고효율성 때문에 여전히 매력적인 방법을 제공할 수 있다. 투영 텍스처링을 적용하는 것은 한 개의 단일 텍스처 인출 명령과 정점 셰이더의 적절한 설정만을 필요로 할 뿐이다. 추가적으로 투영되는 2D 텍스처 이미지는 실질적으로 어떤 그림이든지 포함할 수 있어 수행할 수 있는 효과가 다양하다.

그렇다면, 투영 텍스처링의 정확한 의미는 무엇일까? 가장 기본적으로 투영 텍스처링은 2D 텍스처 이미지를 검색하기 위해 3D 텍스처 좌표를 사용하는 것이다. $(s, t)$ 좌표는 $(r)$ 좌표로 나뉘어져서, 텍셀은 $(s/r, t/r)$을 사용해 인출된다. 투영 텍스처링 수행을 위한 OpenGL ES 셰이딩 언어의 특별 내장함수를 `textureProj`라 한다.

```
vec4   textureProj(sampler2D sampler, vec3 coord
                   [, float bias])
```

| | |
|---|---|
| *sampler* | 인출을 위해 텍스처를 명시하는 텍스처 단위와 바인딩되는 샘플러 |
| *coord* | 텍스처 맵에서 인출을 위해 사용되는 3D 텍스처 좌표. $(x, y)$ 인자는 $(z)$로 나뉘고, $(x/z, y/z)$에서 인출이 발생 |
| *bias* | 선택적으로 적용하는 LOD 바이어스 연산 |

**그림 14-9** 객체에 투영된 2D 텍스처

투영 조명의 기본 개념은 객체의 위치를 조명의 투영 뷰 공간으로 변환하는 것이다. 애플리케이션의 축척, 바이어스 연산 이후, 투영 조명 공간 위치는 투영 텍스처 좌표로 사용될 수 있다. PVRShaman 예제 작업공간의 정점 셰이더는 그 위치를 조명의 투영 뷰 공간으로 변환하는 동작을 한다.

### 투영 텍스처링을 위한 행렬

위치 정보를 조명의 뷰 공간으로 변환하고 투영 텍스처 좌표를 얻기 위해 필요한 3개의 행렬이 있다.

- **조명투영** – 시야, 종횡비(aspect ratio), 조명의 근평면과 원평면을 사용하는 광원의 투영행렬
- **조명관측**(light view) – 광원의 관측행렬. 이것은 마치 조명이 카메라인 것처럼 생성된다.
- **바이어스 행렬** – 투영된 조명공간 위치를 3D 투영 텍스처 좌표로 변환하기 위한 행렬

조명투영 행렬은 시야(*FOV*: field of view), 종횡비(*aspect*: aspect ratio), 근평면(*zNear*)과 원평면(*zFar*) 거리에 대한 조명의 매개변수를 사용하여 다른 투영 행렬과 같이 생성된다.

$$\begin{bmatrix} \dfrac{\cot\left(\dfrac{FOV}{2}\right)}{aspect} & 0 & 0 & 0 \\ 0 & \cot\left(\dfrac{FOV}{2}\right) & 0 & 0 \\ 0 & 0 & \dfrac{zFar + zNear}{zNear - zFar} & \dfrac{2 \times zFar + zNear}{zNear - zFar} \\ 0 & 0 & -1 & 0 \end{bmatrix}$$

조명 관측 행렬은 조명의 관측 축 및 위치를 정의하는 3개의 주축 방향을 사용하여 생성된다. right, up과 같은 축과 look 벡터를 참조한다.

$$\begin{bmatrix} right.x & up.x & look.x & 0 \\ right.y & up.y & look.y & 0 \\ right.z & up.z & lool.z & 0 \\ dot(right, -lightPos) & dot(up, -lightPos) & dot(look, -lightPos) & 1 \end{bmatrix}$$

관측행렬과 투영행렬로 객체의 위치를 변환 후에, 좌표를 투영 텍스처 좌표로 변경해야 한다. 이는 투영 조명공간 내부 위치의 $(x, y, z)$ 요소에 대한 3x3 바이어스 행렬을 사용함으로써 완료된다. 바이어스 행렬은 [−1, 1]에서 [0, 1] 범위로 이동시키기 위해 선형 변환을 실행한다. [0, 1]범위 내의 좌표를 얻는 것은 텍스처 좌표에 사용되는 값을 위해 필수적이다.

$$\begin{bmatrix} 0.5 & 0.0 & 0.0 \\ 0.0 & -0.5 & 0.0 \\ 0.5 & 0.5 & 1.0 \end{bmatrix}$$

일반적으로 위치를 투영 텍스처 좌표로 변환하기 위한 행렬은 투영행렬, 관측행렬, 바이어스 행렬을 연결하는 것으로 CPU에서 계산된다(4x4 바이어스 행렬 사용). 그 다음 이 행렬은 정점 셰이더 내의 위치를 변환할 수 있는 단일 uniform 행렬에 적재된다. 그러나 예제에서는 실질적인 목적을 위해 정점 셰이더에서 이 계산을 수행한다.

## 투영 집중광원 셰이더

지금까지는 수학적인 기초를 다루었는데, 예제 14-13에서 정점 셰이더를 시험해 볼 수 있다.

**예제 14-13** 투영 텍스처링 정점 셰이더

```
#version 300 es
uniform float u_time_0_X;
uniform mat4 u_matProjection;
uniform mat4 u_matViewProjection;
in vec4 a_vertex;
in vec2 a_texCoord0;
in vec3 a_normal;

out vec2 v_texCoord;
out vec3 v_projTexCoord;
out vec3 v_normal;
out vec3 v_lightDir;

void main(void)
{
   gl_Position = u_matViewProjection * a_vertex;
   v_texCoord = a_texCoord0.xy;
```

```
    // 시간에 따른 조명 위치 계산
    vec3 lightPos;
    lightPos.x = cos(u_time_0_X);
    lightPos.z = sin(u_time_0_X);
    lightPos.xz = 200.0 * normalize(lightPos.xz);
    lightPos.y = 200.0;

    // 조명 좌표 축 계산
    vec3 look = -normalize(lightPos);
    vec3 right = cross(vec3(0.0, 0.0, 1.0), look);
    vec3 up = cross(look, right);

    // 조명을 위한 관측행렬 생성
    mat4 lightView = mat4(right, dot(right, -lightPos)|,
                          up, dot(up, -lightPos),
                          look, dot(look, -lightPos),
                          0.0, 0.0, 0.0, 1.0);

    // 위치를 조명 뷰 공간으로 변환
    vec4 objPosLight = a_vertex * lightView;

    // 위치를 투영 조명 뷰 공간으로 변환
    objPosLight = u_matProjection * objPosLight;

    // 바이어스 행렬 생성
    mat3 biasMatrix = mat3(0.5, 0.0, 0.5,
                           0.0, -0.5, 0.5,
                           0.0, 0.0, 1.0);

    // 투영 텍스처 좌표 계산
    v_projTexCoord = objPosLight.xyz * biasMatrix;

    v_lightDir = normalize(a_vertex.xyz - lightPos);
    v_normal = a_normal;
}
```

이 셰이더가 수행하는 첫 연산은 u_matViewProjection 행렬에 따라 위치를 변환하고 기본맵에 대한 텍스처 좌표를 v_texCoord 출력 변수로 출력한다. 다음으로 수행하는 연산은 시간에 따라 정점에 대한 위치를 계산하는 것이다. 코드의 일정부분은 실제로 무시할 수도 있지만, 그 부분은 정점 셰이더에서 조명에 움직임을 주기위해 추가된 것이다. 전형적인 애플리케이션에서는 이 부분이 셰이더가 아닌 CPU에서 처리된다.

조명의 위치에 기초해서 정점 셰이더는 조명에 대한 3개 좌표 축 벡터를 look, right, up 변수에 할당하기 위해 계산한다. 이러한 벡터는 이전에 설명했던 식을 사용하여 lightView 변수의 조명에 대한 관측행렬을 생성하기 위해 사용된다. 객체에 대한 입력위치는 위치를 조명공간으로 변환하는 lightView 행렬에 따라 변환된다. 다음 단계는 조명공간 위치를 투영조명 공간으로 변환하기 위해 원근 행렬(perspective matrix)을 사용하는 것이다. 조명에 대한 새로운 원근 행렬을 생성하는 대신, 이 예제에서는 카메라에 대해 u_matProjection을 사용한다. 일반적으로, 실제 애플리케이션은 원추각(cone angle)의 크기와 감쇠거리에 따라 조명에 대한 애플리케이션 자신만의 투영 행렬을 생성한다.

투영조명 공간에서 위치가 발생되면, 위치를 투영 텍스처 좌표로 변환하기 위해 bias-Matrix가 생성된다. 최종 투영 텍스처 좌표는 vec3 varying 변수 v_projTexCoord에 저장된다. 추가적으로 정점 셰이더는 v_lightDir와 v_normal 변수의 정점 방향과 법선 벡터를 프래그먼트 셰이더에 전달한다. 이 변수들은 조명을 등지고 있는 프래그먼트에 대해 투영 텍스처를 마스크-오프(mask off)하기 위해 프래그먼트가 광원을 마주보고 있는지 결정하기 위해 사용된다.

프래그먼트 셰이더는 투영 집중광원 텍스처를 평면에 적용하는 실제 투영 텍스처 인출을 수행한다(예제 14-14).

**예제 14-14 투영 텍스처링 프래그먼트 셰이더**

```
#version 300 es
precision mediump float;

uniform sampler2D baseMap;
uniform sampler2D spotLight;
in vec2 v_texCoord;
in vec3 v_projTexCoord;
in vec3 v_normal;
in vec3 v_lightDir;
out vec4 outColor;

void main(void)
{
    // 집중광원의 투영 인출
    vec4 spotLightColor =
          textureProj(spotLight, v_projTexCoord);
```

```
    // 기본맵
    vec4 baseColor = texture(baseMap, v_texCoord);

    // N.L 계산
    float nDotL = max(0.0, -dot(v_normal, v_lightDir));

    outColor = spotLightColor * baseColor * 2.0 * nDotL;
}
```

프래그먼트 셰이더가 수행하는 첫 번째 연산은 textureProj를 사용한 투영 텍스처 인출이다. 보는 것처럼, 정점 셰이더에서 계산되어 v_projTexCoord 변수에 전달되는 투영 텍스처 좌표는 투영 텍스처 인출 수행을 위해 사용된다. 투영 텍스처를 위한 랩(wrap) 모드는 GL_CLAMP_TO_EDGE로 설정되고, 축소/확장 필터는 모두 GL_LINEAR로 설정된다. 그 후 프래그먼트 셰이더는 v_texCoord 변수를 사용하여 기본맵에서 컬러를 인출한다. 다음으로 셰이더는 조명 방향과 법선 벡터 사이의 내적을 계산한다. 이는 최종 컬러를 감쇠하여 투영 집중광원이 조명을 등지고 있는 프래그먼트에 적용되지 않도록 한다. 마지막으로 모든 요소를 곱한다(밝기 증가를 위해 2.0으로 축척 연산). 이 과정은 투영 집중광원으로 비추어지는 최종 이미지를 구한다(그림 14-7 참조).

이 절의 도입부에 언급한 것처럼, 이 예제에서 익혀야할 중요한 것은 투영 텍스처 좌표를 구하는 데 사용되는 계산의 설정이다. 여기서 보여준 계산은 그림자 맵에서 인출을 위해 좌표를 생성하기 위하여 사용하는 계산과 완전히 같은 계산이다. 이와 유사하게, 투영 텍스처링을 사용해 렌더링 반사는 위치를 반사 카메라의 투영 뷰 공간으로 변환해야 한다. 여기에서 수행한 것과 동일하게 하되, 반사 카메라 행렬은 조명 행렬로 대체하라. 투영 텍스처링은 고급 효과에서 매우 강력한 도구이기 때문에, 기초적인 사용 방법을 이해해야 한다.

## 3D 텍스처를 이용한 노이즈

다음으로 다룰 렌더링 기법은 노이즈 효과를 위해 3D 텍스처를 사용하는 것이다. 제9장에서, 3D 텍스처의 기본적인 내용을 소개했었다. 생각해보면, 3D 텍스처는 3D 체적을 표현하는 2D 텍스처 슬라이스의 필수적인 부분이다. 3D 텍스처는 적용가능한 많은 활용법이 있고 그 중 하나가 노이즈 표현이다. 이 절에서는 희미한 안개효과 생성을 위한 노이즈의 3D 체적 활용 예제를 보인다. 이 예제는 제10장 "프래그먼트 셰이더"의 선형

**그림 14-10** 3D 노이즈 텍스처에 의한 안개 왜곡

안개효과 예제를 기반으로 한다. 예제는 Chapter_14/Noise3D에서 찾아 볼 수 있으며, 그 결과는 그림 14-10과 같이 그려진다.

## 노이즈 생성

노이즈의 활용은 방대한 3D 효과 중에서 매우 일반적인 기법이다. OpenGL 셰이딩 언어(OpenGL ES 셰이딩 언어는 제외)는 1차~4차원 노이즈 계산 함수를 가지고 있다. 그 함수들은 입력값에 따라 반복되는 연속적인 의사난수(擬似亂數) 노이즈 값을 반환한다. 하지만, 이런 함수의 문제는 그 구현비용이 크다는 것이다. 대다수 프로그래밍 가능한 GPU는 하드웨어 자체적으로 노이즈 함수를 구현하지는 않는데, 이는 노이즈 계산이 셰이더 명령을 사용해서 구현된다는 의미이다(더욱 나쁜 경우 CPU의 소프트웨어를 통해). 이런 노이즈 함수들을 구현하기 위해서는 상당히 많은 셰이더 명령을 사용해야 하기에, 그 성능은 대부분 실시간 프래그먼트 셰이더에서 사용하기에는 너무 느려진다. 어찌됐든, 이것이 OpenGL ES 워킹그룹이 노이즈를 OpenGL ES 셰이딩 언어에서 제외시킨 이유이다(개발업체가 확장을 통해 이를 제공하고는 있다).

비록 프래그먼트 셰이더에서 노이즈를 계산하는 것이 비용이 크긴 하지만, 3D 텍스처를 사용하여 그 문제를 어느 정도는 극복할 수 있다. 노이즈를 전처리하고 그 결과를 3D 텍스처에 넘겨주는 방법으로 만족할만한 품질의 노이즈를 손쉽게 생성하는 것이 가능하다. 노이즈를 생성하기 위해 사용되는 알고리즘은 많은 것들이 있다. 다양한 노이즈 알고리즘에 대해서 읽어보려면 이 장의 마지막 부분에 있는 참조 목록과 링크를 활용하기 바란다. 격자형(lattice-based) 그레이디언트(gradient) 노이즈를 생성하는 특정 알고리즘에 대해 설명하려 한다. Ken Perlin의 노이즈 함수(Perlin, 1985)가 바로 격자형 그레이디언트 노이즈이다. 이는 노이즈를 생성하기 위해 일반적으로 사용되는 방법으로 예를 들어, 격자형 그레이디언트 노이즈는 Renderman 셰이딩 언어의 noise 함수로 구현된다.

그레이디언트 노이즈 알고리즘은 3D 좌표를 입력으로 받고 부동소수점의 노이즈 값을 반환한다. 입력이 $(x, y, z)$로 주어진 노이즈 값을 생성하기 위해 $x$, $y$, $z$ 값을 격자의 적절한 정수 위치에 매핑한다. 격자의 격자점 수는 프로그래밍 가능한데, 구현에서는

256 격자점으로 설정했다. 격자의 각 격자점에 대해 의사난수 그레이디언트 벡터를 생성하여 저장해야 한다. 예제 14-15는 이러한 그레이디언트 벡터 생성하는 방법을 설명한다.

**예제 14-15** 그레이디언트 벡터 생성

```
// 0에서 255까지 8비트 임의의 순열을 선언하는 permTable
static unsigned char permTable[256] = {
   0xE1, 0x9B, 0xD2, 0x6C, 0xAF, 0xC7, 0xDD, 0x90,
   0xCB, 0x74, 0x46, 0xD5, 0x45, 0x9E, 0x21, 0xFC,
   0x05, 0x52, 0xAD, 0x85, 0xDE, 0x8B, 0xAE, 0x1B,
   0x09, 0x47, 0x5A, 0xF6, 0x4B, 0x82, 0x5B, 0xBF,
   0xA9, 0x8A, 0x02, 0x97, 0xC2, 0xEB, 0x51, 0x07,
   0x19, 0x71, 0xE4, 0x9F, 0xCD, 0xFD, 0x86, 0x8E,
   0xF8, 0x41, 0xE0, 0xD9, 0x16, 0x79, 0xE5, 0x3F,
   0x59, 0x67, 0x60, 0x68, 0x9C, 0x11, 0xC9, 0x81,
   0x24, 0x08, 0xA5, 0x6E, 0xED, 0x75, 0xE7, 0x38,
   0x84, 0xD3, 0x98, 0x14, 0xB5, 0x6F, 0xEF, 0xDA,
   0xAA, 0xA3, 0x33, 0xAC, 0x9D, 0x2F, 0x50, 0xD4,
   0xB0, 0xFA, 0x57, 0x31, 0x63, 0xF2, 0x88, 0xBD,
   0xA2, 0x73, 0x2C, 0x2B, 0x7C, 0x5E, 0x96, 0x10,
   0x8D, 0xF7, 0x20, 0x0A, 0xC6, 0xDF, 0xFF, 0x48,
   0x35, 0x83, 0x54, 0x39, 0xDC, 0xC5, 0x3A, 0x32,
   0xD0, 0x0B, 0xF1, 0x1C, 0x03, 0xC0, 0x3E, 0xCA,
   0x12, 0xD7, 0x99, 0x18, 0x4C, 0x29, 0x0F, 0xB3,
   0x27, 0x2E, 0x37, 0x06, 0x80, 0xA7, 0x17, 0xBC,
   0x6A, 0x22, 0xBB, 0x8C, 0xA4, 0x49, 0x70, 0xB6,
   0xF4, 0xC3, 0xE3, 0x0D, 0x23, 0x4D, 0xC4, 0xB9,
   0x1A, 0xC8, 0xE2, 0x77, 0x1F, 0x7B, 0xA8, 0x7D,
   0xF9, 0x44, 0xB7, 0xE6, 0xB1, 0x87, 0xA0, 0xB4,
   0x0C, 0x01, 0xF3, 0x94, 0x66, 0xA6, 0x26, 0xEE,
   0xFB, 0x25, 0xF0, 0x7E, 0x40, 0x4A, 0xA1, 0x28,
   0xB8, 0x95, 0xAB, 0xB2, 0x65, 0x42, 0x1D, 0x3B,
   0x92, 0x3D, 0xFE, 0x6B, 0x2A, 0x56, 0x9A, 0x04,
   0xEC, 0xE8, 0x78, 0x15, 0xE9, 0xD1, 0x2D, 0x62,
   0xC1, 0x72, 0x4E, 0x13, 0xCE, 0x0E, 0x76, 0x7F,
   0x30, 0x4F, 0x93, 0x55, 0x1E, 0xCF, 0xDB, 0x36,
   0x58, 0xEA, 0xBE, 0x7A, 0x5F, 0x43, 0x8F, 0x6D,
   0x89, 0xD6, 0x91, 0x5D, 0x5C, 0x64, 0xF5, 0x00,
   0xD8, 0xBA, 0x3C, 0x53, 0x69, 0x61, 0xCC, 0x34,
};
```

```
#define NOISE_TABLE_MASK 255

// 격자 그레이디언트 3D 노이즈
static float gradientTable[256*3];

#define FLOOR(x) ((int)(x) - ((x) < 0 && (x) != (int)(x)))
#define smoothstep(t) (t * t * (3.0f - 2.0f * t))
#define lerp(t, a, b) (a + t * (b - a))

void initNoiseTable()
{
   int                        i;
   float                      a;
   float                      x, y, z, r, theta;
   float                      gradients[256*3];
   unsigned int               *p, *psrc;

   srandom(0);
   // 3D 노이즈를 위한 그레이디언트 테이블 구성
   for(i=0; i<256; i++)
   {
      //  1 - 2 * 임의의 수 계산
      a = (random() & 32768) / (double) 32768.0f;
      z = (1.0f - 2.0f * a);

      r = (float)sqrtf(1.0f - z * z); // r은 원의 반지름

      a = (random() % 32768) / 32768.0f;
      theta = (2.0f * (float)M_PI * a);
      x = (r * cosf(a));
      y = (r * sinf(a));

      gradients[i*3] = x;
      gradients[i*3+1] = y;
      gradients[i*3+2] = z;
   }

   // 순열 테이블에서는 gradients에서 gradienTable로
   // 그레이디언트 값을 적재하기 위해 인덱스 사용
   p = (unsigned int *)gradientTable;
   psrc = (unsigned int *)gradients;
   for (i=0; i<256; i++)
   {
```

```
        int indx = permTable[i];
        p[i*3] = psrc[indx*3];
        p[i*3+1] = psrc[indx*3+1];
        p[i*3+2] = psrc[indx*3+2];
    }
}
```

예제 14-16은 의사난수 그레이디언트 벡터와 3D 좌표입력을 사용하여 그레이디언트 노이즈를 계산하는 방법을 기술한다.

**예제 14-16** 3D 노이즈

```
//
// 주어진 격자점에 대한 그레이디언트 노이즈 값을 생성
//
// (ix, iy, iz)는 3D 격자 위치를 지정
// (fx, fy, fz)는 분수 부분 지정
//
static float
glattice3D(int ix, int iy, int iz, float fx, float fy, float fz)
{
    float     *g;
    int       indx, y, z;

    z = permTable[iz & NOISE_TABLE_MASK];
    y = permTable[(iy + z) & NOISE_TABLE_MASK];
    indx = (ix + y) & NOISE_TABLE_MASK;
    g = &gradientTable[indx*3];

    return (g[0]*fx + g[1]*fy + g[2]*fz);
}

//
// 3D 노이즈 값 생성
// f는 입력 (x, y, z) 위치에 대해 계산이 필요한 노이즈 값
// noise3D는 스칼라 노이즈 값을 반환
//
float
noise3D(float *f)
{
    int ix, iy, iz;
    float fx0, fx1, fy0, fy1, fz0, fz1;
```

```
    float wx, wy, wz;
    float vx0, vx1, vy0, vy1, vz0, vz1;

    ix = FLOOR(f[0]);
    fx0 = f[0] - ix;
    fx1 = fx0 - 1;
    wx = smoothstep(fx0);

    iy = FLOOR(f[1]);
    fy0 = f[1] - iy;
    fy1 = fy0 - 1;
    wy = smoothstep(fy0);

    iz = FLOOR(f[2]);
    fz0 = f[2] - iz;
    fz1 = fz0 - 1;
    wz = smoothstep(fz0);

    vx0 = glattice3D(ix, iy, iz, fx0, fy0, fz0);
    vx1 = glattice3D(ix+1, iy, iz, fx1, fy0, fz0);
    vy0 = lerp(wx, vx0, vx1);
    vx0 = glattice3D(ix, iy+1, iz, fx0, fy1, fz0);
    vx1 = glattice3D(ix+1, iy+1, iz, fx1, fy1, fz0);
    vy1 = lerp(wx, vx0, vx1);
    vz0 = lerp(wy, vy0, vy1);

    vx0 = glattice3D(ix, iy, iz+1, fx0, fy0, fz1);
    vx1 = glattice3D(ix+1, iy, iz+1, fx1, fy0, fz1);
    vy0 = lerp(wx, vx0, vx1);
    vx0 = glattice3D(ix, iy+1, iz+1, fx0, fy1, fz1);
    vx1 = glattice3D(ix+1, iy+1, iz+1, fx1, fy1, fz1);
    vy1 = lerp(wx, vx0, vx1);
    vz1 = lerp(wy, vy0, vy1);

    return lerp(wz, vz0, vz1);
}
```

noise3D 함수는 −1.0과 1.0 사이의 값을 반환한다. 그레이디언트 노이즈 값은 정수형 격자점에서는 항상 0이다. 중간점들에 대해 점을 감싸고 있는 8정수형 격자점에 걸친 그레이디언트 값의 삼중선형 보간은 스칼라 노이즈 값을 생성하기 위해 사용된다. 그림 14-11은 위의 알고리즘을 사용하는 그레이디언트 노이즈의 2D 슬라이스를 보여준다.

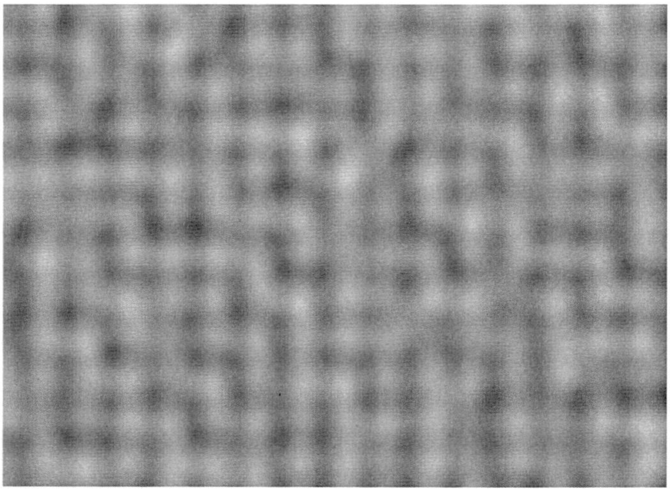

**그림 14-11** 그레이디언트 노이즈의 2D 슬라이스

## 노이즈 활용

일단 3D 노이즈 체적을 생성하면 다양한 효과에 활용하는 것은 아주 쉽다. 희미한 안개 효과의 경우 개념은 간단한데, 시간에 따른 모든 3차원에서 3D 노이즈 텍스처를 스크롤 하고 텍스처로부터 얻은 값을 안개효과 계수의 왜곡에 사용한다. 예제 14-17의 프래그먼트 셰이더를 살펴보도록 하자.

**예제 14-17** 노이즈에 의해 왜곡된 안개효과 프래그먼트 셰이더

```
#version 300 es
precision mediump float;

uniform sampler3D a_noiseTex;
uniform float u_fogMaxDist;
uniform float u_fogMinDist;
uniform vec4 u_fogColor;
uniform float u_time;
in vec4 v_color;
in vec2 v_texCoord;
in vec4 v_eyeDist;
layout(location = 0) out vec4 outcolor;

float computeLinearFogFactor()
{
```

```
    float factor;

     // 선형 안개 방정식 계산
    float dist = distance( v_eyePos, vec4 ( 0.0, 0.0, 0.0, 1.0 ));
    factor = (u_fogMaxDist - Dist) /
             (u_fogMaxDist - u_fogMinDist);
    // [0, 1] 범위로 고정
    factor = clamp( factor, 0.0, 1.0 );
    return factor;
}

void main(void)
{
    float fogFactor = computeLinearFogFactor();
    vec3 noiseCoord = vec3( v_texCoord.xy + u_time, u_time );
    fogFactor -= texture(s_noiseTex, noiseCoord).r * 0.25;
    fogFactor = clamp(fogFactor, 0.0, 1.0);
    vec4 baseColor = v_color;
    outColor = baseColor * fogFactor +
               u_fogColor * (1.0 - fogFactor);
}
```

이 셰이더는 제10장 "프래그먼트 셰이더"에서 선형 안개 예제와 매우 유사하다. 주된 차이점은 선형 안개 요소가 3D 노이즈 텍스처에 의해 왜곡된다는 점이다. 셰이더는 시간에 따른 3D 텍스처 좌표를 계산하여 `noiseCoord`에 저장한다. `u_time` uniform 변수는 현재 시간과 연결되어 매 프레임마다 갱신된다. 3D 텍스처는 노이즈 체적이 자연스럽게 평면에서 스크롤하도록 GL_MIRRORED_REPEAT의 *s*, *t*, *r*에서 랩 모드로 설정한다. (*s*, *t*) 좌표는 기본 텍스처에 대한 좌표를 따르며, 양쪽 방향 모두에서 스크롤된다. (*r*) 좌표는 순수하게 시간에 따라서 지속적으로 스크롤된다.

3D 텍스처는 단일-채널(GL_R8) 텍스처이므로 오직 텍스처의 Red 구성요소만 사용된다(Green, Blue 채널은 Red와 같은 값을 가진다). 체적에서 인출된 값은 계산된 `fogFactor`에 추가되어 안개 컬러와 기본 컬러 사이의 선형 보간에 사용된다. 결과로 언덕을 뒤덮는 희미한 안개가 발생한다. 안개의 속도는 3D 텍스처 좌표를 스크롤할 때 `u_time` 변수에 축척 연산을 적용함으로써 쉽게 증가시킬 수 있다.

노이즈를 표현하는 3D 텍스처를 사용하여 수행할 수 있는 효과는 많다. 노이즈를 사용하는 예제는 조명 체적에 먼지 표현, 절차적 텍스처에 자연현상 추가, 파도 시뮬레이션 등을 포함한다. 3D 텍스처를 사용하는 것은 성능을 확보하면서도 고품질의 영상 효과를 완성할 수 있는 좋은 방법이다. 휴대단말이 프래그먼트 셰이더의 노이즈 함수를 계산하고 고속 프레임 속도로 실행할 수 있을 만한 성능을 갖추고 있다고 기대하지는 않을 것이다. 이와 같이 미리 계산된 노이즈 체적을 확보하는 것은 효과들을 생성하는 툴킷에서 매우 유용한 기술이 될 것이다.

## 절차적 텍스처링

다음으로 다룰 주제는 절차적 텍스처의 생성이다. 텍스처는 보통 2D 이미지, 큐브맵, 3D 이미지로 묘사되는데, 이러한 이미지는 컬러나 깊이 값을 저장한다. OpenGL ES 셰이딩 언어에 정의된 내장함수는 텍스처 좌표, 샘플러라 불리는 텍스처 객체를 사용하여 컬러와 깊이 값을 반환한다. 절차적 텍스처는 이미지 대신 처리 절차대로 기술된 텍스처를 참조한다. 처리 절차는 입력의 설정대로 텍스처 컬러 또는 깊이 값을 생성하는 알고리즘을 기술한다.

다음은 절차적 텍스처링의 몇 가지 이점이다.

- 저장된 텍스처 이미지에 비해 훨씬 간결한 표현. 저장하기 위해 필요한 모든 것은 절차적 텍스처를 기술하는 코드이다. 이는 일반적으로 저장된 이미지보다 그 크기에서 훨씬 작다.
- 저장된 이미지와는 다르게 절차적 텍스처는 고정 해상도가 아니다. 따라서 정밀도의 손실 없이 평면에 적용될 수 있다. 이는 절차적 텍스처를 사용하여 평면에 확대할수록 정밀도가 감소되는 문제를 접하지 않는다는 의미이다. 그러나 저장된 이미지를 사용할 때 이러한 문제에 직면하게 되는데, 이는 저장된 이미지의 고정 해상도 때문이다.

절차적 텍스처의 단점은 다음과 같다.

- 비록 절차적 텍스처가 저장된 텍스처보다 메모리 점유가 적을지라도, 이는 절차적 텍스처를 실행하기 위해 저장된 텍스처에서 검색하는 것에 비해 많은 처리가 필요하다. 절차적 텍스처를 사용하면, 저장된 텍스처의 메모리 대역폭 대신 명령 대역폭을 다루게 된다. 명령 및 메모리 대역폭은 모두 휴대단말에서는 고비용이며, 개발자는 어떤 접근법을 활용할지 신중하게 선택해야 한다.
- 절차적 텍스처는 심각한 에일리어싱 아티팩트가 나타날 수 있다. 이러한 아티팩트의 대부분은 해결 가능하지만, 그것은 절차적 텍스처 코드에 추가적인 명령으로 귀결되어 셰이더의 성능에 영향을 줄 수가 있다.

절차적 텍스처를 사용할지 저장된 텍스처를 사용할지에 대한 결정은 각각의 메모리 대역폭 필요조건과 성능에 대한 세심한 분석에 따라 이루어져야 할 것이다.

## 절차적 텍스처 예제

이제 절차적 텍스처를 설명할 간단한 예제를 살펴보자. 객체에 바둑판 무늬를 그리기 위해 바둑판 텍스처 이미지를 사용하는 방법에 아주 익숙하다. 이제는 객체에 바둑판 무늬를 렌더링하는 절차적 텍스처 구현을 살펴보겠다. 설명할 예제는 Chapter_14/PVR_ProceduralTextures 내 Checker.pod PVRShaman 작업공간이다. 예제 14-18과 14-19는 절차적으로 바둑판 텍스처를 구현하는 정점 및 프래그먼트 셰이더를 기술한다.

**예제 14-18** 바둑판 정점 셰이더

```
#version 300 es
uniform mat4 mvp_matrix;          // 모델뷰와 투영 행렬 결합

in vec4 a_position;               // 정점 위치 입력
in vec2 a_st;                     // 텍스처 좌표 입력
out vec2 v_st;                    // 텍스처 좌표 출력

void main()
{
    v_st = a_st;
    gl_Position = mvp_matrix * a_position;
}
```

예제 14-18의 정점 셰이더 코드는 간단하다. 결합된 모델뷰와 투영 행렬을 사용하여 위치를 변환하고 텍스처 좌표 (a_st)를 varying 변수 (v_st) 프래그먼트 셰이더에 전달한다.

예제 14-19의 프래그먼트 셰이더 코드는 텍스처 무늬를 그리기 위해 텍스처 좌표 v_st를 사용한다. 비록 이해하기는 쉽지만, 프래그먼트 셰이더는 병렬 실행되는 프래그먼트에 따라 달라질 수 있는 여러 값에 대한 다중 조건 확인 때문에 저성능을 보일 수 있다. GPU에 의해 병렬로 실행되는 정점이나 프래그먼트의 수가 감소되면 성능에 영향을 줄 수 있다. 예제 14-20은 조건 확인을 사용하지 않는 프래그먼트 셰이더 버전이다.

그림 14-12는 u_frequency = 10을 가지고 예제 14-17에서 프래그먼트 셰이더를 이용

하여 렌더링된 바둑판 이미지를 보인다.

**예제 14-19** 조건 검사를 가지는 바둑판 프래그먼트 셰이더

```
#version 300 es
precision  mediump float;

// 바둑판 무늬 빈도
uniform int u_frequency;

in vec2 v_st;
layout (location = 0) out vec4 outColor;

void main()
{
    vec2 tcmod = mod(v_st * float(u_frequency), 1.0);

    if(tcmod.s < 0.5)
    {
        if(tcmod.t < 0.5)
            outColor = vec4(1.0);
        else
            outColor = vec4(0.0);
    }
    else
    {
        if(tcmod.t < 0.5)
            outColor = vec4(0.0);
        else
            outgColor = vec4(1.0);
    }
}
```

**예제 14-20** 조건 검사없는 바둑판 프래그먼트 셰이더

```
#version 300 es
precision mediump float;

// 바둑판 무늬 빈도
uniform int u_frequency;

in vec2 v_st;
```

```
layout(location = 0) out vec4 outColor;

void main()
{
   vec2 texcoord = mod(floor(v_st * float(u_frequency * 2)), 2.0);
   float delta = abs(texcoord.x - texcoord.y);
   outColor = mix(vec4(1.0), vec 4(0.0), delta);
}
```

그림 14-12 바둑판 무늬 절차적 텍스처

보는 바와 같이, 이 그림은 구현하기 쉽다. 이는 결코 허용될 수 없는 약간의 에일리어싱을 보게 된다. 텍스처 바둑판 이미지와 함께 밉매핑의 사용과 이중선형이나 삼중선형의 적합한 적용으로 에일리어싱 문제는 극복할 수 있다. 이제부터 안티에일리어싱 처리된 바둑판 무늬의 렌더링 방법을 알아보자.

## 절차적 텍스처의 안티에일리어싱

*Advanced RenderMan: Creating CGI for Motion Pictures*에서 Anthony Apodaca와 Larry Gritz가 절차적 텍스처의 분석적인 안티에일리어싱을 구현하는 방법에 대해 아주 면밀하게 설명해 줄 것이다. 안티에일리어싱된 바둑판 프래그먼트 셰이더를 구현하기 위해 이 책에 설명된 기법들을 사용한다. 예제 14-21은 `Chapter_14/PVR_ProceduralTextures`에서 CheckerAA.rfx PVR_Shaman 작업공간으로부터 안티에일리어싱된 바둑

판 프래그먼트 셰이더 코드를 설명한다.

**sion예제 14-21** 안티에일리어싱된 바둑판 프래그먼트 셰이더

```
#version 300 es
preci mediump float;#ifdef GL_ES

uniform int u_frequency;
in vec2 v_st;
layout(location = 0) out vec4 outColor;

void main()
{
   vec4    color;
   vec4    color0 = vec4(0.0);
   vec4    color1 = vec4(1.0);
   vec2    st_width;
   vec2    fuzz;
   vec2    check_pos;
   float   fuzz_max;

   // 필터 너비 계산
   st_width = fwidth(v_st);
   fuzz = st_width * float(u_frequency) * 2.0;
   fuzz_max = max(fuzz.s, fuzz.t);

   // 표본화 할 무늬의 위치 확보
   check_pos = fract(v_st * float(u_frequency));

   if (fuzz_max <= 0.5)
   {
      // 필터 너비가 충분히 작으면, 계산된 컬러와 평균 컬러 사이의
      // 매끄러운 보간을 수행하여 패턴 컬러를 계산

      vec2 p = smoothstep(vec2(0.5), fuzz + vec2(0.5),
          check_pos) + (1.0 - smoothstep(vec2(0.0), fuzz,
          check_pos));

      color = mix(color0, color1, p.x *
                               p.y + (1.0 - p.x) * (1.0 - p.y));
      color = mix(color, (color0 + color1)/2.0,
         smoothstep(0.125, 0.5, fuzz_max));
   }
```

```
    else
    {
        // 필터가 너무 넓으면, 평균 컬러를 사용
        color = (color0 + color1)/2.0;
    }
    outColor = color;
}
```

**그림 14-13** 안티에일리어싱된 바둑판 무늬 절차적 텍스처

그림 14-13은 u_frequency = 10으로 예제 14-18의 안티에일리어싱 처리된 바둑판 프래그먼트 셰이더를 사용한 바둑판 이미지 렌더링을 보여준다.

바둑판 절차적 텍스처를 안티에일리어싱하기 위해 픽셀로 덮여진 부분에 걸친 텍스처의 평균값을 측정할 필요가 있다. 절차적 텍스처를 표현하는 함수 g(v)가 주어지면, 이 픽셀로 덮인 영역의 함수 g(v)의 평균값을 계산해야 한다. 이 영역을 결정하기 위해서는 g(v)의 변화율을 알아야 한다. OpenGM ES 세이딩 언어 3.00은 dFdx, dFdy를 사용하여 x, y에 대한 g(v)의 변화율을 계산할 수 있는 유도 함수를 포함한다. 그레이디언트 벡터라 불리는 변화율은 [dFdx(g(v)), dFdy(g(v))]로 구한다. 그레이디언트 벡터의 크기는 sqrt((dFdx(g(v))2 + dFdx(g(v))2)로 구해진다. 또한, 이 크기는 abs(dFdx(g(v))) + abs(dFdy(g(v)))로 근사값을 구할 수도 있다. fwidth 함수는 이 그레이디언트 벡터의 크기를 계산하기 위해 사용될 수 있다. 이런 접근방법은 만일 g(v)가 스칼라 표현식이라면 훌륭하게 동작한다. g(v)가 점이라면, dFdx (g(v))와 dFdy(g(v))의 외적(cross-product)을 계산할 필요가 있다. 바둑판 텍스처 예제의 경우, 스칼라 표현 v_st.x와 v_st.y의 크기를 계산해야 하므로 fwidth 함수를 v_ st.x와 v_st.y에 대한 필터 너비를 계산하는데 사용할 수 있다.

fwidth를 이용해 필터 너비를 구해 보자. 절차적 텍스처에 대해 추가적으로 2가지를 알아야 한다.

- 필터 너비 k의 최솟값에 대해 절차적 텍스처 g(v)는 '필터 너비 < k/2'이면 에일리어싱 아티팩트가 보이지 않을 것이다.
- 절차적 텍스처 g(v)의 평균값은 너비를 훨씬 초과한다.

만일 w < k/2이면, 임의의 에일리어싱 아티팩트는 보이지 않을 것이고, w >k/2(필터 너비가 너무 클 경우)이면 에일리어싱이 발생할 것이다. 이런 경우 g(v)의 평균값을 사용한다. w의 다른 값에 대해 실제 함수와 평균값 사이를 페이딩하기 위한 smooth-step을 사용한다. smoothstep 내장함수의 전체 정의는 부록 B에서 제공된다.

이 장이 절차적 텍스처를 사용하는 방법과 절차적 텍스처를 사용할 때 식별되는 에일리어싱 아티팩트를 해결하는 방법에 대한 유용한 정보를 제공했길 바란다. 다양한 애플리케이션에서 절차적 텍스처의 생성은 매우 광범위한 주제이다. 절차적 텍스처 생성에 대해 좀 더 읽어 보고 싶다면 다음 참고목록을 참조하기 바란다.

## 절차적 텍스처 관련 참고문헌


1. Anthony A. Apodaca and Larry Gritz. *Advanced Renderman: Creating CGI for Motion Pictures* (Morgan Kaufmann, 1999).
2. David S. Ebert, F. Kenton Musgrave, Darwyn Peachey, Ken Perlin, and Steven Worley. *Texturing and Modeling: A Procedural Approach*, 3rd ed. (Morgan Kaufmann, 2002).
3. K. Perlin. An image synthesizer. *Computer Graphics*(SIGGRAPH 1985 Proceedings, pp. 287–96, July 1985).
4. K. Perlin. Improving noise. *Computer Graphics*(SIGGRAPH 2002 Proceedings, pp. 681–82).
5. K. Perlin. Making Noise. www.noisemachine.com/talk1/.
6. Pixar. The Renderman Interface Specification, Version 3.2. July 2000. renderman.pixar.com/products/rispec/index.htm.

7. Randi J. Rost. OpenGL *Shading Language*, 2nd ed. (Addison-Wesley Professional, 2006).

## 정점 텍스처 인출로 지형 렌더링

다음 주제는 OpenGL ES 3.0에서 정점 텍스처 인출 특성으로 지형을 렌더링하는 것이다. 이 예제에서 그림 14-14에서 보이는 것처럼 높이 맵을 이용하여 지형을 렌더링하는 방법을 보인다.

지형 렌더링 예제는 두 단계로 구성된다.

1. 지형 기반을 위한 사각형 격자를 생성
2. 정점 법선을 계산하고 정점 셰이더에서 높이 맵으로부터 높이 값을 인출

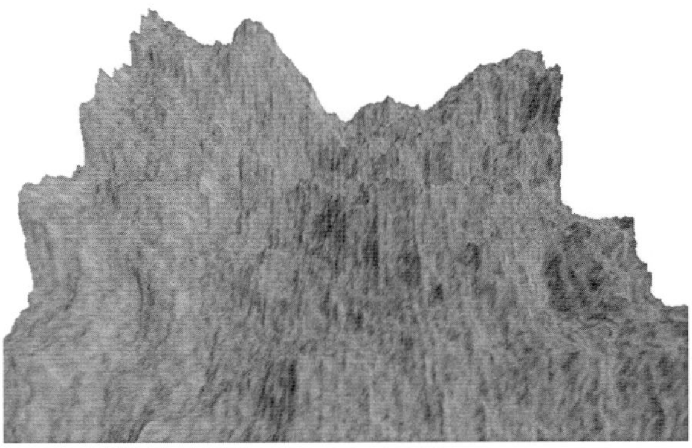

**그림 14-14** 정점 텍스처 인출로 렌더링된 지형

### 사각형 지형 격자를 생성

예제 14-22 코드는 기본 지형으로 사용하는 삼각형 격자를 생성한다.

**예제 14-22** 지형 렌더링 평면 격자 생성

```
int ESUTIL_API esGenSquareGrid ( int size, GLfloat **vertices,
                                 GLuint **indices )
{
```

```
    int i, j;
    int numIndices = (size-1)  * (size-1) * 2 * 3;

    // 버퍼를 위한 메모리 할당
    if (vertices != NULL)
    {
        int numVertices = size * size;
        float stepSize = (float) size - 1;
        *vertices = malloc ( sizeof (GLfloat) * 3 * numVertices );

        for ( i = 0; i < size; ++i)  // 행
        {
            for ( j= 0; j < size; ++j ) // 열
            {
                (*vertices) [ 3 * ( j + i*size)     ] = i / stepSize;
                (*vertices) [ 3 * ( j + i*size) + 1] = j / stepSize;
                (*vertices) [ 3 * ( j + i*size) + 2] = 0.0f
            }
        }
    }

    // 인덱스를 생성
    if ( indices != NULL )
    {
        *indices = malloc ( sizeof(GLuint) * unmIndices );
        for ( i = 0; i < size - 1; ++i )
        {
            for ( j = 0; j < size - 1; +j )
            {
                // 쿼드당 두 삼각형
                (*indices) [ 6 * (j+i*(size-1))    ] = j+(i) * (size);
                (*indices) [ 6 * (j+i*(size-1)) + 1] = j+(i) * (size) + 1;
                (*indices) [ 6 * (j+i*(size-1)) + 2] = j+(i+1) * (size) + 1;

                (*indices) [ 6 * (j+i*(size-1)) + 3] = j+(i) * (size);
                (*indices) [ 6 * (j+i*(size-1)) + 4 = j+(i+1) * (size) + 1;
                (*indices) [ 6 * (j+i*(size-1)) + 5 = j+(i+1) * (size);
            }
        }
    }
    return numIndices;
}
```

첫째로 [0, 1] 범위에서 규칙적으로 공간 *xy*-좌표로 정점 위치를 생성한다. 동일 *xy*-값은 또한 높이 맵으로부터 높이 값을 검색하기 위해 정점 텍스처 좌표로 사용될 수 있다.

둘째로 GL_TRIANGLES에 대한 인덱스 목록을 생성하는 것이다. 더 좋은 방법은 GPU로 정점 캐시 지역성을 증진시킴으로 렌더링 성능을 증진할 수 있는 것처럼 GL_TRIANGLE_STRIP에 대한 인덱스 목록을 생성한다.

## 정점 법선을 계산하고 정점 셰이더에서 높이 값을 인출하기

예제 14-23은 정점 법선을 계산하고 정점 셰이더에서 높이 맵으로부터 높이 값 인출을 어떻게 하는지 보인다.

**예제 14-23** 지형 렌더링 정점 셰이더

```
#version 300 es
uniform mat4 u_mvpMatrix;
uniform vec3 u_lightDirection;
layout(location = 0) in vec4 a_position;
uniform sampler2D s_texture;
out vec4 v_color;
void main()
{
    // 높이 맵으로부터 정점 법선 계산
    float hxl = textureOffset( s_texture,
                    a_position.xy, ivec2(-1,  0) ).w;
    float hxr = textureOffset( s_texture,
                    a_position.xy, ivec2( 1,  0) ).w;
    float hyl = textureOffset( s_texture,
                    a_position.xy, ivec2( 0, -1) ).w;
    float hyr = textureOffset( s_texture,
                    a_position.xy, ivec2( 0,  1) ).w;
    vec3 u = normalize( vec3(0.05, 0.0, hxr-hxl) );
    vec3 v = normalize( vec3(0.0, 0.05, hyr-hyl) );
    vec3 normal = cross( u, v );

    // 확산 조명 계산
    float diffuse = dot( normal, u_lightDirection );
    v_color = vec4( vec3(diffuse), 1.0 );

    // 높이 맵으로부터 정점 위치를 가져온다
    float h = texture ( s_texture, a_position.xy ).w;
```

```
    vec4 v_position = vec4 ( a_position.xy,
                             h/2.5,
                             a_position.w );
    gl_Position = u_mvpMatrix * v_position;
}
```

Chapter_14/TerrainRendering 폴더에 제공된 예제는 높이 맵을 이용하여 간단한 지형 렌더링 방법을 제공한다. 이 주제에 대한 더 관심이 있으면 다음 참고목록을 이용하여 큰 지형 모델을 효율적으로 렌더링하는 많은 고급 기법들을 찾을 수 있을 것이다.

## 큰 지형 렌더링에 대한 참고목록


1. Marc Duchaineau et al. *ROAMing Terrain: Real-Time Optimally Adapting Meshes* (IEEE Visualization, 1997).
2. PeterLindstorm et al, *Real-Time Continuous Level of Detail Rendering of Height Fields* (Proceedings of SIGGRAPH, 1996).
3. Frank Losasso ad Hugues Hoppe. *Geometry Clipmaps: Terrain Rendering Usig Nested Regular Grids*, ACM Trans. Graphics (SIGGRAPH, 2004).
4. Krzystof Niski, Budirijanto Purnomo, and Jonathan Cohen, *Multi-grained Level of Detail Using Hierarchical Seamless Texture Atlases* (ACM SIGGRAPH I3D, 2007).
5. Filip Strugar. Continuous distance-dependent level of detail for rendeing heightmaps(*Journal of Graphics, GPU and Game Tools*, vol. 14, issue 4, 2009).


## 깊이 텍스처를 이용한 그림자

다음 주제는 두 렌더링 경로 알고리즘을 이용하여 OpenGL ES 3.0에서 깊이 텍스처를 이용한 그림자 렌더링이다.

1. 첫 렌더링 경로에서 조명 관점으로부터 장면을 그리고, 텍스처에 프래그먼트 깊이 값을 기록한다.
2. 두 번째 렌더링 경로에서 시야 위치 관점에서 장면을 렌더링한다. 프래그먼트 셰이더에서 프래그먼트가 깊이 텍스처 샘플링에 의해 그림자가 있는지를 결정하는 깊이 시험을 수행한다.

**그림 14-15** 깊이 텍스처와 6 x 6 PCF로 그림자 렌더링

추가로 소프트 그림자를 생성하기 위해 깊이 텍스처를 샘플링하기 위하여 백분율 근사 필터링(PCF) 기법을 사용하다.

`Chapter_14/Shadows`로부터 그림자 렌더링 예를 실행한 결과는 그림 14-15에 보인다.

## 조명위치에서 깊이 텍스처로 렌더링

다음 단계를 이용하여 깊이 텍스처에 조명 관점으로부터 장면을 렌더링한다.

1. 조명 위치를 이용하여 MVP 행렬을 설정

   예제 14-24는 직사 투영, 모델, 관측 변환 행렬을 연결하여 생성된 MVP 변환 행렬을 보인다.

**예제 14-24** 조명 위치로부터 MVP 행렬 설정

```
// 직사 투영 행렬 생성
esMatrixLoadIdentity ( &ortho );
esOrtho ( &ortho, -10, 10, -10, 10, -30, 30 );

// 모델 행렬 생성
esMatrixLoadIdentity ( &model );

esTranslate ( &model, -2.0f, -2.0f, 0.0f );
esScale ( &model, 10.0f, 10.0f, 10.0f );
esRotate ( &model, 90.0f, 1.0f, 0.0f, 0.0f );
```

```
// 조명 위치로부터 관측 행렬 변환 생성
esMatrixLookAt ( &view,
                 userData->lightPosition[0],
                 userData->lightPosition[1],
                 userData->lightPosition[2],
                 0.0f, 0.0f, 0.0f,
                 0.0f, 1.0f, 0.0f );

esMatrixMultiply ( &modelview, &model, &view );

// 마지막 MVP 계산
esMatrixMultiply ( &userData->groundMvplightMatrix,
                   &modelview, &ortho );
```

2. 깊이 텍스처를 생성하고 이를 프레임버퍼 객체에 첨부

   예제 14-25는 그림자 맵을 저장하기 위해 1024 x 1024 16비트 깊이 텍스처를 어떻게 생성하는지를 보인다. 그림자 맵은 GL_LINEAR 텍스처 필터로 지정한다. sampler2Dshadow 샘플러 타입으로 사용될 때 하드웨어가 단일 탭으로 4개 깊이 비교를 수행하는 것처럼 하드웨어 기반 PCF를 얻는다. 이때 깊이 텍스처 장치로 프레임버퍼 객체에 어떻게 렌더링되는지를 보인다(제12장 "프레임버퍼 객체"에서 이 주제에 대해 설명하였다).

**예제 14-25** 깊이 텍스처를 생성하고 이를 프레임버퍼 객체에 첨부

```
int InitShadowMap ( ESContext *esContext )
{
   UserData *userData = (UserData)esContext->userData;
   GLenum none = GL_NONE;

   // 그림자 맵을 위해 1K by 1K 텍스처 사용
   userData->shadowMapTextureWidth = 1024;
   userData->shadowMapTextureHeight = 1024;

   glGenTextures ( 1, &userData->shadowMapTextureId );
   glBindTexture ( GL_TEXTURE_2D, userData->shadowMapTextureId );
   glTexParameteri ( GL_TEXTURE_2D, GL_TEXTURE_MAG_FILTER,
                     GL_NEAREST );
   glTexParameteri ( GL_TEXTURE_2D, GL_TEXTURE_MIN_FILTER,
                     GL_LINEAR );
   glTexParameteri ( GL_TEXTURE_2D, GL_TEXTURE_WRAP_S,
```

```
                     GL_CLAMP_TO_EDGE );
glTexParameteri  ( GL_TEXTURE_2D, GL_TEXTURE_WRAP_T,
                     GL_CLAMP_TO_EDGE );

// 하드웨어 비교 설정
glTexParameteri( GL_TEXTURE_2D, GL_TEXTURE_COMPARE_MODE,
                    GL_COMPARE_REF_TO_TEXTURE );
glTexParameteri( GL_TEXTURE_2D, GL_TEXTURE_COMPARE_FUNC,
                    GL_LEQUAL );

glTexImage2D ( GL_TEXTURE_2D, 0, GL_DEPTH_COMPONENT16,
                  userData->shadowMapTextureWidth,
                  userData->shadowMapTextureHeight,
                  0, GL_DEPTH_COMPONENT, GL_UNSIGNED_SHORT,
                  NULL );

glBindTexture ( GL_TEXTURE_2D, 0 );

GLint defaultFramebuffer = 0;
glGetIntegerv ( GL_FRAMEBUFFER_BINDING,
                   &defaultFramebuffer );

// fbo 설정
glGenFramebuffers ( 1, &userData->shadowMapBufferId );
glBindFramebuffer ( GL_FRAMEBUFFER,
                        userData->shadowMapBufferId );

glDrawBuffers ( 1, &none );

glFramebufferTexture2D ( GL_FRAMEBUFFER, GL_DEPTH_ATTACHMENT,
                             GL_TEXTURE_2D,
                             userData->shadowMapTextureId, 0 );

glActiveTexture ( GL_TEXTURE0 );
glBindTexture ( GL_TEXTURE_2D, userData->shadowMapTextureId );

if ( GL_FRAMEBUFFER_COMPLETE !=
        glCheckFramebufferStatus ( GL_FRAMEBUFFER ) )
{
   return FALSE;
}

glBindFramebuffer ( GL_FRAMEBUFFER, defaultFramebuffer );
```

```
    return TRUE;
}
```

3. 정점과 프래그먼트 셰이더 통과를 이용한 장면 렌더링

   예제 14-26은 조명의 관측 지점으로부터 깊이 텍스처에 장면을 렌더링하기 위해 사용된 정점과 프래그먼트 셰이더를 제공한다. 두 셰이더들은 그림자 맵 텍스처에 프래그먼트 깊이 값을 기록하는 데 매우 간단하다.

**예제 14-26** 깊이 텍스처 셰이더에 대한 렌더링

```
#version 300 es
uniform mat4 u_mvpLightMatrix;
layout(location = 0) in vec4 a_position;
out vec4 v_color;
void main()
{
    gl_Position = u_mvpLightMatrix * a_position;
}

//fragment shader
#version 300 es
precision lowp float;
void main()
{
}
```

이들 셰이더들을 사용하기 위해 장면 렌더링 이전 주 코드에서 깊이 버퍼를 비우고 컬러 렌더링을 디스에이블한다. 정밀도 문제에 기인한 그림자 렌더링 아티팩트 생성을 피하기 위해 텍스처에 쓰여진 깊이 값을 증가시키기 위한 다각형 변위 명령을 사용할 수 있다.

```
// 깊이 버퍼 비우기
glClear (GL_DEPTH_BUFFER_BIT);

// 컬러 렌더링을 디스에이블; 단지 깊이 버퍼에 쓴다
glColorMask (GL_FALSE, GL_FALSE, GL_FALSE, GL_FALSE);

// 그림자 렌더링 아티팩트를 줄인다.
```

```
glEnable (GL_POLYGON_OFFSET_FILL);
glPolygonOffset ( 4.0f, 100.0f );
```

## 깊이 텍스처로 시야 위치로부터 렌더링

다음 단계를 이용하여 깊이 텍스처에 조명의 관측 위치로부터 장면을 렌더링한다.

1. 시야 위치를 이용하여 MVP 행렬을 설정

   MVP 행렬은 다음과 같이 esMatrixLookAt에 시야 위치를 전달하여 관측 변환 행렬을 생성하는 것을 제외하고는 예제 14-24와 같은 코드로 구성한다.

```
// 관측 행렬 변환
esMatrixLookAt ( &view,
                 userData->eyePosition[0],
                 userData->eyePosition[1],
                 userData->eyePosition[2],
                 0.0f, 0.0f 0.0f,
                 0.0f, 1.0f 0.0f);
```

2. 첫 렌더링 경로에서 생성된 그림자 맵을 이용하여 장면을 렌더링

   예제 14-27은 시야 위치로부터 장면을 렌더링하기 위해 사용한 정점과 프래그먼트 셰이더를 보인다.

**예제 14-27** 시야 위치 셰이더로부터 렌더링

```
//vertex shader
#version 300 es
uniform mat4 u_mvpMatrix;
uniform mat4 u_mvpLightMatrix;
layout(location = 0) in vec4 a_position;
layout(location = 1) in vec4 a_color;
out vec4 v_color;
out vec4 v_shadowCoord;
void main()
{
    v_color = a_color;
    gl_Position = u_mvpMatrix * a_position;
    v_shadowCoord = u_mvpLightMatrix * a_position;

    // [-1,1]에서 [0,1]로 변환
    v_shadowCoord = v_shadowCoord * 0.5 + 0.5;
```

```
}

// 프래그먼트 셰이더
#version 300 es
precision lowp float;
uniform lowp sampler2DShadow s_shadowMap;
in vec4 v_color;
in vec4 v_shadowCoord;
layout(location = 0) out vec4 outColor;

float lookup ( float x, float y )
{
   float pixelSize = 0.002; // 1/500
   vec4 offset = vec4 ( x * pixelSize * v_shadowCoord.w,
                        y * pixelSize * v_shadowCoord.w,
                        0.0, 0.0 );
   return textureProj ( s_shadowMap, v_shadowCoord + offset );
}

void main()
{
   // 샘플당 4개 탭을 가지는 3x3 커널, 효율적으로 6x6 PCF
   float sum = 0.0;
   float x, y;
   for ( x = -2.0; x <= 2.0; x += 2.0 )
      for ( y = -2.0; y <= 2.0; y += 2.0 )
         sum += lookup ( x, y );

   // 9.0으로 합을 나눈다.
   sum = sum * 0.11;
   outColor = v_color * sum;
}
```

정점 셰이더에서 정점 위치를 두 번 변환한다: (1) 시야 위치로부터 생성된 MVP 행렬을 이용, (2) 조명 위치로부터 생성된 MVP 행렬을 이용. 전자 결과는 gl_Position에 기록되고, 후자 결과는 v_shadowCoord에 기록된다. v_shadowCoord 결과가 그림자 맵에 렌더링될 때 정확히 동일 정점 위치 결과임을 주지하기 바란다.

정점 셰이더 내 [0, 1] 공간으로 동차 좌표 [−1, 1] 공간으로부터 좌표를 처음 변환하여 그림자 맵에 샘플에 대한 텍스처 좌표로 v_shadowCoord가 사용될 수 있다. 그렇지 않으면 주 코드에서 다음의 바이어스 행렬로 조명 위치로부터 MVP 행렬을 곱하기 전에 정점 셰이더에서 이들 계산 수행을 피할 수 있다.

```
0.5, 0.0, 0.0, 0.0,
0.0, 0.5, 0.0, 0.0,
0.0, 0.0, 0.5, 0.0,
0.5, 0.5, 0.5, 1.0
```

프래그먼트 셰이더에서 v_shadowCoord와 textureProj 호출을 이용하여 그림자 맵을 샘플링하여 그림자 내에 있는지 결정하기 위해 현재 프래그먼트를 검사한다. PCF의 효과를 더 증가시키기 위해 3 x 3 커널 필터링을 수행한다(탭당 4개 하드웨어 깊이 비교와 결합될 때 효과적으로 6 x 6 PCF). 이때 프래그먼트 컬러를 조절하기 위해 그림자 맵 샘플 결과를 평균한다. 프래그먼트가 그림자 내에 있을 때 샘플 결과는 0으로 되고 프래그먼트는 검정으로 렌더링된다.

## 요약

이 장에서는 이 책을 통해 표현된 OpenGL ES 3.0의 많은 특성들이 다양한 렌더링 기법을 달성하기 위해 적용될 수 있는 방법을 나타내었다. 이 장은 큐브맵, 법선 맵, 점 스프라이트, 변환 피드백, 이미지 후처리, 투영 텍스처링, 프래임버퍼 객체, 정점 텍스처 인출, 그림자 맵 등 많은 셰이딩 기법 등을 포함하는 특성을 사용하는 렌더링 방법에 대해 설명하였다. 다음에는 애플리케이션이 정보를 얻기 위해 OpenGL ES 3.0 질의에 사용할 수 있는 함수에 대한 API에 대해 설명할 것이다.

OpenGL® ES™ 3.0 Programming Guide

Chapter 15

# 상태 질의

OpenGL ES 3.0은 렌더링을 요청한 내부 변수들 값을 포함하는 "상태정보"를 유지한다. 독자들은 셰이더 프로그램을 컴파일하고 링크, 정점 배열과 속성 바인딩 초기화, uniform 값 지정, 텍스처를 적재 및 바인딩할 필요가 있다.

OpenGL ES 3.0 연산을 위한 필수적인 많은 값이 있다. 예를 들면, 텍스처 단위의 최댓값이나, 뷰포트의 지원 크기를 결정해야 할 필요가 있다. 이런 모든 값들이 애플리케이션에 의해 질의될 수 있다.

이 장에서는 애플리케이션이 OpenGL ES 3.0에서 값을 얻기 위해 사용되는 함수와 질의에 대한 매개변수를 설명한다.

## OpenGL ES 3.0 구현 문자열 질의

애플리케이션 실행에 필요한 가장 기본적인 질의 중 하나는 구현에서 지원하는 OpenGL ES의 버전과 어떤 확장이 사용가능한지와 같은 기본적인 OpenGL ES 3.0 구현에 관한 정보이다. 이러한 특징들은 `glGetString` 함수에서 아스키(ASCII) 문자열로 반환된다.

```
const GLubyte* glGetString(GLenum name)
const GLubyte* glGetStringi(GLenum name, Gluint index)
```

| | |
|---|---|
| *name* | 반환될 매개변수 지정<br>GL_VENDOR, GL_RENDERER, GL_VERSION,<br>GL_SHADING_LANGUAGE_VERSION, GL_EXTENSIONS 중 하나를 사용<br>glGetStringi에 대해서는 GL_EXTENSIONS이어야 한다. |
| *index* | 반환될 문자열의 인덱스를 지정(단, glGetStringi) |

GL_VENDOR와 GL_RENDERER 질의는 사용자가 사용하기 위한 형식이며, 설정 형식이 없다; 개발자가 유용하다고 생각하는 사항으로 초기화.

GL_VERSION 질의는 모든 OpenGL ES 3.0 구현에 대해 "OpenGL ES 3.0"으로 시작하는 문자열을 반환한다. 버전 문자열은 이 토큰 다음에 개발업체 특성 정보가 추가적으로 포함할 수 있는데, 항상 다음과 같은 형식을 따른다.

```
OpenGL ES <version> <vendor-specific information>
```

<version>과 함께 버전 숫자(예: 3.0)는 주요 배포 번호, 그 다음으로 기간이나 부 배포 번호와 선택적으로 기타 기간 및 제3의 배포 값으로 구성된다(개발업체가 OpenGL ES 3.0의 드라이버 변경 번호를 표현하기 위해 자주 사용).

마찬가지로, GL_SHADING_LANGUAGE_VERSION 질의는 항상 OpenGL ES GLSL ES 3.00으로 시작하는 문자열을 반환한다. 이 문자열은 추가될 개발업체 특정 정보를 가질 수 있는데, 다음과 같이 <version>과 유사한 형식을 취한다.

```
OpenGL ES GLSL ES <version> <vendor-specific information>
```

OpenGL ES 3.0을 지원하는 구현은 OpenGL ES GLSL ES 1.00을 또한 지원해야 한다.

OpenGL ES가 다음 버전으로 갱신되면, 이 버전 번호도 그에 따라 바뀐다.

마지막으로 GL_EXTENSIONS 질의는 구현에서 지원하는 모든 확장에 대해 공백으로 분리되는 목록을 반환하거나, 확장되지 않았으면 NULL 문자열을 반환한다.

## 구현 종속 허용치 질의

많은 렌더링 매개변수는 OpenGL ES 구현의 기본 특성에 종속된다. 예를 들면, 셰이더에서 사용할 수 있는 텍스처 단위의 수, 텍스처 맵이나 에일리어싱 점의 최대 크기가 있다. 이러한 형식의 값은 아래 함수를 사용하여 질의한다.

```
void  glGetBooleanv(GLenum pname, GLboolean *params)
void  glGetFloatv(GLenum pname, GLfloat *params)
void  glGetIntegerv(GLenum pname, GLint *params)
void  glGetInteger64v(GLenum pname, GLint64 *params)
```

*pname* 질의하고자 하는 구현의 특정 매개변수

*params* 관련 매개변수에 대한 반환값을 갖기 위해 충분한 입력을 가지는 각 타입 값의 배열을 지정

표 15-1에 나열된 것처럼, 질의 가능한 구현 종속 매개변수가 많이 있다.

**| 표 15-1 |** 구현 종속 상태 질의

| 상태 변수 | 설명 | 최솟값/ 초기값 | 질의 함수 |
|---|---|---|---|
| GL_MAX_ELEMENT_ INDEX | 최대 엘리먼트 색인 | $2^{24}-1$ | glGetInteger64v |
| GL_SUBPIXEL_BITS | 지원되는 서브픽셀 비트수 | 4 | glGetIntegerv |
| GL_MAX_TEXTURE_ SIZE | 텍스처의 최대 크기 | 2048 | glGetIntegerv |
| GL_MAX_3D_TEXTURE_ SIZE | 지원되는 3D 텍스처 최대 크기 | 256 | glGetIntegerv |
| GL_MAX_ARRAY_ TEXTURE_LAYERS | 지원되는 텍스처 레이어의 최대 수 | 256 | glGetIntegerv |
| GL_MAX_TEXTRUE_ LOG_BIAS | 지원되는 자세한 바이어스의 최대 절대 텍스처 레벨 | 2.0 | glGetFloatv |
| GL_MAX_CUBE_MAP_ TEXTURE_SIZE | 큐브맵 텍스처의 최대 차원 | 2048 | glGetIntegerv |
| GL_MAX_ RENDERBUFFER_SIZE | 지원되는 렌더링버퍼의 최대 높이와 폭 | 2048 | glGetIntegerv |

▌표 15-1▐ 구현 종속 상태 질의(계속)

| 상태 변수 | 설명 | 최솟값/초기값 | 질의 함수 |
|---|---|---|---|
| GL_MAX_DRAW_BUFFERS | 지원되는 그리기 버퍼의 최대 수 | 4 | glGetIntegerv |
| GL_MAX_COLOR_ATTACHMENTS | 지원되는 컬러 장치의 최대 수 | 4 | glGetIntegerv |
| GL_MAX_VIEWPORT_DIMS | 최대로 지원된 뷰포트 크기의 차원 | | glGetIntegerv |
| GL_ALIASED_POINT_SIZE_RANGE | 에얼리어스된 점 크기의 범위 | 1, 1 | glGetFloatv |
| GL_ALIASED_LINE_WIDTH_RANGE | 에얼리어스된 선 폭 크기의 범위 | 1, 1 | glGetFloatv |
| GL_MAX_EEMENT_INDICES | 지원되는 glDrawRangeElements 색인들의 최대 수 | | glGetIntegerv |
| GL_MAX_ELEMENT_VERTICES | 지원되는 glDrawRangeElements 정점들의 최대 수 | | glGetIntegerv |
| GL_NUM_COMPRESSED_TEXTURE_FORMATS | 지원되는 압축된 텍스처 형식의 수 | 10 | glGetIntegerv |
| GL_COMPRESSED_TEXTURE_FORMATS | 지원되는 압축된 텍스처 형식 | | glGetIntegerv |
| GL_NUM_PROGRAM_BINARY_FORMATS | 지원되는 프로그램 2진 형식의 수 | 0 | glGetIntegerv |
| GL_PROGRAM_BINARY_FORMATS | 지원되는 프로그램 2진 형식 | | glGetIntegerv |
| GL_NUM_SHADER_BINARY_FORMATS | 지원되는 셰이더 2진 형식의 수 | 0 | glGetIntegerv |
| GL_SHADER_BINARY_FORMATS | 지원되는 셰이더 2진 형식 | | glGetIntegerv |
| GL_MAX_SERVER_WAIT_TIMEOUT | 최대 glWaitSync 타임아웃 간격 | 0 | glGetInteger64v |
| GL_MAX_VERTEX_ATTRIBS | 지원되는 정점 속성의 최대 수 | 16 | glGetIntegerv |

**표 15-1** 구현 종속 상태 질의(계속)

| 상태 변수 | 설명 | 최솟값/초기값 | 질의 함수 |
|---|---|---|---|
| GL_MAX_VERTEX_UNIFORM_COMPONENTS | 지원되는 정점 셰이더 uniform 변수에 대한 구성요소의 최대 수 | 1024 | glGetIntegerv |
| GL_MAX_VERTEX_UNIFORM_VECTORS | 지원되는 정점 셰이더 uniform 변수에 대한 벡터의 최대 수 | 256 | glGetIntegerv |
| GL_MAX_VERTEX_UNIFORM_BLOCKS | 지원되는 프로그램 당 정점 uniform 버퍼의 최대 수 | 12 | glGetIntegerv |
| GL_MAX_VERTEX_OUTPUT_COMPONENTS | 지원되는 정점 셰이더에 의해 쓰여진 출력의 최대 구성요소 수 | 64 | glGetIntegerv |
| GL_MAX_VERTEX_TEXTURE_IMAGE_UNITS | 지원되는 정점 셰이더에 의해 접근 가능한 텍스처 이미지 단위의 최대 수 | 16 | glGetIntegerv |
| GL_MAX_FRAGMENT_UNIFORM_COMPONENTS | 지원되는 프래그먼트 셰이더 uniform 변수에 대한 구성요소의 최대 수 | 896 | glGetIntegerv |
| GL_MAX_FRAGMENT_UNIFORM_VECTORS | 지원되는 프래그먼트 셰이더 uniform 변수에 대한 벡터의 최대 수 | 224 | glGetIntegerv |
| GL_MAX_FRAGMENT_UNIFORM_BLOCKS | 지원되는 프로그램당 프래그먼트 uniform 버퍼의 최대 수 | 12 | glGetIntegerv |
| GL_MAX_FRAGMENT_INPUT_COMPONENTS | 지원되는 프래그먼트 셰이더에 의해 읽혀지는 입력 구성요소의 최대 수 | 60 | glGetIntegerv |
| GL_MAX_TEXTURE_IMAGE_UNITS | 지원되는 프래그먼트 셰이더에 의해 접근 가능한 텍스처 이미지 단위의 최대 수 | 16 | glGetIntegerv |
| GL_MIN_PROGRAM_TEXEL_OFFSET | 지원되는 색인에서 허용된 최소 텍셀 변위 | −8 | glGetIntegerv |
| GL_MAX_PROGRAM_TEXEL_OFFSET | 지원되는 색인에서 허용된 최대 텍셀 변위 | 7 | glGetIntegerv |

**| 표 15-1 |** 구현 종속 상태 질의(계속)

| 상태 변수 | 설명 | 최솟값/초기값 | 질의 함수 |
|---|---|---|---|
| GL_MAX_UNIFORM_BUFFER_BINDINGS | 지원되는 uniform 버퍼 바인딩의 최대 수 | 24 | glGetIntegerv |
| GL_MAX_UNIFORM_BLOCK_SIZE | 지원되는 uniform 블록의 최대 수 | 16384 | glGetInteger64v |
| GL_UNIFORM_BUFFER_OFFSET_ALIGNMENT | 지원되는 uniform 버퍼 크기와 변위에 대한 최소 요구된 정렬 | 1 | glGetIntegerv |
| GL_MAX_COMBINED_UNIFORM_BLOCKS | 지원되는 프로그램당 uniform 버퍼의 최대 수 | 24 | glGetIntegerv |
| GL_MAX_COMBINED_VERTEX_UNIFORM_COMPONENTS | 지원되는 모든 uniform 블록에서 정점 셰이더 uniform 변수에 대한 워드의 최대 수 | | glGetInteger64v |
| GL_MAX_COMBINED_FRAGMENT_UNIFORM_COMPONENTS | 지원되는 모든 uniform 블록에서 프래그먼트 uniform 변수에 대한 워드의 최대 수 | | glGetInteger64v |
| GL_MAX_VARYING_COMPONENTS | 지원되는 출력 변수에 대한 구성요소의 최대 수 | 60 | glGetIntegerv |
| GL_MAX_VARYING_VECTORS | 지원되는 출력 변수에 대한 벡터의 최대 수 | 15 | glGetIntegerv |
| GL_MAX_COMBINED_TEXTURE_IMAGE_UNITS | 지원되는 접근가능한 텍스처 단위의 최대 수 | 32 | glGetIntegerv |
| GL_MAX_TRANSFORM_FEEDBACK_INTERLEAVED_COMPONENTS | 지원되는 삽입 모드에서 구성요소의 최대 수 | 64 | glGetIntegerv |
| GL_MAX_TRANSFORM_FEEDBACK_SEPARATE_COMPONENTS | 지원되는 구분 모드에서 구성요소의 최대 수 | 4 | glGetIntegerv |

**| 표 15-1 |** 구현 종속 상태 질의(계속)

| 상태 변수 | 설명 | 최솟값/초기값 | 질의 함수 |
|---|---|---|---|
| GL_MAX_TRANSFORM_FEEDBACK_SEPARATE_ATTRIBS | 지원하는 변환 피드백에서 점유 가능한 구분되는 속성들의 최대 수 | 4 | glGetIntegerv |
| GL_SAMPLE_BUFFER | 멀티 샘플 버퍼의 수 | 0 | glGetIntegerv |
| GL_SAMPLES | 마스크 크기 | 0 | glGetIntegerv |
| GL_MAX_SAMPLES | 멀티 샘플링을 위해 지원하는 샘플의 최대 수 | 4 | glGetIntegerv |
| GL_RED_BITS | 현재 컬러 버퍼에서 red 비트수 | | glGetIntegerv |
| GL_GREEN_BITS | 현재 컬러 버퍼에서 green 비트수 | | glGetIntegerv |
| GL_BLUE_BITS | 현재 컬러 버퍼에서 blue 비트수 | | glGetIntegerv |
| GL_ALPHA_BITS | 현재 컬러 버퍼에서 alpha 비트수 | | glGetIntegerv |
| GL_DEPTH_BITS | 현재 깊이 버퍼에서 비트수 | | glGetIntegerv |
| GL_STENCIL_BITS | 현재 스텐실 버퍼에서 스텐실 비트수 | | glGetIntegerv |
| GL_IMPLEMENTATION_COLOR_READ_TYPE | 픽셀 읽기 연산을 위해 픽셀 구성요소의 데이터 타입 | | glGetIntegerv |
| GL_IMPLEMENTATION_COLOR_READ_FORMAT | 픽셀 읽기 연산을 위한 픽셀 형식 | | glGetInteger64v |

## OpenGL ES 상태 질의

OpenGL ES 3.0의 연산에 영향을 주기 위해 애플리케이션이 수정할 수 있는 많은 매개변수가 있다. 비록 수정 시에 이 값을 검색하는 것이 애플리케이션 측면에서 효율적이긴 하지만, 현재 바인딩된 문맥에서 표 15-2에 나열된 값을 검색할 수 있다. 각 용어에 대해, 적절한 OpenGL ES 3.0 질의 함수가 제공된다.

**▌표 15-2▐ 애플리케이션이 수정 가능한 OpenGL ES 상태 질의**

| 상태 변수 | 설명 | 최솟값/ 초기값 | 질의 함수 |
|---|---|---|---|
| GL_ARRAY_BUFFER_ BINDING | 현재 바인딩된 정점 속성 배열 바인딩 | 0 | glGetIntegerv |
| GL_VIEWPORT | 뷰포트의 현재 크기 | | glGetIntegerv |
| GL_ELEMENT_ARRAY_ BUFFER_BINDING | 현재 바인딩 된 요소 배열 바인딩 | 0 | glGetIntegerv |
| GL_VERTEX_ARRAY_ BINDING | 현재 바인딩된 정점 배열 바인딩 | 0 | glGetIntegerv |
| GL_DEPTH_RANGE | 현재 깊이 범위 값 | (0, 1) | glGetFloatv |
| GL_LINE_WIDTH | 현재 선 폭 | 1.0 | glGetFloatv |
| GL_POLYGON_OFFSET _FACTOR | 현재 다각형 변위 요소 값 | 0 | glGetFloatv |
| GL_POLYGON_OFFSET _UNITS | 현재 다각형 변위 단위 값 | 0 | glGetFloatv |
| GL_CULL_FACE_MODE | 현재 FACE 컬링(culling) 모드 | GL_BACK | glGetIntegerv |
| GL_FRONT_FACE | 현재 앞면 정점 감싸기 모드 | GL_CCW | glGetIntegerv |
| GL_SAMPLE_COVERAGE _VALUE | 멀티샘플링 샘플 범위 값에 대해 지정된 현재 값 | 1 | glGetFloatv |
| GL_SAMPLE_COVERAGE _INVERT | 현재 멀티샘플링 범위 역순 설정 값 | GL_FALSE | glGetBooleanv |
| GL_TEXTURE_BINDING _2D | 현재 2D 텍스처 바인딩 | 0 | glGetIntegerv |
| GL_TEXTURE_BINDING _CUBE_MAP | 현재 입방체 텍스처 바인딩 | 0 | glGetIntegerv |
| GL_ACTIVE_TEXTURE | 현재 텍스처 unit | 0 | glGetIntegerv |
| GL_SAMPLER_BINDING | 활성 텍스처 단위에 연결된 현재 샘플러 객체 | | glGetIntegerv |
| GL_COLOR_WRITEMASK | 컬러 버퍼 쓰기 활성화 | GL_TRUE | glGetBooleanv |
| GL_DEPTH_WRITEMASK | 깊이 버퍼 쓰기 활성화 | GL_TRUE | glGetBooleanv |
| GL_STENCIL_ WRITEMASK | 전방 스텐실 버퍼에 대한 현재 쓰기 마스크 | 1 | glGetIntegerv |

**표 15-2** 애플리케이션이 수정 가능한 OpenGL ES 상태 질의(계속)

| 상태 변수 | 설명 | 최솟값/<br>초기값 | 질의 함수 |
|---|---|---|---|
| GL_STENCIL_BACK_<br>WRITEMASK | 후방 스텐실 버퍼에 대한 현재 쓰기 마스크 | 1 | glGetIntegerv |
| GL_COLOR_CLEAR_<br>VALUE | 현재 컬러 버퍼 초기화 값 | 0, 0, 0, 0 | glGetFloatv |
| GL_DEPTH_CLEAR_<br>VALUE | 현재 깊이 버퍼 초기화 값 | 1 | glGetIntegerv |
| GL_STENCIL_CLEAR_<br>VALUE | 현재 스텐실 버퍼 초기화 값 | 0 | glGetIntegerv |
| GL_SCISSOR_BOX | 시저 박스의 오프셋 및 치수 | 0, 0, w, h | glGetIntegerv |
| GL_STENCIL_FUNC | 현재 스텐실 테스트 연산자 함수 | GL_<br>ALWAYS | glGetIntegerv |
| GL_STENCIL_VALUE_<br>MASK | 현재 스텐실 테스트 값 마스크 | 1s | glGetIntegerv |
| GL_STENCIL_REF | 현재 스텐실 테스트 참조 값 | 0 | glGetIntegerv |
| GL_STENCIL_FAIL | 스텐실 테스트 실패에 대한 현재 연산 | GL_KEEP | glGetIntegerv |
| GL_STENCIL_PASS_<br>DEPTH_FAIL | 스텐실 테스트 통과, 깊이 테스트 실패의 경우에 대한 현재 연산 | GL_KEEP | glGetIntegerv |
| GL_STENCIL_PASS_<br>DEPTH_PASS | 스텐실과 깊이 테스트 모두 통과할 경우 현재 연산 | GL_KEEP | glGetIntegerv |
| GL_STENCIL_BACK_<br>FUNC | 현재 후방 스텐실 테스트 연산자 함수 | GL_<br>ALWAYS | glGetIntegerv |
| GL_STENCIL_BACK_<br>VALUE_MASK | 현재 후방 스텐실 테스트 값 마스크 | 1s | glGetIntegerv |
| GL_STENCIL_BACK_<br>REF | 현재 후방 스텐실 테스트 참조 값 | 0 | glGetIntegerv |
| GL_STENCIL_BACK_<br>FAIL | 후방 스텐실 테스트 실패에 대한 연산 | GL_KEEP | glGetIntegerv |
| GL_STENCIL_BACK_<br>PASS_DEPTH_FAIL | 후방 스텐실 테스트 통과, 깊이 테스트 실패의 경우에 대한 현재 연산 | GL_KEEP | glGetIntegerv |

**표 15-2** 애플리케이션이 수정 가능한 OpenGL ES 상태 질의(계속)

| 상태 변수 | 설명 | 최솟값/초기값 | 질의 함수 |
|---|---|---|---|
| GL_STENCIL_BACK_PASS_DEPTH_PASS | 후방 스텐실과 깊이 테스트 모두 통과할 경우에 대한 현재 연산 | GL_KEEP | glGetIntegerv |
| GL_DEPTH_FUNC | 현재 깊이 테스트 비교 함수 | GL_LESS | glGetIntegerv |
| GL_BLEND_SRC_RGB | 현재 원본 RBG 블렌딩 계수 | GL_ONE | glGetIntegerv |
| GL_BLEND_SRC_ALPHA | 현재 원본 ALPHA 블렌딩 계수 | GL_ONE | glGetIntegerv |
| GL_BLEND_DST_RGB | 현재 대상 RGB 블렌딩 계수 | GL_ZERO | glGetIntegerv |
| GL_BLEND_DST_ALPHA | 현재 대상 ALPHA 블렌딩 계수 | GL_ZERO | glGetIntegerv |
| GL_BLEND_EQUATION | 현재 블렌딩 수식 연산자 | GL_FUNC_ADD | glGetIntegerv |
| GL_BLEND_EQUATION_RGB | 현재 RGB 블렌딩 수식 연산자 | GL_FUNC_ADD | glGetIntegerv |
| GL_BLEND_EQUATION_ALPHA | 현재 ALPHA 블렌딩 수식 연산자 | GL_FUNC_ADD | glGetIntegerv |
| GL_BLEND_COLOR | 현재 블렌딩 컬러 | 0, 0, 0, 0 | glGetFloatv |
| GL_DRAW_BUFFERi | 대응되는 출력 컬러에 의해 그려지는 현재 버퍼 | | glGetIntegerv |
| GL_READ_BUFFER | 읽기를 위해 선택된 현재 컬러 버퍼 | | glGetIntegerv |
| GL_UNPACK_IMAGE_HEIGHT | 픽셀 언패킹에 대한 현재 이미지 높이 | 0 | glGetIntegerv |
| GL_UNPACK_SKIP_IMAGES | 픽셀 언패킹에 대해 첫 픽셀 전에 스킵된 현재 픽셀 이미지의 수 | 0 | glGetIntegerv |
| GL_UNPACK_ROW_LENGTH | 픽셀 언패킹에 대한 현재 행 길이 | 0 | glGetIntegerv |
| GL_UNPACK_SKIP_ROWS | 픽셀 언패킹에 대해 첫 픽셀 전에 스킵된 현재 픽셀 위치 행의 수 | 0 | glGetIntegerv |

▎표 15-2 ▎ 애플리케이션이 수정 가능한 OpenGL ES 상태 질의(계속)

| 상태 변수 | 설명 | 최솟값/초기값 | 질의 함수 |
|---|---|---|---|
| GL_UNPACK_SKIP_PIXELS | 픽셀 언패킹에 대한 첫 픽셀 전에 스킵된 현재 픽셀 위치의 수 | 0 | glGetIntegerv |
| GL_UNPACK_ALIGNMENT | 픽셀 언패킹을 위한 바이트 단위 범위 정렬 | 4 | glGetIntegerv |
| GL_PACK_ROW_LENGTH | 픽셀 패킹에 대해 현재 행의 길이 | 0 | glGetIntegerv |
| GL_PACK_SKIP_ROWS | 픽셀 패킹에 대해 첫 픽셀 전에 스킵된 현재 픽셀 위치에 대한 행의 수 | 0 | glGetIntegerv |
| GL_PACK_SKIP_PIXELS | 픽셀 패킹에 대해 첫 픽셀 전에 스킵된 현재 픽셀 위치의 수 | 0 | glGetIntegerv |
| GL_PACK_ALIGNMENT | 픽셀 패킹을 위한 바이트 단위 범위 정렬 | 4 | glGetIntegerv |
| GL_PIXEL_PACK_BUFFER_BINDING | 픽셀 패킹을 위해 현재 연결된 버퍼 객체 이름 | 0 | glGetIntegerv |
| GL_PIXEL_UNPACK_BUFFER_BINDING | 픽셀 언패킹을 위해 현재 연결된 버퍼 객체 이름 | 0 | glGetIntegerv |
| GL_CURRENT_PROGRAM | 현재 연결된 셰이더 프로그램 | 0 | glGetIntegerv |
| GL_RENDERBUFFER_BINDING | 현재 연결된 렌더링버퍼 | 0 | glGetIntegerv |
| GL_TRANSFORM_FEEDBACK_BINDING | 변환 피드백 연산에 대해 공통 바인딩 점에 현재 연결된 버퍼 객체 | 0 | glGetIntegerv |
| GL_TRANSFORM_FEEDBACK_BINDING | 각 변환 피드백 속성 스트림에 현재 연결된 버퍼 객체 | 0 | glGetIntegeri_v |
| GL_TRANSFORM_FEEDBACK_BUFFER_START | 각 변환 피드백 속성 스트림에 대해 바인딩 범위의 시작 변위 | 0 | glGetInteger64i_v |

**표 15-2** 애플리케이션이 수정 가능한 OpenGL ES 상태 질의(계속)

| 상태 변수 | 설명 | 최솟값/초기값 | 질의 함수 |
|---|---|---|---|
| GL_TRANSFORM_FEEDBACK_BUFFER_SIZE | 각 변환 피드백 속성 스트림에 대해 바인딩 범위의 크기 | 0 | glGetInteger64i_v |
| GL_TRANSFORM_FEEDBACK_PAUSED | 변환 피드백이 현재 객체에 정지되었는지 | GL_FLASE | glGetBooleanv |
| GL_TRANSFORM_FEEDBACK_ACTIVE | 변환 피드백이 현재 객체에 활성화되었는지 | GL_FLASE | glGetBooleanv |
| GL_UNIFORM_BUFFER_BINDING | 버퍼 객체 조작에 대해 현재 연결된 uniform 버퍼 객체 | 0 | glGetIntegerv |
| GL_UNIFORM_BUFFER_BINDING | 지정된 문맥 바인딩 점에 현재 연결된 uniform 버퍼 객체 | 0 | glGetIntegeri_v |
| GL_UNIFORM_BUFFER_START | 현재 연결된 uniform 버퍼 영역의 시작 | 0 | glGetInteger64i_v |
| GL_UNIFORM_BUFFER_SIZE | 현재 연결된 uniform 버퍼 영역의 크기 | 0 | glGetInteger64i_v |
| GL_GENERATE_MIPMAP_HINT | 밉맵 생성 힌트 | GL_DONT_CARE | glGetIntegerv |
| GL_FRAGMENT_SHADER_DERIVATIVE_HINT | 프래그먼트 셰이더가 유도한 정확한 힌트 | GL_DONT_CARE | glGetIntegerv |
| GL_READ_FRAMEBUFFER_BINDING | 읽기 위해 현재 연결된 프레임버퍼 | 0 | glGetIntegerv |
| GL_DRAW_FRAMEBUFFER_BINDING | 그리기 위해 현재 연결된 프레임버퍼 | 0 | glGetIntegerv |

## 힌트

OpenGL ES 3.0은 성능이나 품질에 대해 선택하는 기능의 연산을 수정하기 위해 힌트를 사용한다. 다음 함수를 호출하여 선호도를 지정할 수 있다.

```
void   glHint(GLenum target, GLenum mode)
```

| | |
|---|---|
| *target* | 설정할 힌트를 지정하는 것으로 다음 둘 중 하나로 설정<br>GL_GENERATE_MIPMAP_HINT 또는<br>GL_FRAGMENT_SHADER_DERIVATIVE_HINT |
| *mode* | 사용할 선택 모드 지정<br>유효한 값은 성능 지정을 위해 GL_FASTEST, 선호 품질을 위해<br>GL_NICEST, 구현 기본값으로 설정할 수 있는 GL_DONT_CARE가 있다. |

임의의 힌트의 현재 값은 적절한 열거 값을 사용하는 glGetIntegerv를 통해 검색할 수 있다.

## 개체 이름 질의

OpenGL ES 3.0은 정수형 이름으로 텍스처, 셰이더, 프로그램, 정점 버퍼, 프레임버퍼, 렌더링버퍼와 같이 정의한 다양한 개체를 참조한다. 다음 함수 중 하나를 호출하여 해당 개체가 현재 사용 중인지를(유효한 개체인지) 판단할 수 있다.

```
GLboolean   glIsTexture(GLuint texture)
GLboolean   glIsShader(GLuint shader)
GLboolean   glIsProgram(GLuint program)
GLboolean   glIsBuffer(GLuint buffer)
GLboolean   glIsSampler(GLuint sampler)
GLboolean   glIsQuery(GLuint query)
GLboolean   glIsSync(GLuint sync)
GLboolean   glIsVertexArray(GLuint array)
GLboolean   glIsTransformFeedback(GLuint transform)
GLboolean   glIsRenderbuffer(GLuint renderbuffer)
GLboolean   glIsFramebuffer(GLunit framebuffer)
```

| | |
|---|---|
| *texture, shader, program, buffer, sampler, query, sync, array, tansform, renderbuffer, framebuffer* | 사용 여부를 판단하기 위한 각 개체의 이름 |

## 비프로그래밍 연산 제어 및 질의

많은 OpenGL ES 3.0의 블렌딩, 후면 컬링과 같은 래스터 변환 특성은 필요한 특성 활성화 여부에 따라 제어된다. 다양한 연산을 제어하는 함수는 다음과 같다.

```
void    glEnable(GLenum capability)
```

*capability* 활성화시킬 특성을 지정하여 해당 특성이 비활성화될 때까지 모든 렌더링에 영향을 준다.

```
void    glDisable(GLenum capability)
```

*capability* 비활성화시킬 특성 지정

또한, 다음 함수를 호출하여 특성이 사용 중인지를 결정할 수 있다.

```
GLboolean    glIsEnabled(GLenum capability)
```

*capability* 활성화 상태인지를 결정할 특성 지정

glEnable과 glDisable을 통해 제어되는 성능은 표 15-3에 나열하였다.

**표 15-3** glEnable과 glDisable을 통해 제어되는 OpenGL ES 3.0 성능

| 성능 | 설명 |
|---|---|
| GL_CULL_FACE | 정점 감싸기 순서가 지정된 전방 모드와 반대되는 (glFrontFace로 지정된 GL_CW나 GL_CCW) 다각형 폐기 |
| GL_POLYGON_OFFSET_FILL | 동일 평면상의 도형을 렌더링하는 데 도움이 되는 프래그먼트의 깊이 값 변위 |
| GL_SCISSOR_TEST | 시저 박스에 렌더링하는 것을 제한 |
| GL_SAMPLE_COVERAGE | 다중샘플링 연산에서 프래그먼트의 처리된 범위 값을 사용 |

**| 표 15-3 |** glEnable과 glDisable을 통해 제어되는 OpenGL ES 3.0 성능(계속)

| 성능 | 설명 |
|---|---|
| GL_SAMPLE_ALPHA_TO_COVERAGE | 다중샘플링 연산에서 범위 값으로 프래그먼트의 알파 값 사용 |
| GL_STENCIL_TEST | 스텐실 테스트 활성화 |
| GL_DEPTH_TEST | 깊이 테스트 활성화 |
| GL_BLEND | 블렌딩 활성화 |
| GL_PRIMITIVE_RESTART_FIXED_INDEX | 기본요소 재시작 활성화 |
| GL_RASTERIZER_DISCARD | 래스터화하기 전에 기본요소 삭제 활성화 |
| GL_DITHER | 디더링(dithering) 활성화 |

## 셰이더 및 프로그램 상태 질의

OpenGL ES 3.0 셰이더 및 프로그램은 환경정보, 속성, uniform 변수에 관해 검색할 수 있는 많은 양의 상태를 가진다. 셰이더와 관련된 상태를 질의하기 위한 다수의 함수가 있는데, 프로그램에 첨부된 셰이더를 결정하기 위해 다음과 같은 함수를 호출한다.

```
void  glGetAttachedShaders(GLuint program, GLsizei maxcount,
                           GLsizei *count, GLuint *shaders)
```

| | |
|---|---|
| *program* | 첨부된 셰이더를 판단하는 질의를 위한 프로그램 지정 |
| *maxcount* | 반환되는 셰이더 이름의 최댓값 |
| *count* | 반환되는 셰이더 이름의 실제 숫자 |
| *shaders* | 반환되는 셰이더 이름을 저장하기 위해 사용되는 셰이더 이름 최댓값 길이 배열 |

셰이더에 대한 소스코드를 찾기 위해 다음을 호출한다.

```
void  glGetShaderSource(GLuint shader, GLsizei bufsize,
                        GLsizei *length, GLchar *source)
```

*shader* 질의할 셰이더 지정

| | |
|---|---|
| *bufsize* | 반환되는 셰이더의 소스를 위한 배열 소스에서 사용가능한 바이트 수 |
| *length* | 반환되는 셰이더 문자열 소스의 길이 |
| *source* | 셰이더 소스를 저장할 GLChars의 배열 지정 |

셰이더 프로그램에 관련된 특정 uniform 위치에 있는 uniform 변수와 관계된 값을 검색하기 위해 다음을 호출한다.

```
void  glGetUniformfv(GLuint program, GLint location,
                     GLfloat *params)
void  glGetUniformiv(GLuint program, GLint location,
                     GLint *params)
```

| | |
|---|---|
| *program* | uniform 값을 검색하는 질의를 위한 프로그램 지정 |
| *location* | 검색할 값에 관계된 uniform 위치 |
| *params* | uniform 변수의 값을 지정하기 위한 적절한 타입의 배열. 셰이더에서 uniform의 관련 타입은 반환된 값의 수를 결정 |

마지막으로, OpenGL ES 3.0 셰이더 언어 타입의 범위 및 정밀도를 질의하기 위해 다음을 호출한다.

```
void  glGetShaderPrecisionFormat(GLenum shaderType,
                                 GLenum precisionType,
                                 GLint *range,
                                 GLint *precision)
```

| | |
|---|---|
| *shaderType* | 셰이더의 타입 지정으로 다음으로 지정<br>GL_VERTEX_SHADER<br>GL_FRAGMENT_SHADER |
| *precisionType* | 정밀도 한정자 타입 지정으로 다음과 같이 지정<br>GL_LOW_FLOAT, GL_MEDIUM_FLOAT, GL_HIGH_FLOAT,<br>GL_LOW_INT, GL_MEDIUM_INT, GL_HIGH_INT |
| *range* | 밑이 2인 수의 로그로 *precisionType*에 대한 최솟값과 최댓값을 반환하는 2요소 배열 |
| *precision* | 밑이 2인 값의 로그로 *precisionType*에 대한 정밀도를 반환 |

## 정점 속성 질의

현재 OpenGL ES 3.0 문맥에서 정점 속성 배열에 관한 상태 또한 검색할 수 있다. 특정 인덱스에 대한 일반 정점 속성의 포인터를 구하기 위해 다음을 호출한다.

```
void  glGetVertexAttribPointerv(GLuint index, GLenum pname,
                                GLvoid **pointer)
```

| | |
|---|---|
| *index* | 일반 정점 속성 배열의 인덱스 지정 |
| *pname* | 검색할 매개변수 지정<br>GL_VERTEX_ATTRIB_ARRAY_POINTER |
| *pointer* | 지정된 정점 속성 배열의 주소 반환 |

값 타입과 같은 정점 속성 배열의 데이터에 접근이나 배열 요소 사이의 간격에 관련된 상태는 다음을 호출하여 얻을 수 있다.

```
void  glGetVertexAttribfv(GLuint index, GLenum pname,
                          GLfloat *params)
void  glGetVertexAttribiv(GLuint index, GLenum pname,
                          GLint *params)
```

| | |
|---|---|
| *index* | 일반 정점 속성 배열의 인덱스 지정 |
| *pname* | 검색할 매개변수 지정<br>GL_VERTEX_ATTRIB_ARRAY_BUFFER_BINDING,<br>GL_VERTEX_ATTRIB_ARRAY_ENABLED,<br>GL_VERTEX_ATTRIB_ARRAY_SIZE,<br>GL_VERTEX_ATTRIB_ARRAY_STRIDE,<br>GL_VERTEX_ATTRIB_ARRAY_TYPE,<br>GL_VERTEX_ATTRIB_ARRAY_NORMALIZED,<br>GL_VERTEX_ATTRIB_ARRAY_INTEGER, 또는<br>GL_VERTEX_ATTRIB_ARRAY_DIVISOR.<br>GL_CURRENT_VERTEX_ATTRIB는 glEnableVertexAttribArray에 지정된 현재 정점 속성을 반환하고 다른 매개변수는 glVertexAttribPointer 호출로 정점 속성 포인터가 지정될 때의 값 |
| *params* | 반환되는 매개변수 값을 저장하기 위한 적절한 타입의 배열을 지정 |

## 텍스처 상태 질의

OpenGL ES 3.0 텍스처 객체는 이미지에서 텍셀이 표본화되는 방법을 기술하는 설정과 함께 텍스처 이미지 데이터를 저장한다. 확장/축소 텍스처 필터와 텍스처 좌표 랩 모드를 포함하는 텍스처 필터 상태는 현재 바인딩된 텍스처 객체에서 질의할 수 있다. 다음 호출은 텍스처 필터 설정을 검색한다.

```
void  glGetTexParameterfv(GLenum target, GLenum pname,
                          GLfloat *params)
void  glGetTexParameteriv(GLenum target, GLenum pname,
                          GLint *params)
```

*target* 텍스처 대상 지정
GL_TEXTURE_2D, GL_TEXTURE_2D_ARRAY, GL_TEXTURE_3D, GL_TEXTURE_CUBE_MAP

*pname* 검색할 텍스처 필터 매개변수 지정
GL_TEXTURE_BASE_LEVEL, GL_TEXTURE_COMPARE_FUNC, CL_TEXTURE_COMPARE_MODE, GL_TEXTURE_MAG_FILTER, GL_TEXTURE_IMMUTABLE_FORMAT, GL_TEXTURE_MAX_LEVEL, GL_TEXTURE_MAX_LOD, GL_TEXTURE_MIN_FILTER, GL_TEXTURE_MIN_LOD, GL_TEXTURE_SWIZZLE_R, GL_TEXTURE_SWIZZLE_G, GL_TEXTURE_SWIZZLE_B, GL_TEXTURE_SWIZZLE_A, GL_TEXTURE_WRAP_S, GL_TEXTURE_SWIZZLE_T, GL_TEXTURE_WRAP_R

*params* 반환되는 매개변수 값을 저장하기 위한 적절한 타입의 배열을 지정

## 샘플러 질의

샘플러 객체에 대한 상태 정보는 다음 함수를 호출하여 현재 OpenGL ES 3.0 문맥으로부터 검색될 수 있다:

```
void  glGetSamplerParameterfv(GLuint sampler, GLenum pname,
                              GLfloat *params)
void  glGetSamplerParameteriv(GLuint sampler, GLenum pname,
                              GLint *params)
```

*sampler* 샘플러 대상 이름 지정
*pname* 검색할 샘플러 매개변수를 지정;
GL_TEXTURE_MAG_FILTER,
GL_TEXTURE_MIN_FILTER, GL_TEXTURE_MIN_LOD,
GL_TEXTURE_MAX_LOD, GL_TEXTURE_WRAP_S,
GL_TEXTURE_WRAP_T, GL_TEXTURE_WRAP_R,
GL_TEXTURE_COMPARE_MODE, 또는
GL_TEXTURE_COMPARE_FUNC
*params* 반환되는 매개변수 값을 저장하기 위한 적절한 타입의 배열을 지정

## 비동기 객체 질의

질의 객체에 대한 정보는 다음 함수를 호출하여 현재 OpenGL ES 3.0 문맥으로부터 검색될 수 있다.

```
void  glGetQueryiv(GLuint target, GLenum pname,
                   GLint *params)
```

*target* 질의 대상 객체를 지정;
GL_ANY_SAMPLES_PASSED,
GL_ANY_SAMPLES_PASSED_CONSERVATIVE, 또는
GL_TRANSFORM_FEEDBACK_PRIMITIVES_WRITTEN
*pname* 검색될 질의 객체 매개변수를 지정: GL_CURRENT_QUERY
*params* 반환된 매개변수 값을 저장하기 위한 적절한 타입의 배열을 지정

질의 객체의 상태는 다음 함수를 호출하여 검색될 수 있다.

```
void  glGetQueryObjectuiv(GLuint id, GLenum pname,
                          GLint *params)
```

| | |
|---|---|
| *id* | 질의 객체 이름을 지정 |
| *pname* | 검색될 질의 객체 매개변수를 지정:<br>GL_QUERY_RESULT 또는 GL_QUERY_RESULT_AVAILABLE |
| *params* | 반환된 매개변수 값을 저장하기 위한 적절한 타입의 배열을 지정 |

## 동기 객체 질의

동기 객체의 특성들은 다음 함수를 호출하여 현재 OpenGL ES 3.0 문맥으로부터 검색될 수 있다.

```
void  glGetSynciv(GLsync sync, GLenum pname,
                  GLsizei bufsize, GLsizei *length,
                  GLint *values)
```

| | |
|---|---|
| *sync* | 질의 대상 동기 객체를 지정 |
| *pname* | 동기 객체로부터 검색될 매개변수를 지정 |
| *bufsize* | *values*를 반환하는 데 유용한 바이트 수 |
| *length* | *values*에 반환된 바이트 수의 주소 |
| *values* | 반환된 매개변수에 대한 배열의 주소를 지정 |

## 정점 버퍼 질의

정점 버퍼 객체는 상태 및 버퍼의 활용을 기술하는 관련 상태를 가진다. 이러한 매개변수는 다음을 호출하여 검색할 수 있다.

```
void   glGetBufferParameteriv(GLenum target, GLenum pname,
                              GLint *params)
void   glGetBufferParameter64iv(GLenum target, GLenum pname,
                                GLint64 *params)
```

*target* 현재 바인딩된 정점 버퍼의 버퍼를 지정, 다음 중 하나
GL_ARRAY_BUFFER, GL_COPY_READ_BUFFER,
GL_COPY_WRITE_BUFFER, GL_ELEMENT_ARRAY_BUFFER,
GL_PIXEL_PACK_BUFFER, GL_PIXEL_UNPACK_BUFFER,
GL_TRANSFORM_FEEDBACK_BUFFER, 또는
GL_UNIFORM_BUFFER

*pname* 검색할 버퍼 매개변수를 지정
GL_BUFFER_SIZE, GL_BUFFER_USAGE, GL_BUFFER_MAPPED,
GL_BUFFER_ACCESS_FLAGS, GL_BUFFER_MAP_LENGTH, 또는
GL_BUFFER_MAP_OFFSET

*params* 반환되는 매개변수 값을 저장하기 위한 정수형 배열을 지정

추가적으로 다음 함수의 호출을 통해 매핑되는 버퍼에 대한 현재 포인터 주소를 검색할 수 있다.

```
void   glGetBufferPointerv(GLenum target, GLenum pname,
                           GLvoid **params)
```

*target* 현재 바인딩된 정점 버퍼의 버퍼를 지정
GL_ARRAY_BUFFER, GL_COPY_READ_BUFFER,
GL_COPY_WRITE_BUFFER, GL_ELEMENT_ARRAY_BUFFER,
GL_PIXEL_PACK_BUFFER, GL_PIXEL_UNPACK_BUFFER,
GL_TRANSFORM_FEEDBACK_BUFFER, 또는
GL_UNIFORM_BUFFER

*pname* 검색할 매개변수를 지정
GL_BUFFER_MAP_POINTER

*params* 반환되는 주소를 저장할 포인터 지정

## 렌더링버퍼와 프레임버퍼 상태 질의

할당된 렌더링버퍼의 특성은 다음 함수의 호출로 검색할 수 있다.

```
void  glGetRenderbufferParameteriv(GLenum target,
                                   GLenum pname,
                                   GLint *params)
```

| | |
|---|---|
| *target* | 현재 바인딩된 렌더링버퍼의 대상 지정<br>GL_RENDERBUFFER |
| *pname* | 검색할 렌더링버퍼 매개변수 지정<br>GL_RENDERBUFFER_WIDTH,<br>GL_RENDERBUFFER_HEIGHT,<br>GL_RENDERBUFFER_INTERNAL_FORMAT,<br>GL_RENDERBUFFER_RED_SIZE,<br>GL_RENDERBUFFER_GREEN_SIZE,<br>GL_RENDERBUFFER_BLUE_SIZE,<br>GL_RENDERBUFFER_ALPHA_SIZE,<br>GL_RENDERBUFFER_DEPTH_SIZE,<br>GL_RENDERBUFFER_SAMPLES, 또는<br>GL_RENDERBUFFER_STENCIL_SIZE |
| *params* | 반환되는 매개변수 값을 저장하기 위한 정수형 배열 지정 |

마찬가지로, 현재 프레임버퍼의 첨부는 다음 함수의 호출로 질의할 수 있다.

```
void  glGetFramebufferAttachmentParameteriv(GLenum target,
                                            GLenum attachment,
                                            GLenum pname, GLint *params)
```

| | |
|---|---|
| *target* | 프레임버퍼 대상 지정, 다음 중 하나<br>GL_READ_FRAMEBUFFER, GL_WRITE_FRAMEBUFFER,<br>GL_FRAMEBUFFER |
| *attachment* | 질의할 장치 지정, 다음 중 하나<br>GL_COLOR_ATTACHMENTi, GL_DEPTH_ATTACHMENT,<br>GL_DEPTH_STENCIL_ATTACHMENT, 또는 |

| | |
|---|---|
| | GL_STENCIL_ATTACHMENT |
| *pname* | 다음을 지정<br>GL_FRAMEBUFFER_ATTACHMENT_OBJECT_TYPE,<br>GL_FRAMEBUFFER_ATTACHMENT_OBJECT_NAME,<br>GL_FRAMEBUFFER_ATTACHMENT_RED_SIZE,<br>GL_FRAMEBUFFER_ATTACHMENT_GREEN_SIZE,<br>GL_FRAMEBUFFER_ATTACHMENT_BLUE_SIZE,<br>GL_FRAMEBUFFER_ATTACHMENT_ALPHA_SIZE,<br>GL_FRAMEBUFFER_ATTACHMENT_DEPTH_SIZE,<br>GL_FRAMEBUFFER_ATTACHMENT_STENCIL_SIZE,<br>GL_FRAMEBUFFER_ATTACHMENT_COMPONENT_TYPE,<br>GL_FRAMEBUFFER_ATTACHMENT_COLOR_ENCODING,<br>GL_FRAMEBUFFER_ATTACHMENT_TEXTURE_LAYER,<br>GL_FRAMEBUFFER_ATTACHMENT_TEXTURE_LEVEL,<br>GL_FRAMEBUFFER_ATTACHMENT_TEXTURE_CUBE_MAP_FACE |
| *params* | 반환되는 매개변수 값을 저장하기 위한 정수형 배열 지정 |

## 요약

OpenGL ES 3.0에는 많은 상태 정보가 있는데, 이 장에서는 애플리케이션이 만들 수 있는 다양한 상태 질의를 위한 참고 내용을 제공하였다. 다음에는 마지막 장으로 다양한 OpenGL ES 플랫폼에 대해 이 책에 있는 OpenGL ES 샘플 코드를 어떻게 빌드할지에 대해 배우게 될 것이다.

Chapter 16

# OpenGL ES 플랫폼

OpenGL ES 3.0은 안드로이드 4.3+, iOS 7(iPhone 5s), 윈도우즈, 리눅스 등에서 유용하다. 가능하면 많은 플랫폼에서 유용하도록 책에 있는 샘플 코드를 만들도록 노력하였다. 독자가 적절한 OpenGL ES 3.0 플랫폼을 선택할 수 있기를 바란다. 이 장에서는 다음의 플랫폼으로 샘플 코드를 빌드하고 실행하는 내용들을 설명한다.

- 마이크로소프트 비주얼 스튜디오의 윈도우즈(OpenGL ES 3.0 에뮬레이션)
- 우분투 리눅스(OpenGL ES 3.0 에뮬레이션)
- 안드로이드 4.3+ NDK(C++)
- 안드로이드 4.3+ SDK(Java)
- iOS 7(Xcode 5)

## 비주얼 스튜디오로 마이크로소프트 윈도우즈에 대한 빌드

책의 웹사이트(opengles-book.com)에서 샘플 코드를 다운로드하고 CMake v2.8(http://cmake.org)를 설치한 후 윈도우즈를 위한 샘플 코드를 빌드하기 위해 다음 단계는 OpenGL ES 3.0 에뮬레이터를 다운로드하는 것이다. 에뮬레이터의 3가지 선택이 현재 유용하다.

- Qualcomm Adreno SDK v3.4+, http://developer.qualcomm.com/develop/
- ARM Mali OpenGL ES 3.0 에뮬레이터, http://maildeveloper.arm.com/develop-for-mali/tools/opengl-es-3-0-emulator/
- PowerVR Insider SDL v3.2+, http://imgtec.com/PowerVR/insider/sdkdownloads/index.asp

이들 에뮬레이터 중 어느 것이든 이 책의 샘플 코드를 이용하기 위해 적절한 선택이 될 것이다. 개발 요구에 알맞은 선택을 하기 바란다. 제10장과 제14장의 PVRShaman 작업 공간을 사용하기 원하면 PowerVR Insider SDK가 요구된다. 이 절에서는 Qualcomm Adreno SDK v3.4를 선택한다. 다운로드하고 OpenGL ES 3.0 에뮬레이터를 설치한 후, 마이크로소프트 비주얼 스튜디오 프로젝트를 생성하기 위해 CMake를 사용할 수 있다.

그림 16-1과 같이 cmake-gui를 오픈하고 소스코드를 다운로드한 위치에 GUI를 나타낸다. 기본 디렉터리 하부에 실행파일을 빌드할 폴더를 생성하고 GUI에서 실행파일을 빌드한 위치로 설정한다. Configure를 클릭하고 사용할 마이크로소프트 비주얼 스튜디오 버전을 선택한다. CMake는 지금 EGL과 OpenGL ES 라이브러리가 없기 때문에 오류를 발생할 것이다.

`C:\AdrenoSDK`에 설치된 Qualcomm Adreno SDK를 이용하려면 cmake-gui에서 다음과 같은 변수를 설정해야 한다.

- `EGL_LIBRARY: C:/AdrenoSDK/Lib/Win32/OGLES3/libEGL.lib`

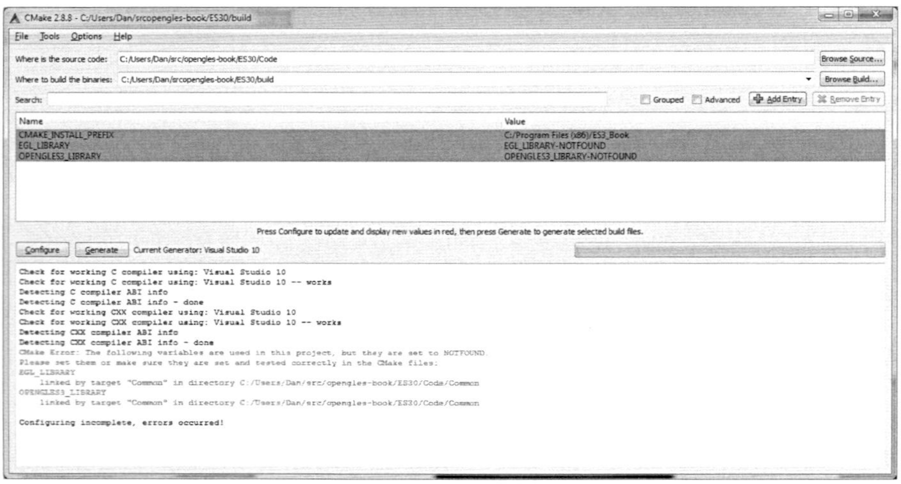


**그림 16-1** 윈도우즈상에서 CMake GUI로 샘플 빌드

- OPENGLES3_LIBRARY:C:/AdrenoSDK/Lib/Win32/OGLES3/libGLESv2.lib

다른 에뮬레이터를 사용하려면 EGL과 OpenGL ES 3.0 라이브러리를 그 위치에 설치하고 CMake 변수에 이들을 설정한다. EGL과 OpenGL ES 3.0 라이브러리를 설정한 후 cmake-gui에서 다시 Configure를 클릭하고 Generate를 클릭한다. CMake에서 실행파일을 빌드하기 위해 선택한 폴더로 이동할 수 있고 마이크로소프트 비주얼 스튜디오에서 ES3_Book.sln을 연다. 이 방법을 통해 독자는 책에 있는 모든 샘플 코드를 빌드하고 실행할 수 있다.

경로 설정에 libEGL.dll, libGLESv2.dll이 설정되어 있지 않으면 각 샘플 코드를 실행할 디렉터리에 이들 파일을 복사할 필요가 있다. 또는 libGLESv2는 OpenGL ES 3.0 라이브러리에 대해 Khronos 이름부여 표기법이 권고되어 있음에 유의하기 바란다. 이는 OpenGL ES 2.0 라이브러리와 동일 이름이다. 이름들은 OpenGL ES 3.0이 OpenGL ES 2.0과 하위 호환성이 있기 때문에 부합되어 동일 라이브러리는 두 API에 대해 사용될 수 있다.

## 우분투 리눅스에 대한 빌드

이 절은 우분투 리눅스(우분투 12.04.1 LTS 64비트에서 테스트)에서 PowerVR OpenGL ES 3.0 에뮬레이터를 이용하여 샘플 코드를 어떻게 빌드하는지 설명한다. PowerVR OpenGL ES 3.0 에뮬레이터(기본적으로 이는 /opt/Imagination/PowerVR/GraphicsSDK에 설치) 설치에 추가로 cmake와 gcc를 포함한 적정한 패키지를 설치해야 한다. 좋은 시작점은 다음 패키지를 설치하는 것이다:

```
$ sudo apt-get install build-essential cmake cmake-curses-gui
```

샘플 코드를 빌드하기 위해 첫째로 소스 프로젝트의 루트에 폴더를 생성한다(여기에서 CMakeLists.txt가 발견된다):

```
~/src/opengles-book$ mkdir build
~/src/opengles-book/build$ cd build
~/src/opengles-book/build$ cmake ../
```

정확하게 수행했으면 EGL_LIBRARY와 OPENGLES3_LIBRARY가 발견되지 않는다는 메시지를 보게 될 것이다. 이들 라이브러리를 설정하기 위해서는 다음을 실행해야 한다

(ccmake이고 cmake가 아님에 유의).

```
~/src/opengles-book/build$ ccmake ../
```

EGL_LIBRARY의 값이 EGL_LIBRARY-NOTFOUND이고, 비슷하게 OPENGLES3_LIBRARY는 OPENGLES2_LIBRARY-NOTFOUND로 설정되어 있음을 보게 될 것이다.

기본 위치에 PowerVR SDK를 설치했다고 가정하고 다음과 같이 libEGL.so와 libGLESv2.so 파일에 이들 변수를 설정할 수 있다.

- EGL_LIBRARY:
  /opt/Imagination/PowerVR/GraphicsSDK/PVRVFrame/EmulationLibs/Linux_x86_64/libEGL.so
- OPENGLES3_LIBRARY:
  /opt/Imagination/PowerVR/GraphicsSDK/PVRVFrame/EmulationLibs/Linux_x86_64/libGLESv2.so

환경 설정을 위해 “c”를, 생성하기 위해 “g”를 누르며, ccmake를 빠져나온다. 코드는 빌드할 준비가 되었고, 간단히 다음을 입력한다.

```
~/src/opengles-book/build$ make
```

이는 모든 샘플 코드에 따라 libCommon.a를 빌드한다. Hello_Triangle 샘플을 실행할 준비가 되었다.

```
build$ cd Chapter_2/Hello_Triangle
build$ ./Hello_Triangle
```

libEGL.so와 libGLESv2.so가 없어서 프로그램을 실행할 수 없으면 다음과 같이 디렉터리 위치를 가리키도록 LD_LIBRARY_PATH를 설정한다.

```
$ export
LD_LIBRARY_PATH=/opt/Imagination/PowerVR/GraphicsSDK/PVRFrame/
EmulationLibs/Linux_x86_64/
```

## 안드로이드 4.3+ NDK(C++)에 대한 빌드

안드로이드 4.3에서 OpenGL ES 3.0에 대한 지원은 2013년 7월에 발표하였다. 안드로이드에서 OpenGL ES 3.0을 접근하는 두 가지 방법이 있는데, 이는 C++를 이용하여

NDK(Native Development Kit)와 Java를 이용하여 SDK(Software Development Kit)를 통해서이다. 여기서는 임의의 언어로도 개발을 지원하기 위해 C와 Java 두 샘플 코드를 제공한다. 이 절에서는 NDK를 이용하여 C 안드로이드 4.3 샘플을 빌드하고 실행하는 방법을 소개한다. 다음 절에서는 SDK를 이용하여 Java 안드로이드 4.3 샘플을 빌드하고 실행하는 방법을 소개한다. OpenGL ES 3.0은 안드로이드 NDK r9로 시작하여 안드로이드 NDK에서 지원되었다. OpenGL ES 3.0은 안드로이드 4.3(API) 또는 그 이상을 지원하는 안드로이드 기기에서 지원되었다.

## 필수조건

안드로이드 NDK r9+에 대한 책의 샘플 코드를 빌드하기 전에 여러 필수조건을 설치할 필요가 있다. 안드로이드 개발자 도구는 공통사용 가능한 도구로 빌드 플랫폼으로 윈도우즈(Cygwin), 리눅스, 또는 Mac OS 등을 선택할 수 있다. 이 절에서는 윈도우즈에서 빌드한다. 그러나 명령들은 다른 플랫폼에서 거의 같다. 다음 소프트웨어가 요구된다.

- Java SE Development Kit(JDK) 7(http://oracle.com/technetwork/java/javase/downloads/index.html) - Windows x64를 위해 `jdk-7u45-windows-x64.exe`를 설치해야 한다.
- 안드로이드 SDK(http://developer.android.com/sdk/index.html) - 가장 쉬운 방법은 SDK ADT(Android Developer Tools) 번들을 다운받고 압축을 푸는 것이다. 이에 대해 ADT는 `C:\Android\adt-bundle-windows-x86_64-20130911`에 인스톨된다.
- 안드로이드 4.3(API 18) - ADT를 다운로드한 후 SDK 관리기를 실행시키고 안드로이드 4.3(API)를 인스톨한다.
- 안드로이드 NDK(http://developer.android.com/tools/sdk/ndk/index.html) - 최근 안드로이드 NDK를 디렉터리(예, `C:\Android\android-ndk-r9-windows-x86_64`)에 다운로드하고 압축을 푼다.
- Cygwin(http://cygwin.com/) - 안드로이드 NDK는 윈도우즈 상에서 빌드 도구를 실행하기 위한 환경으로 Cygwin을 사용한다. Mac OS X나 리눅스에서 개발하려면 Cygwin이 필요없다.
- Apache Ant 1.9.2+(http://ant.apache.org/binddownload.cgi) - Ant는 NDK로 샘플을 빌드하기 위해 사용된다. 폴더(예, `C:\Android\apache-ant-1.9.2`)에 다운로드하고 압축을 푼다.

모든 필수조건을 설치한 후 Android SDK tools/와 platform-tools/ 폴더, 안드로이드 NDK root 폴더, Ant bin/ 폴더를 포함하도록 PATH를 설정할 필요가 있다. 또한, JDK를 설치한 폴더를 가리키도록 JAVA_HOME 변수를 설정할 필요가 있다. 예를 들어, 다음은 이전에 사용된 설치 디렉터리에 대한 환경을 설정하기 위해 Cygwin에서 ~/.bashrc 끝에 추가했다.

```
export JAVA_HOME="/cygdrive/c/Program Files/Java/jdk1.7.0_40"
export ANDROID_SDK="/cygdrive/c/Android/adt-bundle-windows-
x86_64-20130911/sdk
export ANDROID_NDK="/cygdrive/c/Android/android-ndk-r9-windows-
x86_64/android-ndk-r9
export ANT=/cygdrive/c/Android/apache-ant-1.9.2/bin
export PATH=$PATH:${ANDROID_NDK}
export PATH=$PATH:${ANT}
export PATH=$PATH:${ANDROID_SDK}/tools
export PATH=$PATH:${ANDROID_SDK}/platform-tools
```

## 안드로이드 NDK로 예제 코드 빌드

필수조건이 설치되어 있으면 안드로이드 NDK로 샘플을 빌드하는 것은 간단하다. 터미널(윈도우즈에서 Cygwin)로부터 빌드를 원하는 샘플에 대한 Android/ 폴더로 이동하고 다음 명령을 입력한다:

```
Hello_Triangle/Android $ android.bat update projet –p, -t android-18
Hello_Triangle/Android/jni $ cd jni
Hello_Triangle/Android/jni $ ndk-build
Hello_Triangle/Android/jni $ cd..
Hello_Triangle/Android $ ant debug
Hello_Triangle/Android $ adb install –r bin/NativeActivity-debug. apk
```

Mac OS X나 리눅스에서 android.bat(빌드 단계가 다른 것은 동일) 대신 android 명령을 사용함에 유의하기 바란다. android.bat 명령은 예제에 대한 프로젝트 빌드 파일을 생성한다. jni/ 폴더로 이동하고 ndk-build 입력은 프로젝트에 대한 C 소스 코드를 컴파일하고 샘플에 대한 라이브러리를 생성한다. 마지막으로 ant debug 실행은 기기에서 인스톨되는 마지막 apk 파일을 빌드한다(adb tool을 이용하는 마지막 단계).

샘플이 기기에 설치되면 이에 대한 아이콘은 기기상의 애플리케이션 목록에 보인다. 샘플로부터 임의의 로그 메시지는 adb logcat을 이용하여 보여질 수 있다.

## 안드로이드 4.3+ SDK(Java)에 대한 빌드

이 책의 샘플 코드는 기본 C로 작성되었는데, 이는 안드로이드 NDK에 설치하기 위해 선택한 것이다. NDK로 작업하는 것은 공통 플랫폼 기본 코드를 작성하기로 계획한 안드로이드 개발자에게 유용하였는데, 많은 안드로이드 애플리케이션이 NDK 대신 SDK를 이용하여 Java로 작성되었다. NDK 대신 SDK로 Java도 작업하기를 바라는 개발자를 위해 또한 Java로 책의 샘플 코드를 제공한다.

안드로이드 ADT 번들(Android 4.3 NDK[C++]에 대한 빌드의 필수조건 절에서 기술한 것처럼)이 인스톨되었으면, 애플리케이션의 java 버전을 실행할 준비가 다 되었다. java 샘플은 샘플 코드 디렉터리의 루트에서 `Android_Java/` 폴더에 있다. java 예제를 빌드하고 실행하기 위해 간단히 Eclipse를 열고 작업공간에서 Import 〉 General 〉 Existing Projects Into Workspace를 선택한다. 임포트 다이얼로그가 `Android_Java/` 폴더를 가리키도록 하여 책의 모든 샘플 코드를 임포트할 수 있도록 한다. 샘플 코드를 임포트했다면 임의의 안드로이드 애플리케이션을 Eclipse에서 빌드하고 실행할 수 있다.

일반적으로 java 샘플들은 기본적으로 같다. 주요 차이점은 셰이더가 코드 내 인라인에 위치하는 것보다 외부에 저장된 경우에 적재하는 것이다. 이는 더 좋고 쉽게 셰이더를 편집할 수 있도록 한다. 샘플의 C 버전에서 하지 않은 이유는 파일들이 단일 파일에 포함된 샘플을 어떻게 만들고, 적재하는지에서 플랫폼 가변성을 줄이기 위한 것이다.

## iOS 7에 대한 빌드

OpenGL ES 3.0에 대한 지원은 버전 7로 시작하여 iOS에 추가되었다. iPhone 5s(2013. 9월에 발표)는 OpenGL ES 3.0을 지원하는 첫 iOS 기기이다. 또한, Mac OS X에서 실행하는 iOS 시뮬레이터는 OpenGL ES 3.0을 지원한다. 그래서 OpenGL ES 3.0을 가지지 않은 iOS 장치에서 책의 코드 샘플을 실행하고 디버깅할 수 있다. 이 절은 Mac OS X 10.8.5에서 Xcode 5를 이용하여 iOS 7에서 코드 샘플을 실행하는 자세한 단계를 설명한다.

### 필수조건

Mac OS X 10.8.5에서 유일한 필수조건은 Xcode 5를 다운로드하고 인스톨하는 것이다. 이 Xcode 버전은 iOS 7에 대한 SDK를 포함하고 책의 샘플 코드를 빌드하고 실행할 수 있다.

## Xcode 5로 예제 코드 빌드

책의 각 예제는 iOS에서 필요로 하는 xcodeproj와 관련된 파일을 포함하는 `iOS/` 폴더를 가진다. Xcode에서 예제 프로젝트 열기와 iOS 7 시뮬레이터에서 실행 화면을 그림 16-2에 보인다.

각 샘플 프로젝트가 프레임워크 파일들(`esUtil.c`, `esTransform.c`, `esShapes.c`, `esShader.c`)을 빌드함에 유의하기 바란다. 추가적으로 각 샘플은 ES 프레임워크에 인터페이스를 입히는 `Common/iOS` 폴더에 Objective-C 파일들을 포함한다. 주요 파일은 iOS `GLKViewController`를 구현하고 각 샘플의 내용을 수정하고, 콜백 함수를 종료하는 `ViewController.m`이다. 이 추상 기법은 iOS에서 수정없이 이 책의 각 샘플이 실행되도록 한다.

책의 코드 프레임워크를 이용하여 자신의 iOS 애플리케이션을 생성하기 위해 xcode에서 File 〉 New 〉 Project로 이동하고 OpenGL Game을 선택한다. 새로운 프로젝트가 생성되었다면 생성된 `AppDelegate.h`, `AppDelegate.m`, `Shader.vsh`, `Shader.fsh`, `ViewController.h`, `ViewController.m`, `main.m` 파일을 삭제한다. 다음으로 "Add files to 〈project〉.."을 선택하고 `Ccommon/Source/iOS` 내 모든 파일과 함께

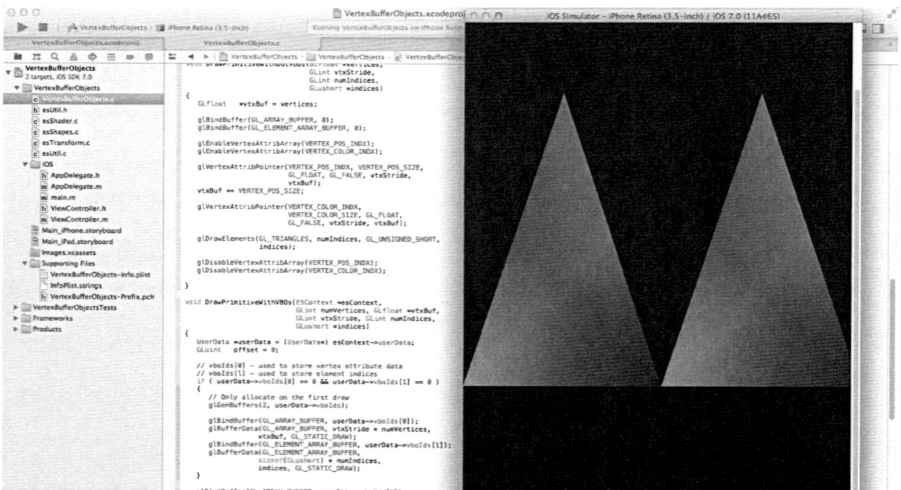

그림 16-2 iOS 7 시뮬레이터에서 실행하는 Xcode에서의 정점 배열 객체 샘플

`Common/Source` 경로 내 모든 `.c` 파일을 선택한다. 마지막으로 프로젝트에 대한 빌드 환경설정에서 `Common/Source/iOS` 경로를 Search Paths > User Header Search Paths에 추가한다. 이때, 템플리트로 책의 예제 중 하나를 이용하여 샘플을 생성 할 수 있다.

iOS 애플리케이션을 개발하려면 책에 있는 프레임워크를 사용하는 것보다 iOS GLKit 프레임워크를 사용하는 것이 더 쉽다는 것을 알 수 있을 것이다. GLKit는 책의 ES 코드 프레임워크와 유사한 기능을 제공하나 더 확장성이 있다. 책의 프레임워크에 비해 한 가지 장점은 iOS에 한정되지 않는다는 것이다. 그래서 많은 다른 운영체제에서 실행하도록 공통 플랫폼 애플리케이션을 개발하려면 유용한 접근임을 알게 될 것이다.

## 요약

이 장에서 윈도우즈와 리눅스에서 OpenGL ES 3.0 에뮬레이터를 이용하여 샘플 코드를 어떻게 빌드하는지 설명했다. 또한, C를 이용한 안드로이드 4.3+ NDK, Java로 안드로이드 4.3+ SDK, iOS 7에서 OpenGL ES 3.0에 대한 샘플 코드를 어떻게 빌드하는지 설명했다. OpenGL ES를 지원하는 플랫폼은 빠르게 진화되고 있다. 새로운 플랫폼과 기존 플랫폼의 새로운 버전에서 빌드하기 위한 갱신된 정보를 위해 책의 웹사이트(opengles-book.com)를 살펴보기 바란다.

# Appendix A GL_HALF_FLOAT

GL_HALF_FLOAT는 OpenGL ES 3.0에서 지원하는 정점과 텍스처 데이터 형식이다. GL_HALF_FLOAT 데이터 타입은 16비트 부동소수점 값을 지정하는 데 사용된다. 이는 텍스처 좌표, 법선, 종법선, 탄젠트 벡터 같은 정점 속성을 지정하는 데 매우 유용하다. GL_FLOAT보다 GL_HALF_FLOAT를 이용하는 것은 메모리 사용량 감소를 제공하고 GPU에서 정점 속성을 읽기 위해 요구되는 메모리 대역폭 또한 대략 2배 줄이게 된다.

16비트 부동소수점 데이터 타입 대신 GL_SHORT 또는 GL_UNSIGNED_SHORT를 사용할 수 있고 같이 메모리 사용량과 대역폭 절약을 얻을 수 있다. 하지만 정점 셰이더에서 변환을 적용하고 데이터나 행렬은 적절하게 축척할 필요가 있다. 예를 들면, 텍스처 패턴이 쿼드위에 수평과 수직으로 4번 반복하게 되는 경우를 고려해야 한다. GL_SHOT는 텍스처 좌표를 저장하는 데 사용된다. 텍스처 좌표는 4.12 또는 8.8로 저장된다. GL_SHORT로 저장된 텍스처 좌표값은 정수부 8비트 또는 4비트와 소수부 8비트 또는 12비트를 사용하는 고정 소수점 표현을 제공하기 위해 (1 << 12) 또는 (1 << 8)로 축척된다. OpenGL ES가 이러한 형식을 이해하지 못하기 때문에 정점 셰이더는 이 값을 축척하지 않게 하기 위한 행렬을 적용할 필요가 있고 정점 셰이딩 실행에 영향을 준다. 만일 16비트 부동소수점 형식이 사용되면 추가 변환은 필요없다. 더욱이 부동소수점 수로 표현된 값은 표현에서 지수를 사용하므로 고정 소수점 값보다 더 큰 동적 범위를 가진다.

> **주** 고정소수점 값은 부동소수점 값보다 다른 오류 측정 방법을 가진다. 부동소수점 수에서 절대 오류는 값의 크기에 비례하고, 반면에 고정 소수점 형식에서 절대 오류는 상수이다. 이들 정밀도를 의식해야 하는 개발자는 특정 형식으로 좌표를 생성 시에 사용하는 데이터 타입을 선택할 때 문제가 된다.

## 16비트 부동소수점 수

그림 A-1에 half-float 숫자의 표현을 나타내고 있다. half-float는 가수부(m) 10비트, 지수부(e) 5비트, 부호 비트(s)를 갖는 16비트 부동소수점 수이다.

| s | exponent (e) | mantissa (m) |
|---|---|---|
| 15 | 14 … 10 | 9 … 0 |

**그림 A-1** 16비트 부동소수점 수

16비트 부동소수점 수를 해석할 때 사용되는 규칙은 다음과 같다.

- 만일 지수부 e가 1과 30 사이이면 half-float은 $(-1)^s * 2^{e-15} * (1 + m/1,024)$로 계산된다.
- 만일 지수부 e와 가수부 m 모두 0이면 half-float 값은 0.0이다. 부호 비트는 -ve0.0 또는 +ve0.0을 표현하는 데 사용된다.
- 만일 지수부 e가 0이고 가수부 m이 0이 아니면, half-float 값은 비정규화 수이다.
- 만일 지수부 e가 31이면 half-float 값은 가수부가 0 여부에 따라 무한대(+ve 또는 −ve) 또는 NaN(숫자가 아닌 값, Not a Number)이다

이에 대한 몇 가지 예는 다음과 같다.

```
0   00000   0000000000 = 0.0
0   00000   0000001111 = 비정규화 값
0   11111   0000000000 = 양의 무한대
1   11111   0000000000 = 음의 무한대
0   11111   0000011000 = NaN
1   11111   1111111111 = NaN
0   01111   0000000000 = 1.0
1   01110   0000000000 = -0.5
0   10100   1010101010 = 54.375
```

OpenGL ES 3.0 구현은 무한대와 NaN 또는 비정규화 수인 half-float 데이터 값을 받아들일 수 있어야 하고, 이 값으로 16비트 부동소수점 산술 연산을 지원할 필요는 없다. 일반적으로 대부분의 구현들은 비정규화 수와 NaN을 0으로 변환할 것이다.

## Float를 Half-Float로 변환

다음 루틴은 단정도 부동소수점 수를 half-float 값으로, half-float 값을 단정도 부동소수점 수로 변환하는 방법을 기술한다. 변환 루틴은 정점 속성을 단정도 부동소수점 계산을 이용하여 생성할 때 유용하지만, 정점 속성으로 사용되기 전에 half-float로 변환되어야 한다.

```
// 127의 단정도 바이어스를 사용하여 -15 저장
const unsigned int HALF_FLOAT_MIN_BIASED_EXP_AS_SINGLE_FP_EXP =
0x38000000;

// half-float로 저장될 때 Inf 또는 NaN로 변환될 수 있는 단정도의 최대 지수부 값
const unsigned int HALF_FLOAT_MAX_BIASED_EXP_AS_SINGLE_FP_EXP =
0x47800000;

// 255는 최대 지수부 바이어스된 값
const unsigned int FLOAT_MAX_BIASED_EXP = (0x1F << 23);

const unsigned int HALF_FLOAT_MAX_BIASED_EXP = (0x1F << 10);

typedef unsigned short hfloat;

hfloat
convertFloatToHFloat(float *f)
{
    unsigned int      x = *(unsigned int *)f;
    unsigned int      sign = (unsigned short)(x >> 31);
    unsigned int      mantissa;
    unsigned int      exp;
    hfloat            hf;

    // 가수부 얻기
    mantissa = x & ((1 << 23) - 1);
    // 지수부 비트 얻기
    exp = x & FLOAT_MAX_BIASED_EXP;
```

```
    if (exp >= HALF_FLOAT_MAX_BIASED_EXP_AS_SINGLE_FP_EXP)
    {
        // 단정도 실수가 NaN 인지 검사
        if (mantissa && (exp == FLOAT_MAX_BIASED_EXP))
        {
            // 단정도 NaN
            mantissa = (1 << 23) - 1;
        }
        else
        {
            // Inf로 16비트 half-float 표현 수 저장
            mantissa = 0;
        }
        hf = (((hfloat)sign) << 15) |
                (hfloat)(HALF_FLOAT_MAX_BIASED_EXP) |
                (hfloat)(mantissa >> 13);
    }
    // 지수부 <= -15인지 검사
    else if (exp <= HALF_FLOAT_MIN_BIASED_EXP_AS_SINGLE_FP_EXP)
    {
        // 비정규화 수 half-float 값 또는 0 저장
        exp = (HALF_FLOAT_MIN_BIASED_EXP_AS_SINGLE_FP_EXP - exp) >> 23;
        mantissa >>= (14 + exp);

        hf = (((hfloat)sign) << 15) | (hfloat)(mantissa);
    }
    else
    {
        hf = (((hfloat)sign) << 15) |
                (hfloat)
                ((exp - HALF_FLOAT_MIN_BIASED_EXP_AS_SINGLE_FP_EXP)
                >> 13) |
                (hfloat)(mantissa >> 13);
    }
    return hf;
}

float
convertHFloatToFloat(hfloat hf)
{
    unsigned int     sign = (unsigned int)(hf >> 15);
```

```
unsigned int     mantissa = (unsigned int)(hf &
                 ((1 << 10) - 1));
unsigned int     exp = (unsigned int)(hf &
                 HALF_FLOAT_MAX_BIASED_EXP);
unsigned int     f;

if (exp == HALF_FLOAT_MAX_BIASED_EXP)
{
    // half-float NaN 또는 Inf를 가지면
    // half-float NaN은 단정도 NaN으로 변환
    // half-float Infs는 단정도 Inf로 변환
    exp = FLOAT_MAX_BIASED_EXP;
    if (mantissa)
        mantissa = (1 << 23) - 1; // NaN을 나타내기 위한 모든 비트를 설정

}
else if (exp == 0x0)
{
    // half-float zero/denorm을 단정도 값으로 변환
    if (mantissa)
    {
        mantissa <<= 1;
        exp = HALF_FLOAT_MIN_BIASED_EXP_AS_SINGLE_FP_EXP;
        // denorm 가수부에 1 적재 확인
        while ((mantissa & (1 << 10)) == 0)
        {
            // 모든 선행 0에 대해, 단정도 지수부를 1씩 감소
            // half-float 가수부 값을 왼쪽 가수부로 시프트 <<= 1;
            exp -= (1 << 23);
        }
        //10-bit로 가수부 한정
        mantissa &= ((1 << 10) - 1);
        //23-bits의 단정도 가수부 생성을 위해 왼쪽 시프트 <<= 13;
    }
}
else
{
    // 23-bits의 단정도 가수부 생성을 위해 왼쪽 시프트 <<= 13;
    // 단정도 바이어스된 지수 값 생성
    exp = (exp << 13) + HALF_FLOAT_MIN_BIASED_EXP_AS_SINGLE_FP_EXP;
}
```

```
    f = (sign << 31) | exp | mantissa;
    return *((float *)&f);
}
```

Appendix B

# 내장함수

이 부록에 기술된 OpenGL ES 셰이딩 언어 내장함수는 Khronos에 저작권이 있고 ***OpenGL ES 3.00.4 Shading Language Specification***으로부터 사용허가를 받아 재출판 되었다. 최근 OpenGL ES 3.0 명세서는 http://khronos.org/registry/gles/에서 다운로드 받을 수 있다.

OpenGL ES 셰이딩 언어는 스칼라와 벡터 연산에 대해 편리한 내장함수의 분류를 정의한다. 대다수의 내장함수는 셰이더의 하나 이상 타입으로 사용될 수 있지만 어떤 것은 하드웨어에 직접 매핑을 제공하기 때문에 단지 셰이더의 특정 타입에만 사용 가능하다.

내장함수는 기본적으로 다음 3가지 범주에 속한다.

- 내장함수는 텍스처 맵에 접근하는 데 편리한 몇몇 하드웨어 기능이 있다. 셰이더에 의해 에뮬레이트될 내장함수에 대해 언어에는 방법이 없다.
- 내장함수는 사용자가 쓰기에 매우 쉬운 연산으로 표현되지만 이는 매우 일반적이고 직접적인 하드웨어 지원을 할 수도 있다. 컴파일러가 복잡한 어셈블러 명령어에 매핑하는 것은 매우 어려운 문제이다.
- 어떤 순간에 가속되는 것 같은 연산 그래픽 하드웨어를 표현한다. 삼각함수는 이 범주에 속한다.

함수 중 대부분은 같은 이름이 붙여진 공용 C 라이브러리와 유사하지만, 스칼라 값 입력뿐만 아니라 벡터 입력도 지원한다.

내장함수가 최적이라고(아마 하드웨어에 직접 지원) 가정하기 때문에 애플리케이션은 자신의 셰이더 코드에서 계산하는 것보다 내장함수를 사용하도록 권장한다.

내장함수를 설명할 때 입력 인수(출력에도 대응)가 float, vec2, vec3, vec4이면, *genType*가 인수로 사용된다. 입력 인수(출력에도 대응)가 int, ivec2, ivec3, ivec4이면, *genIType*가 인수로 사용된다. 입력 인수(출력에도 대응)가 uint, uvec2, uvec3, uvec4이면 *genUType*가 인수로 사용된다. 입력 인수(출력에도 대응)가 bool, bvec2, bvec3, bvec4이면 *genBType*가 인수로 사용된다. 함수의 임의의 사용시 *genType*, *genIType*, *genUType*, *genBType*에 대해 대체되는 실제 타입은 모든 인수와 반환되는 타입에 대해 구성요소의 동일 수를 갖아야 한다. mat에 대해 마찬가지로 임의의 행렬 기본 타입이 될 수 있다.

내장함수의 정밀도는 함수와 인수에 따른다. 이들은 세 범주로 나뉜다.

- 어떤 함수는 미리 정의된 정밀도를 가진다. 이 정밀도는 지정된다; 예를 들면, highp ivec2 **textureSize** (gsampler2D *sampler*, int *lod*)
- 텍스처 샘플링 함수에 대해 반환 타입의 정밀도는 샘플러 타입의 정밀도와 일치한다.

  ```
  uniform lowp sampler2D sampler;
  highp vec2 coord;
  ...
  // texture()는 lowp를 반환
  lowp vec4 col = texture (sampler, coord);
  ```
- 다른 내장함수에 대해 호출은 호출 입력 인수의 가장 높은 정밀도 조건과 일치하는 정밀도 조건을 반환한다.

내장함수들은 다음 절에 설명된 방정식에 따라 구현되는 것으로 가정한다.

## 각도와 삼각함수

*angle*로 지정된 함수 매개변수는 라디안 단위로 가정한다. 어떤 경우에도 이 함수는 0으로 나눠지지 않는다. 만일 비율의 나누는 수가 0이면 결과는 정의되지 않는다.

이 모두는 구성요소별로 연산한다. 표 B-1에 보여진 설명은 구성요소 별이다.

**| 표 B-1 |** 각도 및 삼각함수

| 문법 | 설명 |
|---|---|
| genType **radians** (genTye *degrees*) | *degrees*를 라디안으로 변환,<br>즉, 180 / π * *degrees* |
| genType **degrees** (genTye *radians*) | *radians*을 *degree*로 변환,<br>즉, 180 / π * *radians* |
| genType **sin** (genType *angle*) | 표준 삼각 sine 함수<br>반환 값의 범위는[−1, 1] |
| genType **cos** (genType *angle*) | 표준 삼각 cosine 함수<br>반환 값의 범위는 [−1, 1] |
| genType **tan** (genType *angle*) | 표준 삼각 tangent 함수 |
| genType **asin** (genType *x*) | 아크 sine. sine *x*의 각도를 반환. 반환되는 값의 범위는 [−π/2, π/2]. 만일 \|*x*\|>1이면 결과는 정의되지 않는다. |
| genType **acos** (genType *x*) | 아크 cosine. cosine *x*의 각도를 반환. 반환되는 값의 범위는 [0, π]. 만일 \|*x*\|>1이면 결과는 정의되지 않는다 |
| genType **atan** (genType *y*,<br>genType *x*) | 아크 tangent. tangent *y*/*x* 의 각도를 반환. *x*와 *y*의 부호는 각도가 몇 사분면에 있는지를 결정하는 데 사용된다. 반환되는 값의 범위는 [−π, π]. 만일 *x*, *y* 모두 0이면 결과는 정의되지 않는다. |
| genType **atan** (genType<br>*y_over_x*) | 아크 tangent. tangent *y_over_x* 의 각도를 반환. 반환되는 값의 범위는 [−π/2, π/2]. |
| genType **sinh** (genType *x*) | 쌍곡 사인 함수 $(e^x - e^{-x})/2$를 반환 |
| genType **cosh** (genType *x*) | 쌍곡 코사인 함수 $(e^x + e^{-x})/2$를 반환 |
| genType **tanh** (genType *x*) | 쌍곡 탄젠트 함수 sinh(*x*)/cosh(*x*) |
| genType **asinh** (genType *x*) | 아크 쌍곡 사인 함수, **sinh**의 역을 반환 |
| genType **acosh** (genType *x*) | 아크 쌍곡 코사인 함수, **cosh**의 음이 아닌 역을 반환 |
| genType **atanh** (genType *x*) | 아크 쌍곡 탄젠트 함수, **tanh**의 역을 반환.<br>만일 \|*x*\|>1이면 결과는 정의되지 않는다. |

## 지수함수

지수함수는 모두 컴포넌트 별로 동작한다. 표 B-2에 대한 설명은 컴포넌트 별이다.

❙ 표 B-2 ❙  지수함수

| 문법 | 설명 |
|---|---|
| genType **pow** (genType *x*, genType *y*) | *x*의 *y* 거듭제곱 반환. 즉 $x^y$<br>*x* 〈 0 또는 *x* = 0이고 *y* 〈= 0이면 결과는 정의되지 않는다. |
| genType **exp** (genType *x*) | *x*의 자연 지수 반환. 즉 $e^x$ |
| genType **log** (genType *angle*) | *x*의 자연 로그 반환. 즉 식 $x = e^y$를 만족하면 값 *y*를 반환.<br>*x* 〈= 0이면 결과는 정의되지 않는다. |
| genType **exp2** (genType *angle*) | 2의 *x* 거듭제곱 반환, 즉 $2^x$ |
| genType **log2** (genType *angle*) | *x*의 밑이 2인 로그 반환, 즉 식 $x = 2^y$를 만족하면 값 *y*를 반환.<br>*x* 〈= 0이면 결과는 정의되지 않는다. |
| genType **sqrt** (genType *x*) | *x*의 양의 제곱근 반환<br>*x* 〈 0이면 결과는 정의되지 않는다. |
| genType **inversesqrt** (genType *x*) | *x*의 양의 제곱근 역수 반환<br>*x* 〈= 0이면 결과는 정의되지 않는다. |

## 공용함수

공용함수는 모두 컴포넌트 별로 동작한다. 표 B-3에 대한 설명은 컴포넌트 별이다.

❙ 표 B-3 ❙  공용함수

| 문법 | 설명 |
|---|---|
| genType **abs** (genType *x*)<br>genType **abs** (genIType *x*) | *x* 〉=0이면 *x*, *x* 〈 0이면 −*x* 반환 |
| genType **sign** (genType *x*)<br>genType **sign** (genIType *x*) | *x* 〉0이면 1.0, *x* = 0이면 0.0, x 〈 0이면 −1.0 반환 |

**| 표 B-3 |** 공용함수(계속)

| 문법 | 설명 |
|---|---|
| genType **floor** (genType *x*) | *x* 이하의 가장 가까운 정수와 같은 값을 반환 |
| genType **trunc** (genType *x*) | 절댓값이 절댓값 *x* 값보다 크지 않은 *x*에 가장 근사한 정수값을 반환 |
| genType **round** (genType *x*) | *x*에 대한 가장 근사한 정수값을 반환. 분수 0.5는 구현에 의해 선택된 방향으로 라운드된다(아마 가장 가까운 방향). 이는 **round**(*x*)가 *x*의 모든 값에 대해 **roundEven**(*x*)와 같은 동일 값을 반환할 가능성을 포함한다. |
| genType **roundEven** (genType *x*) | *x*에 대한 가장 근사한 정수값을 반환. 분수 부분 0.5는 가장 가까운 짝수 정수 방향으로 라운드된다(3.5와 4.5의 *x*는 4.0으로 반환). |
| genType **ceil** (genType *x*) | *x* 이상의 가장 가까운 정수와 같은 값을 반환 |
| genType **fract** (genType *x*) | *x*-**floor**(*x*) 반환 |
| genType **mod** (genType *x*, float *y*)<br>genType **mod** (genType *x*,<br>genType *y*) | Modulus(modulo).<br>*x* − *y* * **floor**(*x*/*y*) 반환 |
| genType **min** (genType *x*, genType *y*)<br>genType **min** (genType *x*, float *y*)<br>genIType **min** (genIType *x*,<br>genIType *y*)<br>genIType **min** (genIType *x*, int *y*)<br>genUType **min** (genUType *x*,<br>genUType *y*)<br>genUType **min** (genUType *x*, uint *y*) | *y* 〈 *x*이면 *y*, *y* 〉= *x*이면 *x* 반환 |
| genType **max** (genType *x*, genType *y*)<br>genType **max** (genType *x*, float *y*)<br>genIType **max** (genIType *x*,<br>genIType *y*)<br>genIType **max** (genIType *x*, int *y*)<br>genUType **max** (genUType *x*,<br>genUType *y*)<br>genUType **max** (genUType *x*, uint *y*) | *y* 〈 *x*이면 *y*, *y* 〉= *x*이면 *x* 반환 |

**▌표 B-3▐ 공용 함수(계속)**

| 문법 | 설명 |
|---|---|
| genType **clamp** (genType *x*,<br>genType *minVal*,<br>genType *maxVal*)<br>genType **clamp** (genType *x*,<br>float *minVal*,<br>float *maxVal*)<br>genIType **clamp** (genIType *x*,<br>genIType *minVal*,<br>genIType **maxVal**)<br>genIType **clamp** (genIType *x*,<br>int *minVal*,<br>int *maxVal*)<br>genUType **clamp** (genUType *x*,<br>genUType *minVal*,<br>genUType *maxVal*)<br>genUType **clamp** (genUType *x*,<br>uint *minVal*,<br>uint *maxVal*) | **min** (**max** (*x*, *minVal*), *maxVal*) 반환<br>*minVal* 〉 *maxVal*이면 결과는 정의되지 않는다. |
| genType **mix** (genType *x*,<br>genType *y*,<br>genType *a*)<br>genType **mix** (genType *x*,<br>genType *y*, float a) | *x*와 *y*의 선형 블렌딩 반환<br>즉, $x*(1-a) + y * a$ |
| genType **mix** (genType *x*,<br>genType *y*,<br>genBType *a*) | 생성되는 구성요소에 따라 반환할 각 벡터를 선택한다. 거짓인 *a*의 구성요소에 대해 *x*의 대응되는 구성요소는 반환된다. 참인 *a*의 구성요소에 대해 *y*의 대응되는 구성요소는 반환된다. 선택되지 않은 *x*와 *y*의 구성요소는 무효의 실수형 값이 되고 결과에 영향이 없다. 그러므로 이는 genType **mix** (genType *x*, genType *y*, genType (*a*))(*a*는 부울 벡터)이외 다른 기능을 제공한다. |
| genType **step** (genType *edge*,<br>genType *x*)<br>genType **step** (float *edge*, genType *x*) | *x* 〈 *edge*이면 0, *x* 〉= *edge*이면 1.0 반환 |

**| 표 B-3 |** 공용함수(계속)

| 문법 | 설명 |
|---|---|
| genType **smoothstep** (genType *edge0*,<br>genType *edge1*,<br>genType *x*)<br>genType **smoothstep** (float *edge0*,<br>float *edge1*,<br>genType *x*) | $edge0 < x <$ edge1일 때 0과 1 사이에서 매끄러운 Hermite 보간이 수행되고 $x <= edge0$이면 0.0, $x >= edge1$이면 1.0을 반환. 매끄러운 변환과 임계 함수를 원할 경우에 유용<br>이는 다음과 같다.<br>`// genType 은 float, vec2, vec3, vec4`<br>`genType t;`<br>`t = clamp((x - edge0)/`<br>`    (edge1 - edge0), 0, 1);`<br>`return t * t * (3 - 2 * t);`<br>$edge0 >= edge1$이면 결과는 정의되지 않는다. |
| genBType **isnan** (genType *x*) | *x*가 NaN을 가지면 **true**를 반환, 그렇지 않으면 **false**를 반환 |
| genBType **isinf** (genType *x*) | *x*가 양의 무한수나 음의 무한수를 가지면 **true**를 반환, 그렇지 않으면 **false**를 반환 |
| genIType **floatBitsToInt** (genType *value*)<br>genUType **floatBitsToUint** (genType *value*) | 실수형 값의 부호화를 표현하는 부호가 있거나 없거나 아주 큰 정수값을 반환. 큰 실수형에 대해 값의 비트수준 표현은 유지된다. 중간과 낮은 값에 대해 값은 먼저 높은 실수형으로 변환되고 값의 부호화는 반환된다. |
| genType **intBitsToFloat** (genIType *value*)<br>genType **uintBtsToFloat** (genUType *value*) | 실수형 값의 부호가 있거나 없는 정수 부호화에 대응되는 큰 실수형 값을 반환한다. inf나 NaN이 전달되면, 신호가 없고 결과 실수형값은 지정되지 않는다. 그렇지 않으면 비트수준 표현은 유지되고 중간과 낮은 값에 대해 값은 처음 대응되는 부호가 있거나 없는 큰 정수로 변환되고 전과 같이 큰 실수형 값으로 재해석된다. |

## 실수형 팩 및 언팩 함수

실수형 팩 및 언팩 함수는 컴포넌트 별로 동작하지 않으며 각 경우에 대해 표 B-4에 기술되어 있다.

**| 표 B-4 |** 실수형 팩 및 언팩 함수

| 문법 | 설명 |
|---|---|
| highp uint **packSnorm2x16** (vec2 *v*) | 먼저 정규화된 실수형 값 *v*의 각 구성요소를 16비트 정수 값으로 변환한다. 이때 결과는 반환된 32비트 부호없는 정수로 팩된다. *v*의 구성요소 *c*를 고정 소수점으로 변환은 다음과 같이 실행된다:<br>**packSnorm2x16:**<br>round(clamp(c, −1, +1) * 32767.0)<br>벡터의 첫 구성요소는 출력의 최하위 비트에 쓰여질 것이고, 마지막 구성요소는 최상위 비트에 쓰여진다. |
| highp vec2 **unpackSnorm2x16** (highp uint *p*) | 먼저 단일 32비트 부호없는 정수 *p*는 16비트 부호없는 정수 쌍으로 언팩된다. 이때 각 구성요소는 반환된 두 구성요소 벡터를 생성하기 위해 정규화된 부동소수점 값으로 변환된다.<br>언팩 고정 소수점 값 *f*를 부동소수점으로 변환은 다음으로 실행된다:<br>**unpackSnorm2x16:**<br>clamp(*f*/32767.0, −1, +1)<br>반환된 벡터의 첫 구성요소는 입력의 최하위 비트로부터 추출되고 마지막 구성요소는 최상위 비트로부터 추출된다. |
| highp vec2 **unpackUnorm2x16** (highp uint *p*) | 먼저 단일 32비트 부호없는 정수 *p*는 16비트 부호없는 정수 쌍으로 언팩된다. 이때 각 구성요소는 반환된 두 구성요소 벡터를 생성하기 위해 정규화된 부동소수점 값으로 변환된다.<br>언팩 고정 소수점 값 *f*를 부동소수점으로 변환은 다음으로 실행된다:<br>**unpackSnorm2x16:** *f*/65535.0<br>반환된 벡터의 첫 구성요소는 입력의 최하위 비트로부터 추출되고 마지막 구성요소는 최상위 비트로부터 추출된다. |
| highp uint **packHalfx16** (mediump vec2 *v*) | 두 구성요소 부동소수점 벡터의 구성요소를 OpenGL ES 명세서에 있는 16비트 부동소수점 표현으로 변환하여 얻어진 부호없는 정수를 반환한다. 이때, 이들 두 16비트 정수를 32비트 부호없는 정수로 언팩한다.<br>첫 벡터 구성요소는 결과의 16 최하위 비트를 지정한다. 두 번째 구성요소는 16 최상위 비트를 지정한다. |

**| 표 B-4 |** 실수형 팩 및 언팩 함수(계속)

| 문법 | 설명 |
|---|---|
| mediump vec2 **unpackHalf2x16** (highp uint *v*) | 32비트 부호없는 정수를 OpenGL ES 명세서에 따라 16비트 부동소수점 수로 이들 값을 해석하여 16비트 값 쌍으로 언팩하여 얻어진 구성요소를 가지는 두 구성요소 부동소수점 벡터를 반환하고, 이들을 32비트 부동소수점 값으로 변환한다. 벡터의 첫 구성요소는 *v*의 16 최하위 비트로 얻어지고, 두 번째 구성요소는 *v*의 16 최상위 비트로 얻어진다. |

## 도형함수

도형함수는 구성요소 별이 아닌 벡터로 벡터상에서 동작한다. 표 B-5는 이들 함수를 기술한다.

**| 표 B-5 |** 도형함수

| 문법 | 설명 |
|---|---|
| float **length** (genType *x*) | 벡터 *x*의 길이 반환<br>$\sqrt{x[0]^2 + x[1]^2 + \cdots}$ |
| float **distance** (genType *p0*, genType *p1*) | *p*0과 *p*1 사이의 거리 반환<br>즉, **length**(*p*0 - *p*1) |
| float **dot** (genType *x*, genType *y*) | *x*와 *y*의 내적(dot product) 반환<br>즉, $x[0] * y[0] + x[1] * y[1] + \ldots$ |
| vec3 **cross** (vec3 *x*, vec3 *y*) | *x*와 *y*의 외적(cross product) 반환<br>즉, $result[0] = x[1] * y[2] - y[1] * x[2]$<br>$result[1] = x[2] * y[0] - y[2] * x[0]$<br>$result[2] = x[0] * y[1] - y[0] * x[1]$ |
| genType **normalize** (genType *x*) | 1의 길이를 가지는 *x*와 동일 방향의 벡터 반환<br>*x* /**length**(*x*) 반환 |
| genType **faceforward** (genType *N*, genType *I*, genType $N_{ref}$) | **dot**($N_{ref}$, *I*) 〈 0이면 *N*을 그렇지 않으면 −*N*을 반환 |

**| 표 B-5 |** 도형 함수(계속)

| 문법 | 설명 |
|---|---|
| genType **reflect** (genType *I*, genType *N*) | 입사(incident) 벡터 *I*, 평면 법선 *N*에 대해 반사 방향을 반환한다:<br>*I* − 2 * dot(*N*, *I*) * *N*<br>*N*은 원하는 결과를 얻기 위해 이미 정규화되었어야 한다. |
| genType **refract** (genType *I*, genType *N*, float *eta*) | 입사(incident) 벡터 *I*, 평면 법선 *N*, 굴절의 인덱스 비 *eta*에 대해 굴절 벡터를 반환, 결과는 다음으로 계산한다.<br>`k = 1.0 - eta * eta *`<br>`    (1.0 - dot(N, I)`<br>`    * dot(N, I)`<br>`if (k < 0.0)`<br>`   // genType은 float, vec2,`<br>`   // vec3, 또는 vec4`<br>`   return genType(0.0)`<br>`else`<br>`   return eta * I - (eta *`<br>`      dot(N, I) + sqrt(k) * N`<br>입사 벡터 *I*와 평면 법선 *N*에 대한 입력 매개변수는 요구한 결과를 얻기 위해 이미 정규화 되었어야 한다. |

## 행렬함수

행렬을 연산하는 내장함수는 표 B-6에 설명하였다.

**| 표 B-6 |** 행렬함수

| 문법 | 설명 |
|---|---|
| mat2 **matrixCompMult** (mat2 *x*, mat2 *y*)<br>mat3 **matrixCompMult** (mat3 *x*, mat3 *y*)<br>mat4 **matrixCompMult** (mat4 *x*, mat4 *y*) | 행렬 *x*와 행렬 *y*에 대해 구성요소별로 곱한다. 즉, *result*[ i ][ *j* ]는 *x*[ *i* ][ *j* ]와 *y*[ *i* ][ *j* ]의 스칼라 곱이다.<br>**주** : 곱하기 연산자(*)를 사용하여 선형 대수 행렬 곱셈을 한다. |

**| 표 B-6 |** 행렬함수(계속)

| 문법 | 설명 |
|---|---|
| mat2 **outerProduct**(vec2 *c*, vec2 *r*)<br>mat3 **outerProduct**(vec3 *c*, vec3 *r*)<br>mat4 **outerProduct**(vec4 *c*, vec2 *r*)<br><br>mat2x3 **outerProduct**(vec3 *c*, vec2 *r*)<br>mat3x2 **outerProduct**(vec2 *c*, vec3 *r*)<br>mat2x4 **outerProduct**(vec4 *c*, vec2 *r*)<br>mat4x2 **outerProduct**(vec2 *c*, vec4 *r*)<br>mat3x4 **outerProduct**(vec4 *c*, vec3 *r*)<br>mat4x3 **outerProduct**(vec3 *c*, vec4 *r*) | 열 벡터(한 열의 행렬)로 첫 매개변수 *c*로, 행 벡터(한 행의 행렬)로 두 번째 매개변수 *r*로 취급하고, 선형 대수 행렬 곱 *c* * *r*을 한다. 행의 수가 *c*에서 구성요소 수이고, 열의 수가 *r*에서 구성요소 수인 행렬을 산출한다. |
| mat2 **transpose**(mat2 *m*)<br>mat3 **transpose**(mat3 *m*)<br>mat4 **transpose**(mat4 *m*)<br>mat2x3 **transpose**(mat3x2 *m*)<br>mat3x2 **transpose**(mat2x3 *m*)<br>mat2x4 **transpose**(mat4x2 *m*)<br>mat4x2 **transpose**(mat2x4 *m*)<br>mat3x4 **transpose**(mat4x3 *m*)<br>mat4x3 **transpose**(mat3x4 *m*) | *m*의 순서바꿈 행렬을 반환, 입력 행렬 *m*은 변경되지 않는다. |
| float **determinant**(mat2 *m*)<br>float **determinant**(mat3 *m*)<br>float **determinant**(mat4 *m*) | *m*의 계수를 변환 |
| mat2 **inverse**(mat2 *m*)<br>mat3 **inverse**(mat3 *m*)<br>mat4 **inverse**(mat4 *m*) | *m*의 역인 행렬을 반환. 입력 행렬 *m*은 변경되지 않는다. 반환된 행렬에서 값은 *m*이 하나나 부족한 조건(대부분 하나)이면 정의되지 않는다. |

## 벡터 관련 함수

관계와 동등 연산자(<, <=, >, >=, ==, !=)는 부울 결과로 정의된다. 벡터 결과를 위해 다음을 사용한다. 표 B-7에서 "bvec"는 **bvec2**, **bvec3**, **bvec4** 중 하나에 대한 대체 텍스트; "ivec"는 **ivec2**, **ivec3**, **ivec4** 중 하나에 대한 대체 텍스트; "uvec"는 **uvec2**, **uvec3**, **uvec4**에 대한 대체 텍스트, "vec"는 **vec2**, **vec3**, **vec4**에 대한 대체 텍스트이다. 이 모든 경우 임의의 특정 호출에 대한 입력과 반환 벡터의 크기는 일치해야 한다.

**표 B-7** 벡터 관련 함수

| 문법 | 설명 |
|---|---|
| bvec **lessThan** (vec *x*, vec *y*)<br>bvec **lessThan** (ivec *x*, ivec *y*)<br>bvec **lessThan** (uvec *x*, uvec *y*) | $x < y$ 인지 구성요소별 비교 반환 |
| bvec **lessThanEqual** (vec *x*, vec *y*)<br>bvec **lessThanEqual** (ivec *x*, ivec *y*)<br>bvec **lessThanEqual** (uvec *x*, uvec *y*) | $x <= y$ 인지 구성요소별 비교 반환 |
| bvec **greaterThan** (vec *x*, vec *y*)<br>bvec **greaterThan** (ivec *x*, ivec *y*)<br>bvec **greaterThan** (uvec *x*, uvec *y*) | $x > y$ 인지 구성요소별 비교 반환 |
| bvec **greaterThanEqual** (vec *x*, vec *y*)<br>bvec **greaterThanEqual** (ivec *x*, ivec *y*)<br>bvec **greaterThanEqual** (uvec *x*, uvec *y*) | $x >= y$ 인지 구성요소별 비교 반환 |
| bvec **equal** (vec *x*, vec *y*)<br>bvec **equal** (ivec *x*, ivec y)<br>bvec **equal** (uvec *x*, uvec *y*) | $x == y$ 인지 구성요소별 비교 반환 |
| bvec **notEqual** (vec *x*, vec *y*)<br>bvec **notEqual** (ivec *x*, ivec *y*)<br>bvec **notEqual** (uvec *x*, uvec *y*) | $x != y$ 인지 구성요소별 비교 반환 |
| bool **any** (bvec2 *x*)<br>bool **any** (bvec3 *x*)<br>bool **any** (bvec4 *x*) | *x*의 임의의 구성요소가 **true**이면 참을 반환 |
| bool **all** (bvec2 *x*)<br>bool **all** (bvec3 *x*)<br>bool **all** (bvec4 *x*) | *x*의 모든 구성요소가 **true**이면 참을 반환 |
| bvec2 **not** (bvec2 *x*)<br>bvec3 **not** (bvec3 *x*)<br>bvec4 **not** (bvec4 *x*) | *x*의 구성요소별 논리 보수 반환 |

## 텍스처 인덱스 함수

텍스처 인덱스 함수들은 정점과 프래그먼트 셰이더에서 유용하다. 하지만 자세한 수준은 정점 셰이더에 대해 함축적으로 계산되지 않는다. 표 B-8에 있는 함수는 OpenGL ES API를 통해 설정한 처음 샘플러를 통해 텍스처에 접근을 제공한다. 크기, 픽셀 형식, 차원의 수, 필터링 방법, 밉맵 단계, 깊이 비교와 같은 텍스처 속성은 OpenGL ES API 호출로 정의된다. 텍스처가 정의된 내장함수를 이용해 접근될 때 이러한 속성을 참조한다.

텍스처 데이터는 부동소수점, 부호없는 정규화 정수, 부호없는 정수 또는 부호있는 정수 데이터로 GL에 의해 저장될 수 있다. 이는 텍스처의 내부 형식의 타입에 의해 결정된다. 부호없는 정규화 정수와 부동소수점 데이터로 텍스처 검색은 [0, 1] 범위에서 부동소수점 값을 반환한다.

텍스처 인덱스 함수는 인덱스 함수에 전달하는 샘플러 타입에 따라 부동소수점, 부호없는 정수, 부호있는 정수 값으로 이들 결과를 반환할 수 있도록 한다. 텍스처 접근을 위한 올바른 샘플러 타입을 사용하도록 주의해야 한다. 표 B-8은 샘플러 타입과 텍스처 내부 형식의 지원되는 조합을 나열한다. 공백 항목은 지원되지 않는다. 텍스처 인덱스는 지원되지 않는 조합에 대해 정의되지 않는 값을 반환한다.

**| 표 B-8 |** 샘플러와 내부 텍스처 형식의 지원된 조합

| 내부 텍스처 타입 | 부동소수점 샘플러 타입 | 부호있는 정수 샘플러 타입 | 부호없는 정수 샘플러 타입 |
|---|---|---|---|
| 부동소수점 | 지원 | | |
| 정규화 정수 | 지원 | | |
| 부호있는 정수 | | 지원 | |
| 부호없는 정수 | | | 지원 |

정수 샘플러 타입이 사용되면 텍스처 인덱스 결과는 ivec4이다. 부호없는 정수 샘플러 타입이 사용되는 텍스처 인덱스 결과는 uvec4이다. 부동소수점 샘플러 타입이 사용되는 텍스처 인덱스 결과는 vec4이고, 각 구성요소는 [0, 1] 범위에 있다.

아래 원형 타입에서 반환타입 "gvec4"에서 "g"는 없음에 대한 대체 텍스트; " i " 또는 "u"는 vec4, ivec4, 또는 uvec4의 반환 타입을 만든다. 이러한 경우 또한 샘플러 인수 타입은 반환 타입에서 동일 대체를 나타내는 "g"로 시작한다; 이는 위에서 설명한 것처럼 반환 타입의 기본 타입과 일치하는 부동소수점, 부호있는 정수, 또는 부호없는 정수 샘플러 중 하나이다.

그림자 유형에 대해(샘플러 매개변수는 그림자 타입), 깊이 비교는 "*sampler*"에 바인딩된 깊이 텍스처에서 깊이 비교 인덱스가 OpenGL ES 그래픽스 시스템 명세서의 3.8.16

절 "텍스처 비교 모드"에서 기술한 것처럼 수행된다. 구성요소가 *Dref*를 지정하는 것은 아래 표를 참조바람. *sampler*에 바인딩된 텍스처는 깊이 텍스처이거나 결과는 정의되지 않는다. 비 그림자 텍스처 호출이 깊이 비교 실행으로 깊이 텍스처를 나타내는 샘플러를 생성하면 이때 결과는 정의되지 않는다. 그림자 텍스처 호출이 깊이 텍스처를 나타내지 않는 샘플러를 생성하면 이때 결과는 정의되지 않는다.

아래 모든 함수에서 *bias* 매개변수는 프래그먼트 셰이더에 대해 선택적이다. *bias* 매개변수는 정점 셰이더에서 수용되지 않는다. 프래그먼트 셰이더에 대해 *bias*가 존재하면 텍스처 접근 연산 실행 이전에 자세한 포함 단계에 추가되어야 한다.

자세한 포함 단계는 다음과 같이 선택된다: 밉맵되지 않은 텍스처에 대해 텍스처는 직접 사용된다. 프래그먼트 셰이더에서 밉맵되고 실행되면 구현에 의해 계산된 LOD는 텍스처 인덱스하기 위해 사용된다. 정점 셰이더에서 밉맵되고 실행되면 이때 기본 텍스처가 사용된다.

어떤 텍스처 함수(비-**"Lod"**와 비-**"Grad"** 버전)는 함축적 미분을 요구한다. 함축적 미분은 비 uniform과 정점 텍스처 인출에서는 정의되지 않는다.

**Cube** 형식은 P의 방향이 OpenGL ES 그래픽스 시스템 명세서의 3.8.10절 "큐브맵 텍스처 선택"에서 기술한 것처럼 2차원 텍스처 인덱스를 실행할 때 선택을 위해 사용된다.

**Array** 형식에서 사용된 배열 계층은 다음과 같으며 *d*는 텍스처 배열의 깊이이고 layer는 표 B-9에서 컴포넌트로부터 비롯된다.

$$max(0,\ mid(d-1,\ floor(layer + 0.5)))$$

**표 B-9** 텍스처 인덱스 함수

| 문법 | 설명 |
|---|---|
| highp ivec2 **textureSize** (gsampler2D *sampler*, int *lod*)<br>highp ivec3 **textureSize** (gsampler3D *sampler*, int *lod*)<br>highp ivec2 **textureSize** (gsamplerCube *sampler*, int *lod*) | "텍스처 크기 질의"의 OpenGL ES 3.0 그래픽스 시스템 명세서의 2.11.9절 "셰이더 실행"에서 기술한 것처럼 샘플러에 연결된 텍스처에 대해 lod 단계의 차원을 반환한다.<br>반환 값에서 구성요소는 텍스처의 폭, 높이, 깊이 순서로 채워진다. |

**| 표 B-9 |** 텍스처 인덱스 함수(계속)

| 문법 | 설명 |
| --- | --- |
| highp ivec2 **textureSize** (sampler2DShadow *sampler*, int *lod*)<br>highp ivec2 **textureSize** (samplerCubeShadow *sampler*, int *lod*)<br><br>highp ivec3 **textureSize** (gsampler2DArray *sampler*, int *lod*)<br>highp ivec3 **textureSize** (sampler2DArrayShadow *sampler*, int *lod*) | 배열 형식에서 반환 값의 마지막 구성요소는 텍스처 배열에서 계층들 수이다. |
| gvec4 **texture** (gsampler2D *sampler*, vec2 *P* [, float *bias*])<br>gvec4 **texture** (gsampler3D *sampler*, vec3 *P* [, float *bias*])<br>gvec4 **texture** (gsamplerCube *sampler*, vec3 P [, float *bias*])<br>float **texture** (sampler2DShadow *sampler*, vec3 *P* [, float *bias*])<br>float **texture** (samplerCubeShadow *sampler*, vec4 *P* [, float *bias* ])<br>gvec4 **texture** (gsampler2DArray *sampler*, vec3 *P* [, float *bias*])<br>float **texture** (sampler2DArrayShadow *sampler*, vec4 *P*) | sampler에 현재 연결된 텍스처에서 텍스처 검색을 수행하기 위해 텍스처 좌표 *P*를 사용. *P*의 마지막 구성요소는 그림자 형식에 대해 *Dref*로 사용된다. 배열 형식에서 배열 계층은 비 그림자 형식에서 *P*의 마지막 구성요소에서 비롯되고, 그림자 형식에서 *P*의 두 번째에서 마지막 구성요소까지에서 비롯된다. |
| gvec4 **textureProj** (gsampler2D *sampler*, vec3 *P* [, float *bias*])<br>gvec4 **textureProj** (gsampler2D *sampler*, vec4 *P* [, float *bias*])<br>gvec4 **textureProj** (gsampler3D *sampler*, vec4 *P* [, float *bias*])<br><br>float **textureProj** (sampler2DShadow *sampler*, vec4 *P* [, float *bias*]) | 투영을 가지는 텍스처 색인을 수행. *P*의 마지막 구성요소를 포함하지 않고 *P*로부터 사용되는 텍스처 좌표는 투영된 좌표 *P'*를 생성하기 위해 P의 마지막 구성요소에 의해 나누어진다. 그림자 형식에서 *P'*의 결과 세 번째 구성요소는 *Dref*로 사용된다. *P*의 세 번째 구성요소는 *sampler*가 gsampler2D 타입을 가지고 P가 vec4 타입을 가지면 무시된다. 이들 값이 계산된 후 텍스처 인덱스는 **texture**와 같이 처리된다. |

**| 표 B-9 |** 텍스처 인덱스 함수(계속)

| 문법 | 설명 |
|---|---|
| gvec4 **textureLod** (gsampler2D *sampler*, vec2 *P*, float *lod*)<br>gvec4 **textureLod** (gsampler3D *sampler*, vec3 *P*, float *lod*)<br>gvec4 **textureLod** (gsamplerCube *sampler*, vec3 *P*, float *lod*)<br>float **textureLod** (sampler2DShadow *sampler*, vec3 *P*, float *lod*)<br>gvec4 **textureLod** (gsampler2DArray *sampler*, vec3 *P*, float *lod*) | 명시적 LOD로 텍스처에서 텍스처 색인을 수행. *lod*는 λ 기본을 지정하고 텍스처 최소 방정식을 위해 사용된 편도함수를 0으로 설정한다. |
| gvec4 **textureOffset** (gsampler2D *sampler*, vec2 *P*, ivec2 *offset* [, float *bias*])<br>gvec4 **textureOffset** (gsampler3D *sampler*, vec3 *P*, ivec3 *offset* [, float *bias*])<br>float **textureOffset** (sampler2DShadow *sampler*, vec3 *P*, ivec2 *offset* [, float *bias*])<br>gvec4 **textureOffset** (gsampler2DArray *sampler*, vec3 *P*, ivec2 *offset* [, float *bias*]) | 각 텍셀을 찾기 전에 (u, v, w) 텍셀 좌표에 *offset*을 추가하고 텍스처와 같이 텍스처 색인을 수행. 변위 값은 상수 표현이어야 한다. 변위 값의 제한 범위는 지원된다: 최대와 최소 변위값은 구현 의존적이고 `MIN_PROGRAM_TEXEL_OFFSET`과 `MAX_PROGRAM_TEXEL_OFFSET`에 각각 주어진다.<br>변위는 텍스처 배열에 대해 계층 좌표에 적용되지 않고 텍셀 변위도 또한 큐브맵에 대해 지원되지 않음에 주의하기 바란다. |
| gvec4 **textureProjLod** (gsampler2D *sampler*, vec3 *P*, float *lod*)<br>gvec4 **textureProjLod** (gsampler2D *sampler*, vec4 *P*, float *lod*)<br>gvec4 **textureProjLod** (gsampler3D *sampler*, vec4 *P*, float *lod*)<br>float **textureProjLod** (sampler2DShadow *sampler*, vec4 *P*, float *lod*) | 명시적 LOD로 투영 텍스처 색인을 수행. **textureProj**과 **textureLod**를 참조 |
| gvec4 **textureProjLodOffset** (gsampler2D *sampler*, vec3 *P*, float *lod*, ivec2 *offset*)<br>gvec4 **textureProjLodOffset** (gsampler2D *sampler*, vec4 *P*, float *lod*, ivec2 *offset*)<br>gvec4 **textureProjLodOffset** (gsampler3D *sampler*, vec4 *P*, float *lod*, ivec3 *offset*)<br>float **textureProjLodOffset** (sampler2DShadow *sampler*, vec4 *P*, float *lod*, ivec2 *offset*) | 명시적 LOD로 변위 투영 텍스처 색인을 수행. **textureProj**, **textureLod**, **textureOffset**를 참조 |

**| 표 B-9 |** 텍스처 인덱스 함수(계속)

| 문법 | 설명 |
|---|---|
| gvec4 **textureGrad** (gsampler2D *sampler*, vec2 *P*, vec2 *dPdx*, vec2 *dPdy*)<br>gvec4 **textureGrad** (gsampler3D *sampler*, vec3 *P*, vec3 *dPdx*, vec3 *dPdy*)<br>gvec4 **textureGrad** (gsamplerCube *sampler*, vec3 *P*, vec3 *dPdx*, vec3 *dPdy*)<br>float **textureGrad** (sampler2DShadow *sampler*, vec3 *P*, vec2 *dPdx*, vec2 *dPdy*)<br>float **textureGrad** (samplerCubeShadow *sampler*, vec4 *P*, vec3 *dPdx*, vec3 *dPdy*)<br>gvec4 **textureGrad** (gsampler2DArray *sampler*, vec3 *P*, vec2 *dPdx*, vec2 *dPdy*)<br>float **textureGrad** (sampler2DArrayShadow *sampler*, vec4 *P*, vec2 *dPdx*, vec2 *dPdy*) | 명시적 기울기를 가지는 **texture**에서 텍스처 색인을 수행. **P**의 편도함수는 윈도우 *x*와 윈도우 *y*에 대한 것이다. |
| gvec4 **textureGradOffset** (gsampler2D *sampler*, vec2 *P*, vec2 *dPdx*, vec2 *dPdy*, ivec2 *offset*)<br>gvec4 **textureGradOffset** (gsampler3D *sampler*, vec3 *P*, vec3 *dPdx*, vec3 *dPdy*, ivec3 *offset*)<br>float **textureGradOffset** (sampler2DShadow *sampler*, vec3 *P*, vec2 *dPdx*, vec2 *dPdy*, ivec2 *offset*)<br>gvec4 **textureGradOffset** (gsampler2DArray *sampler*, vec3 *P*, vec2 *dPdx*, vec2 *dPdy*, ivec2 *offset*)<br>float **textureGradOffset** (sampler2DArrayShadow *sampler*, vec4 *P*, vec2 *dPdx*, vec2 *dPdy*, ivec2 *offset*) | **textureGrad**와 **textureGradOffset**에서 기술한 것처럼 명시적 기울기와 변위를 가지는 텍스처 색인을 수행. |
| gvec4 **textureProjGrad** (gsampler2D *sampler*, vec3 *P*, vec2 *dPdx*, vec2 *dPdy*)<br>gvec4 **textureProjGrad** (gsampler2D *sampler*, vec4 *P*, vec2 *dPdx*, vec2 *dPdy*)<br>gvec4 **textureProjGrad** (gsampler3D *sampler*, vec4 *P*, vec3 *dPdx*, vec3 *dPdy*)<br>float **textureProjGrad** (sampler2DShadow *sampler*, vec4 *P*, vec2 *dPdx*, vec2 *dPdy*) | **textureProj**에서 기술한 것처럼 투영적으로, **textureGrad**에서 기술한 것처럼 명시적 기울기로 텍스처 색인을 수행한다. 편도함수 *dPdx*, *dPdy*는 이미 투영된 것으로 가정한다. |

**| 표 B-9 |** 텍스처 인덱스 함수(계속)

| 문법 | 설명 |
|---|---|
| gvec4 **textureProjGradOffset** (gsampler2D *sampler*, vec3 *P*, vec2 *dPdx*, vec2 *dPdy*, ivec2 *offset*)<br>gvec4 **textureProjGradOffset** (gsampler2D *sampler*, vec4 *P*, vec2 *dPdx*, vec2 *dPdy*, ivec2 *offset*)<br>gvec4 **textureProjGradOffset** (gsampler3D *sampler*, vec4 *P*, vec3 *dPdx*, vec3 *dPdy*, ivec3 *offset*)<br>float **textureProjGradOffset** (sampler2DShadow *sampler*, vec4 *P*, vec2 *dPdx*, vec2 *dPdy*, ivec2 *offset*) | **textureOffset**에서 기술한 것처럼 변위와 마찬가지로 **textureProjGrad**에서 기술한 것처럼 명시적 기울기를 가지고 투영적으로 텍스처 색인을 수행한다. |

## 프래그먼트 처리 함수

프래그먼트 처리 함수는 단지 프래그먼트 셰이더에서 유용하다. 미분 함수는 수치 불안정과 계산 시간이 많이 걸릴 수 있다. 그래서 OpenGL ES 구현은 빠르지만 아주 정확한 미분 계산이 아닌 것을 사용하여 정확한 미분의 근사치를 구할 수 있다.

미분 함수의 예상되는 동작은 양방향 차분을 사용하여 지정한다.

전방 차분(forward differencing):

$$F(x + dx) - F(x) \sim dFdx(x) * dx$$

$$dFdx \sim (F(x + dx) - F(x))/dx$$

후방 차분(backward differencing):

$$F(x - dx) - F(x) \sim - dFdx(x) * dx$$

$$dFdx \sim (F(x) - F(x - dx))/dx$$

앞의 식에서 $dx <= 1.0$이면 단일샘플 래스터변환, $dx < 2.0$이면 멀티샘플 래스터변환이다.

**dFdy**는 $x$를 대신하는 $y$와 거의 비슷해진다.

OpenGL ES 구현은 다음 조건으로 계산을 수행하는 앞의 식 또는 다른 메소드를 사용할 수 있다.

- 메소드는 구분적 선형 근사치를 사용할 수 있다. 선형 근사치는 **dFdx**(**dFdx**($x$)) 이상의 고차 미분 함수가 정의되지 않음을 의미한다.
- 메소드는 함수값을 구하는 것이 연속적이라고 생각할 수 있기 때문에 비 uniform 조건부의 본문 내 미분은 정의되지 않는다.
- 메소드는 메소드가 화면 좌표가 아니라 윈도우 좌표에 의해 변할 수 있는 제약조건으로 각 프래그먼트에 대해 다를 수 있다. 메소드가 프래그먼트 위치의 함수일 수 있기 때문에 불변성 필요조건은 미분 계산에 대해 관대하다.

바람직하지만 요구되지 않는 다른 속성은 다음과 같다.

- 함수는 기본요소 집합의 내부에서 값을 구해야 한다.
- $y$ 상수를 유지하는 동안 **dFdx**에 대한 함수는 값을 구해야 하고, $x$ 상수를 유지하는 동안 **dFdy**에 대한 함수는 값을 구해야 한다. 하지만 **dFdx**(**dFdy**($y$))와 **dFdy**(**dFdx**($x$)) 처럼 섞여있는 고차미분 함수는 정의되지 않는다.
- 상수 인수의 미분은 0이어야 한다.

몇몇 구현에서 미분 정밀도의 다양한 차수는 사용자에게 이미지 질 대 속도 트레이드오프(trade-off)를 허용하는 `glHint(GL_FRAGMENT_SHADER_DERIVATIVE_HINT)`를 이용한 힌트를 제공하여 얻을 수 있다.

표 B-10은 프래그먼트 처리 함수를 설명한다.

**| 표 B-10 | 프래그먼트 처리 함수**

| 문법 | 설명 |
|---|---|
| genType **dFdx** (genType *p*) | 입력 인수 *p*에 대한 지역 차분법(local differencing)을 사용하여 *x*에 대한 미분을 반환 |
| genType **dFdy** (genType *p*) | 입력 인수 *p*에 대한 지역 차분법(local differencing)을 사용하여 *y*에 대한 미분을 반환 |
| genType **fwidth** (genType *p*) | 입력 인수 *p*에 대한 지역 차분법(local differencing)을 사용하여 *x*와 *y*에 대한 절댓값 미분의 합을 반환<br>즉, *result* = abs (dFdx (*p*)) + abs (dFdy (*p*)). |

OpenGL® ES™ 3.0 Programming Guide

Appendix

# C ES 프레임워크 API

책 전체의 예제 프로그램은 공통 OpenGL ES 3.0 기능을 수행하기 위한 함수를 활용하는 프레임워크를 사용한다. 이들 함수는 OpenGL ES 3.0의 부분이 아니고 이 책에서 샘플 코드를 지원하도록 작성된 함수이다. ES 프레임워크 API는 opengles-book.com 책 웹사이트로부터 책에 대한 유용한 소스코드를 포함한다. ES 프레임워크 API는 윈도우를 생성, 콜백 함수 설정, 셰이더 적재, 프로그램 적재, 도형 생성과 같은 작업에 대한 루틴을 제공한다. 이 부록의 목적은 책 전체에 사용된 ES 프레임워크 API 함수에 대한 자료를 제공하는 것이다.

## 프레임워크 코어 함수(Framework Core Functions)

이 절은 ES 프레임워크 API의 코어 함수에 대한 자료를 제공한다.

```
GLboolean ESUTIL_API esCreateWindow(ESContext * esContext,
                                    const char * title,
                                    GLint width, GLint height,
                                    GLuint flags)
```

지정된 매개변수로 윈도우를 생성

매개변수 :

*exContext* 애플리케이션 문맥
*title* 윈도우 타이틀바 이름
*width* 생성될 윈도우의 픽셀 단위 폭
*height* 생성될 윈도우의 픽셀 단위 높이
*flags* 윈도우 생성 플래그에 대한 비트 필드
ES_WINDOW_RGB - 컬러 버퍼가 가져야 하는 R, G, B 채널을 지정
ES_WINDOW_ALPHA - 컬러 버퍼가 가져야 하는 알파를 지정
ES_WINDOW_DEPTH - 깊이 버퍼가 생성됨을 지정
ES_WINDOW_STENCIL - 스텐실 버퍼가 생성됨을 지정
ES_WINDOW_MULTISAMPLE - 멀티샘플 버퍼가 생성됨을 지정

반환 :

윈도우 생성이 성공하면 GL_TRUE, 그렇지 않으면 GL_FALSE

```
void ESUTIL_API    esRegisterDrawFunc(ESContext * esContext,
                   void(ESCALLBACK *drawFunc)(ESContext *))
```

각 프레임을 렌더링하기 위해 사용되는 드로잉 콜백 함수 등록

매개변수 :

*esContext* 애플리케이션 문맥
*drawFunc* 장면을 렌더링하기 위해 사용될 드로잉 콜백 함수

```
void ESUTIL_API    esRegisterUpdateFunc(ESContext * esContext,
                   void(ESCALLBACK *updateFunc)
                   (ESContext *, float),
```

각 시간 단계 마다 갱신을 위해 사용되는 갱신 콜백 함수 등록

매개변수 :

*esContext* 애플리케이션 문맥
*updateFunc* 장면을 렌더링하기 위해 사용될 갱신 콜백 함수

```
void ESUTIL_API    esRegisterKeyFunc(ESContext * esContext,
                   void(ESCALLBACK *keyFunc)
                   (ESContext *, unsigned char, int, int))
```

키보드 입력 처리 콜백 함수 등록

매개변수 :

*esContext* 애플리케이션 문맥

*keyFunc* 키보드 입력의 애플리케이션 처리를 위한 키 콜백 함수

```
void ESUTIL_API    esRegisterShutdownFunc(ESContext *
                   esContext,
                   void(ESCALLBACK *shutdownFunc)
                   (ESContext *))
```

종료 시 호출될 콜백 함수 등록

매개변수 :

*esContext* 애플리케이션 문맥

*shutdownFunc* 애플리케이션 종료 시 호출된 종료 함수

```
GLuint ESUTIL_API  esLoadShader(GLenum type,
                                const char * shaderSrc)
```

셰이더 적재, 컴파일 오류 확인, output log에 오류 메시지 출력

매개변수 :

*type* 셰이더 타입(GL_VERTEX_SHADER, GL_FRAGMENT_SHADER)

*shaderSrc* 셰이더 소스 문자열

반환값

새로운 셰이더 객체, 실패 시 '0'

```
GLuint ESUTIL_API  esLoadProgram(const char * vertShaderSrc,
                                 const char * fragShaderSrc)
```

정점과 프래그먼트 셰이더 적재, 프로그램 객체 생성, 프로그램 링크, 로그에 오류 출력

매개변수 :

*vertShaderSrc* 정점 셰이더 소스코드

*fragShaderSrc* 프래그먼트 셰이더 소스코드

반환값

정점/프래그먼트 셰이더 쌍과 링크된 새로운 프로그램, 실패 시 '0'

```
char* ESUTIL_API   esLoadTGA(char * fileName, int * width,
                             int * height)
```

파일에서 8비트, 24비트, 32비트 TGA 이미지 적재

매개변수 :

*fileName* 디스크에 있는 파일 이름

*width* 적재된 이미지의 픽셀단위 너비

*height* 적재된 이미지의 픽셀단위 높이

반환값

적재된 이미지 포인터, 실패 시 'NULL'

```
int ESUTIL_API  esGenSphere(int numSlices, float radius,
                            GLfloat ** vertices,
                            GLfloat ** normals,
                            GLfloat ** texCoords,
                            GLuint ** indices)
```

구체 도형 생성. 정점 데이터에 대한 메모리 할당 및 결과를 배열에 저장.
GL_TRIANGLE_STRIP에 대한 인덱스 목록 생성

매개변수 :

*numSlices* 구체의 수직/수평 슬라이스 수

*vertices* NULL이 아니면 float3의 positions 배열 포함

*normals*　　NULL이 아니면 float3의 normals 배열 포함

*texCoords*　NULL이 아니면 float3의 texCoords 배열 포함

*indices*　　NULL이 아니면 삼각형 스트립의 인덱스 배열 포함

반환값

GL_TRIANGLE_STRIP으로 버퍼를 렌더링하기 위해 필요한 인덱스 수(인덱스 수는 NULL이 아닐 경우 인덱스 배열에 저장)

```
int ESUTIL_API esGenCube(float scale, GLfloat ** vertices,
                         GLfloat ** normals,
                         GLfloat ** texCoords,
                         GLuint ** indices)
```

입방체 도형 생성. 정점 데이터에 대한 메모리 할당 및 결과를 배열에 저장. GL_TRIANGLES에 대한 인덱스 목록 생성

매개변수 :

*scale*　　입방체의 크기. UNIT 입방체에 1.0을 사용

*vertices*　NULL이 아니면 float3의 positions 배열 포함

*normals*　　NULL이 아니면 float3의 normals 배열 포함

*texCoords*　NULL이 아니면 float3의 texCoords 배열 포함

*indices*　　NULL이 아니면 삼각형의 인덱스 배열 포함

반환값

GL_TRIANGLE로 버퍼를 렌더링하기 위해 필요한 인덱스 수(인덱스 수는 NULL이 아닐 경우 인덱스 배열에 저장)

```
int ESUTIL_API esGenSquareGrid(int size, GLfloat ** vertices,
                               GLuint ** indices)
```

삼각형을 구성하는 사각형 격자를 생성. 정점 데이터를 위한 메모리를 할당하고 배열에 결과를 저장. GL_GRIANGLES에 대한 색인 목록 생성

매개변수 :

*size*　　입방체의 크기. UNIT 입방체에 1.0을 사용

| | |
|---|---|
| *vertices* | NULL이 아니면 float3의 positions 배열 포함 |
| *indices* | NULL이 아니면 삼각형의 인덱스 배열 포함 |

반환값

GL_TRIANGLE로 버퍼를 렌더링하기 위해 필요한 인덱스 수(인덱스 수는 NULL이 아닐 경우 인덱스 배열에 저장)

void ESUTIL_API **esLogMessage**(const char * *formatStr*, ...)

플랫폼에 대한 디버그 출력에 메시지를 기록

매개변수 :

| | |
|---|---|
| *formatStr* | 오류 로그 문자열 형식 |

## 변환함수

이제 축척(scale), 회전(rotate), 이동(translate), 행렬 곱셈(matrix multiplication)과 같은 변환에 일반적으로 사용되는 유용한 함수를 기술하려고 한다. 대부분의 정점 셰이더는 로컬 좌표공간에서 클립 좌표공간으로 정점 위치를 변환하기 위해 하나 이상의 행렬을 사용한다(제7장 "기본요소 조합 및 래스터 변환"의 다양한 좌표 시스템에 대한 설명 참조). 또한, 행렬은 법선과 텍스처 좌표와 같은 다른 정점 속성을 변환하는 데 사용된다. 변환된 행렬은 정점/프래그먼트 셰이더에서 사용된 적절한 행렬 uniform에 대한 값으로 사용된다. 이러한 함수와 OpenGL 및 OpenGL ES 1.x에 정의된 적절한 함수와 유사함에 유의하자. 예를 들어, esScale은 glScale과 esFrustum이 glFrustum과 매우 유사하다는 점이다.

새로운 형식의 ESMatrix는 프레임워크에 정의된 것이다. 이는 4x4 부동소수점 행렬로 표현되며 다음과 같이 선언된다.

```
typdedef struct {
   GLfloat m[4][4];
}ESMatrix;
```

```
void ESUTIL_API    esFrustum(ESMatrix *result,
                             GLfloat left, GLfloat right,
                             GLfloat bottom, GLfloat top,
                             GLfloat nearZ, GLfloat farZ)
```

곱셈 행렬은 원근 투영 행렬과 *result*에 의해 지정되며, *result*에 새로운 행렬이 반환

매개변수 :

| | |
|---|---|
| *result* | 입력 행렬 |
| *left, right* | 클리핑 평면의 좌/우 좌표 지정 |
| *bottom, top* | 클리핑 평면의 상/하 좌표 지정 |
| *nearZ, farZ* | 클리핑 평면의 near/far 깊이 거리 지정, 모두 양수일 것 |

반환값

원근 투영 행렬이 곱해진 뒤 새로운 행렬이 *result*에 반환됨

```
void ESUTIL_API    esPerspective(ESMatrix *result,
                                 GLfloat fovy, GLfloat aspect,
                                 GLfloat nearZ, GLfloat farZ)
```

곱셈 행렬은 투영 행렬과 *result*에 의해 지정되고 *result*에 새로운 행렬이 반환된다. 이 함수는 *esFrustum*을 직접 사용하는 것보다 쉽게 원근 행렬을 생성하기 위해서 제공

매개변수 :

| | |
|---|---|
| *result* | 입력 행렬 |
| *fovy* | degree에서 관측 평면 지정, (0, 180) 사이 값 |
| *aspect* | 윈도우 렌더링의 가로-세로 비율(즉, width/height) |
| *nearZ, farZ* | 클리핑 평면의 near/far 깊이 거리 지정, 모두 양수일 것 |

반환값

원근 투영 행렬이 곱해진 후의 새로운 행렬이 *result*에 반환

```
void ESUTIL_API    esOrtho(ESMatrix *result,
                           GLfloat left, GLfloat right,
                           GLfloat bottom, GLfloat top,
                           GLfloat nearZ, GLfloat farZ)
```

곱셈 행렬이 정사영(orthographic) 투영 행렬과 함께 *result*에 의해 지정. *result*에 새로운 행렬 반환

매개변수 :

| | |
|---|---|
| *result* | 입력 행렬 |
| *left, right* | 클리핑 평면의 좌/우 좌표 지정 |
| *bottom, top* | 클리핑 평면의 상/하 좌표 지정 |
| *nearZ, farZ* | 클리핑 평면의 near/far 깊이 거리 지정, 모두 양수/음수 가능 |

반환값

정사영 투영 행렬이 곱해진 후의 새로운 행렬은 result에 반환

```
void ESUTIL_API    esScale(ESMatrix *result, GLfloat sx,
                           GLfloat sy, GLfloat sz)
```

곱셈 행렬이 축척 행렬과 함께 *result*에 의해 지정. *result*에 새로운 행렬 반환

매개변수 :

| | |
|---|---|
| *result* | 입력 행렬 |
| *sx, sy, sz* | 축척 요소 *x*-, *y*-, *z*-축 각각 지정 |

반환값

축척 연산이 실행한 후 새로운 행렬은 *result*에 반환

```
void ESUTIL_API    esTranslate(ESMatrix *result, GLfloat tx,
                               GLfloat ty, GLfloat tz)
```

곱셈 행렬이 이동 행렬과 함께 *result*에 의해 지정. *result*에 새로운 행렬 반환

매개변수 :

| | |
|---|---|
| *result* | 입력 행렬 |
| *tx, ty, tz* | 이동 연산 요소 *x*-, *y*-, *z*-축 각각 지정 |

반환값
이동 연산이 실행한 후 새로운 행렬은 *result*에 반환

```
void ESUTIL_API    esRotate(ESMatrix *result, GLfloat angle,
                            GLfloat x, GLfloat y, GLfloat z)
```

곱셈 행렬이 회전 행렬과 함께 *result*에 의해 지정, *result*에 새로운 행렬 반환

매개변수 :

*result* 입력 행렬
*angle* 회전 각도로 degree로 지정
*x, y, z* 벡터의 *x*-, *y*-, *z*- 좌표 지정

반환값
회전 연산이 실행한 후의 새로운 행렬은 *result*에 반환

```
void ESUTIL_API    esMatrixMultiply(ESMatrix *result,
                                    ESMatrix *srcA,
                                    ESMatrix *srcB)
```

이 함수는 *srcA*와 *srcB* 행렬을 곱하는 함수로 *result*에 곱한 행렬을 반환

매개변수 :

*result* 곱해진 행렬이 반환될 메모리 포인터
*srcA, srcB* 곱해질 입력 행렬

반환값
단위 행렬(identity matrix) 반환

```
void ESUTIL_API    esMatrixLoadIdentity(ESMatrix *result)
```

매개변수 :

*result* 단위 행렬이 반환될 메모리의 포인트

반환 값
단위 행렬 반환

```
void ESUTIL_API     esMatrixLookAt(ESContext * result,
                    GLfloat posX, GLfloat posY, GLfloat posZ,
                    GLfloat lookAtX, GLfloat lookAtY,
                    GLfloat lookAtZ, GLfloat upX, GLfloat upY,
                    GLfloat upZ)
```

시야 위치, 응시 벡터, 업 벡터를 이용하여 관측 변환 행렬을 생성

매개변수 :

| | |
|---|---|
| *result* | 출력 행렬 |
| *posX, posY posZ* | 시야 위치 좌표 지정 |
| *lookAtX, lookAtY, lookAtZ* | 응시 벡터 지정 |
| *upX, upY, upZ* | 업 벡터 지정 |

반환값

관측변환 행렬 결과

# 찾아보기

**OpenGL® ES** is a software interface to graphics hardware. The interface consists of a set of procedures and functions that allow a programmer to specify the objects and operations involved in producing high-quality graphical images, specifically color images of three-dimensional objects. Specifications available at www.khronos.org/registry/gles/

- [n.n.n]: OpenGL ES 3.0 specification sections and tables
- [n.n.n]: OpenGL ES Shading Language 3.0 specification sections

## OpenGL ES Command Syntax [2.3]

Open GL ES commands are formed from a return type, a name, and optionally a type letter: i for 32-bit int, i64 for int64, f for 32-bit float, or ui for 32-bit uint, as shown by the prototype below:

*return-type* **Name**{1234}{i i64 f ui}{v} (*[args ,] T arg1 , . . . , T argN [, args]*);

The arguments enclosed in brackets (*[args ,]* and *[, args]*) may or may not be present. The argument type T and the number *N* of arguments may be indicated by the command name suffixes. *N* is 1, 2, 3, or 4 if present. If "v" is present, an array of *N* items is passed by a pointer. For brevity, the OpenGL documentation and this reference may omit the standard prefixes. The actual names are of the forms: glFunctionName(), GL_CONSTANT, GLtype

## Errors [2.5]

enum **GetError**(void); //Returns one of the following:

| | |
|---|---|
| NO_ERROR | No error encountered |
| INVALID_ENUM | Enum argument out of range |
| INVALID_VALUE | Numeric argument out of range |
| INVALID_OPERATION | Operation illegal in current state |
| INVALID_FRAMEBUFFER_OPERATION | Framebuffer is incomplete |
| OUT_OF_MEMORY | Not enough memory left to execute command |

## Viewport , Clipping [2.12.1]

void **DepthRangef**(float *n*, float *f*);

void **Viewport**(int *x*, int *y*, sizei *w*, sizei *h*);

## GL Data Types [2.3]

GL types are not C types.

| GL Type | Min Bit Width | Description |
|---|---|---|
| boolean | 1 | Boolean |
| byte | 8 | Signed 2's complement binary integer |
| ubyte | 8 | Unsigned binary integer |
| char | 8 | Characters making up strings |
| short | 16 | Signed 2's complement binary integer |
| ushort | 16 | Unsigned binary integer |
| int | 32 | Signed 2's complement binary integer |
| uint | 32 | Unsigned binary integer |
| int64 | 64 | Signed 2's complement binary integer |
| uint64 | 64 | Unsigned binary integer |
| fixed | 32 | Signed 2's complement 16.16 scaled integer |
| sizei | 32 | Non-negative binary integer size |
| enum | 32 | Enumerated binary integer value |
| intptr | *ptrbits* | Signed 2's complement binary integer |
| sizeiptr | *ptrbits* | Non-negative binary integer size |
| sync | *ptrbits* | Sync object handle |
| bitfield | 32 | Bit field |
| half | 16 | Half-precision float encoded in unsigned scalar |
| float | 32 | Floating-point value |
| clampf | 32 | Floating-point value clamped to [0, 1] |

## Buffer Objects [2.9]

Buffer objects hold vertex array data or indices in high-performance server memory.

void **GenBuffers**(sizei *n*, uint **buffers*);

void **DeleteBuffers**(sizei *n*, const uint **buffers*);

### Creating and Binding Buffer Objects

void **BindBuffer**(enum *target*, uint *buffer*);
*target:* {ELEMENT_}ARRAY_BUFFER, UNIFORM_BUFFER, PIXEL_{UN}PACK_BUFFER, COPY_{READ, WRITE}_BUFFER, TRANSFORM_FEEDBACK_BUFFER

void **BindBufferRange**(enum *target*, uint *index*, uint *buffer*, intptr *offset*, sizeiptr *size*);
*target:* {TRANSFORM_FEEDBACK, UNIFORM}_BUFFER

void **BindBufferBase**(enum *target*, uint *index*, uint *buffer*);
*target:* {TRANSFORM_FEEDBACK, UNIFORM}_BUFFER

### Creating Buffer Object Data Stores

void **BufferData**(enum *target*, sizeiptr *size*, const void **data*, enum *usage*);
*target:* See **BindBuffer**
*usage:* {STATIC, STREAM, DYNAMIC}_{DRAW, READ, COPY}

void **BufferSubData**(enum *target*, intptr *offset*, sizeiptr *size*, const void **data*);
*target:* See **BindBuffer**

### Mapping and Unmapping Buffer Data

void ***MapBufferRange**(enum *target*, intptr *offset*, sizeiptr *length*, bitfield *access*);
*target:* See **BindBuffer**
*access:* Bitwise OR of MAP_{READ, WRITE}_BIT, MAP_INVALIDATE_{RANGE, BUFFER_BIT}, MAP_FLUSH_EXPLICIT_BIT, MAP_UNSYNCHRONIZED_BIT

void **FlushMappedBufferRange**(enum *target*, intptr *offset*, sizeiptr *length*);
*target:* See **BindBuffer**

boolean **UnmapBuffer**(enum *target*);
*target:* See **BindBuffer**

### Copying Between Buffers

void **CopyBufferSubData**(enum *readtarget*, enum *writetarget*, intptr *readoffset*, intptr *writeoffset*, sizeiptr *size*);
*readtarget, writetarget:* See target for **BindBuffer**

### Buffer Object Queries [6.1.9]

boolean **IsBuffer**(uint *buffer*);

void **GetBufferParameteriv**(enum *target*, enum *pname*, int * *data*);
*target:* See **BindBuffer**
*pname:* BUFFER_{SIZE, USAGE, ACCESS_FLAGS, MAPPED}, BUFFER_ MAP_{POINTER, OFFSET, LENGTH}

void **GetBufferParameteri64v**(enum *target*, enum *pname*, int64 **data*);
*target, pname:* See **GetBufferParameteriv**

void **GetBufferPointerv**(enum *target*, enum *pname*, void ***params*);
*target:* See **BindBuffer**
*pname:* BUFFER_ MAP_POINTER

## Vertex Array Objects [2.10, 6.1.10]

void **GenVertexArrays**(sizei *n*, uint **arrays*);

boolean **IsVertexArray**(uint *array*);

void **DeleteVertexArrays**(sizei *n*, const uint **arrays*);

void **BindVertexArray**(uint *array*);

## Transform Feedback [2.14, 6.1.11]

void **GenTransformFeedbacks**(sizei *n*, uint **ids*);

void **DeleteTransformFeedbacks**(sizei *n*, const uint **ids*);

void **BindTransformFeedback**(enum *target*, uint *id*);
*target:* TRANSFORM_FEEDBACK

void **BeginTransformFeedback**(enum *primitiveMode*);
*primitiveMode:* TRIANGLES, LINES, POINTS

void **EndTransformFeedback**(void);

void **PauseTransformFeedback**(void);

void **ResumeTransformFeedback**(void);

boolean **IsTransformFeedback**(uint *id*);

## Reading, Copying Pixels [4.3.1-2]

void **ReadPixels**(int *x*, int *y*, sizei *width*, sizei *height*, enum *format*, enum *type*, void **data*);
*format:* RGBA, RGBA_INTEGER
*type:* INT, UNSIGNED_INT_2_10_10_10_REV, UNSIGNED_{BYTE, INT}

**Note**: [4.3.1] **ReadPixels()** also accepts a queriable implementation-chosen *format/type* combination.

void **ReadBuffer**(enum *src*);
*src:* BACK, NONE, or COLOR_ATTACHMENT*i* where *i* may range from zero to the value of MAX_COLOR_ATTACHMENTS - 1

void **BlitFramebuffer**(int *srcX0*, int *srcY0*, int *srcX1*, int *srcY1*, int *dstX0*, int *dstY0*, int *dstX1*, int *dstY1*, bitfield *mask*, enum *filter*);
*mask:* Bitwise OR of {COLOR, DEPTH, STENCIL}_BUFFER_BIT
*filter:* LINEAR or NEAREST

## Rasterization [3]

### Points [3.4]

Point size is taken from the shader built-in **gl_PointSize** and clamped to the implementation-dependent point size range.

### Line Segments [3.5]

void **LineWidth**(float *width*);

### Polygons [3.6]

void **FrontFace**(enum *dir*);
*dir:* CCW, CW

void **CullFace**(enum *mode*);
*mode:* FRONT, BACK, FRONT_AND_BACK

**Enable/Disable**(CULL_FACE);

void **PolygonOffset**(float *factor*, float *units*);

**Enable/Disable**(POLYGON_OFFSET_FILL);

## Shaders and Programs

### Shader Objects [2.11.1]

uint **CreateShader**(enum *type*);
*type:* VERTEX_SHADER, FRAGMENT_SHADER

void **ShaderSource**(uint *shader*, sizei *count*, const char * const **string*, const int **length*);

void **CompileShader**(uint *shader*);

void **ReleaseShaderCompiler**(void);

void **DeleteShader**(uint *shader*);

### Loading Shader Binaries [2.11.2]

void **ShaderBinary**(sizei *count*, const uint **shaders*, enum *binaryformat*, const void **binary*, sizei *length*);

### Program Objects [2.11.3-4]

uint **CreateProgram**(void);

void **AttachShader**(uint *program*, uint *shader*);

void **DetachShader**(uint *program*, uint *shader*);

void **LinkProgram**(uint *program*);

void **UseProgram**(uint *program*);

void **ProgramParameteri**(uint *program*, enum *pname*, int *value*);
*pname:* PROGRAM_BINARY_RETRIEVABLE_HINT

void **DeleteProgram**(uint *program*);

## Asynchronous Queries [2.13, 6.1.7]

void **GenQueries**(sizei *n*, uint **ids*);

void **BeginQuery**(enum *target*, uint *id*);
*target:* ANY_SAMPLES_PASSED{_CONSERVATIVE}

void **EndQuery**(enum *target*);
*target:* ANY_SAMPLES_PASSED{_CONSERVATIVE}

void **DeleteQueries**(sizei *n*, const uint **ids*);

boolean **IsQuery**(uint *id*);

void **GetQueryiv**(enum *target*, enum *pname*, int **params*);

void **GetQueryObjectuiv**(uint *id*, enum *pname*, uint **params*);

## Vertices

### Current Vertex State [2.7]

void **VertexAttrib{1234}f**(uint *index*, float *values*);

void **VertexAttrib{1234}fv**(uint *index*, const float **values*);

void **VertexAttribI4{i ui}**(uint *index*, T *values*);

void **VertexAttribI4{i ui}v**(uint *index*, const T *values*);

### Vertex Arrays [2.8]

Vertex data may be sourced from arrays stored in client's address space (via a pointer) or in server's address space (in a buffer object).

void **VertexAttribPointer**(uint *index*, int *size*, enum *type*, boolean *normalized*, sizei *stride*, const void **pointer*);
*type:* {UNSIGNED_}BYTE, {UNSIGNED_}SHORT, {UNSIGNED_}INT, FIXED, {HALF_}FLOAT, {UNSIGNED_}INT_2_10_10_10_REV
*index:* [0, MAX_VERTEX_ATTRIBS - 1]

void **VertexAttribIPointer**(uint *index*, int *size*, enum *type*, sizei *stride*, const void **pointer*);
*type:* {UNSIGNED_}BYTE, {UNSIGNED_}SHORT, {UNSIGNED_}INT
*index:* [0, MAX_VERTEX_ATTRIBS - 1]

void **EnableVertexAttribArray**(uint *index*);

void **DisableVertexAttribArray**(uint *index*);

void **VertexAttribDivisor**(uint *index*, uint *divisor*);
*index:* [0, MAX_VERTEX_ATTRIBS - 1]

void **Enable**(enum *target*);

void **Disable**(enum *target*);
*target:* PRIMITIVE_RESTART_FIXED_INDEX

### Drawing [2.8.3]

void **DrawArrays**(enum *mode*, int *first*, sizei *count*);

void **DrawArraysInstanced**(enum *mode*, int *first*, sizei *count*, sizei *primcount*);

void **DrawElements**(enum *mode*, sizei *count*, enum *type*, const void **indices*);
*type:* UNSIGNED_BYTE, UNSIGNED_SHORT, UNSIGNED_INT

void **DrawElementsInstanced**(enum *mode*, sizei *count*, enum *type*, const void **indices*, sizei *primcount*);
*type:* UNSIGNED_BYTE, UNSIGNED_SHORT, UNSIGNED_INT

void **DrawRangeElements**(enum *mode*, uint *start*, uint *end*, sizei *count*, enum *type*, const void **indices*);
*mode:* POINTS, TRIANGLES, LINES, LINE_{STRIP, LOOP}, TRIANGLE_STRIP, TRIANGLE_FAN
*type:* UNSIGNED_BYTE, UNSIGNED_SHORT, UNSIGNED_INT

void **GetProgramBinary**(uint *program*, sizei *bufSize*, sizei **length*, enum **binaryFormat*, void **binary*);

void **ProgramBinary**(uint *program*, enum *binaryFormat*, const void **binary*, sizei *length*);

### Vertex Attributes [2.11.5]

void **GetActiveAttrib**(uint *program*, uint *index*, sizei *bufSize*, sizei **length*, int **size*, enum **type*, char **name*);
**type* returns: FLOAT, FLOAT_VEC{2,3,4}, FLOAT_MAT{2,3,4}, FLOAT_MAT{2x3, 2x4, 3x2, 3x4, 4x2, 4x3}, {UNSIGNED_}INT, {UNSIGNED_}INT_VEC{2,3,4}

int **GetAttribLocation**(uint *program*, const char **name*);

void **BindAttribLocation**(uint *program*, uint *index*, const char **name*);

### Uniform Variables [2.11.6]

int **GetUniformLocation**(uint *program*, const char **name*);

uint **GetUniformBlockIndex**(uint *program*, const char **uniformBlockName*);

void **GetActiveUniformBlockName**(uint *program*, uint *uniformBlockIndex*, sizei *bufSize*, sizei **length*, char **uniformBlockName*);

void **GetActiveUniformBlockiv**(uint *program*, uint *uniformBlockIndex*, enum *pname*, int **params*);
*pname:* UNIFORM_BLOCK_{BINDING, DATA_SIZE}, UNIFORM_BLOCK_{NAME_LENGTH}, UNIFORM_BLOCK_ACTIVE_{UNIFORMS, UNIFORM_INDICES}, UNIFORM_BLOCK_REFERENCED_BY_{VERTEX,FRAGMENT}_SHADER

void **GetUniformIndices**(uint *program*, sizei *uniformCount*, const char * const **uniformNames*, uint **uniformIndices*);

void **GetActiveUniform**(uint *program*, uint *uniformIndex*, sizei *bufSize*, sizei **length*, int **size*, enum **type*, char **name*);
**type* returns: FLOAT, BOOL, {FLOAT, BOOL}_VEC{2, 3, 4}, {UNSIGNED_}INT, {UNSIGNED_}INT_VEC{2, 3, 4}, FLOAT_MAT{2, 3, 4}, FLOAT_MAT{2x3, 2x4, 3x2, 3x4, 4x2, 4x3}, SAMPLER_{2D, 3D, CUBE_SHADOW}, SAMPLER_2D{_ARRAY}_SHADOW, {UNSIGNED_}INT_SAMPLER_{2D, 3D, CUBE}, {{UNSIGNED_}INT_}SAMPLER_2D_ARRAY

void **GetActiveUniformsiv**(uint *program*, sizei *uniformCount*, const uint **uniformIndices*, enum *pname*, int **params*);
*pname:* UNIFORM_TYPE, UNIFORM_SIZE, UNIFORM_NAME_LENGTH, UNIFORM_BLOCK_INDEX, UNIFORM_{OFFSET, ARRAY_STRIDE}, UNIFORM_MATRIX_STRIDE, UNIFORM_IS_ROW_MAJOR

**(Continued on next page >)**

## Shaders and Programs (Cont'd)

void **Uniform{1234}{if}**(int *location*, T *value*);

void **Uniform{1234}{if}v**(int *location*, sizei *count*, const T *value*);

void **Uniform{1234}ui**(int *location*, T *value*);

void **Uniform{1234}uiv**(int *location*, sizei *count*, const T *value*);

void **UniformMatrix{234}fv**(int *location*, sizei *count*, boolean *transpose*, const float **value*);

void **UniformMatrix{ 2x3,3x2,2x4,4x2,3x4,4x3}fv**( int *location*, sizei *count*, boolean *transpose*, const float **value*);

void **UniformBlockBinding**(uint *program*, uint *uniformBlockIndex*, uint *uniformBlockBinding*);

### Output Variables [2.11.8]

void **TransformFeedbackVaryings**( uint *program*, sizei *count*, const char * const **varyings*, enum *bufferMode*);

*bufferMode:* {INTERLEAVED, SEPARATE}_ATTRIBS

void **GetTransformFeedbackVarying**( uint *program*, uint *index*, sizei *bufSize*, sizei **length*, sizei **size*, enum **type*, char **name*);

**type* returns any of the scalar, vector, or matrix attribute types returned by GetActiveAttrib().

### Shader Execution [2.11.9, 3.9.2]

void **ValidateProgram**(uint *program*);

int **GetFragDataLocation**(uint *program*, const char **name*);

## Shader Queries

### Shader Queries [6.1.12]

boolean **IsShader**(uint *shader*);

void **GetShaderiv**(uint *shader*, enum *pname*, int **params*);

*pname:* SHADER_TYPE, {VERTEX, FRAGMENT_SHADER}, {DELETE, COMPILE}_STATUS, INFO_LOG_LENGTH, SHADER_SOURCE_LENGTH

void **GetAttachedShaders**(uint *program*, sizei *maxCount*, sizei **count*, uint **shaders*);

void **GetShaderInfoLog**(uint *shader*, sizei *bufSize*, sizei **length*, char **infoLog*);

void **GetShaderSource**(uint *shader*, sizei *bufSize*, sizei **length*, char **source*);

void **GetShaderPrecisionFormat**( enum *shadertype*, enum *precisiontype*, int **range*, int **precision*);

*shadertype:* VERTEX_SHADER, FRAGMENT_SHADER

*precision:* LOW_FLOAT, MEDIUM_FLOAT, HIGH_FLOAT, LOW_INT, MEDIUM_INT, HIGH_INT

void **GetVertexAttribfv**(uint *index*, enum *pname*, float **params*);

*pname:* CURRENT_VERTEX_ATTRIB , VERTEX_ATTRIB_ARRAY_*x* (where *x* may be BUFFER_BINDING, DIVISOR, ENABLED, INTEGER, SIZE, STRIDE, TYPE, NORMALIZED)

void **GetVertexAttribiv**(uint *index*, enum *pname*, int **params*);

*pname:* See *GetVertexAttribfv()*

void **GetVertexAttribIiv**(uint *index*, enum *pname*, int **params*);

*pname:* See *GetVertexAttribfv()*

void **GetVertexAttribIuiv**(uint *index*, enum *pname*, uint **params*);

*pname:* See *GetVertexAttribfv()*

void **GetVertexAttribPointerv**(uint *index*, enum *pname*, void ***pointer*);

*pname:* VERTEX_ATTRIB_ARRAY_POINTER

void **GetUniformfv**(uint *program*, int *location*, float **params*);

void **GetUniformiv**(uint *program*, int *location*, int **params*);

void **GetUniformuiv**(uint *program*, int *location*, uint **params*);

### Program Queries [6.1.12]

boolean **IsProgram**(uint *program*);

void **GetProgramiv**(uint *program*, enum *pname*, int **params*);

*pname:* {DELETE, LINK, VALIDATE}_STATUS, INFO_LOG_LENGTH, ACTIVE_UNIFORM_BLOCKS, TRANSFORM_[FEEDBACK_]VARYINGS, TRANSFORM_FEEDBACK_BUFFER_MODE, TRANSFORM_FEEDBACK_VARYING_MAX_LENGTH, ATTACHED_SHADERS, ACTIVE_ATTRIBUTES, ACTIVE_UNIFORMS, ACTIVE_{ATTRIBUTE, UNIFORM}_MAX_LENGTH, ACTIVE_UNIFORM_BLOCK_MAX_NAME_LENGTH, PROGRAM_BINARY_RETRIEVABLE_HINT

void **GetProgramInfoLog**(uint *program*, sizei *bufSize*, sizei **length*, char **infoLog*);

## Texturing [3.8]

Shaders support texturing using at least MAX_VERTEX_TEXTURE_IMAGE_UNITS images for vertex shaders and at least MAX_TEXTURE_IMAGE_UNITS images for fragment shaders.

void **ActiveTexture**(enum *texture*);

*texture:* [TEXTURE0..TEXTURE*i*] where *i* = [MAX_COMBINED_TEXTURE_IMAGE_UNITS-1]

void **GenTextures**(sizei *n*, uint **textures*);

void **BindTexture**(enum *target*, uint *texture*);

void **DeleteTextures**(sizei *n*, const uint **textures*);

### Sampler Objects [3.8.2]

void **GenSamplers**(sizei *count*, uint **samplers*);

void **BindSampler**(uint *unit*, uint *sampler*);

void **SamplerParameter{if}**(uint *sampler*, enum *pname*, T *param*);

*pname:* TEXTURE_WRAP_{S, T, R}, TEXTURE_{MIN, MAG}_FILTER, TEXTURE_{MIN, MAX}_LOD, TEXTURE_COMPARE_{MODE, FUNC}

void **SamplerParameter{if}v**(uint *sampler*, enum *pname*, const T **params*);

*pname:* See *SamplerParameter{if}*

void **DeleteSamplers**(sizei *count*, const uint **samplers*);

### Sampler Queries [6.1.5]

boolean **IsSampler**(uint *sampler*);

void **GetSamplerParameter{if}v**(uint *sampler*, enum *pname*, T **params*);

*pname:* See *SamplerParameter{if}*

### Texture Image Specification [3.8.3, 3.8.4]

void **TexImage3D**(enum *target*, int *level*, int *internalformat*, sizei *width*, sizei *height*, sizei *depth*, int *border*, enum *format*, enum *type*, const void **data*);

*target:* TEXTURE_3D, TEXTURE_2D_ARRAY

*format:* ALPHA, RGBA, RGB, RG, RED, {RGBA, RGB, RG, RED}_INTEGER, DEPTH_{COMPONENT, STENCIL}, LUMINANCE_ALPHA, LUMINANCE

*type:* {UNSIGNED_}BYTE, {UNSIGNED_}SHORT, {UNSIGNED_}INT, UNSIGNED_SHORT_5_6_5, UNSIGNED_SHORT_4_4_4_4, UNSIGNED_SHORT_5_5_5_1, {HALF_}FLOAT, UNSIGNED_INT_2_10_10_10_REV, UNSIGNED_INT_24_8, UNSIGNED_INT_10F_11F_11F_REV, UNSIGNED_INT_5_9_9_9_REV, FLOAT_32_UNSIGNED_INT_24_8_REV

*internalformat:* R8, R8I, R8UI, R8_SNORM, R16I, R16UI, R16F, R32I, R32UI, R32F, RG8, RG8I, RG8UI, RG8_SNORM, RG16I, RG16UI, RG16F, RG32I, RG32UI, RG32F, RGB, RGB5_A1, RGB565, RGB8, RGB8I, RGB8UI, RGB8_SNORM, RGB9_E5, RGB10_A2, RGB10_A2UI, RGB16I, RGB16UI, RGB16F, RGB32I, RGB32UI, RGB32F, SRGB8, RGBA, RGBA4, RGBA8, RGBA8I, RGBA8UI, RGBA8_SNORM, RGBA16I, RGBA16UI, RGBA16F, RGBA32I, RGBA32UI, RGBA32F, SRGB8_ALPHA8, R11F_G11F_B10F, DEPTH_COMPONENT16, DEPTH_COMPONENT24, DEPTH_COMPONENT32F, DEPTH24_STENCIL8, DEPTH32F_STENCIL8, LUMINANCE_ALPHA, LUMINANCE, ALPHA

void **TexImage2D**(enum *target*, int *level*, int *internalformat*, sizei *width*, sizei *height*, int *border*, enum *format*, enum *type*, void **data*);

*target:* TEXTURE_2D, TEXTURE_CUBE_MAP_POSITIVE_{X, Y, Z}, TEXTURE_CUBE_MAP_NEGATIVE}{X, Y, Z}

*internalformat:* See *TexImage3D*

*format, type:* See *TexImage3D*

void **TexStorage2D**(enum *target*, sizei *levels*, enum *internalformat*, sizei *width*, sizei *height*);

*target:* TEXTURE_CUBE_MAP, TEXTURE_2D

*internalformat:* See *TexImage3D* except for unsized base internal formats in [Table 3.3]

void **TexStorage3D**(enum *target*, sizei *levels*, enum *internalformat*, sizei *width*, sizei *height*, sizei *depth*);

*target:* TEXTURE_3D, TEXTURE_2D_ARRAY

*internalformat:* See *TexImage3D* except for unsized base internal formats in [Table 3.3]

**(Continued on next page >)**

## Texturing (continued)

### Alt. Texture Image Specification Commands [3.8.5]

Texture images may also be specified using image data taken directly from the framebuffer, and rectangular subregions of existing texture images may be respecified.

void **CopyTexImage2D**(enum *target*, int *level*, enum *internalformat*, int *x*, int *y*, sizei *width*, sizei *height*, int *border*);

*target:* TEXTURE_2D, TEXTURE_CUBE_MAP_POSITIVE_{X, Y, Z}, TEXTURE_CUBE_MAP_NEGATIVE_{X, Y, Z}

*internalformat:* See ***TexImage3D***, except for DEPTH* values

void **TexSubImage3D**(enum *target*, int *level*, int *xoffset*, int *yoffset*, int *zoffset*, sizei *width*, sizei *height*, sizei *depth*, enum *format*, enum *type*, const void **data*);

*target:* TEXTURE_3D, TEXTURE_2D_ARRAY

*format, type*: See ***TexImage3D***

void **TexSubImage2D**(enum *target*, int *level*, int *xoffset*, int *yoffset*, sizei *width*, sizei *height*, enum *format*, enum *type*, const void **data*);

*target:* TEXTURE_2D, TEXTURE_CUBE_MAP_POSITIVE_{X, Y, Z}, TEXTURE_CUBE_MAP_NEGATIVE_{X, Y, Z}

*format, type*: See ***TexImage3D***

void **CopyTexSubImage3D**(enum *target*, int *level*, int *xoffset*, int *yoffset*, int *zoffset*, int *x*, int *y*, sizei *width*, sizei *height*);

*target:* TEXTURE_3D, TEXTURE_2D_ARRAY

void **CopyTexSubImage2D**(enum *target*, int *level*, int *xoffset*, int *yoffset*, int *x*, int *y*, sizei *width*, sizei *height*);

*target:* See ***TexSubImage2D***

### Compressed Texture Images [3.8.6]

void **CompressedTexImage2D**(enum *target*, int *level*, enum *internalformat*, sizei *width*, sizei *height*, int *border*, sizei *imageSize*, const void **data*);

*target:* See ***TexImage2D***

*internalformat:* COMPRESSED_RGBA8_ETC2_EAC, COMPRESSED_{R{G}11, SIGNED_R{G}11}_EAC, COMPRESSED_SRGB8_ALPHA8_ETC2_EAC, COMPRESSED_{S}RGB8{_PUNCHTHROUGH_ALPHA1}_ETC2 [Table 3.16]

void **CompressedTexImage3D**(enum *target*, int *level*, enum *internalformat*, sizei *width*, sizei *height*, sizei *depth*, int *border*, sizei *imageSize*, const void **data*);

*target:* see ***TexImage3D***

*internalformat:* See ***TexImage2D***

void **CompressedTexSubImage2D**(enum *target*, int *level*, int *xoffset*, int *yoffset*, sizei *width*, sizei *height*, enum *format*, sizei *imageSize*, const void **data*);

*target:* See ***TexSubImage2D***

void **CompressedTexSubImage3D**(enum *target*, int *level*, int *xoffset*, int *yoffset*, int *zoffset*, sizei *width*, sizei *height*, sizei *depth*, enum *format*, sizei *imageSize*, const void **data*);

*target:* See ***TexSubImage2D***

### Texture Parameters [3.8.7]

void **TexParameter{if}**(enum *target*, enum *pname*, T *param*);

void **TexParameter{if}v**(enum *target*, enum *pname*, const T **params*);

*target:* TEXTURE_{2D, 3D}, TEXTURE_2D_ARRAY, TEXTURE_CUBE_MAP

*pname:* TEXTURE_{BASE, MAX}_LEVEL, TEXTURE_{MIN, MAX}_LOD, TEXTURE_{MIN, MAG}_FILTER, TEXTURE_COMPARE_{MODE,FUNC}, TEXTURE_SWIZZLE_{R,G,B,A}, TEXTURE_WRAP_{S,T,R}

### Manual Mipmap Generation [3.8.9]

void **GenerateMipmap**(enum *target*);

*target:* TEXTURE_{2D,3D}, TEXTURE_{2D_ARRAY, CUBE_MAP}

### Enumerated Queries [6.1.3]

void **GetTexParameter{if}v**(enum *target*, enum *value*, T *data*);

*target:* TEXTURE_{2D, 3D}, TEXTURE_{2D_ARRAY, CUBE_MAP}

*value:* TEXTURE_{BASE, MAX}_LEVEL, TEXTURE_{MIN, MAX}_LOD, TEXTURE_{MIN, MAG}_FILTER, TEXTURE_IMMUTABLE_FORMAT, TEXTURE_COMPARE_{FUNC, MODE}, TEXTURE_WRAP_{S, T, R}, TEXTURE_SWIZZLE_{R, G, B, A}

### Texture Queries [6.1.4]

boolean **IsTexture**(uint *texture*);

## Per-Fragment Operations

### Scissor Test [4.1.2]

**Enable/Disable**(SCISSOR_TEST);

void **Scissor**(int *left*, int *bottom*, sizei *width*, sizei *height*);

### Multisample Fragment Operations [4.1.3]

**Enable/Disable**(*cap*);

*cap:* SAMPLE{_ALPHA_TO}_COVERAGE

void **SampleCoverage**(float *value*, boolean *invert*);

### Stencil Test [4.1.4]

**Enable/Disable**(STENCIL_TEST);

void **StencilFunc**(enum *func*, int *ref*, uint *mask*);

*func:* NEVER, ALWAYS, LESS, GREATER, {L, G}EQUAL, {NOT}EQUAL

void **StencilFuncSeparate**(enum *face*, enum *func*, int *ref*, uint *mask*);

*face, func*: See ***StencilOpSeparate***

void **StencilOp**(enum *sfail*, enum *dpfail*, enum *dppass*);

*sfail, dpfail,* and *dppass*: KEEP, ZERO, REPLACE, INCR, DECR, INVERT, INCR_WRAP, DECR_WRAP

void **StencilOpSeparate**(enum *face*, enum *sfail*, enum *dpfail*, enum *dppass*);

*face:* FRONT, BACK, FRONT_AND_BACK

*sfail, dpfail,* and *dppass*: KEEP, ZERO, REPLACE, INCR, DECR, INVERT, INCR_WRAP, DECR_WRAP

*func:* NEVER, ALWAYS, LESS, GREATER, {L, G}EQUAL, {NOT}EQUAL

### Depth Buffer Test [4.1.5]

**Enable/Disable**(DEPTH_TEST);

void **DepthFunc**(enum *func*);

*func:* NEVER, ALWAYS, LESS, LEQUAL, EQUAL, GREATER, GEQUAL, NOTEQUAL

### Blending [4.1.7]

**Enable/Disable**(BLEND); *(all draw buffers)*

void **BlendEquation**(enum *mode*);

void **BlendEquationSeparate**(enum *modeRGB*, enum *modeAlpha*);

*mode, modeRGB,* and *modeAlpha*: FUNC_ADD, FUNC[_REVERSE]_SUBTRACT, MIN, MAX

void **BlendFuncSeparate**(enum *srcRGB*, enum *dstRGB*, enum *srcAlpha*, enum *dstAlpha*);

*srcRGB, dstRGB, srcAlpha,* and *dstAlpha*: ZERO, ONE, {ONE_MINUS_}SRC_COLOR, {ONE_MINUS_}DST_COLOR, {ONE_MINUS_}SRC_ALPHA, {ONE_MINUS_}DST_ALPHA, {ONE_MINUS_}CONSTANT_COLOR, {ONE_MINUS_}CONSTANT_ALPHA, SRC_ALPHA_SATURATE

void **BlendFunc**(enum *src*, enum *dst*);

*src, dst*: See ***BlendFuncSeparate***

void **BlendColor**(float *red*, float *green*, float *blue*, float *alpha*);

### Dithering [4.1.9]

**Enable/Disable**(DITHER);

## Whole Framebuffer

### Selecting a Buffer for Writing [4.2.1]

void **DrawBuffers**(sizei *n*, const enum **bufs*);

*bufs* points to an array of *n* BACK, NONE, or COLOR_ATTACHMENT*i* where *i* = [0,MAX_COLOR_ATTACHMENTS - 1].

### Fine Control of Buffer Updates [4.2.2]

void **ColorMask**(boolean *r*, boolean *g*, boolean *b*, boolean *a*);

void **DepthMask**(boolean *mask*);

void **StencilMask**(uint *mask*);

void **StencilMaskSeparate**(enum *face*, uint *mask*);

*face:* FRONT, BACK, FRONT_AND_BACK

### Clearing the Buffers [4.2.3]

void **Clear**(bitfield *buf*);

*buf:* Bitwise OR of COLOR_BUFFER_BIT, DEPTH_BUFFER_BIT, STENCIL_BUFFER_BIT

void **ClearColor**(float *r*, float *g*, float *b*, float *a*);

void **ClearDepthf**(float *d*);

void **ClearStencil**(int *s*);

void **ClearBuffer{if ui}v**(enum *buffer*, int *drawbuffer*, const T **value*);

*buffer:* COLOR, DEPTH, STENCIL

void **ClearBufferfi**(enum *buffer*, int *drawbuffer*, float *depth*, int *stencil*);

*buffer:* DEPTH_STENCIL

*drawbuffer:* 0

## Pixel Rectangles [3.7.1]

void **PixelStorei**(enum *pname*, T *param*);
*pname:* {UN}PACK_ROW_LENGTH, {UN}PACK_ALIGNMENT, {UN}PACK_SKIP_{ROWS,PIXELS}, {UN}PACK_IMAGE_HEIGHT, {UN}PACK_SKIP_IMAGES

## Framebuffer Objects

### Binding/Managing Framebuffer [4.4.1]

void **GenFramebuffers**(sizei *n*, uint **framebuffers*);

void **BindFramebuffer**(enum *target*, uint *framebuffer*);

void **DeleteFramebuffers**(sizei *n*, const uint **framebuffers*);

### Renderbuffer Objects [4.4.2]

void **GenRenderbuffers**(sizei *n*, uint **renderbuffers*);

void **BindRenderbuffer**(enum *target*, uint *renderbuffer*);
*target:* RENDERBUFFER

void **DeleteRenderbuffers**(sizei *n*, const uint **renderbuffers*);

void **RenderbufferStorageMultisample**( enum *target*, sizei *samples*, enum *internalformat*, sizei *width*, sizei *height*);
*target:* RENDERBUFFER
*internalformat:* {R,RG,RGB}8, RGB{565, A4, 5_A1, 10_A2}, RGB{10_A2UI}, R{8,16,32}I, RG{8,16,32}I, R{8,16,32}UI, RG{8,16,32}UI, RGBA, RGBA{8, 8I, 8UI, 16I, 16UI, 32I, 32UI}, SRGB8_ALPHA8, STENCIL_INDEX8, DEPTH{24, 32F}_STENCIL8, DEPTH_COMPONENT{16, 24, 32F}

void **RenderbufferStorage**(enum *target*, enum *internalformat*, sizei *width*, sizei *height*);
*target:* RENDERBUFFER
*internalformat:* See ***RenderbufferStorageMultisample***

### Attach Renderbuffer Images to Framebuffer

void **FramebufferRenderbuffer**(enum *target*, enum *attachment*, enum *renderbuffertarget*, uint *renderbuffer*);
*target:* FRAMEBUFFER, {DRAW, READ}_FRAMEBUFFER
*attachment:* DEPTH_ATTACHMENT, {DEPTH_}STENCIL_ATTACHMENT, COLOR_ATTACHMENT*i* (*i* = [0, MAX_COLOR_ATTACHMENTS-1])
*renderbuffertarget:* RENDERBUFFER

### Attaching Texture Images to a Framebuffer

void **FramebufferTexture2D**(enum *target*, enum *attachment*, enum *textarget*, uint *texture*, int *level*);
*textarget:* TEXTURE_2D, TEXTURE_CUBE_MAP_POSITIVE{X, Y, Z}, TEXTURE_CUBE_MAP_NEGATIVE{X, Y, Z}
*target:* FRAMEBUFFER, {DRAW, READ}_FRAMEBUFFER
*attachment:* See ***FrameBufferRenderbuffer***

void **FramebufferTextureLayer**(enum *target*, enum *attachment*, uint *texture*, int *level*, int *layer*);
*target:* TEXTURE_2D_ARRAY, TEXTURE_3D
*attachment:* See ***FrameBufferRenderbuffer***

### Framebuffer Completeness [4.4.4]

enum **CheckFramebufferStatus**( enum *target*);
*target:* FRAMEBUFFER, {DRAW, READ}_FRAMEBUFFER
returns: FRAMEBUFFER_COMPLETE or a constant indicating which value violates framebuffer completeness

### Invalidating Framebuffer Contents [4.5]

void **InvalidateSubFramebuffer**( enum *target*, sizei *numAttachments*, const enum **attachments*, int *x*, int *y*, sizei *width*, sizei *height*);
*target:* FRAMEBUFFER
*attachments:* points to an array of COLOR, STENCIL, {DEPTH, STENCIL}_ATTACHMENT, COLOR_ATTACHMENT*i*

void **InvalidateFramebuffer**(enum *target*, sizei *numAttachments*, const enum **attachments*);

### Renderbuffer Object Queries [6.1.14]

boolean **IsRenderbuffer**(uint *renderbuffer*);

void **GetRenderbufferParameteriv**( enum *target*, enum *pname*, int **params*);
*target:* RENDERBUFFER
*pname:* RENDERBUFFER_*x*, where *x* may be WIDTH, HEIGHT, {RED, GREEN, BLUE}_SIZE, {ALPHA, DEPTH, STENCIL}_SIZE, SAMPLES, INTERNAL_FORMAT

### Framebuffer Object Queries [6.1.13]

boolean **IsFramebuffer**(uint *framebuffer*);

void **GetFramebufferAttachmentParameteriv**( enum *target*, enum *attachment*, enum *pname*, int **params*);
*target:* FRAMEBUFFER, {DRAW, READ}_FRAMEBUFFER
*attachment:* BACK, STENCIL, COLOR_ATTACHMENT*i*, {DEPTH, STENCIL, DEPTH_STENCIL}_ATTACHMENT
*pname:* FRAMEBUFFER_ATTACHMENT_*x*, where *x* may be one of OBJECT_{TYPE, NAME}, COMPONENT_TYPE, COLOR_ENCODING, {RED, GREEN, BLUE, ALPHA}_SIZE, {DEPTH, STENCIL}_SIZE, TEXTURE_{LEVEL, LAYER}, TEXTURE_CUBE_MAP_FACE

void **GetInternalformativ**(enum *target*, enum *internalformat*, enum *pname*, sizei *bufSize*, int **params*);
*internalformat:* See ***RenderbufferStorageMultisample***
*target:* RENDERBUFFER
*pname:* NUM_SAMPLE_COUNTS, SAMPLES

## Special Functions

### Flush and Finish [5.1]

**Flush** guarantees that commands issued so far will eventually complete. **Finish** blocks until all commands issued so far have completed.

void **Flush**(void);

void **Finish**(void);

### Sync Objects and Fences [5.2]

sync **FenceSync**(enum *condition*, bitfield *flags*);
*condition:* SYNC_GPU_COMMANDS_COMPLETE
*flags:* 0

enum **ClientWaitSync**(sync *sync*, bitfield *flags*, uint64 *timeout*);
*flags:* 0 or SYNC_FLUSH_COMMANDS_BIT
*timeout:* nanoseconds

void **WaitSync**( sync *sync*, bitfield *flags*, uint64 *timeout*);
*flags:* 0
*timeout:* TIMEOUT_IGNORED

void **DeleteSync**(sync *sync*);

### Hints [5.3]

void **Hint**(enum *target*, enum *hint*);
*target:* GENERATE_MIPMAP_HINT, FRAGMENT_SHADER_DERIVATIVE_HINT
*hint:* FASTEST, NICEST, DONT_CARE

### Sync Object Queries [6.1.8]

sync **GetSynciv**(sync *sync*, enum *pname*, sizei *bufSize*, sizei **length*, int **values*);
*pname:* OBJECT_TYPE, SYNC_{STATUS, CONDITION, FLAGS}

boolean **IsSync**(sync *sync*);

## State and State Requests

A complete list of symbolic constants for states is shown in the tables in [6.2].

### Simple Queries [6.1.1]

void **GetBooleanv**(enum *pname*, boolean **data*);

void **GetIntegerv**(enum *pname*, int **data*);

void **GetInteger64v**(enum *pname*, int64 **data*);

void **GetFloatv**(enum *pname*, float **data*);

void **GetIntegeri_v**(enum *target*, uint *index*, int **data* ;

void **GetInteger64i_v**(enum *target*, uint *index*, int64 **data*);

boolean **IsEnabled**(enum *cap*);

### String Queries [6.1.6]

ubyte ***GetString**(enum *name*);
*name:* VENDOR, RENDERER, EXTENSIONS, {SHADING_LANGUAGE_}VERSION

ubyte ***GetStringi**(enum *name*, uint *index*);
*name:* EXTENSIONS

**The OpenGL® ES Shading Language** is two closely-related languages which are used to create shaders for the vertex and fragment processors contained in the OpenGL ES processing pipeline.

[n.n.n] and [Table n.n] refer to sections and tables in the OpenGL ES Shading Language 3.0 specification at www.khronos.org/registry/gles/

## Preprocessor [3.4]

### Preprocessor Directives

The number sign (#) can be immediately preceded or followed in its line by spaces or horizontal tabs.

| | | |
|---|---|---|
| *#* | *#define* | *#undef* |
| *#if* | *#ifdef* | *#ifndef* |
| *#else* | *#elif* | *#endif* |
| *#error* | *#pragma* | *#extension* |
| *#line* | | |

**Examples of Preprocessor Directives**

- "#version 300 es" must appear in the first line of a shader program written in GLSL ES version 3.00. If omitted, the shader will be treated as targeting version 1.00.
- #extension *extension_name* : *behavior*, where *behavior* can be require, enable, warn, or disable; and where *extension_name is* the extension supported by the compiler
- #pragma optimize({on, off}) - enable or disable shader optimization (default on)
- #pragma debug({on, off}) - enable or disable compiling shaders with debug information (default off)

### Predefined Macros

| | |
|---|---|
| __LINE__ | Decimal integer constant that is one more than the number of preceding newlines in the current source string |
| __FILE__ | Decimal integer constant that says which source string number is currently being processed. |
| __VERSION__ | Decimal integer, e.g.: 300 |
| GL_ES | Defined and set to integer 1 if running on an OpenGL-ES Shading Language. |

## Operators and Expressions

### Operators [5.1]

Numbered in order of precedence. The relational and equality operators > < <= >= == != evaluate to a Boolean. To compare vectors component-wise, use functions such as lessThan(), equal(), etc. [8.7].

| | Operator | Description | Assoc. |
|---|---|---|---|
| 1. | ( ) | parenthetical grouping | N/A |
| 2. | [ ]<br>( )<br>.<br>++ -- | array subscript<br>function call & constructor structure<br>field or method selector, swizzler<br>postfix increment and decrement | L - R |
| 3. | ++ --<br>+ - ~ ! | prefix increment and decrement<br>unary | R - L |
| 4. | * % / | multiplicative | L - R |
| 5. | + - | additive | L - R |
| 6. | << >> | bit-wise shift | L - R |
| 7. | < > <= >= | relational | L - R |
| 8. | == != | equality | L - R |
| 9. | & | bit-wise and | L - R |
| 10. | ^ | bit-wise exclusive or | L - R |
| 11. | \| | bit-wise inclusive or | L - R |
| 12. | && | logical and | L - R |
| 13. | ^^ | logical exclusive or | L - R |
| 14. | \| \| | logical inclusive or | L - R |
| 15. | ? : | selection (Selects an entire operand. Use mix() to select individual components of vectors.) | L - R |
| 16. | =<br>+= -= *= /= %= <<= >>= &= ^= \|= | assignment<br>arithmetic assignments | L - R |
| 17. | , | sequence | L - R |

### Vector Components [5.5]

In addition to array numeric subscript syntax, names of vector components are denoted by a single letter. Components can be swizzled and replicated, e.g.: pos.xx, pos.zy

| | |
|---|---|
| *{x, y, z, w}* | Use when accessing vectors that represent points or normals |
| *{r, g, b, a}* | Use when accessing vectors that represent colors |
| *{s, t, p, q}* | Use when accessing vectors that represent texture coordinates |

## Types [4.1]

A shader can aggregate these using arrays and structures to build more complex types. There are no pointer types.

### Basic Types

| | |
|---|---|
| **void** | no function return value or empty parameter list |
| **bool** | Boolean |
| **int, uint** | signed, unsigned integer |
| **float** | floating scalar |
| **vec2, vec3, vec4** | n-component floating point vector |
| **bvec2, bvec3, bvec4** | Boolean vector |
| **ivec2, ivec3, ivec4** | signed integer vector |
| **uvec2, uvec3, uvec4** | unsigned integer vector |
| **mat2, mat3, mat4** | 2x2, 3x3, 4x4 float matrix |
| **mat2x2, mat2x3, mat2x4** | 2x2, 2x3, 2x4 float matrix |
| **mat3x2, mat3x3, mat3x4** | 3x2, 3x3, 3x4 float matrix |
| **mat4x2, mat4x3, mat4x4** | 4x2, 4x3, 4x4 float matrix |

### Floating Point Sampler Types (opaque)

| | |
|---|---|
| **sampler2D, sampler3D** | access a 2D or 3D texture |
| **samplerCube** | access cube mapped texture |
| **samplerCubeShadow** | access cube map depth texture with comparison |
| **sampler2DShadow** | access 2D depth texture with comparison |
| **sampler2DArray** | access 2D array texture |
| **sampler2DArrayShadow** | access 2D array depth texture with comparison |

### Signed Integer Sampler Types (opaque)

| | |
|---|---|
| **isampler2D, isampler3D** | access an integer 2D or 3D texture |
| **isamplerCube** | access integer cube mapped texture |
| **isampler2DArray** | access integer 2D array texture |

### Unsigned Int Sampler Types (opaque)

| | |
|---|---|
| **usampler2D, usampler3D** | access unsigned integer 2D or 3D texture |
| **usamplerCube** | access unsigned integer cube mapped texture |
| **usampler2DArray** | access unsigned integer 2D array texture |

### Structures and Arrays [4.1.8, 4.1.9]

| | |
|---|---|
| **Structures** | struct *type-name* {<br>*members*<br>} *struct-name*[]; // optional variable // declaration or array |
| **Arrays** | float foo[3];<br>structures, blocks, and structure members can be arrays<br>only 1-dimensional arrays supported |

## Qualifiers

### Storage Qualifiers [4.3]

Variable declarations may be preceded by one storage qualifier.

| | |
|---|---|
| **none** | (Default) local read/write memory, or input parameter |
| **const** | Compile-time constant, or read-only function parameter. |
| **in**<br>**centroid in** | linkage into a shader from a previous stage |
| **out**<br>**centroid out** | linkage out of a shader to a subsequent stage |
| **uniform** | Value does not change across the primitive being processed, uniforms form the linkage between a shader, OpenGL ES, and the application |

The following interpolation qualifiers for shader outputs and inputs may procede **in**, **centroid in**, **out**, or **centroid out**.

| | |
|---|---|
| **smooth** | perspective correct interpolation |
| **flat** | no interpolation |

**(Continued on next page >)**

## Qualifiers (continued)

### Interface Blocks [4.3.7]

Uniform variable declarations can be grouped into named interface blocks, for example:

```
uniform Transform {
    mat4 ModelViewProjectionMatrix;
    uniform mat3 NormalMatrix;   // restatement of qualifier
    float Deformation;
}
```

### Layout Qualifiers [4.3.8]

**layout**(*layout-qualifier*) *block-declaration*
**layout**(*layout-qualifier*) **in/out/uniform**
**layout**(*layout-qualifier*) **in/out/uniform** *declaration*

#### Input Layout Qualifiers [4.3.8.1]

For all shader stages:
location = *integer-constant*

#### Output Layout Qualifiers [4.3.8.2]

For all shader stages:
location = *integer-constant*

#### Uniform Block Layout Qualifiers [4.3.8.3]

Layout qualifier identifiers for uniform blocks:
shared, packed, std140, {row, column}_major

### Parameter Qualifiers [4.4]

Input values are copied in at function call time, output values are copied out at function return time.

| | |
|---|---|
| *none* | (Default) same as **in** |
| **in** | For function parameters passed into a function |
| **out** | For function parameters passed back out of a function, but not initialized for use when passed in |
| **inout** | For function parameters passed both into and out of a function |

### Precision and Precision Qualifiers [4.5]

Any floating point, integer, or sampler declaration can have the type preceded by one of these precision qualifiers:

| | |
|---|---|
| **highp** | Satisfies minimum requirements for the vertex language. |
| **mediump** | Range and precision is between that provided by **lowp** and **highp**. |
| **lowp** | Range and precision can be less than **mediump**, but still represents all color values for any color channel. |

A precision statement establishes a default precision qualifier for subsequent int, float, and sampler declarations, e.g.:

```
precision highp int;
```

Ranges & precisions for precision qualifiers (FP=floating point):

| | FP Range | FP Magnitude Range | FP Precision | Integer Range Signed | Integer Range Unsigned |
|---|---|---|---|---|---|
| **highp** | $(-2^{126}, 2^{127})$ | $0.0, (2^{-126}, 2^{127})$ | Relative $2^{-24}$ | $[-2^{31}, 2^{31}-1]$ | $[0, 2^{32}-1]$ |
| **mediump** | $(-2^{14}, 2^{14})$ | $(2^{-14}, 2^{14})$ | Relative $2^{-10}$ | $[-2^{15}, 2^{15}-1]$ | $[0, 2^{16}-1]$ |
| **lowp** | $(-2, 2)$ | $(2^{-8}, 2)$ | Absolute $2^{-8}$ | $[-2^{7}, 2^{7}-1]$ | $[0, 2^{8}-1]$ |

### Invariant Qualifiers Examples [4.6]

| | |
|---|---|
| #pragma STDGL **invariant**(all) | Force all output variables to be invariant |
| **invariant** gl_Position; | Qualify a previously declared variable |
| **invariant centroid out** vec3 Color; | Qualify as part of a variable declaration |

### Order of Qualification [4.7]

When multiple qualifications are present, they must follow a strict order. This order is one of the following:

*invariant, interpolation, storage, precision*
*storage, parameter, precision*

## Aggregate Operations and Constructors

### Matrix Constructor Examples [5.4.2]

```
mat2(float)                  // init diagonal
mat2(vec2, vec2);            // column-major order
mat2(float, float, float, float);
                             // column-major order
```

### Structure Constructor Example [5.4.3]

```
struct light {
    float intensity;
    vec3 pos;
};
light lightVar = light(3.0, vec3(1.0, 2.0, 3.0));
```

### Matrix Components [5.6]

Access components of a matrix with array subscripting syntax.
For example:

```
mat4 m;              // m represents a matrix
m[1] = vec4(2.0);    // sets second column to
                     // all 2.0
m[0][0] = 1.0;       // sets upper left element
                     // to 1.0
m[2][3] = 2.0;       // sets 4th element of 3rd
                     //  column to 2.0
```

Examples of operations on matrices and vectors:

```
m = f * m;       // scalar * matrix
                 // component-wise
v = f * v;       // scalar * vector
                 // component-wise
v = v * v;       // vector * vector c
                 // component-wise
m = m +/- m;     // matrix component-wise
                 // addition/subtraction
m = m * m;       // linear algebraic multiply
m = v * m;       // row vector * matrix linear
                 // algebraic multiply
m = m * v;       // matrix * column vector linear
                 // algebraic multiply
f = dot(v, v);   // vector dot product
v = cross(v, v); // vector cross product
m = matrixCompMult(m, m);
                 // component-wise multiply
```

### Structure Operations [5.7]

Select structure fields using the period (.) operator. Valid operators are:

| | |
|---|---|
| . | field selector |
| == != | equality |
| = | assignment |

### Array Operations [5.7]

Array elements are accessed using the array subscript operator "[ ]". For example:

```
diffuseColor += lightIntensity[3] * NdotL;
```

The size of an array can be determined using the .**length**() operator. For example:

```
for (i = 0; i < a.length(); i++)
    a[i] = 0.0;
```

## Statements and Structure

### Iteration and Jumps [6]

| | |
|---|---|
| **Entry** | void main() |
| **Iteration** | for (;;) { break, continue }<br>while ( ) { break, continue }<br>do { break, continue } while ( ); |
| **Selection** | if ( ) { }<br>if ( ) { } else { }<br>switch ( ) { break, case } |
| **Jump** | break, continue, return<br>discard     // Fragment shader only |

## Built-In Inputs, Outputs, and Constants [7]

Shader programs use special variables to communicate with fixed-function parts of the pipeline. Output special variables may be read back after writing. Input special variables are read-only. All special variables have global scope.

### Vertex Shader Special Variables [7.1]

**Inputs:**

```
int          gl_VertexID;    // integer index
int          gl_InstanceID;  // instance number
```

**Outputs:**

```
out gl_PerVertex {
  vec4       gl_Position;    // transformed vertex position in clip coordinates
  float      gl_PointSize;   // transformed point size in pixels (point
                             // rasterization only)
};
```

### Fragment Shader Special Variables [7.2]

**Inputs:**

```
highp vec4    gl_FragCoord;    // fragment position within frame buffer
bool          gl_FrontFacing;  // fragment belongs to a front-facing primitive
mediump vec2  gl_PointCoord;   // 0.0 to 1.0 for each component
```

**Outputs:**

```
highp float   gl_FragDepth;    // depth range
```

### Built-In Constants With Minimum Values [7.3]

| Built-in Constant | Minimum value |
|---|---|
| const mediump int gl_MaxVertexAttribs | 16 |
| const mediump int gl_MaxVertexUniformVectors | 256 |
| const mediump int gl_MaxVertexOutputVectors | 16 |
| const mediump int gl_MaxFragmentInputVectors | 15 |
| const mediump int gl_MaxVertexTextureImageUnits | 16 |
| const mediump int gl_MaxCombinedTextureImageUnits | 32 |
| const mediump int gl_MaxTextureImageUnits | 16 |
| const mediump int gl_MaxFragmentUniformVectors | 224 |
| const mediump int gl_MaxDrawBuffers | 4 |
| const mediump int gl_MinProgramTexelOffset | -8 |
| const mediump int gl_MaxProgramTexelOffset | 7 |

### Built-In Uniform State [7.4]

As an aid to accessing OpenGL ES processing state, the following uniform variables are built into the OpenGL ES Shading Language.

```
struct gl_DepthRangeParameters {
  float near;     // n
  float far;      // f
  float diff;     // f - n
};
uniform gl_DepthRangeParameters gl_DepthRange;
```

## Built-In Functions

### Angle & Trigonometry Functions [8.1]

Component-wise operation. Parameters specified as *angle* are assumed to be in units of radians. T is float, vec2, vec3, vec4.

| | |
|---|---|
| T **radians** (T *degrees*); | degrees to radians |
| T **degrees** (T *radians*); | radians to degrees |
| T **sin** (T *angle*); | sine |
| T **cos** (T *angle*); | cosine |
| T **tan** (T *angle*); | tangent |
| T **asin** (T *x*); | arc sine |
| T **acos** (T *x*); | arc cosine |
| T **atan** (T *y*, T *x*);<br>T **atan** (T *y_over_x*); | arc tangent |
| T **sinh** (T *x*); | hyperbolic sine |
| T **cosh** (T *x*); | hyperbolic cosine |
| T **tanh** (T *x*); | hyperbolic tangent |
| T **asinh** (T *x*); | arc hyperbolic sine; inverse of sinh |
| T **acosh** (T *x*); | arc hyperbolic cosine; non-negative inverse of cosh |
| T **atanh** (T *x*); | arc hyperbolic tangent; inverse of tanh |

### Exponential Functions [8.2]

Component-wise operation. T is float, vec2, vec3, vec4.

| | |
|---|---|
| T **pow** (T *x*, T *y*); | $x^y$ |
| T **exp** (T *x*); | $e^x$ |
| T **log** (T *x*); | ln |
| T **exp2** (T *x*); | $2^x$ |
| T **log2** (T *x*); | $log_2$ |
| T **sqrt** (T *x*); | square root |
| T **inversesqrt** (T *x*); | inverse square root |

### Common Functions [8.3]

Component-wise operation. T is float and vec*n*, TI is int and ivec*n*, TU is uint and uvec*n*, and TB is bool and bvec*n*, where *n* is 2, 3, or 4.

| | |
|---|---|
| T **abs**(T *x*);<br>TI **abs**(TI *x*); | absolute value |
| T **sign**(T *x*);<br>TI **sign**(TI *x*); | returns -1.0, 0.0, or 1.0 |
| T **floor**(T *x*); | nearest integer <= *x* |
| T **trunc** (T *x*); | nearest integer a such that \|*a*\| <= \|*x*\| |
| T **round** (T *x*); | round to nearest integer |
| T **roundEven** (T *x*); | round to nearest integer |
| T **ceil**(T *x*); | nearest integer >= *x* |
| T **fract**(T *x*); | *x* - **floor**(*x*) |
| T **mod**(T *x*, T *y*);<br>T **mod**(T *x*, float *y*);<br>T **modf**(T *x*, out T *i*); | modulus |
| T **min**(T *x*, T *y*);<br>TI **min**(TI *x*, TI *y*);<br>TU **min**(TU *x*, TU *y*);<br>T **min**(T *x*, float *y*);<br>TI **min**(TI *x*, int *y*);<br>TU **min**(TU *x*, uint *y*); | minimum value |
| T **max**(T *x*, T *y*);<br>TI **max**(TI *x*, TI *y*);<br>TU **max**(TU *x*, TU *y*);<br>T **max**(T *x*, float *y*);<br>TI **max**(TI *x*, int *y*);<br>TU **max**(TU *x*, uint *y*); | maximum value |
| T **clamp**(TI *x*, T *minVal*, T *maxVal*);<br>TI **clamp**(V *x*, TI *minVal*, TI *maxVal*);<br>TU **clamp**(TU *x*, TU *minVal*, TU *maxVal*);<br>T **clamp**(T *x*, float *minVal*, float *maxVal*);<br>TI **clamp**(TI *x*, int *minVal*, int *maxVal*);<br>TU **clamp**(TU *x*, uint *minVal*, uint *maxVal*); | **min**(**max**(*x*, *minVal*), *maxVal*) |
| T **mix**(T *x*, T *y*, T *a*);<br>T **mix**(T *x*, T *y*, float *a*); | linear blend of *x* and *y* |

(Continued on next page >)

## Built-In Functions (continued)

| | |
|---|---|
| T **mix**(T *x*, T *y*, TB *a*); | Selects vector source for each returned component |
| T **step**(T *edge*, T *x*);<br>T **step**(float *edge*, T *x*); | 0.0 if *x* < *edge*, else 1.0 |
| T **smoothstep**(T *edge0*, T *edge1*, T *x*);<br>T **smoothstep**(float *edge0*, float *edge1*, T *x*); | clamp and smooth |
| TB **isnan**(T *x*); | true if *x* is a NaN |
| TB **isinf**(T *x*); | true if *x* is positive or negative infinity |
| TI **floatBitsToInt**(T *value*);<br>TU **floatBitsToUint**(T *value*); | highp integer, preserving float bit level representation |
| T **intBitsToFloat**(TI *value*);<br>T **uintBitsToFloat**(TU *value*); | highp float, preserving integer bit level representation |

### Floating-Point Pack and Unpack [8.4]

| | |
|---|---|
| uint **packSnorm2x16**(vec2 *v*);<br>uint **packUnorm2x16**(vec2 *v*); | convert two floats to fixed point and pack into an integer |
| vec2 **unpackSnorm2x16**(uint *p*);<br>vec2 **unpackUnorm2x16**(uint *p*); | unpack fixed point value pair into floats |
| uint **packHalf2x16**(vec2 *v*); | convert two floats into half-precision floats and pack into an integer |
| vec2 **unpackHalf2x16**(uint *v*); | unpack half value pair into full floats |

### Geometric Functions [8.5]

These functions operate on vectors as vectors, not component-wise. T is float, vec2, vec3, vec4.

| | |
|---|---|
| float **length**(T *x*); | length of vector |
| float **distance**(T *p0*, T *p1*); | distance between points |
| float **dot**(T *x*, T *y*); | dot product |
| vec3 **cross**(vec3 *x*, vec3 *y*); | cross product |
| T **normalize**(T *x*); | normalize vector to length 1 |
| T **faceforward**(T *N*, T *I*, T *Nref*); | returns *N* if **dot**(*Nref*, *I*) < 0, else -*N* |
| T **reflect**(T *I*, T *N*); | reflection direction *I* - 2 * **dot**(*N*,*I*) * *N* |
| T **refract**(T *I*, T *N*, float *eta*); | refraction vector |

### Matrix Functions [8.6]

Type mat is any matrix type.

| | |
|---|---|
| mat **matrixCompMult**(mat *x*, mat *y*); | multiply *x* by *y* component-wise |
| mat2 **outerProduct**(vec2 *c*, vec2 *r*);<br>mat3 **outerProduct**(vec3 *c*, vec3 *r*);<br>mat4 **outerProduct**(vec4 *c*, vec4 *r*); | linear algebraic column vector * row vector |
| mat2x3 **outerProduct**(vec3 *c*, vec2 *r*);<br>mat3x2 **outerProduct**(vec2 *c*, vec3 *r*);<br>mat2x4 **outerProduct**(vec4 *c*, vec2 *r*);<br>mat4x2 **outerProduct**(vec2 *c*, vec4 *r*);<br>mat3x4 **outerProduct**(vec4 *c*, vec3 *r*);<br>mat4x3 **outerProduct**(vec3 *c*, vec4 *r*); | linear algebraic column vector * row vector |
| mat2 **transpose**(mat2 *m*);<br>mat3 **transpose**(mat3 *m*);<br>mat4 **transpose**(mat4 *m*);<br>mat2x3 **transpose**(mat3x2 *m*);<br>mat3x2 **transpose**(mat2x3 *m*);<br>mat2x4 **transpose**(mat4x2 *m*);<br>mat4x2 **transpose**(mat2x4 *m*);<br>mat3x4 **transpose**(mat4x3 *m*);<br>mat4x3 **transpose**(mat3x4 *m*); | transpose of matrix *m* |
| float **determinant**(mat2 *m*);<br>float **determinant**(mat3 *m*);<br>float **determinant**(mat4 *m*); | determinant of matrix *m* |
| mat2 **inverse**(mat2 *m*);<br>mat3 **inverse**(mat3 *m*);<br>mat4 **inverse**(mat4 *m*); | inverse of matrix *m* |

### Vector Relational Functions [8.7]

Compare *x* and *y* component-wise. Input and return vector sizes for a particular call must match. Type bvec is bvec*n*; vec is vec*n*; ivec is ivec*n*; uvec is uvec*n*; (where *n* is 2, 3, or 4). T is union of vec and ivec.

| | |
|---|---|
| bvec **lessThan**(T *x*, T *y*);<br>bvec **lessThan**(uvec *x*, uvec *y*); | x < y |
| bvec **lessThanEqual**(T *x*, T *y*);<br>bvec **lessThanEqual**(uvec *x*, uvec *y*); | x <= y |
| bvec **greaterThan**(T *x*, T *y*);<br>bvec **greaterThan**(uvec *x*, uvec *y*); | x > y |
| bvec **greaterThanEqual**(T *x*, T *y*);<br>bvec **greaterThanEqual**(uvec *x*, uvec *y*); | x >= y |
| bvec **equal**(T *x*, T *y*);<br>bvec **equal**(bvec *x*, bvec *y*);<br>bvec **equal**(uvec *x*, uvec *y*); | x == y |
| bvec **notEqual**(T *x*, T *y*);<br>bvec **notEqual**(bvec *x*, bvec *y*);<br>bvec **notEqual**(uvec *x*, uvec *y*); | x!= y |
| bool **any**(bvec *x*); | true if any component of *x* is true |
| bool **all**(bvec *x*); | true if all components of *x* are true |
| bvec **not**(bvec *x*); | logical complement of *x* |

### Texture Lookup Functions [8.8]

The function textureSize returns the dimensions of level *lod* for the texture bound to sampler, as described in [2.11.9] of the OpenGL ES 3.0 specification, under "Texture Size Query". The initial "g" in a type name is a placeholder for nothing, "i", or "u".

```
highp ivec{2,3} textureSize(gsampler{2,3}D sampler, int lod);
highp ivec2     textureSize(gsamplerCube sampler, int lod);
highp ivec2     textureSize(sampler2DShadow sampler, int lod);
highp ivec2     textureSize(samplerCubeShadow sampler, int lod);
highp ivec3     textureSize(gsampler2DArray sampler, int lod);
highp ivec3     textureSize(sampler2DArrayShadow sampler, int lod);
```

Texture lookup functions using samplers are available to vertex and fragment shaders. The initial "g" in a type name is a placeholder for nothing, "i", or "u".

```
gvec4 texture(gsampler{2,3}D sampler, vec{2,3} P [, float bias]);
gvec4 texture(gsamplerCube sampler, vec3 P [, float bias]);
float texture(sampler2DShadow sampler, vec3 P [, float bias]);
float texture(samplerCubeShadow sampler, vec4 P [, float bias]);
gvec4 texture(gsampler2DArray sampler, vec3 P [, float bias]);
float texture(sampler2DArrayShadow sampler, vec4 P);

gvec4 textureProj(gsampler2D sampler, vec{3,4} P [, float bias]);
gvec4 textureProj(gsampler3D sampler, vec4 P [, float bias]);
float textureProj(sampler2DShadow sampler, vec4 P [, float bias]);

gvec4 textureLod(gsampler{2,3}D sampler, vec{2,3} P, float lod);
gvec4 textureLod(gsamplerCube sampler, vec3 P, float lod);
float textureLod(sampler2DShadow sampler, vec3 P, float lod);
gvec4 textureLod(gsampler2DArray sampler, vec3 P, float lod);

gvec4 textureOffset(gsampler2D sampler, vec2 P, ivec2 offset [, float bias]);
gvec4 textureOffset(gsampler3D sampler, vec3 P, ivec3 offset [, float bias]);
float textureOffset(sampler2DShadow sampler, vec3 P, ivec2 offset [, float bias]);
gvec4 textureOffset(gsampler2DArray sampler, vec3 P, ivec2 offset [, float bias]);

gvec4 texelFetch(gsampler2D sampler, ivec2 P, int lod);
gvec4 texelFetch(gsampler3D sampler, ivec3 P, int lod);
gvec4 texelFetch(gsampler2DArray sampler, ivec3 P, int lod);

gvec4 texelFetchOffset(gsampler2D sampler, ivec2 P, int lod, ivec2 offset);
gvec4 texelFetchOffset(gsampler3D sampler, ivec3 P, int lod, ivec3 offset);
gvec4 texelFetchOffset(gsampler2DArray sampler, ivec3 P, int lod, ivec2 offset);
```

(Continued on next page >)

## Built-In Functions (continued)

gvec4 **textureProjOffset**(gsampler2D *sampler*, vec3 *P*, ivec2 *offset* [, float *bias*]);
gvec4 **textureProjOffset**(gsampler2D *sampler*, vec4 *P*, ivec2 *offset* [, float *bias*]);
gvec4 **textureProjOffset**(gsampler3D *sampler*, vec4 *P*, ivec3 *offset* [, float *bias*]);
float **textureProjOffset**(sampler2DShadow *sampler*, vec4 *P*, ivec2 *offset* [, float bias]);

gvec4 **textureLodOffset**(gsampler2D *sampler*, vec2 *P*, float *lod*, ivec2 *offset*);
gvec4 **textureLodOffset**(gsampler3D *sampler*, vec3 *P*, float *lod*, ivec3 *offset*);
float **textureLodOffset**(sampler2DShadow *sampler*, vec3 *P*, float *lod*, ivec2 *offset*);
gvec4 **textureLodOffset**(gsampler2DArray *sampler*, vec3 *P*, float *lod*, ivec2 *offset*);

gvec4 **textureProjLod**(gsampler2D *sampler*, vec3 *P*, float *lod*);
gvec4 **textureProjLod**(gsampler2D *sampler*, vec4 *P*, float *lod*);
gvec4 **textureProjLod**(gsampler3D *sampler*, vec4 *P*, float *lod*);
float **textureProjLod**(sampler2DShadow *sampler*, vec4 *P*, float *lod*);

gvec4 **textureProjLodOffset**(gsampler2D *sampler*, vec3 *P*, float *lod*, ivec2 *offset*);
gvec4 **textureProjLodOffset**(gsampler2D *sampler*, vec4 *P*, float *lod*, ivec2 *offset*);
gvec4 **textureProjLodOffset**(gsampler3D *sampler*, vec4 *P*, float *lod*, ivec3 *offset*);
float **textureProjLodOffset**(sampler2DShadow *sampler*, vec4 *P*, float *lod*, ivec2 *offset*);

gvec4 **textureProjGrad**(gsampler2D *sampler*, vec3 *P*, vec2 *dPdx*, vec2 *dPdy*);
gvec4 **textureProjGrad**(gsampler2D *sampler*, vec4 *P*, vec2 *dPdx*, vec2 *dPdy*);
gvec4 **textureProjGrad**(gsampler3D *sampler*, vec4 *P*, vec3 *dPdx*, vec3 *dPdy*);
float **textureProjGrad**(sampler2DShadow *sampler*, vec4 *P*, vec2 *dPdx*, vec2 *dPdy*);

gvec4 **textureGrad**(gsampler2D *sampler*, vec2 *P*, vec2 *dPdx*, vec2 *dPdy*);
gvec4 **textureGrad**(gsampler3D *sampler*, vec3 *P*, vec3 *dPdx*, vec3 *dPdy*);
gvec4 **textureGrad**(gsamplerCube *sampler*, vec3 *P*, vec3 *dPdx*, vec3 *dPdy*);
float **textureGrad**(sampler2DShadow *sampler*, vec3 *P*, vec2 *dPdx*, vec2 *dPdy*);
float **textureGrad**(samplerCubeShadow *sampler*, vec4 *P*, vec3 *dPdx*, vec3 *dPdy*);
gvec4 **textureGrad**(gsampler2DArray *sampler*, vec3 *P*, vec2 *dPdx*, vec2 *dPdy*);
float **textureGrad**(sampler2DArrayShadow *sampler*, vec4 *P*, vec2 *dPdx*, vec2 *dPdy*);

gvec4 **textureGradOffset**(gsampler2D *sampler*, vec2 *P*, vec2 *dPdx*, vec2 *dPdy*, ivec2 *offset*);
gvec4 **textureGradOffset**(gsampler3D *sampler*, vec3 *P*, vec3 *dPdx*, vec3 *dPdy*, ivec3 *offset*);
float **textureGradOffset**(sampler2DShadow *sampler*, vec3 *P*, vec2 *dPdx*, vec2 *dPdy*, ivec2 *offset*);
gvec4 **textureGradOffset**(gsampler2DArray *sampler*, vec3 *P*, vec2 *dPdx*, vec2 *dPdy*, ivec2 *offset*);
float **textureGradOffset**(sampler2DArrayShadow *sampler*, vec4 *P*, vec2 *dPdx*, vec2 *dPdy*, ivec2 *offset*);

gvec4 **textureProjGradOffset**(gsampler2D *sampler*, vec3 *P*, vec2 *dPdx*, vec2 *dPdy*, ivec2 *offset*);
gvec4 **textureProjGradOffset**(gsampler2D *sampler*, vec4 *P*, vec2 *dPdx*, vec2 *dPdy*, ivec2 *offset*);
gvec4 **textureProjGradOffset**(gsampler3D *sampler*, vec4 *P*, vec3 *dPdx*, vec3 *dPdy*, ivec3 *offset*);
float **textureProjGradOffset**(sampler2DShadow *sampler*, vec4 *P*, vec2 *dPdx*, vec2 *dPdy*, ivec2 *offset*);

### Fragment Processing Functions [8.9]

Approximated using local differencing.

| | |
|---|---|
| T **dFdx**(T *p*); | Derivative in *x* |
| T **dFdy**(T *p*); | Derivative in *y* |
| T **fwidth**(T *p*); | **abs** (**dFdx** (*p*)) + **abs** (**dFdy** (*p*)); |

## Sample Program

Here is an example of G-buffer construction for deferred lighting using GLSL ES 3.0 with multiple render targets.

### Vertex Shader

```
#version 300 es

// inputs
layout (location=0) in vec4 a_position;
layout (location=1) in vec2 a_texCoord;
layout (location=3) in vec3 a_normal;

// outputs
out  vec2 v_texCoord;
out  vec3 v_normal;
out  vec3 v_worldPos;

// uniforms
layout(std140) uniform transforms
{
   mat4 u_modelViewMat;
   mat4 u_modelViewProjMat;
   mat3 u_normalMat;
};

void main()
{
   v_texCoord    = a_texCoord;
   v_normal      = u_normalMat * a_normal;
   v_worldPos    = (u_modelViewMat * a_position).xyz;

   // vertex position calculation
   gl_Position   = u_modelViewProjMat * a_position;
}
```

### Fragment Shader

```
#version 300 es

precision mediump float;

// inputs
in   vec2 v_texCoord;
in   vec3 v_normal;
in   vec3 v_worldPos;

// outputs
out vec4 gl_FragData[3];

// uniforms
uniform sampler2D  u_baseTextureSamp;
uniform float      u_specular;

void main()
{
   vec4 baseColor  = texture(u_baseTextureSamp, v_texCoord);

   // Normalize per-pixel vectors
   vec3 normal     = normalize(v_normal);

   // Store material properties into MRTs
   gl_FragData[0]  = baseColor;                   // base color
   gl_FragData[1]  = vec4(normal, u_specular);    // packed: surface
                                                  // normal in xyz, specular exponent in w.
   gl_FragData[2]  = vec4(v_worldPos, 0.0);       // world position
}
```



Reference card production by Miller & Mattson www.millermattson.com

## 역자 소개

**정회경** (hkjung@pcu.ac.kr)
홈페이지:http://mie.pcu.ac.kr
현재, 배재대학교 컴퓨터공학과 교수

정가 39,000원

**OpenGL® ES™ 3.0 프로그래밍 가이드 2/e**

2015년 2월 10일 초판 인쇄
2015년 2월 17일 초판 발행
역　자 : 정회경
원저자 : Dan Ginsburg · Budirijanto Purnomo
발행자 : 우명찬 · 송　준
발행처 : 홍릉과학출판사
주　소 : 서울시 강북구 인수동 455-60
142-885
등　록 : 1976년 10월 21일 제5-66호
전　화 : (02) 999-2274~5, 903-7037, 996-8341
팩　스 : (02) 905-6729
e-mail: hongpub@hongpub.co.kr
http://www.hongpub.co.kr
ISBN: 979-11-5600-340-3

역자와의 협의하에 인지생략